遺詔，僵仆頓絶①，久之乃蘇，曰：「已矣，吾無所自盡矣。」

今上即位，徙公爲蘇、揚二州，除公龍圖閣直學士，復以爲鄆州，徙真定、河東，治邊凛然，威行西北，號稱名將。而宦官爲走馬者，誣公病不任職，詔徙許州。御史論公守邊奇偉之狀，且言其不病，詔復留河東[九]。而公已老，蓋年七十有一矣，即力求淮南，上不得已，乃以爲龍圖閣學士、知揚州。未至而薨，蓋元祐五年十月二十四日也。

方平歷事三宗，逮與天聖、景祐間賢公卿遊。公雖爲晚進，而開濟之資，邁往之氣，蓋有前人風度。以先帝神武英斷，知公如此，而終不大用。每進，小人輒譏之。公嘗上章自訟，有曰「樂羊無功，謗書滿篋；即墨何罪，毁言日聞」，天下聞而悲之。嗚呼，命也夫！

公諱甫，字元發，其後避高魯王諱[一〇]，以字爲名，而字達道，東陽人也。滕氏出周文王之子錯，封於滕，所謂滕叔繡者。十一代祖令琮，爲唐國子司業。令琮生太常博士翼，翼生贈户部侍郎伉，伉生贈禮部侍郎蓋，蓋生户部尚書、贈右僕射珦，珦生太中大夫、睦州刺史邁，邁生越州觀察推官[illegible]，[illegible]生祠部郎中文規。文規生公之曾祖諱仁俊，爲温州永嘉令。祖諱鑒，不仕。皇考諱高，贈中大夫。曾祖母、祖母皆范氏，繼祖母陳氏。皇妣王氏，追封太原郡君，生公之夕，夢虎行月中而墮其室。

九歲能賦詩②，敏捷過人。范希文，皇考舅也，見公而奇之，教以爲文[一一]。希文爲蘇州，而安定胡先生瑗居于蘇，公往從之，門人以千數，第其文，公常爲首。常舉進士，試于庭。宋子京奇其文，擢爲第三人，而以聲韻不中法罷之。其後八年，復中第第三[一二]。授大理評事、通判湖州。時孫元規守錢塘，一見公，曰：「名臣也，後

① 僵仆頓絶　「仆」原作「什」，據庫本及蘇軾文集卷一五滕公墓誌銘改。
② 九歲能賦詩　蘇軾文集卷一五滕公墓誌銘無「詩」字。

當爲賢將。」授以治劇守邊之要。

召試學士院，充集賢校理，判吏部南曹，除開封府推官，三司鹽鐵、户部判官，同修起居注，判户部勾院。公在館閣，未嘗就第見執政，故宰相不悦，不遷者十年[一三]。既遇知神宗，爲諫官，知無不言。然御史中丞王陶論宰相不押班爲跋扈，上以問公，公曰：「宰相固有罪，然以爲跋扈，則臣以爲欺天陷人矣①。」

爲開封府。三獄皆滿，公視事之日，理出數百人，決遣殆盡，京師翕然稱之。爲御史中丞。中書、密院議邊事多不合，趙明與西人戰，中書賞功而密院降約束；郭逵修堡栅②，密院方詰之，而中書已下褒詔矣。公言：「戰守，大事也，安危所寄。今中書欲戰，密院欲守，何以令天下？願敕大臣，凡戰守、除帥，議同而後下。」上善之。諫官楊繪言宰相不當以其子判鼓院[一四]，上曰：「繪不習朝廷事，鼓院傳達而已，何與於事？」公曰：「人有訴宰相者，使其子傳達之，可乎？且天下見宰相子在是，豈敢復訴事？」上悟，爲罷之。种諤擅築綏州，且與薛向發諸路兵，環、慶、保安皆出剽掠，西人復誘殺將官楊定。公上疏極言亮祚已納款③，不當失信，邊隙一開，兵連民疲，必爲内憂。京師郡國地震，公三上疏，指陳致災之由。大臣不悦，出公知秦州。上面諭公曰：「秦州非朕意也。」留不遣。詔館伴契丹使。前此館伴非其人，使者議神塔子事，往復紛然。是歲，契丹遣蕭林牙、楊興公來聘，朝廷憂之。公見興公，開懷與語，問其家世父祖事，委曲詳盡。興公驚且喜，不復論去歲事。將去，與公馬上泣別。林牙謂興公曰：「君與滕公善，豈將留此乎？」上聞之大喜，因公奏事殿中，歎曰：「朕欲擢卿執政，卿逾

① 則臣以爲欺天陷人矣　「以」字原脱，據東都事略、宋史滕甫傳補。
② 郭逵修堡栅　蘇軾文集卷一五滕公墓誌銘無「栅」字。
③ 公上疏極言亮祚已納款　「亮祚」，文海本作「諒祚」。

月不對，而大臣力薦用唐介矣。」公曰：「臣恨未有死所報陛下知遇，豈愛官職者？」唐淑問、孫覺言公短，上不信[一五]，悉以其言示公，所以慰勞公者甚厚。公頓首曰：「陛下無所疑，臣無所愧，足矣。」

河朔地大震，涌沙出水，壞城地廬舍，命公爲安撫使。官吏皆幄寢，居民恐懼，棄家而茇舍①。公獨卧屋下，曰：「民恃吾以生，屋摧民死，吾當以身同之。」民始歸安其室。乃命葬死者，食飢者，除田税，察惰吏，修堤防，繕甲兵，督盗賊，河朔遂安。

使還，大臣將除公并州，上復留公開封府。民有王穎者，爲鄰婦隱其金，閱數尹不能辨。穎憤悶至病，傴杖而訴於公。公呼鄰婦，一問得其情，取金還穎。穎奮身仰謝，失傴所在，投杖而出，一府大駭。

除翰林學士。夏國主秉常被篡[一六]。公言：「繼遷死時，李氏幾不立矣，當時大臣不能分建諸豪，乃以全地王之，至今爲患。今秉常失位，諸將争權，天以此遺陛下。若再失此時，悔將無及。請擇一賢將，假以重權，使經營分裂之，可不勞而定百年之計也。」上奇其策，然不果用[一七]。欲以公爲三司使，力辭，已而除公瀛州安撫使。公入，頓首曰：「臣知事陛下而已，不能事黨人，願陛下少回昔日之眷，無使臣爲黨人所快，則天下皆知事君爲得，而事黨人爲無益矣。」上爲改容。

公以皇考諱辭高陽關，乃除鄆州。治盗有方，不獨用威猛，時有所縱捨，盗爲屏息。移知定州，許入覲，力言新法之害，曰：「臣始以意度其不可耳。今爲郡守，親見其害民者。」具道所以然之狀。至定州，以上巳宴郊外，有報契丹入寇，邊民來逃者，將吏大駭，請起治兵。公笑曰：「非爾所知也。」益置酒作樂，遣人諭逃者曰：「吾在此，虜不敢動。」使各歸業。明日問之，果妄，諸將以是服公。

---

① 棄家而茇舍　「茇」原作「茂」，據庫本及蘇軾文集卷一五滕公墓誌銘改。

韓忠彥使契丹，楊興公迎勞，問公所在，且曰：「滕公可謂開口見心矣。」忠彥歸奏，上喜，進公禮部侍郎，使再任[一八]。詔曰：「寬嚴有體，邊人安焉。」公因作堂，以「安邊」名之。公去國既久，而心在王室，著書五篇，一曰尊主勢，二曰本聖心，三曰校人品，四曰破臣黨，五曰贊治道，上之。其略曰：「陛下聖神文武，自足以斡運六合，譬之青天白日，不必點綴，自然清明。」識者韙其言。天下大旱，詔求直言。公上疏曰[一九]：「新法害民者，陛下既知之矣。但下一手詔，應熙寧二年以來所行新法有不便者悉罷，則民氣和而天意解矣。」

富彥國之守青州也，嘗置教閱馬步軍九指揮。彥國既去，軍稍缺不補。公至，請復完之①，至溢額數千。其後朝廷屢發諸路兵，或喪失不還，惟青州兵至今爲盛。

其謫守池、安，皆以静治聞，飲酒賦詩，未嘗有遷謫意。侍郎韓丕，旅殯于安五十年矣；學士鄭獬，安人也，既没十年，貧不克葬，公皆葬之。著作佐郎木炎居喪，以毁卒，公既助其葬，又爲買田賙之。敕使謝諲市物于安，因緣爲姦，民被其毒。公密疏姦狀，上爲罷黜諲[二〇]。自安定先生之亡，公嘗割俸以賙其子，及爲湖州，祭其墓，哭之慟，東南之士歸心焉。

自揚徙鄆，歲方飢，乞淮南米二十萬石爲備。鄆有劇賊數人，公悉知其所舍，遣吏掩捕，皆獲，吏民不知所出。郡學生食不給，民有争公田二十年不決者，公曰：「學無食，而以良田飽頑民乎？」乃請以爲學田，遂絶其訟。學者作新田詩以美之。時淮南、東京皆大飢，公獨有所乞米爲備，召城中富民與約曰：「流民且至，無以處之，則疾疫起，并及汝矣。吾得城外廢營地，欲爲席屋以待之。」民曰「諾」，爲屋二千五百間，一夕而成。流民至，以次授地，井竈器用皆具。以兵法部勒，少者炊，壯者樵，婦女汲，老者休，民至如歸。上遣工部郎中王古按視

① 公至請復完之　「請」，蘇軾文集卷一五滕公墓誌銘作「青」。

之，廬舍道巷，引繩棊布，肅然如營陣。古大驚，圖上其事，有詔褒美。蓋活五萬人云。

徙真定。乞以便宜除盜，許之。然訖公之去，無一人死法外者。秋大熟，積飢之民方賴以生，而有司争糴穀貴。公奏邊廪有餘，請罷糴一年，從之。

徙知太原府。河東兵勞民貧，而土豪、將吏皆利於有警，故喜作邊事，民不堪命。公始至，蕃族來賀，令曰：「謹斥候，無開邊隙，有寇而失備與無寇而生事者，皆斬！」自軍司馬、沿邊安撫以下，皆勒以軍法。西人獵境上，河外諸將請益兵①。公曰：「寇來則死之，吾不出一兵也。」河東十二將，其四以備北，其八以備西，八將更休，爲上下番。是歲八月，邊郡稱有警，請八將皆上，謂之防秋。公曰：「賊若并兵犯我，雖八將不敵也。若其不來，四將足矣。」卒遣更休。而將吏懼甚，扣閤争之。公指其頸曰：「吾已捨此矣，頸可斷，兵不可出。」卒無寇，省芻粟十五萬。

河東之所患者，鹽與和糴也。公稍更其法，明著稅額，而通鹽商配率糧草，視物力高下，而不以占田多少爲差，民以爲便。陽曲縣舊治城西，汾決，徙城中，縣廢爲荒田。公奏還之，使縣治堤防如黄河，民復成市。諸將駐列城者，長吏或不悦②，捃誣以事，有至死者。公奏立法，將有罪，徙他郡訊驗。諸將聞之，喜曰：「公保吾生，當報以死。」西夏請復故地，詔賜以四寨[一二]，而葭蘆隸河東。公曰：「取城易，棄城難。昔棄囉兀，西人襲我不備，喪金帛不貲，且爲夷狄笑。」乃命部將訾虎、蕭士元以兵護遷，號令嚴整，寇不敢近③，無一瓦之失。將賜寨，公請先畫界而後棄，不從。西人已得地，則請凡畫界以綏德城爲法，從之。公曰：「若法綏德以二十里爲界，則吴堡去葭蘆百二十里，爲失百里矣。兵家以進退尺寸爲强弱④，今一舉而失百里，不可。」力争之。已而諜者得西人

---

① 河外諸將請益兵　蘇軾文集卷一五滕公墓誌銘無「諸將」二字。

② 長吏或不悦　「悦」，蘇軾文集卷一五滕公墓誌銘作「欲」。

③ 寇不敢近　「敢」，蘇軾文集卷一五滕公墓誌銘作「能」。

④ 兵家以進退尺寸爲强弱　「兵」字原闕，據蘇軾文集卷一五滕公墓誌銘補。

之謀曰：「吾將出勁兵於仁、吴二寨之間①，劫漢使不得出兵，則二寨亦棄矣。」公遂復申前議，章九上，至數萬言。議者謂近世名將無及公者。

公爲文與詩，英發妙麗[二二]，每出一篇，學者争誦之。篤於行義，事父母，撫諸弟，以孝友聞[二三]。臨大事，決大議，毅然不計死生。至於己私，則小心莊栗，惟恐有過。其事上及與人交，馭將吏，待妻子、奴婢，一以至誠。仕自大理評事至右光禄大夫，職至龍圖閣學士，勳至上柱國，爵至南陽郡開國侯，食邑至一千六百户，實封至八百户，贈銀青光禄大夫。有文集二十卷。

娶李氏，唐御史大夫栖筠之後，晉卿之女，累封建安郡君，先公卒，贈永寧郡君。子三人：祜②、祁，皆承奉郎；裕，尚幼。女五人：長適朝請郎、知楚州何洵直；次適宣德郎、秘書省正字王炳，早卒；次適宣德郎、太學博士王涣之；次復適王炳；季適方平之子朝散郎、南京通判恕。孫男六人。將以元祐七年八月二十二日癸酉，葬于蘇州長洲縣彭華鄉陽山之栗塢。銘曰：

天之降材，千夫一人。人之逢時，千載一君。生之既難，得之豈易？而彼讒人，曾不少置。昔在帝堯，甚畏巧言。讒説震驚，雖堯亦然。偉哉滕公，廊廟之具。帝欲用公，將起輒仆。賴帝之明，雖仆復興。小試于邊，戎狄是膺。日月逝矣，歲不我與。老成云亡，吾誰與處③？若古有訓，無競維人。公之治邊，折衝精神。猛虎在山，藜藿茂遂。及其既亡，樵牧所易。公官三品，以壽考終。我銘之悲，夫豈爲公！

① 吾將出勁兵於仁吴二寨之間　「仁」，蘇軾文集卷一五滕公墓誌銘作「義」。按，「義吴二寨」當指義合、吴堡二寨，「義」字是。
② 祜　文海本及蘇軾文集卷一五滕公墓誌銘作「祐」。
③ 吾誰與處　「處」原作「之」，據蘇軾文集卷一五滕公墓誌銘改。

辨證：

〔一〕滕學士甫墓誌銘　本墓誌又載於蘇軾文集卷一五，題曰「故龍圖閣學士滕公墓誌銘」。按，滕甫，東都事略卷九一、宋史卷三三二有傳。

〔二〕代張文定公作　王明清揮麈後録卷六云：「章敏死，先祖爲作行狀。東坡公取以爲銘詩，其序中易去舊語，裁十數字而已。」按，張方平謚文定；滕甫謚章敏，「先祖」指王莘。

〔三〕拜御史中丞翰林學士且大用矣　宋宰輔編年録卷七治平四年九月辛丑條引丁未録云：「初，上議還（司馬）光翰林，而御史中丞闕，曾公亮請用（王）安石，（張）方平論安石不可用。乃用滕甫代光爲中丞。」又，默記卷中云：「神宗初即位，慨然有取山後之志。滕章敏首被擢用，所以東坡詩云『先帝知公早，虛懷第一人』，蓋欲委滕公以天下之事也。」

〔四〕帝雖不疑然亦出公于外　長編紀事本末卷六三王安石毀去正臣云：熙寧二年「四月戊戌，權知開封府滕甫知鄆州。先是，知定州孫長卿歲滿，上欲令甫與長卿易任，富弼、曾公亮未對，王安石獨以爲宜，弼請徐議之。既退，安石謂弼、公亮曰：『甫姦人，宜在外。』安石嘗與甫同考試，語言不相能，深惡甫，故極力排出之。甫入辭，言於上曰：『臣知事陛下而已，不能事黨人。願陛下少回當日之眷，無使臣爲黨人所快，則天下知事君爲得，而事黨人爲無益矣。』上爲改容。」東軒筆録卷一一云：「王荆公爲館職，與滕甫同爲開封試官，甫屢稱一試卷，荆公重違其言，寘在高等。及拆封，乃王觀也。觀平日與甫親善，其爲人薄於行，荆公素惡之，至是疑爲滕所賣，公見於辭色。滕遽操俚言以自辨，且曰：『苟有意賣公者，令甫老母下世。』荆公怏然答曰：『公何不愷悌？凡事須權輕重，豈可以太夫人爲咒也！』」然邵氏聞見録卷三云神宗「又用滕甫爲翰林學士，爲御史中丞。甫性疎，上時遣小黄門持短札御封問事，甫誇示於人。或有見御札中誤用字者，乃反謗甫以爲揚上之短。上怒，疎斥之，至以爲逆人李逢親黨，不復用」。

〔五〕而公之妻黨有犯法至大不道者　長編卷二五九熙寧八年正月庚戌條云：「詔權御史臺推直官蹇周輔劾前餘姚縣主簿李逢于徐州。初，沂州民朱唐告逢有逆謀，提點刑獄王庭筠等言其無結構之跡，但逢謗讟朝政，或有指斥之語及妄説休咎，雖在赦前，且嘗自言緣情理深重，乞法外編配；告人虛妄，亦乞施行。上疑未得實，故遣周輔先具初劾大情以聞。」注曰：「哲宗舊録蹇周輔傳云：『會有上變，告餘姚主簿李逢謀爲不道。捕繫沂獄，部使者請并告人按之，謂逢語意雖悖，無實狀。上疑之，遣周輔往。至則悉得逢姦狀，且連逮宗室子世居。詔御史府集臺諫官雜治，于中參驗，卒無異辭。』……邵氏見聞録云：『呂惠卿起李逢獄，事連李士寧。士寧有道術，王安石居喪江陵，與之同處數年，惠卿意欲併中安石也。』司馬光紀聞云：『李士寧者，蓬州人。自言學道，多詭數，善爲巧發奇中，目不識書而能口占作詩。頗有才思，而詞理迂誕，有類讖語，專以妖妄惑人。周遊四方，及京師，公卿貴人多重之。人未嘗見其經營及有囊橐，而資用嘗饒，卒有賓客十數，珍饌立具，皆以爲有歸錢術，王介甫尤信重之。熙寧中，介甫爲相，館士寧于東府且半歲，日與其子弟遊。及介甫將出金陵，乃歸蓬州。宗室世居者，太祖之孫，頗好文學，結交士大夫，有名稱，士寧先亦私入睦親宅與之遊。士寧以爲太祖肇造，宗室子孫當享其祚，會仁宗有賜英宗母仙遊縣君挽歌，微有傳後之意，士寧竊其中間四句，易其首尾，密言世居當受天命以贈之。世居喜，賂遺甚厚。』」又卷二六〇熙寧八年二月辛未條云：「知青州、翰林侍讀學士滕甫，知齊州、天章閣待制李肅之，兩易其任。時治李逢獄，以甫娶逢妹故也。尋命甫知鄧州，肅之知齊州如故。」按，默記卷上云：「王介甫初罷相，鎮金陵，吕吉父參知政事，獨當國。會李逢與宗室世居獄作，本以害王文恪陶、滕章敏元發、范忠宣堯夫三人也。王、滕皆李逢親妹夫。」又云：「李之儀端叔言：『元祐中，爲六曹編敕删定官，見斷案：李士寧本死罪，荆公就案上親筆改作徒罪；王鞏本配流，改作勒停；劉瑾、滕甫凡坐此事者，皆從輕比焉。』」

［六］徙蔡未行改安州　長編卷三〇五元豐三年六月癸卯條云：「御史何正臣言：『禮部侍郎滕甫近自知池州移知蔡州。甫頃嘗阿縱大逆之人，法不容誅。朝廷寬容，尚竊顯位，於甫之分，僥倖已多，豈可更移大藩？乞别移遠小一州。』詔改知安州。」

［七］而左右不悦者又中以飛語復貶筠州　長編卷三四二元豐七年正月乙巳條載正議大夫滕甫知筠州，云：「甫罷安州，入朝，手詔『謀逆人李逢乃甫之妻族近親，不宜令處京師，可與東南一小郡』故也。」

［八］乃上書自明帝覽之釋然　宋史滕元發云其「遂上章自訟，有曰：『樂羊無功，謗書滿篋；即墨何罪，毁言日聞。』神宗覽之惻然」。按，東都事略滕甫傳略同。

［九］御史論公守邊奇偉之狀且言其不病詔復留河東　長編卷四三九元祐五年三月癸酉條云：「命知潁昌府范純仁與知太原府滕元發兩易其任。後六日罷之，從中書舍人王巖叟言也。」按：時王巖叟已由侍御史遷中書舍人。

［一〇］其後避高魯王諱　按，長編卷三五三元豐八年三月戊午條載「詔太皇太后父魯王遵甫，宜避名下一字」。

［一一］范希文皇考舅也見公而奇之教以爲文　按，希文，范仲淹字，謚文正。過庭録云：「滕甫元發視文正爲皇考舅，自少侍文正

側。文正愛其才，待如子。視忠宣（范純仁）爲叔。每恃才好勝，忠宣未嘗與較。皇祐元年，同忠宣貢京師。忠宣篋中物，滕嘗自取之付酒或濟困乏者，忠宣初不問也。是年，忠宣登第，滕失意歸。文正責怒滕，欲夏楚，其無間如此。愛擊角毬，文正每戒之，不聽。一日，文正尋大郎肄業，乃擊毬于外，文正怒，命取毬令小吏直面以鐵槌碎之。毬爲鐵所擊起，中小吏之額。小吏護痛間，滕在旁，拱手微言曰：『快哉！』文正亦優之，至登第仕宦始去。」避暑録話卷上云：「滕達道爲范文正公門客，文正奇其才，謂他日必能爲帥，乃以將略授之，達道亦不辭，然任氣使酒，頡頏公前，無所顧避。久之，稍遨遊無度，侵夜歸必被酒，文正雖意不甚樂，終不禁也。一日，伺其出，先坐書室中，熒然一燈，取漢書默讀，意將以媿之。有頃，達道自外至，已大醉，見公長揖曰：『讀何書？』公曰：『漢書。』即舉首攘袂曰：『高帝何如人也？』公微笑，徐引去，然愛之如故。」

〔一二〕復中第第三　能改齋漫録卷一四記文賦圓丘象天云：「内翰鄭毅夫（獬）久負魁望，而滕甫元發名亦不在其下。暨試禮闈，鄭爲南宫第四場魁，滕爲南廟別頭魁。及入殿試圓丘象天賦，未入殿門，已風聞此題，遂同論議，下筆皆得意。時留後李公端嘗夢滕作第三人，服緋牙繫鞋來謝；而鄭亦有白龍之夢。將唱名，二公相遇，各舉程文。滕破題云：『大禮必簡，圓丘自然。』及聞鄭賦『禮大必簡，丘圓自然』，滕即歎服曰：『公在我先矣。』然未忘魁望，預爲笏記云：『朝廷取士，唯求一日之長；畎畝愛君，咸務積年之學。』及唱第，鄭果第一，滕果第三，皆如素望。」據長編卷一七四，鄭獬於皇祐五年進士第一及第，則滕甫亦當於是年中第。

〔一三〕故宰相不悦不遷者十年　按，宰相指韓琦。據宋史卷二一一宰輔表二，韓琦自嘉祐三年爲相，至治平四年出判相州，當國十年。

〔一四〕諫官楊繪言宰相不當以其子判鼓院　揮麈後録卷六引滕甫云：「熙寧初，甫與元素（楊繪）俱受主上柬知非常，並居臺諫。偶同上殿，陳於上曰：『曾公亮久在相位，有妨賢路。』上曰：『然。卿等何故都未有文字來？』明日相約再對。草疏已畢，舍弟中見之，夜馳密以告曾。暨至榻前，未出奏牘，上怒曰：『豈非欲言某人耶？其中事悉先來辯析文字，見留此。卿等爲朕耳目之官，不慎密乃爾。』言遂不行。吾二人繇此失眷，元素所以深恨之。」

〔一五〕唐淑問孫覺言公短上不信　宋史卷三一六唐淑問傳云：「滕甫爲中丞，淑問力數其短，帝以爲邀名，乃詔避其父三司使，出通判復州。」皇朝編年綱目備要卷一八熙寧元年八月「孫覺罷」條云：「覺爲諫官，……併疏中丞滕甫貪汙頗僻，不報。」

〔一六〕夏國主秉常被篡　宋史卷四八六夏國傳下云：秉常「治平四年冬即位，時年七歲，梁太后攝政」。元豐「四年四月，有李將軍清者，本秦人，説秉常以河南地歸宋，國母知之，遂誅清而奪秉常政」。所謂「秉常被篡」，乃指梁太后攝政。

〔一七〕然不果用　宋史卷四八六夏國傳下云：「朝議欲官爵夏之首領，計分其勢。郭逵以爲彼必不受詔，且彼既恭順，宜布以大信，不當誘之以利。秉常果不奉詔，遣都羅重進來言曰：『上方以孝治天下，奈何反教小國之臣叛其君哉？』於是前議遂罷。」

〔一八〕進公禮部侍郎使再任　長編卷二四〇熙寧五年十一月癸亥條載翰林侍讀、給事中、知定州滕甫爲禮部侍郎，云：「先是，上批：『甫十二月滿二年，令取旨。』於是執政進呈，上曰：『誰可代甫者？或且令再任。』蔡挺曰：『河北諸鎮與陝西不同，二年爲一任，推恩太優，恐合三年爲任。』或謂陝西若無事，當與河北同，以三年一任爲允。王安石謂自今以三年爲一任，甫仍乞依舊例推恩。上從之。」

〔一九〕公上疏曰　按，據長編卷二五二熙寧七年四月甲申條，滕甫上疏時已知青州。

〔二〇〕公密疏姦狀上爲罷黜諲　長編卷三二九元豐五年八月癸亥條載：「知安州滕甫言：『内供奉謝禋奉旨買紅花萬斤，今又繼買五萬斤，而一州所産止二萬斤耳，恐不足數。』上亟詔寢之。」

〔二一〕西夏請復故地詔賜以四寨　據長編卷三八二元祐元年七月癸亥條，元豐末，夏人來「款塞，乞還侵疆」。元祐初，「二府既定議，許歸夏人侵地，乃降詔答之」。注曰：「及四年六月九日，乃舉所還四寨，爲葭蘆、米脂、浮圖、安疆也。」

〔二二〕公爲文與詩英發妙麗　能改齋漫録卷一四類對滕元發賀吕正獻啓云：「滕元發甫賀正獻吕公（公著）拜相啓云：『玉璜釣漱，家傳渭水之符；金鼎調元，代出山東之相。』又云：『寰區大忭，盡還仁祖之風；朝野一辭，復見申公之政。』當時稱誦之。」默記卷下云：「進士滕甫最能爲省題詩。皇祐元年，狄青成功於廣西，時甫廷試西旅王詩，云『葱嶺占佳氣，毡裘拜未央』，最爲佳句。」過庭録云：「忠宣（范純仁）自右相出帥太原，與滕爲代。將行，滕設宴津館，會忠宣及魏國夫人，慷慨道昔日事，痛飲達旦。滕手作數語云：『當年風月，共遊王謝之庭。』又云：『道四十年之舊話，罄盡懽情。』其詩云：『負鼎早爲湯右相，有文今作魯夫人。』蓋魏時封魯國，一時傳其精確。」侯鯖録卷二云：「滕達道長於五言。」

〔二三〕事父母撫諸弟以孝友聞　東軒筆録卷一一云：「滕甫之父名高，官止州縣。甫之弟申狠暴無禮，其母尤篤愛，用是每凌侮其兄，而閫政多紊，人譏笑不一。章門下惇與甫遊舊，多戲玩，一日語之曰：『公多類虞舜，然亦有不似者。』滕究其説，章曰：『類者父頑、母嚚、象傲，不似者克諧以孝耳。』」揮麈後録卷六云：「滕公奮身寒苦，兄弟三人，誓不異居，而有象傲之弟，即申焉，恃其愛，無所不至，公一切置之。元祐中，公自高陽易鎮維揚，道卒。……秦少游時在館中，少游辱公之知最早，弔畢來見先祖于舟，因爲少游言其弟凌蟣諸孤狀，少游不平，策馬而去。翌日，方欲解維，開封府遣人尋滕光祿舟甚急，乃御史中丞蘇轍劄子，言元發昔事先帝，早蒙知遇，有弟申，從來無行，今元發既死，或恐從此凌暴諸孤，不得安居。緣元發出自孤貧，兄弟别無合分財産，欲乞特降旨揮，在京及沿路至蘇州已來官司，不得申干預家事及奏薦恩澤，仍常覺察。奉聖旨，令開封府備坐榜舟次。詢之，乃少游昨日徑往見子由，爲言其事，所以然耳。」

司馬諫議康墓誌銘[一]　范太史祖禹

元祐五年六月丁酉，詔以秘書省著作佐郎兼侍講司馬康爲左司諫。時已屬疾，五辭不許，就賜告。君奏曰：「臣不敢拜君命于家，疾間當亟起受。」乃留告閤門以俟。詔以君久疾不給俸，其自止日續給之，君辭不受。七月小間，將受命，疾作不能造朝，即奏：「臣不可以備言職矣，願卒辭新命。」詔遣内侍挾御醫三人診視治療，以君清貧，命醫毋得受饋，俟疾損取旨。八月，君奏曰：「臣之力憊矣，言職不宜久虚，願領宫觀，養疾西都。」二聖不得已許之，除直集賢院、提舉嵩山崇福宫，詔曰：「勿藥有聞，即膺吾用。」遣内侍諭旨，俾留京師就醫藥，賜錢三十萬。九月丙寅，以不起聞。明日，輔臣對延和殿，未及奏事，二聖嗟悼不已，命優恤其家，特贈右諫議大夫。遣將作監丞張淳督運木，就護殯葬，官給錢百萬。遣中使弔問妻子，賜錢五十萬，又賻錢三十萬，布帛有加。既又遣内侍問行日，賜白金五百兩助襄事。十一月甲申，葬陜州夏縣太師温國文正公墓次。

君字公休，文正公諱光之子也[二]。其先出於晉安平獻王孚，歷後魏、隋、唐以及本朝，子孫未嘗去鄉里，積厚流遠，是生大賢。曾祖諱炫，試祕書省校書郎、知耀州富平縣，贈太子太傅。祖諱池，以清直事仁宗爲天章閣待制，贈太師，追封温國公。曾祖妣皇甫氏，祖妣聶氏，妣張氏，皆封温國太夫人。文正公以道德事四朝，進退以天下，起相二聖，勤勞帝室，慰答民望，爲元祐宗臣。

君幼端謹，不妄言笑。事父母至孝，出於天性。文正公與夫人皆器愛之，或當遠出，夫人必自挾以往。既長入官，或數日不返家，夫人輒憂思形於眯厭①；或踰月而後歸，則相顧慘然，喜欲泣。敏學過人，博通群書。熙寧三年，以明經擢上第，釋褐試祕書省校書郎、耀州富平縣主簿。時文正公爲翰林學士，奏留國子監聽讀。四年，奏授守正字。五年，監西京糧料院，遷大理評事。文正公以端明殿學士提舉嵩山崇福宫，修資治通鑑，奏君檢閱文字。官制易階承事郎。丁母夫人憂，勺飲不入口者三日，杖而後起，毁幾滅性，見者哀之。文正公居洛十五年，往來陝、洛間，士之從學於公者，退與君語，未嘗不有得。塗之人見其容止，雖不識，皆知其爲司馬公之子也。服除，授簽書山南東道節度判官公事。元豐八年，以韓獻肅公薦，擢祕書省正字，轉奉議郎。元祐元年，爲校書郎。文正公爲左僕射，力疾入對，詔君扶掖上殿，賜緋章服。公薨，執喪如喪夫人，哀毁有加焉。治喪皆用禮經家法，不爲世俗事，得遺恩悉以予族人。其啓夫人之喪而合祔也，號慕如初喪。既葬，廬于墓。凡文正公終事，竭誠盡力，無一不致其極者。

三年服除，召爲著作佐郎兼侍講[三]。進講詳明，傳經義勸上以進德，上必虚己聽之[四]。四年，爲修神宗實録檢討官。上疏言：「王者以民爲天，民以食爲天。自古禍亂之興，皆由飢饉。爲國必有九年之蓄，乃可以備水旱。比年以來，旱暵爲虐，民多艱食。若今秋不稔，則公私困竭，盜賊可虞。昔魏李悝爲平糴之法，國以富彊。東漢永初以後，水旱十年，和熹鄧太后臨朝，用征和故事，徙置飢民於豐熟諸郡，躬自減徹，以救災戹，故天下復

① 夫人輒憂思形於眯厭　「眯」，太史范公文集卷四一司馬君墓誌銘作「寐」。

平。唐太宗正觀初①，天下連歲災害，太宗勤而撫之，民雖東西就食，未嘗嗟怨。至四年，天下大稔，流散者咸歸鄉里，米斗不過三四錢。自古賢聖之君，非無水旱之災，惟有以待之，則不爲其害②。如漢唐之策，已非處處皆有蓄積，故令民東西就食，此策之下者也。魏文侯舉國四境悉令平糴，所在有儲，此策之中者也。三代而上，國有九年之蓄，此策之上者也。今臣願陛下先爲漢唐之下策，以濟目前之艱；俟及豐穰，乃爲魏文侯之中策；積以歲月，漸及三代之上策。乘今秋熟，令州縣廣糴民食所餘歸於官。今冬來春，令飢民就食，俟鄉土豐穰，乃還本土。夫國家積財，惟以安國，民安則國安，故凡爲國者一絲一毫皆當愛惜，惟於濟民則不當吝。陛下誠能捐數十萬金帛以爲天下大本，則四海幸甚。夫實倉廩，使百姓足食，非獨可以消患，太平之化由是而興，措刑之本無先於此矣。」

初，文正公在相位，與吕正獻公及同列共議稍修官制，以就簡便，令門下、中書二省通職事，亦先帝詔書本意也。草具未上，而文正公薨。至是君復上舊藁[五]，降付三省，而朝廷未遑有所行也。十月，除右正言，以執政親嫌，辭不就職[六]。五年春，上疏歷陳前世治少而亂多，祖宗創業之艱難，積累之勤勞，以勸上及時嚮學，守天下大器曰德、曰才、曰識，三者皆由於學。又勸太皇太后每於禁中訓導，其言切至。四月，詔講讀官奏對邇英閣。君初對，勸上自强於學，以孝德爲治道之先。再對，又言孟子爲書最醇正，陳王道尤明白③，所宜觀覽。上曰：「方讀孟子。」尋詔講筵官編修孟子節解爲十四卷以進。

君自文正公喪，居廬蔬食，寢於地，遂得腹疾。親戚勉以肉食，終不肯。及免喪，毁瘠纍然，治療不愈，至

---

① 唐太宗正觀初　按，「正觀」即「貞觀」，避仁宗嫌名諱而改。

② 則不爲其害　「其」，太史范公文集卷四一司馬君墓誌銘作「甚」。

③ 陳王道尤明白　「陳」字原脱，據太史范公文集卷四一司馬君墓誌銘補。

是益侵。累奏乞留臺、宮觀，詔不許，遣内侍賜御膳勞問。後乃予優告，猶力疾解孟子二卷。自是疾有加，除諫職未受，條具諸所當言以待，曰：「得一對，極言而死，無所恨。」疾病，召醫李積于兖。積居野，年七十矣，鄉民聞之，告積曰：「百姓受司馬公恩深，今其子病，願速往也。」來告者日夕不絶，積遂行，至則疾不可爲也。没，語妻子以不報國恩爲恨。享年四十一。公卿嗟痛於朝，士大夫相弔於家，處士相弔于野，市井之民無不哀之。

君篤行，内外淳備，必欲如古人。燕居如對大賓，動静有矩法，望之色莊，氣和而言厲。嚴於祭祀，爲人潔廉，未嘗言財。文正公既葬，二聖遣使賜白金二千兩立神道碑。君以文正公葬皆官給，碑已具，固辭不許，遣家吏如京師納之。其事君務責難，非堯舜仁義之道不陳於上前。待族人委曲周旋，唯恐不得其所欲。與朋友忠信，久而益親。有文集十卷。

初娶張氏，朝散郎保孫之女，追封真寧縣君；再娶張氏，大理寺丞淮之女，封安仁縣君。二子：曰植[七]、曰桓，皆承奉郎，桓早夭。三女：長適假承務郎楊克觀①，先君卒；其二皆幼。

祖禹與君同修資治通鑑，同爲正字、著作，同修實録，同侍經筵，相與猶一體也。君初疾，屬以後事，其孤請銘。嗚呼，其可勝哀也夫！銘曰：

烈烈温公，迪我祖宗。卒相二聖，以成天功。公休之賢，是學是似。民曰幸哉，温公有子。温公有子，天子有臣。世其休風，澤我下民。執經帝前，日勸帝德。帝曰良哉，補予衮職。惟其所有，訖未一施。中道而止，天實奪之。惟人之生，惟德可久。没而民思，是謂不朽。

① 長適假承務郎楊克觀　「假」原作「叔」，據太史范公文集卷四一司馬君墓誌銘改。庫本無「假」字。

辨證：

[一]司馬諫議康墓誌銘　本墓誌又載於范祖禹太史范公文集卷四一，題曰「直集賢院提舉西京嵩山崇福宫司馬君墓誌銘」。按，司馬康，東都事略卷八七、宋史卷三三六有傳。

[二]君字公休文正公諱光之子也　按，邵氏聞見録卷一八稱司馬光「無子，以族人之子康爲嗣」。蘇軾文集蘇軾佚文彙編卷四與堂三首之一亦云「司馬康是君實之親兄子，君實未有子，養爲嗣也」。

[三]召爲著作佐郎兼侍講　建炎以來朝野雜記甲集卷一〇庶官兼侍講云：「故事，經筵官自兩省臺端以上並兼侍講，若大卿監以下則止兼崇政殿説書。元祐中，司馬公休以著作佐郎兼侍講，時朝議以文正公之賢，故特有此命。」

[四]進講詳明傳經義勸上以進德上必虚己聽之　石林燕語卷三云：「哲宗元祐初，春秋尚少，淵嘿未嘗語曰。一日經筵，司馬康講洪範，至『乂用三德』。忽問：『只此三德，爲更有德？』群臣聳然，康言：『三德雖少，然推而廣之，天下事無不皆在。』上曰：『然。』」據長編卷四二二元祐四年二月壬戌條載：哲宗「御邇英閣，召講讀官講尚書，讀寶訓。司馬康講洪範至『乂用三德』，上問曰：『只此三德，爲更有德？』康對曰：『皋陶所陳有九德，如柔而立、剛而塞、彊而義之類是也。』先是上恭默未言，起居舍人王巖叟喜聞德音，因欲風諫，退而上言曰：『陛下既能審而問之，必能體而行之。三德者，人君之大本，得之則治，失之則亂，不可須臾去者也。三數雖少，推而廣之，足以盡天下之要。陛下誠能用以修己安人，則堯、舜、三代之盛可坐致也。臣職備史官，敬已書之於册，以示萬世。』」

[五]至是君復上舊藁　按，司馬光乞合兩省爲一劄子載於司馬光集卷五五。

[六]以執政親嫌辭不就職　按，執政似指范純仁。據本書上集卷一一范忠宣公純仁世濟忠直之碑載，范純仁有女嫁奉議郎司馬宏。臨川集卷五二載有天章閣待制司馬光親兄之子宏試將作監主簿制，則司馬宏乃司馬光侄。又據長編卷四二九、宋史卷二一二宰輔表三，范純仁已於元祐四年六月甲辰由尚書右僕射罷爲觀文殿學士、知潁昌府，而據長編卷四三四，司馬康於元祐四年十月庚子除右正言，則此時范純仁已不在政府。待考。

[七]曰植　邵氏聞見録卷一八云：「植字子立，既長，其賢如公休，天下謂真温公門户中人也。亦蚤死，無子，温公之世遂絶。」

名臣碑傳琬琰集中卷二十四

吕中丞誨墓誌銘[一]　文正公司馬光

府君諱誨，字獻可。其先幽州安次人。曾祖父諱琦，晉兵部侍郎，贈太師、中書令、尚書令。祖諱端，相太宗、真宗，以太子太保薨，謚正惠，贈太師、中書令。伯祖諱餘慶，太祖時參知政事，贈鎮南軍節度使。各有功烈，記於史官。父諱詢，國子博士，贈兵部侍郎。母張氏，追封清河郡太君。

獻可幼孤，自力爲學，家于洛陽①。性沉厚，不妄交遊，洛陽士人往往不之識。登進士第，調浮梁尉，不之官。歷旌德、扶風主簿，遷雲陽令，改著作佐郎、知翼城縣，徙簽書定國軍節度判官。通判梓州事，未至官，遭母喪。服除，知大通監兼交城縣。召入爲殿中侍御史，彈劾無所避。兖國公主，仁宗之愛女，下嫁李瑋，薄其夫家，嘗因忿恚，夜開禁門入訴於上[二]。獻可奏宿衛不可不嚴，公主夜扣禁門，門者不當聽入[三]，并劾奏公主閤宦者梁懷吉、梁全一②，竄逐之。會有新除樞密副使者，當時人有疑論，獻可與其僚直以衆言陳上前，謂必不可留。

---

① 家于洛陽　按，宋史吕誨傳称其開封人。

② 并劾奏公主閤宦者梁懷吉梁全一　「梁懷吉」，司馬光集卷七七右諫議大夫吕府君墓誌銘作「梁懷古」。按，長編卷一九二嘉祐五年十月庚申條、宋史卷三四一傳堯俞傳亦作「梁懷吉」，是。

章十七上，卒與之俱罷[四]，獻可得知江州。久之，復召還臺[五]。

英宗即位，改起居舍人、同知諫院。時上有疾，太后權同聽政。内侍都知任守忠久用事於中，上之立，非守忠意，乘此與其徒間構兩宫，造播惡言，中外恟懼[六]。獻可連上兩宫書，開陳大義，辭情切至[七]，由是慈孝益篤，讒言不得行。上疾久未平，獻可請早建東宫，以安人心。既而上小瘳，謙默未可否事。獻可屢乞親萬機，攬威福，延近臣，通下情。又請太后間數日一御東殿，漸遠庶務，自謀安佚。會小旱，因請上親出禱①，而使外疑釋然。太后既歸政，獻可復言於上：「今雖專聽斷，太后輔佐先帝久，多閲天下事，事之甚大者，猶宜關白咨訪然後行，示不敢專，以報盛德。」任守忠謀不售而懼，乃更巧爲諂諛，求自入於上。獻可曰：「是不可久處左右。」亟上言數其前後巨惡[八]，并其黨史昭錫竄於南方。因上言：「大姦已去，其餘嚮日憑恃無禮者，宜一切縱捨勿念，以安反側。」

頃之，以兵部員外郎兼侍御史知雜事[九]。執政建言欲如漢氏故事，推尊濮安懿王。獻可率僚屬極陳其不可，且請治執政之罪。積十餘章，不聽，乃求自貶②。又十餘章，懷知雜御史勑告納上前曰：「臣言不效，不敢居其位。」上重違大臣，又嘉臺官敢直言，章留中不下③，還其勑告④，屢詔令就職。獻可與僚屬具録所上奏草納中書，稱不敢奉詔，請即罪。上不得已，聽以本官出知蘄州⑤[一〇]。已而徙知晉州[一一]。

今上即位，加集賢殿修撰、知河中府。未幾，召爲刑部郎中，充鹽鐵副使。上素聞其强直，擢爲天章閣待制，

---

① 因請上親出禱　「禱」，司馬光集卷七七右諫議大夫呂府君墓誌銘作「禱雨」。

② 乃求自貶　「乃」，司馬光集卷七七右諫議大夫呂府君墓誌銘作「仍」。

③ 章留中不下　「中」原作「終」，據文海本、庫本及司馬光集卷七七右諫議大夫呂府君墓誌銘改。

④ 還其勑告　「勑」原作「來」，據司馬光集卷七七右諫議大夫呂府君墓誌銘及上文改。

⑤ 聽以本官出知蘄州　「蘄」原作「靳」，據司馬光集卷七七右諫議大夫呂府君墓誌銘及東都事略、宋史呂誨傳改。

復知諫院，遷諫議大夫、權御史中丞。是時，有侍臣棄官家居者，朝野稱其材，以爲古今少倫[一二]。天子引參大政，衆皆喜於得人，獻可獨以爲不然[一三]，衆莫不怪之。居無何，新爲政者恃其才，棄衆任己，厭常爲奇，多變更祖宗法，專汲汲斂民財，所愛信引拔，時或非其人，天下大失望。獻可屢争不能得，乃抗章悉條其過失[一四]，曰：「誤天下蒼生必此人。如久居廟堂，必無安静之理。」曰：「天下本無事，但庸人擾之。」上遣使諭解，獻可執之愈堅，乃罷中丞，出知鄧州[一五]。獻可雖在外，朝廷有大得失，猶言之不置。會有疾，奏乞閑官歸鄉里，朝旨未許。乃乞致仕，詔提舉西京崇福宫。到官，又乞致仕，許之[一六]。以熙寧四年五月丙午終於家①，年五十有八。

初，正惠公薨，其家日益貧。獻可既仕，常分俸之半以給宗族之孤嫠者，室無餘資，所以自奉養至儉薄。其治民主於惠利，而疾姦暴，大抵概以公平，故所至人安之。屢爲言職，其奏章存可見者凡二百八十有九。歷觀古人，有能得其一二已可載之列傳，垂示後世，在獻可曾何足道！今特舉其事係安危者書之，至於進退口陳之語，不可得而聞也。前後三逐，皆以迕犯大臣。所與敵者，莫非秉大權、天子所信嚮，氣勢軋天下，獻可視之若無所睹，正色直辭，指數其非，不去不已。旁側爲之股栗，而獻可處之自如。平居容貌語言，恂恂和易，使之不得位於朝，人不過以謹厚長者名之而已矣。及遇事，苟義所當爲，疾趣徑前，如救焚溺；所不當爲，畏避遠去，如顧陷阱，惟恐墜焉。昨年病卧洛陽，猶旦夕憤歎，以天下事爲憂，過於在位任其責者，曾不念其身之病、子孫之貧也。

① 以熙寧四年五月丙午終於家　按，長編卷二二三熙寧四年五月丙戌條注曰呂誨「卒在十日甲午」。檢是月乙酉朔，丙午爲二十二日。疑「丙午」乃「甲午」之譌。

嗚呼！今之世，愛君憂民，發於誠心，無所爲而爲之，可爲已而不已①，始終不變，有如獻可者，能幾人耶？故其没之日，天下識與不識，皆咨嗟痛惜，彼其心豈獨私於獻可哉？

獻可始娶張氏，故丞相鄧公之孫；後娶時氏，故侍御史旦之孫，封同安郡君。四男：長曰由庚，金水主簿②；次曰由聖，將作監主簿；次曰由禮、由誠，皆未仕。六女：長適羅山令麴承之；次適光禄寺丞吴安詩；次適進士晁燁；次蚤卒；處者二人。以某年八月某日葬於伊闕先塋③。

獻可病亟，爲手書命某爲埋文④。某往省之，至則目且瞑。光復呼曰⑤：「更有以見屬乎？」張目强視⑥，曰：「無[一七]。」光出門而獻可没。噫！如某者，烏足以副獻可之所待耶？顧義不得辭，哭而爲銘。銘曰：

有宋名臣，正惠公之孫⑦。以忠直敢言，克紹其門。位則不充，道則不負；年則不壽，名則不朽。嗚呼！爲人臣，爲人嗣，終始無愧。能氐于是，可謂備矣。

---

① 可爲已而不已　「爲」，庫本作「以」，司馬光集卷七七右諫議大夫吕府君墓誌銘無「爲」字。

② 金水主簿　「金水」原作「金木」，據司馬光集卷七七右諫議大夫吕府君墓誌銘改。按，宋史卷八九地理志五載宋初乾德五年以簡州金水縣建爲懷安軍，下隸金水、金堂二縣。

③ 以某年八月某日葬於伊闕先塋　「某年」，司馬光集卷七七右諫議大夫吕府君墓誌銘作「其年」。又「塋」原作「瑩」，據庫本及司馬光集卷七七右諫議大夫吕府君墓誌銘改。

④ 爲手書命某爲埋文　「埋」原作「理」，據司馬光集卷七七右諫議大夫吕府君墓誌銘改。又「某」，司馬光集卷七七右諫議大夫吕府君墓誌銘作「光」。按，下文同。

⑤ 光復呼曰　「復」，司馬光集卷七七右諫議大夫吕府君墓誌銘作「伏」。

⑥ 張目强視　「視」原作「祝」，據文海本、庫本及司馬光集卷七七右諫議大夫吕府君墓誌銘改。

⑦ 正惠公之孫　「正」上，司馬光集卷七七吕府君墓誌銘有「吕」字。

辨證：

［一］吕中丞誨墓誌銘　本墓誌又載於司馬光集卷七七，題曰「右諫議大夫吕府君墓誌銘」。按，吕誨，東都事略卷七八、宋史卷三二一有傳。又邵氏聞見録卷一〇載司馬光撰吕誨墓誌「未成，河南監牧使劉航仲通自請書石，既見其文，仲通復遲回不敢書。時安石在相位也。仲通之子安世曰：『成吾父之美，可乎？』代書之。仲通又陰祝獻可諸子勿摹本，恐非三家之福。時用小人蔡天申爲京西察訪，置司西都。天申厚賂鐫工，得本以獻安石。天申初欲中温公，安石得之，掛壁間，謂其門下士曰：『君實之文，西漢之文也。』」

［二］究國公主至夜開禁門入訴於上　長編卷一九二嘉祐五年九月庚戌條云駙馬都尉李瑋「與公主不協，而瑋所生母又忤公主意，公主夜開皇城門，入訴禁中」。

［三］獻可奏宿衛不可不嚴公主夜扣禁門門者不當聽入　長編卷一九二嘉祐五年九月癸丑條右正言王陶言「公主夜歸，未辨真僞，輒便通奏，開門納之，直徹禁中，略無譏防，其所歷皇城宫殿内外監門使臣，請並送劾開封府」。知諫院唐介、殿中侍御史吕誨等亦以爲言，皆不報」。

［四］章十七上卒與之俱罷　東都事略吕誨傳云其「彈樞密使宋庠不稱具瞻之望，庠罷而以陳升之爲樞密副使。誨與唐介、趙抃論『升之交結中人，不可大用。昔商鞅因景監見，而趙良寒心。况在盛明之朝，姦邪進用，衆所共惡，此臣之所甚懼也』。章十八上，卒與升之俱罷」。據長編卷一九三嘉祐六年四月庚辰條載樞密副使、右諫議大夫陳旭爲資政殿學士、知定州，禮部郎中、天章閣待制、知諫院唐介知洪州，右司諫趙忭知虔州，兵部員外郎兼侍御史知雜事范師道以本官知福州，殿中侍御史吕誨知江州，云：「旭始除樞密副使，或言旭陰結宦者史志聰、王世寧等，故有此命。介等遂交章論列，……上以其章示旭，旭奏：『臣前任言職，彈斥内臣，其桀黠用事如楊懷敏、何誠用、武繼隆、劉恢輩多坐絀逐，今言者乃以此污臣。志聰臣不識面，世寧弟娶臣妻舅之孤女，久絶往來。若嘗薦臣，陛下必記其語，乞付吏辨劾。』遂家居求罷，上以手詔召出之。介等復闔門待罪，頃之復出。如是者數四。上顧謂輔臣曰：『凡除拜二府，朕豈容内臣預議耶？』而介等言不已，故兩罷之。」又卷一九三嘉祐六年四月庚辰條注曰：陳升之「與王世寧連姻，則吕誨章及升之自辨已見，獨閤士良交結本末，誨章并言史志聰，或朱史誤以志聰爲士良」。

［五］復召還臺　宋史吕誨傳稱召還「爲侍御史」。

〔六〕乘此與其徒間構兩宮造播惡言中外恟懼　長編卷一九九嘉祐八年十一月甲寅條云：「方帝疾甚時，云爲多乖錯，往往觸忤太后，太后不能堪。左右讒間者，或陰有廢立之議。昭陵既復土，韓琦歸自陵下，太后遣中使持一封文書付琦，琦啟之，則帝所寫歌詞并宮中過失事，琦即對使者焚毀，令復奏曰：『太后每説官家心神未寧，則語言舉動不中節，何足怪也！』及進對簾前，太后嗚咽流涕，具言之，且曰：『老身殆無所容，須相公作主！』琦曰：『此病故耳，病已，必不然。子病，母可不容之乎？』太后不懌。歐陽修繼言曰：『太后事仁宗數十年，仁聖之德，著於天下。婦人之性，鮮不妬忌。昔温成驕恣，太后處之裕如，何所不容？今母子之間而反不能忍耶？』太后曰：『得諸君如此，善矣。』修曰：『此事何獨臣等知之，中外莫不知也。』太后意稍和。修又言曰：『仁宗在位歲久，德澤在人，人所信服。故一日晏駕，天下稟承遺命，奉戴嗣君，無一人敢異同者。今太后深居房帷，臣等五六措大爾，舉動若非仁宗遺意，天下誰肯聽從？』太后默然。他日琦等見帝，帝曰：『太后待我無恩。』對曰：『自古聖帝明王，不爲少矣，然獨稱舜爲大孝。豈其餘盡不孝也？父母慈愛而子孝，此常事，不足道；惟父母不慈愛而子不失孝，乃可稱爾。政恐陛下事太后未至，父母豈有不慈愛者？』帝大悟，自是亦不復言太后短矣。」

〔七〕獻可連上兩宮書開陳大義辭情切至　按，吕誨有上英宗乞上奉慈闈以全孝德、上慈聖皇后乞調治聖躬建立儲副，載於宋朝諸臣奏議卷九。

〔八〕亟上言數其前後巨惡　長編卷二〇二治平元年八月丙辰條載：「宣政使、入内都知、安静軍留後任守忠爲保信節度使、蘄州安置。初，上爲皇子，令守忠宣召，守忠避不肯行。及上即位，不豫，遂交鬭兩宮間。於是又擅取奉宸庫金珠數萬兩以獻皇后，因受賞賜。司馬光、吕誨交章劾之。……帝納其言，翌日，遂黜守忠。」

〔九〕以兵部員外郎兼侍御史知雜事　長編卷二〇四治平二年三月辛未條云：「新除侍御史知雜事吕誨以嘗言中丞賈黯過失，辭職。黯奏曰：『諫官、御史本人主耳目，一時公言，非有嫌怨。且誨初得御史，乃臣與孫抃等五人薦舉。臣等知其爲人方正謹厚，今兹擢用，甚允衆望，臣得與之共事，必能協濟。伏望趣令就職。』詔以諭誨，誨遂受命。」

〔一〇〕獻可率僚屬極陳其不可至聽以本官出知蘄州　宋史吕誨傳云：「於是濮議起，侍從請稱王爲皇伯，中書不以爲然。誨引義固争，會秋大水，誨言：『陛下有過舉而災沴遽作，惟濮王一事失中，此簡宗廟之罰也。』郊廟禮畢，復申前議，七上章不聽，乞解臺職，亦不聽。遂劾宰相韓琦不忠五罪，曰：『昭陵之土未乾，遽欲追崇濮王，使陛下厚所生而薄所繼，隆小宗而絶大宗。言者論辨累月，琦猶遂非，不爲改正。中外憤鬱，萬口一詞，願黜居外藩，以慰士論。』又與御史范純仁、吕大防共劾歐陽修『首開邪議，以枉道説人主，以近利負先帝，陷陛下於過舉』。皆不報。已而詔濮王稱『親』。誨等知言不用，即上還告勑，居家待罪，且言與輔臣勢不兩立。帝以問執政，脩曰：『御史以爲理難並立，若臣等有罪，當留御史。』帝猶豫久之，命出御史，既而曰：『不宜責之太重。』乃下遷誨工部員外郎、知蘄州。」又邵氏聞見録卷一〇載：「英宗即位，侍御史吕誨獻可言歐陽修首建邪議，推尊濮安懿王，有累聖德；并劾韓琦、曾公亮、趙概。積十餘章，不從。乞自貶，又十餘章，率其屬以御史勑告納帝前，曰：『臣言不效，不敢居此位。』出知蘄州。」按，宋朝諸臣奏議卷四一載有吕誨上英宗應詔論水災，卷八九載吕誨上英宗論不當罷集議乞別降詔以王珪等議爲定、上英宗乞令樞府大臣同定典禮是非、上英宗乞正宰執懷邪詿誤之罪、上英宗再論宰執懷邪之罪等。

〔一一〕已而徙知晉州　據宋史吕誨傳，吕誨徙知晉州在神宗即位以後。

〔一二〕有侍臣棄官家居者朝野稱其材以爲古今少倫　按，此侍臣指王安石。本書下集卷一四王荆公安石傳云其「丁母憂，服除，英宗朝累召不赴」。又，宋史卷三二七王安石傳云：「安石本楚士，未知名於中朝，以韓、吕二族爲巨室，欲藉以取重，乃深與韓絳、絳弟維及吕公著交。三人更稱揚之，名始盛。神宗在潁邸，維爲記室，每講説見稱，輒曰：『此非維之説，維之友王安石之説也。』及爲太子庶子，又薦自代。」

〔一三〕獻可獨以爲不然　本書下集卷九劉安世傳跋載吕誨語司馬光云：「安石雖有時名，上意所向，然好執偏見，不通物情，信姦回，喜人佞己，聽其言則美，施於用則疏。若在侍從，猶或可容，置諸宰輔，天下必受其弊矣。」

〔一四〕獻可屢爭不能得乃抗章悉條其過失　宋史吕誨傳云：「著作佐郎章辟光上言，岐王顥宜遷居外邸。皇太后怒，帝令治其離間之罪。安石謂無罪。誨請下辟光吏，不從，遂上疏劾安石。」據長編紀事本末卷五五濮議載熙寧三年三月，「王安石曰：『先帝詔書，明言濮安懿王之子不稱濮安懿王爲考，此是何理？人有所生父母，所養父母，皆稱父母，雖閭巷亦不以爲礙。而兩制、臺諫乃欲令先帝稱濮安懿王爲皇伯，歐陽修笑其無理，故衆怒而攻之，此豈是正論？司馬光爲奏議，乃言仁宗令陛下被袞服冕，世世子孫，南面有天下，豈得復顧其私親哉？如此言，則是以得天下之故可以背棄其父，悖埋傷教，孰甚於此？且禮「爲人後者爲之子」，雖士大夫亦如此，豈是以得天下之故爲之子也？司馬光嘗問臣，臣以此告之，并諭以上曾問及此事，臣具如此對。呂誨所以怒臣者，尤以此事也。』」按，關於呂誨彈劾王安石事，邵氏聞見録卷一〇云：「獻可待對於崇政，司馬温公爲翰林學士，侍讀邇英閣，亦趨贊善堂待召，相遇朝路，並行而北。温公密問曰：『今日請對，何所言？』獻可舉手曰：『袖中彈文，乃新參政也。』温公愕然曰：『王介甫素有學行，命下之日，衆皆喜於得人。奈何論之？』獻可正色曰：『君實亦爲此言耶？安石雖有時名，好執偏見，不通物情，輕信姦回，喜人佞己。聽其言則美，施於用則疎。若在侍從，猶或可容；置諸宰輔，天下必受其禍矣。』温公又諭之曰：『與公相知，有所懷不敢不盡。未見其不善之迹，遽論之不可。』獻可曰：『上新嗣位，富於春秋。朝夕謀議者，二三執政爾。苟非其人，則敗國事，此乃腹心之疾，治之惟恐不及，顧可緩耶？』語未竟，閤門吏抗聲追班，乃各趨以去。温公自經筵退，默坐玉堂，終日思之，不得其說。既而縉紳間寖有傳疏説者，多以爲太過。」又大事記講義卷一五神宗皇帝論安石才學云：「司馬温公曰：『常嘆先見不如呂獻可。』然獻可疏安石於參政之時，不若吳奎、唐介之見於熙寧初召之日矣；吳奎、唐介見於熙寧，又不若蘇老泉之見於嘉祐也。」又按，所謂「蘇老泉之見於嘉祐」，指題名蘇洵所撰辨姦論云云。

［一五］乃罷中丞出知鄧州　宋史呂誨傳云時「帝方注倚安石，還其章。誨求去，帝謂曾公亮曰：『若出誨，恐安石不自安。』安石曰：『臣以身許國，陛下處之有義，臣何敢以形跡自嫌，苟爲去就？』乃出誨知鄧州」。

［一六］又乞致仕許之　長編卷二一三熙寧四年五月丙戌條云：「右諫議大夫、提舉崇福宮呂誨致仕。誨言：『臣本無宿疾，偶值醫者用術乖方，殊不知脉候有虚實，陰陽有逆順，診察有標本，治療有後先，妄投湯劑，率任情意，差之指下，禍延四支，寖成風痺，遂艱行步，非秖憚跛蹩之苦，又將虞心腹之變。勢已及此，爲之奈何？雖然，一身之微，固未足卹；其如九族之託，良以爲憂。是思逃禄以偷生，不俟引年而還政。』蓋以身疾諭朝政也。」

［一七］至則目且瞑光復呼曰更有以見屬乎張目强視曰無　邵氏聞見録卷八云：「呂獻可病，手書以墓銘委司馬温公。公亟省之，獻可已瞑目矣，公伏而呼之曰：『更有以見囑乎？』獻可復開目曰：『天下尚可爲，君實其自愛！』遂閉目以絶。」又卷一〇云呂誨「一日手書託温公以墓銘，温公亟省之，已瞑目矣。温公呼之曰：『更有以見屬乎？』獻可復張目曰：『天下事尚可爲，君實勉之！』」已有不同。按，長編卷二一三熙寧四年五月丙戌條云：「光往省之，至則目且瞑，光呼曰：『更有以見屬乎？』誨張目强視，曰：『天下事尚可爲，君實勉之！』遂卒。」又，宋史呂誨傳載：呂誨「既革，司馬光往省之，至則目已瞑，聞光哭，蹷然而起，張目强視，曰：『天下事尚可爲，

君實勉之。』光曰：『更有以見屬乎？』曰：『無有。』遂卒」。乃迭合本墓誌及邵氏聞見録二説而發揮之。

王尚書陶墓誌銘[一]　蜀公范鎮

公諱陶，字樂道。其先京兆人。曾祖樵，祖誨，不仕。父應，贈禮部尚書。妣孟氏，追封常山郡太君。公力學博通，慶曆二年舉進士甲科，調岳州軍事判官。丁孟夫人憂。歷杭州觀察、荆南節度二判官，以書判優等升也。用薦者狀，遷太常丞、知陝州閿鄉縣。未行，丁父憂，則詣闕號訴，願以所遷官贈其父母[二]。書三上，報可。終喪，除太子中允，管句高陽機宜文字，編校史館書籍[三]。韓丞相爲御史中丞，辟公監察御史裏行[四]。踰月，復爲太常丞。

狄青罷樞密副使爲使相，公言[五]：「自祖宗開國以來，未有此命者。請詔有司，自今軍伍之人不得任樞密使副及使相，著於令，庶夫後世不爲亂階也。」又言：「館閣，卿相之津塗，而二府子弟親戚以恩例遺表，或進家集，繇是而位通顯，不已濫乎！」嘉祐五年正月一日甲夜，有星墜于西南，光燭地，隱然有聲，占者曰「天狗」。公言：「去年日食正旦，今年星復墜在正旦。天狗主兵，其於兵變，宜有以預防之。請中外舉智武才勇之士以備將帥。」又言：「今武舉取格太輕，請倣唐制設科，優待以官，無若招士伍然，則賢者類至矣。」

遷右正言[六]，判登聞檢院，試鎖廳舉人。親事官夜入延福宮爲盜，有司用疏決恩，以常盜論。公言：「宮掖之嚴，而以民間會降爲比，非所以尊天子、肅禁衛。」於是特流海島，皇城司官吏加罪有差。鄧保信引燒煉卒入禁中①，

① 鄧保信引燒煉卒入禁中　「入」原作「人」，據文海本、庫本改。又「燒煉卒」，本書上集卷八趙清獻公抃愛直之碑稱「退兵董吉」。

公言：「漢唐術士，名爲化黄金、延年益壽以惑媚時君者，後皆伏誅。請以漢唐爲監，即逐出之，無重其罪。」會陳秀公爲樞密副使，公論奏不報，因自劾，請補外[七]，遂知衛州。未數月，徙蔡州。

明年，復以諫官召[八]，上言：「臣與唐介、范師道、吕誨、趙抃同出爲郡，今獨召臣及師道二人。請復介等職任，免重貽臣等羞謗。」尋判司農寺，言：「常平錢穀，其數雖不少，以天下户口計之，殊未爲備。願出内庫緡錢，每路賜數十萬，每州以主客爲率，令户得穀五石。遇飢年則取本以糶，平時物貴，稍得息則出之。此令之下，臣將見四方之人鼓舞聖澤，自保爲太平垂白之民，與夫增塔廟、奉佛老以求妄福，不同謀矣。」再試鎖廳舉人，奉使契丹。

仁宗皇帝既以英宗判宗正寺，踰年不就職。公請對，言：「宫中嬪御、宦官有以上惑聖聰，而使之畏避不敢前也。」仁皇帝大悟，曰：「當别與一名目[九]。」翊日，遂爲皇子矣。然英宗猶稱疾不入，公又上言：「君父召，豈容遷延？蓋所遣使備禮致命，而不能副陛下聖意，乞行降責，然後皇子入居慶寧宫矣。」

英宗即位，遷右司諫、尚書户部員外郎、直史館、皇子位伴讀兼管内國子監①。俄修起居注、淮陽王府翊善，改潁王府。屬疾，請補外，潁王上表留公，乃知制誥、判司農寺。會陳、許、潁、蔡飢，爲安撫使。既還，奏事稱旨，爲龍圖閣直學士、知永興軍。潁王爲皇子，以詹事召[一〇]，未至，英宗上僊。

今皇帝踐祚，進禮部郎中、樞密直學士，充群牧使，同三司、少府監裁損山陵浮費[一一]。未幾，爲諫議大夫、御史中丞、山陵儀仗使。因對便殿，上以湯、尹一德事諭公曰：「朕與卿一心，不可轉也。」公再拜稱謝。間以手詔問時政，公請慎聽納，明賞罰，斥佞人，任正士。又請復轉對以通下情，省民力以勸農桑，躬先儉素以風天下，限年校藝以汰冗兵。會以司馬公光、吕公公著爲翰林學士，上問：「此舉如何？」對：「二人者，臣嘗論薦之矣，

① 皇子位伴讀兼管内國子監　按，「管内」，疑爲「管勾」之譌。

用人如此，天下何患不治乎？」又言：「呂公誨、傅公堯俞皆以言斥外，請召還之，必有所補[一二]。」

故事，常參官宰相押班。是時韓魏公、曾魯公奏事既退，仍近例不至。公曰：「天子新即位，大臣輒隳朝廷儀。」遂彈奏之。二公既待罪，猶以近例爲解。公彈奏不已，因懇請去職，乃以樞密直學士知陳州[一三]。徙許州，入權三司使。歲餘，爲翰林學士，以足疾請補郡。上七遣使留之，固請不已，於是爲翰林侍讀學士、知蔡州[一四]，賜黄金百兩。頃之，徙河南府，即請汝州。既至，乃乞致仕，上遣使敦諭不許。因請南京留司御史臺，許州待次，遂家許州。

六年，上幸東宫，念之，遷給事中[一五]。明年，起知許州，尋改鄧州，辭不行，復知河南府。光獻山陵，公力疾應接，無一不辦治者。疾益侵，上遣使挾醫療治。大享明堂，推恩宫臣，特遷觀文殿學士、正議大夫、知汝州，仍聽穎昌府便醫。既就道，大星隕於前，閏九月壬寅薨[一六]，享年六十一。明年四月庚午，葬于開封府祥符縣東韓里之先塋。公之薨，特贈吏部尚書，遷其二子官，諸女皆賜命服，别推恩者三人。

初娶陳氏，穎川郡君；再娶李氏，京兆郡君；繼室京兆之姊，永安郡君[一七]，皆先公以亡。子男四人：弱翁、李兒，早卒；次曰寔、曰寧，並承奉郎。女九人：長適宣德郎張直温，次適奉議郎張保清，次承奉郎唐懋，次孟州司理參軍李百禄，餘早卒。

公伉直不妄語言，其居家孝友敦睦[一八]。姊嫁韓氏，夫卒，買地葬之，又以兩郊恩封其姊長安縣君。族屬之在京兆者，皆牧養教誨，使有分業。其在朝廷，勇於敢爲，不爲貴勢降屈。凡廷議，雖天子敦諭，不決不止，退就黜責，亦無慊也。所著文集十五卷、奏議十五卷、詩十卷①、詩説三卷。初爲小官時，歐陽文忠公作剛説贈

① 所著文集十五卷奏議十五卷詩十卷　按，東都事略王陶傳稱其「有文集二十七卷」，宋史卷二〇八藝文志七著録王陶集五卷、詩三十卷。

公[一九]，且戒以過。韓魏公知公者，韓丞相薦公者，及論事，則彈劾無所回避[二〇]，世因謂文忠公爲知言云。

銘曰：

維公氣志，甚勇而毅。岱嵩在前，雖壓無避。維公文章，既辯且詳。江河之流，不竭而長。嘉祐之際，英在潛邸。明謨善計，雲龍之契。治平之隆，帝居東宮。啓迪宸聰，羽翼之功。命與時戾，身與疾俱。昔之寵榮，今也嗟吁。深松茂栢，維是窀穸。百千萬年，安于其宅。

辨證：

[一] 王尚書陶墓誌銘　按，王陶，東都事略卷八五、宋史卷三二九有傳。

[二] 願以所遷官贈其父母　宋史王陶傳云時「陶以登朝在郊祀後，恩不及親，乞還所遷官，丐追贈」。

[三] 編校史館書籍　長編卷一八九嘉祐四年六月己巳條載太子中允王陶等四人「並爲館閣編校書籍官。館閣編校書籍自此始。三館祕閣凡八員，詔及二年者，選人、京官除館閣校勘，朝官除校理」。

[四] 韓丞相爲御史中丞辟公監察御史裏行　長編卷一九〇嘉祐四年七月丙申條載太子中允王陶爲監察御史裏行，云：「初，詔中丞韓絳舉御史而限以資任，屢舉不應格。於是絳請舉裏行，以陶爲之，詔可。陶辭不受，詔强之，乃就職。」

[五] 狄青罷樞密副使爲使相公言　長編卷一八三嘉祐元年八月癸亥條云：「樞密使、護國節度使狄青罷樞密使，加同平章事、判陳州。」又卷一九〇嘉祐四年七月丙申條注曰：「陶傳云，時狄青罷樞密爲使相，陶上言：『祖宗以來，未有軍伍之人在此位者，宜著爲令，使後毋復然。』按青罷樞密爲使相前此矣，今不取。」按，誌文云「樞密副使」，當爲「樞密使」之誤。

[六] 遷右正言　長編卷一九一嘉祐五年二月戊辰條載「太常丞、監察御史裏行王陶爲右正言，諫院供職」。又云：「上自服藥以來，寡於語言，群臣奏事，頷之而已。陶言：『王者之言，群臣所稟受以施於天下者也。今政事無大小，皆決於中書、樞密，陛下一無所可否，豈爲人主之道哉？』又言：『皇嗣未立，宜擇宗子昭穆同者育之。』以同列志趣不合，數請監靈仙觀，不許。」

〔七〕會陳秀公爲樞密副使公論奏不報因自劾請補外　按本書下集卷一五唐參政介傳云：「陳升之除樞密副使，介與趙抃、王陶等論升之姦邪，交結中人閻士良等，又與御藥王世寧連姻，不可大用。凡九奏，卒罷升之。」長編卷一九三嘉祐六年四月庚午條載右正言王陶知衛州，云：「時臺諫共言陳旭不當爲樞密副使，上弗聽。陶既引疾在告，又先自乞罷，因許之。」按，陳旭即陳升之，因避英宗諱改字，後封秀國公。

〔八〕復以諫官召　據長編卷一九三嘉祐六年「是夏」條，王陶召還乃由歐陽修奏言。又卷一九六嘉祐七年三月丙辰載「召右正言、知蔡州王陶赴諫院供職」。

〔九〕當別與一名目　長編卷一九七嘉祐七年七月「是月」條云：「陶因請對，言：『宮嬪、宦官有以上惑聖聰，而使宗實畏避不敢前。』上問陶：『欲別與一名目，如何？』陶對曰：『此止是一差遣名目，乞與執政大臣議之。』上曰：『當別與一名目。』於是韓琦等始有立爲皇子之議。」

〔一〇〕穎王爲皇子以詹事召　長編紀事本末卷五七宰相不押班引司馬光日記云：「初建東宮，英宗命以蔡抗爲詹事，（韓）琦因薦陶，文彥博私謂琦：『盍止用抗？』琦不從，遂並用二人。及琦爲陶所攻，彥博謂琦曰：『頗記除詹事時否？』琦大愧曰：『見事之晚，真宜受撻。』」

〔一一〕同三司少府監裁損山陵浮費　長編卷二〇九治平四年正月庚申條云：「初議山陵，上以手詔賜執政於資善堂曰：『國家多難，四年之中，連遭大喪，公私困竭。宜令王陶減節冗費。』且謂執政曰：『仁宗之喪，先帝遠嫌，不敢裁減。今則無嫌也。』」

〔一二〕又言呂公誨傅公堯俞皆以言斥外請召還之必有所補　長編卷二〇九治平四年閏三月己丑條云：「京西轉運使、刑部郎中劉述兼侍御史知雜事。先是，蘇寀遷度支副使，中書奏以述代之，中丞王陶言述任非所長。上因賜陶手詔曰：『朕固疑述朝望不著，士大夫罕有稱者，方欲以訪卿，而卿適有論列，甚符朕意，豈得不謂君臣一心？覽章賞歎，至于三四。大凡執政選言事者，利在循默碌碌輩，此意了然可見，誠如卿論。呂誨、傅堯俞，朕固知其方正可使，止爲先朝所逐，未欲遽用，俟其歲月稍久，任之亦未晚也。知雜御史誰可當者，朝夕密以名聞。』然上亦竟用述也。」

〔一三〕乃以樞密直學士知陳州　東都事略王陶傳云：「初，陶事韓琦甚謹，故琦深器之，驟加拔用。至是，神宗頗不悅大臣之專，陶乃彈奏宰相不押常參班，至謂琦爲跋扈。琦等待罪，神宗以陶章示琦，琦奏曰：『臣非跋扈者，陛下遣一小黄門至，則可縛臣以去矣。』神宗爲之動，而陶連奏不已，乃以爲翰林學士。吴奎執詔不肯下，遂以陶爲樞密直學士、知陳州。」宋史王陶傳云：「郭逵以簽書樞密宣撫陝西，詔令還都。陶言：『韓琦置逵二府，至用太祖故事，出師劫制人主，琦必有姦言惑亂聖德。願罷逵爲渭州。』帝曰：『逵先帝所用，今無罪黜之，是章先帝用人之失也，不可。』陶既不得逞，遂以琦不押文德常朝班奏劾之。陶始受知於琦，驟加奬拔。帝初臨御，頗不悦執政之專，陶料必易置大臣，欲自規重位，故視琦如仇，力攻之，琦閉門待罪。帝徙陶爲翰林學士，旋出知陳州。」又夢溪補筆談卷一故事云：「故事，不御前殿，則宰相一員押常參官再拜而出。神宗初即位，宰相奏事，多至日晏。韓忠獻當國，遇奏事退晚，即依舊例，一面放班，未有著令。王樂道爲御史中丞，彈奏語過當，坐謫陳州。自此令宰臣奏事，至辰時未退，即一面放班，遂爲定制。」

［一四］於是爲翰林侍讀學士知蔡州　宋宰輔編年録卷七治平四年九月辛丑條引丁未録云：「御史中丞吕公著復論：『陶賦性傾邪，當韓琦秉政，諂事無所不至，自以嘗預宫僚，欲立至公輔。及爲中丞，挾私懷忿，乃誣琦以不臣之迹，陷琦以滅族之禍。反覆如此，豈可信任！』乃出陶知蔡州。」東都事略王陶傳亦云：「御史中丞吕公著論其反覆不可近，陶亦固稱足疾，以翰林侍讀學士知蔡州。」

［一五］六年上幸東宫念之遷給事中　據長編卷二三〇，翰林侍讀學士、右諫議大夫王陶爲給事中在熙寧五年二月癸亥，同時遷官者有資政殿學士、給事中邵亢爲禮部侍郎，翰林學士兼侍講學士、禮部郎中韓維爲吏部郎中兼侍讀學士，龍圖閣直學士、刑部郎中孫永爲兵部郎中，吏部郎中、天章閣待制孫固爲右諫議大夫，刑部員外郎、天章閣待制孫思恭爲工部郎中等，「以上幸東宫，念藩邸舊僚，特推恩也」。則誌文稱「六年」者誤。

［一六］閏九月壬寅薨　長編卷三〇九元豐三年閏九月壬寅條云：「觀文殿學士、正議大夫、新知汝州王陶道病，遣醫乘驛往治。陶尋卒，贈吏部尚書，謚文恪。」

［一七］再娶李氏京兆郡君繼室京兆之姊永安郡君　邵氏聞見録卷一八云姜愚子發「説論語，士人樂聽之，爲一講會，得錢數百千，爲樂道娶妻。樂道登第，調睦州判官。妻卒，子發又爲求范文正公（仲淹）夫人姪汝陽李氏以繼」。過庭録亦云王陶「與文正長子監簿爲友婿，范氏處長。後其室死，而監簿亦亡，復續長姨」。

［一八］其居家孝友敦睦　宋史王陶傳云：「陶微時苦貧，寓京師教小學。其友姜愚氣豪樂施，一日大雪，念陶奉母寒餒，荷一鍤劖

雪，行二十里訪之。陶母子凍坐，日高無炊烟。愚亟出解所衣錦裘，質錢買酒肉、薪炭，與附火飲食，又捐數百千爲之娶。陶既貴，尹洛，愚老而喪明，自衞州新鄉往謁之，意陶必念舊哀己。陶對之邈然，但出尊酒而已。愚大失望，歸而病死。聞者益薄陶之爲人。」

〔一九〕歐陽文忠公作剛説贈公　按歐陽脩居士集卷四四送王陶序有云：「太原王陶字樂道，好剛之士也，常嫉世陰險，而小人多居京師，不妄與人遊，力學好古，以自信自守。今其初仕，於易得君子動以進之象，故予爲剛説以贈之。」

〔二〇〕韓魏公知公者韓丞相薦公者及論事則彈劾無所回避　長編卷一九三嘉祐六年「是夏」條載歐陽修云：「如王陶者本出孤寒，只因韓絳薦舉，始得臺官，及絳爲中丞，陶不敢内顧私恩，與之争議，絳終得罪。夫牽顧私恩，人之常情爾，斷恩以義，非知義之士不能也。以此言之，陶可謂徇公滅私之臣矣。」

鮮于諫議侁墓誌銘〔一〕　忠文公范鎮

公諱侁，字子駿。其先箕子封於朝鮮，其子仲食采於于，因氏鮮于。其後詔爲閬州刺史，没於官，遂家焉。開元時，仲通、叔明節制兩川，叔明以功賜姓李氏，後復其姓，於公十二世祖也。曾祖演，祖璀，皆不仕。父至，號隱居先生〔二〕，以公贈金紫光禄大夫。母趙氏，安德郡太夫人。

公性莊重力學，景祐五年登進士第，調京兆府櫟陽縣主簿。到官數月，丁外艱。服除，爲江陵府右司理參軍。慶曆中，天下旱，詔中外言事。公上書「災異之興有四〔三〕」，言甚切直。移歙州黟縣令，又權婺源令。歙號難治，公治爲諸邑最〔四〕。改著作佐郎、知河南府伊闕縣事，遷秘書丞、通判黔州，未行，改綿州。先是，守將以下課吏卒供薪炭芻豆，鬻園中果蔬。公至，悉罷之，而守將隨亦罷。趙悅道薦其狀，遷尚書屯田員外郎。英宗初爲皇嗣，公乞選經術士以爲翼衛。遷都官員外郎、通判保安軍。何聖從知永興軍，辟公簽書判官廳公事，再遷屯田郎中、蔡河撥發[五]。

神宗初，詔中外直言，公應詔言十六事[六]，皆人君謹始者。及王荆公用事，又上疏言「可爲憂患者一，可爲太息者二[七]」，怫其意。某時爲翰林學士，薦公，詔除利州路轉運判官。荆公沮議，上曰：「鮮于某有文學。」執政曰：「陛下何以知之？」上曰：「有章疏在。」因出其文以示御史中丞滕元發曰：「此不減東宫舊臣王陶。」未幾關陝旱，乃移書安撫使[八]，宜如李牧守雁門故事，遠斥候，謹烽火，須其可擊而圖之，安撫使不能用。頃之，慶州兵叛，關中震駭，巴峽以西皆恐。成都守與部使者争議發兵屯要會處，公一皆止之，蜀人遂安。

是時初作青苗、助役法，諸路監司各定所部役錢。轉運使李瑜欲定四十萬，公以爲利路民貧，定二十萬，而與瑜議不合，各具奏以聞。上從公議，以爲諸路率；罷瑜，而以公爲轉運副使[九]。西京左藏庫使、知利州周永懿貪暴不法，前使者憚其兇狡，不敢問。公即遣吏就捕送于獄，而永懿編管衡州[一〇]。初，利州兼益利路兵馬都監，故用武臣，至是乞用文臣爲守[一一]。又劍門關、葭萌寨使臣兼知縣事，多不習文法，因請置令，令專邑事，皆著爲令。是時新法行，而公平心處之[一二]，蘇子瞻以謂「上不害法、中不傷民、下不廢親爲三難」云①，人以爲知言。

尋移京東西路轉運副使，遷司封郎中。是時河決曹村，或謂勿塞[一三]，公言：「東州惟梁山、張澤兩濼，夏秋大河注其中，則民爲魚矣。」因作議河書上之，上皆嘉納。復合京東東、西兩路爲一②[一四]，因以公爲轉運使。後知揚州[一五]。官制行，换朝請大夫。坐所舉吏受賕免，降朝散大夫[一六]。或勸公自陳，公曰：「吾剌舉十二年，

---

① 蘇子瞻以謂上不害法中不傷民下不廢親爲三難云　「上不害法中不傷民下不廢親」，宋史鮮于侁傳作「上不害法，中不廢親，下不傷民」。

② 復合京東東西兩路爲一　「京東東西兩路」原作「京東西兩路」，據本書中集卷五三鮮于諫議侁行狀、東都事略鮮于侁傳補「東」字。

所舉四百餘人，寧盡保其往邪？既薦之于朝，豈可反覆爲自全之計乎？」管句西京留司御史臺[一七]。

二聖臨御，除公朝議大夫、京東轉運使[一八]。既至，奏罷萊蕪、利國監鐵冶及鹽法通商①，東人大悦。又言高麗朝貢，可令州郡禮之，其自欲商賈者聽，則其人便矣。召判太常[一九]。議神宗配享，或曰荆公，或曰吴正憲公。公以爲宜如唐郭子儀故事，用富文忠公，議遂定。明堂禮畢，拜左諫議大夫。言君子小人相爲消長之理甚備。又請六曹寺監長吏各舉僚屬，則執政大臣可以優游論道矣。又言保甲授班行者即爲官户免役，而祥符縣至一鄉止一户可差，公請依進納例[二〇]。有旨諫官直舍不得與兩省相通，公奏：「唐太宗每宰相平章，必命諫官隨其後，有違失則箴規之。今置諫官，使與兩制不相往來，非所以開言路之意。」又請復制舉，分經義、詩賦爲兩科[二一]，多施行者。明年，以疾請外補，拜集賢殿修撰、知陳州[二二]，仍詔滿歲除待制。五月辛未，卒于州廨②，享年六十九。

公兩得任子恩，奏兄之子，凡嫁内外親族之女數人，其在官爲家如此。娶陳氏[二三]，封永安郡君，前公一年以終。男五人：復，早卒；頡，河南偃師縣尉；群，鳳州司法參軍；綽，假承務郎；焯，未仕。女四人：長未嫁而亡；次適趙氏，次適蒲氏，亦亡；幼適永安縣主簿張球。孫男二人：崇、崧③。孫女二人。

所著文集二十卷、詩傳二十卷④、周易聖斷七卷、典説一卷、治世讜言七卷、諫垣奏藁二卷、刀筆集三卷。是

---

① 奏罷萊蕪利國監鐵冶及鹽法通商　「鹽」原作「監」，據長編卷三六一元豐八年十一月丁酉條、秦觀淮海集卷三六鮮于子駿行狀改。

② 五月辛未卒于州廨　按，長編卷三九六元祐二年三月丙寅條注曰：「五月二十日，侁卒。」

③ 孫男二人崇崧　本書中集卷五三鮮于諫議侁行狀稱其「孫男一人，崧孫」。

④ 所著文集二十卷詩傳二十卷　按，晁志卷一九著録鮮于諫議集三卷，宋史卷二〇八藝文志七著録鮮于侁集二卷；宋史卷二〇二藝文志一著録詩傳六十卷。

歲八月辛丑，葬于穎昌府陽翟縣大儒鄉高村之原。銘曰：

神宗皇帝在御，某嘗薦公，怫執政意。後十八年，遂銘公之墓乎！嗚呼子駿！其言也訒，其行也敏。平生云爲，莊重惇謹。曰陽翟縣，大儒之鄉，高村之原，永固以藏，貽後世云。

辨證：

[一] 鮮于諫議侁墓誌銘　按，鮮于侁，東都事略卷九二、宋史卷三四四有傳，本書中集卷五三載有秦觀鮮于諫議侁行狀。

[二] 號隱居先生　本書中集卷五三鮮于諫議侁行狀云鮮于至「自號隱居先生，爲蜀名儒」。

[三] 公上書災異之興有四　據本書中集卷五三鮮于諫議侁行狀，云其「推災變所興有四：一曰言不從，二曰厥咎僭，三曰欲得不明，四曰上下皆蔽」。

[四] 歙號難治公治爲諸邑最　本書中集卷五三鮮于諫議侁行狀云：「歙俗喜訟，善持吏長短，吏稍繩以法，輒得罪去。公爲黟，又嘗攝婺源，其治皆爲諸邑最，豪强畏之。」

[五] 蔡河撥發　按，職官分紀卷四七云淮南浙江荆湖路都大發運使下屬有「蔡河撥發一人，以朝臣或三班充」，至「熙寧三年，以蔡河撥發堤岸斗門公事等，今後並隸都大制置發運使司提舉管轄」。

[六] 公應詔言十六事　本書中集卷五三鮮于諫議侁行狀云：「公應詔言十六事，其目曰：納諫諍以輔德，訪多士以圖治，嚴法令以制世，崇節儉以富民，明黜陟以考實，去貪暴以崇厚，重臺諫以委任，選監司以督姦，閱守宰以求治，謹遷易以去弊，重根本以固國，復選舉以澄源，申武備以警武，備軍旅以除患，謹邊防以重內，練將帥以禦戎。其末曰：『願陛下事兩宮以孝，待大臣以禮，侍從知其邪正，近習防其姦壬。』」

[七] 及王荆公用事又上疏言可爲憂患者一可爲太息者二　宋史鮮于侁傳云：「初，王安石居金陵，有重名，士大夫期以爲相。侁惡其沽激要君，語人曰：『是人若用，必壞亂天下。』至是，乃上書論時政，曰：『可爲憂患者一，可爲太息者二，其他逆治體而召民怨者，

不可概舉。』其意專指安石。」按，長編卷二一四熙寧三年八月乙丑條云鮮于侁「熙寧初應詔言十六事，皆人君謹始者，上愛其文，出示御史中丞滕甫曰：『此文不減王陶。』」

［八］未幾關陝旱乃移書安撫使　本書中集卷五三鮮于諫議侁行狀云「西方議用兵，公以兵將未擇，關陝無年，未宜輕動」。按，時韓絳宣撫陝西。

［九］上從公議以爲諸路率罷瑜而以公爲轉運副使　長編卷二二七熙寧四年十月庚申條云：「利州路轉運判官、屯田郎中鮮于侁權發遣轉運副使。初，詔諸路監司各定助役錢數，轉運使李瑜欲定四十萬，侁以爲本路民貧，二十萬足矣。與瑜議不合，各具利害奏，上是侁議，因以爲諸路率。仍罷瑜，而侁有是命。」注曰：「本傳云即罷瑜，蓋因范鎮墓銘。按瑜尋入判三司都理欠憑由司，其罷蓋不久。」舊聞證誤卷二云：「按實録，此年十月丁巳，利路轉運判官鮮于侁爲副使，後二十日丁丑，利路轉運使李瑜以判三司都理欠憑由司召，乃是美遷。」又宋史鮮于侁傳云：「時諸路役書皆未就，神宗是侁議，諭司農曾布使頒以爲式。」

［一〇］公即遣吏就捕送于獄而永懿編管衡州　長編卷二三三熙寧五年四月庚午條云：「西京左藏庫副使、知利州周永懿貪暴不法，轉運副使鮮于侁得其贓狀，即遣吏就御史張商英言：『永懿在任時，轉運使李瑜、提點刑獄周約交章薦舉，永懿倚瑜、約之助，故鬻獄納賄，無所忌憚，不可不治。』詔候永懿案到取旨。後永懿編管衡州，瑜、約及同提點刑獄羅居中皆坐奪一官。」

［一一］至是乞用文臣爲守　按本書中集卷五三鮮于諫議侁行狀稱又「別置路分都監，以懲永懿之弊」，宋史鮮于侁傳云此外「併易班行領縣事」。

［一二］是時新法行而公平心處之　宋史鮮于侁傳云是時「部民不請青苗錢，（王）安石遣吏廉按，且詰侁不散之故。侁曰：『青苗之法，願取則與，民自不願，豈能彊之哉？』……二税輸絹綿，侁奏聽民以畸零納直」。

［一三］或謂勿塞　按本書中集卷五三鮮于諫議侁行狀云：「議者或謂決河東流入海，自其本性，宜勿復塞。」長編卷二八六熙寧十年十二月甲申條載：「手詔：『比楊琰、高靖檢河道回，具所見條上，可召審問，參質利害，庶被災之民不致枉有勞役。』初，河決曹村，命官塞之，而故道已堙，高仰，水不得下。議者欲自夏津縣東開簽河入董固護舊河，袤七十里九十步，又自張村埽直東築隄至龐家莊古隄，袤五十里二百步，計用兵三百餘萬、物料三十餘萬。而琰等以爲口塞水流，則河道自成，不必開築，以糜工役。上重其事，故令審問，……

命樞密都承旨韓縝。後縝言：『漲水衝刷新河，已成河道。河勢變移無常，雖開河就隄，及於河身創立生隄，枉費功力。欲止用新河，量加增修，可以經久。』從之。」

〔一四〕復合京東東西兩路爲一　本書中集卷五三鮮于諫議侁行狀云：「初，京東分東西兩路，後以財用虛羸不相通和，詔復合爲一路。」長編卷二八七元豐元年閏正月己卯條載：「詔河北東西、永興、秦鳳、京東東西、京西南北、淮南東西路轉運司並依未分路以前通管兩路，其錢穀並聽移用。」按，宋史卷八五地理志一京東路云，京東路熙寧七年分爲東、西兩路，至元祐元年方并爲一路。

〔一五〕後知揚州　宋史鮮于侁傳云：「元豐二年召對，命知揚州。神宗曰：『廣陵重鎮，久不得人，今朕自選卿往，宜善治之。』」然本書中集卷五三鮮于諫議侁行狀云「召還賜對，勞問甚厚。上欲留公京師，而公固求守郡，遂除知揚州事」。

〔一六〕坐所舉吏受賕免降朝散大夫　長編卷三一二元豐四年四月乙亥條云：「朝請大夫、知揚州鮮于侁追一官，降授朝散大夫衝替，坐舉知綿州神泉縣胡獻犯贓故也。」

〔一七〕管勾西京留司御史臺　宋史鮮于侁傳云其「爲舉吏所累罷，主管西京御史臺」。然本書中集卷五三鮮于諫議侁行狀云其「復朝請大夫，管勾西京留守司御史臺」。

〔一八〕除公朝議大夫京東轉運使　宋史鮮于侁傳云：「哲宗立，念東國困於役，吳居厚掊斂虐害，竄之，復以侁使京東。」長編卷三六一元豐八年十一月丁酉條載朝議大夫鮮于侁爲京東轉運使，云：「熙寧末，侁已嘗爲京東轉運使，於是司馬光語人曰：『今復以子駿爲轉運使，誠非所宜，然朝廷欲救東土之弊，非子駿不可，此一路福星也，可以爲諸路轉運使模範矣。』又曰：『安得百子駿布在天下乎？』侁既至，奏罷萊蕪、利國兩監鐵冶，又乞海鹽依河北通商，民大悦。又乞止絶高麗朝貢，只許就兩浙互市，不必煩擾朝廷。事雖不行，然朝廷所以待高麗禮數亦殺於前云。」注曰：「此據李豸所作侁行狀及范鎮墓誌，侁傳載侁事極疎略，亦不載侁再爲京東漕也。」

〔一九〕召判太常　東都事略鮮于侁傳云其「元祐初，召爲太常少卿」。

〔二〇〕公請依進納例　長編卷三九三元祐元年十二月庚寅條云：「左諫議大夫鮮于侁言：『開封府界保甲授班行人不少，官户既多，縣道差役頗難。聞祥符縣内一鄉止有一户可差。伏以武舉試策及弓馬人等方得近下班行，今來保甲人事藝入等纔受恩，便與公卿大夫一等爲官户免役，頗爲僥倖。臣欲乞保甲授班行人，依進納官例，候改轉陞朝官，方免户下色役，庶令縣道差役得行。其三路保甲亦乞依此。』從之。」

〔二一〕又請復制舉分經義詩賦爲兩科　宋史鮮于侁傳云其言：「制舉，誠取士之要，國朝尤爲得人。王安石用事，諱人詆訾新政，遂廢其科。今方搜羅俊賢，廓通言路，宜復六科之舊。」

〔二二〕以疾請外補拜集賢殿修撰知陳州　長編卷三九六元祐二年三月丙寅條注曰：「侁舊傳云：『請六曹寺監長吏各舉僚屬；又觀望請復制舉，請分經義、詩賦爲兩科，而試先論策；司馬光以十科取士，侁薦王鞏可備獻納科。時論紛然。』新録辨曰：『制科當復，非爲觀望；侁薦王鞏，不曾進用。……』恐侁之出，或緣薦王鞏也，當考。」

〔二三〕娶陳氏　本書中集卷五三鮮于諫議侁行狀云「太常寺太祝藩之女」。

名臣碑傳琬琰集中卷二十五

孫學士洙墓誌銘[一]　黄門李清臣

元豐二年十一月，天子有詔：「尚書祠部員外郎、知制誥洙，學術行誼，有名于時，博習墳史，多識典故，其以爲翰林學士。」入謝，賜黄金帶、厩馬、塗金羈勒文鞹，敕從官同燕集，内侍監治具，悉如故事。名聲光榮，赫然驚衆。士大夫歆艷相語曰：「今天子學如舜禹湯文，或制畫從中下，及對見諸臣，有所訓諭，言成法象，體合經誥。而孫公乃以文章蒙被知賞，於詞臣爲第一，是其行能固有以得之，行且大用矣。」十二月，偕樞密直學士陳公襄詣城南省故人，於坐感疾，肩輿還城東第。既累日不朝，上馳遣太醫脉治，内侍就問所苦者再。親友省疾饋藥①，冠蓋交道，填門不絶。明年五月，頓劇不起奏[二]。上對輔臣嗟惜，常賻外，特賜錢五十萬，録長子乘、幼子㒒爲秘書省正字，族子樞守將作監主簿。諸孤奉柩南歸，卜以元豐三年十二月二十七日葬。諸孤及其弟漸來請銘，清臣辭斐陋，漸曰：「予兄列職翰林踰月，亟不幸，雖受聖主恩，本羈孤自信，立朝無朋。今欲襄大事，維子其記，不則何以慰諸泉下？」清臣曰：「子以是義命僕，其敢不諾？」

① 親友省疾饋藥　「友」原作「及」，據庫本改；文海本作「交」。

公字巨源，自高祖以上爲廣陵人。曾祖易從，始徙真州揚子縣。祖再榮，累贈尚書兵部侍郎。皇考錫，起家進士高等，終司封郎中、集賢校理，以儒林先生長厚有德稱于世。

公少奇邁，秀出諸兒。十九歲登進士第，補秀州司法參軍①，益自厲，究覽諸書。持母夫人喪，既除，調杭州於潛縣令。詔以六科舉士，包文肅公拯、歐陽文忠公脩、吴孝肅公奎皆薦公可備親策②。所奏論説五十篇，善言祖宗事，指切治體，推往較今，分辨得失，抑揚條鬯，讀之令人感動歎息，一時傳寫摹印，目曰經緯集。韓忠獻公曰：「慟哭泣涕論天下事，此今之賈誼也。」及試秘閣，偶朞喪不赴。會置局崇文院，校定四庫書，召公編校[三]，改館閣校勘[四]，遷集賢校理、知太常禮院。治平三年，京師大雨水，英宗詔求直言。公獻疏言時政七事、要務十五事，凡萬餘言，至到懇惻，事皆可行。屬英宗不豫，疏入不報[五]。歷祕書省著作佐郎、秘書丞，便親通判杭州事，未行，丁校理憂。

公去官居喪三載，喜顔不見於面，戲言不出於口，惟默然獨坐，覩史讀書，因廢然歎息曰：「父母俱存，人生樂事，真不可得。吾欲養而親不在，所以賢者抱恨於終天，爲無涯之慽矣。」時遇伏臘，必親自治修，恪誠愛敬，涕泣終日。嘗曰：「我親雖享，其能食乎？」居喪三年，始終如初，未嘗少懈。

服除，起爲史館校討，同知諫院，兼直舍人院。公即上言「乞增置諫官，以廣言路。古者明四聰、達四目，可見王者之視聽不可不廣，王者之見聞不可不遠。深居九重，言路廣遠，則睿智日新，聽斷神明矣」。時王安石以

---

① 補秀州司法參軍　按，東都事略孫洙傳稱授「司户參軍」。

② 包文肅公拯歐陽文忠公脩吴孝肅公奎皆薦公可備親策　按，據本書下集卷六包孝肅公拯、宋史卷三一六包拯傳，包拯謚曰孝肅；又據宋史卷三一六吴奎傳，吴奎謚曰文肅。則墓誌云云有誤。

論青苗事，諫官多有不合，而御史、諫官皆被黜逐[六]。公鬱鬱不能無言①，嘗語人曰：「博施濟衆，實爲利民事，但堯舜其猶病之，能爲之耶？若執一己之見，而欲利於一時，今雖要結於民，恐日後取怨必多也。」於是懇求補外，得知海州[七]。入爲同修起居注、知制誥、直學士院。神宗見其文深嘉之[八]，曰：「孫洙學有淵源，殆非尋常。觀其制作行誼出於天性，學術本於經書，且博習墳史，多識典故，允稱儒林之士，其爲翰林學士宜矣。」遂大用，知制誥。冬感疾，至明年五月，頓劇不起而薨，享年四十有九。子二，皆爲官。

公天資穎絶，博學多智，進退整暇，道古今事有條理，漢魏以來書記，其文可道者，即能成誦。議論時事，切言得失，未嘗少異其說。經緯智識，策問章奏，難於殫述。屬余爲銘，今略舉其概而爲之銘：

天生賢敏，卓然不群。英才犖犖，鑑古知今。擢爲翰院，佐天子命。經邦緯國，極言時政。日益聖智，惟在利民。有詔求直，萬言奏懇。欲廣言路，讒佞不興。養親不在，止自悲吟。慽慽無涯，抱恨終身。學本洙泗，洋溢聲名。三公薦舉，備策時問。允矣孫公，賢良方正。

辨證：

[一] 孫學士洙墓誌銘　按，孫洙，東都事略卷八五、宋史卷三二一有傳。

[二] 明年五月頓劇不起奏　宋史孫洙傳云其「擢翰林學士，纔踰月，得疾。時參知政事闕，帝將用之」。長編卷二九八元豐二年五月辛卯條云：「翰林學士孫洙暴得風緩，不能朝，中使、太醫問疾相屬。元絳罷，上意欲用洙，遣中使視之，知其疾不可爲，乃用蔡確。及

① 公鬱鬱不能無言　「無言」，長編卷二二三熙寧四年五月丙午條注引洙舊傳作「有所言」，云：「王安石以論青苗事，多逐諫官、御史，洙欝欝不能有所言，懇求補外，得知海州。」

卒，對輔臣歎惜之，常賻外，賜錢五十萬。」

〔三〕會置局崇文院校定四庫書召公編校　避暑録話卷下云：孫洙「免喪，魏公（韓琦）猶當國，即用爲崇文館編校書籍，遂見進用，不復更外任，蓋猶愈于正登科也」。

〔四〕改館閣校勘　長編卷一九五嘉祐六年十一月辛未條云：「於潛縣令、編校祕閣書籍孫洙爲館閣校勘，從新制也。編校書籍二年得補校勘自洙始。」

〔五〕公獻疏言時政七事至疏入不報　宋史孫洙傳云「洙應詔疏時弊要務十七事，後多施行」。

〔六〕而御史諫官皆被黜逐　據宋史卷一五神宗紀，因論青苗法被黜者有御史中丞呂公著，侍御史知雜事陳襄，監察御史裏行程顥、張戩、王子韶，知諫院胡宗愈，右正言孫覺、李常等。

〔七〕得知海州　宋史孫洙傳云其「得知海州。免役法行，常平使者欲加斂緡錢，以取贏爲功，洙力爭之。方春旱，發運使調民濬漕渠以通鹽舸，洙持之不下，三上奏乞止其役」。

〔八〕神宗見其文深嘉之　宋史孫洙傳云：「澶州河平，作靈津廟，詔洙爲之碑，神宗獎其文。」

楊待制繪墓誌銘〔一〕　太史范祖禹

士君子既有所學，立於朝廷之上，不患其有言，而患其無言。言則引君當道，止不義，明是非，辨曲直也。故古有諫官。若待制楊公者，斯人可稱謂有言者矣。

公諱繪，字元素。少舉進士，爲大理評事、通判荆南。神宗時爲修起居注、知諫院。公即建言「宗室以服屬裁廕子之數，立出官之法」。神宗嘉納之。向傳範爲京東帥，公即上言「請易其任，以杜外戚僥求之意」。神宗曰：「得卿如此所言甚善，誠可止異日妄求也〔二〕。」宰相曾公亮用所善曾鞏爲史官，公又上言曰：「前數月人已知鞏爲實録檢討矣。夫公亮以朝廷名器擅爲己物，私以與人，乞正招權之罪[三]。」鞏既罷史官，繪亦罷諫職，除兼侍讀。御史中丞滕甫言：「繪有何罪而罷之？」神宗於是詔甫曰：「繪堅求外補，蓋繪未究朕意。繪迹踈遠，立朝寡援，不畏彊禦，知無不爲。朕一見之，即知其忠直可信，故擢置言職，知之亦篤矣。今日之除，蓋難與宰相兩立於輕重之間，姑少避之。卿其諭朕此意。」公知之，曰：「諫官不得其言，則當去，經筵非姑息之地。」終辭不受。未閱月，再知諫院。

擢翰林學士、御史中丞[四]。時王安石執政，舉青苗法，在廷諸臣皆以疾辭去。公獨上言曰：「當今舊人多以疾求退：范鎮以年六十三而去，吕誨年五十八而告退，歐陽修六十五而致仕，富弼六十八被劾引疾，司馬光、王陶皆五十而求閒散。在朝諸臣，一朝遠去，陛下可不思其所以然乎？」又言：「以經術取士，獨不用春秋。夫春秋皆大經大法，所載聖人立言，在一字之褒貶，其意至深，宜學者研窮深味，究其微旨。宜令學者以三傳解經①。」公又言「安石不知人，提舉常平使者暴横」。公論免役有十害，請罷之。曾布疏其説，詔付繪分析。公執前議，遂罷[五]，以翰林侍讀學士知亳州②。徙應天府，又徙杭州。

再爲翰林學士兼侍講。議者欲加孔子以帝王號，公曰：「孔子，帝王且師之，不可加以帝號。若加以帝號，則尊而非尊矣。」公嘗薦屬吏王永年，御史蔡承禧言其私通饋賂，坐貶荆南節度副使[六]。數月，分司南京。改提舉太平觀，起知興國軍。哲宗即位，徙徐州，復天章閣待制[七]，知杭州。時公老而有疾，不愈，享年六十有二而薨。

---

① 宜令學者以三傳解經　「宜令」原作「何今」，據太史范公文集卷三九楊公墓誌銘及東都事略、宋史楊繪傳改。

② 以翰林侍讀學士知亳州　「侍讀」二字原脱，據太史范公文集卷三九楊公墓誌銘及東都事略、宋史楊繪傳補。

公漢州綿竹人也，爲人放曠不羈[八]，不懼權顯，有言必言。吏事敏給，爲文立就，所作有集八十卷行於世。子皆蔭授，家甚貧。公既歿，余嘗思其行，愛其才，有士君子風，鯁直之概，不與庸衆同。余故不能無言，謹爲之銘：

待制楊公，職爲諫官，立朝剛正，事君忠直。時在神宗，數言諫諍，不畏彊禦，不懼權貴。惟言是盡，幸天子聖，知其忠直，心存王室。納諫如流，不以黜陟。常居言路，或爲耳目，或爲股肱，以廣見聞。昔之比干，身遭剖戮。今之楊公，愈諫愈得。

辨證：

［一］楊待制繪墓誌銘　本墓誌又載於太史范公文集卷三九，題曰「天章閣待制楊公墓誌銘」，然文字與此頗有異同。而長編卷二二二熙寧四年四月壬午條注曰：「據范祖禹誌楊繪墓，云繪亦因論此，連忤執政。」又卷二五八熙寧七年十二月庚寅條注曰：「范祖禹誌繪墓，云繪言不必追尊（孔子）。」其所引正太史范公文集卷三九天章閣待制楊公墓誌銘中語。疑本墓誌，其家人對范祖禹撰本頗有更改，故特附録太史范公文集卷三九天章閣待制楊公墓誌銘於後，以便比勘閲讀。按，楊繪，東都事略卷九二、宋史卷三二二有傳。

［二］誠可止異日妄求也　宋史楊繪傳載：「向傳範安撫京東西路，繪請易之，以杜外戚干進之漸。執政曰：『不然，傳範久領郡，有政聲，故使守鄆，非由外戚也。』帝曰：『諫官言是，斯可窒異日妄求矣。』」

［三］乞正招權之罪　宋史楊繪傳云：「曾公亮請以其子判登聞鼓院，用所厚曾鞏爲史官。繪争曰：『公亮持國，名器視如己物。向者公亮官越，占民田，爲郡守繩治，時鞏父易占亦官越，深庇之。用鞏，私也。』帝爲寢其命，繪亦解諫職。」

［四］擢翰林學士御史中丞　長編卷二二二熙寧四年四月癸酉條載翰林學士、勾當三班院楊繪權御史中丞，翰林學士韓維兼翰林侍講學士，云：「自馮京罷，御史臺闕中丞，陳薦、孫固皆權領臺事。於是上欲用維，王安石言：『維必同俗，非上所建立，更令異論益熾，不如用繪。』上從之。」

［五］公論免役有十害請罷之曾布疏其説詔付繪分析公執前議遂罷　長編卷二二五熙寧四年七月丁酉條云：「王安石曰：『繪所奏前後反覆，今竝不分析布所言子幾與蕃事。……且繪云「當忠以報國，雖爲臣引用，不敢以私害公」。凡人之情，爲人所知，縱不能私，宜以平遇之。如繪所言，專爲不平，此必有所懷也。繪知開封府元同議，後來不受百姓訴狀違法，何故不論開封之罪？此其不平可見。繪狡詐難知，如言「爲臣所引用，然不敢以私害公」，此所謂壬人，雖堯舜所當畏難，陛下不可不察。臣向論繪燭理不明，不可爲中丞，此言必漏，臣度繪當緣此爲憾。邪人交鬬，但能壞朝廷事，於臣私計亦何所預？臣若計身私利害，即雖不才，豈不能合流俗以自固？若以義爲事，則有去就而已。小人消長，非臣所敢知也。』上曰：『如何措置？』安石曰：『此在陛下。』上曰：『令繪出，翰林又少人。降一官令歸院如何？』安石曰：『欲令出，即差官直院可也。』於是詔繪落翰林學士、御史中丞，爲翰林侍讀學士。……後兩日以繪知鄭州。」注曰：「神宗史食貨志云：『初，繪除中丞，安石以爲繪不燭理，不可爲中丞，然卒除繪。已而執政馮京漏安石語以激怒繪，緣比爲憾，故毁役法以自立異，非詳究法之利害本末也。』志蓋因安石日録，今不取。」又，邵氏聞見録卷一三云：「楊元素爲中丞，與劉摯言助役有十害。王荆公使張琥作十難以詰之，琥辭不爲。曾布曰：『請爲之。』仍詰二人向背好惡之情果何所在？元素惶恐，請曰：『臣愚不知助役之利乃爾，當伏妄言之罪。』摯奮曰：『爲人臣豈可壓於權勢，使人主不知利害之實？』即復條對布所難者，以伸明前議，且曰：『臣所向者陛下，所背者權臣，所好者忠直，所惡者邪姦。臣今獲罪譴逐，固自其分，但助役終爲天下之患害，願陛下勿忘臣言。』于是元素出知鄭州，摯責江陵。」又長編卷二二五熙寧四年七月甲辰條載新知鄭州、翰林侍讀學士楊繪知亳州。

［六］坐貶荆南節度副使　涑水記聞卷一六云：「王永年，宗室叔皮之壻也，監金耀門文書庫。翰林學士楊繪、待制竇卞皆嘗舉之。永年盗賣官文書，得錢，費于娼家，畏其妻知之，僞立簿云：『買金銀若干遺楊内翰，若干遺竇待制。』亦嘗買繒帛及酒遺繪、卞及提舉京百司、集賢修撰張芻；繪受之，卞止受其酒，芻俱不受。又嘗召繪、卞飲于其家，令縣主手斟酒以飲卞、繪。縣主以永年盗官文書事白父叔皮，叔皮白宗正司，牒按其事。永年夜叩八位門告變，詔吴幾復按之，永年告變事今已明白，其盗官文書等事請付三司結絶。既而三司使沈括奏：『事涉兩制，請付御史臺窮治。』皆奉旨依。知雜御史蔡確奏：『幾復不發摘卞、繪等贓汙，避事惜情。』熙寧十年五月，繪責授荆南節度副使。」又長編卷二八一熙寧十年三月甲戌條云：「或言永年盗賣官文書，得錢費於娼家，畏其妻知之，乃僞爲籍曰買物若干遺某、遺某，其寔無有也。緣繪及竇卞實嘗過永年家，永年妻手斟酒以飲繪、卞，故兩人不能自明，竟坐責絀。」注曰：「或言，據記聞及東

軒録。」

［七］復天章閣待制　長編卷三七四元祐元年四月癸巳條載「監察御史孫升言：『知興國軍楊繪、簽書楊州節度判官廳公事沈季長詿誤深刑，情非故冒，近侍義難自陳，伏望特令理訴斷遣所取索元案看詳。』從之」。又卷三九四元祐二年正月丁丑條載「朝散大夫、知徐州楊繪復天章閣待制。繪自翰林學士坐罪責降，至是以赦叙也」。

［八］爲人放曠不羈　東軒筆録卷七云：「繪性少慎，無檢操，居荆南，日事遊宴，往往與小人接。一日，出家妓延客夜飲，有選人胡師文預會，師文本鄂州豪民子，及第爲荆南府學教授，尤少士檢。半醉，狎侮繪之家妓，無所不至。繪妻自屏後窺之，大以爲耻，叱妓入，撻於屏後。師文離席排繪，使呼妓出，繪媿於其妻，遽欲徹席。師文狂怒，奮拳毆繪，賴衆客救之，幾至委頓。近臣不自重，至爲小人淩暴，士論尤鄙之。」

附：太史范公文集卷三九天章閣待制楊公墓誌銘

公諱繪，字元素。其先出於漢太尉震。八世祖珂，仕唐爲漢州金堂令，卒官。子膳，爲國子祭酒，從僖宗入蜀，葬金堂君於綿竹，因家焉，遂爲綿竹人。曾祖諱曄，祖諱充。考諱宗道，有隱德，鄉黨尊敬，以公貴，累贈光禄大夫。曾祖妣宇文氏，祖妣何氏。妣李氏，累封廣陵郡太君。

公幼聰警儁拔，讀書五行俱下，老不復忘。專治經術，工古文，尤長於易、春秋。居無爲山著書，自號無爲子。以其學背時好，名所居曰自信堂。皇祐五年擢進士第二人，授大理評事、通判荆南府。丁光禄憂，服除，召試學士院，改太子中允，充集賢校理，爲開封府推官，賜服緋魚，權判官。庫吏積年盜用官錢，因賂守者，事覺，株連繫獄二百餘人。公白尹，許詿誤者自陳，悉獲免。開封繁劇，府僚日力不給，公從容有餘。仁宗知其才，欲擢寘侍從，執政以公年少抑之，改判三司户部勾院。以母老求領郡，得知眉州，奏課第一。徙知興元府，未期年，獄空者二百八十餘日。

英宗書公姓名於寢殿，未及用。神宗即位一月，召修起居注，進知制誥、知諫院，賜服金紫。詔遣押班王昭明、管勾御藥院王中正李舜舉使陝西勾當公事，公上言：「君之始年，要在端慎。方天下拭目傾耳以觀聽新政，館閣臺省之臣，朝廷所養以待用者，豈無一人可使，而必用中人乎？」又言：「中正妄言邊事，欲以固寵，請罷近職，置之閒地。」又乞案薛向、李肅之擅興，种諤、高遵裕矯制取綏州之罪，處以典刑；宗室以服屬裁蔭子之數，立出官之法。從之。又言：「向傳範后族，不當領京東西路安撫使，宜易之，以杜外戚僥求之源。」執政言傳範以累典郡，有政績而授，非緣外戚與之。上曰：「得諫官如此言，甚善，可以止其他日妄求也。」

宰相有乘時旱歉多買民田，及用所厚善者爲修實録檢討官，又乞其子判鼓院，公累疏論列，上爲罷檢討、鼓院，又重進退大臣，乃罷公諫職，除兼侍讀。公力請外任，御史中丞滕元發以爲言①，上手詔賜元發曰：「繪堅求外補，及乞明加黜責，蓋繪未深究朕意。繪迹疎遠，立朝寡識，不畏彊禦，知無不爲，朕一見，便知其忠直可信，故翌日即擢置言職，知之亦甚篤矣。今日之除，蓋難與宰相兩立於輕重之間，姑少避之。卿可示朕手札，諭以此意，令早承命。」公謂諫官不得其言則去，經筵非姑息之地，卒辭不受。不閲月，再知諫院，以母疾辭。

丁内艱。服除，入對，面受翰林學士，權御史中丞，充理檢使。時王安石執政，臺諫官多以言事罷去，闕中丞累月，及公執憲，士大夫皆想望風采。公上言：「當今舊臣多以疾求退，范鎮年六十三、吕誨五十八、歐陽修六十五而致仕，富弼六十八被劾引疾，司馬光、王陶皆五十而求閒散，陛下可不思其然乎？」又言：「以經術取士，獨不用春秋，宜令學者以三傳解經，不必專用左氏之説。」又言安石不知人，提舉常平使者暴横。時方行免役法，公上言司農寺升畿縣户等而多取緡錢，兩浙提點刑獄王庭老、提舉常平張靚多率役錢至七十萬。以是連忤執政，罷學士、中丞二職，以翰林侍讀學士知鄭州。未行，改亳州。徙知應天府兼南京留守司事，知杭州兼兩浙西路兵

① 御史中丞滕元發以爲言　按，滕元發即滕甫，字元發，因哲宗初「避高魯王諱，改字爲名」。

馬鈐轄。杭爲東南會府，公始至，獄訟多壅，剸決悉無留繫。時諸路監司多新進輕鋭，陵轢郡縣，雖藩鎮大臣不敢校。會旱蝗大起，詔遣監司巡案捕蝗官，監司坐視不出，公移文詰責，促其行，吏民感之，境内蝗皆抱木死。幾月，公被召，受代之明日，蝗復生，民作歌以思公。

復拜翰林學士兼侍讀。李憲爲安南副招討，公上疏，以唐白居易諫用吐突承璀爲言，憲卒不行。時議加孔子帝號，公上言不必追尊；又言不宜用大遼曆改閏月，悉從之。攝開封府數旬有聲，從容談笑，庭無留事，神宗眷益厚。會有忌公勝己者擠之，言公受饋薦人，而其人已死，公無以自明，責授荆南節度副使。數月，分司南京，改提舉江州太平觀。謫居七年，起知興國軍。上嗣位，易徐州。誣謗始辨，復天章閣待制，再知杭州。時已屬疾，視事踰四月，卒于州，年六十二，實元祐三年六月丁丑。

公爲人簡易，不事邊幅，表裏洞達，一出於誠。爲文章，操紙筆立書，其論議必本經術。事上竭盡無回忌。敏於吏事，事至即決，而皆得其情實，吏民不知所出，畏伏如神。主於愛利，不嚴刑罰，待屬官無贊拜禮，胥史皂隸亦不責其曲謹。尤爲神宗所知，前後皆自除用。既坐廢退，公亦知命，處之泰然，曰：「天也。」其在南京①，執政有與公相善者，使人致問，將辨公無罪，公曰：「吾命未也，其如命何！」及二聖嗣位，連起公領藩郡，且召用，而公不幸以歿，豈非命歟！

其官自太子中允五遷爲禮部郎中，官制行，易朝奉、朝散、朝請大夫。歷知太常禮院，判官告院、吏部流内銓、審官西院、三班院、太常寺兼禮儀事、尚書都省，提舉在京諸司庫務。初封華陰縣子，食邑五百户，進封號郡侯，食邑一千户。娶李氏，封同安郡君。子男四人：長久中，太廟室長；積中，黄州司法參軍；使中、出中，皆承

① 其在南京　「南京」原作「京南」，據上文乙改。

務郎。女二人，長適前利州綿谷主簿李象先，次許嫁承務郎范百慮。孫女二人。有群經索藴三十卷、無爲編三十卷、西垣集三卷、諫疏七卷、臺章七卷、翰林詞稾七卷。

公因謫居荆南，夫人與諸孤奉公之柩，以元祐四年十一月十七日葬荆南江陵縣龍山鄉全家村。楊氏、范氏爲世姻，故知公最詳。諸孤屬以銘，其可辭？銘曰：

自漢太尉，楊世顯融。從唐狩蜀，以迄于公。公居無爲，學以自信。與古爲徒，匪今之徇。坦坦爲人，矯矯爲臣。正色于朝，不有厥身。嘉言忠規，日陳于帝。亦無沮威，亦無避勢。諫垣憲府，再黜而升。久益知之，惟帝之明。兩拜翰林，入侍經幄。帝將庸之，君正是屬。誣不自辨，一謫七年。不戚不求，曰命于天。二聖照臨，起公徐方。與民所欲，再命于杭。杭人懽呼，如父母懷。公昔初去，蝗死復飛。今公再來，以疾卧齊。公殁于州，老幼號啼。其愛在人，其直在史。去蜀適荆，其在今始。

名臣碑傳琬琰集中卷二十六

蘇文忠公軾墓誌銘[一]　文定公蘇轍

予兄子瞻謫居海南四年春正月，今天子即位[二]，推恩海内，澤及鳥獸。夏六月，公被命，渡海北歸。明年，舟至淮、浙。秋七月，被病卒於毗陵。吴越之民相與哭於市，其君子相吊於家。訃聞四方，無賢愚皆咨嗟出涕，太學之士數百人，相率飯僧惠林佛舍[三]。嗚呼！斯文墜矣，後生安所復仰？公始病，以書屬轍曰：「即死，葬我嵩山下，子爲我銘。」轍執書哭曰：「小子忍銘吾兄！」

公諱軾，姓蘇氏，字子瞻，一字和仲，世家眉山。曾大父諱杲，贈太子太保。妣宋氏，追封昌國太夫人。大父諱序，贈太子太傅。妣史氏，追封嘉國太夫人。考諱洵，贈太子太師。妣程氏，追封成國太夫人。公生十年，而先君宦學四方，太夫人親授以書。聞古今成敗，輒能語其要。太夫人嘗讀東漢史至范滂傳，慨然太息。公侍側，曰：「軾若爲滂，夫人亦許之否乎①？」太夫人曰：「汝能爲滂，吾顧不能爲滂母耶？」公亦奮厲有當世志，太夫人喜曰：「吾有子矣。」比冠，學通經史，屬文日數千言。

① 夫人亦許之否乎　「夫人」，宋史蘇軾傳作「母」。

嘉祐二年，歐陽文忠公考試禮部進士，疾時文之詭異，思有以救之[四]。梅聖俞時與其事，得公論刑賞以示文忠[五]。文忠驚喜，以爲異人，欲以冠多士，疑曾子固所爲，子固，文忠門下士也，乃寘公第二。復以春秋對義居第一，殿試中乙科，以書謝諸公。文忠見之，以書語聖俞曰：「老夫當避此人，放出一頭地[六]。」士聞者始譁不厭，久乃信伏。丁太夫人憂，終喪。五年，授河南福昌主簿。文忠以直言薦之秘閣[七]。試六論[八]，舊不起草，以故文多不工。公始具草，文義粲然，時以爲難。比答制策，復入三等。除大理評事、簽書鳳翔判官。長吏意公文人，不以吏事責之。公盡心其職，老吏畏伏。關中自元昊叛命，人貧役重，岐下歲以南山木栰①，自渭入河，經底柱之險，衙前以破産者相繼也。公徧問老校，曰：「木栰之害，本不至此，若河、渭未漲，操栰者以時進止，可無重費也。患其乘河、渭之暴，多方害之耳。」公即修衙規，使衙前得擇水工，栰行無虞。乃言於府，使得係籍，自是衙前之害減半。

治平二年罷還，判登聞鼓院。英宗在藩聞公名，欲以唐故事召入翰林。宰相限以近例，欲召試秘閣[九]。上曰：「未知其能否，故試，如蘇軾有不能耶？」宰相猶不可，及試二論[一〇]，皆入三等，得直史館。丁先君憂。服除，時熙寧二年也。

王介甫用事，多所建立，公與介甫議論素異[一一]，既還朝，寘之官告院。四年，介甫欲變更科舉，上疑焉，使兩制、三館議之[一二]。公議上，上悟曰：「吾固疑此，得蘇軾議，意釋然矣[一三]。」即日召見，問：「何以助朕②？」公辭避久之，乃曰：「臣竊意陛下求治太急，聽言太廣，進人太鋭。願陛下安静以待物之來，然後應之。」上竦然

① 岐下歲以南山木栰　「岐」原作「歧」，據庫本、欒城集後集卷二二亡兄子瞻端明墓誌銘及宋史蘇軾傳改。

② 何以助朕　按，宋史蘇軾傳載神宗問云：「方今政令，得失安在？雖朕過失，指陳可也。」

聽受，曰：「卿三言，朕當詳思之①。」介甫之黨皆不悅，命攝開封推官，意以多事困之[一四]。公決斷精敏，聲聞益遠。會上元，有旨市浙燈，公密疏舊例無有，不宜以玩好示人，即有旨罷。殿前初策進士，舉子希合，爭言祖宗法制非是。公爲考官，退擬答以進，深中其病。自是論事愈力，介甫愈恨。御史知雜事者爲誣奏公過失，窮治無所得[一五]。公未嘗以一言自辨，乞外任避之，通判杭州[一六]。

是時四方行青苗、免役、市易，浙西兼行水利、鹽法。公於其間，常因法以便民，民賴以少安。高麗入貢使者凌蔑州郡，押伴使臣皆本路筦庫，乘勢驕橫，至與鈐轄亢禮。公使人謂之曰：「遠夷慕化而來，理必恭順。今乃爾暴恣，非汝導之，不至是也。不悛，當奏之。」押伴者懼，爲之小戢。使者發幣於官吏，書稱甲子。公却之曰：「高麗於本朝稱臣，而不稟正朔，吾安敢受？」使者亟易書稱熙寧，然後受之。時以爲得禮②。吏民畏愛，及罷去，猶謂之「學士」而不言姓。

自杭徙知密州[一七]。時方行手實法，使民自疏財産以定户等，又使人得告其不實。司農寺又下諸路，不時施行者以違制論。公謂提舉常平官曰：「違制之坐，若自朝廷，誰敢不從？今出於司農，是擅造律也，若何？」使者驚曰：「公姑徐之。」未幾，朝廷亦知手實之害，罷之。密人私以爲幸。郡嘗有盜竊發而不獲，安撫、轉運司憂之，遣一三班使臣領悍卒數十人，入境捕之。卒凶暴恣行，以禁物誣民，入其家爭鬪至殺人，畏罪驚散，欲爲亂。民訴之，公投其書不視，曰：「必不至此。」潰卒聞之少安。徐使人招出戮之。

自密徙徐。是歲，河決曹村，泛于梁山泊，溢于南清河，城南兩山環繞，呂梁、百步扼之，匯于城下。漲不時

① 朕當詳思之　按，宋史蘇軾傳於此言下又有「凡在館閣，皆當爲朕深思治亂，無有所隱」之語。

② 時以爲得禮　「禮」，庫本及欒城集後集卷二二亡兄子瞻端明墓誌銘皆作「體」，似是。

洩，城將敗，富民爭出避水。公曰：「富民若出，民心動摇，吾誰與守？吾在是，水決不能敗城。」驅使復入。公履屨杖策，親入武衛營，呼其卒長，謂之曰：「河將害城，事急矣，雖禁軍，宜爲我盡力。」卒長呼曰：「太守猶不避塗潦，吾儕小人效命之秋也。」執梃入火伍中，率其徒短衣徒跣，持畚鍤以出，築東南長堤，首起戲馬臺，尾屬於城。堤成，水至堤下，害不及城，民心乃安。然雨日夜不止，河勢益暴，城不沉者三板。公廬於城上，過家不入，使官吏分堵而守，卒完城以聞。復請調來歲夫增築故城，爲木岸，以虞水之再至，朝廷從之。訖事，詔褒之，徐人至今思焉。

徙知湖州，以表謝上。言事者擿其語以爲謗，遣官逮赴御史獄[一八]。初，公既補外，見事有不便於民者，不敢言，亦不敢默視也，緣詩人之義，託事以諷，庶幾有補於國，言者從而媒蘖之[一九]。上初薄其過，而浸潤不止，至是不得已從其請。既付獄吏，必欲寘之死，鍛鍊久之不決。上終憐之，促具獄，以黄州團練副使安置[二〇]。公幅巾芒屩，與田夫野老相從溪谷之間，築室於東坡，自號東坡居士。三年，上有意復用，而言者沮之。上手札徙汝州①[二一]，略曰：「蘇軾黜居思咎，閱歲滋深，人材實難，不忍終棄。」未至，上書自言有飢寒之憂，有田在常，願得居之。書朝入，夕報可。士大夫知上之卒喜公也。會晏駕，不果復用。至常，以哲宗即位，復朝奉郎、知登州[二二]。至登，召爲禮部郎中。

公舊善門下侍郎司馬君實及知樞密院章子厚，二人冰炭不相入。子厚每以謔侮困君實，君實苦之，求助於公。公見子厚曰：「司馬君實時望甚重。昔許靖以虚名無實見鄙於蜀先主，法正曰：『靖之浮譽播流四海，若不

---

① 三年上有意復用而言者沮之上手札徙汝州　按，欒城集後集卷二二亡兄子瞻端明墓誌銘作「五年」。又長編卷三四二、太平治迹統類卷二五蘇軾立朝大概、皇朝編年綱目備要卷二〇元豐二年十二月「竄蘇軾」條載蘇軾徙汝州事皆係於元豐七年。

加禮，必以賤賢爲累。』先主納之，乃以靖爲司徒。許靖且不可慢，況君實乎？」子厚以爲然，君實賴以少安。既而朝廷緣先帝意欲用公，除起居舍人。公起於憂患，不欲驟履要地，力辭之，見宰相蔡持正自言。持正曰：「公徊翔久矣，朝中無出公右者。」公固辭，持正曰：「今日誰當在公前者？」公曰：「昔林希同在館中，年且長。」持正曰：「希固當先公耶？」卒不許。然希亦由此繼補記注。

元祐元年，公以七品服入侍延和，即改賜銀緋。二月，遷中書舍人①。時君實方議改免役爲差役。差役行於祖宗之世，法久多弊。編户充役不習，官府吏虐使之，多以破産，而狹鄉之民，或有不得休息者。先帝知其然，故爲免役，使民以户高下出錢，而無執役之苦。行法者不循上意，於雇役實費之外，取錢過多，民遂以病。若量出爲入，毋多取於民，則足矣。君實爲人，忠信有餘而才智不足，知免役之害而不知其利，欲一切以差役代之[二三]。方差官置局，公亦與其選，獨以實告，而君實始不悦矣[二四]。嘗見之政事堂，條陳不可，君實忿然。公曰：「昔韓魏公刺陝西義勇，公爲諫官，争之甚力，魏公不樂，公亦不顧。軾昔聞公道其詳，豈今日作相，不許軾盡言耶？」君實笑而止。公知言不用，乞補外，不許。君實始怒，有逐公意矣。會其病卒，乃已。時臺諫官多君實之人②，皆希合以求進，惡公以直形己，争求公瑕疵。既不可得，則因緣熙寧謗訕之説以病公，公自是不安於朝矣[二五]。

尋除翰林學士[二六]。二年，復除侍讀。每進讀，至治亂盛衰、邪正得失之際，未嘗不反覆開導，覬上有所覺

---

① 二月遷中書舍人　「二月」，欒城集後集卷二二亡兄子瞻端明墓誌銘作「二年」。按，據長編卷三七一元祐元年三月辛未條，是日「起居舍人蘇軾免試爲中書舍人，仍賜金紫」。則作「二年」者誤。

② 時臺諫官多君實之人　「官」原作「宫」，據文海本、庫本及欒城集後集卷二二亡兄子瞻端明墓誌銘改。

悟。上雖共默不言，聞公所論說，輒肯首喜之。三年，權知禮部貢舉。會大雪苦寒，士坐庭中，噤不能言。公寬其禁約，使得盡其技。而巡鋪內臣伺其坐起，過爲凌辱。公以其傷動士心，虧損國體，奏之[二七]。有旨送內侍省撻而逐之，士皆悅服。嘗侍上讀祖宗寶訓，因及時事，公歷言今賞罰不明，善惡無所勸沮；又黃河勢方西流，而强之使東[二八]；夏人寇鎮戎，殺掠幾萬人，帥臣掩蔽不以聞[二九]，朝廷亦不問。事每如此，恐寖成衰亂之漸。當軸者恨之。公知不見容，乞外任。四年，以龍圖學士知杭州。時諫官言前宰相蔡持正知安州，作詩借郝處俊事以譏刺時事，大臣議逐之嶺南[三〇]。公密疏言：「朝廷若薄確之罪，則於皇帝孝治爲不足①；若深罪確，則於太皇太后仁政爲小累。謂宜皇帝降敕置獄逮治，而太皇太后內出手詔赦之，則仁、孝兩得矣。」宣仁后心善公言而不能用。公出郊未發，遣內侍賜龍茶銀合，用前執政恩例，所以慰勞甚厚。

及至杭，吏民習公舊政，不勞而治。歲適大旱，飢疫並作，公請於朝，免本路上供米三之一，故米不翔貴。復得賜度僧牒百，易米以救飢者。明年方春，即減價糶常平米，民遂免大旱之苦。公又多作饘粥、藥劑，遣召明醫分坊治病②，活者甚衆。公曰：「杭水陸之會，因疫病死，比他處常多。」乃裒羨緡得二千，復發私橐得黃金五十兩，以作病坊，稍蓄錢糧以待之[三一]，至于今不廢。是秋復大雨，太湖汎溢害稼。公度來歲必飢，復請于朝，乞免上供米半，又多乞度牒以糴常平米[三二]，并義倉所有，皆以備來歲出糶，朝廷從之③。由是吳越之民復免流散。

杭本江海之地，水泉鹹苦，居民稀少。唐刺史李泌始引西湖水作六井，民足於水，故井邑日富。及白居易復

① 則於皇帝孝治爲不足　「足」原作「定」，據文海本、庫本及欒城集後集卷二二亡兄子瞻端明墓誌銘改。

② 遣召明醫分坊治病　「遣召明醫」，庫本及欒城集後集卷二二亡兄子瞻端明墓誌銘作「遣吏挾醫」。

③ 朝廷從之　欒城集後集卷二二亡兄子瞻端明墓誌銘作「朝廷多從之」。

浚西湖，放水入運河，自河入田，所溉至千頃。然湖水多葑，自唐及錢氏，歲輒開治，故湖水足用。近歲廢而不理[三三]，至是湖中葑田積二十五萬餘丈，而水無幾矣。運河失湖水之利，則取給於江潮，潮渾濁多淤，河行闤闠中，三年一淘，爲市井大患，而六井亦幾廢。公始至，浚茅山、鹽橋二河，以茅山一河專受江潮，以鹽橋一河專受湖水。復造堰閘，以爲湖水畜洩之限，然後潮不入市。且以餘力復完六井，民稍獲其利矣。公間至湖上，周視良久，曰：「今欲去葑田，葑田如雲，將安所寘之？湖南北三十里，環湖往來，終日不達。若取葑田積之湖中，爲長堤以通南北，則葑田去而行者便矣。吳人種菱，春輒芟除，不遺寸草。葑田若去，募人種菱，收其利以備修湖，則湖當不復堙塞。」乃取救荒之餘，得錢粮以貫石數者萬，復請於朝，得百僧度牒以募役者[三四]。堤成，植芙蓉、楊柳其上，望之如圖畫，杭人名之蘇公堤。

杭僧有淨源者，舊居海濱，與舶客交通牟利，舶至高麗，交譽之。元豐末，其王子義天來朝，因往拜焉①。至是源死，其徒竊持其畫像附舶往告，義天亦使其徒附舶來祭。祭訖，乃言國母使以金塔二祝皇帝、太皇太后壽。公不納而奏之曰：「高麗久不入貢，失賜予厚利，意欲來朝矣，未測朝廷所以待之薄厚，故因祭亡僧而行祝壽之禮，禮意尠薄，蓋可見矣。若受而不答，則遠夷或以怨怒；因而厚賜之，正墮其計。臣謂朝廷宜勿與知，而使州郡以理却之。然庸僧、猾商敢擅招誘外夷，邀求厚利，爲國生事，其漸不可長，宜痛加懲創。」朝廷皆從之。未幾，高麗貢使果至。公按舊例，使之所至，吳越七州實費二萬四千餘緡，而民間之費不在，乃令諸郡量事裁損。比至，民獲交易之利，而無侵擾之害。

浙江潮自海門東來，勢如雷霆。而浮山峙于江中，與漁浦諸山犬牙相錯，洄洑激射，歲敗公私船不可勝計。

① 因往拜焉　「焉」原作「馬」，據庫本及欒城集後集卷二二亡兄子瞻端明墓誌銘改。

公議自浙江上流地名石門，並山而東，鑿爲運河，引浙江及谿谷諸水二十餘里以達于江；又並山爲岸，不能十里以達于龍山之大慈浦；自浦北折抵小嶺①，鑿嶺六十五丈，以達于嶺東古河②；浚古河數里，以達于龍山運河，以避浮山之嶮，人皆以爲便。奏聞，有惡公成功者。會公罷歸，使代者盡力排之，功以不成[三五]。公復言：「三吳之水，瀦爲太湖。太湖之水，溢爲松江以入海。海日兩潮，潮濁而江清，潮水嘗欲淤塞江路，而江水清駃③，隨輒滌去，海口嘗通，則吳中少水患。昔蘇州以東，公私舡皆以篙行，無陸挽者。自慶曆以來，松江大築挽路，建長橋以扼塞江路，故今三吳多水。欲鑿挽路爲千橋，以迅江勢。」亦不果用，人皆恨之。公二十年間再莅此州，有德於其人，家有畫像，飲食必祝，又作生祠以報。

六年，召入爲翰林承旨[三六]，復侍邇英。當軸者不樂，風御史攻公[三七]。公之自汝移常也，授命於宋，會神考晏駕，哭於宋，而南至揚州。常人爲公買田，書至，公喜作詩，有「聞好語」之句[三八]。言者妄謂公聞諱而喜，乞加深譴[三九]。然詩刻石有時日，朝廷知言者之妄，皆逐之。公懼，請外補，乃以龍圖閣學士守潁[四〇]。

先是開封諸縣多水患，吏不究本末④，決其陂澤，注之惠民河，河不能勝，則陳亦多水。至是又將鑿鄧艾溝，與潁河並，且鑿黄堆注之於淮，議者多欲從之。公適至，遣吏以水平準之。淮之漲水高於新溝幾一丈，若鑿黄堆，淮水顧流浸州境，決不可爲，朝廷從之。郡有宿賊尹遇等數人，群黨驚劫，殺變主及捕盜吏兵者非一。朝廷

① 自浦北折抵小嶺　「北」原作「比」，據文海本、庫本及欒城集後集卷二二亡兄子瞻端明墓誌銘改。

② 以達于嶺東古河　按，自「東古河」以下至「復兼端明殿、翰林侍讀二學士」，底本原錯置上集卷二六呂惠穆公公弼神道碑内一葉文字，今删去之，並據鐵琴銅劍樓本、庫本及欒城集後集卷二二亡兄子瞻端明墓誌銘補。

③ 而江水清駃　「駃」，庫本及欒城集後集卷二二亡兄子瞻端明墓誌銘皆作「駛」。

④ 吏不究本末　「究」原作「救」，據庫本及欒城集後集卷二二亡兄子瞻端明墓誌銘及宋史卷三三八本傳改。

以名捕不獲，被殺者噤不敢言。公召汝陰尉李直方，謂之曰：「君能擒此，當力言於朝，乞行優賞；不獲，亦以不職奏免君矣。」直方退，緝知群盜所在，分命弓手往捕其黨，而躬往捕遇。直方有母年九十，母子泣别而行，手戟刺而獲之①。然小不應格，推賞不及。公爲言於朝，請以年勞改朝散郎階，爲直方賞，朝廷不從。其後吏部以公當遷，以符會公考，公自謂已許直方，卒不報。

七年，徙揚州。發運司舊主東南漕法，聽操舟者私載物貨，征商不得留難。故操舟者富厚，以官舟爲家，補其弊漏，而周舡夫之乏困，故其所載，率無虞而速達。近歲不忍征商之小失，一切不許，故舟弊人困，多盜所載以濟飢寒，公私皆病。公奏乞復故，朝廷從之[四一]。

未閱歲，以兵部尚書召還，兼侍讀。是歲，親祀南郊，爲鹵簿使，導駕入太廟。有貴戚以其車從争道，不避仗衛[四二]，公於車中劾奏之。明日，中使傳命申勑有司嚴整仗衛[四三]。尋遷禮部，復兼端明殿、翰林侍讀二學士。高麗遣使請書於朝，朝廷以故事盡許之。公曰：「漢東平王請諸子及太史公書，猶不肯予，今高麗所請有甚於此，其可予乎？」不聽[四四]。公臨事必以正，不能俯仰隨俗，乞守郡自效。

八年，以二學士知定州[四五]。定久不治，軍政尤弛，武衛卒驕惰不教，軍校蠶食其廩賜，故不敢何問。公取其貪汙甚者配隸遠惡，然後繕修營序，禁止飲博。軍中衣食稍足，乃部勒以戰法，衆皆畏服。然諸校多不自安者，有卒史復以贓訴其長，公曰：「此事吾自治則可，汝若得告，軍中亂矣。」亦決配之，衆乃定。會春大閱，軍禮久廢，將吏不識上下之分，公命舉舊典，元帥常服坐帳中，將吏戎服奔走執事。副總管王光祖自謂老將，耻之，稱疾不出。公召書史作奏將上，光祖震恐而出。訖事，無敢慢者。定人言：「自韓魏公去，不見此

① 手戟刺而獲之　「戟」原作「我」，據文海本、庫本、欒城集後集卷二二亡兄子瞻端明墓誌銘及宋史蘇軾傳改。

禮至今矣。」北戎久和，邊兵不試，臨事有不可用之憂，惟沿邊弓箭社兵與寇爲鄰，以戰射自衛，猶號精鋭。故相龐公守邊①，因其故俗，立隊伍將校，出入賞罰，緩急可使。歲久法弛，復爲保甲所撓，漸不爲用。公奏爲免保甲及兩税折變科配，長吏以時訓勞，不報，議者惜之。

時方例廢舊人，公坐爲中書舍人日草責降官制直書其罪，誣以謗訕，紹聖元年，遂以本官知英州[四六]。尋復降一官，未至，復以寧遠軍節度副使安置惠州[四七]。公以侍從齒嶺南編户，獨以少子過自隨，瘴癘所侵，蠻蜑所侮，胷中泊然，無所蔕芥。人無賢愚，皆得其驩心，疾苦者畀之藥，殞斃者納之竁。又率衆爲二橋以濟病涉者，惠人愛敬之[四八]。居三年，大臣以流竄者爲未足也，四年，復以瓊州別駕安置昌化[四九]。昌化非人所居，食飲不具，藥石無有。初僦官屋以庇風雨，有司猶謂不可②，則買地築室，昌化士人畚土運甓以助之，爲屋三間。人不堪其憂③，公食芋飲水，著書以爲樂，時從其父老遊，亦無間也。

元符三年大赦④，北還。初徙廉，再徙永，已乃復朝奉郎，提舉成都玉局觀，居從其便。公自元祐以來，未嘗以歲課乞遷，故官止於此，勳上輕車都尉，封武功縣開國伯，食邑九百户。將居許[五〇]，病暑暴下，中止於常。建中靖國元年六月請老，以本官致仕，遂以不起。未終旬日，獨以諸子侍側，曰：「吾生無惡，死必不墜。慎無哭泣以怛化。」問以後事，不答，湛然而逝[五一]，實七月丁亥也。

---

① 故相龐公守邊　「龐」原作「寵」，據文海本、庫本及欒城集後集卷二二亡兄子瞻端明墓誌銘改。

② 有司猶謂不可　「有司猶」原作「凉自止」，據文海本、庫本及欒城集後集卷二二亡兄子瞻端明墓誌銘改。

③ 人不堪其憂　「人不堪」原作「此之甚」，據文海本、庫本及欒城集後集卷二二亡兄子瞻端明墓誌銘改。

④ 元符三年大赦　「元符」原作「元祐」，據欒城集後集卷二二亡兄子瞻端明墓誌銘改。按，宋史卷一九徽宗紀載元符三年四月「辛亥，大赦天下」。

公娶王氏，追封通義郡君；繼室以其女弟，封同安郡君，亦先公而卒。子三人：長曰邁①，雄州防禦推官、知河間縣事；次曰迨，次曰過，皆承務郎。孫男六人，簞、符、箕、籥、筌、籌。明年閏六月癸酉，葬於汝州郟城縣鈞臺鄉上瑞里。

公之於文，得之于天。少與轍皆師先君，初好賈誼、陸贄書，論古今治亂，不爲空言。既而讀莊子，喟然歎息曰：「吾昔有見於中，口未能言，今見莊子，得吾心矣。」乃出中庸論[五二]，其言微妙，皆古人所未喻。嘗謂轍曰：「吾視今世學者，獨子可與我上下耳。」既而謫居於黄，杜門深居，馳騁翰墨，其文一變，如川之方至，而轍瞠然不能及矣②。先君晚歲讀易，玩其爻象，得其剛柔、遠近、喜怒、順逆之情，以觀其詞，皆迎刃而解，作易傳未完，疾革，命公述其志。公泣受命，卒以成書[五三]，然後千載之微言，焕然可知也。復作論語説，時發孔氏之祕[五四]。最後居海南，作書傳，推明上古之絶學[五五]，多先儒所未達。既成三書，撫之歎曰：「今世要未能信，後有君子，當知我矣。」至其遇事所爲，詩騷銘記，書檄論譔，率皆過人[五六]。有東坡集四十卷、後集二十卷、奏議十五卷、内制十卷、外制三卷。公詩本似李杜，晚喜陶淵明，追和之者幾遍，凡四卷[五七]。幼而好書，老而不勸，自言不及晋人，至唐褚、薛、顔、柳，髣髴近之。

平生篤於孝友，輕財好施。伯父太白早亡③，子孫未立；杜氏姑卒未葬。先君没，有遺言。公既除喪，即以

---

① 長曰邁　「邁」原作「萬」，據庫本、欒城集後集卷二二亡兄子瞻端明墓誌銘及東都事略、宋史蘇軾傳改。

② 而轍瞠然不能及矣　欒城集後集卷二二亡兄子瞻端明墓誌銘於此句下有「後讀釋氏書，深悟實相，參之孔老，博辯無疑，浩然不見其涯也」二十四字。

③ 伯父太白早亡　「伯」原作「怕」，據文海本、庫本及欒城集後集卷二二亡兄子瞻端明墓誌銘改。

禮葬姑。及官可蔭補，復以奏伯父之曾孫彭。其於人，見善稱之如恐不及，見不善斥之如恐不盡，見義勇於敢爲而不顧其害。用此數困於世，然終不以爲恨。孔子謂伯夷、叔齊古之賢人，曰：「求仁而得仁，又何怨？」公實有焉。銘曰：

蘇自欒城，西宅于眉。世有潛德，而人莫知。猗歟先君，名施四方。公幼師焉，其學以光。出而從君，道直言忠。行險如夷，不謀其躬。英祖擢之，神考試之。亦既知矣，而未克施。晚侍哲皇，進以詩書①。誰實間之？一斥而疏。公心如玉，焚而不灰。不變生死，孰爲去來？古有微言，衆説所蒙。手發其樞，恃此以終。心之所涵，遇物則見。聲融金石，光溢雲漢。耳目同是，舉世畢知。欲造其淵，或眩以疑。絶學不繼，如已斷弦。百世之後，豈其無賢？我初言公②，賴以有知。撫我則兄，誨我則師。皆遷于南，而不同歸。天實爲之，莫知我哀！

辨證：

［一］蘇文忠公軾墓誌銘　本墓誌又載於蘇轍欒城集後集卷二二，題曰「亡兄子瞻端明墓誌銘」。按，蘇軾，東都事略卷九三、宋史卷三三八有傳。

［二］予兄子瞻謫居海南四年春正月今天子即位　據宋史卷一九徽宗紀，宋徽宗即位於元符三年正月己卯。按，蘇軾於紹聖四年貶謫瓊州，至此正第四年。

［三］太學之士數百人相率飯僧惠林佛舍　後山談叢卷六云：「眉山公卒，太學生侯泰、武學生楊選素不識公，率衆舉哀，從者二百餘人，欲飯僧於法雲，主者惟白不聽，慧林佛陀禪師聞而招致之。」

---

① 進以詩書　「詩」原作「特」，據文海本、庫本及欒城集後集卷二二亡兄子瞻端明墓誌銘改。

② 我初言公　「言」，欒城集後集卷二二亡兄子瞻端明墓誌銘作「從」，似是。

［四］歐陽文忠公考試禮部進士疾時文之詭異思有以救之　長編卷一八五嘉祐二年正月癸未條云翰林學士歐陽修權知貢舉，云：「先是，進士益相習于奇僻，鉤章棘句，寖失渾淳，修深疾之，遂痛加裁抑，仍嚴禁挾書者。及試牓出，時所推譽，皆不在選。嚻薄之士，候修晨朝，群聚詆斥之，至街司邏吏不能止。或爲祭歐陽修文投其家，卒不能求其主名置於法。然文體自是亦少變。」

［五］梅聖俞時與其事得公論刑賞以示文忠　按，蘇軾所撰省試之論載於蘇軾文集卷二，題省試刑賞忠厚之至論。宋史蘇軾傳稱刑賞忠厚論。據石林燕語卷八云：「蘇子瞻自在塲屋，筆力豪騁，不能屈折於作賦。省試時，歐陽文忠公銳意欲革文弊，初未之識。梅聖俞作考官，得其刑賞忠厚之至論，以爲似孟子，然中引皋陶曰『殺之』三，堯曰『宥之』三，事不見所據，亟以示文忠，大喜。往取其賦，則已爲他考官所落矣，即擢第二。及放牓，聖俞終以前所引爲疑，遂以問之。子瞻徐曰：『想當然耳，何必須要有出處？』聖俞大駭，然人已無不服其雄俊。」又，困學紀聞卷二書云：「『皋陶曰「殺之」三，堯曰「宥之」三。』蘇氏雖以意言之，考之書：『明於五刑，以弼五教』，皋陶所執之法也；『與其殺不辜，寧失不經』，舜所操之權也。皋陶執法於下，而舜以其權濟於上，劉頌所謂『君臣之分，各有所司』，王制曰：『王三又然後制刑。』則蘇氏之言，亦有所本。」

［六］老夫當避此人放出一頭地　能改齋漫録卷十一放出一頭地云：「東坡初登第，以詩謝梅聖俞，聖俞以示文忠公。公答梅書，略云：『不意後生能達斯理也，吾老矣，當放此子出一頭地。』」

［七］文忠以直言薦之秘閣　宋史蘇軾傳稱蘇軾舉「才識兼茂」，歐陽脩奏議集卷一六舉蘇軾應制科狀亦云「臣今保舉堪應材識兼茂明於體用科」，不確。按，蘇軾文集卷四九答李端叔書云其「既及進士第，又舉制策，……而其科號爲直言極諫」。東都事略蘇軾傳亦稱舉「直言」，又長編卷一九四嘉祐六年八月乙亥條云仁宗「御崇政殿，策試賢良方正能直言極諫著作佐郎王介、福昌縣主簿蘇軾、澠池縣主簿蘇轍。軾所對第三等，介第四等，轍第四等次。以軾爲大理評事、簽書鳳翔府判官事，介爲祕書丞、知静海縣，轍爲商州軍事推官」。

［八］試六論　按，即王者不治夷狄論、劉愷丁鴻孰賢論、禮義信足以成德論、形勢不如德論、禮以養人爲本論、既醉備五福論，載於蘇軾文集卷二。

［九］辛相限以近例欲召試秘閣　按，辛相指韓琦。長編卷二〇七治平三年二月乙酉朔條載殿中丞蘇軾直史館，云：「上在藩邸聞

軾名，欲以唐故事召入翰林，便授知制誥。韓琦曰：『蘇軾遠大之器也，他日自當爲天下用。在朝廷培養之，使天下之士莫不畏慕降伏，然後取而用之，則人人無復異詞。今驟用之，恐天下之士未必皆以爲然，適足累之也。』上曰：『知制誥既未可，與修起居注可乎？』琦曰：『記注與制誥爲鄰，未可遽授。不若於館閣中擇近上帖職與之，且近例當召試。』上曰：『未知其能否，故試，如蘇軾有不能耶？』琦言不可，乃試而命之。他日，歐陽修具以告軾，軾曰：『韓公待軾之意，乃古所謂君子愛人以德者也。』」

［一〇］及試二論　按，即學士院試孔子從先進論、學士院試春秋定天下之邪正論，載於蘇軾文集卷二。

［一一］公與介甫議論素異　朱子語類卷一三〇本朝四自熙寧至靖康用人云：「荆公後來所以全不用許多儒臣，也是各家都説得没理會。如東坡以前進説許多，如均户口、較賦役、教戰守、定軍制、倡勇敢之類，是煞要出來整理壞處。後來荆公做出，東坡又却盡底翻轉，云也無一事可做。如揀汰軍兵，也説怕人怨；削進士恩例，也説士人失望；恁地都一齊没理會，始得。」又云：「熙寧更法，亦是勢當如此。凡荆公所變更者，初時東坡亦欲爲之。及見荆公做得紛擾狼狽，遂不復言，却去攻他。」

［一二］四年介甫欲變更科舉上疑焉使兩制三館議之　長編紀事本末卷六二蘇軾詩獄云：「熙寧二年五月，群臣準詔議學校貢舉，力欲變改舊法。」玉海卷一一六熙寧議貢舉學校制云：「熙寧二年四月戊午，詔執經藝者專誦數，趨鄉舉者狃文辭，群臣詳議，别爲新規。」注曰：「兩制、兩省、三司、三館議貢舉、學校之制，御史臺亦議，仍趣限一月條上。」則此處「四年」當爲「四月」之譌。

［一三］公議上上悟曰吾固疑此得蘇軾議意釋然矣　按蘇軾文集卷二五載議學校貢舉狀，以爲「自文章而言之，則策論爲有用，詩賦爲無益；自政事言之，則詩賦、策論均爲無用矣，雖知其無用，然自祖宗以來莫之廢者，以爲設法取士，不過如此也。豈獨吾祖宗，自古堯舜亦然」。然宋史卷一五五選舉志一云：「帝讀軾疏曰：『吾固疑此，得軾議，釋然矣。』他日問王安石，對曰：『今人材乏少，且其學術不一，異論紛然，不能一道德故也。一道德則修學校，欲修學校，則貢舉法不可不變。若謂此科嘗多得人，自緣仕進别無他路，其間不容無賢；若謂科法已善，則未也。今以少壯時，正當講求天下正理，乃閉門學作詩賦，及其入官，世事皆所不習，此科法敗壞人材，致不如古。』既而中書門下又言：『古之取士，皆本學校，道德一於上，習俗成於下，其人才皆足以有爲於世。今欲追復古制，則患於無漸。宜先除去聲病偶對之文，使學者得專意經術，以俟朝廷興建學校，然後講求三代所以教育選舉之法，施於天下，則庶幾可以復古矣。』於是改法，罷詩賦、帖經、墨義，士各占治易、詩、書、周禮、禮記一經，兼論語、孟子。」又云：「熙寧三年，親試進士，始事以策。……帝謂執政

曰：『對策亦何足以實盡人材，然愈於以詩賦取人爾。』」

［一四］介甫之黨皆不悦命攝開封推官意以多事困之　宋史蘇軾傳云時「軾退，言於同列。安石不悦，命權開封府推官」。長編紀事本末卷六二蘇軾詩獄云：「它日，上問王安石以軾爲人何如，安石知軾素與己異，疑上亟用之也，因問上曰：『陛下何以召見軾？』上曰：『見軾議學校貢舉異于諸人，故召見之。』且道：『軾對語曰：「陛下何以召見臣？」朕爲言「見卿議事有所未喻，故召問卿」。軾曰：「陛下如此則錯矣。人臣以得召見爲榮，今陛下實未知臣何如，但以臣言即召見，恐人争爲利以進。」又謂朕「與人官太速，後或無狀不能始終」，此説何如？』安石曰：『陛下與人官，患在不考寔，雖與官速不害。』上曰：『軾又言「兵先動者爲客，後動者爲主，主常勝客，客常不勝。治天下亦然，人主不欲先動，當用静以應之於後，乃能勝天下之事。」此説何如？』安石曰：『軾言亦是。然此道之經也，非所謂道之變。聖人之於天下，感而後應，則軾之言有合于此理。然事變無常，固有舉世不知出此而聖人爲之倡發者。譬之用兵，豈盡須後動然後能勝敵，顧其時與勢之所宜而已。』上曰：『卿言如此，極精。』又言：『軾宜以小事試之，如何？』安石曰：『臣已屢奏，試人當以事。』『此言誠是也。』安石因極稱吕惠卿。其後，上復謂曾公亮曰：『蘇軾奏對明敏，可試也。』公亮曰：『京師無可試者。』王安石曰：『軾亦非久當作府推。』上曰：『欲用軾修中書條例。』安石曰：『軾與臣所學及議論皆異，别試以事可也。』又曰：『陛下欲修中書條例，大臣所不欲，小臣又不欲。今軾非肯違衆以濟此事者也，恐卻故爲異論，沮壞此事。兼陛下用人，須是再三考察，寔可用，乃用之。今陛下但見軾之言，其言又未見可用，恐不宜輕用也。』」邵氏聞見録卷一二云：「王介甫與蘇子瞻初無隙，吕惠卿忌子瞻才高，輒間之。神宗欲以子瞻爲同修起居注，介甫難之。又意子瞻文士，不曉吏事，故用爲開封府推官以困之。」

［一五］御史知雜事者爲誣奏公過失窮治無所得　長編卷二一三熙寧三年七月丁酉條注引林希野史曰：「王安石恨怒蘇軾，欲害之，未有以發。會詔近侍舉諫官，謝景温建言凡被舉官移臺考劾，所舉非其人，即坐舉者。人固疑其意有所在也。范鎮薦軾，景温即劾軾向丁父憂歸蜀，往還多乘舟載物貨、賣私鹽等事。安石大喜，以三年八月五日奏上。六日，事下八路，案問水行及陸行所歷州縣，令具所差借兵夫及柁工詢問，賣鹽卒無其實，眉州兵夫乃迎候新守，因送軾至京。既無以坐軾，會軾請外，例當作州，巧抑其資，以爲杭倅，卒不能害軾。」又卷二一四熙宁三年八月癸亥條亦云：「詔江淮發運、湖北運司體量殿中丞、直史館蘇軾居喪服除往復買販，及令天章閣待制李師中供析照驗見軾妄冒差借兵卒事實以聞，侍御史知雜事謝景温劾奏故也。景温與王安石連姻，安石實使之。窮治，卒無所得。

軾不敢自明，久之乞補外。上批出與知州差遣，中書不可，擬令通判潁州，上又批出改通判杭州。」三朝名臣言行録卷九之三内翰蘇文忠公引温公日録云：「謝景温言：『范鎮舉蘇軾爲諫官，軾向丁憂，多占舟舡，販私鹽、蘇木；及服闋入京，多占兵士。』介甫初爲政，每贊上以獨斷，上專信任之。軾爲開封府試官，策問進士以『晉武平吴以獨斷而克，苻堅伐晉以獨斷而亡；齊桓專任管仲而霸，燕噲專任子之而敗，事同而功異，何也』？介甫見之不悦。軾弟轍辭條例司，言青苗不便，介甫尤怒。乃定制策登科者不復試館職，以軾、轍兄弟故也。軾有表弟選人，素與軾不叶，介甫使人召之，問軾過失，其人言向丁憂販私鹽、蘇木等事。介甫雖銜之，未有以發之。軾又數上章言時政得失，今春擬進士策，皆譏刺介甫。及詔兩制舉諫官，衆論以爲當今宜爲諫官者，無若傳堯俞、蘇軾，故舉堯俞者六十人，而景仁舉軾。景温恐軾爲諫官，攻介甫之短，故以榜語力排之。介甫下淮南、江南東西、荆湖北、夔州、成都六路轉運司體量其狀。」

［一六］通判杭州　長編卷二一四熙寧三年八月癸亥條注曰：「軾通判杭州，不得其時。墓誌云：『知雜御史誣奏公過失，公未嘗以一言自辨，乞外任避之，通判杭州。』然軾自此留京師幾一歲，明年夏末秋初乃出都，由陳州赴杭州。按軾有與其弟書云：『六月除杭州倅。』乃明年事。」

［一七］自杭徙知密州　按欒城集卷一七超然臺賦云：「子瞻既通守餘杭，三年不得代，以轍之在濟南也，求爲東州守。既得請高密。」

［一八］言事者摘其語以爲謗遣官逮赴御史獄　長編卷二九九元豐二年七月己巳條云：「御史中丞李定言：『知湖州蘇軾，初無學術，濫得時名，偶中異科，遂叨儒館，有可廢之罪四。……罪有四可廢，而尚容于職位，傷教亂俗，莫甚於此。伏望斷自天衷，特行典憲。』御史舒亶言：『軾近上謝表，頗有譏切時事之言，流俗翕然争相傳誦，志義之士無不憤惋。蓋陛下發錢以本業貧民，則曰「贏得兒童語音好，一年强半在城中」；陛下明法以課試群吏，則曰「讀書萬卷不讀律，致君堯舜知無術」；陛下興水利，則曰「東海若知明主意，應教斥鹵變桑田」；陛下謹鹽禁，則曰「豈是聞韶解忘味，爾來三月食無鹽」。其他觸物即事，應口所言，無一不以詆謗爲主，小則鏤板，大則刻石，傳播中外，自以爲能。』并上軾印行詩三卷。御史何正臣亦言軾愚弄朝廷，妄自尊大。詔知諫院張璪、御史中丞李定推治以聞。」按，蘇軾湖州謝上表，載於蘇軾文集卷二三。又東軒筆録卷一〇云：「司農少卿朱壽昌，方在襁褓，而所生母被出。及長，仕於四方，孜孜尋訪不逮。治平中，官至正郎矣。或傳其母嫁於關中民爲妻，壽昌即棄官入關中，得母於陜州。士大夫嘉其孝節，多以歌詩美之。蘇子瞻

爲作詩序，且譏激世人之不養母者。李定見其序，大惋恨。會定爲中丞，劾軾嘗作詩謗訕朝廷，事下御史府鞫劾，將致不測。」揮麈後録卷六云：汪輔之「熙寧中，爲職方郎中、廣南轉運使。蔡持正（確）爲御史知雜，摭其謝表上有『清時有味，白首無能』，以謂言涉譏訕，坐降知虔州以卒。……後數年興東坡之獄，蓋始於此」。

［一九］緣詩人之義託事以諷庶幾有補於國言者從而媒蘖之　長編卷三〇一元豐二年十二月庚申條注曰：「王銍元祐補録沈括集云：『括素與蘇軾同在館閣，軾論事與時異，補外。括察訪兩浙，陛辭，神宗語括曰：「蘇軾通判杭州，卿其善遇之。」括至杭，與軾論舊，求手録近詩一通，歸則籤貼以進，云：「詞皆訕懟。」軾聞之，復寄詩劉恕，戲曰：「不憂進了也。」其後李定、舒亶論軾詩置獄，實本於括云。元祐中，軾知杭州，括閑廢在潤，往來迎謁恭甚。軾益薄其爲人。』」李燾按曰：此事「當考詳，恐年月先後差池不合」。又苕溪漁隱叢話前集卷四二東坡五苕溪漁隱曰「余之先君，靖康間嘗爲臺端，臺中子瞻詩案具在，因録得其本，與近時所刊行烏臺詩案爲尤詳。今節入叢話，以備觀覽」云云。

［二〇］上終憐之促具獄以黄州團練副使安置　長編卷三〇一元豐二年十二月庚申條云：「祠部員外郎、直史館蘇軾責授檢校水部員外郎、黄州團練副使，本州安置，不得簽書公事，令御史臺差人轉押前去。」又卷三四二元豐七年十一月辛酉條云：「元豐中，軾繫御史獄。上本無意深罪之，宰臣王珪進呈，忽言蘇軾於陛下有不臣意。上改容曰：『軾固有罪，然於朕不應至是，卿何以知之？』珪因舉軾檜詩『根到九泉無曲處，世間唯有蟄龍知』之句，對曰：『飛龍在天，軾以爲不知己，而求之地下之蟄龍，非不臣而何？』上曰：『詩人之詞，安可如此論？彼自詠檜，何預朕事？』珪語塞。章惇亦從旁解之曰：『龍者，非獨人君，人臣俱可以言龍也。』上曰：『自古稱龍者多矣，如荀氏「八龍」、孔明「卧龍」，豈人君也？』遂薄其罪，以黄州團練副使安置。」避暑録話卷下云：「蘇子瞻元豐間赴詔獄，與其長子邁俱行。與之期，送食惟菜與肉，有不測，則徹二物而送以魚，使伺外間以爲候。邁謹守踰月，忽糧盡，出謀于陳留，委其一親戚代送，而忘語其約。親戚偶得魚鮓送之，不兼他物。子瞻大駭，知不免，將以祈哀于上而無以自達，乃作二詩寄子由，祝獄吏致之。蓋意獄吏不敢隱，則必以聞，已而果然。神宗初固無殺意，見詩益動心，自是遂益欲從寬釋，凡爲深文者皆拒之。」據宋史卷二四二慈聖光獻曹皇后傳云：「蘇軾以詩得罪，下御史獄，人以爲必死。后違豫中聞之，謂帝曰：『嘗憶仁宗以制科得軾兄弟，喜曰：「吾爲子孫得兩宰相。」今聞軾以作詩繫獄，得非仇人中傷之乎？捃至於詩，其過微矣。吾疾勢已篤，不可以冤濫致傷中和，宜熟察之。』帝涕泣，軾由此得免。」又長

編卷三〇一元豐二年十二月庚申條云：「軾既下獄，衆危之，莫敢正言者。直舍人院王安禮乘間進曰：『自古大度之君，不以語言謫人。按軾文士，本以才自奮，謂爵位可立取，顧碌碌如此，其中不能無觖望。今一旦致於法，恐後世謂不能容才。願陛下無庸竟其獄。』上曰：『朕固不深譴，特欲申言者路耳。行爲卿貰之。』既而戒安禮曰：『第去，勿漏言。軾前賈怨於衆，恐言者緣軾以害卿也。』始安禮在殿廬見御史中丞李定，問軾安否狀，定曰：『軾與金陵丞相論事不合，公幸毋營解，人將以爲黨。』至是歸舍人院，遇諫官張璪忿然作色曰：『公果救蘇軾耶？何爲詔趣其獄？』安禮不答。其後獄果緩，卒薄其罪。」注引呂本中雜説曰：「吳充方爲相，一日問上：『魏武帝何如人？』上曰：『何足道？』充曰：『陛下動以堯舜爲法，薄魏武固宜。然魏武猜忌如此，猶能容禰衡。陛下以堯舜爲法，而不能容一蘇軾，何也？』上驚曰：『朕無他意，止欲召他對獄，考核是非爾。行將放出也。』」

［二一］三年上有意復用而言者沮之上手札徙汝州　宋史蘇軾傳亦云：「三年，神宗數有意復用，輒爲當路者沮之。神宗嘗語宰相王珪、蔡確曰：『國史至重，可命蘇軾成之。』珪有難色。神宗曰：『軾不可，姑用曾鞏。』鞏進太祖總論，神宗意不允，遂手扎移軾汝州。」按，曾鞏修國史在元豐五年。又，長編卷三四二元豐七年正月辛酉條載：神宗「有旨起軾以本官知江州，中書蔡確、張璪受命，王震當詞頭。明日改承議郎、江州太平觀，又明日命格不下。於是卒出手札，徙軾汝州，有『蘇軾黜居思咎，閱歲滋深，人材實難，不忍終棄』之語。軾即上表謝，前此京師盛傳軾已白日仙去，上對左丞蒲宗孟嗟惜久之，故軾於此表有『疾病連年，人皆相傳爲已死；飢寒併日，臣亦自厭其餘生』之句也」。蘇軾上表并「言汝州無田産，乞居常州。從之」。

［二二］至常以哲宗即位復朝奉郎知登州　據宋史卷一七哲宗紀，哲宗於元豐八年三月戊戌（五日）即位。又據蘇軾文集卷六六書楞伽經後云「今年二月，過南都，見公（張方平）於私第。……元豐八年九月日，新知登州」。按本墓誌下文亦有「公之自汝移常也，授命於宋，會神考晏駕，哭於宋。而南至揚州，常人爲公買田，書至，公喜作詩，有『聞好語』之句」云云，則蘇軾自揚州北還，并未至常州。

［二三］君實爲人至欲一切以差役代之　捫虱新話卷一王荆公新法新經云：「王荆公行新法，同時諸公皆以爲不然，二蘇頗有論列。荆公於三經新義託意譏諷，至大誥篇，則幾乎駡矣，召公論真有謂而作也。後東坡作書、論語諸解，又矯枉過直而奪之牛。子由（蘇轍）晚年似知役法之不可盡廢，故謂司馬公爲不曉吏事，然亦自一出一入。其作東坡墓誌，載東坡論役法一事，似是後來飾説。」

［二四］公亦與其選獨以實告而君實始不悦矣　長編卷三八二元祐元年七月丁巳條云：「軾意以爲差役法弊當改，但不當於雇役

實費之外多取民錢，若量出爲入，無多取民錢，則亦足以利民。嘗白司馬光，光不然之，軾曰：『昔韓魏公刺陝西義勇，公爲諫官，争之甚力，魏公不樂，公亦不顧。軾昔聞公道其詳，豈今日作相，不許軾盡言耶？』光不悦而罷。」又宋史蘇軾傳載蘇軾略云：「法相因則事易成，事有漸則民不驚。三代之法，兵農爲一，至秦始分爲二，及唐中葉，盡變府兵爲長征之卒。自爾以來，民不知兵，兵不知農，農出穀帛以養兵，兵出性命以衞農，天下便之。雖聖人復起，不能易也。今免役之法，實大類此。公欲驟罷免役而行差役，正如罷長征而復民兵，蓋未易也。」按，鐵圍山叢談卷三云：「東坡公元祐時既登禁林，以高才狎侮諸公卿，率有標目殆徧也，獨於司馬温公不敢有所重輕。一日，相與共論免役差役利害，偶不合同。及歸舍，方卸巾弛帶，乃連呼曰：『司馬牛！司馬牛！』」孫公談圃卷上云：「温公大更法令，欽之（傅堯俞）、子瞻密言：『宜慮後患。』温公起立拱手，厲聲曰：『天若祚宋，必無此事！』二人語塞而去。」

［一二五］公自是不安於朝矣　按長編卷三八二元祐元年七月丁巳條注引録墓誌「遷中書舍人」至「公自是不安於朝矣」一段，且曰：「按轍所作墓誌，恐有私意，難盡信。」蘇軾文集卷二九乞郡劄子云司馬光「所建差役一事，臣實以爲未便，不免力争。而臺諫諸人，皆希合光意，以求進用，及光既殁，則又妄意陛下以爲主光之言，結黨横身，以排異議，有言不便，約共攻之。曾不知光至誠爲民，本不求人希合，而陛下虚心無我，亦豈有所主哉？其後又因刑部侍郎范百禄與門下侍郎韓維争議刑名，欲守祖宗故事，不敢以疑法殺人，而諫官吕陶又論維專權用事。臣本蜀人，與此兩人實是知舊。因此，韓氏之黨一例疾臣，指爲川黨。御史趙挺之，在元豐末通判德州，而著作黄庭堅方監本州德安鎮，挺之希合提舉官楊景棻，意欲於本鎮行市易法，而庭堅以謂鎮小民貧，不堪誅求，若行市易，必致星散，公文往來，士人傳笑。其後挺之以大臣薦，召試館職，臣實對衆言，挺之聚斂小人，學行無取，豈堪此選？又挺之妻父郭概爲西蜀提刑時，本路提舉官韓玠違法虐民，朝旨委概體量，而概附會隱庇，臣弟轍爲諫官，劾奏其事，玠、概並行黜責。以此挺之疾臣，尤出死力。臣二年之中，四遭口語，發策草麻，皆謂之誹謗。未出省榜，先言其失士。以至臣所薦士，例加誣衊，所言利害，不許相度。近日王覿言胡宗愈指臣爲黨，孫覺言丁騭云是臣親家。臣與此兩人有何干涉，而於意外巧構曲成，以積臣罪」。又卷三二杭州召還乞郡狀云：「始論衙前差雇利害，與孫永、傅堯俞、韓維争議，因亦與司馬光異論。光初不以此怒臣，而臺諫諸人逆探光意，遂與臣爲仇。」

［一二六］尋除翰林學士　東都事略蘇軾傳云：「軾嘗鎖宿禁中，中使宣召，入對便殿，宣仁后問曰：『卿前年爲何官？』曰：『臣前年爲汝州團練副使。』『今爲何官？』曰：『臣今待罪翰林學士。』曰：『何以遽至此？』軾曰：『遭遇太皇太后、皇帝陛下。』宣仁曰：『非也。』

軾曰：『豈大臣論薦乎？』宣仁曰：『亦非也。』軾驚曰：『臣雖無狀，不敢自他途以進。』宣仁曰：『此乃先帝之意也。先帝每誦卿文章，必嘆曰奇才，奇才！但未及進用卿上位耳。』」按，蘇軾是年嘗主試館職。據東都事略卷九四朱光庭傳云：「光庭論『蘇軾試館職發策云：「今欲師仁祖之忠厚，而患百官有司不舉其職，或至於媮；欲法神考之厲精，而恐監司守令不識其意，流入於刻。」臣謂仁宗難名之盛德，神考有爲之善志，而不當以媮、刻爲議論，望正其罪，以戒人臣之不忠者』。未幾，中丞傅堯俞、侍御史王巖叟相繼論列。宣仁后曰：『詳覽文意，是指今日百官有司監司守令言之，非是譏諷祖宗。』光庭等乃已。」又桯史卷四蘇葛策問云：「東坡先生元祐中以翰苑發策試館職，有曰：『今朝廷欲師仁祖之忠厚，懼百官有司不舉其職，而或至於媮；欲法神考之勵精，恐監司守令不識其意，而流入於刻。』左正言朱光廷首擿其事，以爲不恭。御史中丞傅堯俞、侍御史王巖叟交章劾奏，一時朝議譁然起。宣仁臨朝，爲之宣諭曰：『詳覽文意，是指今日百官有司監司守令言之，非是譏諷祖宗。』紛紛踰時始小定。既而亦出守。紹聖、崇寧治黨錮，言者屢以藉口，迄不少置也。」

〔二七〕公以其傷動士心虧損國體奏之　蘇軾文集卷二八貢院劄子四首劾奏巡鋪内臣陳慥云：「貢院今月三日，據巡鋪官捉到懷挾進士共三人，依條扶出，逐次巡鋪官並令兵士高聲唱叫。至今月十一日扶出進士蔣立時，約有兵士三五十人齊聲大叫。在院官吏公人，無不驚駭，在場舉人，亦皆恐悚不安。尋取到虎翼節級李及等狀，稱是巡鋪内臣陳慥指揮，令衆人唱叫。竊詳朝廷取士之法，動以禮義，舉人懷挾，自有條法，而内臣陳慥乃敢號令衆卒，齊聲唱叫，務欲摧辱舉人，以立威勢，傷動士心，損壞國體，本院無由指約。伏望聖慈特賜行遣。」

〔二八〕又黄河勢方西流而强之使東　宋史卷三三七范百禄傳云：「都水王孝先議回河故道，（吕）大防意向之，命百禄行視。百禄以東流高仰，而河勢順下，不可回，即馳奏所以然之狀，且取神宗詔令『勿塞故道』者併上之。大防猶謂大河東流，中國之險限，今塘濼既壞，界河淤淺，河且北注矣。百禄言：『塘濼有限寇之名，無禦寇之實。借使河徙而北，敵始有下流之憂，乃吾之利也。先帝明詔具在，奈何妄動摇之？』乃止。」

〔二九〕夏人寇鎮戎殺掠幾萬人帥臣揜蔽不以聞　長編卷四一九元祐三年閏十二月戊午條注引張舜民劉昌祚墓誌曰：「二年九月，夏人寇鎮戎兩寨，以至城下，衆五十萬，聲言國母自將。昌祚寢疾不能興，欲昇行，朝廷不從，有旨令知鎮戎軍張之諫權統制軍馬。昌祚素知之諫不能，乃夙夜馳授方略，盡兵力而屬之十一將，總十萬餘人。之諫得之，懦不敢戰，來即納之羊馬城中，至人身不能轉側。

城中兵望賊焚室廬，掘冢墓，號哭唾手欲戰。之諫以劍加之，不得出。賊留二日，攻三川，不拔而去。昌祚每聞軍前報，即拊席大駡。之諫又重賂走馬王紳，使爲文字游談京師，既而果以之諫爲有功，除西上閤門使。物論諠然，復遣監司體量，展之諫磨勘。昌祚病起，欲有所伸，會之諫死，但以贓貶王紳而已。」

［三〇］時諫官言前宰相蔡持正知安州作詩借郝處俊事以譏刺時事大臣議逐之嶺南　按宋史卷四七一蔡確傳載：「確在安陸，嘗游車蓋亭，賦詩十章。知漢陽軍吴處厚上之，以爲皆涉譏訕，其用郝處俊上元間諫高宗欲傳位天后事以斥東朝，語尤切害。於是左諫議大夫張燾、右諫議大夫范祖禹、左司諫吴安詩、右司諫王巖叟、右正言劉安世連上章乞正確罪，詔確具析，確自辨甚悉。安世等又言：『確罪狀著明，何待具析，此乃大臣委曲爲之地耳。』遂貶光禄卿，分司南京。再責英州别駕，新州安置。」

［三一］以作病坊稍蓄錢糧以待之　清波别志卷一云：「蘇文忠公知杭州，以私帑金五十兩助官緡，於城中置病坊一所，名安樂，以僧主之。三年醫愈千人，與紫衣。後兩浙漕臣申請乞自今管幹病坊僧三年滿所醫之數，賜紫衣及祠部牒一道，從之。仍改爲安濟坊。」

［三二］又多乞度牒以糴常平米　避暑録話卷下云：「子瞻守杭州，公（葉温叟）爲轉運使。浙西適大水災傷，子瞻鋭於賑濟，而告之者或施予不能無濫，且以杭人樂其政，陰欲厚之。公每持之不下，即親行部，一皆閲實，更爲條畫上聞。朝廷主公議，會出度牒數百，付轉運司易米給民，杭州遂欲取其半。公曰：『使者與郡守職不同，公有志天下，何用私其州，而使吾不得行其職？』卒視它州災傷重輕分與之。子瞻怒甚，上章詆公甚力，廷議不以爲直，乃召公還，爲主客郎中。子瞻之志固美，雖傷於濫，不害爲仁，而公之守不苟其官，亦人所難。」

［三三］近歲廢而不理　宋史蘇軾傳云唐及錢氏歲浚治西湖事，「宋興，廢之」。

［三四］乃取救荒之餘得錢粮以貫石數者萬復請於朝得百僧度牒以募役者　長編卷四四二元祐五年五月壬辰條云據政目，「賜度僧牒五十，令杭州開西湖，從知州蘇軾請也」。按，陸游家世舊聞卷上云：「東坡先生守錢塘，六叔祖祠部公諱傅，字岩老。爲轉運司屬官，頗不合。紹聖中，章子厚（惇）作相，力薦以爲可任諫官、御史，遂召對。哲廟語訖，公至殿上，立未定，上即疾言曰：『蘇軾！』公度章相必爲上謂錢塘不合事，乃對曰：『臣任浙西轉運司勾當公事日，軾知杭州，葺公廨及築堤西湖，工役甚大，臣謂其費財動衆，以營不急，勸止。軾遂怒，語郡官曰：「比舉一二事，與諸監司議，皆以爲然，而小勾輒呶呶不已。」』『小勾』蓋指臣也。然是時歲凶民飢，得食其力以

免於死、徙者頗衆。臣所争亦未得爲盡是。』上默然。章相聞之亦不悦，以故仕卒不進。」

〔三五〕功以不成　春渚紀聞卷六東坡事實回江之利云：「先生元祐四年，以内相出典餘杭。時水官侯臨亦繼出守上饒，過郡以嘗渡江敗舟於浮山，遂陰畫回江之利以獻，從公相視其宜。一自富陽新橋港至小嶺，開鑿以通閑林港，或費用不給，則置山不鑿，而令往來之舟般運度嶺，由餘杭女兒橋港至郡北關江漲橋以通運河。一自龍山閘而出，循江道過六和寺，由南蕩朱橋港開石門平田，至廟山然後復出江道，二十里至富陽。而公詩有『坐陳三策本人謀，唯留一諾待我畫』謂此。又云『石門之役萬金耳，首鼠不爲吾已隘』，又云『上饒使君更超逸，坐睨浮山如累塊』者，知所議出於侯也。時越尼身死，官籍其資，得錢二十萬緡。公乞於朝，又請度牒三百道佐用。得請，而公入爲翰林承旨，除林希子中爲代。有訣者言今鑿龍山姥嶺，正犯太守身，因寢其議，而遷用亡尼之資，遺患至今，往來者惜之。」

〔三六〕召入爲翰林承旨　宋史蘇軾傳云：「召爲吏部尚書，未至。以弟轍除右丞，改翰林承旨。轍辭右丞，欲與兄同備從官，不聽。」

〔三七〕當軸者不樂風御史攻公　文定集卷十六與吕逢吉云：「子由所作東坡墓志，昔見陳齊之（長方）云，嘗見龜山楊丈（時）言及，龜山云『他只是要道，我不是元祐人』，可謂誤用其心。所言三段，此固害理，而其最不可以示後者，如云『因經筵言時事，大臣不悦，風言者攻公』。當時大臣，蓋吕微仲（大防）、劉莘老（摯）也，而以爲與臺諫交通，豈非誣罔？（章）惇、（蔡）卞輩政以此罪微仲諸公，天下後世固不之信，而子由乃當時執政，遂助實其事，何以使小人無詞耶？然觀其作潁濱遺老傳，邪正分明，略無回隱，有不可誣者。蓋傳將付之子孫，而誌銘刻之石，意者恃曲筆以避群小之鋒，然熟若不作之爲愈耶？」

〔三八〕人爲公買田書至公喜作詩有聞好語之句　避暑録話卷上云：「子瞻山光寺詩『野花鳴鳥亦欣然』之句，其辨説甚明，蓋爲哲宗初即位，聞父老頌美之言，而云神宗奉諱在南京，而詩作于揚州。余嘗至其寺，親見當時詩刻，後書作詩日月，今猶有其本。蓋自南京回陽羨時也。始過揚州則未聞諱，既歸自揚州，則奉諱在南京，事不相及，尚何疑乎？近見子由作子瞻墓誌載此事，乃云：『公至揚州，常州人爲公買田，書至，公喜而作詩，有「聞好語」之句。』乃與辨辭異。且聞買田而喜可矣，野花啼鳥何與而亦欣然，尤與本意不類，豈爲誌時未嘗深考而誤耶？然此言出于子由，不可有二，以啓後世之疑。余在許昌時，誌猶未出，不及見，不然當以告迨與過也。」按，蘇軾詩集卷二五有歸宜興留題竹西寺詩三首，其三有「山寺歸來聞好語」云云。又，蘇軾辨題詩劄子載蘇軾文集卷三三，撰於元祐六年八月八日。

［三九］言者妄謂公聞諱而喜乞加深譴　宋史卷三五五賈易傳云：「蘇軾守杭，訴浙西災潦甚苦。易率其僚楊畏、安鼎論軾姑息邀譽，眩惑朝聽，乞加考實。詔下，給事中范祖禹封還之，以謂正宜闊略不問，以活百姓。易遂言：『軾頃在揚州題詩，以奉先帝遺詔爲「聞好語」；草呂大防制云「民亦勞止」，引周厲王詩以比熙寧、元豐之政。弟轍蚤應制科試，文繆不應格，幸而濫進，與軾昔皆誹怨先帝，無人臣禮，至指李林甫、楊國忠爲喻。』」長編卷四六三元祐六年八月己丑條載賈易奏劾蘇軾，略云：「暨先帝厭代，軾則作詩自慶，曰：『山寺歸來聞好語，野花啼鳥亦欣然。此生已覺都無事，今歲仍逢大有年。』書於揚州上方僧寺。自後播於四方，軾内不自安，則又增以別詩二首，换詩板於彼，復倒其先後之句，題以元豐八年五月一日，從而語諸人曰：『我託人置田，書報已成，故作此詩。』且置田極小事，何至野花啼鳥亦欣然哉？又先帝山陵未畢，人臣泣血號慕正劇，軾以買田而欣踴如此，其義安在？謂此生無事，以年逢大有，亦有何説乎？是可謂痛心疾首而莫之堪忍者也。」

［四〇］朝廷知言者之妄皆逐之公懼請外補乃以龍圖閣學士守潁　長編卷四六三元祐六年八月壬辰條載翰林學士承旨兼侍讀蘇軾爲龍圖閣學士知潁州，侍御史賈易本官知廬州，云：「先是一日，内降批付三省：軾累乞外任，可依所奏。易言事失當，可與外任也。」又注曰：「呂本中雜説：『賈易明叔雖號切直，然論事甚偏，視二蘇如深仇。建中靖國間，召至京師，每謂人：「蘇軾若不去時，陳衍須作内樞密使。」東萊公謂易曰：「二蘇某不敢知，果如公言，則宣仁爲何等主邪？」易不能答。』東萊公，本中父好問也。」

［四一］公奏乞復故朝廷從之　師友談記云：「國朝法綱船不許住滯，一時所過，税場不得檢税，兵梢口食，許於所運米中計口分升斗借之，至下卸日折算，逐人之俸糧除之。蓋以舟不住，則漕運甚速，不檢則許附私商販，雖無明條以許人，而有意於兼容，爲小人之啗利，有以役之也。借之口糧，雖明許之，然漕運既速，所食幾何？皆立法之深意也。自導洛司置舟，官載客貨，沿路税場既爲所併，而綱兵搭附遂止。邇來導洛司既廢，然所過税場，有隨船檢税之滯，小人無所啗利，日食官米甚多，於是盜糶之興焉。既食之，又盜之，而轉搬納入者動經旬月，不爲交量，往往鑿竇自沉，以滅其迹。有司治罪，鞭配日衆，大農歲計不充，雖令犯人逐月尅糧填納，豈可敷足？張文定（方平）爲三司使日，云歲虧六萬斛，今比年不啻五十餘萬斛矣，而其弊乃在於綱兵也。東坡爲揚州，嘗陳前弊於朝，請罷沿路隨船檢税，江淮之弊，往往除焉。然五十萬之闕，未能遽復，數年之後，可見其效。淮南楚、揚、泗數州，自刑綱吏，不啻百人，能救其弊，此

刑自省。仁人之言，其利溥哉！」

［四二］有貴戚以其車從争道不避仗衛　宋史蘇軾傳云時「有赭繖犢車并青蓋犢車十餘争道，不避儀仗。軾使御營巡檢使問之，乃皇后及大長公主。時御史中丞李之純爲儀仗使，軾曰：『中丞職當肅政，不可不以聞。』之純不敢言」。

［四三］中使傳命申勑有司嚴整仗衛　據宋史蘇軾傳，時敕令有司「嚴整仗衛」，並命「自皇后而下皆毋得迎謁」。

［四四］今高麗所請有甚於此其可予乎不聽　長編卷四八一元祐八年二月辛亥條注曰：「詔：『高麗買書自有體例，編敕乃禁民間，令依前降指揮。』新録繫之三月六日，今并附此。元符元年四月十二日宋球傳，舊録云：『副陳軒館伴高麗使，使求册府元龜、樂譜、金箔，蘇軾爲禮部尚書，以先朝柔遠非是，乘此沮之，且誣館伴規其私遺，陳請勿與。球曰：「先朝蓋嘗賜之矣。此非中國所秘，不與何以示廣大？」朝廷是其議，卒與之。』新録辨曰：『按蘇軾奏狀論高麗使買書籍、金箔利害甚詳，未嘗詆先朝柔遠爲非是，亦未嘗謂館伴規其私遺也，不知史官何據而書，誣誕明矣。館伴人使者陳軒也，球爲之副爾，買書等事，主議亦不在球。』」

［四五］以二學士知定州　宋史蘇軾傳云：「宣仁后崩，哲宗親政。軾乞補外，以兩學士出知定州。」又長編卷四八四元祐八年六月壬申條注云：「六月八日，軾乞越州，不允。七月二十四日，軾又以新知定州乞改知越州，詔不允。」

［四六］紹聖元年遂以本官知英州　皇朝編年綱目備要卷二四紹聖元年四月「蘇軾降知英州」條云：「侍御史虞策論端明殿學士兼翰林侍讀學士、知定州蘇軾所作吕惠卿誥詞，語涉譏訕。來之邵亦言：『軾在元祐間，凡作文字，譏斥先朝。吕惠卿制詞曰：「均輸之政，自同商賈，手實之法，下及雞豚。」吕大防制詞則曰：「民亦勞止，願聞休息之期。」司馬光神道碑則曰：「其退於洛，如屈原之在陂澤。」凡此之類，播在人口，當原其所犯，明正典刑。』有旨落職，降知英州。」又，長編紀事本末卷一〇五二蘇貶逐云：「侍御史虞策言：『蘇軾既坐譏斥之罪，猶得知州，罪罰未當。』詔軾降充左承議郎。」

［四七］復以寧遠軍節度副使安置惠州　宋史卷一八哲宗紀載紹聖元年「六月甲戌，來之邵等疏蘇軾詆斥先朝，詔謫惠州」。

［四八］惠人愛敬之　梁溪漫志卷四東坡謫居中勇於爲義云：「陸宣公謫忠州，杜門謝客，惟集藥方。蓋出而與人交，動作言語之際，皆足以招謗，故公謹之。後人得罪遷徙者多以此爲法。至東坡則不然。其在惠州也，程正輔爲廣中提刑，東坡與之中外，凡惠州官事，悉以告之。諸軍闕營房，散居市井，窘急作過，坡欲令作營屋三百間，又薦都監王約、指使藍生同幹。惠州納秋米六萬三千餘石，漕

符乃令五萬以上折納見錢。坡以爲嶺南錢荒，乞令人户納錢與米，並從其便。博羅大火，坡以爲林令在式假，不當坐罪，又有心力可委，欲專牒令修復公宇倉庫，仍約束本州科配。惠州造橋，坡以爲吏孱而胥横，必四六分分了錢，造成一座河樓橋，乞選一健幹吏來了此事。又與廣帥王敏仲書，薦道士鄧守安，令引蒲澗水入城，免一城人飲鹹苦水、春夏疾疫之患。凡此等事，多涉官政，亦易指以爲恩怨，而坡奮然行之不疑。其勇於爲義如此。謫居尚爾，則立朝之際，其可以死生禍福動之哉！」

［四九］復以瓊州别駕安置昌化　老學庵筆記卷四云：「紹聖中，貶元祐人蘇子瞻儋州，子由（蘇轍）雷州，劉莘老（摯）新州，皆戲取其字之偏旁也。時相之忍忮如此。」鶴林玉露丙編卷五蘇黄遷謫云：「蘇子瞻謫儋州，以『儋』與『瞻』字相近也。子由謫雷州，以『雷』字下有『田』字也。黄魯直謫宜州，以『宜』字類『直』字也。此章子厚騃謔之意。」艇齋詩話曰：「東坡海外上梁文口號云：『爲報先生春睡美，道人輕打五更鐘。』章子厚見之，遂再貶儋耳，以爲安穩，故再遷也。」按，宋史卷九〇地理志六，儋州於「熙寧六年，廢州爲軍」，名昌化軍。

［五〇］將居許　蘇軾文集卷五六與程德孺之二云：「某此行本欲居淮、浙間，近得子由書，苦勸來潁昌相聚，不忍違之，已決從此。」按，蘇轍時居許州。

［五一］湛然而逝　肯綮録云：蘇軾「殆將屬纊，聞根先離。惟琳叩耳大聲曰：『端明勿忘西方。』先生曰：『西方不無，但箇裏着力不得。』錢濟明（世雄）曰：『先生平時踐履，至此更須著力。』曰：『著力即差。』語絶而逝」。

［五二］乃出中庸論　按，中庸論載於蘇軾文集卷二。

［五三］公泣受命卒以成書　晁志卷一著録東坡易傳十一卷，宋史卷二〇二藝文志一著録蘇軾易傳九卷。據蘇軾文集卷七三黄州上文潞公書云其「到黄州無所用心，輒復覃思於易、論語，端居深念，若有所得，遂因先子之學，作易傳九卷，又自以意作論語説五卷」。則其書撰於蘇軾貶居黄州時。

［五四］復作論語説　蘇轍欒城集第三集卷七論語拾遺云：「予少年爲論語略解，子瞻謫居黄州，爲論語説，盡取以往，今見於書者十二三也。」邵氏聞見後録卷一二載：「蘇東坡云：『予爲論語説，與孟子辨者八。』」

［五五］作書傳推明上古之絶學　按，晁志卷一著録東坡書傳十三卷，宋史卷二〇二藝文志一著録蘇軾書傳十三卷。

〔五六〕至其遇事所爲詩騷銘記書檄論譔率皆過人　欒城先生遺言云：「公曰：『子瞻之文奇，予文但穩耳。』」又云：「子瞻諸文，皆有奇氣。至赤壁賦，髣髴屈原、宋玉之作，漢、唐諸公皆莫及也。」鶴林玉露乙編卷三云：「莊子之文，以無爲有。戰國策之文，以曲作直。東坡平生熟此二書，故其爲文，横説竪説，惟意所到，俊辨痛快，無復滯礙。」

〔五七〕晚喜陶淵明追和之者幾遍凡四卷　按，東都事略、宋史蘇軾傳云蘇軾有和陶詩四卷。

名臣碑傳琬琰集中卷二十七

吴正憲公充墓誌銘[一]　黄門李清臣

熙寧、元豐間，天子本道德以制作憲度，官共其事，吏食其力，兵閑教令，民順職業，後先小大，治有條次。已而年穀屢登，府庫羨溢，風俗醇朴，四夷賓服。有相臣充，實左右天子，協濟文武，自初暨厥終，靡不在事。歲己未秋，病不能朝，天子遣中人將太醫診治有間。時慶壽宮違豫，上憂恐，奔走群祀，大赦罪人。十月乙卯，太皇太后遺誥出，公欲赴臨，詔止之。公聞上哀毁過度，耿耿不食，復請入對。上使諭指：「卿羸苶彊起，疾動則平復益遲，當體此意。」公奏曰：「臣受國厚恩，不得班慶壽殿伏哭盡哀，又不得望見陛下顏色，慰解聖意，臣抱恨死不瞑矣。」乃許成服。大慰前一夕，習步履拜跪，力不勝仆地，即拜章言：「臣不幸犬馬之疾，寖以弗瘳，臣自度不復任陛下政事，罷相位，歸骨丘墓。」手詔慰諭，還其奏章，七上弗已。明年春，肩輿歸第，遂拜觀文殿大學士、西太乙宮使[二]。四月甲午朔，公薨聞，天子嗟悼，爲再罷朝臨奠，涕濡御衣。訪諸孤所欲，諸孤稱遺戒毋干朝廷以私①，

---

① 諸孤稱遺戒毋干朝廷以私　「干」原作「子」，據文海本、庫本改。

上益悲憐其志，遣使賜龍腦香、水銀以殮①，特贈司空兼侍中，録其子孫七人[三]。

家以行狀上太常請謚，太常合博士議，皆曰：「公在法應謚。公少立挺特，華髮愕愕，不苟不妄，動中繩準，與世寡合。而蚤爲英宗所識，不營援助，而出于主上自擢。事君盡其心，不以己之利害易所守。方盛明之時，洞照群下，有如太陽正中，萬物呈露，曲直短長，弗藏毛芥，公道是先，端人是使，而公立朝，更東西府幾十年，恩禮始終，無少衰鈌②。逮其歿，士大夫追評指數，無得而疵，正而可法，非公誰哉！宜謚正憲。」衆應曰「然」。將葬，吴氏孤又謂李清臣曰：「自先公總史事，君嘗爲屬[四]，子其名。」清臣再拜跽曰：「公德義勞烈，實應名法。」謹按：

有吴君子，延陵季札之後，是生相國，字冲卿。其先爲建州浦城人。肇緒自札，而子孫散居南方顯微，下歷千餘載。至公之曾祖進忠，不仕唐末。祖諒，明儒學，教授鄉里。皇考待問，登咸平進士第，官至尚書禮部侍郎，老于家。

公初繇父蔭補太廟齋郎，兄正肅公育及次兄京、方皆科選高等知名[五]，而公試武成王廟亦第一，學者誦其文辭。明年中第，歷濠州鍾離縣尉、應天府穀熟主簿，召直講國子監，秩登州蓬萊縣令，兼吴王宫教授。他官往往喜燕惰，與宗室狎習。公齒少，獨正色飭厲自首，弗與雜坐笑語。宗室加嚴憚，更爲闢除聽事施講，坐聽所誦說。英宗在藩邸，心已奇之。正肅公知開封府，公以嫌解宫職，作宗室六箴上奏[六]，仁宗命分録賜南北宫。英宗得之，書爲屏以置坐側。又獻所爲文，授集賢校理、知太常禮院。正肅迎親在長安，公求通判河中府。父喪，服除，復知禮院，權判尚書吏部南曹，自大理寺丞再遷爲太常博士。

① 遣使賜龍腦香水銀以殮　「腦」原作「惱」，據文海本、庫本改。
② 無少衰鈌　「鈌」原作「欽」，據鐵琴銅劍樓本改；庫本作「缺」。

歐陽文忠公判流内銓，張俅、胡宗堯例改京官，批旨以二人常犯法，並循資。明日引對，與文忠公立殿陛，公即奏宗堯所坐薄，且更赦去官，於法當遷，仁宗諭所以然。會文忠仇家奏宗堯父宿顯近，疑有司用宿故授宗堯，文忠出知同州。公上疏辨直，文忠復留修唐史，而公以此改知禮院[七]。温成皇后葬，宰相護喪[八]，太常屬僚多守禮異議。主吏迎官長意，用印紙行文書爲私便，不關屬僚。公即移文開封府按治。會御史亦有言，宰相謂公諷之，出知高郵軍[九]。

數月，仁宗特召還，判太僕寺，改群牧判官，賜五品服，徙開封府推官。舊制，用軍將分典八厢寓繫罪人，或賕請弗至，則械置空舍，距閈飲食①，公始奏置使臣察厢事。徙三司户部判官[一〇]，遷尚書祠部員外郎、知陝州[一一]。至則擿猾吏傍緣公事爲姦者置于法，裁符厨傳，饋送將迎，皆有程式，曰：「州當大道，太守用民力買譽過客邪？」軍士過，或病不能就道，以官舍寄留，飭醫師護視，較失亡有罰，以尠死者。徙京西路轉運使。唐州流人自占曠土，貸與五百萬爲買牛錢，約豐歲償官。仁宗遺制優賞，作治永昭陵，京西財賦褊迫，州縣莫知所出。公優柔調度，民不知勞。密縣税輸管城，人久便安之。守臣請輸河南，衆憚費愁恐，前本道使者不爲言，公論列，乃如舊。妖人李浩挾術惑衆，逐之。貴人子弟有亡賴犯法者，亡所貸，部中清静。

英宗即位，恩遷兵部，徙淮南路。大理寺丞譚宗道縱妻楊氏轢蹙其同産妹至于死，州庇覆不治。公得其狀以奏，詔流江南。遷工部郎中，又徙河東路②，賜三品服。道由京師，前此英宗數訪公所在，及對，加勉勞[一二]。

① 距閈飲食　「閈」，庫本作「閉」。

② 又徙河東路　「河東路」原作「河南路」，東都事略、宋史吳充傳皆作「河東」，長編卷二〇八治平三年四月戊申條亦云「河東轉運使、集賢校理、工部郎中吳充爲鹽鐵副使」。又按宋時有河東路，而無「河南路」。據改。

半歲，召爲三司鹽鐵副使。

上即位，恩遷刑部，擢知制誥、糾察在京刑獄。面諭「先帝知卿久」，因道所以任用之意，公頓首稱謝。時君卿遷官[一三]，當草制，公奏君卿蒙恩太亟，上爲降一等。面擢知諫院，判國子監，兼判太府寺，與修英宗實録，詳定轉對封章，提舉集禧觀事。上言：「朝士親殁，或藁葬數十年，宜限年使葬。」遂著于令。河北水災、地震，爲同安撫使，繕城郭，宇倉廥，卹流亡，逐不善，更薦引其廉良，民心始安。還朝，中書進擬公龍圖閣直學士、河北都轉運使，詔以他官代之，留不行。以親嫌辭諫職[一四]，改知審官院，權判尚書禮部，管勾都水監。實録成，遷右司郎中①，權三司使公事。邠州守訟解池鹽法非是，詔詳決利害。公區別條奏，法得不廢。

召入翰林爲學士，權三司使[一五]。進拜諫議大夫、樞密副使[一六]。居位數年，詔諭中書，稱其盡瘁事國，拜尚書工部侍郎、檢校太傅、樞密使、群牧制置使。京城騎馬嘗以三月出牧，八月還廐，廢田十餘萬頃。牧卒患苦鄉而馬以暴露歲月粦②，乃議募民耕，取其租食馬，自是罷出牧[一七]。配卒遇寒月，令所在留役使，須仲春乃上道，全活者衆。又請十惡非死罪許原赦，勸其自新。置武學，收召謀勇，以養將帥之材。合禁兵疲老者爲數營，居于城中，擇文臣第差役。及建募巡檢兵，曰：「土人知道蹊徑，且無服勤戍也。」凡進畫圖慮，恩省湛密，同列服其精審曲當，事多施行者。

王荆公辭位，拜公中書門下平章事、監修國史[一八]。初請置局修仁宗英宗史，命公提舉，乃爲凡例以進，賜對天章閣。又言：「賜功臣號，本唐艱難時以寵慰武士，大臣豈宜用此[一九]？」及建置義倉[二〇]，皆從其請。十

① 遷右司郎中　「遷」原作「僊」，據文海本、庫本改。
② 牧卒患苦鄉而馬以暴露歲月粦　按，原文疑有誤脱。「而」、「粦」，庫本作「曲」、「遂」。

年，爲南郊大禮使，因言親祠太廟在仲冬，是爲烝祭，而功臣不預配享，郊主禋燎而不先燔柴，議禮者以公説爲是。時天下大法已定，内外晏然，事關大體，多人主親決。公退食，雖對家人，未嘗講朝廷事。其陟降左右、措置機務、進退人才[二]，至于詔令已下，人始知之，亦莫知其誰何贊助，議所主出。然論者見其君臣相與之間，禮意篤備，而一時更制，効見太平，則知宰相必有以當上心，而其事業不待言陳而可見也。

公家自正肅公貴，曾祖已贈太師，祖贈中書令，皇考贈太保。及公爲丞相，皆累贈太師、中書令兼尚書令，封周、夏、秦國公。曾祖妣陳氏①，亦自吴國太夫人更漢國。祖妣葛氏，自越更唐國。妣李氏，自楚更衛國。公娶李氏，右諫議大夫宥之女，封鄭國夫人。子男三：安詩，國子博士；安持，太常博士、權群牧判官；安時，太常寺奉禮郎，早卒。女四：長適殿中丞歐陽發，次適尚書都官員外郎呂希績，次適光禄寺丞夏伯卿，次承事郎、秘閣校理文及甫②。孫男六：儲、偃、侔、仰、偓、僎。侔，大理評事，餘皆守秘書省校書郎。

公學術通洞古今，其文章、論議簡潔無長語，以經爲師。有遺藁五十卷。享年六十。元豐三年十一月丙申，葬開封府開封縣新里鄉大邊村之原。銘曰：

惟氏勾吴，源自太伯。季子不侯，夷衍厥澤。系系仍仍，重雲累曾。逮公之先，始徙于閩。考遷京邑，世益以振。公生而異，亭凝粹秀。考共弟順③，發聲自幼。道學德物，取用有餘。弗倚弗跂，中正之居。惟聖天子，有偉制作。匪我相臣，孰與究度？法令蘄蘄，膏惠油油。兵閑士教，農敏于疇。天子聖矣，相則吴公。帝念厥

① 曾祖妣陳氏　「曾」字原脱，按本書中集卷九吴正肅公育墓誌銘載其「曾祖諱進忠，贈太師；妣陳氏，吴國太夫人」，據補。
② 次承事郎秘閣校理文及甫　「次」下疑脱「適」字。
③ 考共弟順　「考」，文海本作「孝」。

勤，蘄罷崇終。隧土不騫，篆石不勒。後千斯年，人有遺則。

辨證：

［一］吴正憲公充墓誌銘　按，吴充，東都事略卷六三、宋史卷三一二有傳。其兄吴育，本書中集卷九有吴正肅公育墓誌銘。

［二］遂拜觀文殿大學士西太乙宫使　長編卷三〇三元豐三年三月乙丑條云：「工部侍郎、平章事、監修國史吴充罷爲吏部尚書、觀文殿大學士、西太一宫使，仍大朝會許綴中書門下班，依知大藩例支添給。充爲相務安静，不遣使，不滋長法令，所言於上，人無知者。先是，上怒安南師出無功，言者又因周沃謝表，謂充與郭逵書，止其進兵，乃置獄劾逵事，人皆爲充懼。然充書但勸逵以經久省便，非止其進兵也。充既數爲同列所危，素病瘤，積憂畏，疾益侵。慈聖光獻太后崩，不能入臨，力辭位，不許。章七上，遂輿疾歸第，上始聽充罷。」東都事略吴充傳稱其爲相，「陰欲變更新法之不便者。乞還司馬光、吕公著、韓維、蘇頌，又薦孫覺、李常、程顥等十數人，於是王珪忌之。于時知諫院蔡確以擊搏進，充素惡之。初，相州嘗勘劫盗，爲堂後吏所駁，有陳安民者僉判相州，懼得罪，詣京師，歷抵親識求救。詔御史臺劾吏，請屬命確雜治。確捕充親戚、官屬，繫考鉤致充語。神宗獨明其無他。充數爲同列所危，然素多病，至是疾益侵。慈聖崩，不能入臨，力辭位，不許。明年，除觀文殿大學士、吏部尚書、西太一宫使」。

［三］録其子孫七人　萍洲可談卷一云：「故事，宰相薨，駕幸澆奠，褰帷視尸，則所陳尚方金器盡賜其家，不舉帷則收去。宰相吴充，元豐間薨於私第，上幸焉，夫人李氏徒跣下堂，叩頭曰：『吴充貧，二子官六品，乞依兩制例持喪，仍支俸。』詔許之。然倉卒白事，不及褰帷。駕興，諸司斂器皿而去，計其所直，與二子特支俸頗相當，因謂官物有定分，不可妄得如此。」

［四］自先公總史事君嘗爲屬　長編卷二七八熙寧九年十月丙午條載樞密使、工部侍郎吴充依前官平章事、監修國史。又卷二八四熙寧十年八月壬午條載太常丞、集賢校理、提點京東路刑獄李清臣爲國史院編修官。

［五］兄正肅公育及次兄京方皆科選高等知名　按本書中集卷九吴正肅公育墓誌銘云吴育於「天聖中，與其弟京、方俱舉進士，試禮部爲第一，遂中甲科，而京、方皆及第」。

〔六〕作宗室六箴上奏　東都事略吳充傳云其「爲宗室六箴以獻：一曰視，二曰聽，三曰好，四曰學，五曰進德，六曰崇儉」。

〔七〕公上疏辨直文忠復留修唐史而公以此改知禮院　宋史吳充傳載「充言：『脩以忠直擢侍從，不宜用讒逐。若以爲私，則臣願與脩同貶。』於是脩復留，而充改知太常禮院」。東都事略吳充傳略同。然長編卷一七六至和元年七月戊子條載歐陽修「判吏部流内銓。小人恐修復用，乃僞爲修奏乞汰内侍挾恩令爲姦利者，宦官人人忿怨，楊永德者陰求所以中修。會選人張俅、胡宗堯例改京官，批旨以二人嘗犯法，並循資。宗堯前任常州推官，知州以官舟假人，宗堯連坐。及引對，修奏宗堯所坐薄，且更赦去官，於法當遷。讒者因是言宗堯翰林學士宿子，故修特庇之，奪人主權。修坐是出守。修在銓曹未浹旬也」。又八月癸巳條載判吏部南曹、太常博士、集賢校理吳充同知太常禮院，云「以胡宗堯故易任。充上疏爲歐陽修辨，不報」。按，誌文「公即奏宗堯所坐薄，且更赦去官，於法當遷」之「公」當指歐陽修，誌文所云不確。又同上戊申條載：「初，歐陽修罷判流内銓，吳充、馮京罷判南曹，知諫院范鎮言：『銓曹承禁中批旨，疑則奏稟，此有司之常也。今讒人以爲撓權，竊恐上下更相畏，誰敢復論是非？請出言者主名，正其罪，復修等職任。』凡再言之，帝意解。而宰臣劉沆亦請留修，帝謂沆曰：『卿召修諭之。』沆曰：『修明日陛辭，若面留之，則恩出陛下矣。』戊申，命修刊修唐書」。

〔八〕温成皇后葬宰相護喪　本書上集卷八趙清獻公抃愛直之碑云：「温成皇后方葬，始命參知政事劉沆監護其役，及沆爲相而領事如故。」

〔九〕宰相謂公諷之出知高郵軍　長編卷一七七至和元年十一月辛酉條載降同知太常禮院、太常博士、集賢校理吳充知高郵軍，太常寺太祝、集賢校理鞠真卿知淮陽軍，云：「禮院故事，常預爲印狀，列署衆銜；或非時中旨有所訪問，不暇徧白禮官，則白判寺一人書填印狀，通進施行。及追贈温成皇后日，有中旨訪問禮典，判寺王洙兼判少府監，廨舍最近，故吏多以事白洙。洙常希望上旨，以意裁定，填印狀進内。事既施行，而論者皆責禮官，禮官無以自明，乃召禮直官戒曰：『自今朝廷訪問，禮典稍大，無得輒以印狀申發，仍責取知委。』後數日，有詔問温成皇后應如他廟用樂舞否，禮直官李亶以事白洙，洙即填印狀，奏云當用樂舞。事下禮院，充、真卿怒，即牒送亶於開封府，使按其罪。洙抱案卷以示知府事蔡襄曰：『印狀行之久矣，禮直官何罪？』襄患之，乃復牒送亶於禮院。充、真卿復牒送府。如是再三，禮院吏相率逃去。初，真卿好游臺諫之門，會温成皇后神主祔新廟，皆以兩制攝獻官，翰林學士承旨楊察攝太尉，殿中侍御史趙抃監祭，而充監禮。上又遣内臣臨視，内出圭瓚以灌鬯。充言於察曰：『禮，上親享太廟，則用圭瓚；若有司攝事，則用璋瓚。今使有司祭温成廟而用圭瓚，是薄於太廟而厚於姬妾也，其於聖德虧損不細，請奏易之。』察有難色，曰：『日已暮矣，明日行事，言之何及？』而内臣視祭者已聞之，密以奏，詔即改用璋瓚祭之。明日，抃奏蔡襄不按治禮直官罪，畏懦觀望，於是執政以爲充因祠祭教抃上言。又禮直官日在温成葬所訴於内臣，云欲送禮直官於開封府者，充與真卿也。明日，詔禮直官及繫檢禮生各贖銅八斤，充、真卿俱補外。抃及諫官范鎮等皆言充等無罪，不當黜，不報。」

［一〇］徙三司户部判官　長編卷一八七嘉祐三年七月己卯條云：「内降劄子：臣僚上言，開封府推官吴充與權知開封府歐陽修爲親家。遂除户部判官。近制，推官或改判官，通三年方授三司判官。充在府始逾年而遷之，頗爲僥倖。中書請以元奏付外施行，御批已焚毁。又請上封人姓名，不報。」

［一一］遷尚書祠部員外郎知陜州　孔氏談苑卷三吴充病贅云：「吴充病贅，仁宗見之揜鼻，既而諭執政者曰：『充病甚矣。』其後執政進擬差除，不敢公去充，但於姓名下書『病』字，以是終仁宗世，充罕至京師。」

［一二］及對加勉勞　宋史吴充傳云其「會入覲」，英宗「語其爲吴王宫教授時事，嘉勞之」。

［一三］時君卿遷官　揮麈録卷六云：「治平中，有時君卿者，鄭州人，與王才叔廣淵爲中表。游學郡庠，坐法被笞。以善筆札，去爲潁邸書史。裕陵以其有士風，每與之言。時王荆公賢譽翕然，君卿數稱道於上前，宸心繇是注意，踐祚之後，驟加信任。」

［一四］以親嫌辭諫職　宋史吴充傳云：「王安石參知政事，充子安持，其壻也，引嫌解諫職。」

［一五］召入翰林爲學士權三司使　長編卷二一三熙寧三年七月壬辰條載知制誥、權三司使吴充爲翰林學士、權三司使，云：「初，議所以代吕公弼者，或言及充，上謂充資淺，王安石曰：『充信行佳。』上曰：『充與卿連姻。』韓絳曰：『充亦臣親家。』既不果用，乃有此除。充子安持娶安石女，絳兄綱子宗彦娶充兄育女也。」按，據宋史卷二一一宰輔表二，熙寧三年七月，樞密副使吕公弼罷爲吏部侍郎、觀文殿大學士、知太原府。

［一六］進拜諫議大夫樞密副使　長編卷二一四熙寧三年八月壬申條云：「上因問：『吴充可爲兩府否？』安石曰：『充乃臣親家。』上曰：『不須避此。』安石曰：『若以人望言，即吴充亦合爲兩府。今兩制如孫永、韓維最爲可者，然其志未嘗欲助興至理也。』上曰：『充比維輩却曉吏事。』」又卷二一五熙寧三年九月辛丑條載樞密副使、左諫議大夫馮京參知政事，翰林學士、右司郎中、權三司使吴

充爲右諫議大夫、樞密副使，云：「上初欲用充參知政事，王安石曰：『充與臣有親嫌。』上以爲無害，安石曰：『充豈能忘形跡？若論議之間顧形跡，則害國事。』乃徙京而命充代之。」又石林燕語卷四云：「趙中令（普）爲相，李處耘爲樞密使，處耘之女爲中令子婦，並居二府，不避姻家。……熙寧中王荆公爲相，吴正憲爲樞密副使，皆不避。」按，趙普子所娶乃樞密使李崇矩女，石林燕語云李處耘女，實誤。

［一七］乃議募民耕取其租食馬自是罷出牧　按長編卷二二七熙寧四年十月庚午條云：「同修起居注曾孝寬言：『相度到諸班直、諸軍牧馬，乞不下槽牧放，許民出租請佃牧地，及合立條約等利害。』詔馬自來年更不下槽牧放，其五箇月合支草料，令三司速計置。內外班直、諸軍馬，舊以夏初出牧，迄八月上槽。凡軍士之有馬者，利其草粟之餘與傔兵衣糧，舉族護視之。及其出也，數馬一圉人，出而未至牧與自牧而歸者，常數日草粟無所給。方其在牧，晝縶之於棚，而不得卧休，夕就野而牧，卒有震雷風逸，不知所在，有得之數十百里之外。雨潦霜露之不時，而感寒疾，往往而斃者十常三四。被病而歸，死槽櫪與納換者，不在數。圉人歲被榜罰者，常以千數。又牧地多占良田，圉人侵擾閭里棚井，科率無寧歲，公私苦之。故命孝寬比較相度。及詔下，人以爲便，計租入以補草粟，猶有羨也。」

［一八］王荆公辭位拜公中書門下平章事監修國史　宋史吴充傳云：「充雖與安石連姻，而心不善其所爲，數爲帝言政事不便。帝察其中立無與，欲相之，安石去，遂代爲同中書門下平章事、監修國史。」吕氏雜記卷下云：「荆公爲相既久，時吴正憲冲卿充爲樞密使，裕陵每於諸公進呈罷，多留吴，獨與之語。荆公作詩云：『穰侯老擅關中事，常恐諸侯客子來。我亦暮年專一壑，每逢車馬便驚猜。』不久吴遂代荆公作相。」

［一九］又言賜功臣號本唐艱難時以寵慰武士大臣豈宜用此　據長編卷二九四元豐元年十一月己亥，此乃宰臣吴充王珪、參知政事元絳共進言。按，夢溪筆談卷二故事二亦云：「賜功臣號始於唐德宗奉天之役，自後藩鎮下至從軍資深者，例賜功臣。本朝唯以賜將相。熙寧中，因上皇帝尊號，宰相率同列面請三四，上終不允，曰：『徽號正如卿等功臣，何補名實？』是時吴正憲爲首相，乃請止功臣號，從之。自是群臣相繼請罷，遂不復賜。」

［二〇］及建置義倉　宋會要輯稿食貨五三之二〇載熙寧「十年九月十六日，詔開封府界提刑司，先自豐稔畿縣立義倉之法」。

［二一］進退人才　東軒筆録卷一〇云：「吴冲卿初作相，亦以收拾人物爲先，首薦齊諶、井亮采。洎二人登對，咸不稱旨。又薦李師德爲臺官，而師德不才。自是秉政數年，以至薨日，更不薦士，而三人者亦竟無聞於時也。」

王懿敏公素墓誌銘[一]　文恭公王珪

公諱素，字仲儀，故宰相王文正公之子①。其先大名莘人也[二]。皇曾祖魯國公諱徹，皇祖晉國公諱祐②，皇考魏國公諱旦，皆贈太師、尚書令兼中書令。曾祖妣秦國夫人田氏，祖妣徐國夫人任氏、秦國夫人邊氏，妣榮國夫人趙氏。維公皇考實相真宗於景德、祥符之間，當是之時，天下衣食滋殖，百官各任其職，而兵革不加於四夷，可謂賢相矣。方其薨，公猶未官，朝廷録孤，以爲太常寺太祝。

遷大理評事[三]，同句當太府寺斗秤務。天聖五年，召試學士院，賜進士出身。又召試，得通判潁州，更懷州、許州，累遷太常博士。又召試，得五品服，且宰相子比皆用試得帖館職，公獨以大臣親嫌故抑之[四]，以尚書屯田員外郎知濮州。運使欲加賦瀕河之田，公言：「日者河決本道③，而民困於失職。今大河新還，流者猶未盡復，可益以重斂乎？」於是詔自濮七州毋得令民過出租。以都官員外郎知宣州[五]，御史中丞孔道輔薦以爲侍御史④。道輔出，亦出公知鄂州[六]。罷配民計口售鹽，鄂人德之。以職方員外郎知宿州。

慶曆二年，改兵部員外郎、知諫院、同判國子監。仁宗方留精政事，思聞朝廷得失，御筆親除諫官，而歐陽

---

① 故宰相王文正公之子　按，宋史王素傳云其「太尉旦季子也」。

② 皇祖晉國公諱祐　「祐」當作「祜」。按，晉書卷三四羊祜傳，羊祜字叔子。

③ 日者河決本道　「決」原作「以」，據文海本及華陽集卷五八王懿敏公素墓誌銘改。

④ 御史中丞孔道輔薦以爲侍御史　「孔道輔」原作「孔道鋪」，據文海本、庫本、華陽集卷五八王懿敏公素墓誌銘及張方平集卷三七王公神道碑銘改。

脩、蔡襄、余靖與公相次進用[七]。公起少年，蒙上所知，輒遇事感發。嘗言：「凡朝廷欲有所更，其初不出于士大夫之論，則中書不敢以自行。願陛下收威福之權，明利害之分，事如無可疑，毋須下議兩制，徒爲紛紛也。禮部取士，不詢采行實，顧文辭漫漶，不足以應務。請郡國置學，擇明師使通知經術，稍近三代里選之法。自景德以來，較今內外無名之費，數倍于前。請置官三司，量一歲所入，其用非急者皆省去之。」會皇子生，議欲因赦，百官進官，大賞賚諸軍。公又言：「方元昊叛，契丹數有所求，縣官財用不足。宜留金繒以佐邊費，謹官爵以賞戰勞。」其議爲公止[八]。

仁宗間御天章閣，出手詔問兩府大臣所以興治革弊之方。公又大疏時政姑息十餘事，皆人所難言者，末以「非知之艱，行之惟艱」爲戒。它日，曲召諫官歐陽脩與公等四人面諭曰：「卿等皆朕所自擇，數論事無所避，特皆賜服章，非繇宰相言也。」於是賜公三品服。除天章閣待制、淮南都轉運按察使[九]。時初置按察，諸路皆以苛爲明，獨公爲不苛人，然貪吏蓋有自投去者[一〇]。罷覆折二税羨緡數十萬，朝廷因以戒諸路。

以刑部郎中爲涇原路經略安撫使、知渭州[一一]。未幾，坐嘗屬河東轉運使劉京市材木，制下御史臺，京自以己坐得罪，而公所市無私民，猶降公知華州[一二]。既而言者又以謂公與監察御史裏行閤詢爲連姻，方置劾時，不以其事聞，既奪詢裏行，亦落公職，知江州。未行，改汝州[一三]，更潞州。

丁太夫人袁氏憂。服除，知兖州，復以天章閣待制知渭州，即除龍圖閣直學士、兵部郎中。還判三班院，以樞密直學士權知開封府。至和二年秋，大雨壞蔡河，水入都城中①，密詔馬軍都指揮使范恪障朱雀門。公違詔

① 至和二年秋大雨壞蔡河水入都城中　據長編卷一八二嘉祐元年六月戊寅條，此事在嘉祐元年夏間。按，至和三年九月改元嘉祐元年。則此處「至和二年」當作「至和三年」。

止之曰：「方上不豫，軍民廬舍多覆壓，奈何障門，更以動衆耶？」公於時晝夜檢訪姦攘，都下爲之肅然。常建請置使院判官主熟事，置八厢官決輕罪，置發放司句朱官以檢稽違，後多見施行。

以龍圖閣學士爲定州路安撫使、知定州[一四]，以翰林侍讀學士知成都府。先是，牙校歲輸酒坊錢以供厨傳之費，前後日加豐而不知約，故輸者亦加困而不能勝。公爲一切裁約之，省其費過半。鐵錢唯行於兩川，歲加鑄無止，故錢輕而貨重，商旅不能通行。公爲罷鑄十年，而物價差以平。利州路饑，公遣發廪賑救，民得無流徙。詔適下而公奏至，上數稱嘉之。公爲政在便人情，蜀人録公所行爲王公異斷。復知開封府，爲群牧使，知許州[一五]，歷諫議大夫、給事中、尚書工部侍郎。

英宗初，再遷兵部侍郎。治平元年秋，虜寇静邊寨，權涇原帥陳述古與副總管劉几議進兵不合，虜寝圍童家堡①。天子西憂，以端明殿學士又知渭州。既入見，英宗諭曰：「朕知學士久，今邊陲有警，顧朝廷誰可屬者？其勉爲朕行。」於是番酋故老皆歡呼越境，望公之來。比公馳至，則虜解圍去矣。公屢帥涇原，馭將卒有恩，無不得其歡心。又善料敵情，故塞下戍常少，而積粟至十餘年。嘗廣渭之西南城，濬隍三周。屬羌間以土地來獻，公悉募置弓箭手，其行陣出入之法，身自督教之。其居舊皆穿土爲室，寇至，老幼多焚死。公爲築八堡，使其居足以自保，而父子皆感泣曰：「誓不敢忘我公之德！」所部東西兩路巡檢比分領弓箭手②，不得以自便。公曰：「此豈前日募民兵意耶？」悉使散耕田里，遇有警則發之。故其涵養士氣，名爲勇悍，它路莫能及。

原州蔣偕說宣撫使范仲淹築堡大蟲巉[一六]，堡未完，而爲明珠、滅臧伺間要擊之。偕輒從間道遁歸，伏庭

---

① 虜寝圍童家堡　「寝」，庫本作「侵」。

② 所部東西兩路巡檢比分領弓箭手　「比」，文海本及華陽集卷五八王懿敏公素墓誌銘作「皆」。

下，當以軍法論。公貫令復往，總管狄青曰：「賊方據險設伏，以待官軍，偕輕而無謀，往必更敗。」公曰：「偕死則俱往①。」青訐不得行。偕卒能以死致其首，完所築堡而還。

番官蠻斯哥本天水羌也，嘗與賊爲用。始，州欲羈縻之，因請以爲十族巡檢。及下公議，公即聲其罪，械還本族。既而叛去，諸將曰：「不重購之，後必爲邊患。」公曰：「吾在邊，虜未嘗敢輕入，彼斯哥何爲也②[一七]？」公一日燕堂隍③，邊民悉驚走入城。諸將曰：「使姦人亦從而入，必將舉而內應，不若拒之弗內。」公曰：「若拒之東去，勢必搖關中，當且納之。固知虜不敢犯我，此必有姦言動之者。」乃下令曰：「敢復有言虜至者斬！」有頃，候騎從西來，其傳果妄也。諸將皆服莫如公所料。

改澶州觀察使，爲真定府路安撫使、知成德軍。今天子即位，移青州觀察使。復以爲端明殿學士，遷尚書左丞，爲河東四路經略安撫使、知太原府。會汾河大溢，公曰：「若壞平晉④，遂將灌州城。」乃命先具舟栰，築堤以扞城。一夕水果至，人得無恐。至今人每過公所作堤而留歎之。晉薦飢，公勸大姓出粟，活殍者十餘萬人。及公去，州人泄馬首環泣，終日不得前。又改徐州觀察使，辭不拜，知通進銀臺司兼門下封駁事。以疾求補外，留兼提舉醴泉觀，又知汝州。歲餘，乃言：「臣被病久，顧不能任君事，願還政于朝。」遂加工部尚書致仕，職如故。故事，致仕雖三公無帶職者，朝廷方施用新法，公首以學士就第[一八]，時人榮之。

公少感概有大志，人不敢以貴游子弟遇之。及顯在朝，敢言天下事，數擊姦佞上前，其言不屈於勢

---

① 偕死則俱往　按，宋史王素傳云時王素對云「偕敗則總管行，總管敗，素即行矣」。

② 彼斯哥何爲也　「斯」原作「廝」，據庫本及上文改。

③ 公一日燕堂隍　「隍」原作「惶」，據文海本及華陽集卷五八王懿敏公素墓誌銘改。

④ 若壞平晉　「壞」原作「壊」，據文海本、庫本、華陽集卷五八王懿敏公素墓誌銘及宋史王素傳改。

權[一九]。然瘽於薦士，雖武夫處士，常急於引拔。與人交，周旋無不至，不藏怨於人。凡所與游，皆一時豪賢，稍稍去至公卿者，多出公後。慶曆中，朝廷患政事因循日久，二三大臣因與共謀，盡更前之所爲，而間至於不次用人。於是論者皆指以爲朋黨。及大臣者去，人莫敢以爲言，公常獨言：「富弼、韓琦、范仲淹皆有重望，宜復召用，處之以不疑。」仁宗嘗命公悉上爲御史、諫官時所言事，留觀殿中。公晚之涇原，英宗許以大用。公還在道，大臣入問上疾①，數問王某幾日當至，間又趣令入見。公至，會英宗大漸②，又俛而去國也。公在渭與蜀，尤有愛於民[二〇]，皆圖公像而生祠之。公歷撫三路，歲且久，未嘗一朝用兵。夫厭難於機先，與收功於後，其孰爲愈哉？公亦不自有也。

熙寧六年三月甲寅，告公薨[二一]，輟視朝一日，有司謚公曰懿敏③。其年五月庚申，葬公開封縣新里大邊村文正公原下。

娶李氏，禮部尚書維之女，同安郡夫人；又滕氏，給事中涉之女，安康郡夫人；又張氏，太傅士遜之女④，永嘉郡夫人。子男九人：厚，進士及第，早卒；固，大理評事；凝，秘書省正字；常、奥，將作監主簿⑤。女二人：

① 大臣入問上疾　「問」原作「閤」，據鐵琴銅劍樓本、庫本及華陽集卷五八王懿敏公素墓誌銘改。

② 會英宗大漸　「漸」原作「慚」，據文海本、庫本及華陽集卷五八王懿敏公素墓誌銘改。

③ 有司謚公曰懿敏　「懿敏」原作「獻敏」，據華陽集卷五八王懿敏公素墓誌銘、張方平集卷三七王公神道碑銘及東都事略、宋史王素傳改。

④ 太傅士遜之女　「太傅」原作「太博」，據華陽集卷五八王懿敏公素墓誌銘及張方平集卷三七王公神道碑銘改。

⑤ 子男九人厚進士及第早卒固大理評事凝秘書省正字常奥將作監主簿　按，張方平集卷三七王公神道碑銘云其九男：「厚，將作監主簿，早世；固，大理評事；堅，光禄寺丞；鞏、本、碩，大理評事；凝，秘書省正字；常、奥，將作監主簿」。

適將作監丞李謹①、文居中。所著文集二十卷。

余與今參知政事馮公當世少從公游，及公薨，余自次公平生所爲作之銘，而當世爲公書，既又樞密相文潞公爲篆公之銘，蓋皆不待公子之所求。然則觀公之於人，亦其至哉！余雖不能文，得附見於後世以信其人，庶幾公爲不亡焉。銘曰：

允矣真宗②，魏公經之。列功配食，後人是詒。公發匪馮，遇也尚少。進擊姦回，其執不撓。三邊逶長，往御貔虎③。一旅不驚，終公之去。公去幾何，寇猖在野。造幾折謀，皆出公下。治平之初，必進謂公。儀儀來還，孰謂不逢。公猶有施，公則思止。尚書端明，顧豈不煒？公言猶新，刻詩在珉。作之謂誰？惟時三人。

辨證：

〔一〕王懿敏公素墓誌銘　本墓誌又載於王珪華陽集卷五八，題同。按，王素，東都事略卷四〇、宋史卷三二〇有傳，張方平集卷三七載有宋故端明殿學士金紫光禄大夫行工部尚書致仕上柱國太原郡開國公食邑三千八百户食實封一千二百户謚懿敏王公神道碑銘，本書中集卷二八載有蘇軾王懿敏公素真贊。

〔二〕其先大名莘人也　張方平集卷三七王公神道碑銘云：「其先大名莘人，曾祖五代唐莊宗時左拾遺，祖國初以尚書兵部侍郎知制誥，始家京下，著籍開封。」

〔三〕遷大理評事　張方平集卷三七王公神道碑銘稱其「服闋，特遷大理評事」。

① 適將作監丞李謹　「李謹」，張方平集卷三七王公神道碑銘作「李祥」。

② 允矣真宗　「矣」原作「衣」，據庫本及華陽集卷五八王懿敏公素墓誌銘改。文海本作「文」。

③ 往御貔虎　「貔」原作「貌」，據文海本、庫本及華陽集卷五八王懿敏公素墓誌銘改。

［四］公獨以大臣親嫌故抑之　按，墓誌下文稱王素妻「張氏，太傅士遜之女」，則此「大臣」當指張士遜。

［五］以都官員外郎知宣州　據張方平集卷三七王公神道碑銘，王素知宣州「未行」。

［六］道輔出亦出公知鄂州　長編卷一二五寶元二年十二月己巳條云：「降侍御史王素爲都官員外郎、知鄂州。初，中丞孔道輔與素連姻，及舉素爲臺官，而未嘗以聞。道輔既坐鞫獄阿徇貶，故并素出之。」又壬申條載：「詔中書自今御史闕官，宜如先朝舊制，具兩省班簿來上，朕自擇官令舉人。初，中丞與知雜御史例得舉臺官，及孔道輔舉王素，上以爲比周，故降是詔。」

［七］御筆親除諫官而歐陽脩蔡襄余靖與公相次進用　長編卷一四〇慶曆三年三月癸巳條云：「侍御史魚周詢爲起居舍人，職方員外郎王素爲兵部員外郎，太子中允、集賢校理歐陽修爲太常丞，並知諫院。周詢固辭之，以太常博士、集賢校理余靖爲右正言，諫院供職。時陝右師老兵頓，京東西盜起，呂夷簡既罷相，上遂欲更天下弊事，故增諫官員，首命素等爲之。」

［八］其議爲公止　長編卷一四〇慶曆三年三月癸巳條云：「時外人籍籍，言皇子生，將議大赦，進拜群臣官及賞諸軍。素上疏言：『方元昊叛，契丹多所要求，縣官財用大屈，謂宜惜費以寬民力，且將士久勞待賞，而臣下乃坐享無窮之奉，皆非所以爲國計也。』其議遂格。」注曰：「按是年無皇子生，而素附傳及王珪誌素墓，並載諫疏，附傳又即於拜諫官時載此，必非在此時也。今姑從之，仍稍顛倒其辭，庶不失事實。是年張修媛實生女，幼悟，但不知是何月。五年四月卒，才三歲。或所稱皇子當作皇女，更須考詳。」

［九］除天章閣待制淮南都轉運按察使　長編卷一四四慶曆三年十月丙午條云王素爲天章閣待制、淮南都轉運按察使，乃「用富弼、范仲淹等之言也」。

［一〇］獨公爲不苛人然貪吏蓋有自投去者　長編卷一五〇慶曆四年六月庚戌條云：「素在淮南，行部至郡邑場務，所問者課額羡與否而已，未嘗毛舉細故，以摘發官吏。人初視之，若闊於事情，而所布耳目實甚廣，間有被劾者，皆罪法必得。故人人若素坐視其家，而莫敢爲非。」

［一一］以刑部郎中爲涇原路經略安撫使知渭州　長編卷一五〇慶曆四年六月庚戌條載王素知渭州。注曰：「江鄰幾云：『王仲儀帥平涼，出都門，長簷帽，四䙆衫，金束帶，鞍馬稱是。子野赴甘棠偕行，顧謂子弟輩：「不意仲儀壞到此箇地位。」』按，是年八月王質知陝州，然則素雖有此除命，到八月乃出京也。」

〔一二〕而公所市無私民猶降公知華州　長編卷一五五慶曆五年四月己丑條云：「徙知渭州、刑部郎中、天章閣待制王素知華州。先是，范仲淹宣撫河東，劾轉運使劉京在所部市私物擾民。詔罷京，仍自今勿復委以均輸之任，復下并州明鎬體量。於是又得素爲諫官時嘗託京市木，而京委文水令董望市之，虧所僦車直及謾税錢四十千。詔御史臺鞫其事，素坐是徙。」

〔一三〕改汝州　長編卷一五六慶曆五年六月丁巳條云「素兄雍，時爲兩浙轉運使，尋卒於官。朝廷以故相旦之後，且卹其孤，特改命素知汝州」。

〔一四〕以龍圖閣學士爲定州路安撫使知定州　涑水記聞卷一〇云：「初，素與歐陽脩數稱富弼於上前，弼入相，素頗有力焉。弼既在相位，素知開封府，冀弼引己以登兩府。既不如志，因詆毀弼，又求外官，遂出知定州。」

〔一五〕復知開封府爲群牧使知許州　涑水記聞卷一〇云王素「復還知開封府，愈鬱鬱不得志，厭倦煩劇，府事多鹵莽不治，數出遊宴。……開封府先有散從官馬千、馬清，善督察盜賊，累功至班行，府中賴之。或謂素：『二馬在外，威福自恣，大爲姦利。』素奏，悉逐之遠方。於是京師盜賊累發，求捕不獲。臺官言素不才，亦自乞外補，朝廷因而罷之」。

〔一六〕原州蔣偕説宣撫使范仲淹築堡大蟲巉　據長編卷一五三，此乃慶曆四年十二月時事，王素時以刑部郎中爲涇原路經略安撫使、知渭州。

〔一七〕吾在邊虜未嘗敢輕入斯哥何爲也　張方平集卷三七王公神道碑銘云：「有番官密悉，天水羌也，粗有計略，群羌所信。前帥欲羈縻之，請以爲諸族巡檢。事下公議，公數其罪，械送本道，中路亡去。諸將請重購之，以絶後患。公曰：『是烏足以爲者？』不購，亦竟無能爲。」

〔一八〕故事致仕雖三公無帶職者朝廷方施用新法公首以學士就第　長編卷二二〇熙寧四年二月辛酉條載：「端明殿學士、尚書左丞王素爲工部尚書、端明殿學士致仕。上亟從之，王安石言宜且降詔不允，上曰：『素今在此，實知其病，便令致仕，何傷？』安石曰：『無傷也。』故事，致仕者例不帶職，王安石以爲致仕者致其職事於君，無落職之理，故皆以本職致仕，自王素始。」按，此新法見於長編卷二一八熙寧三年十二月辛巳條，且云「自此宰相以下並帶職致仕」。又容齋隨筆卷九帶職致仕云：「熙寧以前，待制、學士致仕者，率遷官而解其職。若有疾就閑者，亦換爲集賢院學士。蓋不以近職處散地也。帶職致仕，方自熙寧中王素始。後改集賢學士爲修撰，政和中又改爲右文云。」

〔一九〕敢言天下事數擊姦佞上前其言不屈於勢權　自警編卷六諫諍云：「王懿敏公素自筮仕，所至稱爲能吏。既升臺憲，風力愈勁。嘗與同列奏事上前，事有不合，衆皆引去，公方論列是非，俟得旨乃退。帝曰：『真御史也。』議者目公爲『獨擊鶻』。」

〔二〇〕公在渭與蜀尤有愛於民　涑水記聞卷一〇云：「素性驕侈，在定州、益州皆以賄聞。爲人無志操，士大夫多鄙之。」

〔二一〕告公薨　張方平集卷三七王公神道碑銘云其「薨於京師，享年六十有七」。

名臣碑傳琬琰集中卷二十八

梁莊肅公適墓誌銘[一]　文恭公王珪

公諱適，字仲賢，世鄆人。父爲翰林學士，卒時，公爲最少，未及仕。它日，因類其父所爲制詔、奏議，并自所爲文上之，真宗覽而嘆曰：「梁某有子矣。」即除秘書省正字。天聖初，知開封府功曹參軍。故宰相吕夷簡知府事時，器公材，以薦諸朝，知蘇州崑山縣，知梧州。五嶺自僞命時，折民税已重，其後轉運使以調用不足，又復折之。公言用殆不能輸，遂詔勿復折，至今以便民。還句當在京諸司粮料院，累遷大理寺丞、通判泰州①，廢港口、待賢二埭。先是，漕渠患水高，故置埭以節水，然歲渡舟多壞，而公私不以爲便，公因大發夫濬渠而廢之。明道二年天下飢，淮南尤甚。公募大姓輸米，作淖糜以濟民，蒙活者數萬人。以太子中舍監在京廣衍倉。

景祐中進士及第，換中允，知淮陽軍。京東歲常預支錢市帛七十萬，後三司益至二百萬。公謂其法本以惠下貧而抑兼并，今取多則傷農，況取之未能止。朝廷爲減其數如初[二]。其年南郊，赦書録朱全忠之後。公曰：「全忠叛臣也，何足以爲勸[三]？」仁宗是其言，記姓名禁中，召爲審刑院詳議官。

① 通判泰州　「泰州」原作「秦州」，據華陽集卷五八梁莊肅公適墓誌銘及下文提及「淮南」改。

梓州妖人白彥歡能依鬼神作法以詛人，至有死者，獄上請讞，皆以不見傷爲疑。公曰：「殺人以刃或可拒，以詛則其可免乎①？」卒以重辟論。會有異禽翔端門上②，既又下廷中，於是左右大臣莫不以爲瑞。公曰：「野鳥來處宮庭，此何瑞也？」間因得對，仁宗數以所上言稱之〔四〕。御史中丞薦公材堪御史，中書以法未應除。明日，欲用爲諫官，中書又以爲言，帝不懌。再遷太常博士、提點京東路刑獄，爲開封府推官，遂改右正言，諫院供職，管句國子監，奉使契丹。新除樞密副使任中師與公有親嫌，公辭爲諫官，乃以直史館判太府寺〔五〕，同修起居注。經制陝西粮草，與知慶州范仲淹同議邊機十餘事上之，其言攻守之計甚長〔六〕。

還知諫院。前後嘗言知樞密院夏守贇經略陝西無功而還③，不可復典機密；龍圖閣直學士張存辭知延州不行，更求它善郡，畏避不任事，宜即見斥；入内都知岑守中坐賄貶光州，求削籍留京師，撓法不可許；鄜延路鈐轄黄德和望賊退走，陷二大將〔七〕，宜即誅塞下；河東欲却降羌藏材族千餘人，夫勢窮歸我，却之足甘寇心，脱納而撫之，後或得爲用；比來邊儲不充，欲施告緡令于天下，百姓紛然不自安，宜早停其議；北京大建宮闕，徒費無益，當有所裁節；祖宗時皆殿試進士，得人不爲少，今罷殿試，從南省奏名，則恩不在陛下而在有司，且如舊制便〔八〕。皆從公言。又嘗與御史中丞賈昌朝較景德以來迄于康定財用出入之數，内自宮掖，外及權貴而下，歲省浮費數百萬。

---

① 以詛則其可免乎　華陽集卷五八梁莊肅公適墓誌銘作「殺人以詛，則其可免乎」，折獄龜鑑卷四梁適引王珪撰墓誌作「今以詛也，其可免乎」。又此句下，東都事略、宋史梁適傳有「是甚於刃也」五字。

② 會有異禽翔端門上　「有異禽」，宋史梁適傳作「有鳥似鶴」。

③ 前後嘗言知樞密院夏守贇經略陝西無功而還　「夏守贇」原作「夏守斌」，據長編卷一二七康定元年六月丁亥條及宋史梁適傳、卷二九〇夏守贇傳改。

慶曆二年，擢知制誥、判昭文館、知審刑院。契丹遣劉六符來報元昊欲納款，朝廷命公復聘契丹[九]。已而元昊果令賀從勉賫表至境上①，又命公使延州，遂定元昊復臣之禮[一〇]。入爲起居舍人，權判吏部流内銓，權發遣開封府事，判太常寺兼禮儀事。頃之願治郡，得知兖州。弛本州所産鹽禁，歲省默鈇者不可勝計②。萊蕪鹽鐵舊嘗十八冶，今所存唯三冶，户猶破産而逃。公募有力者使主治，十年予一官，於是冶無破户，而歲有羡鐵百餘萬。爲龍圖閣直學士、知河陽，又爲樞密直學士、鄜延路經略使、知延州。元昊既稱臣，公遂徙重兵内地，復安定、黑水、園林三堡，置榷場于保安、鎮戎軍，招還金明屬户三千餘帳。元昊曰：「前所掠蕃漢生口，有誓詔兩不復還矣。」遣人屢索之，然而公卒不遣[一一]。告歸至鄆治葬事，過都，除翰林學士，尋改翰林侍讀學士、知澶州[一二]，又爲秦鳳路經略使、知秦州。斥近邊土田，募弓箭手自占，減戍兵東還。其非要害處堡障悉併廢之，又省西事以來益置官百餘員。更以一當十大銅鐵錢以當三，民間不復敢盜鑄，而物價以平。歷尚書禮部、吏部郎中，復知審刑院，爲同群牧使[一三]。與翰林侍讀學士宋祁共定法寺所用斷例，務在重輕平，法吏不得以高下。

皇祐元年，拜樞密副使、左諫議大夫。明堂覃恩，進給事中。張堯佐自三司使除宣徽、河陽節度、景靈、群牧四使，臺諫官連上封，不報，又力争上前，紛紜不能已。上諭令中書戒厲，大臣不敢言，公獨進曰：「臺諫官蓋自有言責，其言雖過，在陛下所容。然寵堯佐太厚，亦非所以全后妃之家。」遂奪堯佐宣徽、景靈二使，取戒厲乃不行[一四]。廣源州蠻儂知高舉兵犯邕州③，又犯沿江九州，進圍廣州，官軍數戰不利。上欲遣使招安，會廣州得賊

① 已而元昊果令賀從勉賫表至境上 「賀從勉」，長編卷一三九慶曆三年正月癸巳條、東都事略卷六仁宗紀、宋史梁適傳皆作「賀從勖」。按，此處爲避神宗嫌名諱而改字。
② 歲省默鈇者不可勝計 「默」，華陽集卷五八梁莊肅公適墓誌銘作「鉗」。
③ 廣源州蠻儂知高舉兵犯邕州 「州蠻」原作「用蠻」，據華陽集卷五八梁莊肅公適墓誌銘改；「兵」原作「與」，據庫本及華陽集卷五八梁莊肅公適墓誌銘改。按，「儂知高」，一般寫作「儂智高」。

將黄師宓僞榜，且言知高頤得邕桂七州節度使。初欲予之，公曰：「若爾，二廣恐非朝廷所有，臣不敢與聞。」因命樞密副使狄青爲宣撫使，以經制南事。及賊平，上顧輔臣曰：「鄉非用梁適言，南方安危未可知也。」御史裏行唐介既彈宰相，更援致舊臣。上怒，急召二府，付介所留章。介猶立殿上不去，公曰：「宰相豈御史當薦邪？」叱介下殿，殿中莫不愕顧[一五]。明年，參知政事①。

契丹又遣使來，論「國書中所稱大宋、大契丹似非兄弟之國，今輒易曰『南朝』、『北朝』矣」。詔中書、樞密院共議之，公曰：「此易屈耳，當答之：『宋蓋本朝受命之土，契丹亦彼國號。今無故，曷爲自去也[一六]？』」其年，賀正使來，復稱大契丹如故。五年，拜尚書禮部侍郎、同中書門下平章事、集賢殿大學士。入内都都知王守忠以老疾，方求爲真節度使。公謂它宰相曰：「内臣無除真刺史者，況真節乎？」仁宗念東宮舊臣獨守忠在，已嘗許之，公執以爲不可，帝意未決，公復曰：「臣今日備位宰相，明日除一内臣爲節度使，臣雖死有餘責矣。」乃得不除[一七]。張貴妃薨，小殮于皇儀殿。公曰：「皇儀不可治妃喪。」然宰相陳執中不能正其事。又欲以公爲園陵使，公曰：「嬪御無園陵之制。」始定葬于奉先寺。

公既與執中内不合，言者得以乘間傷公，公亦數自請罷[一八]，乃以本官知鄭州。纔數日，以觀文殿大學士復爲秦州[一九]。時初建古渭寨，距州獨遠，間爲蕃户所寇鈔。及益兵拒守，而它蕃户多驚疑。公至，則具牛酒，召其大族瞎藥、雞羅等撫定之，罷所益兵，而蕃漢終公之去，安然自居。公兩在秦，民爲立生祠。歲滿求内徙，遷尚書左丞、知永興軍。西人盗耕屈野河西田數千頃，朝廷欲更定封界，乃拜公定國軍節度使、檢校太傅、河東路經

---

① 明年參知政事　按，據長編卷一七一、宋史卷二一一宰輔表二，梁適參知政事在皇祐三年十月辛丑（二十三日），而上文述其叱唐介事在是年十月丁酉（十九日）。此云「明年」者不確。

略使、知并州。盡復西人所侵地，仁宗遣使嘉勞之。

未幾，暴得風眩，求罷邊，易忠武軍節度使、檢校太尉、知河陽。英宗初，易昭德軍節度使，加檢校太師。公被疾不已，請曹州，又徙兖州。數上節有司，復以爲觀文殿大學士、禮部尚書。既又乞骸骨，遂以太子太保致仕。今上即位，遷太子太傅。熙寧元年，天子親祠南郊，詔公入侍祠，公以疾不能至，上懷思之不勝，賜襲衣金帶。明年十二月十八日，薨于鄆州遵化坊之里第①，享年七十。訃聞，輟視朝二日。上發哀苑中，百寮慰崇政殿門下。贈司空兼侍中，謚莊肅。四年九月三日，葬須城縣登庸鄉執政里。

公少英拔，自初立朝，凛然已有大臣之風。及歷二府，位宰相，凡大議論，辭氣愉愉，待計而已決，蓋決而不可奪[二〇]。所至下條教，嚴而不苛，犯者亦不少容，威行施之以恩，故其去多見思。在邊尤有威名，羌戎爲之遠去。嘗爲仁宗杜貴妃之寵，正内治之事[二一]。晚數勸立皇太子，以定天下大計。其言世多聞。所著文集三十卷。

曾祖諱惟忠，祖諱文度，考諱顥，皆贈太師、中書令、尚書令，追封夏、魏、周三國公。曾祖妣衛氏，祖妣鄒氏，妣閻氏，封商、韓、唐三國太夫人。兄固，祥符中進士第一人及第，最有名。娶任氏，封越國夫人。七男：彦昌，職方員外郎；彦明，都官郎中；彦回，屯田郎中；彦通、彦開，國子博士；彦昇，殿中丞；彦深，光禄寺丞。三女，以嫁都官員外郎張诜、試秘書省校書郎王佑、光禄寺丞程伯孫。孫男二十二：子駿、子玉，光禄寺丞；子美、子厚、子野，大理評事；子雄、子諒、子建、子直、子誨、子憲、子恕，太常寺太祝；子顯，西頭供奉官；子晉，將作監主簿；子挺，太廟齋郎；子問、子鐸、子罕、子約、子履、子博、子敏。曾孫男三：希祖、恭祖、光祖。銘曰：

① 明年十二月十八日薨于鄆州遵化坊之里第　按，宋史梁適傳稱其卒於熙寧三年。

公世有文，自周實發。匪文發之，而子又傑。巘巘維公，敢前不疑。一心險夷，卒成無隙。公之秉鈞，風雨和豫。行道之人，式歌且舞。事有未安，予何敢泰？以規以劘①，維義所在。公臨方垂，神旗豹尾。風揮電旋，萬旅一指。維公勞勤，匪内則外。亦有寵名，文武之對。於皇仁宗，始終知公。出入將相，一時之隆。方其告休，公則未老。邈然去歸，高風是蹈。崇崇圜丘，孰陪在祀？有懷公來，公卒不至。葬公何阡？執政故里。公名之長，以遺萬世。

辨證：

[一] 梁莊肅公適墓誌銘　本墓誌又載於王珪華陽集卷五八，題同。按，梁適，東都事略卷六六、宋史卷二八五有傳。

[二] 朝廷爲減其數如初　宋史梁適傳云時「奏減京東預買紬百三十萬」。

[三] 全忠叛臣也何足以爲勸　長編卷一一七景祐二年十二月癸酉條載梁適曰：「朱全忠乃唐之賊臣，今録其後，不可以爲勸。」

[四] 間因得對仁宗數以所上言稱之　長編卷一二七康定元年四月丁亥條云：梁適「嘗與知院事燕肅同上殿奏使臣何次公案，上曰：『次公似是漢時人字。』肅曰：『臣年老不能記，梁適必知之。』上顧問，適對曰：『蓋寬饒、黄霸皆字次公。』上説，因留肅問適家世，擢提點京東刑獄。既對，謂宰相曰：『梁適可留，候諫官有闕命之。』適因進居安謹治箴，改開封府推官，不半歲卒踐諫職。」又玉壺清話卷三云：「梁丞相適始任刑詳，一旦，隨判院盧南金上殿進劄子，奏案中偶有臣僚名次公者，仁宗忽問曰：『因何名次公？』判院以明法登仕，不能即對，時梁代對曰：『臣聞漢黄霸字次公，必以霸字而名也。』上遂問曰：『卿是何人？』對曰：『臣秘書丞、審刑詳議官梁適。』又問：『卿是那個梁家？』對曰：『先臣祖顥、先臣父固俱中甲科，獨臣不肖，於張唐卿牓行間及第。』上曰：『怪卿面貌酷肖梁固。』他日，上殿進劄子，進罷，適抱笏俯躬奏曰：『向蒙陛下金口親諭，臣面貌類先臣，伏念先臣祖、父頃事太宗、真宗，皆祥符之前，不知陛下以何知

---

① 以規以劘　「劘」，華陽集卷五八梁莊肅公適墓誌銘作「制」。

之？』上曰：『天章閣有名臣頭子，朕觀之甚熟。』適因下殿泣謝，音儀堂堂，上頗愛之，有用之之意。一旦，中書進熟，除一臣僚爲益漕，凡進之例，更無改批，但紙尾畫『可』而已，忽特批云：『差梁適。』未幾，又除修記注，以合格臣僚進之，復批梁適。自後知制誥至翰林學士，除目凡上，皆批於公，由秘丞至台輔不十年。」賓退録卷八考辨曰：「玉壺清話載：『仁宗問梁適：「卿是那箇梁家？」適對曰：「先臣祖灝，先臣父固。」上曰：「怪卿面貌酷似梁固！」』按國史，適乃顥之子，固之弟。小説家多不考訂，率意妄言。觀者又不深考，往往從而信之。」

［五］新除樞密副使任中師與公有親嫌公辭爲諫官乃以直史館判太府寺　長編卷一三二慶曆元年六月壬辰條載右正言梁適爲直史館、判太府寺，云：「適以妻從父任中師爲樞密副使，請罷諫院。既貼以館職，仍詔候起居注闕補之。」注曰：「司馬光記聞云：『梁適與任中師有姻，知其賂呂夷簡事，明往視之，曰：「宜繩子舍。」未幾，得修注。』按此則適初罷諫院，已即有此旨矣。七月乙丑，楊察出爲江東漕，適代修注。所以出察，或專爲適地，當考。」

［六］與知慶州范仲淹同議邊機十餘事上之其言攻守之計甚長　長編卷一三四慶曆元年十一月乙亥條載「是月，梁適自陝西還，知慶州范仲淹附奏攻守二議」云云，未及梁適亦嘗奏言攻守之策。

［七］鄜延路鈐轄黄德和望賊退走陷二大將　本書上集卷五富鄭公弼顯忠尚德之碑云：「元昊寇鄜延，殺二萬人，破金明，擒李士斌，延帥范雍、鈐轄盧守懃閉門不救，中貴人黄德和引兵先走，劉平、石元孫戰死。」

［八］祖宗時皆殿試進士至且如舊制便　長編卷一三五慶曆二年三月辛巳條載：「詔罷殿試，而翰林學士王堯臣、同修起居注梁適皆以爲祖宗故事不可遽廢，越三日，癸未，詔復殿試如舊」。

［九］契丹遣劉六符來報元昊欲納款朝廷命公復聘契丹　長編卷一三八慶曆二年「是歲」條注曰：「按六符以九月二十五日持契丹誓書與富弼俱來，六符之來乃報聘也。十月二十六日，又遣蕭偕來言撤兵。梁適先以十六日受命爲回謝契丹使。所云回謝，蓋指蕭偕，非劉六符矣。墓誌恐誤。」

［一〇］又命公使延州遂定元昊復臣之禮　長編卷一三九慶曆三年二月庚戌條云：「右正言、知制誥梁適假龍圖閣直學士、右諫議大夫使延州，與龐籍議所以招懷元昊之禮也。於是許賀從勖赴闕。」

［一一］然而公卒不遺　長編卷一五七慶曆五年十二月甲戌條云：「鄜延經略司言，西界先掠過黄族軍主黄移都等四十九人，今投

本族住坐。詔經略司卻遣過界，其元受接人仍劾罪以聞。已而經略司言：『黄移都等畏誅，與其族人各勒集兵馬，願同死漢境。況其投來在朝廷未降約束之前，恐不當遣去，以快西賊之欲。』從之。」注曰：「梁適以五年二月知延州，沈邈以五年十一月三日自陝西都漕知延州，代梁適，留黄移都必沈邈也。梁適墓誌乃云：『適招還金明屬户三千餘帳，元昊曰：「前所掠蕃生口，有誓詔兩不復還矣。」遣人屢索之，然卒不遣。』適本傳亦同，恐即黄移都事，但沈邈不應明年二月未到延州，適墓誌或誤。」

［一二］尋改翰林侍讀學士知澶州　長編卷一五七慶曆五年十一月甲午條載樞密直學士、禮部郎中、知延州梁適爲翰林學士，云：「適告歸治葬事，過京師，得入見，自陳前爲朋黨所擠，遂有此命。侍御史梅直等奏彈不已，乃以適爲侍讀學士、知澶州。」

［一三］爲同群牧使　長編卷一六六皇祐元年六月己丑條云：「群牧使舊止一員，翰林學士彭乘已領之，適蓋員外置也。」

［一四］取戒厲乃不行　長編卷一六九皇祐二年閏十一月己巳條云：「是日，堯佐亦奏辭宣徽使、景靈宫使，乃詔學士院貼麻處分，而取戒厲卒不行。」注曰：「中書取戒厲，據梁適本傳及王珪所作適墓誌。今正史並改作『戒諭』，雖稍文，然恐失事實。」

［一五］御史裏行唐介既彈宰相至殿中莫不愕顧　長編卷一七一皇祐三年十月丁酉條云時除張堯佐宣徽使、知河陽，「介以爲宣徽次二府，不計内外，獨争之。上諭介，除擬初出中書，介言當責執政。退，請全臺上殿，不許；自請貶，亦不報。於是劾宰相文彦博，……上怒甚，卻其奏不視，且言將加貶竄。介徐讀畢，曰：『臣忠義憤激，雖鼎鑊不避，敢辭貶竄！』上於座急召二府，示以奏曰：『介言他事乃可，至謂彦博因貴妃得執政，此何言也！』介面質彦博曰：『彦博宜自省，即有之，不可隱於上前。』彦博拜謝不已。樞密副使梁適叱介下殿，介辭益堅，立殿上不去，上令送御史臺劾介。既下殿，彦博再拜言：『臺官言事，職也，願不加罪。』不許，乃召當制舍人即殿廬草制而責之」。後仁宗「改介英州别駕，復取其奏以入」。

［一六］宋蓋本朝受命之土契丹亦彼國號今無故曷爲自去也　長編卷一七二皇祐四年四月丙戌條云契丹國使「來賀乾元節，其國書始去國號，而稱『南』『北朝』，且言『書稱大宋、大契丹，非兄弟之義』。帝召二府議之，參知政事梁適曰：『宋之爲宋，受之於天，不可改。契丹亦其國名。自古豈有無名之國？』又下兩制、臺諫官議，皆以講和以來，國書有定式，不可輒許。乃詔學士院答契丹書，仍舊稱大宋、大契丹。其後契丹復有書，亦稱契丹如故」。

［一七］乃得不除　長編卷一七六至和元年正月癸巳條云時「御史中丞孫抃聞之，亦奏疏力争諫，乃罷節度使不除，然猶得真爲留

後。言者方奏疏論列，翼日守忠卒」。注曰：「實録乃云臺諫官以爲言，而宰相不能正。疑實録所稱臺諫之言，乃將除節度使時，抃等相論列者。若經論列，不當真除留後，則恐疏實未奏，故守忠正傳亦但云臺諫方奏疏論列而守忠卒，今從正傳。神宗實録梁適傳又削去適諫守忠真除節度使事迹，豈謂適素姦邪不能辨此，或疑守忠初無此除故邪？今復著之。」

［一八］公既與執中内不合言者得以乘間傷公公亦數自請罷　長編卷一七六至和元年七月戊辰條云：「先是，殿中侍御史馬遵等彈適姦邪貪黷，任情徇私，且弗戢子弟，不宜久居重位。適表乞與遵等辨。遵等即疏言：『光禄少卿向傳師、前淮南轉運使張可久，嘗以贓廢，乃授左曹郎中；又留豪民郭秉在家賣買，奏與恩澤；張掞還自益州，賂適得三司副使，故王逵於文德殿廷厲聲言：「空手冷面，如何得好差遣？」』適居位猶自若。中丞孫抃言：『適爲宰相，上不能持平權衡，下不能訓督子弟。言事之官數有論奏，未聞報可，非罷適無以慰清議。』上知清議弗平，乃罷之。」注曰：「王珪誌適墓，云適論皇儀不可治妃喪，又云將以適爲園陵使，適言嬪御無園陵之制，由是與陳執中不合，御史因得以傷適。今適傳猶用珪誌。按適自以姦邪貪黷罷相，初不由議温成禮與執中異也，珪誌墓不免緣飾，本傳不當因之。」又碧雲騢云：「梁適始與蘇紳有奸邪之迹，時號『草頭木脚』，隱語其姓也。既同附中官得秉政，豪視朝士，自三司使楊察而下皆受其慢罵。而貨賂公行，甚於李林甫，除改輕重欺昧又過之。殿中侍御史馬遵、吴中復、吕景初極言其過，群閹於左右或扆後揚言：『御史掇拾宰相，自此誰敢當者？』中官傳宣閤門，明日隔御史。遵曰：『昨日閤門進名，已許上殿，今日班次至而止之，必有蒙蔽聖聰而爲梁適者。請中官奏，臣不敢退。』中官曰：『只知傳宣，不管附奏。』遵等曰：『某不退。』閤門人已喧，上亦稍知，令宰相召御史即廬舍，問所言何遽？遵曰：『御史言宰相過，前時不具陳根抵者，非謂不知始末，蓋言之則宰相不可須臾施面目，況此處乎？所以未暴露，蓋爲朝廷惜體，不可使四方聞宰相犯贓。今若須陳述根源，乞歸臺作文字，明日上進。』於是遵等歸，條具日月、姓名及物多少。適守本官知鄭州。」東軒筆録卷一二云：「嘉祐（今案：當爲皇祐）中，梁莊肅公克家（今案：云「克家」者誤）爲相，以益州路轉運張掞爲三司副使，時議不厭。是時王逵罷淮南轉運使，至京，久無差遣，人或問曰：『何爲後於張掞也？』逵曰：『我空手冷面至京，豈得省副耶？』此論尤喧，故御史吕景初、吴中復、馬遵迭上疏論之，已而三御史皆斥逐，知制誥蔡襄繳詞頭，不肯草制，又論其事，故莊肅亦罷去。」據宋史卷二九四蘇紳傳云：「紳與梁適同在兩禁，人以爲險詖，故語曰『草頭木脚，陷人倒卓』。」

［一九］纔數日以觀文殿大學士復爲秦州　按舊聞證誤卷二引長編云：「至和元年八月，梁適除觀文殿大學士。注：碧雲騢言，適

除大觀文由內降。按舊相除觀文殿大學士，非異恩也。疑碧雲騢毀適太甚，今不取。」李心傳辨云：「按梁莊肅罷相，七月戊辰也；除觀文殿大學士，八月丙午也，相去才三十九日。故事，宰相以言罷，其除職未有如此之遽者，當是內降不疑。」

〔二〇〕凡大議論辭氣愉愉待計而已決蓋決而不可奪　宋史梁適傳云：「適曉暢法令，臨事有膽力，而多挾智數，不爲清議所許。」

〔二一〕嘗爲仁宗杜貴妃之寵正內治之事　東都事略梁適傳云：「適既卒，慈聖光獻皇后有旨飯僧資薦，神宗問曰：『豈以梁適爲仁宗舊相耶？』慈聖曰：『微梁適，吾安有今日？』神宗問其故，慈聖曰：『仁宗一日對宰相言，朕居宮中，左右前後皆皇后之黨。陳執中請付外施行，適進曰：「閭巷之人，今日出一妻，明日又出一妻，猶爲不可，況天子乎？執中之言非是。」仁宗不語，久之曰：「梁適忠言也。」』」

王懿敏公素真贊①〔一〕　文忠公蘇軾

孟子曰：「所謂故國者，非謂有喬木之謂也，有世臣之謂也。」又曰：「爲政不難，不得罪於巨室。巨室之所慕，一國慕之。一國之所慕，天下慕之。」夫所謂世臣者，豈特世祿之人？而巨室者，豈特侈富之家也哉？蓋功烈已著於時②，德望已信於人，譬之喬木，封植愛養，自拱把以至於合抱者，非一日之故也。平居無事，商功利，課殿最，誠不如新進之士。至於緩急之際，決大策，安大衆，呼之則來，麾之則去者③，惟世臣巨室爲能。余嘉祐中始識懿敏王公於成都，其後從事於岐④，而公自許州移鎮平涼。方是時，虜大舉犯邊，轉運使攝帥事，與副總管

① 王懿敏公素真贊　按，本贊文，庫本置於本書中集卷二七王珪王懿敏公素墓誌銘後。
② 蓋功烈已著於時　「功」原作「公」，據庫本及蘇軾文集卷二一王仲儀真贊改。
③ 麾之則去者　「去」，蘇軾文集卷二一王仲儀真贊作「散」。
④ 其後從事於岐　「岐」原作「政」，據蘇軾文集卷二一王仲儀真贊改。

議不合[二]，軍無紀律，邊人大恐，聲搖三輔。及聞公來，吏士踊躍傳呼，旗幟精明，鼓角讙亮，虜即日解去。公至，宴勞將佐而已。余然後知老臣宿將，其功用蓋如此。使新進之士當之，雖有韓、白之勇①，良、平之奇，豈能坐勝默成如此之捷乎？熙寧四年秋，余將往錢塘，見公於私第佚老堂，飲酒至暮。論及當世事，曰：「吾老矣，恐不復見，子厚自愛，無忘吾言。」既去二年而公薨。又六年，乃作公之真贊，以遺其子鞏。詞曰：

堂堂魏公，配食召祖。顯允懿敏，維周之虎。魏公在朝，百度維正。懿敏在外，有聞無聲。高明廣大，宜公宜相。如木百圍，宜宮宜堂。天既厚之，又富貴之。如山如河，維安有之。彼窶人子，既陋且寒。終勞永憂，莫知其賢。曷不觀此？佩玉劍履②。晉公之孫，魏公之子。

辨證：

[一]王懿敏公素真贊　本贊文又載於蘇軾文集卷二一，題曰「王仲儀真贊」。按，王素，東都事略卷四〇、宋史卷三二〇有傳，張方平集卷三七載有宋故端明殿學士金紫光祿大夫行工部尚書致仕上柱國太原郡開國功食邑三千八百户食實封一千二百户謚懿敏王公神道碑銘，本書中集卷二七載有王珪王懿敏公素墓志銘。

[二]虜大舉犯邊轉運使攝帥事與副總管議不合　本書中集卷二七王懿敏公素墓誌銘云：「治平元年秋，虜寇靜邊寨，權涇原帥陳述古與副總管劉几議進兵不合，虜寢圍童家堡。」

---

① 雖有韓白之勇　「白」原作「日」，據文海本及蘇軾文集卷二一王仲儀真贊改。

② 佩玉劍履　「履」原作「復」，據庫本及蘇軾文集卷二一王仲儀真贊改。

名臣碑傳琬琰集中卷二十九

范資政百禄墓誌銘[一]　太史范祖禹

紹聖元年四月，詔以資政殿學士、太中大夫、知河陽范公知河南府，留守西都。既拜命，閏月壬申，以疾薨于河陽府居之正寢，年六十有五。訃聞，上輟視朝一日，賻恤有加，以右銀青光禄大夫告公第。其年七月己酉，葬河南偃師縣洛南鄉土中村天池原。

范氏之先，本家長安。唐末避亂徙蜀，爲成都華陽人。公諱百禄，字子功。曾祖諱璲，贈太保。祖諱度①，贈太師。考諱鍇，以衛尉寺丞致仕，贈太尉。曾祖妣張氏，祖妣李氏、龐氏，妣郭氏，追封嘉、漢、唐、昌四國太夫人。太尉五子，先公中大夫爲長，公其季也。

少穎悟秀拔，力學不捨晝夜。季父忠文公文章爲一世所宗，太尉攜公入京師，忠文奇之曰：「廊廟器也。」年十六遊太學，諸生少之，已而文辭聲名在千百人上，衆乃驚服。舉進士中第，釋褐爲應天府楚丘主簿。渦河役民夫數千人，公拊循愛養，不一月工畢，縣人德之，相與爲佛事三日爲公謝。以薦者爲懷州武德令。丁太尉憂。服

① 祖諱度　按，范百禄叔范鎮，字景仁，默記卷中云「范景仁父名文度」。然本書中集卷一八范忠文公鎮墓誌銘亦稱范鎮父名度。

除，調綿州龍安令，遷秘書省著作佐郎，舉才識兼茂明於體用科。

治平中，京師大水，制策降問。時執政方議尊濮安懿王，公對以「五行傳：簡宗廟，廢祭祀，則水不潤下。昔漢孝哀尊共皇，而河南、潁川大水；孝安尊德皇，而京師及郡國二十九大水；孝桓尊崇皇，而六郡地裂，水涌井溢」。又曰：「大宗隆也，小宗殺也。天地宗廟之祀重也，門内之私輕也。宜殺而隆之，宜輕而重之，則不得於先王之禮；不得於先王之禮，則不得於人心；不得於人心，則不合於天意。此變異之所從來也。」又陳十二事以勸上德。考官第策入三等。英宗親覽嘉歎，欲不次用之，爲執政所惡[二]，遷一官，以秘書丞知彭州濛陽縣。國朝制策，三等惟吴育、蘇軾及公，凡三人焉[三]。丁昌國憂。終喪，知開封府咸平縣。

御史中丞鄧綰舉公御史，召對固辭，神宗從之，擢提點江南東路刑獄。發運司應詔於江、池等州市木修金明池橋梁，郡縣以户等科之，民以爲患。公奏曰：「陛下勤儉之德，出於天縱。今有司乃以方土所無有而求市於民，恐官吏督責，或有不堪其求者矣。」詔即罷之。徙利州路。閬州兩税外有新税，自唐僖宗優山南，免其税，移之閬中，由是山南輕而閬重。公請免新税歸山南。利守用武臣，有周永懿者以贓虐敗，公又言：「至道前，文臣知利州，其後以右職兼監益利兵，轄文龍邊界，今領郡政，名實兩失。乞選文臣知州，而武臣監路分兵，則名分正，事任一。」皆如所請。瀘夷犯淯井，官軍覆敗[四]，選部使者經畫其事，徙公梓州路，加直集賢院。既而檢正官熊本爲察訪，專節制，使者聽于軍所。羅箇墓夷數千人窮蹙請命，裨將賈昌言貪功，欲屠之。公諭以殺降之禍，未聽，亟見本謂之曰：「活千人者，子孫必封。彼以窮歸我，而君將殲之乎？」本矍然，遣屬官程之元持檄畀昌言，受其降。

召還，同知諫院。歲荒民流，公三上奏，乞以清閒之燕召政府大臣①，詰其所因，使各書以對所以勞倈安輯

① 乞以清閒之燕召政府大臣　「清閒」原作「倩間」，據太史范公文集卷四四范公墓誌銘改。

之策。又言：「民方困苦而定令未已，有手實告匿之法，有保甲給請之制。臣謂治務有先後，理勢有緩急。今不先安民而亟欲行法，前日之令固有未便，設復爲此而至於擾，則周之餘黎，不殆乎靡有孑遺也哉①！乞以臣前後奏疏諭大臣，使講求今日之急務，收還法令之未便者，以救將死之民。」

公在言路，不爲訐激，朝廷小事有所不言，所言多天下大計，上亦以是知之。時郡縣常平或不知發，或增價與民争糴，或自爲閉糴之令。河南、開封諸邑不恤荒凶，而督累年逋負；決河淤田，而平原沃壤反有浸灌之害，公悉以聞。又論手實法曰：「造簿手實，告匿有賞，爲是法者，欲民之均，推而行之，恐必不如法意，而至於騷動，此生民治亂之所係也。户令雖有手實之文，而未嘗行，蓋謂使人自占，理必不盡；而明許告言，則家家有告訐②，人人爲仇怨，禮義廉恥，其可得乎？設若役錢由此暫均，而使四維乖失，所損孰大？」其後手實竟罷。

常平法行郡縣，吏有詿誤，輒以罪去。公奏曰：「立法之始，既要之以謹嚴；成物之終，宜濟之以寬易。請薄其罪，使得自新。」五路兵置三十七將[五]，選拔或非其人，事任過重，且許辟召布衣爲參謀。公上疏曰：「今大將未命而已除將佐，有以勳蔭恩澤用，有以瘝敗收，有未嘗歷邊任、經戰陳，有以故群盜得官而才無聞，有碌碌無他能、適以幸會，有微功而遷官。願詳覈其素若功，與夫舉者當否之實，校其所長，參而伍之。」又列其甚無狀者十有四人姓名以上，且曰：「付之新格，責以訓練，給銅符以備差發，賜鎧甲以寵軍容，所在長吏不得而預③。然匪人十數，麤暴之才，雖一夫之勇，但可爲人指蹤，而未可涖衆也，況又委之辟使臣，許以察官吏。小人處此，必

① 不殆乎靡有孑遺也哉　「孑」原作「子」，據文海本、太史范公文集卷四四范公墓誌銘及毛詩正義大雅雲漢改。
② 則家家有告訐　「訐」原作「許」，據庫本及長編卷二五九熙寧八年正月辛丑條改。
③ 所在長吏不得而預　「在」字原脱，據太史范公文集卷四四范公墓誌銘補。

有乖忤，識慮無取，紀律不明，五千之兵，何所不至？乞依畿縣舊制，將佐專部分教閱，餘即付之州縣，而罷參謀。」上善其言，皆見施行。

選人鄭俠上書言事，語狂悖[六]，付諫官、御史雜治。公請對，奏曰：「連逮者衆，或可寬宥。願諭治獄之臣，戒其延蔓。」帝覽奏，色厲曰：「俠詈朕！」公對：「俠狂生，安足爲陛下輕重？以天地之造，誠能容貸，適足以增重聖德。」帝改容嘉納，詔趣具獄。執政有忌公者，絀諫官班以沮之。公奏曰：「國朝兩省官不必正員，行其事則立其班，所以明分職、勵官守。今修起居注、直舍人院則綴兩省，知諫院則絀而不與。」詔如舊[七]，執政愈不悦。會公與御史治趙居獄①，妖人李士寧嘗以仁宗御製詩贈居母，有后族意，及許與刀，飾以龍。方訊鞫，而宰相素與士寧厚善，御史徐禧言公鍛鍊士寧罪[八]。公奏：「士寧熒惑愚婦狂童，以致不軌，當誅無赦。禧縱出有罪，以媚大臣，不可以任風憲。」朝廷以御史知雜、樞密承旨辨曲直[九]，主者直禧，公坐落職，奪一官，監宿州酒税[一〇]。久之，上察其非罪，就除提點淮南東路刑獄，徙知唐州[一一]。

官制行，爲司門郎中，遷吏部。元豐七年，除起居郎。明年召試，遷中書舍人。司馬温公議復差役法，公謂温公曰：「熙寧初，某爲咸平縣，役法之行，罷開封牙前數百人，而民甚悦。其後有司求羡餘，務刻剥，爲法之害。今第減出泉之數，以寬民力可也。」温公不從。及議郡縣吏因差役受財②，從重法加等配流，公押刑房，固執不可，且謂：「鄉民被徭役，今日執事而受財，明日罷役，復以財遺人。既以重法繩之，將見當黥衣赭充塞道路矣。」温公曰：「微公言，幾爲民害。」遂已之。

---

① 會公與御史治趙居獄　「趙居」，長編卷二六四熙寧八年五月甲子條、宋史卷三三四徐禧傳等多作「趙世居」。

② 及議郡縣吏因差役受財　「財」，太史范公文集卷四四范公墓誌銘作「賕」。按，下文同。

是年冬，使遼，接伴蕭祐曰：「南朝皇帝何以樂？」公曰：「崇高富貴，復何言哉？」又曰：「打圍飛放否？」公曰：「無有也。上日出視朝，近臣奏事，百官各以其職進。已而御便殿，召儒臣講讀經史。宴息則覽中外章疏，以修政事。此所以爲樂也。」祐歎服。次會同館説儀制，公爲右番，國信使引左番，而不問皇帝聖躬。公曰：「儀未盡也，何獨問太皇太后而不及皇帝？必正之乃可。」館伴梁援曰：「此萬世法，不可改。」公曰：「是豈可爲法者邪？」反覆詰問，虜屈而從之，遂兩宣問。

使還，權刑部侍郎〔一二〕。有以强盜及故殺、鬭殺情可矜者讞于朝，法官援例貸免，而温公謂宜論死〔一三〕。公請問言之，温公曰：「强盜可閔也，殺人不死，則法廢矣。」公以書辨之曰：「謂之殺人則可，制刑而謂之不疑、原情而謂之無可憫，則不可。今予之死，則二殺之科自是無可疑與可憫者矣。天下之獄歲以萬計，如是而殺之，則死者不亦多乎？」温公復書曰：「鬭而救死，尚可貸也。因田稼而殺人，牽牛蹊田，奪之牛且不可，況殺人乎？此介甫鶴鶉獄也〔一四〕。」公又曰：「昔楚子滅陳而縣之，申叔時惡其滅人之國而欲復之也，故有蹊田之譬。設有此訟，不過還之牛而訟息矣。今也初無殺之之心，非若利於得牛而有之也，遂寘之死，與還之牛，豈不異乎？恐遂爲例，則差之毫釐，後將噬臍，其可得邪？」温公不能奪，卒從之。

朝廷以公議獄持平，真拜刑部侍郎。先是元豐八年，詔天下奏獄不當讞者案其罪。有司重請讞，斷刑峻密，至有枉情以合法者。公奏曰：「熙寧之令，非疑慮與可憫而輒奏者免駁劾，至元豐删去之。去年詔書不得用例貸配，有不當即奏劾，自是官吏畏罪，不憚論殺。」因以元豐六年至元祐二年冬十月終死者、貸者之數以聞。明奏獄，門下省多駁正，當貸者皆欲殺。公屢以告，不可；退又與執政書論之，執政不從。大理官亦以書勉公從執政意，公復書責之。執政怒，言於上，有詔例在有司者收還中書，置檢例官二人，使議去取，閲刑部、大理所奏疑慮若可憫、情法輕重之狀有異同，各以上。公自以不得其官，三奏乞外任，不許。上疏極論其事，疏奏，悉如公請，既宥諸囚，而例復歸刑部。自是中外奏讞無所避，如執政前所欲殺者，皆得擬例從貸免。逮今八年，其所活不可勝計矣。

遷吏部侍郎。右選官冗，累歲乃得調，既赴官，而宗室許占射成資，即罷去爲筦庫者，患之。公奏請宗室員外置，不獨恩厚公族，且使在官無非次替移之怨。時患員多無以注，公檢索諸路久闕員而州不以報者百餘所，亟補之，人情悦服。外選所以便遠官，久而有僥倖，公請用集注法，人皆以爲宜。領詳定省寺敕令。公患吏胥猥冗，議加澄汰，以白宰相。宰相遽欲廢其半，公不可曰：「失職者衆，法必不行，莫若以漸銷之。自今犯法及死亡皆勿補，不數歲，所減過半矣。」宰相不從[一五]，於是吏胥之去者怨讟囂然，至有棄妻子、凍餒而死者。吏額書成，賜金帛，公固辭，朝廷從之。

初，元豐四年，河決小吳。元祐初，水官請於北京之南開孫村口引河還故道，宰相主之，朝論異同不決[一六]。三年冬，命公與給事中趙君錫同行視。公歷東、西二河，觀地形，究利害，而東流高卸①，北流順下，河不可回。中途即馳奏，至黎陽閲舊牘，得神宗詔都水使者李立之曰：「河決小吳，東流故道已淤高，理不可塞。宜勿復閉決口，俟見大河歸納，修立隄防。」公又以所得先帝詔書并陳之。時宰相多以回河爲便，見公奏不悦。既還，尚書省以詔旨問利害，且謂大河東流爲中國之險要，自大吳決由界河入海，既壞塘濼，又界河淤淺，則河必北流注虜中，失險阻之限。公奏曰：「塘濼雖有限胡之名，而無禦寇之實。今之塘水，又異昔時，淺足以褰裳而涉，深足以維舟而濟。冬寒冰堅，尤爲坦途。如滄州等處，商胡之決，即已淤澱，今四十二年，迄無邊寇之警，亦無人言②，

① 而東流高卸　「卸」，太史范公文集卷四四范公墓誌銘及宋史范百禄傳作「仰」，似是。
② 亦無人言　「亦」，太史范公文集卷四四資范公墓誌銘作「非」。

以爲深憂。自回河之議起，首以此爲辭，是欲動朝聽、煩聖慮。若謂河注虜中，失險阻之限，是大不然。何者？大吴初決，水未有歸，猶不北去；今河流八年矣，入海湍迅，界河益深，誠不宜過慮。設有此，則中國據上遊，北虜豈不慮乘流而擾之乎？自古匈奴入寇之路，朝那、蕭關、雲中、朔方、定襄、雁門、上郡、太原、右北平之類，無險而不入，豈塘濼、界河之足限也哉？」及進對，二聖以公之言然。退詣政事堂，大臣曰：「河不北去，可必否？」公曰：「累章論列，如之何不可？」又十數日而未有定議，公再上疏極陳其不可，且謂：「本朝河決必塞，已塞復決，未嘗復回於故道也。今河行大伾之西，至于衡漳，北過洚水，至于大陸，趨徒駭，分注木門，由閤官道會獨流口入界河，東歸于海，合禹之迹①，前人欲爲而不可得者也。元豐以前，未有回河之論，八年以後，乃有横議。王孝先、俞瑾輩緣旁以自進爾。臣既案視，究見利害，而大臣廷議，踰月未決，臣竊惑之。況小吴之決，先帝神幾睿斷，不下堂而見萬里之外，順天地高卑之性，知百川脉絡之理，明詔中出，藏在有司，大略以故道淤高，理不可復，更不修塞。遠近心服，人無異論。今一孝先，乃敢妄議。乞罷修河司，以省大費；正孝先、瑾之罪，以明典刑。」疏入，即降付外。詰朝，執政奏事，二聖諭以亟罷河役，詔下如公奏。初，欲爲是役②，調夫費財，其用不貲，縣官所不能給，科率調發，出於六路百餘州之民，欲以冀幸不可必成之功而成之，且有後災。公獨抗權彊，紬衆論[一七]，其事乃寢，以是爲吏部久不遷。

五年三月，兼侍讀。五月，除翰林學士。時初詔經筵官邇英講讀畢留對，公首進言：「分别邪正，自古所難，唯察言觀行，考其事實。所謂正直之人，或天資亮直，或家世忠義，或有志報國，或自立名節。所謂姦邪之人，或

① 合禹之迹　「迹」原作「績」，據太史范公文集卷四四范公墓誌銘改。
② 欲爲是役　「役」原作「後」，據鐵琴銅劍樓本、庫本及太史范公文集卷四四范公墓誌銘改。

逢迎上意，或希合權貴，或性識頗僻，或冀望寵利。凡此二端，其情非一，不可偏舉。」於是疏其條目，導人主以某事者爲公正，某事爲姦邪，以類相反，凡二十條，願留聖意，推此事類，以觀人情，則邪正可分，而聰明無惑矣。上深嘉納。

公每進讀，凡所以啓迪人主，皆仁義之意與夫前古治亂安危之迹。其説以修身正心、任賢容諫、慎賞罰、重守長、勸農桑、安邊恤民爲要，皆見於章疏。至於造膝面啓，必反覆陳之。歲旱，以仁宗寶訓三事進，且請詔臣僚直言得失，罷五月朔視朝以避正殿，詔太官減膳以示貶損。又曰：「因災異求直言，仁祖聖謨也。陛下即位之初，嘗降詔求言，逮今五六年，一日萬幾，四海九州之廣，豈無一夫不獲、一事失當？形於人言，從而修之，下可以感人心，上可以消天變，可不務乎？」高麗屢入貢，所在不無煩擾。公奏：「待之之禮，宜損於前。俟其欲辭，勿復留止，且不遣報使，使天下曉然知陛下以安遠爲令德，不以來遠崇虛名。」

知元祐六年貢舉，奏罷參詳官。除龍圖閣學士、權知開封府。始視事，留獄無慮千人，公審覈精敏，未及月，廷無留事。凡爲開封者多略細務，公獨省民事如他州，日閲牒訴五百號。未盡五月，盗賊畏，争訟息，獄無繫者。僚屬請以囹空言，公曰：「千里之縣，而無一人之獄，此上德所格，豈守臣之功邪？」固請，不聽。復召入翰林，兼侍讀。轉對，援祖宗故事，幸國子監謁文宣王，召儒臣講説，請上視學，從之[一八]。

七年六月，拜中書侍郎。既輔政，知無不爲。是歲郊祀，禮官議合祭，以昊天有成命爲言。公曰：「先帝定南北郊，辨天地之祀，此三代之禮也，奈何復欲合祭於圓丘乎？昊天有成命，乃祀天祭地皆歌此詩，故曰『郊祀天地』，亦如噫嘻『春夏祈穀于上帝』，豈春夏亦合爲一祭也哉？」三省、樞府凡八人[一九]，惟公獨爲是説，争論不已。公曰：「非天子不議禮，諸公豈可輕變邪？」久之，辨於上前，宰執皆言：「范某之言，禮經也。然上始郊祀，宜並見天地。」公乃已[二〇]。

熙河帥范育累奏阿里骨酷暴，且久病，族帳怨叛，願降附，乞招納河南八族，開拓數千里之地，坐獲數千萬之衆。大臣欲從之，公力争，言於上曰：「中國納夷狄之叛，理固不順。今阿里骨未有過，温溪心輩叛否未可知，若發兵應援，先伐阿里骨，降者不能必，而無釁者先動矣。」大臣曰：「外事不可踰度，姑使專之，而責其成功。」公曰：「此雖漢武聞之，亦不爲也。」初，公在翰林，范育請以趙純忠節度青唐，代阿里骨，如拒抗，即討之。公奏曰：「彼自相殘，以來求哀，當從而綏之，示我恩信。此守在四夷之道。豈可遣人刺候，聞有離貳，遂選置蕃官而代之邪？安得聽順而受代也？臣恐邊臣之功未必毫髮，徒啓夏國脣齒之隙、狼子不伏之心。」及是再請，公獨不從。其後八族竟無降者，而阿里骨恭順如前日。育又奏進築汝遮、納迷、結珠龍川三城，大臣韙其謀，樞府亦欲連書以上。公曰：「此必争之地，我既城之，賊馬時出，居民豈得安全？後欲棄之，則城費已甚，必不可與，邊禍何時而息？况板築之初，蕃寇衝突，勝敗未可知邪？」公於禦邊不欲生事，上多開納。

水官陰爲回河之計，增堤坊，進緶埽。公固守前議，又奏曰〔二一〕：「水官壅遏北流，歲月既久，洪流湍迅，安得不激射奔赴東流？而東流不能吞納，爲禍必轉大。」不數月，東流決清豐，復北入内黄，而德清軍實被水患如公言。公罷政之明年，朝廷又命中書舍人吕希純、殿中侍御史井亮采同案視，亦無以易公之議。距公初使凡八年。

右相蘇公稽留除書，以言者罷。公曰：「同省也，責不可逭。」蘇公制下，即待罪，累章請補外，以資政殿學士知河中府〔二二〕，徙知河陽、河南。寢疾，薨。士大夫知公者莫不哭之慟。

公天資純良，内剛外和。始筮仕，慨然有經濟之意。及在言職，歷侍從，位廊廟，所言所行，必窮盡義理。好賢樂善，以人材爲急，聞一善，喜若己有。性清約，好施與，自奉養如寒士，而親戚族屬之貧者，喪葬嫁娶，必待而後具。與人交，始終如一。立朝有本末，要之至誠而已。常語人曰：「吾於朋友未嘗爲欺也，况事君乎？」平生不畏强禦①，故多忤權勢，無左右之助。及大用，數可否事，論議不少貶，以而不朞歲而罷。好學，終身不釋卷，經術尤長於詩。文章精醇典麗，有古人氣格②。所著詩傳二十卷[一三]、文集五十卷、內制集五卷、外制集三卷、奏議十卷③。

娶趙氏，屯田郎中、贈金紫光禄大夫宗古之女，追封蜀郡夫人；再娶宋氏，職方員外端平之女，追封蜀郡夫人。七子：祖德，右宣德郎，句當京東下卸司；祖脩，右承務郎，句當嵩山崇福宮；祖述，右承奉郎，句當西京糧料院；祖羲，雄州軍事推官、知開封府祥符縣丞，皆謹厚而文。祖德、祖述屢薦試禮部，祖羲登進士第。祖和，右承奉郎；祖臨、祖言，未官皆幼。三女：長適鄧州司法參軍鮮于群，次未嫁。孫男十三人：澤、湜、瀷、浹、測、洌、減、渥、溉、滌、液、湒、激。女十一人。

前葬，太學博士杜敏求狀公行事，將上之太常、史官，諸孤請銘諸壙中。祖禹少受學於公，先公深友愛，常曰：「汝季父所爲皆可法。」上之親學④，祖禹與勸講邇英。及公入侍，祖禹固避，不獲命。父子先後講讀，或同進對，獻納左右。公既輔政，祖禹繼召爲學士，懇避得請[一四]。公出藩，上恩復申前命。與公同奉內朝凡五年。及出守陝，將省公于洛而薨⑤。訃至，何痛如之！惟古之君子，論譔其前人之美，而銘之後世。乃摭杜君之狀，

---

① 平生不畏强禦　「畏强」原作「忍蚤」，據庫本及太史范公文集卷四四范公墓誌銘改。
② 有古人氣格　「氣格」，太史范公文集卷四四范公墓誌銘作「風氣」。
③ 文集五十卷內制集五卷外制集三卷奏議十卷　按，宋史卷二〇八藝文志七著録范百禄榮國集五十卷、外制集五卷、奏議六卷，晁志卷一九著録范子功集五十卷。
④ 上之親學　「親」，太史范公文集卷四四范公墓誌銘作「視」。
⑤ 將省公于洛而薨　「洛」原作「浴」，據文海本、庫本及太史范公文集卷四四范公墓誌銘改。

取其繫朝廷大者，傳信紀實，不溢不誣，哭而銘曰：

惟我范氏，陶唐之裔。自蜀成都，世顯以儒。公來造庭，英祖親策。言人所難，帝獎其直。入補衮職，神考欽明。蹇蹇匪躬，帝諒其誠。置諸左史，以遺聖嗣。乃贊書命，乃議祥刑。必本于仁，必正于經。河決而北，朔方其咨。二聖命公，往視所宜。行其無事，惟禹是師。敷文禁林，入侍經幄。辨别忠邪，以裨聖學。中書基命，考慎其人。登貳宰司，帝屬良臣。公拜稽首，惟艱于兹。在始慎微，庶終不隳。事有可否，惟獻替之。秉義執德，匪石不移。入輔出藩，四國其治。天奪之年，不究厥位。有洛之南，實惟土中。刻銘幽宫，以詔無窮。

辨證：

［一］范資政百禄墓誌銘　本墓誌又載於范祖禹太史范公文集卷四四，題曰「資政殿學士范公墓誌銘」。按，范百禄，東都事略卷七七、宋史卷三三七有傳。又按，范祖禹乃其從姪。

［二］英宗親覽嘉歎欲不次用之爲執政所惡　長編卷二〇七治平三年三月壬戌條載太常博士蔣之奇爲監察御史裏行，云英宗「又特批之奇與御史。歐陽修素厚之奇，之奇前舉制策不入等，嘗詣修盛言追崇濮王爲是，深非范百禄所對，修因力薦之。……之奇入對，上面諭曰：『朕鄉覽卿所對策甚善，而有司誤遺，故親有是除。』」據此，則誌文云云恐非實。

［三］國朝制策三等惟吴育蘇軾及公凡三人焉　按石林燕語辨卷二云：「後孔文仲考中第三等，以忤王安石，特旨絀之。」

［四］瀘夷犯淯井官軍覆敗　長編卷二四四熙寧六年四月乙酉條載：「梓夔路鈐轄司言，鈐轄張承祐與走馬承受張宗望率兵往江安縣會合討夷賊。……先是，淯井監夷賊數百，自三里囤突出，劫奪客船錢銀及擄掠人兵三十餘人，而梓夔路都監孫仲達等會兵討十二村夷於三壕灘，逢賊殺傷官軍子弟，於是承祐等繼往。」

［五］五路兵置三十七將　按長編卷二五六熙寧七年九月癸丑條云：「詔河東、秦鳳、永興等路都總管司見管軍馬别降指揮團併外，其開封府界、河北、京東西路置三十七將副，選嘗經戰陣大使臣專掌訓練，河北四路爲第一至十七，府界爲第十八至二十四，京東爲

第二十五至三十三，京西爲第三十四至三十七。從蔡挺請也。」

［六］選人鄭俠上書言事語狂悖　涑水記聞卷一六載：「鄭俠，閩人，進士及第。熙寧七年春，上以旱災，下詔聽吏民直言得失，俠以選人監安上門，上言：『新制使選人監京城門，民所齎物，無細大皆征之，使貧民愁怨。人主居深宫，或不知之，乃畫圖并進之。』朝廷以爲狂，笑而不問。會王介甫請罷相，上未之許，俠上言：『天旱由安石所致，若罷安石，天必雨。』既而介甫出知江寧府，是日雨，俠自以爲所言中，於是屢上疏論事，皆不省。是歲冬，俠上書幾五千言，極陳時政得失、民間疾苦，且言：『王安石作新法，爲民害；吕惠卿朋黨姦邪，壅蔽聰明。獨馮京時立異，與之校計。請黜惠卿，進用馮京。』吕吉甫大怒，白上奪俠官，汀州編管。」

［七］詔如舊　長編卷二六三熙寧八年閏四月丙午條云：「詔自今知諫院令綴兩省班。時同知諫院范百禄綴兩省班，御史臺止之，百禄上言：『謀其政，必在其位。今之修起居注，行起居舍人、起居郎之事；直舍人院，行中書舍人之事；同知諫院，行司諫、正言之事。本朝兩省官不必正員，苟行其事，必立其班，所以明分職而勵官守也。今修起居注、直舍人院則綴兩省，同知諫院則絀而不與，望詔有司裁爲定式。』故有是詔。」

［八］御史徐禧言公鍛鍊士寧罪　長編卷二六四熙寧八年五月丁卯條云：「士寧以術游公卿間，嘗遇居母，以詩遺之，有『耿鄧忠勳後，門連坤日榮』之語，初以爲士寧所爲，既而内出仁宗御集，乃賜曹傅挽詞，士寧亦以此自解。百禄詰士寧贈詩之意，士寧對曰：『彼乃太祖之後，帝子王孫是甚差事？』百禄謂士寧熒惑居，以致不軌之禍，且疑知居逆謀，推問不服。居及李逢亦以士寧爲不與謀也。禧語百禄：『豈有人十七八年前率意作詩，便欲加罪？』百禄以爲不然，禧乃奏：『士寧贈詩未爲狂悖，彼亂人挾借解釋，何所不至？而百禄之意以爲士寧嘗在王安石門下，擅增損案牘，必欲鍛鍊附致妖言死罪，迫勒引諭，屢通屢卻。夫挾大臣故舊以枉陛下之法，與借人死命以增己之疑者，相去幾何？臣皆不忍行此。乞免簽書，差公平官結勘。』詔不許，卒論士寧徒罪。」

［九］朝廷以御史知雜樞密承旨辨曲直　長編卷二六四熙寧八年五月丁卯條載：「詔曾孝寬、張琥看詳監察御史裏行徐禧、同知諫院范百禄互奏李士寧文字，劾理曲者以聞。」

［一〇］公坐落職奪一官監宿州酒税　長編卷二六六熙寧八年七月壬申條載：「金部員外郎、直集賢院、同知諫院、兼提舉三司帳司勾院磨勘司范百禄追一官，落職，監宿州鹽酒税務。曾孝寬、張琥言百禄與徐禧争李士寧獄，百禄辭有不實故也。」

［一一］徙知唐州　長編卷二九八元豐二年六月甲子條云：「改權發遣淮南東路提點刑獄、金部員外郎范百禄權知唐州。百禄與知揚州于佺避親也。」按，「于佺」當爲「鮮于佺」之譌。長編卷三一二元豐四年四月乙亥條載「朝請大夫、知揚州鮮于佺追一官，降授朝散大夫衝替」云云。

［一二］使還權刑部侍郎　長編卷三九六元祐二年三月庚辰條注曰：「按司馬光以九月一日卒，百禄以九月十二日除刑部侍郎。舊傳稱百禄與光争法，豈未爲刑部侍郎時，或爲中書舍人主判刑房，則可。恐舊傳未可信，須考。范百禄傳蓋因范祖禹墓誌，但云使遼還，權刑部侍郎，不云遷也。或以中書舍人兼權刑部侍郎，則猶及與光論辨，若真爲刑部侍郎，則光死矣。墓銘又云：『朝廷以百禄議獄持平，真爲刑部侍郎。』蓋不詳也。墓銘雖出祖禹，尚須考之。」

［一三］法官援例貸免而温公謂宜論死　長編卷三五八元豐八年七月甲寅條云：「門下省言，自今應天下州軍勘到强盗，情無可愍，刑名無疑慮，輒敢奏聞者，並令刑部舉駁，重行朝典，不得用例破條。從之。先是，曹州民趙倩等三人同劫南華縣頓榮家財物，以槍刺傷頓榮。既捉獲，估贓計六千九十九錢。曹州勘頓榮被刺傷時，不曾經官檢驗，遂具案奏聞。大理寺定斷趙倩等會赦，準律合決重杖處死，刑部用例，擬特貸命，杖脊二十，刺面配廣南遠惡州軍。司馬光以爲：『近年諸州勘到劫賊，但不曾殺人放火者，並作情理可愍，或刑名疑慮申奏，朝廷率從寬貸。竊詳逐人既爲劫賊，情理有何可愍？赦後贓滿傷人，刑名有何疑慮？此皆逐州官吏避見失入罪名，專務便文營己，無去害疾惡之心。況曹州素多盗賊，係重法地分，如趙倩等所犯如此，皆得免死，則是彊盗不放火殺人者，盡皆免死。竊恐盗賊轉加恣横，良民無以自存，殆非懲惡勸善之道。』故有是請。」

［一四］此介甫鶻鶉獄也　長編卷一九七嘉祐七年十月甲午條云：「先是，安石糾察在京刑獄。有少年得鬭鶉，其同儕借觀之，因就乞之，鶉主不許。借者恃與之狎暱，遂攜去，鶉主追及之，踢其脅下，立死。開封府按其人罪當償死，安石駁之曰：『按律，公取、竊取皆爲盗，此不與而彼乃强攜以去，乃盗也。此追而毆之，乃捕盗也。雖死，當勿論。府司失入平人爲死罪。』府官不伏，事下審刑、大理詳定，以府斷爲是。」

［一五］宰相不從　按，宰相指吕大防。長編卷四四四元祐五年六月末注引范百禄傳云云，又曰：「按蘇轍自敘吏額事，蓋轍代百禄領此，此議未必自百禄出。」

［一六］宰相主之朝論異同不決　宋史范百禄傳云「都水王孝先議回河故道，大防意向之」。按，詳見宋史卷九二河渠志所載。

［一七］公獨抗權彊絀衆論　按，據本書上集卷一一范忠宣公純仁世濟忠直之碑、卷二七趙樞密瞻神道碑及下集卷一二潁濱遺老傳下，當時反對復河故道者尚有范純仁、蘇轍、趙瞻等。志文此處所言不確。

［一八］轉對援祖宗故事幸國子監謁文宣王召儒臣講説請上視學　據長編卷四六三元祐六年八月戊子條，此乃范百禄知開封府時轉對所言。

［一九］三省樞府凡八人　按，時呂大防爲尚書左僕射兼門下侍郎，蘇頌爲尚書右僕射兼中書侍郎，韓忠彦知樞密院事，蘇轍爲門下侍郎，范百禄爲中書侍郎，梁燾、鄭雍爲尚書左、右丞，劉奉世爲簽書樞密院事。

［二〇］公乃已　按龍川略志卷八天子親祀天地當用合祭之禮云：「三代舊禮，一歲九祭天，再祭地，皆天子親之，故所祀神祇，逐祭名異，而一歲皆徧。自漢以來，每歲親祀天地，或合或别，已不可常矣。至唐開元中，始定每歲常祀皆有司攝事，一如三代舊典，惟三歲天子親郊，則於南郊合祭天地及從饗百神。國朝因之，凡冬至圜丘、孟春祈穀、孟夏雩祀、季秋明堂、大慶恭謝，凡皇帝親祀，皆用合祭之禮。蓋每歲常祀與三年親郊禮全異宜，不可復合，其來舊矣。至元豐末，神宗親祀圜丘，罷皇地祇及從祀百神，議者疑焉。及元祐改元，上將親饗明堂，轍時爲右司諫，奏乞依皇祐明堂神位。諸公皆牽於古學，不達時變，奏入，不省。及七年，上將親祀圜丘，予與諸公面講前議，多以合祭爲允，惟呂微仲（大防）本好古學，鐫喻久之，乃聽。范子功横議，意謂天子之事天地，如家人之養父母，雖不可廢一不養，要不可同養於聽事耳。予應之曰：『父母不可同養於聽事，此禮之微文也。三年祀而地不得預，此則廢一養，禮之大闕也。』争之，終不能合。……他日，復於上前議之。……呂大防曰：『范百禄之言皆合周禮，臣等亦知之，但事不可行耳。』太皇太后宣喻曰：『卿等非不知此，蓋事有礙也。議尚未決，他日將決於上前。』行至崇政殿門，微仲驟謂予曰：『今廢三代舊典，而行開元故事，可乎？』予曰：『今捨三代而從漢、唐者，非止一事矣：天子七廟，今乃一廟九室；廟祀一帝一后，今諸后並配。事各適時，豈必三代？』微仲乃伏。及對，太皇太后以衆議爲允，於是始復合祭。」

［二一］水官陰爲回河之計增堤坊進繩埽公固守前議又奏曰　長編卷四八〇元祐二年正月丁未條載：「先是，進呈御史李之純、董敦逸、黄慶基乞回河東流，楊畏乞差官相視及都水吴安持乞於北流作土堰定河流以免淤填事。時呂大防在告，蘇頌等皆言商量未定。

蘇轍面奏安持所言決不可從，而范百禄再上此奏。」云云。

［二二］以資政殿學士知河中府　宋宰輔編年録卷一〇元祐八年三月辛卯條載范百禄罷中書侍郎，爲太中大夫充資政殿學士知河中府，云：「先是，右僕射蘇頌以稽留詔書罷政，御史黄慶基三疏論『百禄實位中書，豈有同罪異罰之理？百禄援引親黨，與蘇軾、蘇轍結爲朋比，牢不可破。以吕陶爲右史，岑象求爲諸王府説書，皆川人也。以至久待闕而奪與他人，方劾治而遽加進用，徇私害政，望賜罷絀』。遂有是命。先是，蘇頌既以争論牵復賈易罷相，而百禄以同省待罪請外，不許。其時侍御史楊畏、監察御史黄慶基來之邵亦攻百禄。時百禄已再請外，又不許。乃即露章自言，奏入遂罷。」又長編卷四七九元祐七年十二月丙子條云：「先是，朝廷以夏人入河東，遂絶歲賜，禁和市，使沿邊爲淺攻之計。仍令熙河進築定遠城，夏人不能争。未幾，復入環慶，朝廷復議令熙河進築汝遮，衆議皆允，獨百禄以爲不然。蘇轍度百禄意，趙卨昔在延安議疆事，欲以綏州二十里爲例，熙河指其不便，議久不決而卨死，百禄與卨姻家，故主此議。一日，吕大防先入尚書省，轍與百禄、韓忠彦、劉奉世分廳行，且告之曰：『公才地界之議，欲依綏州，於延安則可，它路遠者或至七八十里，概以二十里可乎？雖然，此非獨公才之失，朝廷自不審耳。方今共論國事，親舊得失不宜置胸中也。』忠彦、奉世撫掌稱善，百禄悻然不可。會夏人乞和，議遂不成。既而蘇頌罷相，百禄以同省待罪，因遂其請，蓋坐汝遮故也。」注曰：「此據蘇轍龍川别志及潁濱遺老傳，西人乞和在明年正月十二日，……百禄罷在三月十四日，轍謂百禄實爲汝遮，當考。」又卷四八二元祐八年三月辛卯條云：「詔以百禄爲大中大夫，充資政殿學士、知河中府。初，罷百禄時不除職，尚書左丞梁燾争之，乃有是命。」

［二三］所著詩傳二十卷　長編卷四二九元祐四年六月丁巳條載：「吏部侍郎范百禄進所撰詩傳補注二十卷，賜詔奬之，以其書送祕書省。」

［二四］祖禹繼召爲學士懇避得請　長編卷四七五元祐七年七月癸巳條云：「詔復置翰林侍講學士。翰林學士范祖禹爲翰林侍講學士兼修國史。祖禹固請避范百禄補外，乃用王洙避兄子堯臣故事，特有是除。」

名臣碑傳琬琰集中卷三十

蘇丞相頌墓誌銘[一]　文昭公曾肇①

建中靖國元年五月庚辰，觀文殿大學士、太子太保致仕蘇公薨于潤州。訃聞，上輟視朝二日②，贈司空。走中使賻恤其家，葬事官給。崇寧元年十一月丙申，葬丹徒縣義理鄉樂安亭五州山之東北阜。

維蘇氏出帝高陽之後，昆吾之子封於蘇，子孫因以爲氏。在周忿生，實爲司寇。其後建、武父子，純、章祖孫，俱顯于漢。章後十有三世而綽、威，復顯周、隋。又三世而瓌、頲相唐，聲烈益大。至本朝而公父子又以儒學顯。公起書生，致位丞相，歷仕五世，爲時元臣，退老于家，始終一德，可謂盛矣。瓌世家武功，元和中，曾孫奕卒光州刺史，始家固始。又四世孫益，隨王潮入閩。生光誨，仕閩爲漳州刺史，居泉州同安，遂爲同安人[二]。當開寶末，平盜有功[三]，歸朝擢左屯衛將軍，官其十子。左衛平盜時，其子得盜所募人名籍千餘紙焚之，左衛聞之，喜曰：「兒有陰德，其後必大。」是爲公曾祖，諱某，贈司空。司空之子，舉進士不合，改授武職[四]，終左屯衛將

---

① 文昭公曾肇　「文」字原脱，據文海本補。按，宋史卷三一九曾肇傳云其謚曰文昭。

② 上輟視朝二日　「二日」，曾文昭公集卷三贈蘇司空墓誌銘作「三日」。

軍，諱某，贈太師、福國公。是生公考，諱紳，以賢良方正起家，被遇仁宗，入翰林爲學士[五]，議論文采，震耀一時，有傳國史，贈太師、魏國公，葬潤州，故今爲丹徒人。公曾祖妣張氏，祖妣劉氏、翁氏，妣陳氏，封代、隨、徐、魏四國，皆太夫人。

公諱頌，字子容。性警敏，甫能言，應對不類常兒。既就師學，力省功倍。未冠，出舉進士，輒據上游。是時魏公方處顯，公深自刻勵，敝衣徒步，所交皆當世豪隽[六]。魏公任子當得京官，辭不就。再舉進士，爲別試第一，遂中其科[七]。調漢陽軍判官，不赴，改宿州觀察推官，徙知江寧縣，有能名[八]。丁外艱，服除，爲南京留守推官。歐陽文忠公時爲留守，政事一以倚公[九]，府賴以治。皇祐五年，近臣連章薦公[一〇]，召試，除館閣校勘[一一]，遷大理寺丞，歷集賢校理、同知太常禮院，編定集賢院書籍[一二]。

在館九年①，廉靜自守。宰相富鄭公、韓魏公賢之，問所欲，懇求補外，二公益稱歎，迺以知潁州[一三]。仁宗山陵，調發倉卒[一四]，公爲度土産有無，高估緩期②，官自爲市，民不知擾，而課最他郡，潁人德之。還爲提點開封府縣鎮公事。建請浚自盟、白溝、圭、刀四河，以疏畿内積水；增西北諸縣屯兵，以備非常。明年果有水菑，盗起長垣[一五]，至賊殺官吏如公慮。入三司爲度支判官。

累遷尚書工部郎中，出爲淮南轉運使[一六]。神宗自在藩邸聞公名，及即位，公適送伴契丹使次恩州。驛夜火，左右請與虜使出避，州兵叩門欲入救，公不爲動，閉門堅卧如常，徐使守衛卒撲滅之。是夕，州人譁言虜有變，救兵亦欲乘間生事，至聞京師。使還，上聞公所以處之者，稱善久之[一七]，益知公爲可用。及使淮南，入辭，

---

① 在館九年　「在館」二字原脱，據曾文昭公集卷三贈蘇司空墓誌銘及道鄉集卷三九故觀文殿大學士蘇公行狀補。

② 高估緩期　「高」，曾文昭公集卷三贈蘇司空墓誌銘作「商」。

勞問甚寵。數月，召修起居注，判尚書禮部祠部、三司磨勘司、太常寺。熙寧元年，擢知制誥[一八]，歷知通進銀臺司、審刑院，提舉官告院，判司農寺，知三年禮部貢舉[一九]。

公在審刑，知金州張仲宣受財枉法抵死，法官援前比，貸死杖脊，黥配海島。公奏：「古者刑不上大夫，仲宣官五品，有罪得乘車，今刑爲徒隸，恐污辱衣冠。」仲宣繇此得免杖黥，止流嶺外[二〇]。自是命官無杖黥者。上方勵精爲治，急於人材，大臣薦秀州軍事判官李定。召見，擢太子中允、監察御史裏行[二一]。知制誥宋敏求以定驟自幕職而升朝者，任執法①，非故事，與公及李大臨相繼封還詞頭，不草制[二二]。詔再下，公言：「祖宗朝天下初定，故有起孤遠而登顯要者。真宗以來，雖有幽人異行，不至超越資品。今定非有積累之資、明白之効，一言稱旨，便授御史，浸漸不已，恐高官要秩，或可以歧路致也。」疏入，手詔召公對，上引近詔舉臺官不拘官職高下爲言[二三]，且曰：「格命久，將得罪。」公對：「臣既知其不可，若因召諭遂變前言，則是懷姦固位，此尤陛下所當罪也。」退而又論舉官詔意不爲選人設。是時敏求前罷，公與大臨更奏復下，至于七八，最後特以付公，固執不行，迺與大臨俱罷歸班[二四]，而定御史之命亦爲中寢[二五]。

公以守職不回絀，人望益重，賓客滿門。日奉朝請，雖風雨寒暑，未嘗移疾。家貧，擔石不充，無慍色。歲餘，會恩得知婺州[二六]，徙亳州。歸句當三班院，加集賢院學士[二七]。未幾，出知應天府。時更三赦[二八]，大臨已復從官，而用事者抑公，止授秘書監[二九]。歲中，復召爲三班院、知銀臺司。會吴越飢，擇守，上曰：「蘇某仁厚，必能拊安吴人。」迺命知杭州。補敗救荒，恩意户至②[三〇]。嘗會賓屬有美堂，或傳隸將兵謀竊發，州人恟懼。公

① 宋敏求以定驟自幕職而升朝者任執法　「者」，曾文昭公集卷三贈蘇司空墓誌銘作「著」。
② 恩意户至　「户」，曾文昭公集卷三贈蘇司空墓誌銘作「備」。

密使捕首惡十數輩付獄，終燕談笑如常，坐客莫知也。踰年，召修國史[三一]，提舉中太一宮，進諫議大夫。

元豐初，權知開封府。聽決精敏，上以爲能[三二]。會有人告僧犯法，事連祥符舊令孫純，而所告法不當治，公杖告者遣之。或謂公縱純罪，有詔推鞫[三三]。獄成，公坐失出杖罪而已。御史舒亶奏公與純連姻，不可以失論，降秘書監、知濠州。是時，公女新嫁李徽之子，純蓋李出，於徽之屬疏，李族大，公實不知也。公在開封，嘗治國子博士陳世儒母爲群婢所殺事[三四]，獄具，輒爲法官所駁。或謂公或寬世儒夫婦，上以詰公，且曰：「此人倫大惡，毋縱有罪。」公對：「事在有司，臣固不敢言寬，亦不敢諭之使重。」既而公罷開封，獄移大理寺。大理奏世儒妻母因緣大臣有請于公[三五]，又移御史臺，自濠逮公赴對。御史以言導公，公曰：「使某誣人死，不可爲；若自誣，雖重得罪不避。」手書數百言，皆自誣詞也。上閲獄詞，疑不直，詔更劾實。御史推窮，迺大理丞賈種民增損囚詞，以爲有請[三六]，得其藁于獄吏家，於是種民抵罪，而公得白。顧嘗因人語及世儒帷箔事，公應曰「然」，以是爲泄獄情，罷郡歸班。

公雖坐吏議絀，而上眷不衰，歲中起知河陽。亶復言「未當遽與藩郡」，公亦辭行[三七]，改滄州。入辭，上曰：「朕知卿久矣，每欲用卿，輒爲事奪，豈非命也？如卿直道①，久而自明。」公頓首謝。到滄數月，復太中大夫，召判尚書吏部[三八]。時亶知制誥，論公復官未應法，詔以舊官判。公嘗建請歸諸司於尚書省，以復唐舊，至是命公詳定官制。尋復太中大夫。官制行，罷集賢院學士，進通議大夫、吏部侍郎。以詳定勞及車駕視省恩，再遷光禄大夫。母疾在告，上怪不見公，使樞密都承旨張誠一就問，趣出視事。會母喪，再遣中人弔卹，法賻外賜白金千兩。元祐初服除，授刑部尚書，詳定敕令。俄遷吏部，兼侍讀，改翰林學士承旨。五年三月，拜尚書左丞。

---

① 如卿直道　「如」，曾文昭公集卷三贈蘇司空墓誌銘作「知」。

踰年，拜右僕射兼中書侍郎[三九]。

公前後歷典四選，銓綜有條，士無留滯。有自辨者，人人使盡其說，故雖不得所欲，亦心服而去。其修敕令，必本大體；爲侍讀，多所啓迪；及登丞弼，論議持平，務循故事，避遠權寵，不立黨援，進退人材，弗專主己，理有未當，亦不苟從。侍御史賈易坐言事出，既復監司，更赦除知蘇州。公謂：「易論事不避權勢，號爲敢言①，更赦除州，非允。」論於簾前未決，而御史楊畏、來之邵劾公稽留制書，公即拜章待罪，累上不許，固辭老病。八年三月，罷爲觀文殿大學士、集禧觀使[四〇]。九月，出知揚州。明年，除知河南府。公力辭行，復知揚州[四一]。三上書還政，授中太一宮使。紹聖四年再告歸，迺以太子少師致仕。今上即位，遷太子太保。薨，年八十有二。前薨一日，猶接對賓客。臨終，神色不亂。

公天資閎厚，有犯不校。守杭日，人或以事屬公，不答；既而其人當言路，數排迮公，公不自辨，亦未嘗爲人言也。凡所施爲，主於寬恕，故天下推爲鉅人長者。尤以禮法自持②[四二]，雖貴，奉養如寒士[四三]。築第京口，僅蔽風雨。比薨，來弔哭者見其服用儉素，皆歎息而去。博學，於書無所不讀[四四]，圖緯、陰陽、五行、星曆，下至山經、本草、訓故文字，靡不該貫。尤明典故[四五]，喜爲人言，亹亹不絕。學士大夫有僻書疑事，多從公質問；朝廷有所制作，公必與焉。每燕見從容，多所諮訪，公必據經引古，參酌時宜以對，上未嘗不嘉歎焉。至於因事建明，著在臺閣。如論郭皇后廟③[四六]、侍講非師臣不當坐講之類，其言甚衆，蓋不可一二舉也。修官制時，議者欲分

① 號爲敢言 「敢」原作「赦」，據文海本、庫本及曾文昭公集卷三贈蘇司空墓誌銘改。
② 尤以禮法自持 「尤」原作「在」，據曾文昭公集卷三贈蘇司空墓誌銘改。
③ 如論郭皇后廟 「郭皇后」下，曾文昭公集卷三贈蘇司空墓誌銘有「當祔后」三字。

文武選於吏、兵部，上謂三代、兩漢初無文武之别，公奏：「唐制吏部有三銓，今欲文武一歸吏部，宜分左右曹以主兩選，每選又以品秩分治之。」於是四選之法定焉。它所訂正類如此。

上以契丹通好百年，典章案牘往往散逸，命公攟拾次比爲書①，再朞而成，合二百五十卷[四七]。書奏稱善，賜名華戎魯衛信録。前後再使契丹。熙寧十年冬至，本朝曆先契丹一日，公適在虜中，虜疑彼此致慶當孰從，公爲言：「曆家筭術小異，則遲速不同，各從本朝曆可也。」上聞，善之[四八]。嘗奉詔校曆②，因奏製渾儀，時稱其工[四九]。後日官言其非是，詔近臣覆視，以公法爲密，卒不能易也。又嘗與補注本草，詳定天下印文，多所釐正。元豐中，進士唱名於集英殿，有暨陶者，主司呼以去聲，三呼不應，公進曰：「當以入聲呼之。」果出應。上問：「何以知之？」公對：「三國時有暨艷，造營府之論，恐爲其後③。」問陶鄉里，迺崇安人。上喜之曰：「果吴人也。」

公爲文章，馴雅有體，尤爲宋元獻公兄弟所稱④[五〇]。有文集若干卷⑤。累勳上柱國，爵公，開國趙郡，邑户四千七百，實食一千三百。

元配凌氏，吴國夫人，屯田郎中景陽女；繼室辛氏，韓國夫人，駕部員外郎有則女。六子：熹，嘉，朝奉郎；駉，朝散郎；詒，承議郎；京，奉議郎；攜，通直郎。三女：次二前卒，左朝議大夫李孝鼎、朝散郎劉琯、襄州録

① 命公攟拾次比爲書　「比」原作「此」，據庫本及曾文昭公集卷三贈蘇司空墓誌銘改。
② 嘗奉詔校曆　「奉」原作「奏」，據曾文昭公集卷三贈蘇司空墓誌銘改。
③ 恐爲其後　「恐爲」二字原脱，據曾文昭公集卷三贈蘇司空墓誌銘補。
④ 尤爲宋元獻公兄弟所稱　按，「元獻」當作「元憲」。據本書上集卷七宋元憲公庠忠規德範之碑，宋庠謚元憲。
⑤ 有文集若干卷　按，陳録卷一七著録蘇魏公集七十二卷；宋史卷二〇八藝文志七著録蘇頌集七十二卷，又略集一卷。

事參軍賈收，其壻也。孫男十九：象先，奉議郎；處厚，承事郎；德輿、行冲、季輔，皆承奉郎；某某①，未仕。孫女十二，嫁者六人。曾孫男女十三人②。

初，公從事南京，杜正獻公尚亡恙，嘗爲公道其平生出處、施設本末，且曰：「子異日所至，亦如老夫。」其後公更踐内外，以至得謝，爵齒名德，略相似焉[五二]。然則杜公可謂知人也已。銘曰：

蘇姓之興，自周司寇。列用中罰，有蕃其後。更漢逮唐，史不絶書。將相公卿，父子紹居。遭亂南遷，俟時而顯。英英翰林，施不及遠。是生僕射，爲宋世臣。德以承家，學維發身③。其學伊何？海涵山蓄。問無不酬，鍾叩龜卜。其德維何？玉質金相。見於言行，規圓矩方。不競不絿，則維其常。當義必争，君子之剛。身有詘信，色無欣戚。吾維黨讎④，人孰惡斁？晚躋鼎軸，師保東宫。五朝元老，勇退齊終。樂安之亭，棲魄于此。尚對前休，公多才子。

辨證：

［一］蘇丞相頌墓誌銘　本墓誌又載於曾肇曾文昭公集卷三，題曰「贈蘇司空墓誌銘」。按，蘇頌，東都事略卷八九、宋史卷三四〇

---

① 某某　按，其未仕之諸孫，道鄉集卷三九故觀文殿大學士蘇公行狀云有「長慶、餘慶、公綽、彦伯、道孫、簡求、陶孫、伯孫、朝孫、叔孫、文孫、鎮孫、季孫、公孫、葛孫」。

② 孫女十二嫁者六人曾孫男女十三人　「孫女」之「孫」字原脱，據曾文昭公集卷三贈蘇司空墓誌銘補。按，道鄉集卷三九故觀文殿大學士蘇公行狀云其六女之「壻宣德郎李德嚴、知相州録事王琮、天平軍節度推官朱邦彦、湖州武康尉王騠、明州定海主簿吕無忌、郊社齋郎曾忠，餘皆幼」。又其「曾孫男八人，直孫、趙孫、朱孫、磻孫、房孫、迎孫、瀛孫、信孫；曾孫女四人」。

③ 學維發身　「維」，文海本作「雖」。

④ 吾維黨讎　「維」，曾文昭公集卷三贈蘇司空墓誌銘作「誰」。

有傳，鄒浩道鄉集卷三九載有故觀文殿大學士蘇公行狀。

〔二〕仕閩爲漳州刺史居泉州同安遂爲同安人　道鄉集卷三九故觀文殿大學士蘇公行狀云蘇光誨於「石晉初，與留從效誅泉南叛將黄紹頗，從效表爲漳州刺史」。其後「泉帥陳洪進畏其英傑，不爲己下，以計召之至同安，爲大第留不遣，而密使人之漳州奪其位，遂爲泉州同安人」。

〔三〕當開寶末平盜有功　道鄉集卷三九故觀文殿大學士蘇公行狀云：「開寶末盜起，劫漳州（蘇光誨）爲盟主，餘黨環城下。監郡何承矩與州將喬維岳欲屠城遁去。漳州一夕殪盜魁十餘人，送首級于州，餘衆皆潰，城門始開。」

〔四〕司空之子舉進士不合改授武職　道鄉集卷三九故觀文殿大學士蘇公行狀云其「少魁傑，有文武術略，舉賢良方正能直言極諫，被召，會罷六科。後與魏公同登進士第，既而覆落，改三班官，非其志也。歷提點荆湖南北路刑獄公事，知宜、邵、復三州，所至有風績」。

〔五〕以賢良方正起家被遇仁宗入翰林爲學士　丞相魏公譚訓卷一云蘇紳「景祐中自太常博士應制舉，極言時政得失，與吴春卿（育）同中。初考三上，覆考陞春卿，曾祖第四等。詳定從覆考，授祠部員外郎，通判洪州。不十年，入翰林爲學士」。

〔六〕所交皆當世豪雋　丞相魏公譚訓卷三引蘇頌言：「幼時在無錫，與華直温、閔從先山甫二叔相處；在洪州，則李泰伯（覯）、曼君特先生、二蔡賢良；及居京師，又得黄聱隅、王深父（回）子直（向）、劉原父（敞）貢父（頒）、吕縉叔（夏卿）、曾公孚先生相與切磋琢磨，日有所資，至於學成。乃知取友之益不可忽也。黄名晞。」

〔七〕爲別試第一遂中其科　道鄉集卷三九故觀文殿大學士蘇公行狀稱其中慶曆二年乙科。按，丞相魏公譚訓卷三云：「祖父（蘇頌）別試南廟，歐公（歐陽脩）爲考官。策題問周禮名數，祖父居第一。及謝，公曰：『此策非盡記周禮疏，不能如君之善對也。』祖父曰：『某少留心意記誦，誠如公言。』」

〔八〕徙知江寧縣有能名　道鄉集卷三九故觀文殿大學士蘇公行狀云：「建業承李氏後，版籍賦輿皆無法制，每有發斂，府移追擾，吏係縲於道。公至則曰：『此令職也，府何與焉？』每因治訴，旁問鄉里丁産多寡，悉得其詳。一日，召鄉老更定户籍。民有自占不實者，必曰：『汝家尚有某丁某産，何不自言？』相顧而驚，無敢隱者，一縣以爲神明。又爲剗革蠹弊，更設條教，簡而易行，諸縣取以爲法。

他日，諸令長造門，領縣長拜廷下，謝曰：『此曹獲免追逮，皆公之賜也。』民有忿争者，至誠喻以『鄉黨宜相親善意，若以小忿而失歡心，一旦緩急，將何賴焉』？往往謝去，或至半道思公言而歸。縣以大治。時監司王鼎、王綽、楊紘皆以部吏少許可，及觀公施設，則曰：『非吾所及也。』」按，宋史蘇頌傳略同。

［九］爲南京留守推官歐陽文忠公時爲留守政事一以倚公　丞相魏公譚訓卷五云：「祖父爲南京推官，歐陽文忠公留守，府事悉以見委。祖父每辭避之，公不以爲然，告杜祁公（衍）曰：『蘇推不肯任府事，似同形迹。』祁公曰：『不然。蘇識致高遠，爲幕官，上有倅簽，若專府事，將有議者爾。』文忠公益嘆重。」

［一〇］皇祐五年近臣連章薦公　道鄉集卷三九故觀文殿大學士蘇公行狀云：「皇祐四年，翰林學士趙槩與諸禁從列薦公文學才行，宜在朝廷。」

［一一］召試除館閣校勘　丞相魏公譚訓卷三云：「祖父試館職興王賞諫臣賦、吹邠迎寒詩。胡武平（宿）爲考官，見之曰：『近歲唯馮當世（京）與公在三上，賦對盡興王賞諫臣事，皆切中。如吹邠迎寒詩，盡該一部周禮矣。」又卷七云：「祖父既爲孫、趙二公及諸内相所薦『文繼先世』，上問誰人子？執政具以對。時方患館職員冗，如梅堯臣、宋敏求皆同時被舉，試入等，止得出身或陞任。獨祖父奏章上，仁宗即令與館職。」

［一二］編定集賢院書籍　長編卷一八九嘉祐四年二月丁丑條云：「置館閣編定書籍官，以秘閣校理蔡抗、陳襄、集賢校理蘇頌、館閣校勘陳繹分昭文、史館、集賢院、祕閣書而編定之。」又云：「初，右正言、祕閣校理吴及言：『祖宗更五代之弊，設文館以待四方之士，而卿相率由此進，故號令風采不減漢唐。近年用内臣監館閣書庫，借出書籍，亡失已多。又簡編脱略，書吏補寫不精，非國家崇尚儒學之意。請選館職三兩人，分館閣人吏編寫書籍。其私借出與借之者，並以法坐之。仍請求訪所遺之書。』乃命抗等仍不兼他局，二年一代，别用黄紙印寫正本，以防蠹敗。」注曰：「熙寧八年二月四日，編校四館書畢。」

［一三］宰相富鄭公韓魏公賢之問所欲懇求補外二公益稱嘆遒以知潁州　道鄉集卷三九故觀文殿大學士蘇公行狀云：「富鄭公（弼）、韓魏公（琦）爲相，務推尚廉退有德之士，以勸勵風俗，知公久次儒館，不干榮利，屢問所欲，惟力求外，以便親養，遂除知潁州。後富公遺公書曰：『若吾子出處，可謂真古之君子矣。』」

〔一四〕仁宗山陵調發倉卒　道鄉集卷三九故觀文殿大學士蘇公行狀云：「仁宗山陵，有司不知故事，調發嚴急，吏挾事勢，多以不時難得之物賦諸郡，旁郡皆取於民，至脅以軍法。公諭吏曰：『遺詔山陵務從儉約，豈有土不産可强賦以害民乎？』至纖至悉，躬自區處，民既便之，而事以集。」

〔一五〕盗起長垣　據道鄉集卷三九故觀文殿大學士蘇公行狀，時「杜文等乘飢嘯聚長垣」。

〔一六〕出爲淮南轉運使　道鄉集卷三九故觀文殿大學士蘇公行狀云：「先是，記注久闕員，資望無踰公者。丞相韓魏公（琦）數薦公，會執政以親嫌爲言，故有使淮之命。」又，忠獻韓魏王家傳卷一〇云其後「蘇頌除修起居注，往謝二府，參政趙概曰：『韓公屢欲用君，以魯公（曾公亮）避親嫌。今乃上記前日韓公語矣。』」

〔一七〕使還上聞公所以處之者稱善久之　道鄉集卷三九故觀文殿大學士蘇公行狀云蘇頌還朝入對，神宗首以驛館失火事「問公，聞奏本末，喜曰：『朕始亦疑之，使人密詗，皆如卿言。聞卿措置甚得宜，其所鎮遏多矣。』」

〔一八〕擢知制誥　按道鄉集卷三九故觀文殿大學士蘇公行狀云：「熙寧元年，召試知制誥。故事，外制不過六員，時闕其一。上不欲獨試（李）大臨，命公同試，員遂溢數，乃特恩也。入謝，賜金紫。」

〔一九〕知三年禮部貢舉　宋會要輯稿選舉一之一二載：「神宗熙寧三年正月九日，以翰林學士承旨王珪權知貢舉，御史中丞吕公著、知制誥蘇頌、直集賢院同修起居注孫覺并權同知貢舉。」

〔二〇〕仲宣繇此得免杖黥止流嶺外　道鄉集卷三九故觀文殿大學士蘇公行狀云：「時知金州、比部郎中張仲宣坐枉法贓罪至死，法官援李希輔例，貸死杖脊，黥隸海島。公奏曰：『希輔、仲宣均爲枉法，而情有輕有重者。』上愕然曰：『枉法豈復有輕者？』公曰：『希輔知台州，受賕數百千，額外度僧。仲宣則以所部金坑發檄巡檢體究，無甚利，土人憚興作，遂以金八兩求仲宣不差官比較，止係違令，可比恐喝條耳，故枉法爲輕。』上曰：『免決黥之，如何？』公曰：『士大夫有罪，可殺則殺之。古者刑不上大夫，仲宣官五品，有罪得乘車，今貸其死而黥之，使與徒隸爲伍，所重者污辱衣冠，顧其人無足矜也。』上曰：『免決與黥，流嶺外。』公再拜奉詔。自是命官犯贓抵罪者，遂以爲例。」

〔二一〕大臣薦秀州軍事判官李定召見擢太子中允監察御史裏行　長編卷二一〇熙寧三年四月己卯條云：「前秀州軍事判官李定

爲太子中允、權監察御史裏行。定素與王安石善，孫覺歸自淮南，薦定極口，因召至京師。定初至，謁李常，常問南方之民以青苗爲如何，定言皆便之，無不善者。常謂曰：『今朝廷方争此，君見人切勿爲此言也。』定即日詣安石白其事，曰：『定惟知據實而言，不知京師不得言青苗之便也。』安石喜甚，遂奏以定編三司歲計及南郊式，且密薦于上，乞召對；謂定曰：『君上殿當具爲上道此。』及見，上果問常平新法，定對如安石所教。上悦，批付中書，欲用定知諫院，曾公亮、陳升之以爲前無此例，固争之，乃改命焉。」

〔一一二〕與公及李大臨相繼封還詞頭不草制　長編卷二一〇熙寧三年四月辛巳條云：「右諫議大夫、知制誥宋敏求言：『中書送李定除權監察御史裏行詞頭，伏以御史之官，舊制須太常博士經兩任通判方許奏舉，景祐初以資任相當者少，始許舉通判未滿任者。去歲驟用京官，今又幕職官便陞朝著，處糾繩之地，臣恐弗循官制之舊，未厭群議，其詞頭未敢具草。』」又卷二一一熙寧三年五月癸卯條云：「先是，宋敏求封還定辭頭，詔送別官，而頌當命辭。頌言：『本朝舊制，進補臺官，皆詔中丞、知雜與翰林學士，於太常博士以上、中行員外郎以下互舉，曾任通判者，即須特旨方許薦爲裏行。儻非其人，或至連坐，所以重臺閣之選也。去歲詔旨專令中丞舉官，雖不限資品，猶以京秩薦授。緣已有前詔，故人無間言。今定自支郡幕職官入居朝廷糾繩之任，超越資序，近歲未有。』」拒之，「詔再送舍人院，次至大臨，大臨亦封還」。

〔一一三〕上引近詔舉臺官不拘官職高下爲言　道鄉集卷三九故觀文殿大學士蘇公行狀引神宗曰：「卿所謂李定事雖善，然熙寧二年詔書奏舉臺官，不拘官職高下令兼權，則定之除命正合詔意，不爲越法。宜以舉官條赴院商量，速爲草制。」

〔一一四〕最後特以付公固執不行迺與大臨俱罷歸班　道鄉集卷三九故觀文殿大學士蘇公行狀云：「後雖大臨當日，而堂劄批『聖旨與除李定係特旨，不礙近降條制』，促公譔詞。公又奏：『定初等職官，超授朝列，兼權御史，不應近制。若果出聖意，則須非常之才，然後可以厭伏群議。昔馬周爲條陳當世切務，唐太宗拔於布衣。近世張知白上書言事，論議卓越，真宗拔於河陽職官。此二臣者，可謂有顯狀矣。然周猶召直門下省，明年方用爲御史；知白召還，奏對稱旨，亦命試舍人院，然後授以正言。若定果足副特旨之擢，別授一官，寘之京師，竢見實狀，進用未晚。』」又，長編卷二一一熙寧三年五月癸卯條載：「上批：『近以秀州軍事判官李定爲太子中允、權監察御史裏行，知制誥李大臨、蘇頌累格詔命不下，乃安引詔中丞薦舉條，絶無義理。而頌於中書面乞明降特旨，方敢命辭，洎朝廷行下，反又封還，輕侮詔命，飜覆若此，國法豈容！大臨、頌可並以本官歸班。』」大臨及頌時皆爲工部郎中。」宋史蘇頌傳云蘇頌、李大臨「並落知制誥，歸工部郎中班」。

〔二五〕而定御史之命亦爲中寢　據宋史卷三三九李定傳，時「命定知諫院，宰相言前無選人除諫官之比，遂拜太子中允、監察御史裏行。知制誥宋敏求、蘇頌、李大臨封還制書，皆罷去」。又長編卷二一一熙寧三年五月癸卯條云：「詔趣直舍人院蔡延慶等就職。及責大臨等，延慶遂草定制。既進草，又上奏乞罷之。知通進銀臺司孫固再封駁，卒行下。」可證誌文所言不確。

〔二六〕歲餘會恩得知婺州　道鄉集卷三九故觀文殿大學士蘇公行狀云：「四年，大享明堂恩，始知婺州。」長編卷二二六熙寧四年九月戊戌條載：「工部郎中李大臨知汝州，蘇頌知婺州。大臨、頌歸班踰年，處之怡然，不敢請外，及是乃出守。」

〔二七〕加集賢院學士　道鄉集卷三九故觀文殿大學士蘇公行狀云「用郊祀恩復集賢院學士」。

〔二八〕時更三赦　道鄉集卷三九故觀文殿大學士蘇公行狀云「十月，彗星出，赦天下」。按，此與前大享明堂、郊祀合爲三赦。

〔二九〕而用事者抑公止授秘書監　道鄉集卷三九故觀文殿大學士蘇公行狀云時宰執「獨於公以久不磨勘爲言」。又涑水記聞卷一六云：「介甫用事，坐違忤斥逐者，雖累經赦令，不復舊職。如知制誥李大臨、蘇頌封還李定詞頭，奪職外補，幾十年，經三赦，大臨纔得待制，頌纔得秘書監。及熙寧十年圜丘赦，頌除諫議大夫。」

〔三〇〕迺命知杭州補敗救荒恩意户至　丞相魏公譚訓卷五云：「祖父知杭州，執政曰：『本朝不以從官守杭者，惟張乖崖（詠）。今公亦以秘監往，雖寵命未優，而借重可見。況乖崖之日，歲荒民飢，正與今同。治荒之政諉公，非不厚矣。』祖父既至，平易不擾，唯民所利悉因之。所以賑濟拊卹之備至，民遂安堵。至今言及蘇公，即以手加額。其後奏對，神宗語及杭事，上曰：『錢唐之政，民至今歌詠。』」又道鄉集卷三九故觀文殿大學士蘇公行狀云：「一日出，遇百餘人遮道泣訴曰：『某等以轉運司責所逋市易緡錢，晝繫公庭，夜禁厢院，雖死無可償者。』公曰：『吾今釋汝，使汝得營生事。衣食之餘，悉以償官，期以歲月而足，可乎？』皆曰不敢負，於是縱之。轉運使大怒，欲奏公沮壞法令，而民償責者乃先期而至，遂不復言。」

〔三一〕踰年召修國史　道鄉集卷三九故觀文殿大學士蘇公行狀稱熙寧「十年，召修仁宗、英宗正史」。

〔三二〕權知開封府聽決精敏上以爲能　道鄉集卷三九故觀文殿大學士蘇公行狀云：「京尹缺，上欲用公，吴丞相充以史院才難得人爲言。上宣曰：『蘇某久歷藩府，詳練政事。』遂擢權知開封府」。其「未半歲，都邑稱治。上諭宰臣等曰：『蘇某到府，決遣無滯。』」而宋史蘇頌傳云蘇頌蒞任，「頗嚴鞭朴。謂京師浩穰，須彈壓，當以柱後惠文治之，非毫、潁臥治之比」。

［三三］或謂公縱純罪有詔推鞫　長編卷二九三元豐元年十月壬子條云：「命權同判刑部員外郎呂孝廉、司勳員外郎權大理少卿韓晉卿於同文館置司，劾相國寺設粥院僧宗梵等事，令勾當御藥院竇仕宣監之。以上批：『宗梵緣其主僧行親擅用官給常住粥錢，推其費錢之狀，乃出前知祥符縣孫純借錢文字，案法，貣貸之人各合有罪，而主司以純聯近臣之親，特爲停抑其辭，仍累使人諭純，止令私償所負，可送無干礙官司根究。』先是，純罷祥符縣，得梓州路提舉常平官，而行親者，舊爲純主治田產，純欲之新任，從行親督錢，行親自借常住錢百千給純，而宗梵告行親輒持百千出，疑有姦。權發遣開封府蘇頌曰：『宗梵告非干己事，不當治。錢隸常住，非官給，無貣貸法。』然純聞事覺，即以錢償行親矣，宗梵坐決杖。或言純乃頌女婿堂妹之子，頌故出純罪，爲皇城卒所告。上以爲輦轂之下，近臣敢以情勢撓法，審如此，則不可不治，故有是命。」

［三四］嘗治國子博士陳世儒母爲群婢所殺事　按皇朝編年綱目備要卷二〇元豐二年九月「陳世儒伏誅」條云：「世儒，執中孽妾張所出。執中死，張氏爲尼，世儒既長，迎歸，與妻李事之不謹。李，龍圖閣學士師中女，其母呂夷簡孫也。世儒知舒州太湖縣，庸駿，不樂爲外官，與李諷諸婢謀殺張，欲以憂去。毒之不死，以釘陷其腦骨，爲諸婢告發，遂正典刑。」

［三五］大理奏世儒妻母因緣大臣有請于公　道鄉集卷三九故觀文殿大學士蘇公行狀云：「大理即以李氏之母呂乃樞密副使公著之妹，公著與蘇某厚，必嘗請求，請遣官即訊。」

［三六］御史推窮逎大理丞賈種民增損囚詞以爲有請　宋會要輯稿職官六六之一一云：「大理初鞫陳世儒獄，并治世儒妻李氏母呂氏嘗干其叔父公著請求於知開封府蘇頌。公著未嘗以語頌，而種民挾情傅致其罪，公著自辨。秋，御史臺推治得實。」

［三七］公亦辭行　道鄉集卷三九故觀文殿大學士蘇公行狀云蘇頌「以魏公捐館河陽，辭不行」。

［三八］到滄數月復太中大夫召判尚書吏部　長編卷三一〇元豐三年十二月丁卯條載蘇頌知滄州，「頌入辭，因言『母老畏寒，須春上道』。上曰：『卿母誰氏？』頌曰：『龍圖閣直學士陳從易女。』上曰：『天聖間侍從耶？』頌曰：『臣外祖天聖間以直昭文館知廣州，罷還，不市南物，輦俸餘錢過嶺，仁宗聞之，即日擢知制誥。』上曰：『清過於馬援矣。』頌到滄數月，召還判吏部」。

［三九］五年三月拜尚書左丞踰年拜右僕射兼中書侍郎　據道鄉集卷三九故觀文殿大學士蘇公行狀、長編卷四七四等，蘇頌拜相在元

祐七年六月。按，揮麈前録卷三云：「官制行，置左、右丞，二府中班最下，無有爰立者。元祐中，蘇子容丞相自左轄登庸，時以爲異恩。」

［四〇］罷爲觀文殿大學士集禧觀使　長編卷四八一元祐八年二月丙寅條云：「初，賈易坐言事出，既復爲京西路轉運副使，經郊祀赦恩，乃與知蘇州范鍔對易。頌言：『易爲御史，號敢言，更赦乃下遷，非是。』或請加易館職，頌又持不可。或指易爲姦邪者，頌曰：『士大夫立朝姦邪，何可當也？須以實事論之。既無實事，安可謂之姦邪？』有旨再議。而楊畏及來之邵等遽劾頌，頌竟坐此罷去。」注曰：「梁燾行狀云：『右僕射蘇頌、中書侍郎范百禄論知宣州賈易直祕閣爲權京西轉運，以易嘗任侍御史，不當帶權字，除命未當，議別取旨。同列多不合，至上前，燾曰：「太常、祕書皆闕長貳，願以召易。」同列謂易小人不可用，燾對曰：「謂易差除不當即可，如易剛直，人多不喜，以易爲小人則過矣。陛下嘗知其人忠孝，往在言路，聖諭面獎，使之盡節，必記其爲人。」』行狀載賈易事與頌本傳頗不同，附見，當考。李清臣與許將小簡云：『容、功之罷，雖言者乘之，殆別有謂，非面敍莫悉也。』當考。」據宋史卷三五五賈易傳云：「蘇軾守杭，訴浙西災潦甚苦。易率其僚楊畏、安鼎論軾姑息邀譽，眩惑朝聽，乞加考實。詔下，給事中范祖禹封還之，以謂正宜闊略不問，以活百姓。易遂言：『軾頃在揚州題詩，以奉先帝遺詔爲「聞好語」；草吕大防制云「民亦勞止」，引周厲王詩以比熙寧、元豐之政。弟轍蚤應制科試，文繆不應格，幸而濫進，與軾昔皆誹怨先帝，無人臣禮，至指李林甫、楊國忠爲喻。』議者由是薄易，出知宣州。」又，石林燕語卷一〇云：「蘇魏公爲宰相，因爭賈易復官事，持之未決。御史楊畏論蘇故稽詔令，蘇即上馬乞退，請致仕。吕微仲（大防）語蘇：『可見上辨之，何遽去？』蘇曰：『宰相一有人言，便爲不當物望，豈可更辨曲直？』宣仁力留之，不從，乃罷以爲集禧觀使。自熙寧以來，宰相未有去位而留京師者，蓋異恩也。」丞相魏公譚訓卷一〇云：「祖父既拜大學士、集禧觀使，入謝，乃徹蓋，服御仙花帶，蓋寄禄官乃光禄大夫也。兩宫嘆異，降旨張蓋，服毬文帶，告街鳴杖子，立宰相班，蓋異恩也。」

［四一］公力辭行復知揚州　道鄉集卷三九故觀文殿大學士蘇公行狀云：蘇頌「以老再辭」知河南府，「不聽。既行而魏國夫人薨，懇請南歸，時紹聖初年也，復知揚州」。

［四二］尤以禮法自持　三朝名臣言行録卷一一之三丞相蘇公引蘇氏談訓云：「祖父執政時，諸公奏對，惟稟旨宣仁，哲宗有言，或無對者。祖父奏事宣仁畢，必再稟哲宗，有宣諭，必告諸公以聽聖語，哲宗蓋默識之。後罷相，周秩爲御史，嘗論元祐執政，至祖父，上曰：『蘇某知君臣之義，與它人不同。』」

〔四三〕雖貴奉養如寒士　丞相魏公譚訓卷三云：「祖父平生節儉，尤爱惜楮墨，未嘗妄費寸紙。每剪碎紙爲簽頭，稍大者抄故事，令子孫輩寫録。常云：『此陶侃竹頭木屑之意也。』」

〔四四〕博學於書無所不讀　丞相魏公譚訓卷三云：「神宗問祖父：『卿家必有異書，何故父子皆以博學知名？』祖父對曰：『臣家傳朴學，惟知記誦而已。』上曰：『此尤難也。』祖父云：『吾收書數萬卷，自小官時得之甚艱，又皆親校手題。使門閥不墜，則此文當益廣，不然，耗散可待，可不戒哉？』」

〔四五〕尤明典故　丞相魏公譚訓卷三云：「王禹玉（珪）、元厚之（絳）諸公嘗問祖父曰：『公記問之博，以至國朝典故，本末無遺，日月不差，用何術也？某輩亦常留心於此，記得年，忘卻月；記得月，忘卻年。前後差互，本末舛午，終不如公。願聞其説。』祖父曰：『某有一説：某每以一歲中大事爲目，欲究當年事，則不忘矣。如某年改元，其年有某事；某年上即位，其年有某事；某年立后、若太子，其年有某事；某年命相，其年有某事。則記事之一法也。史記太史公書：是歲，孔子生；是歲，孔子卒；是歲，齊桓公會於葵丘；是歲，晉文公始霸之類，恐亦此意也。』元曰：『不然。至於暗記經史，默咏詩什，以至士大夫家世閥閲，名諱婚姻，無遺忘者，又以何法？乃真强記也。前所言者特謙耳。』」

〔四六〕如論郭皇后廟　宋史蘇頌傳云：「嘉祐中，詔禮院議立故郭皇后神御殿于景靈宮，頌謂：『敕書云：「向因忿鬱，偶失謙恭。」此則無可廢之事。又云：「朕念其自歷長秋，僅周一紀，逮事先后，祗奉寢園。」此則有不當廢之悔。又云：「可追復皇后，其祔廟謚册並停。」此則有合祔廟及謚册之義。請祔郭皇后於后廟，以成追復之道。』衆論未定，宰相曾公亮問曰：『郭后，上元妃，若祔廟，則事體重矣。』頌曰：『國朝三聖，賀、尹、潘皆元妃，事體正相類。今止祔后廟，則豈得有同異之言？』公亮曰：『議者以謂陰逼母后，是恐萬歲後配祔之意。』頌曰：『若加一「懷」、「哀」、「愍」之謚，則不爲逼矣。』公亮歎重。」

〔四七〕合二百五十卷　道鄉集卷三九故觀文殿大學士蘇公行狀云：「後因進對，上曰：『朝廷與契丹通好歲久，故事儀式遺散者多，每使人生事無以折正。朕欲集國朝以來至昨代州定地界文案，以類編次爲書，後來得以稽據，非卿不可成。然此書浩繁，卿自度幾歲可畢？』公曰：『臣願盡力二年。』因令置局於樞密後廳，仍辟官檢閲文字。如期書成，凡十有八門，合二百五十卷，爲事目總叙奏之。」按，據蘇魏公文集卷四四謝支賜、長編卷三三九元豐六年九月丙寅條、玉海卷五八藝文録，稱是書「二百二十九卷、事目五卷」。

〔四八〕熙寧十年冬至至上聞善之　石林燕語卷九云：「蘇子容過省，賦曆者天地之大紀，爲本場魁。既登第，遂留意曆學。」墨莊漫録卷二云：「蘇頌子容丞相，博學無所不通。熙寧十年，爲大遼生辰國信使。在虜中，適遇冬至。時本朝曆先北朝一日，北朝曆後一日。北人問公：『孰是？』公曰：『曆家算術小異，遲速不同，謂如亥時，節氣相交，則猶是今夕，若踰數刻，則屬子時，爲明日矣。曆家布算，容有遲速，或先或後，故有一日之異，皆各從本朝之曆可也。』虜人深以爲然，遂各以其日爲節慶賀。使還奏之，上喜曰：『朕思之，此最難處，卿之所對，極中事理。』」

〔四九〕嘗奉詔校曆因奏製渾儀時稱其工　道鄉集卷三九故觀文殿大學士蘇公行狀云：「元祐中，建請别製渾儀，因命公提舉。公既邃於律曆，又以吏部令史韓公廉曉算術，有巧思，奏用之。且授以古法，爲臺三層，上設渾儀，儀中設渾象，下設司辰。貫以一機，激水轉輪，不假人力，時至刻臨，則司辰出谷，星辰躔度，所次占候，測驗不差晷刻，晝夜晦明，皆可推見，前此未有也。」又曲洧舊聞卷八云：「元祐四年三月己卯，銅渾儀新成，蓋蘇子容所造也。古謂之渾天儀，歷代相傳以爲羲和之舊器。漢洛下閎、東京張平子、蔡邕、吴王蕃、劉耀、光初中孔定、後魏太史令晁崇，皆璣衡遺法，而所得有精粗。孔定、王蕃最號精密，所造既淪没於西戎，而蕃不著其器。獨子容因其家所藏小樣而悟於心。常恨未究算法，欲造其器而不果。晚年爲大宗伯，於令史中得一人，深通算法，乃授其數令布算，參考古人，尤得其妙，凡數年而器成焉。大如人體，人居其中，有如籌象。因星鑿竅，依竅加星，以備激輪旋轉之勢。中星昏曉應時，皆見於竅中。星官曆翁聚觀駭歎，蓋古未嘗有也。子容又圖其形制，著爲成書上之，詔藏於秘閣。」

〔五〇〕公爲文章馴雅有體尤爲宋元獻公兄弟所稱　丞相魏公譚訓卷四云：「祖父受知二宋，常謁元憲，公曰：『舍弟子京於文章少許可，獨称君文典重而清新。』及見景文，亦曰：『家兄丞相於文章少許可，每見公近文，常称嘆不已。』常云『非獨句句有來處，兼意義清新，非近世之文也』。常言『爲文之體，意不貴異而貴新；事不貴僻而貴當；語不貴古而貴淳；字不貴怪而貴奇』。二公爲文不同，而皆相知如此。」

〔五一〕其後公更踐内外以至得謝爵齒名德略相似焉　石林燕語卷七云：「蘇相子容爲南京察推，時杜祁公尚無恙，極器愛之，每曰：『子他日名位，當與老夫略同。』不知以何知之也。杜公以六十八歲入相，八十薨，蘇公以七十二歲入相，八十二歲薨。不惟爵齒略相似，杜公在位百餘日後，以太子少師致仕，末乃爲太子太師；而蘇公在位甫一年後，亦以太子少師致仕，太上皇即位，方進太子太保。

初，杜公告老，執政有不悦者，故特以東宫三少抑之，當時以爲非故事；而蘇公告老在紹聖初，亦坐章中公不悦，令具杜公例進呈，蘇公聞之，喜曰：『乃吾志也。』」汪應辰辨云：「南京察推，當云南京留守推官。七十二歲入相，當云七十三歲入相。蘇元祐七年六月相，三月罷，蘇公告老在紹聖初，當云紹聖四年致仕。」甕牖閑評卷七云：「蘇子容少受知于杜祁公，出處略同。杜祁公爲相不及百日，而經宗祀、冠貂蟬，數有大儀制皆預，後以東宫少師致仕，年八十而薨。子容在相位不及一年，嘗預册后、郊祀，以少師致仕，年八十有二，與祁公出處始終略同。此子容之孫象先所叙也。及考子容在南京幕時，婺州一術前葛好問者，精于星度，嘗謂子容之命，全似杜祁公。今以行事觀之，則好問之言信不誣也。」

王學士存墓誌銘[一]　文昭公曾肇

公諱存，字正仲，姓王氏。其先金陵人也，後徙潤州之丹徒，又徙丹陽，世有潛德。歲飢，公大父出粟爲糜食餓者，活數百人。開跡儲慶，歸成于公。

公幼喜讀書，年十有二，辭親從師，問學江西，五年而後歸。是時學者刻意彫篆，公獨爲古文數十篇，鄉老先生見之驚，自以爲不及。慶曆六年進士及第，主秀州嘉興簿，遷越州上虞令。豪姓横恣殺人，縣莫敢詰。公至，首按以法，州吏受賕變其獄，公反得罪去。父喪，服除，補密州觀察推官。

公少有立志，雖爲小官，修潔自重，首爲歐陽文忠公所知。治平中，吕正獻公判國子監，薦爲直講。又用趙康靖公薦，召試，擢秘書省著作佐郎、館閣校勘，校集賢院書籍，入樞密院編修經武要略，兼删定諸房條例[二]，就除檢詳兵房文字，力辭不就[三]。以母憂去，還判鼓院。歷集賢校理、史館檢討、知太常禮院兼丞事。

公故爲王文公所厚，是時文公執政，數引公，論事不合，即謝不往。嘗召見便殿，其言無所附麗。累上書陳時事，因及大臣，皆人所難言者。神宗察公忠實無黨，鄉意用之。會修仁宗英宗史，即以爲編修官，又命詳定郊廟奉祀禮文。元豐元年，修起居注，館伴高麗使。明年，以右正言知制誥、同修國史，兼判太常寺、秘閣、秘書省。奉使契丹還，兼提舉官誥院。

公在館十年，不少貶以干澤，及爲上所識擢，益自感勵。初修起居注①，即乞復唐正觀起居郎、舍人職事，執筆隨宰相入殿，上韙其言[四]。故事，左右史雖日侍便殿，而欲奏事，必稟中書俟旨。公因對及之，即詔左右史遇侍立，許直前奏事，遂著爲令，自公始也[五]。及在侍從，適議更廟制，疏言宗廟重事，不可不審；又論圜丘合祭天地爲非古，當親祠北郊如周禮。後皆如公說。官制行，上尤慎用人，公因請自熙寧以來有緣議論得罪，或詿誤被斥而情實納忠、非有大過者，隨材召擢，以備官使。語合上意，自是收拔者甚衆。其補助將順類如此。又嘗論赦令出上恩，公罪異私慝，而比歲議法獄者②，多乞不以赦降去官原減；官司謁禁，本防請託，而弔死問疾，一切杜絶，皆非便③，願稍更其法。執政見之不悦，而上察其誠，不以爲忤也。

五年，遷龍圖閣直學士、知開封府。聽斷明允，都人順賴。縣嘗上大辟，公疑其冤，一問，果平民，縱去。有司言：「京師並河居民，盜鑿阪隄以自廣，請盡責培築復故；又按民廬冒官道者，請悉徹之，至華表柱止。」已有詔施行，二役謀出中人，衆莫敢議。公獨曰「此吾職也」，入爲上言，即日詔罷，都下讙呼相慶。在事二年，囹圄再空。或進官，或賜金帛，手詔嘉獎[六]。數以疾求解，不許，進樞密直學士留之。公辭益堅，改兵部尚書，遷

① 初修起居注　「修」原作「條」，據三朝名臣言行録卷十一之二尚書左丞王公引墓誌改。

② 而比歲議法獄者　「比」原作「此」，據庫本及宋史王存傳改。三朝名臣言行録卷十一之二尚書左丞王公引墓誌作「而比歲議法治獄者」。

③ 皆非便　「非」原作「片」，據文海本、庫本、三朝名臣言行録卷十一之二尚書左丞王公引墓誌及宋史王存傳改。

户部[七]。

會神宗山陵，財費仰給户部，不踰時告足①，而宰相乘間徙公復爲兵部[八]，充山陵鹵簿使。元祐初，復還户部，固辭弗受②，識者韙之。詔還省官舊職，復除樞密直學士[九]，累遷朝散大夫。明年五月，拜中大夫、尚書右丞[一〇]。又明年，遷左丞。公在政府，遇事必争。韓維罷門下侍郎，連章論捄，且曰：「去一正人，天下失望，忠黨沮氣，讒邪之人争進矣。」又論杜純不當罷侍御史，王覿不當罷諫官。

自公在兵部時，太僕寺請内外馬事得專達，毋隷駕部。公言：「如此，官制壞矣。先帝正省臺寺監之職，使相統制，不可徇有司自便，而隳已成之法。」及執政，又有建罷教畿内保甲者，公復言：「今京師兵籍益削，又廢保甲不教，非爲國家根本長久之計。且先帝不憚艱難而爲之③，既已就緒，無故而廢之④，不可。」時四方奏讞大辟，刑部援比請貸，而都省屢以無可矜恕却之。公言：「此祖宗制也，且有司援比欲生之，朝廷破例欲殺之，可乎？」又言：「比廢進士專經一科，參以詩賦，失先帝黜詞律、崇經術之意⑤。」河決而北幾十年，水官議還故道，二三大臣尤佐佑之⑥[一一]。公言：「故道已高，水性趨下，徒費財力，恐無成功。」累章力争，卒輟其役。

---

① 不踰時告足　「足」，長編卷三五六元豐八年五月戊午條注引曾肇王存墓銘作「乏」，據上下文義，當以「乏」字爲是。

② 固辭弗受　「弗」，長編卷三五六元豐八年五月戊午條注引曾肇王存墓銘作「廷」。

③ 且先帝不憚艱難而爲之　按，自「不憚艱難而爲之」至「享年七十有九。訃聞，上」，底本原闕一葉，錯置他書文字，此據鐵琴銅劍樓本、庫本補，所錯置入文字附録於篇末。

④ 無故而廢之　「廢」原作「發」，據庫本、三朝名臣言行録卷十一之二尚書左丞王公引墓誌改。

⑤ 失先帝黜詞律崇經術之意　「失」原作「夫」，據庫本、三朝名臣言行録卷十一之二尚書左丞王公引墓誌及東都事略、宋史王存傳改。

⑥ 二三大臣尤佐佑之　「尤」，三朝名臣言行録卷十一之二尚書左丞王公引墓誌作「力」。

公既中立自信，不爲詭隨，一時公議翕然歸之，然亦卒以是去。蔡丞相確賦詩安州①，吴處厚者上之，以爲怨訕，諫官交章請行誅竄。公與范丞相純仁或顯言，或密疏，最後留身簾前，合力固争，以爲不可；確貶，又謂不宜置之死地。既而確再貶新州，公與范丞相皆罷。公以端明殿學士知蔡州[一二]，時四年六月也。初，公在熙寧中論事，已爲范丞相所推，及偕執政，趣又多合，已而俱罷，天下稱之。然公與人不苟相比，前論不當罷教畿内保甲者，乃范丞相所建也。公復爲兵部時，蔡丞相實當軸②，而公志在體國，不以怒遷，士大夫益知公賢。

歲餘，除資政殿學士，徙知青州。未行，改揚州[一三]。復召爲吏部尚書[一四]，遷太中大夫。公春秋寖高，志氣益壯。時在廷朋黨之論稍熾，公入對，首言：「人臣朋黨，誠不可長，然或不察，則濫及善人，東漢黨錮之獄是也。慶曆中，或指韓琦、富弼、范仲淹、歐陽修爲朋黨，賴仁宗聖明，不爲所惑。今日果有進此説者，亦願陛下察之。」繇是復與任事者不合，請老不許，即求補外。除知大名府，辭行，改杭州。

公爲政平易，務順人情，所更三州，皆見愛。在蔡，奏罷民賦遠輸；在杭，沮鑿龍山河，二州尤以爲德。紹聖初，復告歸，得提舉江寧府崇禧觀，而懇請不已，進右正議大夫致仕[一五]。異時前執政致任，例受東宮官，至是議者指公在兵部時，嘗上疏請歸西夏故地，以爲有所傅會[一六]。然公疏謂：「先帝本以秉常被囚，母黨專國，故舉兵西討，是爲問罪之師，有德於秉常也。今秉常以梁氏之喪來告，則宜歸其故地，以章先帝之誼，而收秉常之心。」其大旨如此。跡公兩朝前後所論，豈爲傅會者哉？賴哲宗察公有素，然猶叙其恩典。後言者論公嘗爲謝景

① 蔡丞相確賦詩安州　「蔡丞相確」，三朝名臣言行録卷十一之二尚書左丞王公引墓誌作「蔡確」。

② 公復爲兵部時蔡丞相實當軸　三朝名臣言行録卷十一之二尚書左丞王公引墓誌作「始自兵部尚書遷户部，奉山陵有勞，確秉間復徙公兵部」。

初辨理罪名，又降通議大夫[一七]。今上即位，連進左正議大夫。建中靖國元年七月辛未薨于正寢，有星隕于其第，享年七十有九。訃聞，上輟視朝一日，贈左銀青光祿大夫。九月乙酉，葬丹徒之義理鄉僊風里。累勳上柱國，爵丹陽郡開國公，食邑三千户，食實封四百户。

公性寬厚，儀狀偉然，平居恂恂，不爲詭激之行，至有所守，確不可奪。議論平恕，無所向背。司馬温公嘗曰：「並馳萬馬中能駐足者，其王某乎①！」故自束髮起家，以至大耋，歷事五世，而所持一心，屢更變故，而其守一道。與人交，久而益親，視孤藐流落者，恩意尤篤。少時師事潁川陳浚，浚死無子，公貴，求得其弟之子官之②，且卹其家終身。其自奉甚約，而喜厚賓客。揚、潤相去一水，公守揚時，援故相例，得歲時過家上冢[一八]，乃出賜錢五十萬，賙給閭里，又具牛酒，會父老數百人，親與酬酢，皆歡醉而去，鄉黨以爲美談。嘗悼近世學士貴爲公卿，而祭祀其先，但循庶人之制。及歸老築居，首營家廟如古法。公唯一兄，蚤世，事寡嫂甚謹，拊其子如己出，又官其二孫。退居丹陽且十年，不以一毫擾人。既殁，鄉人哭之皆哀，而四方有識之士又爲朝廷惜也。嗚呼！可謂大雅君子，不吐不茹者矣。

曾大父諱某，贈太子少師。妣朱氏，昌元郡太夫人。祖父諱某，贈太子少傅。妣包氏，太原郡太夫人；莫氏，丹陽郡太夫人。父諱某，贈太師、崇國公。妣陳氏，吴國太夫人。初娶謝氏，知制誥絳之女，贈永嘉郡夫人；後娶胡氏，兵部侍郎則之孫，今封吴興郡夫人。婦順母慈，咸著善聞。子男八人：徹、傒、術、微、律、復、從、衎，皆孝謹好學，能守家法。術，通直郎；律，宣義郎；衎，承奉郎；餘或仕或不仕，皆先公卒。一女，嫁朝請郎張

① 其王某乎　三朝名臣言行録卷十一之二尚書左丞王公引墓誌作「其王存乎」。
② 求得其弟之子官之　「弟」原作「第」，據文海本、庫本、三朝名臣言行録卷十一之二尚書左丞王公引墓誌改。

璡。孫男五：懌、愷，承務郎；惕、悌、悱，未仕。孫女九，嫁者一人，南豐曾續其壻也。

公爲文典實，不事浮靡，如其爲人。有集五十卷，藏于家①。銘曰：

士奮孤艱，必於仁義。一獲所求，視同傳置。孰能無違？終食之間。耄期不亂，公也尤難。公生江南，其始則微。釋耒從師，如川有歸。方苞方皁②，卒飽吾飢。迺築迺削，宮成巍巍。始集書林，逡巡戢翼。晚遇明聖，終躋陪側。陟降兩朝，忠言正色。不比爲同，不沽爲直。如繩之縮，如砥之平。彼有贅虧，我無將迎。豈惟不回，勢利之際？可質死生，捫心無媿。貴富而壽，在人豈無？鮮克如公，以有終初。石門峨峨③，江水在下。萬世奉嘗，是韓公墓④。

辨證：

[一] 王學士存墓誌銘　按，王存，東都事略卷九〇、宋史卷三四一及京口耆舊傳卷三有傳。宋會要輯稿禮五八之九二載賜「資政殿學士、贈左銀青光禄大夫王存謚莊定」。又按，底本此墓誌中錯置他書一葉文字，辨析其內容，當屬王存行狀、神道碑之類文字，然不見載於現見其他史籍，故特附録於後。

[二] 入樞密院編修經武要略兼删定諸房條例　揮麈前録卷二云：「神宗朝，詔樞密院編修經武要略，以都承旨張誠一提舉。誠一武臣也，乞差編修官二員。時王正仲、胡完夫（宗愈）爲館職，詔令兼之。是夕，忽御批『提舉』改作『管勾』，詰朝，執政啟上所以，上

① 有集五十卷藏于家　按，宋史卷二〇八藝文志七著録王存文集五十卷。
② 方苞方皁　「皁」，庫本作「卓」。
③ 石門峨峨　「石」原作「右」，據庫本改。
④ 是韓公墓　按，此所云「韓公」，未詳所指。

云：『已差館職編修，豈可令武臣提舉。』而樞密院編修自此始也。」長編卷二一六熙寧三年十月丙戌條載：「著作佐郎館閣校勘王存、大理寺丞館閣校勘顧臨、著作佐郎錢長卿、大理寺丞劉奉世同編修經武要略，兼刪定諸房例冊，仍令都副承旨提舉編定。上曰：『存等皆館職，不欲令提舉，可改爲管勾。』」

［三］就除檢詳兵房文字力辭不就　長編卷二二七熙寧四年十月丙辰條載授王存檢詳樞密院兵房文字，「而存以母老辭，改差秘書丞朱明之」。

［四］即乞復唐正觀起居郎舍人職事執筆隨宰相入殿上逮其言　長編卷二九九元豐二年八月甲辰條載：「同修起居注王存言：『古者左史記事，右史記言。唐貞觀初，仗下議政事，起居郎執筆記于前，史官隨之。其後或修或廢。蓋時君克己勵精政事，其職修；或庸臣擅權，務掩過惡，則其職廢，皆理勢然也。陛下臨朝旰昃，睿明四達，動心稽古，言必本經，至於裁決萬幾，判別疑隱，皆出群臣意表，欲望追唐貞觀典故，復起居郎、舍人職事，使得盡聞明天子德音，退而書之，以授史官。儻以爲二府奏事自有時政記，即乞自餘臣僚前後殿對，許記注官侍立，著其所聞關於治體者，庶幾謨訓之言不至墜失。』上諭存曰：『……且人君與臣下言，必關政理，所言公則公言之，所言私，則王者無私，自非軍機，何用秘密？蓋人臣奏對有頗僻，或肆讒慝，謂人君必須涵容，難即加罪，因而無所忌憚。若左右有史官書之，則無所肆其姦矣。』卒不果行。」

［五］即詔左右史遇侍立許直前奏事遂著爲令自公始也　長編卷二九九元豐二年八月丙午條載：「詔修起居注官雖不兼諫職，如有史事，宜於崇政殿、延和殿承旨司奏事後直前陳述。從修起居注王存請也。」注曰：「王安禮傳云：『安禮同修起居注。故事，左右史記言動，毋得輒有所陳。至是詔許直前奏事，自安禮始。』蓋安禮與王存同修注，其實存請之。熙寧四年七月末，兼諫職者乃許直前。」

［六］在事二年囹圄再空或進官或賜金帛　長編卷三三五元豐六年六月己巳條云：「龍圖閣直學士、權知開封府王存言三院獄空，詔開封府官吏並依元豐五年推恩。」又卷三四二元豐七年正月戊午條云：「知開封府王存言，司録司、左右軍巡院獄空，乞付史館。詔王存遷一官，餘官令第勞上司勳。」卷三四三元豐七年二月庚辰條云：「賜知開封府王存獎諭敕書，銀、絹百疋兩；府推、判官胡宗愈等銀、絹三十疋兩。初，存等奏獄空，命如故事遷官。而門下省謂前此存等以獄空遷官或賜章服，才半歲，今又推賞，不可，乃命止賜詔及銀、絹而已。」

［七］改兵部尚書遷户部　長編卷三四五元豐七年五月辛亥條云：「權知開封府、龍圖閣直學士王存爲兵部尚書。存固辭，且言：

『左丞王安禮之妻乃臣故妻之妹，法亦當迴避。』詔不許。後旬日，改户部尚書。」

〔八〕會神宗山陵財費仰給户部不踰時告足而宰相乘間徙公復爲兵部　長編卷三五六元豐八年五月戊午條載以翰林學士曾布爲户部尚書，試户部尚書王存爲兵部尚書。注曰：「曾肇作王存墓銘云：『存爲兵部尚書，遷户部。會神宗山陵，財費仰給户部，不踰時告乏，而宰相乘間徙存復爲兵部，充山陵鹵簿使。元祐初，復還户部，固辭廷受，識者韙之。』不知肇所稱『宰相乘間』果何事也？存徙，曾布實代之。布集有年譜，乃云司馬公用布爲户部尚書。按光除門下侍郎，與布同日，光才執政，元未入對，那得有此事？蓋年譜妄説也。布此除，實出於蔡確等，疑必有曲折，肇亦不能爲布隱。當徐考之。」

〔九〕詔還省官舊職復除樞密直學士　長編卷三七九元祐元年六月己丑條云：「御批：『見任職事官，近降指揮，有舊帶待制已上職者，並還舊制。聞王存舊帶龍圖閣直學士，雖曾除樞密直學士，緣當時辭免不曾受告，若依新除指揮，合與不合便除未受告之職？可議奏進入。』中書省奏：『存昨任龍圖閣直學士、知開封府，又除樞密直學士，未受命間，緣官制改除尚書，更不帶職，經今二年。近降指揮，職事官許帶舊職。若卻除龍圖閣直學士，即降職一等。』」注曰：「王存除密直在四月十八日。」

〔一〇〕明年五月拜中大夫尚書右丞　長編卷三七九元祐元年六月己丑條云：王存復樞密直學士，「既而輔臣入對，太皇太后問：『主王存者誰邪？』門下侍郎呂公著言：『臣實與三省共議。』太皇太后曰：『聞王存附會王安石，進不以正。』公著曰：『安石初執政時，未建東、西府，存與安石對門居，踰年不一過之，士人至今稱是。』太皇太后曰：『若然則無疑矣。』」故至此遂拜執政。

〔一一〕水官議還故道二三大臣尤佐佑之　按宋史卷九二河渠志二載：元祐二年二月，都水官王令圖、張問「欲必行」還故道「前説，朝廷又從之。三月，令圖死，以王孝先代領都水，亦請如令圖議。……時知樞密院事安燾深以東流爲是，兩疏言：『朝廷久議回河，獨憚勞費，不顧大患。蓋自小吴未決以前，河入海之地雖屢變移，而盡在中國；故京師恃以北限彊敵，景德澶淵之事可驗也。且河決每西，則河尾每北，河流既益西決，固已北抵境上。若復不止，則南岸遂屬遼界，彼必爲橋梁，守以州郡；如慶曆中因取河南熟户之地，遂築軍以窺河外，已然之效如此。蓋自河而南，地勢平衍，直抵京師，長慮却顧，可爲寒心。又朝廷捐東南之利，半以宿河北重兵，備預之意深矣。使敵能至河南，則邈不相及。今欲便於治河而緩於設險，非計也。』王巖叟亦言：『……今有大害七，不可不早爲計。北塞之所恃以爲險者在塘泊，黄河堙之，猝不可濬，浸失北塞險固之利，一也。……乾寧孤壘，危絶不足道，而大名、深、冀腹心郡縣，皆有終不自保之勢，三也。滄州扼北敵海道，自河不東流，滄州在河之南，直抵京師，無有限隔，四也。……』太師文彦博、中書侍郎呂大防皆主其説」。

〔一二〕既而確再貶新州公與范丞相皆罷公以端明殿學士知蔡州　長編卷四二九載，蔡確遭貶，「元祐四年六月庚子朔，范純仁、王存並出居於外，上章乞罷，皆留中不出，亦不批答，亦不封還，亦不遣使宣押。文彦博同執政入對，遂定議。其夕鏁院。甲辰宣制，以大中大夫、守尚書右僕射范純仁依前官爲觀文殿學士、知潁昌府，中大夫、守尚書左丞王存爲端明殿學士、知蔡州。朝廷既貶蔡確，或勸純仁引去，獨明己之力盡。純仁曰：『我方慕古人願爲良臣，不願爲忠臣，安能楚楚自見邪？』言者果劾奏，純仁及存遂俱罷」。又云：「純仁及存既罷，劉摯爲王巖叟道簾前奏對語曰：『太皇太后謂：「純仁差錯久矣。初以其有大名，又司馬光所甚重，遂用之，不意如此也。蓋止得虚名耳。」文彦博因言：「純仁父仲淹亦得虚名，然比純仁則有材略。」太皇太后又曰：「諫官言純仁黨確則恐不然，但所見偏繆耳。」又曰：「王存殊無執守，前日爲范純仁所目，便留身同救蔡確。」又問執政曰：「覺純仁如此否？」彦博曰：「純仁自蒙大用，頗恍惚。」大防等言：「每與言，多不聽。」又曰：「王存在省中，諷臣令救確，臣不敢聽其言，而純仁納之。」太后曰：「純仁用過其量，故至此也。」』」按，孫公談圃卷中云當時「兩府獨范純仁留身力解之。時王存已去，行數步，爲范一言而留之」。

〔一三〕徙知青州未行改揚州　長編卷四四九元祐五年十月己亥條載「資政殿學士、知蔡州王存與知青州王安禮易任」。又庚戌條載殿中侍御史岑象求上奏劾之，左司諫楊康國亦言：「近聞知青州、資政殿學士王安禮贓狀穢跡傳播京城，竊聞朝廷已賜窮究。謹按王安禮昔作先帝輔臣，已坐踰違罷去，今爲陛下東帥，又以贓污著聞，自謂姦雄，不改故態，顯見凌蔑公法，侮慢朝廷。大臣若斯，可不深治？聞開封根緝興販事狀，已見來歷，前後不一。勘會新知青州、資政殿學士王存，與安禮同是謝絳之壻，竊恐將下本州體量，必是顧情蓋庇，蒙昧朝廷。伏望睿明特賜指揮，嚴責本路轉運或提刑司，依公盡理，按驗確實，重賜施行，以正朝廷，使安禮黨與恣横不法侮玩詔條之人稍稍知懼。」壬子條載新知青州王存改知揚州。

〔一四〕復召爲吏部尚書　長編卷四六五元祐六年閏八月甲子條云宰相呂大防、劉摯欲召王存入爲吏部尚書，王巖叟「意不然，亟以語摯，摯曰：『缺許多官曹，卻著甚人補？』巖叟曰：『用與今日政事意同之人。』摯默然。巖叟又語摯曰：『公引此等人，付之此地，敢保否？』摯曰：『保則不敢。』巖叟曰：『公宜無忽。』」又壬申條載資政殿學士、知揚州王存爲吏部尚書。

〔一五〕進右正議大夫致仕　能改齋漫録卷十王公進退自安云：「蘇子容庚申二月二十二日巳時生，七十四歲拜左相，數月求出，知陳州，連乞致仕，以避丙戌火庫禄衰之運，七十九尚康寧。王正仲癸亥正月十一日申時生，六十六歲拜左丞，次年求出，知汴州，速乞致仕，以避晚年勾絞殺亡神之災，竟以壽終。元祐之臣，惟蘇與王不罹貶謫者，以其求退速也。」按，王存於知杭州任上乞致仕，則上引「汴州」當作「杭州」。

［一六］議者指公在兵部時嘗上疏請歸西夏故地以爲有所傅會　長編紀事本末卷一〇一逐元祐黨上云：紹聖二年五月「甲寅，殿中侍御史郭知章言：『先皇帝闢地進壤，扼西戎之咽喉，如安疆、葭蘆、浮圖、米脂，據高臨下，宅險遏衝。元祐初，用事之臣委四塞而棄之，外示以弱，實生寇心。乞檢閲議臣所進章疏，列其名氏，顯行黜責。』惇等因開列初議棄地者，自司馬光、文彦博而下九十一人。惇曰：『棄地之議，司馬光、文彦博主之於内，趙卨、范純粹成之於外，故衆論莫能奪。若孫覺、王存輩，皆暗不曉事，妄議邊計者。』」

［一七］後言者論公嘗爲謝景初辨理罪名又降通議大夫　長編卷五〇四元符元年十二月乙未條云：「看詳訴理文字所言：『朝散大夫謝景初，昨任成都府路提刑，與倡女踰違，特追兩官勒停。元祐初，孫永、李常、韓忠彦、王存奏「景初只因提舉司論議不合，加誣坐罪」；又云：「朝廷專置官局，辨理枉横，景初不幸身没，不能自直。」竊惟永等遭遇先朝，致身禁從，寵眷隆厚，方裕陵之土未乾，姦臣誣詆典刑，以有爲無，語言不遜，無所忌憚。元祐訴理所稱「事出曖昧，顯涉冤抑，特與奏雪」，遂除落景初前斷過名，委屬不當。又景初男愔元祐二年狀稱「非今日朝廷清明，何以雪幽冤於泉下」？』詔謝愔特勒停，韓忠彦、王存各贖金三十斤。」又卷五一三元符二年七月癸丑條云：「降官韓忠彦、王存等奏雪謝景初罪犯劄子内稱『朝廷專置官局，辨理枉横，景初不幸身殁，不能自直』等語言，其韓忠彦自太中大夫降授中大夫，王存自右正議大夫降授通議大夫。」

［一八］揚潤相去一水公守揚時援故相例得歲時過家上冢　建炎以來朝野雜記甲集卷八郡守越境省親云：「故事，守臣無得越境者。王正仲守揚，其親居潤，才隔一水，正仲因乞告省親，許之。」

附：

「（上闕）經營天下也，知民不可一日無教，故有司徒之官，教以人倫。所以國有學，鄉有塾。今一鄉之善士教之傳之，習學數年，考其實行，仕者官於朝，農者耕於野，工者藝其身，商賈易以市，民無不得其所。於是恐民有不力，或有曠怠遊惰之情生，遂以十家爲甲，百家爲保，有司專以稽察之，奸究之徒難以潛匿。夫保甲之在民，誠爲良法，況畿内爲輦轂之地，天子所居，萬姓觀瞻，愈宜整肅，何以罷廢？先帝致治之意深且遠矣。京師爲畿内要地，積蓄儲守，皆在於是，而兵籍可削乎？且民無兵，則無以衛。設一朝有事，使之任戰，其誰與興？故兵必籍民以養，民必籍兵以衛，兵農不可偏廢。今宜遵舊制，操戈持戟之士倍加養卹，使文教修武事備。」言上，不報。適四方奏讞大辟，刑部援比請貸①，而都省屢以無可矜恕却之。公言：「所謂祖宗舊制，誠致治之良法，且有司援比欲生之，朝廷破例欲殺之，可乎？」公又言：「選舉進士寘專經一科，以明經學，不可參以詩賦，考之聲律，失先帝黜詞律、崇經術之意。」「河決而北方諸郡水幾十年，諸臣議曰：「河水汎濫，自古有之，亟循故道而禦防之，使不得爲害。」公獨曰：「故道已高，爲水衝塞，所以今日逆行。況水性趨下，宜順其勢，以導引之，使分其勢，派其流，而水自平。此治水之要也。若止以防禦爲事，恐今日致治於西，明日復理於東，其能治耶？設逆水一至，仍爲衝没，空費財力，終無成功。莫若輟其役，而導引之。」時蔡確以詩怨訕，公與范純仁欲薄其罪，確再貶新州，公亦罷，以端明殿學士知蔡州。歲餘，又遷資政殿學士，改知揚州。復召爲吏部尚書。時在廷朋黨之論寖熾，公入對，首言：「人臣朋黨，誠不可長，然不察其真僞，則濫及善人矣。」除知大名府，改杭州。紹聖初，公請老，提舉崇禧觀，遷右正議大夫致仕。執政致任，不爲東宫官，自公始也。既而又降通議大夫。公嘗悼近世學士貴爲公卿，而祭祀其先，但循庶人之制。及歸老築居，首營家廟。退休故里，悠悠農畔。性本寬厚，嘗與父老日講經史。見閭里有年少英俊者，則淳淳訓之，明以經義。嘗言：「事親孝，事君忠，與朋友交言而有信，斯人庶可無愧。」公既老，屢屢鬱怫然，而樂志林泉，此心無日不在朝廷也。公有疾，治以藥，不愈，享年七十有九而薨。長子徹奏聞，上悼之。（下闕）

① 刑部援比請貸　「比」原作「此」，據文義改。按，下文同。

名臣碑傳琬琰集中卷三十一

陳少卿希亮墓誌銘[一]　忠文公范鎮

治平二年四月丁丑，朝奉郎、守太常少卿致仕、上柱國、賜紫金魚袋陳君卒于河南府思順坊之第。明年十二月壬辰，葬于河南縣南宫里之西原。

君諱希亮，字公弼。其先京兆人，唐廣明中避難于蜀，遂家眉州青神之東山。曾祖瓊，祖延禄①，父顯忠，皆不仕，而皆以爲善聞於其鄉。君幼而孤，及其顯也，乃贈其父尚書兵部侍郎，母楊氏繁昌縣太君。天聖五年，君始舉進士甲科[二]，一命爲大理評事、知潭州長沙縣。部僧海印者，多識權貴人[三]，數撓政爲不法，奪民園池，更數令莫敢治。君至，捕治笞之，以園池還民。郴州竹場有僞爲券給輸户送官者，事覺，輸户當死，君察其非辜，挺出之，已而果得真造僞者。再遷殿中丞，徙知虔州雩都。雩都之俗，疾病不醫，一諉於鬼[四]。

① 曾祖瓊祖延禄　按，蘇軾文集卷一三陳公弼傳作「曾祖延禄，祖瓊」。而黄庭堅全集正集卷三〇太子中允致仕陈君墓誌銘載其季父爲希亮，亦作「曾大父延禄，大父顯忠」；趙孟頫集卷九故嘉議大夫浙東海右道肅政廉訪使陳公碑云：「瓊生延禄，延禄生顯忠，顯忠生希亮。」則作「曾祖瓊，祖延禄」爲是，蘇軾文集卷一三陳公弼傳云云不確。

君毀淫祠數百區，勒巫覡爲良民七十餘家①，而民始得近醫藥。遷太常博士。有言君治郴獄，嘗活人罪死者，賜五品服。初，蜀人官于蜀，不得通判事。君母老，願折資爲縣，以歸侍親，於是知劍州臨津。未幾，以母喪去官。服除，知開封府司録司事。方是時，陝西用兵，丁文簡公舉君陝西任使，賈魏公亦以才中御史薦君。命未下，會沈氏子坐姦盜未決②，死獄中[五]，沈氏連戚里，數上訴，君亦自劾，請不逮它掾史，由是坐廢。

明年，盜起京西[六]。富丞相方爲樞密副使，薦君知房州。州素無備，守兵才數十。君發倉廩，募民完城，籍虞者得數百人[七]，日教閱，爲討捕勢。盜聞之，不敢過君境。初，轉運使舉供奉官崔德贇使專捕盜，而以郡之平民向氏父子爲盜，梟首南陽市。君列其冤，德贇坐流通州，而向氏賜帛復其家焉[八]。代還，執政欲以大理卿處之③，君曰：「法吏守文，非所願，願復得一郡以自効。」乃知宿州。州跨汴④，而水常湍悍，漕舡至，觸橋柱以没者，歲不可勝計。君爲飛橋，以便往來[九]。事聞，降詔賜縑以襃寵之，仍下其法，自畿邑至于泗州皆爲飛橋。

皇祐元年，擢知滑州。因奏事，仁皇帝顧謂曰：「卿嘗法治沈氏獄得過邪？蓋疾惡爾，毋以小沮而變初節也。」未行，復詔提舉河北便糴。明年秋⑤，始赴州[一〇]。會河漲，魚池埽危甚，君悉召河上使者，盡發禁兵付之，晝夜下揵，數日而水折去。是冬，宛句盜晝劫張郭鎮，執濮州通判井淵[一一]。仁皇帝顧執政擇才吏任之，未及對，帝曰：「陳某可。」遂命知曹州。不逾月，盡擒其黨[一二]。會淮南飢，壽春守不職[一三]，復命君乘傳往代之。

---

① 勒巫覡爲良民七十餘家　「覡」原作「峴」，據清鈔本、庫本改。
② 會沈氏子坐姦盜未決　「氏」原作「民」，據文海本、庫本、蘇軾文集卷一三陳公弼傳及下文改。
③ 執政欲以大理卿處之　「大理卿」，蘇軾文集卷一三陳公弼傳、宋史陳希亮傳作「大理少卿」，當是。
④ 州跨汴　蘇軾文集卷一三陳公弼傳、宋史陳希亮傳作「州跨汴爲橋」，又下文云及「漕舡至，觸橋柱以没者」，故疑「汴」下脱「爲橋」二字。
⑤ 明年秋　「秋」原作「秩」，據庫本改。

先是，轉運使調里胥米而蠲其役，凡十三萬石，謂之折役米。米翔貴，民益艱食，君則除之，因表其事，故旁郡皆得除，如君請焉。久之，徙廬州，俄提點江南東路刑獄公事，再遷度支郎中，徙河北。

嘉祐二年，入爲開封府判官，改判三司户部句院。初，朝廷以三司事冗，而簿書尤所留滯，乃命君判開拆事，兼提點催駈公事。君視其所留事，自天禧以來末帳六百有四界，明道以來生事二百十有二萬，乃日夜課吏，凡九月而句百六十有九萬。度支吏不時以句，君杖之，副使以君擅決罰，由是復留滯。

尋爲接伴契丹使，還對，固請補外，爲京西轉運使，賜三品服。石塘河役兵二十四人逃去，道遇君，君以好言撫之，繫葉縣獄，止坐首惡一人，餘置不問[一四]。遷兵部，徙京東。濰州録事參軍王康初赴官，道博平，民有號「截道虎」者，歐康及其女幾死①。博平隸河北，君廉知之，捕致以法，而博平吏坐故縱得罪。徐州守暴苛[一五]，以細道籍民産數十家；獲小盜，必使自誣抵死。君言其狀，卒以廢去。數上章請老，不聽，乃知鳳翔軍府事。

上即位，遷太常少卿。獄有盜，法當死，僚官持不可。久之，盜殺守吏遁去。君以前議讞于朝，而君之議爲是。僚官懼，欲以事中君。君環顧無有，而嘗爲邊帥餉以酒[一六]，既還以俸，又自言於朝，猶坐是分司西京。未幾致仕，卒，享年六十六②[一七]。

初，自唐之亂，歷王孟世，蜀之邑里多盜，故君家依山以自固。宋興，蜀既平，祖夫人史氏議徙邑中，乃西過江，擲金釵中流曰：「今聖人在上，天下一統，吾不復過此，以與賊爲仇。」自君與其從子庸、諭二人同年登科以歸，縣大夫張逸更其所居坊曰「三俊坊」云。故人宋輔卒京師[一八]，母老子幼，君養其母終身，而以女妻其子，且

① 歐康及其女幾死　蘇軾文集卷一三陳公弼傳、宋史陳希亮傳於此句下有「吏不敢問」數字。
② 享年六十六　按，蘇軾文集卷一三陳公弼傳及東都事略、宋史陳希亮傳稱其卒年六十四。

教之，使之有立。

滎州煮鹽凡十八井，歲久淡竭，而有司責課如初，民破産者三百十五家，而所籍蓋九百餘券。君上言：「陛下欲跡民富壽①，而有司視民如路人，使聖澤不得下究。」繇是鹽以斤計者歲減三十餘萬，又以所籍券悉還於民。其歷三縣七州，雖以嚴辦治，而皆以學校風教爲先②。其爲轉運使，不以按爲例，必躬相遠近利害而調發之。青州男子趙宇嘗上書言元昊必反，除散參軍、羈置福州。已而元昊反，宇詣闕自陳，執政怒，欲以逃亡法抵之。君言：「宇先事建白，義當賞，不可加罪。」故宇得徐州幕職官[一九]。張元者叛附元昊，而錮其疎屬百餘房。君奏釋之，使得復齒爲民[二〇]。後有舉進士登科者，至今其家畫君像而祠焉。前後奏議凡數十，皆當世所宜，非空言也。有集十卷，制器尚象論十二篇，辨鉤隱圖五十七篇③，家人、噬嗑卦圖二。

娶里人程氏，閨門有禮法，後君五十九日而終。生四子：忱，尚書都官員外郎；恪，忠州南賓尉；恂，遂州司户參軍；慥，舉進士未第。三女：長適太常博士宋端平，即故人輔之子也；次適楚州司法參軍曉堯；次適秘書省著作佐郎趙禼。孫五人，女孫二人。

始，君夢異人授圖而告之年，則君之享年爲無憾矣。然其所以設施於世如此其多，而知君者以爲未盡君之蘊，此其所以爲憾乎！銘曰：

維君平生，明果剛毅。遇事必往，無有劇易。務去民害，而興其利。凡所臨治，風迹可記。天胡興才，而嗇

---

① 陛下欲跡民富壽　「跡」，庫本作「蹟」。

② 而皆以學校風教爲先　按，自「爲先」以下至本墓誌末，底本原闕，而錯置入中集卷九賈翰林黯墓誌銘一葉文字，删之，并據鐵琴銅劍樓本、庫本補。

③ 辨鉤隱圖五十七篇　按，蘇軾文集卷一三陳公弼傳稱「五十四篇」。

其位？使其所蘊，不克大施。嵩少之西，伊洛之涘。既固以藏，昌其裔嗣。

辨證：

[一]陳少卿希亮墓誌銘　按，陳希亮，東都事略卷七五、宋史卷二九八有傳，蘇軾文集卷一三載有陳公弼傳。又，元姚燧牧庵集卷十三載有宋太常少卿陳公神道碑，略云：「大德戊戌，燧舟遊湖湘，而陳公元凱方持憲節使湖之南，既求追撰妣夫人李氏埋銘，爲粗叙陳、姚同爲有虞遺裔矣。後五年，燧持憲節使江之東，而公以總管來莅建康，馳書請曰：『吾八世祖宋太常少卿公以治平二年卒，塟洛陽，其後子以官爲家，死不以返塟，故于太常墓失其地所。曾祖少中公訪而得之，筆地之名與距城幾何里步，以詔後昆，志亦勤哉。會荐離大兵，終無有能至者七十餘年矣。元凱始成其志，如所筆發墓驗之，果得范公鎮所撰誌銘，摹以蠟紙，副以家乘，願爲銘，樹石以表墓道。』」

[二]天聖五年君始舉進士甲科　趙孟頫集卷九故嘉議大夫浙東海右道肅政廉訪使陳公碑同，然蘇軾文集卷一三陳公弼傳、宋史陳希亮傳稱其天聖八年及第。

[三]部僧海印者多識權貴人　宋史陳希亮傳云：「有僧海印國師，出入章獻皇后家，與諸貴人交通，恃勢據民地。」

[四]雩都之俗疾病不醫一諉於鬼　東都事略陳希亮傳云：雩都之俗，「巫覡歲斂民財祭鬼，謂之春齋，否則有火災；民訛言有緋衣三老人行火。希亮禁之，民不敢犯，火亦不作」。按，宋史陳希亮傳同。

[五]會沈氏子坐姦盜未決死獄中　宋史陳希亮傳云：「會外戚沈元吉以奸盜殺人，希亮一問得實，自驚仆死。沈氏訴之，詔御史劾希亮及諸掾吏。希亮曰：『殺此賊者獨我耳。』遂引罪坐廢。」按：宋史卷二四二后妃傳，真宗有沈貴妃，疑沈元吉乃其族人。

[六]明年盜起京西　按長編卷一四三慶曆三年九月丁丑條云：「群盜晨入金州，劫府庫兵仗，散錢帛與其黨及貧民。知州、比部員外郎王茂先將直兵二十四人禦之，既不敵，遂走城外。群盜恣行掠奪，日暮乃出城去。茂先具以聞。」

[七]籍虞者得數百人　宋史陳希亮傳云：「希亮以牢城卒雜山河户，得數百人。」

〔八〕君列其冤德贇坐流通州而向氏賜帛復其家焉　宋史陳希亮傳云：「時劇賊党軍子方張，轉運使使供奉官崔德贇捕之。德贇既失党軍子，遂圍竹山民賊所嘗舍者曰向氏，殺父子三人，梟首南陽市，曰：『此党軍子也。』希亮察其冤，下德贇獄，未服，党軍子獲於商州。詔賜向氏帛，復其家，流德贇通州。」

〔九〕君爲飛橋以便往來　宋史陳希亮傳云：「希亮始作飛橋，無柱，以便往來。」澠水燕談録卷八事誌云：「青州城西南皆山，中貫洋水，限爲二城。先時，跨水植柱爲橋，每至六七月間，山水暴漲，水與柱鬬，率常壞橋，州以爲患。明道中，夏英公守青，思有以捍之，會得牢城廢卒，有智思，疊巨石固其岸，取大木數十相貫，架爲飛橋，無柱。至今五十餘年，橋不壞。慶曆中，陳希亮守宿，以汴橋屢壞，率常損官舟害人，乃命法青州所作飛橋。至今沿汴皆飛橋，爲往來之利，俗曰『虹橋』。」

〔一〇〕明年秋始赴州　宋史陳希亮傳云其知滑州，「都轉運使魏瓘劾希亮擅增損物價。已而瓘除龍圖閣學士、知開封府，希亮乞廷辨。既對，仁宗直希亮，奪瓘職知越州，且欲用希亮。希亮言：『臣與轉運使不和，不得爲無罪。』力請還滑」。

〔一一〕宛句盜晝劫張郭鎮執濮州通判井淵　長編卷一七〇皇祐三年七月庚午條云：「先是，虞部員外郎、通判濮州井淵部夫張郭爲群盜所執，已而得脱，責監全州稅。……殿中侍御史張擇行言：『井淵身任按察爲通判，不能爲國除盜，而反至爲盜所縛，其辱命甚矣，降充監當，斯協公議。』」又劉摯忠肅集卷一一天章閣待制郭公墓誌銘亦載「盜發濮州張郭鎮，執通判井淵」。

〔一二〕不逾月盡擒其黨　長編卷一七三皇祐四年十一月癸丑條云「京東盜執濮州通判井淵，詔移（郭）申錫知濮州。至未閱月，凶黨悉獲」。忠肅集卷一一天章閣待制郭公墓誌銘所載同長編，與本墓誌云云不同。

〔一三〕壽春守不職　蘇軾文集卷一三陳公弼傳、宋史陳希亮傳云：「安撫、轉運使皆言壽春守王正民不任職，正民坐免。」

〔一四〕止坐首惡一人餘置不問　宋史陳希亮傳云：「石塘河役兵叛，其首周元自稱周大王，震動汝、洛間。希亮聞之，即日輕騎出按，吏請以兵從，希亮不許。其賊二十四人道遇希亮，以希亮輕出，意色閑和，不能測，遂相與列訴道周。希亮徐問其所苦，命一老兵押之，曰：『以是付葉縣，聽吾命。』既至，令曰：『汝以自首，皆無罪，然必有首謀者。』衆不敢隱，乃斬元以狥，流軍校一人，餘悉遣赴役如初。」

〔一五〕徐州守暴苛　蘇軾文集卷一三陳公弼傳云是時「徐州守陳昭素以酷聞，民不堪命，他使者不敢按」。

〔一六〕君環顧無有而嘗爲邊帥餉以酒　宋史陳希亮傳云：「始，州郡以酒相餉，例皆私有之，而法不可。希亮以遺游士之貧者，既而曰：『此亦私也。』以家財償之。遂借此上書自劾，求去不已。」又燕翼貽謀録卷三云：「祖宗舊制，州郡公使庫錢酒，專饋士大夫入京往來與之官、罷任旅費。所饋之厚薄，隨其官品之高下、妻孥之多寡。此損有餘補不足、周急不繼富之意也。其講睦鄰之好，不過以酒相遺，彼此交易，復還公帑。苟私用之，則有刑矣。治平元年，知鳳翔府陳希亮自首，曾以鄰州公使酒私用，貶太常少卿，分司西京，乃申嚴其禁：公使酒相遺，不得私用，並入公帑。」

［一七］享年六十六　龍川略志卷一燒金方術可以授人云：蘇軾子瞻爲扶風從事，有老僧相訪，出「一方能以朱砂化淡金爲精金」，子瞻不受，「是時陳希亮少卿守扶風，平生溺於黄白，嘗於此僧求方，而僧不與。子瞻曰：『陳卿求而不與，吾不求而得，何也？』僧曰：『貧道非不悦陳卿，畏其得方，不能不爲耳。貧道昔嘗以方授人矣，有爲之即死者，有遭喪者，有失官者，故不敢輕以授人。』即出一卷書，曰：『此中皆名方，其一則化金方也。公必不肯輕作，但勿輕以授人。如陳卿，慎勿傳也。』子瞻許諾」。此後「偶見陳卿語及此僧」，並及其方，陳卿「固請不已，不得已與之。陳試之良驗，子瞻悔曰：『某不惜此方，惜負此僧耳。公慎爲之。』陳姑應曰：『諾。』未幾，坐受鄰郡公使酒，以贓敗去。子瞻疑其以金故，深自悔恨。後謫居黄州，陳公子慥在黄，子瞻問曰：『少卿昔竟嘗爲此法否？』慥曰：『吾父既失官，至洛陽，無以買宅，遂大作此。然竟病指癰而没。』乃知僧言誠不妄」。

［一八］故人宋輔卒京師　厚德録卷三云「陳運使希亮少時，從鄉人宋輔學」。

［一九］青州男子趙宇嘗上書言元昊必反至故宇得徐州幕職官　長編卷一三三慶曆元年九月戊午條注曰：「英宗實録希亮附傳云青州男子趙宇，蘇軾作希亮傳亦云青州民。然附傳云責授文學參軍，福州安置。蘇乃云流建州。且既云責授，則疑宇上書時必已有官，但史記不詳耳。編年以爲萊州布衣，與二傳異。」按，「趙宇」，蘇軾文集卷一三陳公弼傳、宋史陳希亮傳作「趙禹」；又宋史陳希亮傳云「宰相以禹狂言，徙建州」。又長編卷一三三慶曆元年九月己未條云：「及元昊反，宇自訟所部，勿受，遂逃至京師，復上書，且言『劉平勇而無謀，必敗』。宰相益怒，下開封府，令府司以在官無故亡法劾宇。司録陳希亮奏乞取宇所上書付所司治，即其言驗，不當加責，宇由此得釋。」後「劉平既敗，乃授宇青州司馬。宇復上大衍陣圖及繫説七篇。己未，以宇爲環州軍事推官」。注曰：「蘇傳又云授宇徐州推官，蓋誤也。」按，蘇軾文集卷一三陳公弼傳、宋史陳希亮傳稱趙宇得「徐州推官」。

［二〇］張元者叛附元昊而錮其疏屬百餘房君奏釋之使得復齒爲民　宋史陳希亮傳云：「或言華陰人張元走夏州，爲元昊謀臣。

詔徙其族百餘口於房，幾察出入，飢寒且死。希亮曰：『元事虛實不可知，使誠有之，爲國者終不顧家，徒堅其爲賊耳。此又皆其疏屬，無罪。』乃密以聞，詔釋之。老幼哭希亮庭下曰：『今當還故鄉，然奈何去父母乎？』」又容齋三筆卷一一記張元事云：「西夏曩霄之叛，其謀皆出於華州士人張元與吴昊，而其事本末，國史不書。比得田晝承君集，實紀其事云：『張元、吴昊、姚嗣宗皆關中人，負氣倜儻，有縱横才，相與友善。嘗薄遊塞上，觀覘山川風俗，有經略西鄙意。……將謁韓、范二帥，恥自屈，不肯往，乃礱大石，刻詩其上，使壯夫拽之於通衢，三人從後哭之，欲以鼓動二帥。既而果召與相見，躊躇未用間，張、吴徑走西夏。范公以急騎追之，不及，乃表姚入幕府。張、吴既至夏國，夏人倚爲謀主，以抗朝廷，連兵十餘年，西方至爲疲弊，職此二人爲之。時二人家屬羈縻隨州，間使諜者矯中國詔釋之，人未有知者。後乃聞西人臨境，作樂迎此二家而去。自是邊帥始待士矣。……』承君所記如此。予謂張、吴在夏國，然後舉事，不應韓、范作帥日尚猶在關中，豈非記其歲時先後不審乎？」

蘇員外安世墓誌銘①[一]　荆公王安石

慶曆五年，河北都轉運使、龍圖閣直學士信都歐陽脩以言事切直，爲權貴人所怒，因其孤甥女子有獄，誣以姦利事。天子使三司户部判官、太常博士武功蘇君與中貴人雜治。當是時，權貴人連内外諸怨惡脩者，爲惡言欲傾脩鋭甚，天下洶洶，必脩不能自脱。蘇君卒白上曰：「脩無罪，言者誣之耳。」於是權貴人大怒②，誣君以不直，絀使爲殿中丞、泰州監税[二]。然天子遂寤，言者不得意，而脩等皆無恙。蘇君以此聞名天下。嗟乎！以忠

---

① 蘇員外安世墓志銘　按，自本墓誌題名以下至「遇事强果，未嘗」，底本原闕，而錯置入中集卷九賈翰林黯墓誌銘文字，删之，並據鐵琴銅劍樓本、庫本補。

② 於是權貴人大怒　「大」原作「火」，據文海本、庫本及王文公文集卷八八、臨川集卷九二蘇君墓誌銘改。

爲不忠，而誅不當於有罪，人主之大戒。然古之陷此者相隨屬，以有左右之讒，而無如蘇君之救，是以卒至于敗亡而不寤①。然則蘇君一動，其於天下豈小也哉？蘇君既出逐，權貴人更用事，凡五年之間再赦而君六徙，東西南北，水陸奔走輒萬里。其心恬然，無有怨悔，遇事强果，未嘗少屈。蓋孔子所謂剛者，殆蘇君乎②！

蘇君之仁與智，又有足稱者。嘗通判陝府，當葛懷敏之敗，邊告急，樞密使取道路戍還之卒再戍，大怨，即讙聚謀爲變③。吏白閉城，城中無一人敢出。君徐以一騎出卒間，諭慰止之④，而以便宜還使者。戍卒喜曰：「微蘇君，吾不得生。」陝人曰：「微蘇君，吾其掠死矣。」有令刺陝西之民以爲兵⑤〔三〕，敢亡者死⑥。既而亡者得有司治之以死，而君輒縱去，言上曰：「令民以死者，爲事不集也。事集矣，而亡者猶不赦，恐其衆相聚而爲盜。惟朝廷幸哀憐愚民，使得自反。」天子以君言爲然，而三十州之亡者皆不死。其後知坊州，州税賦之無歸者，里正代爲之輸，歲弊大家數十。君鈎治使歸其主。坊人不憂爲里正，自蘇君始也。

蘇君諱安世，字夢得。其先武功人，後徙蜀，蜀亡，歸于京師，今爲開封人也。曾大考進之⑦，率府副率。大

① 是以卒至于敗亡而不寤　「至于」原作「至不」，據文海本及王文公文集卷八八、臨川集卷九二蘇君墓誌銘改。
② 殆蘇君乎　「君」字原脱，據庫本及王文公文集卷八八、臨川集卷九二蘇君墓誌銘補。又，「乎」，王文公文集卷八八蘇君墓誌銘作「矣」。
③ 樞密使取道路戍還之卒再戍大怨即讙聚謀爲變　「大怨」原作「天怨」，據鐵琴銅劍樓本、庫本改。又，臨川集卷九二蘇君墓誌銘作「樞密使使取道路戍還之卒再戍儀渭，於是延州還者千人至陝，聞再戍，大恐，即讙聚謀爲變」。
④ 諭慰止之　「止」原作「上」，據鐵琴銅劍樓本、庫本改。
⑤ 有令刺陝西之民以爲兵　「爲」原作「力」，據王文公文集卷八八、臨川集卷九二蘇君墓誌銘改。
⑥ 敢亡者死　「敢」，文海本及王文公文集卷八八蘇君墓誌銘作「敗」。
⑦ 曾大考進之　「進之」原作「進」，臨川集卷九二蘇君墓誌銘作「進之」，又蘇安世父咸熙墓志銘載余靖武溪集卷十九，題宋故南京留守判官贈都官郎中蘇公墓誌銘，亦作「進之」，據補。

尚幼。

考諱繼，殿直。考諱咸熙，贈都官郎中。君以進士起，起三十二年其卒，年五十九。爲廣西轉運使，而官止於屯田員外郎者，以君十五年不求磨勘也。君娶南陽郭氏，又娶清河某氏①。子四人：台文，永州推官；祥文，太廟齋郎；炳文，試將作監主簿②；彦文，未仕。女子五人。適進士會稽江松③、單州魚臺縣尉江山趙楊④，三人尚幼。

君既卒之三年，嘉祐二年十月庚午，其子葬君揚州之江都東興寧鄉馬坊村⑤，而太常博士、知常州軍州事臨川王安石爲銘⑥，曰：

皇有四極，周綏以福。使維蘇君，奠我南服。元元蘇君⑦，不圓其方，不晦其明，君子之剛。其枉在人⑧，我得吾直，誰懟誰慍⑨，祇天之役。日月有丘，其下冥冥⑩。昭君無窮⑪，安石之銘。

① 又娶清河某氏　臨川集卷九二蘇君墓誌銘作「又娶清河張氏，爲清河縣君」。
② 試將作監主簿　「試」原作「斌」，據文海本及王文公文集卷八八、臨川集卷九二蘇君墓誌銘改。
③ 適進士會稽江松　「江松」，臨川集卷九二蘇君墓誌銘作「江崧」。
④ 單州魚臺縣尉江山趙楊　「趙楊」，臨川集卷九二蘇君墓誌銘作「趙揚」。
⑤ 其子葬君揚州之江都東興寧鄉馬坊村　「都」字原脱，據王文公文集卷八八、臨川集卷九二蘇君墓誌銘補。
⑥ 知常州軍州事臨川王安石爲銘　「軍」原作「王」，據王文公文集卷八八、臨川集卷九二蘇君墓誌銘改。
⑦ 元元蘇君　「元元」，臨川集卷九二蘇君墓誌銘作「亢亢」。
⑧ 其枉在人　「枉」，文海本作「紀」。
⑨ 誰懟誰慍　「慍」原作「温」，據鐵琴銅劍樓本、庫本改。
⑩ 其下冥冥　「冥冥」，王文公文集卷八八蘇君墓誌銘作「其下宜鑿」。
⑪ 昭君無窮　「昭」原作「服」，據臨川集卷九二蘇君墓誌銘改。

辨證：

[一] 蘇員外安世墓誌銘　本墓誌又載於王文公文集卷八八、臨川集卷九二，題曰「廣西轉運使屯田員外郎蘇君墓誌銘」。

[二] 於是權貴人大怒誣君以不直絀使爲殿中丞泰州監稅　默記卷下云歐陽修「在河北職事甚振，無可中傷」，遂因其甥張氏妹之女，「非歐生也，年孤，鞠育于家，嫁姪晟」，與僕陳諫通，事鞠于開封府，「張懼罪，且圖自解免，其語皆引公未嫁時事，詞多醜鄙。軍巡判官、著作佐郎孫揆止劾張與諫通事，不復支蔓。宰相聞之怒，再命太常博士、三司户部判官蘇安世勘之，遂盡用張前後語成案。俄又差王昭明者監勘。……昭明至獄，見安世所劾案牘視之，駭曰：『昭明在官家左右，無三日不説歐陽修。今省判所勘，乃迎合宰相意，加以大惡，異日昭明吃劍不得。』安世聞之大懼，竟不敢易揆所勘，但劾歐公用張氏資買田産立户事奏之。宰相大怒。公既降知制誥、知滁州，而安世坐牒三司取録問吏人不聞奏，降殿中丞、泰州監稅，昭明降壽州監稅」。其「安世責詞云：『汝受制按考，法當窮審，而乃巧爲朋比，願弭事端，漏落偏説，陰合附會。知朕慎重獄事，不聞有司，而私密省寺，潛召胥役，跡其阿比之實，尚與朋黨之風』云云。其後，王荆公爲蘇安世埋銘，盛稱能回此獄。而世殊不知揆守之于前，昭明主之于其後，使安世不能有所變改迎合也。」按，時宰相乃賈昌朝、陳執中。三朝名臣言行録卷二參政歐陽文忠公注引韓魏公別録云：「内官王昭明絶不類内官，往年執政賈昌朝、陳執中惡歐陽公，欲因張氏事深治之，令蘇安世鞠獄，不成，蘇云：『不如鍛錬就。』仍乞不録問。昭明時爲監勘官，正色曰：『上令某監勘，正欲盡公道爾，鍛錬何等語也！』歐陽遂清脱。」

[三] 有令剌陝西之民以爲兵　按長編卷一三八慶曆二年十月己酉條云：「知秦州韓琦嘗奏本路兵備素少，請益軍馬。朝廷以諸處未可抽那，難於應副，詔琦詳度，以點到弓手，選其少壯剌手背充軍，或爲保毅弓箭手，或別立名額，速具利害以聞。琦奏曰：『……自逆昊寇擾西鄙，乃於陝西點民爲弓手以助防守，有警則赴集，無事則歸農。武藝廢而不修，禁約輕而易犯，至有父子兄弟，疏屬外戚，或則雇人應名，更相爲代，而官中了不可別。每遇上州防拓，多是結衆逃避，以此州郡徒有人數。若倚以戰守，適足敗事。臣累陳揀剌士兵，自是祖宗舊法。今或只剌手背，及充保毅弓箭手名目，終是與民不殊。請黥爲禁軍，人給剌面錢二千，無用例物。』詔從琦請，簡陝西弓手悉剌面充保捷指揮，仍給例物。」

彭待制汝礪墓誌銘[一]　文昭公曾肇

紹聖二年正月，召彭公于江州，以爲樞密都承旨。命下，識者相慶曰：「正人進矣。」越翌日，公以訃聞，識者復相吊曰：「朝廷失一正人，奈何？」既而遺表至，其略以謂：「土地已有餘①，願拊以仁；財用非不饒，願節以禮。佞人初若可悦，而其患在後；忠言初若可惡，而其利甚博②。」以至恤河北流移，察江南水旱，凡數百言。識者復相告曰：「忠哉若人，死不忘其君。」於是有詔加等賻卹，以都承旨告賜其家，授其弟汝霖江淮發運司句當公事，使辦喪事。明年正月某甲子，葬公于饒州某縣某鄉某原。前期，其家以公故人縉雲龔原所爲事狀屬予銘，予曰③：「嗚呼！其忍銘吾友也哉，其忍銘吾友也哉！」

按彭氏世家金陵，復徙饒州，今爲鄱陽人。公諱汝礪，字器資。自讀書爲文，已有志於其大者。言動取舍，必度於義，朋友畏之。治平二年，以進士試禮部，擢第一。故事，進士第一人無入吏部選者[二]。公釋褐，歷保信軍節度推官、武安軍節度掌書記。丁外艱，服除，復授潭州軍事推官。在選十年，人以爲淹，而公處之澹如也[三]。丞相王文公得公詩義，善之，留爲國子監直講，改大理寺丞。御史中丞鄧綰欲舉公御史，召公不往，後雖薦之，而爲小人所訹，復自陳失舉[四]，且薦他官代之。神宗察其姦，怒甚，王文公亦以爲言，即日黜綰[五]，除公太

---

① 土地已有餘　「土」原作「上」，據鐵琴銅劍樓本、庫本改。
② 而其利甚博　「博」，文海本作「溥」。
③ 予曰　「予」原作「子」，據庫本改。

子中允、監察御史裏行。時熙寧九年冬也。

公在言職，非唐虞三代不論。初對，上十事：一正本，二任人，三守令，四理財，五養民，六賑救，七興事，八變法，九青苗、免役，十鹽事。指陳得失利病，多人所難言者。又言呂嘉問領市易司，專事聚斂，非法意，當罷黜；俞充諂事中人王中正，至使妻出拜之，不當除檢正中書五房公事。神宗爲寢充命，而究語所從，公言：「如此，非所以廣聰明。」不肯奉詔[六]。宗室賣婚，至女娼家子，行有日矣，公奏罷之，因言：「皇族雖服屬已疎，然皆宗廟子孫，不可使閭閻下賤得以貨取。願爲更著婚姻法[七]。」王中正、李憲用兵陝西[八]，公言「不當以兵付中人」，因及漢、唐禍亂之事。神宗初若不懌①，出語詰公，公拱立不動，伺間復言，帝卒爲之改容。是日，殿廷觀者始皆爲公懼，已而皆歎服。

以母老請外，神宗固留之，而請不已，元豐元年春，罷爲館閣校勘、江南西路轉運判官[九]。辭日，復上疏論時事，且言：「今不患無將順之臣，患無諫争之臣；不患無敢爲之臣，患無敢言之臣。」神宗察其忠，慰諭久之。在江西三年，代還，復出提點京西南路刑獄。丁内艱，去職。

元祐二年服除，以起居舍人召。既去，執政有問新舊之政者，公曰：「政無彼此之辨，一於是而已。今所更大者，取士及差役法，行之而士民皆病，未見其可。」執政不能屈。踰年，拜中書舍人，賜服金紫。詞命雅正，人以爲有古風。遇事不苟，多所建白。其論詩賦、回河事尤力[一〇]，主議者皆不悦②，公亦數請去。是時大臣有持平者[一一]，頗與公相佐佑，而一時進取者病之，欲排去其類，未有以發。會知漢陽軍吴處厚得蔡丞相確安州詩上

① 神宗初若不懌　「若」原作「君」，據庫本改。
② 主議者皆不悦　「悦」原作「説」，據庫本改。又文海本作「説」。

之，傅會解釋，以爲怨謗。諫官交章請治，又犯御諱。爲危言①，以激怒太皇太后，必欲寘之極法。公曰：「此羅織之漸也。」數以白執政，不能救，則上疏論列甚切，又不聽，則居家待罪。時中書舍人止公一人，既而蔡丞相有譴命，公曰：「我不出，誰任其責者？」即入省，封還除目，辨論愈切。御史臺自中丞而下五人，坐是同日出[一二]，臺中一空。公復力争，以爲不可。諫官指公爲朋黨，太皇太后曰：「彭某豈黨確者？亦爲朝廷論事爾。」已而蔡丞相貶新州，用起居舍人草詞行下[一三]，而公亦落職知徐州。一二大臣相繼去位[一四]，自是正人道壅，而進取者得志矣。公在臺，既嘗論吕嘉問事，且與蔡丞相異趣，使外十年，蔡爲有力。後治嘉問獄，不肯阿執政意擠之，坐奪一官[一五]。至是，又辨蔡丞相不當謫，至得罪乃已，人以此益賢之。

在徐一年，加集賢殿修撰，召權兵部侍郎，徙禮部，又徙刑部[一六]。會有具獄，執政以爲可殺，公以爲當貸[一七]，而執政以特旨殺人，公執不下。執政怒，舍公而罰其屬。公言：「奉制書而有不便，許論奏，法也。且非屬罪。」自劾請去，章四上，不聽。御史亦助之言，遂并其屬免罰。公猶未出，再徙禮部，賜告其家。使契丹還，徙吏部，滿歲爲真。復言：「今人材空乏，宜稍責吏部薦拔淹滯，或賜對，或試以事，苟非其人，必罰無赦。」朝廷頗爲更法。

紹聖元年，今上初專聽斷，召二三大臣修舉熙寧、元豐政事，人人争獻所聞，公居之如不能言者。或問之，曰：「在前日則無言之者，於今則夫人而能之。」未幾，除權吏部尚書。又月餘，以寶文閣直學士出知成都府[一八]。命下，衆愕然，公亦以私計辭行，章數上，或以爲慢，當責，上不許，迺以寶文閣待制知江州。入

① 又犯御諱爲危言　「犯御諱」，原文當爲「構」字，乃高宗名諱。按，宋史彭汝礪傳云「又造爲危言」。

辭，上勞問甚寵，曰：「與卿非久別也。」問所欲言者，公曰：「陛下今所議者，其政不能無是非，其人不能無賢不肖①。政惟其是，則政無不善；人惟其賢②，則人無不得矣。」至郡數月得疾，草遺表。家人怪之，公笑曰：「此何可免？」作詩貽其子。十二月某甲子，有星隕于郡衙。是日，公終于正寢[一九]，享年五十有四。累官左朝散郎，勳上護軍，爵開國男，食邑三百户。

公立朝大節如此。其在外爲監司，務大體，不事細苛，而於議獄，必傅經典，故在京西，多所全宥；爲州所至有惠愛，尤以興學養士、賑乏恤孤爲急。居家孝友，事寡嫂謹甚。兄無子，爲立後，官之。又官其弟汝方③，而後其子[二〇]。汝方聞公喪，即棄所居官歸，論者多之。族人貧者，分俸錢賙給，或爲置義庄。與人交，盡誠敬。少時師事桐廬倪天隱，天隱亦奇之。及官保信，迎天隱置于學，執弟子禮事之。天隱死，無子，公爲并其母葬之，又葬其妻，又割俸資其女[二一]。同年進士宋渙未官而死，公經理其後，不啻其家人。蓋其篤行如此。公所著有易義若干卷、章疏若干卷、詩若干卷、雜文若干卷④。

曾大父某，大父某，父某⑤，世有潛德。父以公貴，累贈朝請大夫，嘗曰：「天下事可人意者，其爲教子起家

① 其人不能無賢不肖　「肖」原作「肯」，據文海本、庫本改。
② 人惟其賢　「惟」原作「准」，據文海本、庫本改。
③ 又官其弟汝方　「汝方」原作「汝霖」，據鐵琴銅劍樓本、庫本及下文改。
④ 公所著有易義若干卷章疏若干卷詩若干卷雜文若干卷　按，東都事略彭汝礪傳云其「所著有易義、詩義、奏議、詩文五十卷」，宋史彭汝礪傳亦云其「所著有易義、詩義、詩文凡五十卷」。又，宋史卷二〇二藝文志一著録彭汝礪易義十卷，卷二〇八藝文志七著録彭汝礪鄱陽集四十卷。
⑤ 父某　按，熊本宋故德安縣太君張氏墓誌銘稱彭汝礪父諱希。

乎？」故四子悉使就學，果大其門[二二]。母張氏，京兆郡太君。前夫人寧氏，蓬萊縣君；今夫人宋氏[二三]，靜樂縣君。長子侗，秀拔有文，未冠而卒；次子脩，承務郎，襲善承教，庶幾能世其家者。二女：長適宿州州學教授吴材，卒，以季繼室。

蓋公平生好學喜問，樂聞其過①，自任以聖賢之重，而於貧富貴賤、利害得喪，一不以累其心。至於憂國愛君②，推賢揚善，則拳拳孜孜，常若不及。故自處顯，於朝廷事，知無不言，言不行必爭，爭而不得必求去。人始而駭，中而疑，卒而信，則曰：「名節之士也。」忌之者則以爲好異，或以爲近名。最爲今范丞相純仁所知。范公再相，人謂公必用。既對，太皇太后首曰：「姑徐進彭某。」蓋已有間之者③。及出江州，未數月，上命召還，或曰「須改歲」，不幸而公死矣。

公之學之守，若將大有爲者，而天奪其年，中道而殞，宜其識與不識，皆爲之悲；而有志於天下者，哭之或至於慟也。孔子稱大臣者「以道事君，不可則止」，若公所自立，其近是歟！予與公遊二十餘年④，朋友之分深矣。今公亡矣，予無以爲質矣，悲夫！銘曰：

乘時射利，小人之常。中行獨立，君子之方。並驅一時，則有通室。要之萬古，孰爲得失？有卓維公，既明且剛。弗茹于弱，弗吐于强。二十年間，世道三變。我無磷緇，終始一貫。何以貫之？唯義之踐。人所競逐，公則無求。衆皆患失，公則無憂。笑言待終，不變聲色。拳拳愛君，以至易簀。問胡以然？維學之力。人誰無

① 樂聞其過　「其」原作「具」，據庫本改。
② 至於憂國愛君　「憂」，文海本作「愛」。
③ 蓋已有間之者　「間」原作「問」，據文海本、庫本改。
④ 予與公遊二十餘年　「予」原作「子」，據文海本、庫本改。

死？公也不亡。體魄言歸，兆此新崗。更千萬年，樵牧辟路。是曰有宋，忠賢之墓。

辨證：

〔一〕彭待制汝礪墓誌銘　按，彭汝礪，東都事略卷九四、宋史卷三四六有傳。容齋續筆卷六文字潤筆云：「曾子開與彭器資爲執友，彭之亡，曾公作銘，彭之子以金帶縑帛爲謝。却之至再，曰：『此文本以盡朋友之義，若以貨見投，非足下所以事父執之道也。』彭子皇懼而止。」

〔二〕故事進士第一人無入吏部選者　長編卷二〇四治平二年二月丙午條云：「汝礪等三人授初等幕職官，如咸平元年例。」

〔三〕在選十年人以爲淹而公處之澹如也　石林燕語卷九云：「太宗時，陳文忠公（堯叟）廷試第一，曾會第二，皆除光禄寺丞、直史館。會繼遷殿中丞、知宣州，賜緋衣銀魚，前無此比也。治中初，彭器資諒闇榜，亦爲進士第一，乃連三任職官，十年而後始改太子中允。蓋器資未嘗求於當路，代還多自赴吏部銓，然卒以是知名。仕宦淹速，信不足較也。」

〔四〕御史中丞鄧綰欲舉公御史召公不往後雖薦之而爲小人所訹復自陳失舉　長編卷二七八熙寧九年十月戊子條載大理寺丞、國子監直講彭汝礪爲太子中允、權監察御史裏行，云：「王安石初得汝礪詩義，善之，故用爲學官。鄧綰以安石故，欲召見之，汝礪不往。既舉充御史，而練亭甫紿綰以安石不悦，綰遂自劾失舉。上怒絀綰，即日除汝礪。」然東軒筆録卷六云：「綰欲用其黨方揚爲臺官，懼不厭人望，乃并彭汝礪而薦之，其意實在揚也。無何，上黜彭汝礪，綰遽表言：『臣素不知汝礪之爲人，昨所舉鹵莽，乞不行前狀。』」按，此稱鄧綰因「上黜彭汝礪」而「自陳失舉」者，不確。

〔五〕即日黜綰　宋史卷三二九鄧綰傳載鄧綰遭黜責之因，與本墓誌所云有異，云：御史中丞鄧綰「慮安石去失勢，乃上言宜録安石子及壻，仍賜第京師。帝以語安石，安石曰：『綰爲國司直，而爲宰臣乞恩澤，極傷國體，當黜。』又薦彭汝礪爲御史，安石不悦，遽自劾失舉。帝謂綰『操心頗僻，賦性姦回，論事薦人，不循分守』，斥知虢州」。

〔六〕俞充諂事中人王中正至不肯奉詔　長編卷二八三熙寧十年七月壬申條云：「太常丞、集賢校理、權判都水監俞充爲直史館、檢正中書五房公事。初，茂州羌叛，既請盟，充故稽留以待王中正，又撓使有言，乃加討擊，用爲中正功。與中正深相結，至使妻出拜之。中正還，因力薦充可用，尋自成都召入權判都水監，未幾復有此命。」又卷二八五熙寧十年十月庚寅條載，彭汝礪奏劾俞充，「俞充分析彭汝礪所言，事多自解說。詔汝礪具所言充事得於何人」，彭汝礪未「奉詔」，而「後二十一日，卒罷充都檢正」。則其事非如本墓誌所云，乃先「寢充命」而後「究語所從」。

〔七〕願爲更著婚姻法　長編卷二八四熙寧十年九月壬子條云：「詔宗室嫁娶，不得與『雜類』之家爲婚。『雜類』謂舅曾爲人奴僕，姑曾爲娼，并父祖係化外及見居緣邊兩屬之人，其子孫並不許與皇家袒免以上親爲婚。先是，同管勾宗正事宗惠有女嫁徐州進納人石有鄰之子，其母倡也。御史彭汝礪奏乞停婚，并責宗惠，詔京東路轉運司體量。既得實，遂罷之。汝礪又奏乞深責宗惠，因言『皇族雖服屬已疏，然皆宗廟子孫，不可使閭閻下賤得以貨取，願立法禁止』，故有是詔。」注曰：「曾肇誌彭汝礪墓云：同管勾宗正事宗惠有女嫁徐州進納人石有鄰之子，汝礪乞停婚，加責宗惠。」

〔八〕王中正李憲用兵陝西　東都事略彭汝礪傳稱「王中正、李憲臨邊」，宋史彭汝礪傳稱「中正與李憲主西帥」。然長編卷二七九熙寧九年十二月辛丑條云：「詔昭宣使、入内押班李憲乘驛計議秦鳳、熙河路經略司措置邊事。以洮東安撫司言，鬼章領兵入斯納家地，未知營寨所在故也。」而十一月癸酉條注曰：「張舜民誌（劉）昌祚墓云：『九年，茂州篳篥羌人撓邊，上遣王中正總兵入蜀……』」則王中正非用兵陝西，此處云云不確。

〔九〕罷爲館閣校勘江南西路轉運判官　涑水記聞卷一六云：「介甫既罷相，沖卿代之，於新法頗更張，禹玉始無異同。御史彭汝礪劾奏禹玉云：『向者王安石行新法，王珪從而和之；今吴充變行新法，王珪亦從而和之。若昨是則今非，今是則昨非矣。乞令珪分析。』禹玉由是力主新法不肯變。汝礪又言：『俞充爲成都轉運使，與宦官王中正共討茂州蠻，媚事中正，故得都校正。』又言：『李憲擁兵驕恣。』由是不得居臺中，加館職充江南東路提刑。汝礪固辭館職。」按，沖卿，吴充字；禹玉，王珪字。又長編卷二八七元豐元年閏正月戊子條云：「太子中允、權監察御史裏行彭汝礪爲館閣校勘、江南東路轉運判官。既而汝礪辭校勘，從之。」

〔一〇〕其論詩賦回河事尤力　按，彭汝礪論科舉試「詩賦」事，載長編卷四一五元祐三年九月條、卷四一七元祐三年十一壬子條；其論「回河」事，載長編卷四一六元祐三年十一月甲辰條。

［一一］大臣有持平者　按，此「大臣」，當指范純仁、王存。據宋史卷九二河渠志二，「時知樞密院事安燾深以東流爲是」，王巖叟云北流「有大害七，不可不早爲計」，而「太師文彦博、中書侍郎呂大防皆主其説」。

［一二］會知漢陽軍吴處厚得蔡丞相確安州詩上之至御史臺自中丞而下五人坐是同日出　宋史卷四七一蔡確傳云蔡確「在安陸，嘗游車蓋亭，賦詩十章。知漢陽軍吴處厚上之，以爲皆涉譏訕，其用郝處俊上元間諫高宗欲傳位天后事，以斥東朝，語尤切害。於是左諫議大夫張燾、右諫議大夫范祖禹、左司諫吴安詩、右司諫王巖叟、右正言劉安世連上章乞正確罪，詔確具析，確自辨甚悉。安世等又言確罪狀著明，何待具析？此乃大臣委曲爲之地耳」。遂累「責英州别駕，新州安置。宰相范純仁、左丞王存坐廉前出語救確，御史李常、盛陶、翟恩、趙挺之、王彭年坐不舉劾，中書舍人彭汝礪坐封還詞命，皆罷去」。又長編卷四二六元祐四年五月癸酉條載龍圖閣直學士、御史中丞李常爲兵部尚書，朝奉大夫、侍御史盛陶爲太常少卿，「常與陶皆坐不言蔡確也」。又卷四二九元祐四年六月甲辰條注引王巖叟記蔡新州事曰：「十三日，入省，得詞頭：『確責降安州，作詩，内涉譏訕事。新除太常少卿盛陶可差知汝州，殿中侍御史翟思可通判宣州，監察御史趙挺之可差通判徐州，監察御史王彭年可差通判廬州。四人，臣寮上言蔡確怨望，指斥謗訕事，盛陶居風憲之地，目睹確無禮於君親，而依違觀望，曾不糾劾；及朝廷行遣，方始備禮一言，而是非交錯，亦持兩端，皆無定論。翟思以下，仍更不見章疏。御史如此，紀綱何賴？』」

［一三］用起居舍人草詞行下　長編卷四二六元祐四年五月癸酉條注月：「方責蔡確時，曾肇已遷，彭汝礪不草詔，巖叟實奉行。」按，王巖叟時爲起居舍人。

［一四］二大臣相繼去位　長編卷四二九元祐四年六月甲辰條載：大中大夫、守尚書右僕射范純仁依前官爲觀文殿學士、知潁昌府，中大夫、守尚書左丞王存爲端明殿學士、知蔡州。曲阜集卷四（曾肇）行狀云：「當是時，丞相范公純仁、左丞王公存論議國是。與二公合，異意者欲盡去之，會有以蔡丞相確安州詩上者，諫官交章以爲謗訕，謫新州。范、王二公争之不能得，同時罷去。先是，公與彭公約當制者必極論之。會公除給事中，未拜，彭公當制，言甚力，諫官多前日與公論異者，言彭公實公使之，誣以賣友。」

［一五］後治嘉問獄不肯阿執政意擠之坐奪一官　長編卷三〇二元豐三年正月壬午條云：「降前知江寧府、司封員外郎呂嘉問知臨江軍。嘉問前坐監司按修造違法事等奪職，至是上書自辨，又坐對制不實，會恩止降差遣。前勘官太常博士范峋、太常丞彭汝礪坐推

鞫不盡，雖會恩，各特奪一官。」按，宋史彭汝礪傳稱其因此「坐奪二官」。

［一六］又徙刑部　長編卷四六〇元祐六年六月丙辰條載禮部侍郎彭汝礪爲刑部侍郎，並引劉摯自敍云韓宗道嘗言汝礪爲人，「摯曰：『汝礪誠可貴也。』宗道因謂摯曰：『公知汝礪，何不還其舊物？』摯可之。汝礪本乞兵部以避梁燾，而兵部王汾苦足疾，憚禮部之多祠事，故不可對易。會户部范純粹除延安，宗道時以刑部權户部，遂正除之，而以汝礪補刑部。禮部不置貳，自無所闕，聞汝礪亦不薄刑部。如此則諸曹粗定，以次延頸而望者又少息也」。

［一七］會有具獄執政以爲可殺公以爲當貸　長編卷四六五元祐六年閏八月壬午條云：「初，刑部有劫殺人獄，侍郎彭汝礪引例，乞加貸配。執政不以汝礪所言爲是，降特旨皆殺之。汝礪執不可。」

［一八］以寶文閣直學士出知成都府　皇朝編年綱目備要卷二四紹聖元年閏四月「以朱服爲中書舍人，彭汝礪罷」條云：「自上親政，修復元豐故事，士大夫争獻所聞。吏部尚書彭汝礪一無所論，而知壽州朱服賀改元表力詆元祐變法。時章惇欲專黜陟之柄，乃出汝礪爲寶文閣直學士、知成都府，而召服爲中書舍人。於是，上官均言：『汝礪行義高潔，今雖除美職與藩郡，其實疏之，非所以進正人也。服柔佞傾險，今自外擢爲從官，非所以遠佞人也。』不從。」宋史彭汝礪傳乃云：「言者謂嘗附會劉摯，以寶文閣學士知成都府。」又，石林燕語卷八云：「紹聖初，彭器資自權尚書、韓持正自侍郎出知成都府，皆除寶文閣直學士，兩人皆辭行，即復以待制爲州。蓋成都故事，須用雜學士，而權尚書、直侍郎，皆止當得待制也。」

［一九］是日公終于正寢　高齋漫録云彭汝礪「在九江數月，楊樂道（畋）待制經過，云：『某與公皆非久於人世者，他日當同職事。然某先往，公亦繼來。』器資愕然。一日在廳事，忽睹黄衣人若今之健步者，持公牒立庭下。公命左右皂隸承接，皆曰不見。公叱之，乃謬爲承接之狀，鞠躬以進。公披牒，卷而懷之，云：『來日食後便行。』即入内區處家事，作書別親舊，又作頌與宋夫人訣別。次日午後，無疾而逝」。

［二〇］又官其弟汝方而後其子　宋史卷三四六彭汝方傳云汝方「以汝礪蔭爲滎陽尉、臨城主簿」。

［二一］天隱死無子公爲并其母葬之又葬其妻又割俸資其女　俞文豹吹劍録外集云：「待制彭汝礪師倪天隱，及之官，迎置公宇，執弟子禮。及卒，無子，葬其三喪，嫁其女於同年進士宋渙。」

〔一二二〕故四子悉使就學果大其門　長編卷四六〇元祐六年六月丙辰條引劉摯自敍云：「汝礪之父爲饒之州吏，昔范希文守饒也，汝礪父引其長子願係名，時年十五六，汝礪兄也。視其眉目秀，因曰：『何不令學吏？』曰：『貧甚。本白屋，修學非分也。』希文强之，置于庠，仍給錢米資之，年歲間頗有進。時汝礪方童丱，日持飯以餉其兄，每留之，教以書，遂就學，至于成。汝礪既登科，過許，時希文之子純禮簽州事，汝礪輒詣致敬，敍恩地。純禮莫喻其故，而汝礪自道如此，以爲家本不學，由先公之教，遂易其業，不惟知學，今乃成就門户，與士大夫齒，此恩爲不報。范氏賢汝礪，謂他人狀元登科，豈復肯道他人所不知、衆人所恥言之事以謝人哉？」又曲洧舊聞卷一〇云：「彭器資尚書汝礪，熊伯通舍人本，皆鄱陽人也，其父並爲郡吏。而二公少相從爲學，彭公既魁天下，聞報之日，太守即諭其父罷役，且以所乘馬及導從，并命郡吏送之還家，鄉閭以爲榮。其徒相與言曰：『彭孔目之子既已爲狀元，熊孔目之子當何如？』次舉，伯通亦擢上第。時前守已替去，後守悉用前例，送熊之父還家。自是一郡欣艷，爲學者益深，每科舉嘗至數十人。」

〔一二三〕今夫人宋氏　楊公筆録云：「彭汝礪作侍郎，年六十，再娶朝士宋匪躬之女，小器資三十餘歲。及病篤，取紙自書頌四句，以授宋氏而絶，云：『百年姻眷，五歲夫婦。這回這回，休打這鼓。』」又，畫墁録云彭汝礪「熙寧中爲江西運判，妻寧氏。適有曾氏子監洪州鹽米倉，卒於官，其妻養明宋氏有色，彭意欲納之，而方服未暇也。後十二年，竟如初志。宋氏有姿色，彭委順不暇。或曰宋氏中間曾歸一朝官，而彭不知。紹聖中，彭典九江，病革將逝，命索筆，人以爲必有偈頌，乃曰：『宿世寃家，五年夫婦。從今而往，不打這鼓。』投筆而逝」。按，上文言彭汝礪享年五十四，此云「五年夫婦」，則其再娶宋氏時年五十，作「年六十」者不確。

名臣碑傳琬琰集中卷三十二

趙待制開墓誌銘[一]　李待制燾[二]

贈特進、追復徽猷閣待制趙公既葬於普州安居縣清潤鄉之北山①，今四十年矣。燾頃自武陵歸眉山，而公長子永實爲州，數相從也。一日，盛服臨況，泣而言曰：「先人所建立，蜀人户知之，不肖孤何敢妄有稱述？今犍爲郡守雍有容故所作行狀及家所藏奏藁具在，惟墓碑久未刻銘，敢頓首以請。」燾固辭弗能，則固請弗怠，且曰：「蜀耆舊惟公紬金匱石室之書，識先人黜陟本末；亦惟公直筆正辭，信而有證，則銘吾先人，匪公之歸將誰歸？幸公哀而許焉。」燾與永年相若，鄉者備使東川，永實守昌元，治有能聲，始相好。今俱老矣，乃復相過，似非偶然。矧惟建炎、紹興之理財治賦，兹事最大，宜有紀録，使來世知所損益，今弗論次，事浸零落可惜。燾既來遂寧，永又數以請，乃參校近史所載及中興記注，仍考其世譜、官簿，序而銘之。

公諱開，字應祥。世家安居。曾祖守忠，祖惟岳，父英，皆不仕。父以公貴，贈金紫光禄大夫。公年二十游太學，積十五年，元符三年始賜進士出身。歷渠江尉、慶州梓州學教授、辟雍正，遭父喪去官。服除，爲淮南東

① 贈特進追復徽猷閣待制趙公既葬於普州安居縣清潤鄉之北山　「北山」原作「比山」，據鐵琴銅劍樓本、庫本改。

路、成都府路提舉學事司主管文字，始用舉者改宣教郎，入禮制局校正所爲檢閱官，知鄢陵縣，復入講議司爲檢詳官，出爲成都府路轉運判官，都大同主管川陝茶馬事、宣撫處置使司隨軍轉運使，專一總領四川財賦，兼宣撫處置使司參議，改四川都轉運使兼都大提舉川陝茶馬，提舉江州太平觀。紹興十一年正月二日卒于彭州寓居，享年七十有六。自彭歸葬于普，其年七月一日也。官自宣教郎十遷至中奉大夫，職自直秘閣四遷至徽猷閣待制。既落職，復右文殿修撰。紹興二十六年，乃追復徽猷閣待制。

公幼嗜書，多所能解，記誦不捨晝夜，同舍生目以「書癡」。每自言：「學貴用世耳，如不適用，雖多亦奚以爲？」其心計尤高，視管夷吾、端木賜輕重廢置之説如視諸掌。既改秩，盡室如京師，買田尉氏，慨然有通變捄弊志。杜門不出，閲四五年，間與四方賢俊究世務所當罷行者，於進取未始汲汲也。其入禮制局纔數月[三]，局罷，乃授鄢陵。會復置講議財利司，宰相即用檢詳官辟公[四]。公於財利事固辨析秋毫，然必以卹民爲本，依倣大易所謂「正辭禁非」者而施繩墨焉，非暴征横歛、白着於民也[五]。

將漕益部，亟奏罷宣和六年所增上供認額綱布十萬疋，減綿州下户支移利州米脚錢十分之三，又減蒲江六井元符至宣和所謂鹽額①。創爲「鼠尾帳」，揭示鄉户歲時所當輸折科等實數，俾人人具曉，鄉胥不得隱匿竄寄，至今用之。

嘗言：「財利當出一孔，祖宗以三司總諸路轉運司，此成憲也。熙寧後，因事設官，紛然各自封殖，而轉運司至有窮乏不足處，此不可不循其本[六]。」因指陳榷茶、買馬五害，其大略謂：「黎州買馬，嘉祐歲額才二千一百餘，發堪給郵傳者赴鳳翔，餘悉聽民私市。自置司榷茶，增立賞格，歲額四千，仍盡團綱上京，道殞殕，到者十無

① 又減蒲江六井元符至宣和所謂鹽額　「謂」，宋史趙開傳作「增」，似是。

二三。別置牽馬兵又踰千人，猶不足用，貼差廂軍及使臣等，其費日滋。國難道阻，住綱日有死亡，而買數不減，官給芻秣如故。此一害。嘉祐以銀絹博馬，價皆有定。提舉官既旁緣作姦，擅買珠犀，交結權倖，馬入無以償，則空出資次關子，虛擡馬價，以給夷人。夷人不能留竢，即賤市關子以去。知黎州范洪復將所得關子不循資次攙支，價由此益落，夷人怨恨，聚衆欲生變。諸司共劾洪，而轉運司更於額外分認馬價，遣官監還，事乃得息。此二害。初置司榷茶，借本錢於轉運司及常平司。今轉運司應副川秦兩司，歲費約五十二萬餘緡，常平司又二十餘萬緡。自熙寧迄今幾六十年，舊所借初不償一錢，而歲借仍準初數，不知錢果安在？此三害。榷茶之初，豫俵茶户本錢，尋於豫俵數外更增和買，或遂抑豫俵充和買，且不給一錢。茶户坐是破産，而官買歲增，茶日益濫雜，自蜀之秦，沿路委積如山，半成朽壞，而有司猶指爲見在官錢數。官茶既不堪食，私販曷由禁止？向者潰兵殘破興州[七]，乃私販者導之。梁洋增戍，實以茶故。此四害。承平時①，蜀茶之入秦者十幾八九，已患積壓難售。今關隴悉遭焚蕩，而買茶乃拘舊額，不知竟何所用？茶兵歲給衣粮動計鉅萬，糴粮買衣，州縣未免科配。此五害。請依嘉祐故事，盡罷榷茶，仍令轉運司買馬，即五害並去而邊患不生。如謂榷茶未可遽罷②，亦當并歸轉運司，痛減額以蘇茶户，輕立價以惠茶商，如此則私販必衰而盜賊消弭，本錢既常在而息錢自足用。」朝廷是其請，即擢公都大同主管川陝茶馬事，使推行之，仍令條具姦蠹以聞。時建炎二年秋也。

於是大更茶馬之法，官買官賣茶並罷，參酌政和二年東京都茶務所刱條約，印給茶引，使茶商執引與茶户自相交易。改成都府舊買賣茶場爲合同場買引所，仍於合同場置茶市，交易者必由市，引與茶必相隨，茶户十或十

---

① 承平時　「時」字原脱，據宋史趙開傳補。

② 如謂榷茶未可遽罷　「榷」原作「漼」，據鐵琴銅劍樓本、庫本改。

五共爲一保，并籍定茶鋪姓名，互察影帶販鬻者。凡買茶引，每一斤春爲七十，夏五十，舊所輸市例頭子等並依舊。茶所過每一斤征一錢，住征一錢半，無得妄增。其合同場監官除驗引、秤茶、封記、發放外，並無得干預茶商、茶户交易事。此其大略也。舊制，買馬及三千疋者轉一官，比但以買賣數推賞，往往有一任轉數官者。公奏「乞推賞必以馬到京實收數爲格，或死於道，降黜有差」。及四年冬，買馬乃踰二萬疋，茶引收息錢凡一百七十餘萬緡。

張忠獻公既復明辟，繇知樞密事拜宣撫處置使，天子方託以不御之權，將治兵秦州①，經營兩河。未至所治，雅知公善理財庀賦，即承制以公兼宣撫處置使司隨軍轉運使、專一總領四川財賦[八]。時建炎三年十月也。公見忠獻首以兵食爲問，公亟諗忠獻：「蜀之民力盡矣，錙銖不可以有加矣。獨榷率稍存嬴餘，而貪猾認爲己私，共相隱匿，根穴深固，未易剗除。惟不恤怨詈，斷而敢行，庶幾可救一時之急，舍是無策矣。」忠獻鋭於興復，委信不疑。公於是大變酒法，自成都始。先罷公使賣供給酒，即舊撲買坊場所置隔槽，設官主之。麴與釀具官悉就買②，聽釀户各以米赴官自釀，凡一石米輸錢三千，并頭子雜用等二十二。其釀之多寡，惟錢是視，不限數也。明年，遂徧四路行其法[九]。又措置賣户絶及坊場没官抵擬田宅，并檢估典賣、定帖、契税等錢。又依成都府法，於秦州置錢引務，興州鼓鑄銅錢，官賣銀絹，聽民以錢引或銅錢買之。凡民錢當入官者③，並聽用引折納，官所支出亦如之。民私用引爲市，於一千并五百上許從便加擡，惟不得擅減錢引。法既流通，民甚便焉。六

---

① 將治兵秦州　「秦州」，宋史趙開傳作「秦川」。

② 麴與釀具官悉就買　「就買」，宋史趙開傳作「自買」。

③ 凡民錢當入官者　「官」原作「當」，據文海本及宋史趙開傳改。

年間，累增印之料總爲錢引一千七百一十萬緡[一〇]，人亦未始厭其多也。最後又變鹽法。其法實祖大觀東南、東北鹽鈔條約，置合同場鹽市驗視、稱量、封記、發放，與茶法大抵相類。鹽引每一斤納錢二十五，土產税及增添等共約九錢四分。鹽所過每斤納錢七分，住納一錢五分。若以錢引折納，別輸稱提勘合錢共六十。其推行蓋自紹興二年九月始。

初變榷法，怨詈四起。建炎四年三月，言者遽奏乞罷之以安遠民，然亦知民力困竭，財賦無所從出，而軍費不可但已，則曰：「如謂大臣建請，務全事體，必須更制，即乞劄與張浚，令照會施行。」忠獻初不爲變也[一一]。先是，公嘗坐剏賣鹽引及賣絹事降一官，未及再朞，竟賣引如公策。

始，公佐忠獻，凡所建立，可謂謀無遺謫，意者克復之功當不再舉，則秦地貨食皆入吾手，斡旋自在，蜀民庶幾少蘇。事乃不如人意，豈非天未欲六合爲一乎？忠獻既遭讒[一二]，將召歸，先爲置副，初命王伯紹①；三年二月，除王似；其年六月，又命盧立之與伯紹同領宣撫處置使事。六月，浚罷宣撫處置，召歸樞密，盧法原除副，同王似治事[一三]。四年三月，王似加資政遷②，盧法原加端明，仍爲副，落『處置』、『等路』字。四月，吴玠除宣撫副使[一四]。八月，王似罷宣撫。五年閏二月，盧法原卒，宣撫司令吴玠權。三月，除邵溥。五月，移司閬州。十一月，席益除四川制置大使。

忠獻歸右府，尋得罪[一五]，公亦亟白王、盧求罷。其自辨數曰：「開既兼宣撫處置使司隨軍轉運使，專一總

① 初命王伯紹　「王伯紹」，建炎以來朝野雜記甲集卷一一宣撫副使作「王伯召」。

② 王似加資政遷　按，要録卷七四紹興四年三月丙子條載：「端明殿學士、川陜等路宣撫處置副使王似充資政殿學士、川陜宣撫使，龍圖閣學士、川陜等路宣撫處置副使盧法原充端明殿學士、川陜宣撫副使，落『等路』及『處置』字，並在司治事。」按，疑「遷」下脱一「使」字。

領四川財賦，竊謂應副軍期，費用不貲，若加斂於民，即民愈不堪。尋措置改修茶鹽酒已壞之法，不惟廣收息錢，兼歲入有常，不誤指準①。自建炎三年至紹興二年終，茶鹽酒息增額錢，并賣抵擬絶户田産等錢，共收一千五百三十五萬餘貫。兼隨軍秦州，應副過陝西茶馱，及於陝西創行印造銅錢引紐，計川錢八百三十四萬餘貫。此外未嘗刱立名目，科配民間②。所榷茶鹽酒，並係祖宗舊法，置合同場買引及置官監務，亦係朝廷已嘗行者。其犯人斷罪刑名，未嘗輒有删定，但增添告捕賞錢，意欲犯法者少。惟是營私官吏惡其不便於己③，與懷異忌疾者共興謗讟，謂改修弊法爲生事擾民，口舌沸騰，必相陷害。況某年垂七十，心力凋耗，若叨冒無恥，重致煩言，豈惟有辱士風，決然上誤國事。」王、盧察公雅非辭難畏謗讟者，而三軍五兵之運方急，果不可無公，乃共疏公勳勞，乞加因任，許之。同日，又降詔諭川陝以薄責忠獻之故[一六]。四年四月一日。

是年四年。十一月，忠獻復登右府；明年五年。二月，遷右相，仍兼知樞密院事，都督諸路軍馬。其年十一月，十二日。改除公權發遣四川都轉運使兼川陝宣撫使司參議，領茶馬事如故。公固嘗論總領財賦，於四路漕計或不相關，必須正其名稱，使知所統屬。此除蓋從公請也。

先是，吴武安爲四川宣撫副使④，專治戰守，免書宣撫司事。四年四月。既而王伯紹罷使，知成都；四年八月。盧立之卒于閬州，五年閏二月。宣撫司事悉令武安權行主管。五年閏二月。尋復命邵澤民兼權，五年三月。自閬州移司綿州。五年五月。凡戰守事，澤民蓋不得豫，武安實專治軍，於財賦盈虚初未嘗問，惟務足吾軍食而已，與公

① 不誤指準　「指」，要録卷七五紹興四年四月庚辰條引趙開自辨疏作「措」。
② 科配民間　「配」，要録卷七五紹興四年四月庚辰條引趙開自辨疏作「抑」。
③ 惟是營私官吏惡其不便於己　「惟」原作「推」，據鐵琴銅劍樓、庫本改。
④ 吴武安爲四川宣撫副使　按，吴武安即吴玠，謚武安。

素所操持浸異。武安謀爲牽制之舉，必欲從陸運糧，公執言不可。武安訖自爲之，兩川調夫運米十五萬石至利州，乃費民間雇夫錢六百餘萬緡[一七]。武安既疊以饋餉不給訴于朝，公亦自劾老憊，力求閑退。詔特置成都府潼川府夔州利州路安撫制置大使，以席大光爲之[一八]。大光前執政，得旨位在川陝宣撫司上。朝論政恐其勢或有所偏也，仍詔忠獻視師荆襄、川陝。五年十一月十七日。六年正月，罷綿州宣撫司[一九]，十三日。軍馬聽武安移撥，錢物則委公拘收。前已詔公躬親至吴玠軍前應副錢粮，而忠獻亦奏詰公違慢，六年三月一日。又詔席大光趣公。三月五日。翌日，更除公徽猷閣待制①，三月六日。加武安兩鎮節鉞[二〇]。六年三月十四。復降旨都轉運使不當與四路漕臣同共繫銜。六年四月八日。成都、潼川兩路漕臣與都轉運使皆坐應副贍軍錢物愆期，各罰秩二等。六年四月二十二日。凡此皆所以交解間隙，趣辦饋餉也[二一]，而公復與制置大使不咸，抗疏乞將舊來宣撫司年計應副軍期但干錢物，並不許他司分擘支用。又指陳大使司截都轉運司錢，就果、閬、利州糴米非是。又言：「應副吴玠軍須，紹興四年總爲錢一千九百五十五萬七十餘緡，五年視四年又增四百二十萬五千餘緡。蜀今公私俱困，四向無所取給，事屬危急，實甚可憂，乞許以茶馬司奏計一走行在，庶得盡所欲言。」又言：「軍務惟錢糧最爲要切，欲乞自都督府節制其調發，則無輕舉妄動，枉費錢粮，虧損威勢。自都督府節制其用度，則將兵請給皆可覈實裁處，量入爲出，公私無由困弊。即今公私困弊，無所措手矣。」朝論既悉公與吴、席不可共事，乃以李子及代公爲都轉運使兼都大提舉茶馬，召公赴闕。時六年八月也。仍有旨，須子及到乃交替。明年正月，子及到，旋與制置宣撫司議駁。纔周歲，竟坐應副軍須不足釋位去[二二]。八年二月十九日，吴玠劾奏。衆然後知主計之難，益多公之勤瘁云。

① 更除公徽猷閣待制　「徽猷閣」原作「微輱閣」，據庫本、宋史趙開傳改。

公治裝入覲，會疾作行尼，得提舉江州太平觀。八年三月。身雖閑退，猶録進舊所爲軍務機密三事：其一謂蜀與荆渚爲根本之地，朝廷措置，在所當先。其二謂兵視國勢爲强弱，蜀之民力未蘇，其勢未可輕動，乞速止蜀關大將牽制之謀，以除根本之禍；復近關梁、洋、階、成、鳳五郡之税賦，使民皆歸業；無殺傷秦、鞏僞地之民，使人有傒后之心，則國勢强而兵自强。其三謂招懷歸業之民，當罷官營田，專用張全義治河南故事，則効可見於期月。公素所蓄積蓋如此，謂公不知恤民，可乎？

已而酈瓊以淮西叛，忠獻再得罪。七年九月十三日。御史張戒既劾忠獻，并劾公與忠獻迭相唱和，不宜獨免，詔落徽猷閣待制[一三]，仍提舉太平觀。八年九月二十二日。居頃之，朝論不以公置散爲宜，復右文殿修撰、都大主管川陝茶馬。公時已病，不得已强起，即累乞閑退。九年二月七日戊午。其明言者更劾公病不任事，詔從公所乞，復提舉太平觀。十年四月九日癸丑。踰年乃卒。

公形容甚癯，而克自勉勵，若强有力者。公家之利，知無不爲，而一毫不及於私。十年主計，田廬皆荒頓，未嘗有所增加。晚雖多病，然綜理庶務益不解。率夜漏下數十刻，猶據胡床集賓僚，舉疑義，俾各極其所見而言，相與審諦而後施行，不專主己意，故鮮有敗事。及張子功帥成都，嘗合諸司具奏：「開有功於蜀。自開再黜，主計之臣率三四易，於開條畫毫髮無敢變更。乞復開舊職，以勸能者。」奏入不報。至二十六年，蜀兵屯聚如故，而公所修榷法歲久亦浸壞，學士大夫無能出手爲公補苴罅漏者，公之能名愈章徹。朝廷既具見本末，乃詔追復徽猷閣待制，與一子恩。二十六年六月十二日①。乾道元年，七月。又官其二孫。

燾嘗論公理財治賦之功實爲當時第一，而或者咎公竭澤而漁，使來者無所施其智巧，今雖累經蠲放，而害終

① 二十六年六月十二日　按，據要録卷一七二，事在紹興二十六年五月戊申日。

不去，當時稍存平恕，則今日之害決不至此[二四]。嗚呼！此所謂責人終無已者也，然公亦不得不任其咎。昔蘇綽在西魏佐周武帝，以國用不足，爲征税之法頗重，既而歎曰：「今所爲者，政如張弓，非平世法也。後之君子，誰能弛乎？」綽子威聞其言，每以爲己任。及相隋文帝，奏減賦役，務從輕簡，帝悉從之。彼蘇威顧能如此，曾謂今日無若蘇威者乎？此燾深所歎息，用敢因眉州懇求之誠，詳紀公之行事，以俟來世云。

公娶傅氏，朝議大夫耆之女，贈碩人，先二十一年卒。四子：長即眉州；曰常，右宣教郎、監行在分差户部魚關粮料院；曰成，右奉議郎、四川總領所幹辦公事；曰純，右通直郎、通判成州。女三人：長適故權禮部侍郎孫道夫，次適通判階州胡朝升，次適昌州司理參軍景大光。孫曰揚，故鹽亭縣尉；曰拯，新興道縣尉；曰揔；曰拭，新金水縣主簿；曰授；曰揀；曰撝，前監雅州税；曰抃，乾道八年進士，新洪雅縣令。有文集二十卷藏其家。銘曰：

蜀蕞爾國①，偏處西南。初幸自保，杜魚栢蠶。驟通秦塞，開明始貪。膠擾肇茲，事難盡談。秦亟取蜀，篋胠囊探。蘞既野蔓，葛仍谷覃。山玉靡在，淵珠莫涵。昔萬億秭，今儲石儋。上豈云富，下滋不堪。役困財傷，告病如譚。兵端孰弭，寇鋒誰戡？蟻聚蠭屯，猶虓虎闞。公起圖之，寧忍一慙？榷茗酒鹽，兼用此三。織楮寓幣，重輕相參。吏姦游賊，交鬭並讒。止蓄蠅營，射沙蜮含。苟可救時，荼苦薺甘。退省其私，不羸一簪。公曰我法，要祇能暫。彼兵與民，互爲矢函。長此安窮，亂是用餤。解而更張，吾盍手攬？天不憖遺，斷鞅税驂。使民至今，未弛負檐。豈無若威，遑願釋憾？公葬久矣，幽宮沈沈。我作銘詩，神明所監。刻諸北山，維石巖巖。美其必傳，澤詎卒斬。後此千載，勿毀勿憾。

① 蜀蕞爾國　「國」原作「曰」，據庫本改。

辨證：

［一］趙待制開墓誌銘　按，趙開，宋史卷三七四有傳。

［二］李待制燾　燾（一一一五～一一八四年）字仁甫，一字子真，號巽巖，眉州丹棱人。紹興八年進士，官至禮部侍郎，爲敷文閣待制。著有續資治通鑑長編等。宋史卷三八八有傳。

［三］其入禮制局纔數月　宋史趙開傳云其於「宣和初，除禮制局校正檢閲官」。

［四］會復置講議財利司宰相即用檢詳官辟公　長編紀事本末卷一三二講議司云：「御筆差蔡攸同白時中、李邦彦就尚書省置講議財利司。」按，時白時中爲門下侍郎，李邦彦爲中書侍郎。據宋史趙開傳，趙開爲檢詳官在宣和七年。

［五］非暴征横歛白着於民也　按，「白着」亦寫作「白著」。通鑑卷二二二載唐租庸使元載「擇豪吏爲縣令而督之，不問負之有無，貲之高下，察民有粟帛者，發徒圍之，籍其所有而中分之，甚者什取八九，謂之白著」。胡三省注曰：「今人猶謂無故而費散財物者爲白著。勃海高雲有白著歌曰：『上元官吏務剥削，江淮之人多白著。』」

［六］財利當出一孔至此不可不循其本　宋史趙開傳稱趙開云：「財利之源當出於一，祖宗朝天下財計盡歸三司，諸道利源各歸漕計，故官省事理。併廢以還，漕司則利害可以參究，而無牽掣窒礙之患矣。」按，其義有異同。

［七］向者潰兵殘破興州　宋史卷二四高宗紀載建炎元年七月，「關中賊史斌犯興州，僭號稱帝」。

［八］專一總領四川財賦　建炎以來朝野雜記甲集卷一一總領諸路財賦云：「總領財賦，古無其名。靖康末，高宗以大元帥駐軍濟州，命隨軍轉運使梁揚祖總領措置財用，然未以名官也。建炎末，張魏公用趙應祥總領四川財賦，始置所繫銜，總領之官自此始。」

［九］明年遂徧四路行其法　要録卷二八建炎三年九月辛丑條云：「明年，遂徧四路行其法。夔路舊無酒禁，開始榷之。舊四川酒課歲爲錢一百四十萬緡，自是遞增至六百九十餘萬緡。」

［一〇］累增印之料總爲錢引一千七百一十萬緡　宋史趙開傳云：「初，錢引兩料通行纔二百五十萬有奇，至是添印至四千一百九十餘萬，人亦不厭其多，價亦不削。」

［一一］忠獻初不爲變也　要録卷三二建炎四年四月辛卯條云：「至是開復議更鹽法，言者遂奏其不便。」且曰：「即乞劄與張浚照

會施行。詔以其章示浚，時鹽法未行，事得暫止，而酒課已爲軍食所仰，浚訖不爲之變也。」

［一二］忠獻既遭讒　要録卷五八紹興二年九月丙戌條云：「浚在關陝，凡事雖以便宜行之，然於鄉黨親舊之間少所假借，於是士大夫有求於宣司而不得者，始起謗議於東南，大略謂浚殺曲端、趙哲爲無辜，而任劉子羽、趙開爲非是。朝廷疑之。」

［一三］先爲置副至同王似治事　據宋史卷二七高宗紀四，紹興二年九月「丙戌，以知興元府王似爲川陝宣撫處置副使」。十二月「甲辰，罷張浚宣撫處置使，仍知樞密院。以知夔州盧法原爲川陝宣撫處置副使，及王似同治司事」。三年正月庚辰，「張浚論奏王似不可爲副，因引罪求罷，不報」。二月，「吴玠遇金人于饒風關，王彦自西鄉來會，金人分兵攻關，統制郭仲敗走。丁酉，饒風關破，玠趣西縣，彦奔達州，四川大震。張浚被罷職之命，以諸軍方潰，因秘不行，復具奏審」。丁未，「王似始受宣撫副使之命」。四月「己酉，張浚奏王庶、王似、盧法原威望素輕，乞命劉子羽、吴玠並爲判官，不報」。五月己卯，「周隨亨、李愿宣押王似、盧法原至閬州，張浚始解使事」。庚辰，「浚及子羽、王庶、劉錫等赴行在」。辛巳，「罷宣撫司便宜黜陟」。又，要録卷五八紹興二年九月丙戌條云：「顯謨閣直學士、知興元府王似爲端明殿學士、川陝等路宣撫處置副使，與張浚相見，同治事。……時似已復還成都，而行在未知也。」又卷六三紹興三年二月丁未條云：「知成都府王似始受川陝宣撫處置副使之命。先是，宣撫處置使張浚見似除書，上疏言『都統制吴玠、參議軍事劉子羽有功于蜀，不應一旦以似加其上』。尚書左僕射吕頤浩與似連姻，聞浚論似非才，不悦。或告右僕射朱勝非以浚起義平江時，常有斬勝非之語，勝非又毁之，浚由是得罪。時浚承制以子羽爲宣撫判官，與似同治事，大事多與子羽謀之，似充位而已。」按，據宋史卷三七七盧法原傳，法原字立之，則推知上述伯紹當爲王似字，誌文此處或稱字，或稱名，前後相異。且張浚罷職及王似、盧法原任官年月皆有差異。

［一四］四月吴玠除宣撫副使　宋史卷二七高宗紀四，紹興四年三月丙子，「盧法原與吴玠並充川陝宣撫副使」。

［一五］忠獻歸右府尋得罪　要録卷七四紹興四年三月乙丑條載檢校少保、定國軍節度使、知樞密院事張浚罷爲資政殿大學士、左通奉大夫、提舉臨安府洞霄宫，云：「時辛炳、常同論浚不已，上未聽，二人因録所上四章申浚，炳疏論浚聞罷之始，遷延不行。浚懼，即移疾待罪，且以吕頤浩在相位時書進呈，上乃釋然。炳又言：『前此人臣，未有如浚之跋扈僭擬、專恣誤國、欺君慢上者。浚兼有衆惡，其可逃於典刑？望付三省，早賜竄黜。』同亦論奏如炳言，故浚遂罷。」

［一六］同日又降詔諭川陝以薄責忠獻之故　宋史卷二七高宗紀四載，紹興四年三月己丑，「張浚以資政殿大學士罷，尋落職奉祠，

福州居住」。四月「庚辰朔，命趙開再任總領四川財賦。詔諭川陝官吏兵民，以張浚失措，當示遠竄，猶嘉其所用吴玠等能禦大敵，許國一心，止從薄責，仍令宣撫司講求諮訪，凡擾民咈衆之事，速釐革之」。

［一七］乃費民間雇夫錢六百餘萬緡　要録卷八〇紹興四年九月甲戌條云：「初，川陝宣撫副使吴玠與隨軍轉運使趙開不咸。玠謀爲牽制之舉，必欲從陸運糧，開執不可。玠迄自爲之，是秋，兩川調夫運米十五萬斛至利州，率四十餘千而致一斛。時玠令縣官部役先至者賞，役夫饑病相仍，死於道路，蜀人痛之。開懼不敢言。更遣主管文字、左奉議郎張洙按後期者。洙撫其民流涕曰：『諸葛孔明再舉師，以糧盡而返，孔明豈不智哉？懼吾民之至此也。』輒削所受令，聽民以粟輸内郡，官募舟載粟輓以上，民皆歡呼而去。玠大怒，以深文詆洙，賴宣撫司置勿問。雖開亦以爲難。」

［一八］以席大光爲之　要録卷九四紹興五年十月乙卯條載端明殿學士、荆湖南路安撫制置大使兼知潭州席益爲資政殿學士、成都潼川府夔州利州路安撫制置大使兼知成都府，云：「詔以益前執政，序位在宣撫副使之上，逐州兵馬並隸大使司，如邊防緊切大事，即令宣撫司處置，其調發隸都督府。」按，席益字大光。

［一九］罷綿州宣撫司　要録卷九七紹興六年正月辛巳條云：「罷綿州川陝宣撫司，邵溥竢結局赴行在。……初，張浚既召去，王似、盧法原以宣副代之，溥又代之，數人者務私相勝，軍政、民政弛紊不可具言，故有是旨。」

［二〇］加武安兩鎮節鉞　要録卷九九紹興六年三月辛巳條載：「檢校少師、奉寧保静軍節度使、川陝宣撫副使吴玠易鎮保平静難，興州置司。」

［二一］前已詔公躬親至吴玠軍前應副錢糧至凡此皆所以交解間隙趣辦饋餉也　要録卷一〇〇紹興六年四月己未條注引墓誌此段文字，且曰：「按漕臣降秩乃爲王彦一軍錢糧。此時彦移屯荆南，已得旨令行府應副，或是併以彦軍錢糧應副吴玠，亦未可知。當求總領所按牘參考。」

［二二］竟坐應副軍須不足釋位去　要録卷一一八紹興八年二月乙亥條云：「龍圖閣直學士、四川都轉運使李迨罷，用川陝宣撫副使吴玠奏也。迨與玠以職事間積不相能，會給軍踰期，利州營婦遮其馬首悖詈，迨不自安，乃求去。及是，玠章亦聞。趙鼎奏曰：『二人不咸如此，萬一吴玠更失體，則朝廷難處。迨累奏乞祠，且從之。』上曰：『迨在帥府，朕熟知其爲人，性實不通。然能任怨，乃奉公吏也。

可且與宮祠。』」按，子及當爲李迨字。

〔二三〕詔落徽猷閣待制　要録卷一二二紹興八年九月乙巳條載徽猷閣待制、提舉江州太平觀趙開落職，云：「會張浚得罪，開亦乞奉祠。殿中侍御史張戒論遠方壅蔽之患，且言：『臣頃在蜀中，事皆目覩。大抵張浚欲之而趙開與之，張浚惡之而趙開和之。二人罪惡，四川疾苦，朝廷不盡知也。壅蔽之害，一至於此。開之罪狀，陛下既已灼知。自浚敗以來，開獨未嘗被責，端居自若，至今爲待制。伏望聖慈特加貶竄，少謝蜀民。』故有是命。」

〔二四〕熹嘗論公理財治賦之功實爲當時第一至則今日之害決不至此　要録卷一三九紹興十三年正月壬寅條云：「自金人犯陜、蜀，開職饋餉者十年，軍用得以毋乏，一時賴之。開既黜，主計之臣率三四易，於開條畫毫髮無敢變易者，人偉其能。然議者咎開竭澤而漁，使後來者無所施其智巧，凡茶鹽榷酤激賞零畸絹布之征，遂爲西蜀常賦，故雖略經減放，而害終不去焉。」

名臣碑傳琬琰集中卷三十三

唐資政公重墓誌銘[一]　修撰劉岑[二]

靖康元年冬，金人破京師。明年，二聖北狩，今上即位於南京，年號建炎。是時，朝廷已失河東，金人重兵屯河上，陝西大震驚，告急之使日至行在所，而永興一道已並邊矣。岑適使虜，自汾晉渡合河津①[三]，由關中以歸。方入朝，宰相傳上旨於政事堂，訪可以爲永興帥者於岑。岑曰：「陝西事宜素重，況多事之初，永興之帥，其材尤難。有天章閣待制唐重，今守同州逾年，與賊對河，守備百出，民不加斂而食自足，兵不加募而士自至。虜陷蒲、絳，將及同②，同人度不能守，重開門縱之使出，自與殘兵數百人守城，示以必死。虜知有備，乃引去[四]。邦人德之，且立祠焉。重平生之志在許國，每一及時事，輒嘘唏慷慨，泣下霑襟，見者皆感動。蓋其忠義足以服人，才智足以應敵。欲守雍都，莫如重可。」即日除天章閣直學士、永興軍路經略安撫使、兼知永興軍。

前帥范致虛先提六路兵東向勤王③[五]，留連陝州不進。公自同州移書責之曰[六]：「金人犯京師半年，王室

① 自汾晉渡合河津　北盟會編卷一一五引劉岑唐重墓誌無「合」字。
② 將及同　「同」原作「司」，據文海本、庫本、北盟會編卷一一五引劉岑唐重墓誌及宋史唐重傳改。
③ 前帥范致虛先提六路兵東向勤王　「提」，北盟會編卷一一五引唐重墓誌作「促」。

存亡未可知，臣子憂國，宜如何哉？且京師以秦兵爲爪牙，四方以京師爲根本。今擁秦兵，坐視不前，是爪牙不足恃，而根本摇矣。」其言累千百①，皆切至，讀者感涕②，而致虚竟不能前也③[七]。逮聞京師失守，公慟哭瀝血，檄諸道使勤王，且勉其効死盡臣節。會永興令下，慨然就國，以勤王自任，日條關中利病，且率長安父老子弟表言關陝山河形勢，迎請主上入都關中。論急務有四，大患有五，大率以都關中爲先，其次則建藩鎮、封宗子，使守我土地，緩急無爲賊有。又欲通夏國之好，繼青唐之後，使倚角以緩虜勢④。至於用忠直、正刑賞，皆中興急務所當先者[八]。上嘉其忠，進龍圖閣直學士。

時虜在河中，窺關内甚急，而所部鋭兵朝廷盡以付制置使錢蓋。公上書言狀，且乞五路兵自節制，半年之間，所談不知幾千百言，皆不報[九]。十二月，虜引兵渡河，拔同州。明年正月三日，及永興。城中兵不滿千人[一〇]，嬰城固守凡十日，援兵竟不至[一一]，而大將傅亮以部兵降賊，城遂破。公尚餘百兵，與接戰城中，衆潰，中流矢以死[一二]，年四十六。部曲中有感德者，求舊棺於僧舍，掘地斂藏之⑤。後長安平，成都漕趙開與公素友善，遣人取其喪以歸。既至，子弟欲易棺櫬，見刻其姓名月日於側具在。初，賊將至，公自度孤城決不能支梧，語轉運使李唐孺曰：「重平生忠義，不敢辭難。始意迎車駕入關，居建瓴之勢，庶可以臨東方。今車駕南幸矣，關陝又無重兵，雖竭盡智力，何所施其智巧？一死報上，不足惜。」唐孺以其書聞，俄而死節報。上聞而哀之，贈資

---

① 其言累千百　「千百」原作「十百」，據庫本及北盟會編卷一一五引唐重墓誌改。
② 皆切至讀者感涕　北盟會編卷一一五引唐重墓誌作「皆痛切讀者感激」。
③ 而致虚竟不能前也　「竟不能前」，北盟會編卷一一五引唐重墓誌作「不能用」。
④ 使倚角以緩虜勢　「倚」，北盟會編卷一一五引唐重墓誌作「犄」。
⑤ 掘地斂藏之　「藏」，北盟會編卷一一五引唐重墓誌作「識」。

政殿學士，官其家五人。

方朝廷之訪雍帥也，岑既以公薦，而又薦提舉常平鄭驤守同州①、永興通判曾謂爲陝西轉運判官，朝廷皆用之。後虜渡河，鄭驤死于同[一三]，公與曾謂死于雍。嗚呼！三人者可謂不負朝廷矣。

公死之九年，其子秬以狀告四川制置使曰：「先人以從官典方面，不屈節死矣，恤典固已拜賜，而未有以易名者，秬不能自陳。」於是以其狀聞諸朝，朝下太常，考其忠壯，謚之曰恭愍[一四]。又二十三年，秬守沅黎，秩滿造朝，請崇道觀以歸。道過金陵，岑適居瀨陽，秬以公所著作七篇與書及五詩來，具道往事，且曰：「知先人之詳者惟公。今埋土中三十年，而墓道之碑未備，有里丈人師驤所狀在，幸公其銘之。」岑讀之，泣曰：「尚忍詩吾元任也邪②！」

岑早孤，幼歲困太學，嘗作呼天詩自見。時公官中都，未識面。故人史堪取岑詩稾以云公，公因囑和，自是始相識。逮岑歸自河東，道過長安，公以同州守來白事經略使府，又相與晤語，慷慨憂國之言一無不合。及謀雍帥，岑不敢及它人，而公卒能死節。向使有兵有食有權，則勤王之事必大有所就。惜夫！天以高節令名與公，而不使其成功，此韓愈之所以傷張中丞也。嗚呼，尚忍詩吾元任也邪！

公字元任，眉山人③。爲兒時已不凡，祖母宋嘗令讀裴度武侯廟碑，一覽不再讀。十二賦陳平詩，已有大志。十三通左氏春秋大義。既入太學，二十七登大觀三年上舍第。時臨軒問禮樂制作之事，諸生惟稱盛德，公獨以孟子事親從兄之説對，其略以裕陵爲父，泰陵爲兄，嘗原仁義之實，奚制作爲？擢居乙科，遂知名，得蜀州司

---

① 而又薦提舉常平鄭驤守同州　「鄭驤」原作「鄭醸」，據宋史卷四四八鄭驤傳及下文改。

② 尚忍詩吾元任也邪　「詩」，庫本作「銘」。按，下文同。

③ 公字元任眉山人　按，宋史唐重傳云其字聖任，眉州彭山人。

理參軍，徙成都府府學教授。成都帥多貴人，率事嚴重，下視其屬，如徽猷閣直學士吴拭、龍圖閣學士許光凝①，皆上客待之。府有大事輒咨焉，公必盡所見以事其長；若論議未合，必争之歸於是而已。用薦者改奉議郎、知懷安軍金堂縣。許光凝入朝，薦於宗廟②，得辟雍録。是時邊臣多希功幸賞[一五]，以欺朝廷，至於誘羈縻蠻，使貢不毛之地建立州縣，張官置吏，以困中國，其害甚大。公遽言之朝，遂召對，除禮部員外郎。丁母憂，服除，爲吏部，遷右司員外郎、起居舍人。時宣和七年也。

十二月，金人寇邊，燕山安撫使蔡靖方告急，而郭藥師叛，導寇以陷燕，自河朔以南皆恐。公建言：「今日之禍起於開邊，開邊之謀始於童貫[一六]。金人兵鋒甚鋭不可當，宜誅貫以謝邊人，庶可以緩師。」宰相不能決，謀遣給事中李鄴出使，未及而賊已壓境，都城已戒嚴矣。

太上皇内禪，淵聖即位，明年正月改靖康。方圍城中，公日有所敷陳，皆切中時病。除諫議大夫。時議講和、親征二策皆未定，公上疏欲宰執廷辨之[一七]。姚平仲既敗[一八]，賊愈熾，索金帛甚急。中書侍郎王孝迪大書揭榜，下令民有藏金帛者人得告之。公曰：「審如令③，則子得以告父，弟得以告兄，奴婢得以告主。初政如此，將何以化天下哉？」與同列、御史迭疏論不可，遽罷此令。金人退師，遷中書舍人，凡賞罰黜陟之不當者執不下。當路大不樂之，與孫覿、李擢、李會、師驥以論事不合，皆被黜[一九]。公得秘閣修撰、知同州，除天章閣待制④。頃

① 龍圖閣學士許光凝　「許光凝」原作「許光疑」，據庫本、北盟會編卷一一五引唐重墓誌及宋史卷四五六申積中傳「翰林學士許光凝嘗守成都」改。按，下文同。

② 薦於宗廟　「宗廟」，鐵琴銅劍樓本、庫本作「宰相」。

③ 審如令　「令」，北盟會編卷一一五引唐重墓誌作「此」。

④ 除天章閣待制　「除」上，北盟會編卷一一五引唐重墓誌有「元年」二字。

之，遂守永興。

公生巴蜀，起布衣，才官中都，聲望已籍籍，守邊又能死事，其名固足以傳不朽。然公之死，實自岑發之，幽冥之中，負此良友，豈不痛哉！

公世家眉，十一世祖興國以孝聞於唐建中初，黜陟使狀之，以「慈孝」旌其墓。曾祖可言，祖淑，隱德不仕，皆以孝友稱。父堯臣①，以公貴，累封朝奉郎、緋衣銀魚，居于家。方公訃聞，朝奉君歎曰：「吾兒平生忠壯，見於辭色間。自聞其守邊，吾度其必死節，今果然矣。吾兒得死所矣。」後二年，朝奉君亦卒，與其配安人程氏同穴以葬。公累官朝請郎。有二弟：量、思。量以建炎奉表恩補將仕郎，思未第②。夫人程氏，後元任一月卒。一男子，秬是也，今爲右朝奉郎。四女子。秬以建炎四年十一月三日舉資政之喪，與程夫人合葬於安鎮鄉吳本山之下。

岑與公識面雖晚，共話不款曲，而心相知則如舊交也。況其大節昭昭如此，刻之豐碑，置之墓道，使行者見之，曰「此吾宋忠臣唐公之墓」，其誰曰不可？銘曰：

嗚呼唐公西南英，氣鍾岷峨淑且靈。布衣起家驚一鳴，筍班雍容藹休聲。艱難守封死于兵，精忠凜然表後生。哀哉白璧藏泉扃，氣衝斗牛藏玉京，山川空留萬古名。

辨證：

［一］唐資政公重墓誌銘　本墓誌，北盟會編卷一一五有節引。按，唐重，宋史卷四四七有傳。

---

① 父堯臣　「堯臣」，要録卷一一建炎元年十二月戊辰條、皇宋中興兩朝聖政卷二建炎元年十二月戊辰條及宋史唐重傳作「克臣」。

② 思未第　「思」原作「里」，據文海本、庫本及上文改。

［二］劉岑　岑（一〇八七～一一六七年）字季高，號杼山居士，江寧府溧陽人。登宣和六年進士第，累遷户部侍郎，除徽猷閣直學士。乾道三年卒，年八十一。傳見景定建康志卷四九。按，要録卷一八〇載紹興二十八年九月戊寅條載「左朝散大夫劉岑復祕閣修撰、提舉台州崇道觀」。

［三］自汾晉渡合河津　按，武經總要前集卷一七曰：「合河津，以蔚汾水西與黄河合，因以爲名。砦城當一川之口，北渡河至麟州百二十里。按黄華四達記：合河津關至麟州，以黄河爲界，即唐時張説出師之路。一説過河三十五里至瓦浪，又三十里至欄竿嶺，又五十里入麟州，路甚平易。」

［四］虜知有備乃引去　宋史唐重傳稱「金人疑有備，不復渡河而返」。

［五］前帥范致虚先提六路兵東向勤王　要録卷一建炎元年正月甲寅條云：「致虚在長安，繕兵爲守河計。河西沿流，壁壘相望。致虚不曉軍事，往往取獻陳者利便，按文施設，州縣軍民不勝其擾。有萬花寺僧宗印者，孝義人，本姓趙，避亂過河中，題詩佛寺，守臣徽猷閣待制席益見而奇之，薦於致虚。致虚喜其口辯，善談兵，即以便宜假宗印中散大夫、直龍圖閣，充宣撫使參議官兼節制軍馬奇兵軍正，以統制官王偉等隸之。宗印請築長城起潼關迄龍門，雖致虚行移峻急，而上下皆不以爲是，築城及肩，應命而已。宗印以僧爲一隊，謂之『尊勝隊』；以行者爲一隊，謂之『浄勝隊』。致虚以大軍遵陸，而命宗印以舟師趨西京。」

［六］公自同州移書責之曰　要録卷一建炎元年正月甲寅條云：時天章閣待制、知同州唐重「爲書遺致虚，爲言今日之事，可爲朝廷慮者三，可爲關中慮者五，大率謂：『中都倚秦兵爲爪牙，諸夏恃京師爲根本。今京城圍久，人無鬭志，若五路之師逡巡未進，則所以爲爪牙者不足恃，而根本摇矣。然潰卒爲梗，禁谷通行，關中公私之積已盡，甲馬全無；又聞西夏侵掠鄜延，爲腹背患。今莫若移檄蜀帥，及川陝四路使者輸財用、輦軍器、市戰馬，以資關中守禦之備，合秦蜀以衛王室。』初，京城既破，敵遣修武郎包某、閤門宣贊舍人董某持登城不下之詔，以止援師，致虚即斬之。重又遺致虚書，言和議已定，不當抗詔出師，致虚不聽」。注曰：「案此乃重第一書，謂可爲朝廷憂者三事。然其全書大指則止致虚之行，岑斷章取之，蓋以抆拭其事，要非其實也。」按，唐重致范致虚三書，載北盟會編卷七七。

［七］而致虚竟不能前也　宋史唐重傳云：「致虚鋭於出師，由澠池屯千秋鎮，爲金將所敗，軍皆潰，退保潼關，而五路之力益耗矣。」

［八］論急務有四至皆中興急務所當先者　據北盟會編卷一〇四載，唐重上書在建炎元年五月十七日，時知同州。要録卷五建炎元年五月丙午條注亦曰：「劉岑撰重墓志載此疏於除永興帥之後，恐誤。」

［九］半年之間所談不知幾千百言皆不報　宋史唐重傳云：「重前在同州，凡三疏上大元帥府，乞早臨關中以符衆望。且畫三策：一謂鎮撫關中以固根本，然後營屯於漢中，開國於西蜀，此爲策之上；若駐節南陽，控楚、吴、越、齊、趙、魏之師，以臨秦、晉之墟，視敵强弱爲進退，選宗親賢明者開府於關中，此爲策之次；儻因都城，再治城池汴、洛之境，據成臯、崤函之險，悉嚴防守，此策之下；若引兵南度，則國勢微弱，人心離散，此最無策。暨至永興，又六上疏，皆以車駕幸關中爲請。并條奏關中防河事宜，大意謂：虢、陝殘破，解州、河中已陷，同、華州沿河與金人對壘，邊面亘六百餘里。本路無可戰之兵，乞增以五路兵馬十萬以上，委漕臣儲偫以守關中。章凡七八上，朝廷未有所處。重復上疏曰：『關中百二之勢，控制陝西六路，捍蔽川峽四路。今蒲、解失守，與敵爲鄰，關中固，則可保秦、蜀十路無虞。緣逐路帥守、監司各有占護，不相通融。昨范致虚會合勤王之師，非不竭力，而將帥各自爲謀，不聽節制。乞選宗親賢明者充京兆牧，或置元帥府，令總管秦、蜀十道兵馬以便宜從事，應帥守、監司並聽節制。緩急則合諸道之兵以衛社稷，不惟可以禦敵，亦可以救郡縣瓦解之失。』又乞節制五路兵，俱不報。」

［一〇］城中兵不滿千人　宋史唐重傳云：「金將婁宿渡河陷韓城縣，時京兆餘兵皆爲經制使錢蓋調赴行在。」

［一一］嬰城固守凡十日援兵竟不至　要録卷一二建炎二年正月戊戌條云：「及金人至境，重不知所爲，貽書轉運使李唐孺曰：『重平生忠義，不敢辭難，始意迎車駕入關，居建瓴之勢，庶可以臨東方。今車駕南幸矣，關陝又無重兵，雖竭盡智力，何所施其功！一死報上，不足惜。』逮婁宿圍城彌旬，外援不至。」宋史唐重傳亦稱其守城「踰旬」。

［一二］而大將傅亮以部兵降賊至中流矢以死　要録卷一二建炎二年正月戊戌條云金軍圍城，「於是直祕閣、前河東路經制副使傅亮以精鋭數百奪門降金。時地大震，敵因其勢以入，城遂陷。重尚餘親兵百人與敵戰，諸將扶重去，重曰：『死，吾職也。』戰不已，衆潰，重中流矢死之」。又，北盟會編卷一一五引遺史云：「唐重儒生不知兵，帥關中一蹈范致虚覆轍，諱言兵機，唯喜人言虜兵遠去，關中必無虞。京兆府路兵馬副總管楊宗閔與重謀曰：『今河東諸州皆非我有，距此纔一水，而本路兵弱，宜急繕城壍爲守禦計，以待外援，捨此無策。』重以秦民驕，不欲擾之而止。及金人犯境，略無措置。城陷，重自縊死。」

〔一三〕鄭驤死于同　要録卷一一建炎元年十二月甲戌條云：「婁宿侵同州，守臣直秘閣鄭驤死之。先是，驤聞上幸維揚，上章請自楚、泗、汴、洛以迄陝、華各募精兵鎮守，有急則首尾相應，庶幾敵勢不得衝決。奏上不報。至是，敵及韓城，驤帥兵扼險擊之，師小却，敵乘勝徑至城下，通判以下皆遁去，驤獨曰：『所謂太守者，守死而已。』翼日，同州門閉，驤赴井死。」

〔一四〕朝下太常考其忠壯謚之曰恭愍　要録卷一二建炎二年正月戊戌條云永興城陷，唐重與陝府西路轉運副使桑景詢、判官曾謂、京兆府路提點刑獄公事郭忠孝、經略司主管機宜文字王尚及其子建中、馬步軍副總管楊宗閔等皆死。事聞，贈重資政殿學士、建中中侍大夫、明州觀察使，皆謚恭愍；餘贈官有差。

〔一五〕是時邊臣多希功幸賞　宋史唐重傳云：「先是，朝廷以拓土爲功，邊帥争興利以徼賞，凡蜀東西、夔峽路及荆湖、廣南，皆誘近邊蕃夷獻其地之不可耕者，謂之納土，因置州縣，所至騷然。」

〔一六〕今日之禍起於開邊開邊之謀始於童貫　北盟會編卷二四云：「初，燕人本無思漢心，乃和詵、侯益唱之，童貫、蔡攸輩和之，朝廷既以爲然，遂遣馬擴、王瓌由海道通金人。金人攻契丹，連年用兵，及契丹以燕山府遺我，皆童貫之始謀也。由是金人輕中國，謂有德於我，故觖望焉，遂致燕山之禍云。」又卷九六引靖康小録云：「王黼、童貫、蔡攸之取燕山也，識者知其必敗事。及得燕山，以蔡靖爲大帥，用降將郭藥師副之。藥師每僞出獵，動逾旬日，與金人通謀。靖察其意，而逆知其叛，屢奏朝廷，而李邦彦在位，專以蒙蔽爲事，奏每不答。靖具章疏直達奏聞，上覽奏驚，召邦彦問之，邦彦乃詭爲之説曰：『此乃靖不肯久居邊任，欲入朝耳。』上遂信而不疑。及童貫領精兵數十萬取雲中，而金人以兵入境，邊奏繼至，朝廷倉皇無策，童貫遂棄所領兵遁歸。」

〔一七〕時議講和親征二策皆未定公上疏欲宰執廷辨之　按宋史唐重傳云時「或獻議遠避，重聞衛士語，以告于朝，始定守城之計」。

〔一八〕姚平仲既敗　宋史卷二三欽宗紀云：靖康元年「二月丁酉朔，命都統制姚平仲將兵夜襲金人，軍不克而奔」。

〔一九〕皆被黜　宋史唐重傳稱其「又言：『近世不次用人，其間致身宰輔，有未嘗一日出國門者。乞先補外，以爲之唱。』上開納，而宰相執奏以爲不可。明日，臺諫皆得罪，重落職知同州」。

楊文安公椿墓誌銘[一]　御史陳良祐[二]

淳熙四年冬十有二月，故資政殿學士、贈銀青光禄大夫楊文安公既葬彭山之十稔，其子光旦以潼川路轉運副使馬騏狀爲書，使人自蜀走婺，請銘於良祐，曰：

楊氏本出唐叔，自漢臨晉，世篤儒學，紱冕相繼，居於華陰，其别占籍蜀之郫縣，七世祖始家於眉①。曾祖諱鴻震，贈太子太保。妣侯氏，武陵郡夫人；宋氏，同安郡夫人。祖諱亮，鳳州團練推官，贈太子太傅。妣程氏，太寧郡夫人。考諱灝，贈少傅。妣宋氏，婺國夫人。

公諱椿，字元老。幼凝重如成人，七歲能屬文。甫冠，與少傅俱貢京師，爲文根於理致，不習王氏之學。宣和六年，以太學上舍生較藝南宫。徽宗留意學校，作成人才，多士雲集，試于有司者萬七千人，而公爲第一[三]。文奏御稱善，諭知舉曰：「可謂得人矣。」特命遷秩以賞之。初調嚴道尉，改邠州教授，辟潼川府節度推官，歷隨軍轉運司主管文字、成都府路常平司幹辦公事。

紹興八年，用宰相趙公鼎薦，召赴行在。虜勢方張，公勸上行仁義、建學校、收人才、擇將帥、去贓吏、恤民力，凡二十餘事。除校書郎。逾年，趙公去位②[四]，秦公檜當國，或語公盍往歸之，公不爲屈。遷屯田員外郎，以

---

① 七世祖始家於眉　按，要録卷一二二紹興八年九月己亥條稱「椿彭山人」。彭山爲眉州屬縣。

② 逾年趙公去位　按，據要録卷一二二紹興八年九月己亥條，楊椿授校書郎在紹興八年九月，而宋宰輔編年録卷一五、宋史卷二一三宰輔表等載趙鼎罷左相在紹興八年十月甲戌，故此云「逾年」者不確，或爲「逾月」之譌。

母老請外，除潼川路轉運判官。諸路多獻羡餘以取寵，公歎曰：「今瘡痍未瘳，顧未能裕民力，又忍掊剋以資進身耶？」於是一路無橫斂之擾。十四年，除潼川府路提點刑獄公事。吏有擅科民財，或抑配官鹽，盜用其贏貲者，按治之。秩滿，除夔州路提點刑獄。主四川類試，爲文以諭進士，悉除去常所用禁令，内外肅然。揭榜，得名士趙逵、張震[五]。丁婺國憂，服除，爲荆湖北路提點刑獄。沅州太守李景山①、通判丁濤交惡，判官鞏湋問之，有司追逮數百人，連及溪洞。時方盛暑，有繫死者。公曰：「吾職在平反，其可使無罪之人淹繫至死哉！」言於朝[六]，止罷三人，釋其衆。秦公喜曰：「部使者不當如是邪？」

會秦公薨，朝廷蒐舉賢俊，凡戹於秦氏者，率以次收召。上問大臣曰：「楊椿今安在？」其以爲秘書少監[七]。二十六年，入對，言：「祖宗創業守文皆以仁，願陛下以祖宗之心爲心。」又論湖北彫弊，田野不闢，由賦煩役重，及州縣吏任情没入民財産非是。明年，除權兵部侍郎、兼國子祭酒，兼侍講②。初，朝廷以蜀士艱於赴省，俾就制置司類試，行之三十年矣，有爲挾貴私情之説者，欲併歸南省。事下國子監，公曰：「蜀士多貧，而使之經三峽，涉重湖，狼狽萬里，可乎？欲去此弊，一監試得人足矣。」遂止令監司守倅子弟力可行者赴省，餘不在遣中[八]，蜀士賴之。

是時，上總攬權綱，留神政事，公奏疏曰：「聖人之心與衆人異。雞鳴而起，孳孳於學問者，士之心；雞鳴而起，孳孳於職業者，卿大夫之心；無思也，無爲也，寂然不動，感而遂通天下之故，此則聖人之心矣。天德而出

---

① 沅州太守李景山　「沅州」原作「元州」，據要録卷一六八紹興二十五年六月壬寅條及宋史卷八八地理志四改。

② 明年除權兵部侍郎兼國子祭酒兼侍講　按，據要録卷一七二、卷一七四，楊椿入對奏事在紹興二十六年四月戊子，其權兵部侍郎在是年八月乙未。故此云「明年」者不確。

寧，日月照而四時行，堯之用心也；垂拱而坐，視天民之阜，舜之用心也；惟克厥宅心，乃克立茲常事，文王之用心也。聖賢相授，在正其心。如漢顯宗之察慧，唐德宗之猜忌，漢元帝之優游不斷，唐武宗之好惡不同，此其心初非不正也，汩於喜怒愛惡之私，則昔之所謂正者，倏然而亡矣。」

遷給事中，兼直學士院。上念故將循王張俊之功，御筆除其三子職名，公封還曰：「爵秩天下公器，陛下縱私之，奈清議何？」又面諭公：「欲以虛名獎用勳臣子孫。」公奏曰：「名器不可以假人，恐倖門一開，扳援者衆[九]。」醫官王繼先以技術至承宣使，僥覬節鉞①，使其徒校正本草，爲書以獻。公曰：「其書但取古注圖經，合而録之，其勞甚微，而賞太重。」右僕射沈公該辭兄調招軍進秩②，有旨降詔不允。公奏曰：「招軍之勞薄，上宰之兄有嫌，此賞一行，將有强刺良民以希進者。」從之。蜀大旱，無敢以聞。公侍經筵，乞下四川總領司檢察賑濟，督發常平錢米，安集流移，蜀以不饑。

遷兵部侍郎。太史奏妖星見，太陽當食而伏。公請對曰：「治亂之數天也，而常屬乎人。堯、湯之水旱，中宗之桑穀，成王之雷風，宣王之旱魃，皆災也，而反致其福。叔世之君，稔於富貴，安於無事，恣於淫侈，視世故若無足備者，而尋致禍亂。願陛下修德以答天，躬行以率下，塞其弊端，杜其倖門，以召太平之應。」時和議既久，沿邊諸將坐享厚禄，而所部士伍衣食不給，恬不爲意。公奏曰：「今將帥十年一遷官，馴致使相，官爵高矣，富貴極矣，肯復被堅執鋭，親履行陣，爲國効死耶？諸路營屯仰給縣官者無慮數十萬，而困於掊克，勞役不休，嗟怨盈

---

① 僥覬節鉞　「僥」，庫本作「倖」。

② 右僕射沈公該辭兄調招軍進秩　「右僕射」，要録卷一七二紹興二十六年五月壬寅條、宋宰輔編年録卷一六紹興二十六年五月壬寅條及宋史卷三一高宗紀、卷二一三宰輔表四皆作「左僕射」，是。

路，不可不爲深慮。」上爲降詔禁止之。又論朝廷法令多所更張，曰：「有事則有法，有法則有弊。法一定而不易，弊百出而無窮。爲其法之弊也，從其弊而救之，可也；患其弊之生也，并與其法而改之，則不可。祖宗法令明具，聖子神孫將千萬世守之，而議者不原弊端之所起，亟進其説，取而紛更之。如是而不止，則祖宗之法令其存者無幾矣。然又未必可行，從而復之，則不如勿改。」

除兵部尚書，兼翰林學士。一日，鑠學士院嚴甚，外廷無知者。及召公對，上諭以封今皇帝建王指意。公再拜賀，退草制曰[一〇]：「昭令德以示子孫，朕無志於斯義；蕃王室以和兄弟，爾思配於前人。」明日麻出，中外懽傳。又批答辭免詔曰：「朕志先定，其已久矣。既非昵親屬之私，又匪由中外之請，授受之際，誰曰不宜？」大合聖意。先是，禮部侍郎孫公道夫使虜，虜主詰以關陝買馬非約，將求釁于我。上遣同知樞密院事王公綸諗之，果得其情[一一]。公亟條對預備數事，焚藁而上，家人無知者。上益嚮意用之。

三十一年，拜中大夫、參知政事。未幾，朝廷再遣樞臣葉公義問報聘，歸言虜已聚兵境上。公語左僕射陳公康伯曰：「迹虜敗盟，其兆已見，今不先事爲備，悔將何及！」因與陳公策所以防虜之術[一二]，其一令兩淮諸將各畫界分，使自爲守；其二措置民社，密爲寓兵之計；其三淮東劉寶將驕卒少，不可專用；其四沿江州郡增壁積粮，以爲歸宿之地。奏行之。冬，虜使高景山來賀天申①，輒出嫚言，索淮、漢地，指取將相大臣[一三]。朝論洶洶，或者妄傳有幸閩、蜀之議[一四]，人情惶惑。上意雅欲視師，公與陳公奏曰②：「敵國敗盟，天人共憤。今日之事，有進無退。如臣所料，成功可必。若聖意堅決，則將士之氣自倍。願分三司禁旅助襄漢兵力③，待其先發，然後

---

① 冬虜使高景山來賀天申　「冬」，按要録卷一九〇、三朝北盟會編卷二二八、宋史卷三二高宗紀皆載此事於紹興三十一年五月，是。

② 公與陳公奏曰　按，據要録卷一九〇紹興三十一年五月甲午條載，此奏文乃陳康伯所上。

③ 願分三衙禁旅助襄漢兵力　「三」字原闕，據文海本、庫本補。

應之。」上深以爲然，即命侍衛馬軍司成閔出戍荆鄂。公又論虜必出秦隴，而蜀兵權未一，乞以吴璘爲宣撫使，統一三軍，以扞全蜀，上乃命璘。

已而虜入兩淮，王權渡江，劉錡退保京口[一五]，都人大駭。公與陳公鎮以閒暇，物情少安。虜兵犯大散關，吴璘敗之。捷書至，上諭執政曰：「朕與金國講好二十年，未嘗有纖毫之隙。不意虜使口陳，邀我將相大臣，又欲得漢東、淮南之地，一時臣僚，誰不勸朕用兵？朕謂和好未解，則兵釁不可開，姑發信使，以審其事。至淮既不納，暨歸又求遺，反覆詭詐，多爲釁端，意在敗盟。重兵壓境，託名打圍，謀爲深入。朕不免屯兵嚴備，戒敕諸將，務爲持重，以觀其變。而犯蜀無名，果爲戎首，事之曲直，寧不判然？散關小捷，豈非信順之助？今三道出師，置帥招討[一六]，審彼己，量虚實，撫定我城邑，招集我人民，收復我寢廟。毋焚燒，毋虜掠，毋殺傷，以圖萬全之舉。卿等授朕成筭，副以廟謀，庶幾恢復神州，以雪兩朝之耻。」明日，御筆付公草詔，以戒諸將。公擬進曰：「金人敗好，率先興戎，朝廷應兵，誠非得已。惟諸大將，皆吾爪牙，忠憤慨然，誰不思奮？所幾上爲社稷，下爲生靈，聲援相聞，如手足之捍頭目；緩急必救，如子弟之衛父兄。追廉、藺之遺風，思寇、賈之高誼，叶成掎角之勢，用濟同舟之安。」諸將讀之，無不感勵。

北主盛兵欲度采石，會虞公允文以中書舍人參軍事，適至，趣舟師扼其衝。北主怒，移屯揚州，將謀瓜步，而我師蔽江，不可渡。又李寶入膠西，盡焚燒其戰艦。虜計窮，遂弑其君亮而還[一七]。驛至入賀，上曰：「皆卿等輔佐之力也。」車駕勞師，公扈從至建康，與陳左相協心同力，酬酢軍務。雖機事填委，日不暇給，處之晏然。自虜之欲入寇也，薦張和公浚老成知兵可用，至是留守金陵，眷禮如初。

三十二年，駕還臨安，公慨然曰：「吾起書生，致位兩地，復何求乎？」即日抗章乞解機務，諭留不從，除資政殿學士、提舉臨安府洞霄宮[一八]。言者乃摭他事論公，改端明殿學士[一九]。行至鄂渚，今上即位，除知潼川府。

以清净化民，民安其政。明年，得請洞霄，解印還里。復上章納禄，踰年不報。忽嬰微恙，泊然而薨，實乾道三年正月十一日，享年七十有三。上聞之震悼，加資政殿學士，太常謚曰文安。累贈銀青光禄大夫，封彭山縣開國伯，食邑八百户，食實封二百户。

娶孫氏，贈安定郡夫人。子男五人：光訓，右承事郎；漢老，未命，皆先公卒；光甫，右承務郎；仲舒，迪功郎、成都府廣都縣尉，皆出繼；承公後者獨光旦一人，今爲承議郎、潼川府路轉運司主管文字。三女：適右宣教郎史概、成忠郎孫仲閎、登仕郎杜必達，季女早卒。孫男六人：瑑、璐、瑾，皆以遺澤授承務郎；瓘、珙、玠，後公生。孫女二人：道秀，適進士史直友；道永，未行。以十二月三日葬于彭山縣孝廉鄉。

公性端慤，儀狀甚偉，平居接物，粹然盡人之情。至遇事有守，確乎其不可奪。蓋其資根於孝友，故發爲事業者皆可紀述。初中魁選，賀者蒲門，公方戚然曰：「先君齏鹽三十年，兩與計偕，七走京輦，卒無所成。小子竊緒餘以遊場屋，敢當大名耶？」追登禁從，論事上前，有所奬諭，則曰「皆先臣之教也」。奉太夫人，孝敬尤篤，求所以悦親者，無所不用其至。雖老，侍膝下若童稚然。居喪哀毁骨立，不忍墨衰，廬墓三年，人罕見其面。事二兄謹甚，食不足則斥夫人奩、買田以賙之。郊薦恩先姪後子，推其先業以與諸孤，復置義莊以給宗族之貧者。

方其立朝，當權臣用事之時，退然自處，持使節者幾二十年，略無留滯不滿之歎。及受知太上，議論謇謇，未嘗有所顧忌。參與大政，適丁多事，不動聲氣，坐折遐衝，而知足不辱，全節而歸。進退之間，無毫髮可議。蜀去朝廷遠，人才多不能自達，公既貴，以人物爲己任。君相知其誠實，每訪蜀士，必惟其言是聽，以故冤滯獲伸，英才彙進，一時所舉，布列臺閣。如唐文若、張震、馬騏，卓然有聲，爲天子侍從之臣。而避遠權勢，不肯言自我出。平生故人，久要不忘，賙其急難，及其子孫，意不少衰。至其自處清約，殆與布衣無異。獨居三十年，不畜姬侍。晚歲奉祠，蕭然一室，左右圖史，幅巾藜杖，與鄉人相往來，賦詩飲酒，道舊爲樂，見者忘其爵齒之尊。篤於力行，不自表襮。有文集五十卷藏於家①。

良祐頃歲召爲學官，始從公游。及爲御史，同朝六年，知公爲詳，此其言皆可考不誣。則喟然而歎曰：書曰「其惟吉士，用勱相我國家」，又曰「其惟克用常人」。若公者，可謂吉士有常德者，非耶？使公至今存，雍容廟堂，忠實事上，不爲虛言，其有益於國家豈少哉！惜乎！用不極其所至而死矣。銘曰：

天佑我宋，岷峨降靈。是生文安，人中之英。文安之德，柔惠且直。允文允武，以定王國。公來自荆，王立在庭。不畏强禦，有猷必陳。凡大典册，公載其筆。黼黻王度，討論潤色。羯彼狂虜，蓄謀敗盟。公畫奇策，敵無遁情。遂與國政，同寅曾公②。夙夜不懈，足兵震戎。足兵震戎③，整我師旅。公贊徂征，以立于武。迺遣戍役，鎮彼荆鄂。迺建大將，盡護全蜀。狂虜孔熾，我師震驚。公授成筭，上心載寧。飛檄馳詔，張吾三軍。折箠欲渡，弗戢自焚。帝巡金陵，公左右之。召彼元老，自公啓之。我瞻中原，淮濆既同。公拜稽首，天子之功。人亦有言，名遂身退。天道尚爾，矧敢弗畏。惟公懋德，亶其有常。輔導于帝，爲國維綱。公方在朝，上皇所毗。公既還蜀，天子之思。彭山之阿，有墳峨峨。勒碑于隧，德音不磨。

辨證：

［一］楊文安公椿墓誌銘　楊椿，宋史無傳。按，魏了翁鶴山集卷四四有楊文安公祠堂記。

① 有文集五十卷藏於家　按，宋史卷二〇八藝文志著録楊椿芸室文集七十五卷。
② 同寅曾公　「曾」疑當作「魯」，形近而譌。按，宋史卷三八四陳康伯傳載陳封魯國公。
③ 足兵震戎足兵震戎　前「震」字及後「足兵震戎」四字原闕，據庫本補。

［二］陳良祐　良祐字天與，婺州金華人。歷任監察御史，官至吏部尚書。宋史卷三八八有傳。

［三］而公爲第一　要録卷一二二紹興八年九月己亥條稱其「舉進士，禮部第一」。

［四］逾年趙公去位　按宋史卷三六〇趙鼎傳云：「鼎嘗闢和議，與（秦）檜意不合，及鼎以争（趙）璩封國事拂上意，檜乘間擠鼎，又薦蕭振爲侍御史。振本鼎所引，及入臺，劾參知政事劉大中罷之。鼎曰：『振意不在大中也。』振亦謂人曰：『趙丞相不待論，當自爲去就。』會殿中侍御史張戒論給事中勾濤，濤言：『戒之擊臣，乃趙鼎意。』因詆鼎結臺諫及諸將。上聞益疑，鼎引疾求免，言：『大中持正論，爲章惇、蔡京之黨所嫉。臣議論出處與大中同，大中去，臣何可留？』乃以忠武節度使出知紹興府，尋加檢校少傅，改奉國軍節度使。」

［五］揭榜得名士趙逵張震　要録卷一六二紹興二十一年閏四月丙子條云：「上策試南省舉頭鄭聞已下于射殿。……詳定官擬（趙）逵第五，上覽策，謂有古文氣，乃擢爲第一，遂賜逵等四百四人及第出身。先是，潼州府路提點刑獄公事楊椿被檄考四川類省試，策問方今君臣同德之懿，因論漢文帝不任賈誼爲公卿等事。舉人張震答策言文帝屈己和親，而誼欲以表餌繫單于，此不適時之論。又言主上淵嘿思治，上天眷佑，爲生賢佐，一德之誠，克享天心。椿定爲榜首，（秦）檜大善之，及唱名，震居第四。」按，上引「潼州府路」當爲「潼川府路」之譌。是楊椿主持四川類省試在潼川府路提點刑獄公事任上，非在遷夔州路提點刑獄後。誌文所云不確。

［六］言於朝　按要録卷一六八紹興二十五年六月壬寅條稱楊椿奏言「止係守貳不和，互相論告」。

［七］其以爲秘書少監　要録卷一七〇紹興二十五年十二月丙申條稱楊椿試秘書少監，乃「爲秦檜所抑，久于外，故上擢用之」。

［八］遂止令監司守倅子弟力可行者赴省餘不在遣中　要録卷一七七紹興二十七年五月乙亥條載：時「權尚書兵部侍郎兼祭酒楊椿曰：『蜀士多貧，而使之經三峽，冒重湖，狼狽萬里，可乎？欲去此弊，一監試得人足矣。』遂請選差清彊有才行郎曹以上一人往莅其事，仍令監司守倅賓客子弟力可行者赴省，餘不在遣中。是日，宰執進呈，詔付禮部。其後本部乞士人願赴南省者給驛券，選官不行，餘從之」。

［九］上念故將循王張俊之功至扳援者衆　要録卷一八三紹興二十九年七月乙酉條載：「上以俊贊和議有功」，故擢任其三子。給事中兼直學士院楊椿「封還之」，上奏反對，「然卒除之」。

［一〇］退草制曰　要録卷一八四紹興三十年二月丙子條注曰：「熊克小曆『乙亥召學士楊椿，諭以旨意，鎖院甚嚴。丙子詔略曰』

云云，此蓋據陳良祐撰椿墓誌所言，而不細考之。椿所草乃進封麻制爾。」建炎以來朝野雜記乙集卷一壬午内禪志云：「遂召學士周麟之至都堂諭旨，草詔進入。」注曰：「熊克小曆以爲楊椿草詔，誤也。」

［一一］上遣同知樞密院事王公綸諗之果得其情　要録卷一八二紹興二十九年六月甲申條載：「同知樞密院事王綸爲大金奉表稱謝使，保信軍承宣使、知閤門事曹勛副之。時士大夫數言敵情難信，請飭邊備。沈該等不以爲然，奏遣大臣往探敵意，且尋盟焉。」又卷一八三紹興二十九年九月乙酉條云：「奉使大金稱謝使同知樞密院事王綸、副使昭信軍節度使領閤門事曹勛等還朝入見，言鄰國恭順和好無他。……然金主亮已定寇江之計，綸所見蓋妄也。」

［一二］因與陳公策所以防虜之術　要録卷一八五紹興三十年五月辛卯條注曰：「熊克小曆載楊椿四策於紹興三十一年四月，蓋因陳良祐撰椿墓誌書此事於除參政之後，而椿以是年三月執政故也。然劉寶紹興三十年十月已罷鎮江都統，則非執政後所上明矣。詳考良祐所書，有云『三十一年拜參知政事。未幾，朝廷再遣樞臣葉公義問報聘，歸言金已聚兵境上。公語左僕射陳康伯』云云，則椿所議實在此時，而良祐誤記之也。又按康伯此時爲右僕射，而左相乃湯思退，不知何以全不與聞？當考。」

［一三］冬虜使高景山來賀天申輒出嫚言索淮漢地指取將相大臣　中興禦侮録卷上云：時完顏亮「遣龍虎衞上將軍殿前都提點高景山、通議大夫尚書刑部侍郎王全來賀生辰，因以欽宗訃音聞，乃請割江水以北、漢水以東之地，又邀求宰臣湯思退、陳康伯、知樞王綸、殿帥楊存中、知閤鄭藻等出疆議事，冀吾不允，以開兵端。上不許。二使所請不獲，陛辭，語甚不遜」。

［一四］或者妄傳有幸閩蜀之議　要録卷一九〇紹興三十一年五月甲午條稱「入内内侍省都知張去爲陰沮用兵之議，且陳退避之策，或因妄傳有幸閩、蜀之計」。

［一五］已而虜入兩淮王權渡江劉錡退保京口　宋史卷三六六劉錡傳云：「金人議留精兵在淮東以禦錡，而以重兵入淮西。大將王權不從錡節制，不戰而潰。自清河口退師揚州，以舟渡真、揚之民于江之南，留兵屯瓜洲。錡病，求解兵柄，留其姪汜以千五百人塞瓜洲渡，又令李横以八千人固守。詔錡專防江，錡遂還鎮江。」

［一六］今三道出師置帥招討　據宋史卷三二高宗紀載，紹興三十一年十月「癸卯，以吴璘兼陜西河東招討使，劉錡兼京東河北東路招討使，成閔兼京西河北西路招討使」。

〔一七〕虜計窮遂弒其君亮而還　大金國志卷一五海陵煬王紀載：「主（完顏亮）已聞李寶由海道入膠西，焚我戰艦，而荆鄂成閔諸軍方順流而下，主愈忿，乃回揚州，召諸將，約三日畢濟，過期盡殺之。諸將相與謀曰：『南軍有備如此，進有渰殺之禍，退有盡戮之憂，奈何？』其中一將曰：『等死，求生可乎？』衆皆曰：『願聞教。』有總管萬載曰：『殺郎主，却與南宋通和歸鄉，則生矣。』衆皆一辭，曰：『諾。』主有紫茸等『細軍』，不遣臨敵，專以自衛，諸將雖欲殺逆，而細軍衛之甚嚴。衆因謂細軍曰：『淮東子女玉帛皆逃在泰州，我輩急欲渡江，汝等何不白郎主往取之？』細軍欣然共請，主從之，于是細軍去者過半。主語威勝統軍耶律勸農曰：『爾所將勝兵，我明日自點，數少必誅汝！』勸農自計兵已亡過半，與其子宿直將軍毋里謀，亦欲弒主。乙未，諸將集兵萬餘人，控弦直入主寢帳中，左右親軍散走，諸將射帳中，矢下如雨，主即崩，并殺妃侍與謀事者十餘人。」

〔一八〕除資政殿學士提舉臨安府洞霄宫　要録卷一九八紹興三十二年閏二月癸未條云：「宰執奏事，參知政事楊椿留身求去，上慰諭不許。先是，欽宗神主祔廟，而椿以年衰不能久立，幾於僵仆，左右掖之而出。椿不自安，乃丐免。於是殿中侍御史吴芾等相繼論之。」己丑條云：「右諫議大夫梁仲敏入對，論：『參知政事楊椿輔政期年，專務諂諛，以奉同列。議論政事之際，則拱手唯唯。既歸私第，則酣飲度日。以備員保禄爲得計，朝廷何賴焉？』殿中侍御史吴芾言：『椿自爲侍從，已無可稱。其在翰苑，所爲辭命，類皆剽竊前人，綴緝以進。冒登政府，一言無所關納，一事無所建明，但爲鄉人圖差遣，爲知舊干薦舉而已。故都人目爲「收敕參政」，又以「伴食參政」目之。去冬警報初聞，有數從官謁椿，勉以規畫，又以危言動之，椿竟不答，但指耳以對，蓋椿素有聵疾也。親厚有風之使去者，椿曰：「吾爲參政，宰相諾，吾亦諾；宰相拜，吾亦拜，重聽何傷？」其貪禄無耻至於如此。』左正言劉度亦論：『椿貪懦無耻，頃爲湖北憲，率以三百千而售一舉狀。自爲侍從，登政府，惟聽兵部親事官及親隨吏貨賂請求。望賜罷免，以肅中外。』」又辛卯條載「參知政事楊椿充資政殿學士，提舉在外宫觀。椿爲臺諫所擊，四上疏丐免，乃有是命」。

〔一九〕言者乃摭他事論公改端明殿學士　要録卷一九八紹興三十二年三月丁酉朔條載新除資政殿學士楊椿降充端明殿學士、提舉臨安府洞霄宫，云：「時諫官梁仲敏、劉度連疏論椿持禄苟容，而殿中侍御史吴芾極言：『椿按刑湖北，委政妻弟，關節公行。既位于朝，蜀人之求官理賞者，椿受其賂遺，擅以威勢，逼脅省部，以遂其私。所得減半，不以與人，而盡出賣於富室，所被宣借，元不差人，而收所請于私帑。三衢豪民徐國澄納錢二千二百緡，遂以門客恩澤奏之。衆牙分錢不均，喧争于市，椿知而不耻。』章再上，乃有是命。」

名臣碑傳琬琰集中卷三十四

梅直講聖俞墓誌銘[一]　文忠公歐陽脩

嘉祐五年，京師大疫。四月乙亥，聖俞得疾，卧城東汴陽坊。明日，朝之賢士大夫往問疾者，騶呼屬路不絶。城東之人，市者廢，行者不得往來，咸驚顧相語曰：「兹坊所居大人誰邪？何致客之多也！」居八日，癸未，聖俞卒。於是賢士大夫又走弔哭如前日益多，而其尤親且舊者，相與聚而謀其後事[二]，自丞相以下，皆有以賻卹其家。粤六月某日①，其孤增載其柩南歸，以某年某月某日葬于某所②。

聖俞字也，其名堯臣，姓梅氏，宣州宣城人也。自其家世頗能詩，而從父詢以仕顯。至聖俞，遂以詩聞。自武夫、貴戚、童兒、野叟，皆能道其名字[三]，雖妄愚人不能知詩義者，且曰「此世所貴也，吾能得之」，用以自矜。故求者日踵門，而聖俞詩遂行天下。其初喜爲清麗閑肆平淡，久則涵演深遠，間亦琢刻以出怪巧，然氣完力餘，益老以勁。其應於人者多，故辭非一體，至於他文章，皆可喜，非如唐諸子號詩人者，僻固而狹陋也。

① 粤六月某日　「某日」，居士集卷三三梅聖俞墓誌銘作「甲申」。

② 以某年某月某日葬于某所　「某年某月某日」，居士集卷三三梅聖俞墓誌銘作「明年正月丁丑」。

聖俞爲人仁厚樂易，未嘗忤於物，至其窮愁感憤，有所罵譏笑謔，一發於詩，然用以爲懽，而不怨懟，可謂君子者也[四]。

初在河南，王文康公見其文，歎曰：「二百年無此作矣[五]。」其後大臣屢薦宜在館閣，嘗一召試①，賜進士出身[六]，餘輒不報。嘉祐元年，翰林學士趙概等十餘人列言于朝曰：「梅某經行修明，願得留與國子諸生講論道德，作爲雅頌，以歌詠聖化。」乃得國子監直講。三年冬，祫于太廟[七]，御史中丞韓絳言天子且親祠，當更制樂章，以薦祖考，惟梅某爲宜，亦不報。

聖俞初以從父廕補太廟齋郎，歷桐城、河南、河陽三縣主簿，以德興縣令知建德縣，又知襄城縣，監湖州鹽税，簽署忠武、鎮安兩軍節度判官，監永濟倉，國子監直講，累官至尚書都官員外郎。嘗奏其所撰唐載二十六卷②，多補正舊史闕謬。乃命編修唐書。書成，未奏而卒[八]，享年五十有九。

曾祖諱某，祖諱某③，皆不仕。父諱某④，太子中舍致仕，贈職方郎中。母曰仙遊縣太君束氏，又曰清河縣太君張氏。初娶謝氏⑤，再娶刁氏，封某縣君。子男五人：曰增，曰墀，曰坰，曰龜兒，一早卒。女二人：長適太廟齋郎薛通，次尚幼。

---

① 嘗一召試　「試」字原脱，據居士集卷三三梅聖俞墓誌銘補。

② 嘗奏其所撰唐載二十六卷　「唐載」，宋史梅堯臣傳作「唐載記」。

③ 曾祖諱某祖諱某　居士集卷三三梅聖俞墓誌銘作「曾祖諱遠，祖諱邈」。

④ 父諱某　居士集卷三三梅聖俞墓誌銘作「父諱讓」。

⑤ 初娶謝氏　「謝氏」下，居士集卷三三梅聖俞墓誌銘有「封南陽縣君」五字。

聖俞學長於毛氏詩，爲小傳二十卷，其文集四十卷①，注孫子十三卷②。余嘗論其詩曰：「世謂詩人少達而多窮，蓋非詩能窮人，殆窮者而後工也。」聖俞以爲知言。銘曰：

不戚其窮，不困其鳴。不躓于艱，不履于傾。養其和平，以發厥聲。震越渾鍠，衆聽以驚。以揚其清，以播其英。以成其名，以告諸冥。

辨證：

[一] 梅直講聖俞墓誌銘　本墓誌又載於歐陽脩居士集卷三三，題曰「梅聖俞墓誌銘」。按，梅堯臣，東都事略卷一一五、宋史卷四四三有傳。

[二] 而其尤親且舊者相與聚而謀其後事　據彭城集卷三五故朝散大夫給事中集賢院學士權判南京留司御使臺劉公行狀云：「梅堯臣聖俞與公（劉敞）親且舊，既卒，其家不能自存，公哀之，未有以助也。聖俞嘗欲書程丞相神道碑，病不果，公爲成之，程氏喜，餉白金五百兩，公不發封，盡以賻梅氏。」安陽集卷五〇故觀文殿學士太子少師致仕贈太子太師歐陽公墓誌銘云歐陽修「平生篤於朋友，如尹師魯、梅聖俞、孫明復既卒，其家貧甚，公力經營之，使皆得以自給，又表其孤于朝，悉録以官」。按，時丞相爲富弼、韓琦。

[三] 自武夫貴戚童兒野叟皆能道其名字　六一詩話云：「蘇子瞻學士，蜀人也，嘗於淯井監得西南夷人所賣蠻布弓衣，其文織成梅聖俞春雪詩。此詩在聖俞集中，未爲絶唱。蓋其名重天下，一篇一詠，傳落夷狄，而異域之人貴重之如此耳。」歸田録卷二云：「王副樞疇之夫人，梅鼎臣之女也。景彝初除樞密副使，梅夫人入謝慈壽宮，太后問夫人誰家子？對曰：『梅鼎臣女也。』太后笑曰：『是梅聖

---

① 其文集四十卷　按，宋史梅堯臣傳云其著有宛陵集四十卷。晁志卷一九、陳録卷一七著録梅堯臣宛陵集六十卷、外集十卷，宋史卷二〇八藝文志著録梅堯臣集六十卷，又後集二卷。

② 注孫子十三卷　按，「十三卷」，東都事略梅堯臣傳同；居士集卷三三梅聖俞墓誌銘、宋史梅堯臣傳云「十三篇」，晁志卷一四著録作「三卷」。

俞家乎？』由是始知聖俞名聞於宫禁也。聖俞在時，家甚貧，余或至其家，飲酒甚醇，非常人家所有。問其所得？云皇親有好學者，宛轉致之。余又聞皇親有以錢數千購梅詩一篇者，其名重於時如此。」

［四］至其窮愁感憤至可謂君子者也　按，世傳碧雲騢一卷，題梅堯臣撰，然宋人或以爲魏泰託名之作。葉夢得避暑録話卷上云：「士大夫作小説雜記所聞見，本以爲游戲，而或者暴人之短，私爲喜怒，此何理哉？世傳碧雲騢一卷爲梅聖俞作，皆歷詆慶曆以來公卿隱過，雖范文正亦不免，議者遂謂聖俞游諸公間，官竟不達，懟而爲此以報之。君子成人之美，正使萬有一不至，猶當爲賢者諱，況未必有實。聖俞賢者，豈至是哉？後聞之乃襄陽魏泰所爲，嫁之聖俞也。此豈特累諸公，又將以誣聖俞。歐文忠歸田録自言以唐李肇爲法，而少異者，不記人之過惡。君子之用心，當如此也。」張邦基墨莊漫録卷二、陳長方步里客談卷上亦云碧雲騢乃「魏泰託梅聖俞之名作書」。又通考卷二一七引李氏曰：「況堯臣平日爲人，仁厚樂易，未嘗忤於物，歐陽修嘗以此而銘其墓。使堯臣怨懟，果爲此書以厚誣名臣，則所養可知矣。今市井輕浮之子未必爲之，而謂堯臣爲之哉？」然晁志卷六以爲：「梅堯臣聖俞撰。昭陵時，有御馬名碧雲騢，以旋毛貴，用以名書者，詆當時鼎貴之人，然其意專在范文正也。頃年獲拜趙氏姑於恭南，因質此事之誕信。答曰：『異哉聖俞，作謗書以誣盛德，蓋誅絶之罪也。』」邵博邵氏聞見後録卷一六辨之云：「梅聖俞著碧雲騢，應昭陵時名下大臣，惟杜祁公、富鄭公、韓魏公、歐陽公無貶外，悉譏詆之，無少避。……范文正公者，亦在詆中。以文正微時，常結中書吏人范仲尹，因以破家。文正既貴，略不收卹。王銍性之不服，以爲魏泰僞託聖俞著此書。性之跋范仲尹墓誌云：『近時襄陽魏泰者，場屋不得志，喜僞作他人著書，如志怪集、括異志、倦遊録，盡假名武人張師正，又不能自抑，出其姓名作東軒筆録，皆用私喜怒誣衊前人，最後作碧雲騢，假名梅聖俞，毁及范文正公，而天下駭然不服矣。且文正公與歐陽公、梅公立朝同心，詎有異論？特聖俞子孫不耀，故挾之借重以欺世。今録楊闢所作范仲尹墓誌，庶幾知泰亂是非之實至此也。則其他泰所厚誣者，皆迎刃而解，可盡信哉！僕猶及識泰，知其從來最詳，張而明之，使百世之下，文正公不蒙其謬焉。潁人王銍性之題。』予以爲不然，亦書其下云：美哉，性之之意也。使范公不蒙其謬，聖俞亦不失爲君子矣。然聖俞蚤接諸公，名聲相上下，獨窮老不振。中不能無躁，其聞范公訃詩：『一出屢更郡，人皆望酒壺。俗情難可學，奏記向來無。貧賤常甘分，崇高不解諛。雖然門館隔，泣與衆人俱。』夫爲郡而以酒悦人，樂奏記，納諛佞，豈所以論范公者，聖俞之意，真有所不足邪？如著文公燈籠錦事，則又與書竄詩合矣。故予疑此書實出於聖俞也。」此後人或疑或信，如周煇清波雜志卷四有稱「梅聖俞不得志於諸公間，乃借此名著書一卷，詆譏

慶曆巨公。後葉石林於避暑録嘗辨乃襄陽魏泰所著，嫁之聖俞。其略謂萬有一不至，猶當爲賢者諱。蓋亦未免置疑。邵公濟，康節孫也，亦引聖俞聞范文正公訃詩云：……謂爲郡以酒悦人，樂奏記納諛，豈所以論文正者？以是又疑真出于聖俞也」。陳録卷一一云此書「題梅堯臣撰。以厩馬爲書名，其説曰：『世以旋毛爲醜，此以旋毛爲貴，雖貴矣，病可去乎？』其不遜如此，聖俞必不爾也。所記載十餘條，公卿多所毁訐，雖范文正亦所不免。或云實魏泰所作，託之聖俞。王性之辨之甚詳，而邵氏聞見後録乃不然之」。然今人多以爲碧雲騢實爲梅堯臣之作。

［五］王文康公見其文歎曰二百年無此作矣　獨醒雜志卷一載：「王文康公晦叔，性嚴毅，見僚屬未嘗解顔。知河南日，梅聖俞時爲縣主簿，一日，袖所爲詩文呈公。公覽畢，次日，對坐客謂聖俞曰：『子之詩，有晉宋遺風，自杜子美没後，二百餘年不見此作。』由是禮貌有加，不以尋常待聖俞矣。」按，王曙字晦叔，謚文康。

［六］其後大臣屢薦宜在館閣嘗一召試賜進士出身　長編卷一七一皇祐三年九月庚申條載賜國子博士梅堯臣同進士出身，仍改太常博士，云其「工於詩。宋興，以詩名家爲世所傳如堯臣者蓋少。大臣屢薦堯臣宜在館閣，召試學士院，而有是命」。邵氏聞見後録卷一七云：「嘉祐中，侍從官列薦國子博士梅堯臣宜在館閣，仁皇帝曰：『能賦「一見天顔萬人喜，卻回宫路樂聲長」者也。』蓋帝幸景靈宫，堯臣有詩，或傳入禁中，帝愛此二語。召試賜等。」雲齋廣録卷三詩話録梅聖俞云：「嘉祐中，梅聖俞與陸詵、張師中、胡時同試館閣，止得賜進士出身，改屯田員外郎，依前國子監直講。翰林學士胡宿以聖俞不得館職，以詩寄之曰：『賦就甘泉客薦雄，獨攀仙桂向秋風。抽毫同預三英坐，换骨纔争第一功。瞥見靈鼇居水下，恍聞仙犬吠雲中。姮娥應有憐才意，唯許詩人到月宫。』其爲名臣所重如此。」按，據長編所載，邵氏聞見後録所云「嘉祐」，當爲「皇祐」之誤；雲齋廣録云其「嘉祐中，梅聖俞……試館閣，止得賜進士出身」，亦不確。

［七］三年冬祫于太廟　宋史梅堯臣傳云：「寶元、嘉祐中，仁宗有事郊廟，堯臣預祭，輒獻歌詩。」

［八］乃命編修唐書書成未奏而卒　春明退朝録卷下云：「時修唐書「將卒業，而梅聖俞入局，修方鎮百官表。嘉祐五年六月，成書。……聖俞先一月餘卒，詔官其一子」。

劉學士敞墓誌銘[一]　文忠公歐陽脩

公諱敞，字仲原父①，姓劉氏。世爲吉州臨江人[二]。自其皇祖以尚書郎有聲太宗時[三]，遂爲名家，其後多聞人，至公而益顯。

公舉慶曆六年進士，中甲科[四]，以大理評事通判蔡州。丁外艱，服除，召試學士院，遷太子中允、直集賢院，判登聞鼓院、吏部南曹、尚書考功。於是夏英公既薨，天子賜謚曰文正。公曰：「此吾職也。」即上疏言：「謚者，有司之事也。且竦行不應法，今百司各得守其職，而陛下侵臣官。」疏凡三上，天子嘉其守，爲更其謚曰文莊[五]。公曰：「姑可以止矣。」權判三司開拆司②，又權度支判官，同修起居注。至和元年九月召試，遷右正言、知制誥[六]。宦者石全彬以勞遷宫苑使，領觀察使，意不滿，退而愠有言，居三日，正除觀察使。公封還詞頭不草制，其命遂止[七]。

二年八月，奉使契丹。公素知虜山川道里，虜人道自古北口回曲千餘里至柳河，公問曰：「自松亭趍柳河，甚直而近，不數日可至中京，何不道彼而道此？」蓋虜人常故迂其路，欲以國地險遠誇使者，且謂莫習其山川，不虞公之問也，相與驚顧羞媿，即吐其實曰：「誠如公言[八]。」時順州山中有異獸，如馬而食虎豹，虜人不識以問，公曰：「此所謂駮也。」爲言其形狀聲音[九]，皆是，虜人益歎服。三年，使還，以親嫌求知揚州[一〇]。

① 字仲原父　按，東都事略、宋史劉敞傳稱其字原父。

② 權判三司開拆司　「拆」原作「坼」，據居士集卷三五劉公墓誌銘改。

歲餘，遷起居舍人，徙知鄆州，兼京東西路安撫使。居數月召還，糾察在京刑獄，修玉牒。知嘉祐四年貢舉，稱爲得人[一一]。是歲，天子卜以孟冬祫，既廷告，丞相用故事率文武加上天子尊號。公上書言：「尊號非古也。陛下自寶元之郊，止群臣毋得以請，殆今二十年無所加，天下皆知甚盛德，奈何一旦受虛名而損實美？」上曰：「我意亦謂當如此。」遂不允群臣請[一二]。而禮官前祫請祔郭皇后於廟，自孝章以下四后在別廟者，請毋合食[一三]。事下議，議者紛然。公之議曰：「春秋之義，不薨于寢，不稱夫人。而郭氏以廢薨，按景祐之詔，許復其號，而不許其謚與祔，謂宜如詔書①。」又曰：「禮於祫，未毀廟之主皆合食，而無帝后之限，且祖宗以來用之。傳曰：『祭從先祖。』宜如故。」於是皆如公言[一四]。

公既驟屈廷臣之議，議者已多仄目，既而又論呂溱過輕而責重，與臺諫異，由是言事者亟攻之[一五]。公知不容于時矣，會永興闕守②，因自請行，即拜翰林侍讀學士，充永興軍路安撫使、兼知永興軍府事。長安多富人右族，豪猾難治，猶習故都時態。公方發大姓范偉事，獄未具而公召③，由是獄屢變連年，吏不能決。至其事聞，制取以付御史臺乃決，而卒如公所發也[一六]。公爲三州，皆有善政。在揚州，奪發運使冒占靁塘田數百頃予民[一七]，民至今以爲德。其治鄆、永興，皆承旱歉，所至必雨雪，蝗輒飛去，歲用豐稔，流亡來歸，令行民信，盜賊禁止，至路不拾遺。

公於學博[一八]，自六經、百氏、古今傳記，下至天文地理、卜醫數術、浮屠老莊之説，無所不通。其爲文章尤

---

① 謂宜如詔書　「宜」原作「且」，據庫本及居士集卷三五劉公墓誌銘改。

② 會永興闕守　「闕」原作「門」，據鐵琴銅劍樓本、庫本及居士集卷三五劉公墓誌銘改。

③ 獄未具而公召　「召」原作「石」，據文海本、庫本及居士集卷三五劉公墓誌銘改。

敏贍。嘗直紫微閣，一日追封皇子、公主九人，公方將下直，爲之立馬却坐，一揮九制數千言，文辭典雅，各得其體[一九]。

公知制誥十年①，當以次遷翰林學士者數矣，久而不遷[二〇]。及居永興歲餘，遂以疾聞，八年八月召還，判三班院、太常寺。公在朝廷，遇事多所建明。如古渭州可棄，孟陽河不可開，樞密使狄青宜罷以保全之之類[二一]，皆其語在士大夫間者。若其規切人主，直言逆耳，至於從容進見，開導聰明，賢否人物，其事不聞於外廷者，其補益尤多。故雖不合於世，而特被人主之知。方嘉祐中，嫉者衆而攻之急，其雖危而得無害者，仁宗深察其忠也。及侍英宗講讀，不專章句解詁，而指事據經，因以諷諫[二二]，每見聽納，故尤奇其材②。已而復得驚眩疾[二三]，告滿百日，求便郡。上曰：「如劉某者，豈易得也？」復賜以告。上每宴見諸學士，時時問公少間否，賜以新橙五十，勞其良苦。疾少間，復求外補[二四]，上悵然許之。出知衛州，未行，徙汝州。治平三年召還，以疾不能朝，改集賢院學士、判南京留守司御史臺。熙寧元年四月某日卒于官舍③，享年五十。

嗚呼！以先帝之知公，使其不病，其所以用之者，豈一翰林學士而止哉？方公以論事迕於時也，又有構爲謗語以怒時相者。及歸自雍，丞相韓公方欲還公學士，未及而公病，遂止於此[二五]，豈非其命也夫！

公累官至給事中，階朝散大夫，勳上輕車都尉，開國彭城爵公，邑户二千一百④，實食者三百。曾祖諱某⑤，

---

① 公知制誥十年　「十年」，居士集卷三五劉公墓誌銘作「七年」，彭城集卷三五劉公行狀亦云「公在西垣七年」。按，劉敞自至和元年知制誥，至嘉祐五年以翰林侍讀學士知永興軍，實七年。疑「十年」乃「七年」之譌。

② 故尤奇其材　「材」原作「林」，據文海本、庫本及居士集卷三五劉公墓誌銘改。

③ 熙寧元年四月某日卒于官舍　「某日」，居士集卷三五劉公墓誌銘作「八日」。

④ 邑户二千一百　「百」原作「至」，據文海本、庫本及居士集卷三五劉公墓誌銘改。

⑤ 曾祖諱某　「某」，居士集卷三五劉公墓誌銘作「琠」。

贈大理評事。祖諱某①，尚書工部員外郎，贈户部尚書。考諱某②，尚書主客郎中③，贈工部尚書。公再娶倫氏④，皆侍御史程之女，前夫人先公早卒，後夫人以公貴，累封河南郡君。子男四人：長安國⑤，郊社掌座，早卒；次奉世，大理寺丞；次當時，大理評事；次安上，太常寺太祝。女三人，長適大理評事韓宗直，二尚幼。公既卒，天子推恩，録其兩孫望、旦，一族子安世，皆試將作監主簿[二六]。

公爲人磊落明白，推誠自信，不爲防慮，至其屢見侵害，皆置而不較，亦不介于胷中。居家不問有無，喜賙宗族。既卒，家無餘財。與其弟攽友愛尤篤。有文集若干卷⑥[二七]。其爲春秋之説，曰傳，曰權衡，曰説例，曰文權，曰意林，合爲四十一卷。又有七經小傳五卷、弟子記五卷，而七經小傳今盛行於學者。二年某月某日⑦，其弟攽與其子奉世等葬公於某所[二八]，以來請銘。乃爲之銘曰：

嗚呼！維仲原父，學强而博，識敏而明。其無疑貳一以誠⑧，見利如畏義必争。觸機復檢危不傾，畜大不施奪其齡。惟其文章燦日星，雖欲有毁知莫能。維古聖賢皆後亨，有如不信考斯銘。

---

① 祖諱某　「某」，居士集卷三五劉公墓誌銘作「式」。

② 考諱某　「某」，居士集卷三五劉公墓誌銘作「立之」。

③ 尚書主客郎中　「主」原作「王」，據庫本、居士集卷三五劉公墓誌銘及彭城集卷三五劉公行狀改。

④ 公再娶倫氏　「倫」原作「論」，據居士集卷三五劉公墓誌銘及彭城集卷三五劉公行狀改。

⑤ 長安國　居士集卷三五劉公墓誌銘、彭城集卷三五劉公行狀作「長定國」。

⑥ 有文集若干卷　按，居士集卷三五劉公墓誌銘稱「有文集六十卷」，東都事略劉敞傳同。晁志卷一九、陳録卷一七著録公是集七十五卷，宋史卷二〇八藝文志七著録劉敞集七十五卷。

⑦ 二年某月某日　「某月某日」，居士集卷三五劉公墓誌銘作「十月辛酉」。

⑧ 其無疑貳一以誠　「其無疑貳」，居士集卷三五劉公墓誌銘作「坦其無疑」。

辨證：

［一］劉學士敞墓誌銘　本墓誌又載於歐陽脩居士集卷三五，題曰「集賢院學士劉公墓誌銘」。按，劉敞，東都事略卷七六、宋史卷三一九有傳，劉攽彭城集卷三五載有故朝散大夫給事中集賢院學士權判南京留司御史臺劉公行狀。

［二］世爲吉州臨江人　東都事略劉敞傳稱其「袁州臨江人」，宋史劉敞傳稱「臨江新喻人」。按，宋時臨江軍與吉州、袁州同屬江南西路，據劉敞爲其祖父式所撰劉磨勘府君式家傳，有「自廬陵遷新喻」句。據宋史卷八八地理志四載，臨江軍，「淳化三年以筠州之清江建軍」，屬縣新淦縣「淳化三年自吉州來隸」，新喻縣「淳化三年自袁州來隸」。則本墓誌稱其「吉州臨江人」者誤。疑「吉州」乃「袁州」之譌，且又將新淦縣、新喻縣之歸屬相混。

［三］自其皇祖以尚書郎有聲太宗時　按，劉敞祖父式，宋太宗時爲尚書工部員外郎。本書中集卷四〇載有劉磨勘府君式家傳。

［四］中甲科　彭城集卷三五劉公行狀云：「公舉進士，慶曆六年三月御試，選爲第一。會内兄翰林學士承旨王公堯臣時爲編排官，以嫌自列。編排者，用考試官所定等第，受成事而甲乙之耳，誠無預於與奪，可無嫌也。王公固辭之，上不得已，以爲第二。」按，宋史劉敞傳略同。又默記卷中云：「劉原父就省試，時父立之爲湖北轉運使。按部至鄂州，與郡守王山民宴于黄鶴樓，數日不發，謂守曰：『吾且止此，以候殿榜，兒子決須魁天下。』守心不平，且曰：『四海多士，雖令似才俊，豈可預料？』立之曰：『縱使程試不得意，亦須作第二人。』來日，殿榜到州，原父果第二名。繼得家書云：『初考爲狀元，賦中小誤，遂以賈黯爲魁。』立之即以書示郡守而行。所謂『知子莫若父』也。」又，丞相魏公譚訓卷四云：「劉原父豪邁超軼，博極群書，文章瑰瑋，唯不喜詞賦。嘗謂祖父（蘇頌）曰：『縱不取高第，亦不能爲州縣之職。』祖父曰：『審爾當習賢良。』二叔祖作賦甚工，每笑之。楊寘榜劉下第，……次賈黯榜試戎祀國之大事，劉賦如神助，警句云：『仲尼明三慎之文，惟齋及戰；箕子陳五事之目，在祀與師。』考爲狀元。以執政親嫌，降第二名，衆爲不平。……乃知科舉非人力也。」按，王堯臣時爲翰林學士承旨，非執政。

［五］爲更其謚曰文莊　長編卷一七一皇祐三年九月乙卯條云：「武寧節度使兼侍中夏竦卒，贈太師、中書令，賜謚文獻。知制誥王洙當草制，封還其目，曰：『臣下不當與僖祖同謚。』遂改曰文正。同知禮院司馬光言：『謚之美者，極於「文正」。竦何人，乃得此謚？』判考功劉敞言：『謚者有司之事也，竦姦邪，而陛下謚之以正，不應法，且侵臣官。』光疏再上，敞疏三上，詔爲更謚曰文莊。」

制誥。

［六］遷右正言知制誥　彭城集卷三五劉公行狀云：「初，陳丞相以公不附己，論議不能右公。唯天子察公忠直，數得公奏議，開納無疑，故亟用公知制誥。陳丞相以修注未一月爲言，上不聽曰：『此豈計官資日月邪？』公謝日，上又面諭曰：『外間事不便，有所聞，當一一語朕也。』」按：陳丞相，指陳執中。又據長編卷一七七至和元年九月甲子條，劉敞時與起居舍人、直集賢院、同修起居注吳奎並知制誥。

［七］公封還詞頭不草制其命遂止　長編卷一七七至和元年十一月壬午條云：「入内押班石全彬爲入内副都知，知制誥劉敞封還詞頭，奏曰：『全彬昨已有制旨除宫苑使、利州觀察使。未及三日，復換此命。朝令夕改，古人所非。若因全彬自陳，探其不滿之意，曲徇所求，以悦其心，便是朝廷恩典本無定制，惟繫宦官臨時徼乞。宣布天下，必以爲惑，傳示後世，必以爲笑。何則？陛下賞罰，當信天下，當教後世。不知全彬功勤，凡有幾何？昨者嶺外之行，已曾受賞，今奉温成皇后葬畢，賞又不薄，不知厭足，愈求遷進；朝廷亦當愛惜事體，無宜輕改成命。全彬閨闥之臣，尚如此姑息，萬一復有權勢重於全彬者，如何待之？臣雖鄙賤，實惜此體，不敢輒撰告辭。』從之。後三月，全彬卒爲入内副都知。」注曰：「敞本傳獨不載此，全斌傳有之。」

［八］虜人道自古北口回曲千餘里至柳河至誠如公言　彭城集卷三五劉公行狀云劉敞「充北朝皇太后生辰國信使」，時「契丹遣其臣馬祐來迓，行自幽州，東北入古北口，更長興白隰山路，詰曲繚繞，或折而西南，行千餘里，乃出山，至柳河」。故有劉敞之問，遼使者答曰：「實然。然自通好以來，置驛如此，不敢改也。」

［九］爲言其形狀聲音　彭城集卷三五劉公行狀云其言異獸「其狀如白馬，黑尾鋸牙，音如鼓，洀桓，迎日而馳。爲誦山海經、管子書曉之」。按，爾雅釋畜曰：「駮如馬，倨牙，食虎豹。」

［一〇］以親嫌求知揚州　據長編卷一八二嘉祐元年閏三月辛卯條載，劉敞爲「王堯臣姑子」，至此「堯臣執政」，故劉敞自知制誥出知揚州，「避親也」。

［一一］知嘉祐四年貢舉稱爲得人　宋會要輯稿選舉一之一一載嘉祐「四年正月十一日，以翰林學士胡宿權知貢舉，翰林侍讀學士呂溱、知制誥劉敞并權同知貢舉」。又容齋隨筆卷九高科得人云是年「劉煇牓，煇不顯，胡右丞宗愈、安門下燾、劉忠肅公摯、章中公惇連名。其盛如此」。

［一二］丞相用故事率文武加上天子尊號至遂不允群臣請　長編卷一八九嘉祐四年六月己巳條云：「宰臣富弼等請加尊號曰『大仁至治』，詔不許。故事，每三歲躬行大禮畢，輒受群臣所加尊號，自康定以來罷之，至是執政復舉故事以請。」宰臣富弼等「表五上，卒不許。敞時兼領禮部名表，當撰表辭，先勸弼以不宜爾，弼憮然曰：『適已奏聞，乃是上意欲爾，不可止也。』敞不得已爲撰五表，仍密奏三疏，罷之」。

［一三］而禮官前祫請祔郭皇后於廟自孝章以下四后在別廟者請毋合食　長編卷一九〇嘉祐四年七月庚申條云：「上始欲於景靈宮建郭皇后影殿，禮官言其不可，遂寢之。既而翰林侍講學士楊安國請建影殿於洪福院，再下禮院檢詳。禮官言：『影殿非古也。比年萬壽觀建温成皇后影殿，蓋事出一時，未經禮官審訂，不足以訓於後。若謂郭皇后本無大過，今既牽復位號，則宜賜以謚册，祔於后廟，以正典禮。』」又八月甲戌條注曰：「據蘇頌所作孫抃行狀，則倡議祔后廟乃孫抃也。又據汪藻所編詔旨、蘇頌傳，頌實倡議者。」

［一四］於是皆如公言　長編卷一九〇嘉祐四年八月庚辰條云：「詔學士院趣上郭皇后祔廟議。先是，禮官祥符張洞駁劉敞議，……洞復疏難敞説，其後學士院卒不上議。時集賢校理蘇頌亦爲禮官，所請與洞合。一日，白事都堂，曾公亮問曰：『郭后乃上元妃，若祔廟，則事體重矣。』頌曰：『國朝祖宗三聖，賀、尹、潘皆元妃，事體正相類。今止祔后廟，則豈得有異同之言？』公亮曰：『議者以謂陰逼母后，是恐萬歲後配祔之意。』頌曰：『若加「懷」、「愍」、「哀」之謚，則不爲逼矣。』公亮稱善。然議終格。」

［一五］既而又論吕溱過輕而責重與臺諫異由是言事者亟攻之　長編卷一九〇嘉祐四年九月癸丑條載云翰林侍讀學士、禮部郎中、知和州吕溱落職，分司南京，云時「執政憐溱以忤監司意抵峻法，卒從輕坐。知制誥劉敞草溱謫辭，有『簡直好節，推誠不疑』等語，臺諫又引胡旦、李昌齡故事，乞加敞罪，不報」。又卷一九二嘉祐五年九月丁亥朔條云：「初，臺諫劾敞行吕溱責官制詞不直，又前議郭后祔廟，嘗云『上之廢后，慮在宗廟社稷，不得不然』，是欲導人主廢后也。章十數上，敞不自安。會永興闕守，遂請行，詔從之。」按，彭城集卷三五劉公行狀云：「御史吴中復嘗薦文學鄭叔熊於朝。故事，御史薦士，無特授官者，前數年，觀文殿學士王公舉正嘗薦叔熊，既不行矣，已而執政以中復故，乃更追用舉正前章，除叔熊以官。叔熊實以醫自名，爲中復治嬖妾有功，中復故稱之。公刺譏中復，中復聞之恨甚，又憾前詆欺不遂，而公潔廉無私，無可加誣者。公前議郭后廟有語云『上之廢郭后，慮在宗廟社稷之際，不得不然耳』。中復即深文排詆，析言搆語，云此欲開導人主廢后，是許敬宗之倫。中復既唱其端，隨者翕然。」

〔一六〕而卒如公所發也　彭城集卷三五劉公行狀云：「大姓范偉積産數巨萬，冒武功縣令范祚爲其祖。偉所取信者，持祚爲令時黄敕耳。偉家不徭役者五十年，更西事調發，下户困敝，而偉自若。盗相祚墓，以己祖母合葬之，謾云祚繼室也。雷簡夫以處士登用，能爲文辭。偉賂簡夫使爲墓碑，以信其僞。偉因此出入公卿間，持府縣短長，數犯法，至徒流，輒以贖去。長安人皆知偉罔冒，畏偉不敢言；吏受賕者輒爲偉蔽匿。公因事發之，窮治偉伏罪，長安中讙呼稱神明。會大赦未斷，而公去雍。偉因謀反變前狀，自後連五獄，證逮四五百人，展轉二年。朝廷以委御史，乃不得變。而偉亦以更大赦，杖之而已。長安人恨之。」

〔一七〕奪發運使冒占靁塘田數百頃予民　彭城集卷三五劉公行狀云：「揚州雷塘即漢江都之雷陂也，舊屬民。自唐以來，耕種其中。往數十歲，官取蓄水，以備漕運。舊田主二十六家，皆奪業失職。官始議以他田償之，竟無與也。然塘亦破決不修，漕運未嘗賴此。發運使因以假揚州種稻，而舊田主二百餘口皆饑寒，縣官莫省。及公至，持太和年契書詣府自訟，公即判還之。發運使猶以漕運事動朝廷，靳留之，公用種稻事證明其無用，朝廷乃聽公。」按，「靁」用「雷」。

〔一八〕公於學博　避暑録話卷下云：「劉原甫博物多聞，前世實無及者。在長安，有得古鐵刀以獻，製作極巧，下爲大環，以纓龍爲之，而其首類鳥，人莫有識者。原甫曰：『此赫連勃勃所鑄龍雀刀，所謂「大夏龍雀」者也。鳥首蓋雀云。』問之，乃种世衡築青澗城，掘地所得，正夏故疆也。」默記卷下云：「劉原父好雜記事，或古或今，動成卷軸。」鐵圍山叢談卷四云：「原父號博雅，有盛名。曩時出守長安，長安號多古簋敦鏡甗尊彝之屬，因自著一書，號先秦古器記。」

〔一九〕一揮九制數千言文辭典雅各得其體　澠水燕談録卷六文儒云劉敞時「立馬卻坐，一揮九制成，文辭典麗，各得其體，真天才也。歐陽文忠公聞而歎曰：『昔王勃一日草五王策，此未足尚也。』」

〔二〇〕當以次遷翰林學士者數矣久而不遷　彭城集卷三五劉公行狀云：「故事，舍人遷翰林者，皆以久次。執政不欲公在內，每有闕，輒置不用。會永興軍闕守，公自請治之，執政喜公之去，疏奏即除翰林侍讀學士、知永興軍府事。公謝曰：『臣本求永興，不望侍讀，不敢受。』詔不許。既行六日，學士闕，遂越用范鎮，衆人爲公憫然。」避暑録話卷上云：歐陽文忠公「論春秋多取平易，而原甫每深言經旨，文忠有不同，原甫間以謔語酬之，文忠久或不能平。原甫復忤韓魏公（琦），終不得爲翰林學士」。卻掃編卷上云：「國朝翰林學士，多以知制誥久次而以稱職聞者爲之。劉原甫居外制最久，既譽望高一時，故士論咸以爲宜充此選，而劉亦雅自負，以爲當得之，然久柅不得進。逮出典兩郡還朝，復居舊職，且十年矣，終不用。久之，復請外補，於是以翰林侍讀學士知永興軍，頗怏怏不自得。」

〔二一一〕樞密使狄青宜罷以保全之之類　長編卷一八三嘉祐元年八月癸亥條載樞密使狄青「在西府四年，京城小民聞青驟貴，相與推説，誦詠其材武。青每出入，輒聚觀之，至壅路不行。上自正月不豫，青益爲都人所指目。又青家犬生角，數有光怪。知制誥劉敞請出青於外以保全之，未聽。敞出知揚州，又極言：『今外説紛紛，雖不足信，要當使無後憂，寧負青，無使負國家。』并謂宰相曰：『向者天下有可大憂者，又有可大疑者。今上體平復，大憂去矣。而大疑者尚在。』具以青事告之，宰相應對唯唯。敞既至官，拜表，又徧遺公卿書曰：『汲黯之忠，不難於淮陽，而眷眷於李息。』朝廷皆知爲青發也。及京師大水，青避水，徙家於相國寺，行坐殿上，都下喧然；執政聞之始懼，以熟狀出青判陳州」。

〔二一二〕而指事據經因以諷諫　彭城集卷三五劉公行狀云：「上初即位有疾，皇太后嘗臨朝，上疾愈，乃歸政。適有小人言二宮不歡，諫者或訐而過直。公以謂當以義理從容感諷，不可以口舌争也。是時方進讀史記，至堯授舜以天下，公因陳前説曰：『舜至側微也，堯越四岳，禪之以位，天地享之，百姓戴之，非有他道，惟其孝友之德，光於上下。何謂孝友？善父母爲孝，善兄弟爲友。』辭氣明暢，上竦體改容，知其以諷諫也。左右屬聽者，無不嗟喜動色，即日傳其語於外。既退，王翰林（珪）謂公曰：『公直言至此乎！』慈壽聞之，亦大喜。」

〔二一三〕已而復得驚眩疾　説郛卷四劉跂暇日記云：「劉原父晚年病，不復識字，日月、兒女皆不能認。人言永興中多發冢墓求古物致此。」

〔二一四〕復求外補　彭城集卷三五劉公行狀稱其「因自陳家貧，復求補外」。

〔二一五〕丞相韓公方欲還公學士未及而公病遂止於此　彭城集卷三五劉公行狀云：「公與歐陽公永叔相厚，及歐陽參知政事，嘗爲丞相韓公（琦）言公所爲，不如謗者之言也。久之，韓公謝曰：『雖失之東隅，可以收之桑榆乎？』歐陽曰：『公能如是，大善。』將還公爲翰林學士，會上不豫，事且寢。」

〔二一六〕一族子安世皆試將作監主簿　彭城集卷三五劉公行狀云：「又除族子安世試將作監主簿。安世父敦，坐法墮官，公常憐之，雅意欲官其子，故諸孤以安世名聞，所以成公意也。」

〔二一七〕有文集若干卷　避暑録話卷上云劉敞因「忤韓魏公，終不得爲翰林學士。將死，戒其子弟無得遽出其集，曰：『後百餘年，世好定當有知我者。』故貢父（劉攽）次其集，藏之不肯出」。

［二八］其弟攽與其子奉世等葬公於某所　按彭城集卷三五劉公行狀云「從祔於先公」。

晁太史補之墓誌銘[一]　直閣張耒[二]

惟晁氏自漢御史大夫錯而後，不能譜其世①，國初爲清豐人。真宗皇帝時，有諱迥者爲翰林學士承旨，謚文元，始徙居開封，或居鉅野②[三]。迥之子諱宗慤，爲參知政事，謚文莊。又三世而生公[四]。諱宗簡，贈特進、吏部尚書者，爲皇曾祖。諱仲偃，尚書員外郎③，即爲皇祖考。

公諱補之，字無咎。幼豪邁，英爽不群。七歲能屬文，日誦千言。年十三，從王安國於常州學官。安國名重天下，於後進少許可，一見公，大奇之。公從祖考杭之新城[五]，公覽觀錢塘人物之盛麗，山川之秀異，爲之作文以志之，名曰七述。今端明蘇公軾通判杭州，蘇公蜀人，悦杭之美而思有賦焉。公謁見蘇公，出七述[六]，公讀之④，歎曰：「吾可以閣筆矣。」蘇公以文章名一時⑤，士爭歸之，得一言足以自重，而延譽公如不及，至屈輩行與公交。由此公名籍甚於士大夫間。

① 或不能譜其世　「世」，张耒集卷六一晁無咎墓誌銘作「出」。

② 或居鉅野　「鉅野」原作「矩再」，據文海本、庫本及宋史卷八五地理志一改。

③ 尚書員外郎　张耒集卷六一晁無咎墓誌銘作「尚書庫部員外郎」。

④ 公讀之　按，據上下文義，「公」當作「蘇公」。

⑤ 蘇公以文章名一時　「蘇」字原脱，據张耒集卷六一晁無咎墓誌銘補。

舉進士，禮部別試第一，而考官謂其文詞近世未有，遂以進御，神宗見之曰：「是深於經，可革浮靡①。」於是名重一時，遂中第，調澶州司户②。召試學官③，時試者累百，而所取者五人，公中其選，除北京國子監教授④，未行，除太學正⑤。哲宗即位，右丞李清臣舉公館職。召試學士院，除秘書正字，俄遷校書郎⑥。以親老求補外，除秘閣校理、通判揚州。有逃卒用貨得户部判至淮南理逋欠⑦，公辨其姦，事既決，一府不敢欺。召爲著作佐郎[七]，又遷秘書丞，又遷著作郎、官制檢討官。於是公爲秘書省官十五年矣，而恬静樂道，未嘗近權要，士論高之。遂知齊州[八]。境有群盜，白晝掠塗人。公默得其姓名，囊槖皆審。一日，因宴客，召捕吏以方略授之⑧，酒行未終，悉擒而還，一府大驚，郡爲無警。歲飢，河北民流道齊境不絶。公請粟於朝，得萬斛，乃爲流者治舍次，具器用。人既集，則又爲具糜粥藥物，公皆躬臨治之，活數千人。又擇高原以葬死者，男女異壙。使者頗媢其功，欲有以撓之，既至境按視，乃更歎服。紹聖元年，朝廷治黨人，公亦坐累[九]，降通判應天府，以親嫌，通判亳州[一〇]，復落職監處州酒税[一一]。中途丁母憂，毁瘠幾不勝喪。服除，監信州酒。公治職事甚力，了無遷謫意。

---

① 可革浮靡　「靡」，张耒集卷六一晁無咎墓誌銘作「薄」。

② 調澶州司户　「司户」，张耒集卷六一晁無咎墓誌銘作「司户參軍」。

③ 召試學官　「學官」原作「學士」，據张耒集卷六一晁無咎墓誌銘改。

④ 除北京國子監教授　「教授」下，张耒集卷六一晁無咎墓誌銘有「又爲衛州教授」六字。

⑤ 除太學正　按，據宋史晁補之傳，晁補之除太學正乃在元祐初。

⑥ 除秘書正字俄遷校書郎　按，據長編卷三九三、卷四四五，晁補之除秘書省正字在元祐元年十二月庚寅，遷校書郎在元祐五年七月己巳，非「俄遷」。

⑦ 有逃卒用貨得户部判至淮南理逋欠　「欠」，张耒集卷六一晁無咎墓誌銘作「負」。

⑧ 召捕吏以方略授之　「略」原作「路」，據张耒集卷六一晁無咎墓誌銘及宋史晁補之傳改。

今上即位，遷簽書武寧軍判官，賜緋衣銀魚。尋復通判河中府，未行，召爲著作佐郎。俄遷尚書吏部員外郎，除哲宗實録院檢討官，改禮部郎中[一二]，又改神宗國史編修官。公皆以非才辭遜再三①，不允。又力請外官，復留以爲吏部郎中。異日，事有留滯，無究治者，吏緣爲姦。嘗有嶺外尉捕獲盜八人，法當改官，而考功謂獲盜不同處，曲沮欲壞其賞，吏持之不決。尉客京師久，窘甚，詣公愬之，公憫然曰：「當奏。」即爲上之，七日而得遷官，於是吏畏服，部無留事。

俄除知河中府[一三]。郡當大河，扼三門，有浮梁久且壞。公視事，亟欲營繕，有司難之。公乃預爲鳩材，既集，則爲規畫，一日而成。城中歡呼，民爲畫像立祠。徙知湖州，其治如河中。又徙知密州，尤用前政。累遷吏部，授知果州，不行，因得管句江州太平觀，又改西京崇福宫，又改南京鴻慶宫②。居鄉閭[一四]，以學行爲人所敬③，而尤好陶淵明之爲人④。其居室廬園圃，悉取淵明歸去來詞名之[一五]。其講學至老不廢。大觀四年，用近制詣部，授知達州⑤，擢知泗州。到官無幾何，以疾卒，年五十八。

公於文章，蓋其天性。讀書不過一再，終身不忘。自少爲文，即能追考左氏、戰國策、太史公、班固、揚雄、劉向、屈原、宋玉、韓愈、柳宗元文作，促駕而乃鞭之⑥，務與之齊而後已。其淩厲奇卓，出於天性⑦，非醖釀而成

① 公皆以非才辭遜再三　「遜」，张耒集卷六一晁無咎墓誌銘作「避」。
② 又改西京崇福宫又改南京鴻慶宫　张耒集卷六一晁無咎墓誌銘作「又改管勾西京嵩山崇福宫，又管勾南京鴻慶宫」。
③ 以學行爲人所敬　「人」，张耒集卷六一晁無咎墓誌銘作「鄉人」。
④ 而尤好陶淵明之爲人　「好」下，张耒集卷六一晁無咎墓誌銘有「晋」字。
⑤ 授知達州　「達州」下，张耒集卷六一晁無咎墓誌銘有「未行」二字。
⑥ 促駕而乃鞭之　「乃」，张耒集卷六一晁無咎墓誌銘作「力」。
⑦ 出於天性　「天性」，张耒集卷六一晁無咎墓誌銘作「天才」。

者[一六]，自韓愈以來，蓋不足道也。有集若干卷①。

性剛直果敢，勇於爲義，其事親友兄弟、睦姻族，有人所不能爲者。家素貧，先大夫没時，有女未嫁者五人，公力貧營辦，皆以時嫁爲士人妻。與人交無隱情，見事有不當於義者，必直告之，而受人之盡言，亦未嘗愠也。

公既於書内外無所不觀，下至於陰陽術數，皆研極其妙，其禍福往往先言之。夕有大星殞於州廨之燕寢②，人驚視之，公已奄然矣。公少好讀莊老書，通其説，既自又爲未至，學於佛而求之於心，泰然若有得也。及屬纊，精爽不亂。

娶户部侍郎杜純之女，治家教子皆有法，封永嘉縣君。男二人③，公爲、公似④。女二人，長適梁頤吉，次尚幼。有文及著作若干卷⑤。其孤以某年月日葬公任城縣吕村之原，從先大夫之兆。耒與公兄弟交⑥，故其孤來乞銘。曰⑦：

① 有集若干卷　按，東都事略晁補之傳云其著有雞肋集一百卷；宋史卷二〇八藝文志七著録雞肋集一百卷、晁補之集七十卷；晁志卷一九著録雞肋編七十卷，陳録卷一七著録雞肋集七十卷。

② 夕有大星殞於州廨之燕寢　「夕」，張耒集卷六一晁無咎墓誌銘作「卒之夕」，當是。

③ 男二人　「二」原作「一」，據文海本、庫本及張耒集卷六一晁無咎墓誌銘及下文改。

④ 公似　張耒集卷六一晁無咎墓誌銘作「公汝」。

⑤ 有文及著作若干卷　按，宋史卷二〇二藝文志一著録晁補之太極傳五卷、因説一卷、太極外傳一卷，晁補之左氏春秋傳雜論一卷；卷二〇八藝文志七著録晁補之續楚辭二十卷、變離騷二十卷。

⑥ 耒與公兄弟交　「耒」原作「末」，據文海本、庫本及張耒集卷六一晁無咎墓誌銘改。

⑦ 曰　張耒集卷六一晁無咎墓誌銘作「銘曰」。

矯矯家令，以身殉國。文元雍雍，爲時俊德。凜凜無咎，繼起有赫。束髮墳史，白首翰墨。追古作者，蹈藉陵躒。氣戛星斗，聲韻金石。不施于邦，祇有藻澤①。人一之難，公易千百。我原其文，惟質之淳。孝愛忠信，施及鄉人。是獨何虧？一仆莫振。車堅馬良，不得出門②。將昌其聲，而嗇其身。嗚呼無咎！萬世之聞。

辨證：

［一］晁太史補之墓誌銘　本墓誌又載於張耒集卷六一，題曰「晁無咎墓誌銘」。按，晁補之，東都事略卷一一六、宋史卷四四四有傳。

［二］張耒　耒（一〇五四～一一一四年）字文潛，號柯山，人稱宛丘先生，楚州淮陰人。熙寧六年進士，官至起居舍人，以直龍圖閣知潤州。東都事略卷一一六、宋史卷四四四有傳。

［三］始徙居開封或居鉅野　樓鑰集卷一一四司法晁君墓誌銘云：「本朝文元公以清德雅望冠一時，文莊公繼掌內外制，賜第京師昭德坊。」王文公文集卷八七虞部郎中晁君墓誌銘亦云「開封于家，徙居鉅野」。

［四］迥之子諱宗慤爲參知政事謚文莊又三世而生公　按，東都事略、宋史晁補之傳云晁補之爲宗慤曾孫。據四庫全書總目卷四六宋史云：「如晁補之傳云太子少傅迥五世孫，宗慤之曾孫也，父端友。據黃庭堅爲補之父端友撰誌銘云：『晁氏世載遠矣，有諱迥者以太子少保致仕，謚文元。君之曾王父諱迪，贈刑部侍郎；王父諱宗簡，贈吏部尚書；父諱仲偃，庫部員外郎。刑部視文元，母弟也。』是補之實非迥五世孫。」又雞肋集卷三一積善堂記云：「文元公起家仁義忠信，樂善不勸，蓋具於天爵。實兄弟三人，伯刑部侍郎，補之高祖也。」王文公文集卷八七虞部郎中晁君墓誌銘云：「佺令中書，爲君曾祖。有子迪者，刑部侍郎。乃生宗簡，世德孔揚。」是補之亦非

① 祇有藻澤　「有」，張耒集卷六一晁無咎墓誌銘作「自」，似是。

② 不得出門　此句下，張耒集卷六一晁無咎墓誌銘有「策駑駕朽，道上紛紛」八字。

宗愨曾孫。東都事略、宋史晁補之傳云云有誤，而本誌文曰「又三世而生公」者亦不確。

［五］公從祖考杭之新城　按晁補之雞肋集卷六八雄州防禦推官晁君墓誌銘云：「其失怙恃也，年始十五矣。人意其幼驕，而難其驟處約也。而府君悲哀折節如故寒生。」又云「享年五十，元符三年四月庚子也」。此晁君指晁端中，乃晁補之叔父。則推知晁端中十五歲喪父時正治平二年；又據宋史晁補之傳，晁補之「十七歲從父官杭州」，而本墓誌下文云其「大觀四年……以疾卒，年五十八」，則推知晁補之至杭州在熙寧二年，時其祖仲偃已卒，故疑此處「祖」字屬衍文。

［六］出七述　按，七述載於雞肋集卷二八。

［七］召爲著作佐郎　據長編卷四七八，晁補之於元祐七年十月乙亥爲著作佐郎。又卷四八四元祐八年五月壬辰條引黃慶基言，晁除著作佐郎，「皆軾力爲援引」。

［八］遂知齊州　宋史晁補之傳云時「章惇當國，出知齊州」。

［九］朝廷治黨人公亦坐累　宋史晁補之傳云其「坐修神宗實録失實」而遭貶責。

［一〇］降通判應天府以親嫌通判亳州　按，此所謂「親嫌」，乃指杜紘。據雞肋集卷六七刑部侍郎杜公墓誌銘云：杜紘「改差知應天府兼南京留守司公事。感疾卒，元符元年八月十二日也」。據下文，晁補之娶杜純之女，杜紘乃純弟，故有「親嫌」之說。

［一一］復落職監處州酒税　按宋史全文卷十三下載紹聖四年二月，「三省言司馬光等造爲姦謀，詆毁先帝，變更法度，各加追貶」，故晁補之「添差監處州鹽酒税」。

［一二］除哲宗實録院檢討官改禮部郎中　宋史全文卷十四載建中靖國元年「三月戊寅，知無爲軍陳瓘爲著作佐郎、實録院檢討官，吏部員外郎晁補之爲禮部郎中，仍兼檢討官。先是，提舉實録院韓忠彦奏陳瓘、晁補之皆有詞學，堪備史職，故有是命」。

［一三］俄除知河中府　宋史晁補之傳云時「黨論起，爲諫官管師仁所論，出知河中府」。皇朝編年綱目備要卷二六建中靖國元年九月「傳楫晁補之罷」條云：「補之亦自吏部郎中出知河中府。曾布自叙云：『補之等日與其黨計議傾摇，必有達於上聽者。又爲管師仁輩所攻。師仁謂軾、轍皆深毁先帝，而補之、庭堅輩皆其門下士，不可聚於朝。』」

［一四］居鄉閭　按宋史全文卷十四載崇寧三年六月「甲辰，詔元符末姦黨並通入元祐籍，更不分三等，應係籍姦黨已責降人，並各

依舊。除今來入籍人數外，餘並出籍。今後臣僚更不得彈刻奏陳，令學士院降詔」。而晁補之入「元祐姦黨」之「餘官」。

［一五］其居室廬園圃悉取淵明歸去來詞名之　宋史晁補之傳云其「還家，葺歸來園，自號歸來子」。西塘集耆舊續聞卷三云：「晁無咎閑居濟州金鄉，葺東臯歸去來園，樓觀堂亭，位置極蕭灑。盡用陶語名之，自畫爲大圖，書記其上，書尤妙。」按，其所撰歸來子名緡城所居記載雞肋集卷三一。

［一六］其凌厲奇卓出於天性非醞釀而成者　宋史晁補之傳云：「補之才氣飄逸，嗜學不知倦，文章温潤典縟，其凌麗奇卓出於天成。尤精楚詞，論集屈、宋以來賦詠爲變離騷等三書。」

邵康節先生雍墓誌銘［一］　明道先生程顥①［二］

熙寧丁巳孟秋癸丑，堯夫先生疾終于家。洛之人弔哭者相屬于塗，其尤親且舊者，又聚謀其所以葬［三］。先生之子泣以告曰：「昔先人有言：『誌於墓，必屬吾伯淳。』」噫！先生知我者，以是命我，我何可辭？謹按：邵本姬姓，系出召公，故世爲燕人。大王父諱令進，以軍職逮事藝祖，始家衡漳［四］。祖諱德新②，父諱古，皆隱德不仕。母李氏，其繼楊氏。先生之初從父徙共城③，晚遷河南［五］，葬其親於伊川，遂爲河南人。先生生於祥符辛亥，至是蓋六十七矣。雍，先生之名，而堯夫，其字也。娶王氏［六］。伯温、仲良，其二子也。

先生之官，初舉遺逸，試將作監主簿，後又以爲潁州團練推官④，辭疾不赴［七］。

---

① 明道先生程顥　「程顥」原作「程頤」，據河南程氏文集卷四邵堯夫先生墓誌銘及宋史邵雍傳「既葬，顥爲銘墓」及下文「誌於墓，必屬吾伯淳」改。

② 祖諱德新　「德新」，原作「祖新」，據河南程氏文集卷四邵堯夫先生墓誌銘、宋文鑑卷一四三陳繹邵古墓銘改。

③ 先生之初從父徙共城　「初」，河南程氏文集卷四邵堯夫先生墓誌銘作「幼」。

④ 後又以爲潁州團練推官　「潁州」原作「潁川」，據河南程氏文集卷四邵堯夫先生墓誌銘及東都事略、宋史邵雍傳改。

先生始學於百原，堅苦刻厲，冬不爐，夏不扇，夜不就席者數年，衛人賢之。先生歎曰：「昔之人尚友於古，而吾未嘗及四方，遽可已乎？」於是走吳適楚，過齊、魯，客梁、晉[八]，久之而歸，曰：「道其在是矣。」蓋始有定居之意。

先生少時，自雄其才，慷慨有大志。既學，力務高遠，謂先王之事爲可必致。及其學益老，德益邵，玩心高明，觀於天地之運化、陰陽之消長，以達乎萬物之變[九]，然後頹然其順，浩然其歸。在洛幾三十年。始至也，蓬壁環堵①，不蔽風雨，躬爨以養其父母，居之裕如。講學於家，未嘗强以語人，而就問者日衆。鄉里化之，遠近尊之[一〇]，士大夫之過洛者，有不之公府，而必之先生之廬。

先生德氣粹然，望之可知其賢，然不事表襮，不設方畛，正而不諒，通而不汙，清明坦夷，洞徹中外。接人無貴賤親疏之間，群居燕飲，語笑終日，不敢取異於人②，顧吾所樂何如耳。病畏寒暑，常以春秋時行於城中③[一一]，士大夫家聽其車音，倒屣迎致，雖兒曹奴隸，皆知歡喜尊奉。其與人言，必依於孝悌忠信，樂道人之善，而未嘗及其惡。故賢者悦其德，不賢者服其化，所以厚風俗、成人才者，先生之功多矣。

昔七十子學於仲尼，其傳可見者，惟曾子之所以告子思，而子思之所以授孟子者耳。其餘門人，各以其才之所宜爲學，雖同尊聖人，所因而入者，門户則衆矣。況後此千餘歲，師道不立，學者莫知其從來。獨先生之學爲有傳也。先生得之於李挺之，挺之得之於穆伯長，推其源流有端緒④[一二]。今穆、李之言及其行事，概可見矣。

---

① 蓬壁環堵　「壁」，河南程氏文集卷四邵堯夫先生墓誌銘及本書下集卷二一康節先生傳、宋史邵雍傳作「蓽」。
② 不敢取異於人　「敢取」，河南程氏文集卷四邵堯夫先生墓誌銘作「取甚」。
③ 常以春秋時行於城中　「於」，河南程氏文集卷四邵堯夫先生墓誌銘作「遊」。
④ 推其源流有端緒　「有」上，河南程氏文集卷四邵堯夫先生墓誌銘有「遠」字。

而先生淳一不雜，汪洋而大①，及其所自得者多矣。然而名其學者，豈所謂門户之衆、各有所因而入者歟？語成德者難其名②，若先生之道，就所至而論之，可謂安且成矣。先生有書六十三卷③，命曰皇極經世；古律詩二千篇，題曰擊壤集。

先生之葬，祔于先塋，實其終之年孟冬丁酉也。銘曰：

嗚呼先生！志豪力雄。闊步長趍，凌高厲空。探幽索隱，曲暢旁通。在古或難，先生從容。有問有觀，以飫以豐。天不憖遺，哲人之凶。嗚皐在南，伊流在東。有寧一宫，先生所終。

辨證：

[一] 邵康節先生雍墓誌銘　本墓誌又載於河南程氏文集卷四，題曰「邵堯夫先生墓誌銘」；亦載於伊洛淵源録卷五。按，邵雍，東都事略卷一一八、宋史卷四二七有傳，伊洛淵源録卷五康節先生載有張峋行狀略，本書下集卷二一載有范祖禹邵康節先生雍傳。

[二] 明道先生程顥　顥（一〇三二～一〇八五年）字伯淳，河南伊川人。世稱明道先生。嘉祐二年進士，官至太子中允、權監察御史裏行。南宋嘉定十三年賜謚純。東都事略卷一一四、宋史卷四二七有傳，本書下集卷二一載有程宗丞顥傳。

[三] 其尤親且舊者又聚謀其所以葬　宋史邵雍傳云：「雍疾病，司馬光、張載、程顥、程頤晨夕候之，將終，共議喪葬事外庭，雍皆能聞衆人所言，召子伯温謂曰：『諸君欲葬我近城地，當從先塋爾。』」

① 汪洋而大　「而」，河南程氏文集卷四邵堯夫先生墓誌銘作「浩」。

② 語成德者難其名　「難其名」，河南程氏文集卷四邵堯夫先生墓誌銘作「昔難其居」。

③ 先生有書六十三卷　「六十三卷」，河南程氏文集卷四邵堯夫先生墓誌銘作「六十二卷」。

〔四〕大王父諱令進以軍職逮事藝祖始家衡漳　宋文鑑卷一四三陳繹邵古墓銘云其「祖諱令進，善騎射，歷事太祖皇帝，以軍校尉老歸范陽，戎難避居上谷，又徙中山，轉衡漳而家焉」。按，宋史邵雍傳云其「父古徙衡漳」。

〔五〕晚遷河南　宋史邵雍傳云「雍年三十，游河南，葬其親伊水上，遂爲河南人」。三朝名臣言行録卷一四之一康節邵先生引行狀云其「年三十餘，來游于洛，以爲洛邑天下之中土，達觀四方之士，乃定居焉」。邵氏聞見録卷一八亦云：「康節先公慶曆間過洛，館於水北湯氏，愛其山水風俗之美，始有卜築之意。至皇祐元年，自衛州共城奉大父伊川丈人遷居焉。」按，邵雍生於大中祥符四年，於皇祐元年遷洛時已三十九歲。

〔六〕娶王氏　邵氏聞見録卷一八云：「太學博士姜愚字子發，京師人，長康節先公一歲，從康節學，稱門生。先公年四十五未娶。潞州張仲賓太博字穆之未第，亦從康節學。二君同白康節曰：『不孝有三，無後爲大。先生年踰四十不娶，親老無子，恐未足以爲高。』康節曰：『貧不能娶，非爲高也。』子發曰：『某同學生王允修頗樂善，有妹甚賢，似足以當先生。』穆之曰：『先生如婚，則某備聘，令子發與王允修言之。』康節遂娶先夫人。」

〔七〕後又以爲潁州團練推官辭疾不赴　長編卷一九〇嘉祐四年十一月己亥條云：「以河南處士邵雍爲將作監主簿，本府以遺逸薦，故有是命。後再命爲潁州團練推官，皆辭疾不起。」按邵氏聞見録卷一八云：「康節先公與富文忠公（弼）早相知。文忠初入相，謂門下士田棐大卿曰：『爲我問邵堯夫，可出，當以官職起之；不，即命爲先生處士，以遂隱居之志。』田大卿爲康節言，康節不答，以詩二章謝之。……文忠公終不相忘，乃因明堂祫享，赦詔天下舉遺逸，公意謂河南府必以康節應詔。時文潞公（彦博）尹洛，以兩府禮召見康節，康節不屈，遂以福建黃景應詔。……文忠奏天下尚有遺材，乞再令舉。詔從之。王拱辰尚書尹洛，乃以康節應詔。潁川薦常秩，皆先除試將作監主簿，不理選限。文忠招康節而不欲私，故以天下爲請。知制誥王介甫（安石）不識康節，繳還辭頭曰：『使邵某常民，一試銜亦不可與。果賢者，不當止與試銜，宜召試然後官之。』上不納，下知制誥祖無擇，除去『不理選限』行詞，然康節與常秩皆不起。是時富公已丁太夫人憂去位矣。熙寧二年，神宗初即位，詔天下舉遺逸。御史中丞吕誨、三司副使吴充、龍圖閣學士祖無擇皆薦康節。……康節除祕書省校書郎、潁州團練推官。辭，不許。既受命，即引疾不起。」

〔八〕於是走吴適楚過齊魯客梁晉　宋史邵雍傳云其「於是踰河、汾，涉淮、漢，周流齊、魯、宋、鄭之墟」。

〔九〕觀於天地之運化陰陽之消長以達乎萬物之變　宋史邵雍傳云：「雍知慮絶人，遇事能前知。程頤嘗曰：『其心虛明，自能知之。』當時學者因雍超詣之識，務高雍所爲，至謂雍有玩世之意；又因雍之前知，謂雍於凡物聲氣之所感觸，輒以其動而推其變焉。於是摭世事之已然者，皆以雍言先之，雍蓋未必然也。」

〔一〇〕鄉里化之遠近尊之　宋史邵雍傳云：「富弼、司馬光、吕公著諸賢退居洛中，雅敬雍，恒相從游，爲市園宅。」又云：「司馬光兄事雍，而二人純德尤鄉里所慕嚮，父子昆弟每相飭曰：『毋爲不善，恐司馬端明、邵先生知。』」又云：「雍高明英邁，迥出千古，而坦夷渾厚，不見圭角，是以清而不激，和而不流，人與交久，益尊信之。河南程顥初侍其父識雍，論議終日，退而歎曰：『堯夫，内聖外王之學也。』」邵氏聞見録卷一八云：「劉諫議元瑜字君玉、吕諫議獻可静居、張少卿師錫及其子職方君景伯、狀元師德之子諫議君景憲、王諫議益柔字勝之、子中散兄弟、謌字師柔及其子孫、南國張大丞師雄及諸子、劉龍圖之子祕監几字伯壽、修撰忱字明復、侍講李寔字景真、吴少卿執中、王學士起字仲儒、李侍講育字仲象、子籲字端伯、姚郎中奭字周輔，交遊最密，或稱門生。」

〔一一〕常以春秋時行於城中　邵氏聞見録卷二〇云：「康節先公居洛，凡交游年長者拜之，年等者與之爲朋友，年少者以子弟待之，未嘗少異於人，故得人之歡心。每歲春二月出，四月天漸熱即止；八月出，十一月天漸寒即止。故有詩云：『時有四不出，大風、大雨、大寒、大暑。會有四不赴。公會、葬會、生會、醵會。』每出，人皆倒屣迎致，雖兒童奴隸皆知尊奉。每到一家，子弟家人争具酒饌，問其所欲，不復呼姓，但名曰：『吾家先生至也。』雖閨門骨肉間事，有未決者，亦求教。康節先公以至誠爲之開諭，莫不悦服。十餘家如康節先公所居安樂窩起屋，以待其來，謂之『行窩』。」

〔一二〕先生得之於李挺之挺之得之於穆伯長推其源流有端緒　按，李挺之名之才，穆伯長名修。宋史邵雍傳云：「北海李之才攝共城令，聞雍好學，嘗造其廬，謂曰：『子亦聞物理性命之學乎？』雍對曰：『幸受教。』乃事之才，受河圖、洛書、宓羲八卦六十四卦圖像。之才之傳，遠有端緒，而雍探賾索隱，妙悟神契，洞徹蘊奥，汪洋浩博，多其所自得者。及其學益老，德益邵，玩心高明，以觀夫天地之運化，陰陽之消長，遠而古今世變，微而走飛草木之性情，深造曲暢，庶幾所謂不惑，而非依倣象類、億則屢中者。遂衍宓羲先天之旨，著書十餘萬言行于世，然世之知其道者鮮矣。」嵩山文集卷一九李挺之傳云其「師河南穆伯長，……伯長之易受之种徵君明逸，种徵君受之夷希先生陳圖南，其源流爲最遠」。又曰：「所謂康節先生邵堯夫者，時居母憂于蘇門山百源之上，布裘菜食，且躬爨以養其父。挺之叩門上謁，劳苦之曰：『好學篤志果何以？』康節曰：『簡策迹外，未有迹也。』挺之曰：『君非迹簡策者，其如物理之學何？』他日，則又曰：『物理之學，學矣，不有性命之學乎？』康節謹再拜，悉受業。于書，則先視之以陸淳春秋，意欲以春秋表儀五經，既可語五經大旨，則授易而終焉。世所謂康節先生之易者，實受之挺之。」

名臣碑傳琬琰集中卷三十五

胡先生瑗墓表[一]　文忠公歐陽脩

先生諱瑗，字翼之，姓胡氏。其上世爲陵州人，後爲泰州如皋人[二]。先生爲人師，言行而身化之，使誠明者達，昏愚者勵，而頑傲者革，故其爲法嚴而信，爲道久而尊。師道廢久矣，自明道、景祐以來①，學者有師，惟先生暨泰山孫明復、石守道三人，而先生之徒最盛。其在湖州之學，弟子去來常數百人，各以其經轉相傳受。其教學之法最備[三]，行之數年，東南之士莫不以仁義禮樂爲學。慶曆四年，天子開天章閣，與大臣講天下事[四]，始慨然詔州縣皆立學。於是建太學於京師，而有司請下湖州，取先生之法以爲太學法，至今爲著令。後十餘年，先生始來居太學[五]，學者自遠而至，太學不能容，取旁官署以爲學舍。禮部貢舉，歲所得士，先生弟子十常居四五。其高弟者知名當時，或取甲科，居顯仕，其餘散在四方，隨其人賢愚，皆循循雅飭，其言談舉止，遇之不問可知爲先生弟子。其學者相語稱先生，不問可知爲胡公也。

先生初以白衣見天子，論樂[六]，拜秘書省校書郎[七]，辟丹州軍事推官[八]，改密州觀察推官。丁父憂，去職。

---

① 自明道景祐以來　「明道景祐」原作「景祐明道」，據居士集卷二五胡先生墓表乙改。

服除，爲保寧軍節度推官，遂居湖學。召爲諸王宮教授，以疾免。已而以太子中舍致仕，遷殿中丞於家[九]。皇祐中，驛召至京師議樂[一〇]，復以爲大理評事，兼太常寺主簿，又以疾辭。歲餘，爲光禄寺丞、國子監直講，迺居太學。遷大理寺丞[一一]，賜緋衣銀魚。嘉祐元年，遷太子中允、天章閣侍講，仍居太學[一二]。已而病不能朝，天子數遣使者存問，又以太常博士致仕。東歸之日，太學之諸生與朝廷賢士大夫送之東門，執弟子禮，路人嗟歎以爲榮。以四年六月六日卒于杭州[一三]，享年六十有七。以明年十月五日葬于烏程何山之原。其世次、官邑與其行事，莆陽蔡君謨且誌于幽堂①。嗚呼！先生之德在乎人，不待表而見於後世，然非此無以慰學者之思，乃揭于其墓之原。

六年八月三日，廬陵歐陽脩述。

辨證：

[一]胡先生瑗墓表　本墓誌又載於歐陽脩居士集卷二五，題曰「胡先生墓表」；亦載於吳興金石記卷七，題曰「胡安定先生墓表」，有闕文。按，胡瑗，隆平集卷一五、東都事略卷一一三、宋史卷四三二有傳，蔡襄集卷三七載有太常博士致仕胡君墓誌。

[二]其上世爲陵州人後爲泰州如皐人　蔡襄集卷三七胡君墓誌云：「胡氏世居長安。詢爲唐兵部尚書。其孫韜因亂留蜀，爲僞蜀陵州刺史，蜀平，歸京師，終衛尉卿，於君爲曾祖。生泰州司寇參軍諱修己，卒葬海陵。」宋史胡瑗傳稱其泰州海陵人。按，宋史卷八八地理志四云泰州海陵郡，下轄海陵、如皐二縣。

[三]其在湖州之學至其教學之法最備　宋史胡瑗傳云其「教授湖州。瑗教人有法，科條纖悉備具，以身先之。雖盛暑，必公服坐

① 莆陽蔡君謨且誌于幽堂　「莆陽」原作「甫陽」，據文海本、庫本及居士集卷二五胡先生墓表改。又「且」，居士集卷二五胡先生墓表作「具」，似是。

堂上，嚴師弟子之禮。視諸生如其子弟，諸生亦信愛如其父兄，從之游者常數百人。慶曆中，興太學，下湖州取其法著爲令」。仕學規範卷一爲學引胡安定言行録云：「安定先生自慶曆中教學于蘇、湖間，二十餘年，束脩弟子前後以數千計。是時方尚辭賦，獨湖學以經義及時務爲先，故學中有經義齋、治事齋。經義齋者擇疏通有器局者居之，治事齋者人各治一事，又兼一事，如邊防、水利之類。故天下謂湖學多秀彦，其出而筮仕，往往取高第，及爲政，多適於世用，若老於吏事者，由講習有素也。」又蔡襄集卷三七胡君墓誌云其「嚴條約，以身先之。雖大暑，必公服終日，以見諸生，設師弟子之禮。解經至有要義，懇懇爲諸生言其所以治己而後治乎人者。學徒千數，日月括劘，爲文章皆傳經義，必以理勝，信其師説，敦尚行實」。吕氏雜記卷上云：「安定先生之治學校，雖規矩備設而不盡用焉，以德教爲主。」

〔四〕慶曆四年天子開天章閣與大臣講天下事　按本書上集卷二四歐陽文忠公脩神道碑云：仁宗「開天章閣，召對賜坐，給紙筆，使具疏于前，諸公惶恐。退而上時所宜先者十數事，於是有詔勸農桑，興學校，革磨勘、任子等弊」。

〔五〕先生始來居太學　師友談記載吕希哲云：「頃仁皇時，太學之法寬簡，國子先生必求天下賢士真可爲人師表者。就其中又擇其尤賢者，專委掌教導規矩之事。胡翼之瑗初爲直講，有旨專掌一學之政。胡文學行義，一代高之。既專學政，遂推誠教育，身率多士，天下之士，不遠萬里來就師之。方是時，游太學者，端爲道藝，稱弟子者，中心悦而誠服之也。胡亦甄別人物，擇其過人遠甚、人畏服者，獎之激之，以勵其志。又各因其所好，類聚而別居之。故好尚經術者、好談兵戰者、好文藝者、好尚節義者，皆以所類群居，相與講習。胡亦時召之，使論其所學，爲定其理。或自出一義，使人人以對，爲可否之。時取當時政事俾之折衷，故人皆樂從而有成。今朝廷近臣，往往胡之徒也。」

〔六〕先生初以白衣見天子論樂　宋史胡瑗傳云：「景祐初，更定雅樂，詔求知音者。范仲淹薦瑗，白衣對崇政殿。與鎮東軍節度推官阮逸同較鐘律，分造鐘磬各一虡。以一黍之廣爲分，以制尺，律徑三分四釐六毫四絲，圍十分三釐九毫三絲。又以大黍累尺，小黍實龠。丁度等以爲非古制，罷之。」

〔七〕拜秘書省校書郎　長編卷一一九景祐三年九月壬辰條載：「鎮江節度推官阮逸爲鎮安節度掌書記、知城父縣，鄉貢進士胡瑗試校書郎。初，召逸、瑗作鐘磬律度，按之雖與古多不合，猶推恩而遣之。」

〔八〕辟丹州軍事推官　宋史胡瑗傳云「范仲淹經略陝西，辟丹州推官」。

［九］遷殿中丞於家　蔡襄集卷三七胡君墓誌云因「泛恩改殿中丞」。

［一〇］驛召至京師議樂　長編卷一六九皇祐二年十一月乙酉條云：「召太子中舍致仕胡瑗赴大樂所，同定鐘磬制度。先是，親閱大樂，而言者以爲鎛鐘、特磬大小與古制度未合。詔令改作，而太常言瑗素曉音律，故召之。」宋史胡瑗傳云朝廷「更鑄太常鐘磬，驛召瑗、逸，與近臣、太常官議于祕閣，遂典作樂事」。

［一一］遷大理寺丞　宋史胡瑗傳云因「樂成，遷大理寺丞」。

［一二］仍居太學　長編卷一八四嘉祐元年十二月乙卯條載命胡瑗以太子中允、天章閣侍講管勾太學。

［一三］以四年六月六日卒于杭州　長編卷一八九嘉祐四年正月戊午條云胡瑗「卒，詔賻其家。集賢校理錢公輔率太學諸生百餘人即佛舍爲位哭，又自陳師喪，給假二日」。

孫先生復墓誌銘[一]　文忠公歐陽脩

先生諱復，字明復，姓孫氏，晉州平陽人也。少舉進士不中[二]，退居泰山之陽，學春秋，著尊王發微[三]。魯多學者，其尤賢而有道者石介，自介而下，皆以弟子事之。先生年逾四十，家貧不娶，李丞相迪將以其弟之女妻之。先生疑焉，介與群弟子進曰：「公卿不下士久矣。今丞相不以先生貧賤，而欲託以子，是高先生之行義也，先生宜因以成丞相之賢名。」於是乃許[四]。孔給事道輔爲人剛直嚴重，不妄與人，聞先生之風，就見之。介執杖屨侍左右，先生坐側立，升降拜則扶之，及其往謝也亦然。魯人既素高此兩人，由是始識師弟子之禮，莫不歎嗟之，而李丞相、孔給事亦以此見稱於士大夫。

其後介爲學官，語于朝曰：「先生非隱者也，欲仕而未得其方也。」慶曆二年，樞密副使范仲淹、資政殿學士富弼言其道德經術，宜在朝廷，召拜校書郎、國子監直講。嘗召見邇英閣說詩，將以爲侍講，而嫉之者言其講說多異先儒，遂止[五]。

七年，徐州人孔直温以狂謀捕治[六]，索其家得詩，有先生姓名，坐貶監虔州商稅。徙泗州，又徙知河南府長水縣，簽署應天府判官公事[七]，通判陵州。翰林學士趙概等十餘人上言「孫某行爲世法，經爲人師，不宜棄之遠方」，乃復爲國子監直講[八]。居三歲，以嘉祐二年七月某日①，以疾卒于家，享年六十有六，官至殿中丞。先生在太學時爲大理評事，天子臨幸，賜以緋衣銀魚。及聞其喪，惻然，予其家錢十萬，而公卿大夫、朋友、太學之諸生相與弔哭，賻治其喪。於是以某年某月某日②，葬先生於鄆州須城縣盧泉鄉之北扈原③。

先生治春秋，不惑傳註，不爲曲説以亂經。其言簡易，明於諸侯大夫功罪，以考時之盛衰，而推見王道之治亂④，得於經之本義爲多。方其病時，樞密使韓琦言之天子，選書吏，給紙筆，命其門人祖無擇就其家，得其書十有五篇録之⑤，藏于秘閣。先生一子大年，尚幼。銘曰：

聖人既没經更焚⑥，逃藏脱亂僅傳存。衆説乘之汩其原，怪迂百出雜僞真。後生牽卑習前聞，有欲患之寡攻群。往往止燎以膏薪，有勇夫子闢浮雲。刮磨蔽蝕相吐吞，日月卒復光破昏。博哉功利無窮垠，有考其不在斯文。

---

① 以嘉祐二年七月某日　「某日」，居士集卷三〇孫明復先生墓誌銘作「二十四日」。

② 於是以某年某月某日　居士集卷三〇孫明復先生墓誌銘作「於是以其年十月二十七日」。

③ 葬先生於鄆州須城縣盧泉鄉之北扈原　「須城縣」原作「源城縣」，據庫本及居士集卷三〇孫明復先生墓誌銘改。

④ 而推見王道之治亂　「推」原作「惟」，據文海本及居士集卷三〇孫明復先生墓誌銘改。

⑤ 得其書十有五篇録之　按，長編卷一八六嘉祐二年十一月己亥條云「得書十五卷」，宋史孫復傳稱有「十五萬言」。

⑥ 聖人既没經更焚　居士集卷三〇孫明復先生墓誌銘作「聖既歿經更戰焚」。

辨證：

〔一〕孫先生復墓誌銘　本墓誌又載於歐陽脩居士集卷三〇，題曰「孫明復先生墓誌銘」。按，孫復，隆平集卷一五、東都事略卷一一三、宋史卷四三二有傳。

〔二〕少舉進士不中　徂徠石先生文集卷九明隱云孫復「凡四舉進士」。東軒筆録卷一四載：「范文正公在睢陽掌學，有孫秀才者索遊上謁，文正贈錢一千。明年，孫生復道睢陽謁文正，又贈一千，因問：『何爲汲汲於道路？』孫秀才戚然動色曰：『老母無以養，若日得百錢，則甘旨足矣。』文正曰：『吾觀子辭氣，非乞客也，二年仆仆，所得幾何，而廢學多矣。吾今補子爲學職，月可得三千以供養，子能安於爲學乎？』孫生再拜大喜。於是授以春秋，而孫生篤學不舍晝夜，行復修謹，文正甚愛之。明年，文正去睢陽，孫亦辭歸。後十年，聞泰山下有孫明復先生以春秋教授學者，道德高邁，朝廷召至太學，乃昔日索遊孫秀才也。文正歎曰：『貧之爲累亦大矣，倘因循索米至老，則雖人才如孫明復者，猶將汩没而不見也。』」據樓鑰宋范文正公年譜，范仲淹掌應天府學在天聖五年，又據下文孫復「以嘉祐二年七月某日以疾卒于家，享年六十有六」，則其天聖五年時已三十六歲，云「少」者不確，故宋史孫復傳亦止云「舉進士不第」。

〔三〕著尊王發微　宋史孫復傳云其「著尊王發微十二篇，大約本於陸淳，而增新意」。

〔四〕於是乃許　澠水燕談録卷二名臣云：「孫明復先生退居太山之陽，枯槁憔悴，鬢髮皓白，著春秋尊王發微十五篇，爲春秋學者，未有過之者也。故相李文定公守兗，就見之，歎曰：『先生年五十，一室獨居，誰事左右？不幸風雨食飲生疾奈何？吾弟之女甚賢，可以奉先生箕箒。』先生固辭，文定公曰：『吾女不妻先生，不過爲一官人妻，先生德高天下，幸壻李氏，榮貴莫大於此。』先生曰：『宰相女不以妻公侯貴戚，而固以嫁山谷衰老、藜藿不充之人，相國之賢，古無有也，予不可不成相國之賢。』遂妻之。其女亦甘淡薄，事先生以盡婦道，當時士大夫莫不賢之。」

〔五〕而嫉之者言其講説多異先儒遂止　長編卷一四九慶曆四年五月壬申條載仁宗「幸國子監謁至聖文宣王，有司言舊儀止肅揖，而上特再拜。賜直講、大理評事孫復五品服。……尋召復爲邇英閣祇候説書，楊安國言其講説多異先儒，乃罷之」。按，時楊安國爲天章閣待制、侍講。

〔六〕七年徐州人孔直溫以狂謀捕治　宋史卷二六五呂居簡傳云：「徐州妖人孔直溫挾左道誘軍士爲變，或詣轉運使告，不受詞。

居簡令易其牒，盡捕究黨與，貸詿誤者，請於朝，斬直温等。」按，長編卷一五七慶曆五年十一月辛卯條載其事，并注曰：「直温反必在此年。……歐陽修墓誌云復貶在七年，恐誤。」

［七］簽署應天府判官公事　長編卷一七〇皇祐三年五月壬申條載太子中舍、知長水縣孫復簽書南京留守判官事、兼南京國子監説書，云：「初，知諫院吳奎等言：『復坐狂人孔直温贈詩，由國子監直講謫降，再更大赦，未復舊資。況復素不與直温相識，若遂沈棄，恐知名士爲姦徒所誣，則善良難以自立。』故稍遷叙之。」

［八］乃復爲國子監直講　長編卷一八六嘉祐二年十一月己亥條云：「復惡胡瑗之爲人，在太學常相避。瑗治經不如復，其教養諸生過之。」

徂徠先生石介墓誌銘［一］　文忠公歐陽脩

徂徠先生姓石氏，名介，字守道，兖州奉符人也。徂徠，魯東山，而先生非隱者也，其仕嘗位於朝矣。魯之人不稱其官而稱其德，以爲徂徠魯之望，先生魯人之所尊，故因其所居山，以配其有德之稱，曰徂徠先生者，魯人之志也。

先生貌厚而氣完，學篤而志大，雖在畎畝，不忘天下之憂。以謂時無不可爲，爲之無不至，不在其位，則行其言。吾言用，功利施於天下，不必出乎己；吾言不用，雖獲禍咎，至死而不悔。其遇事發憤，作爲文章，極陳古今治亂成敗，以指切當世賢愚善惡、是是非非，無所諱忌。世俗頗駭其言，由是謗議喧然，而小人尤嫉惡之，相與出力，必擠之死［二］。先生安然，不惑不變，曰：「吾道固如是，吾勇過孟軻矣。」不幸遇疾以卒。既卒，而姦人有欲以奇禍中傷大臣者，猶指先生以起事，謂其詐死而北走契丹矣，請發棺以驗［三］。賴天子仁聖，察其誣，得不發棺，而保全其妻子。

先生世爲農家。父諱丙，始以仕進，官至太常博士。先生年二十六，舉進士甲科［四］，爲鄆州觀察推官、南京留守推官。御史臺辟主簿，未至，以上書論赦罷不召［五］。秩滿，遷某軍節度掌書記①。代其父官于蜀，爲嘉州軍

① 遷某軍節度掌書記　按，據長編卷一一七景祐二年十二月癸酉條注引熊克九朝通略，石介爲鎮南軍節度掌書記。

事判官。丁内外艱去官，垢面跣足，躬耕徂徠之下，葬其五世未葬者七十喪。服除，召入國子監直講。是時，兵討元昊久無功，海内重困。天子奮然思欲振起威德，而進二三大臣，增置諫官、御史，所以求治之意甚鋭。先生躍然喜曰：「此盛事也，雅頌吾職，其可已乎？」乃作慶曆聖德詩，以褒貶大臣，分别邪正[六]，累數百言。詩出，泰山孫明復曰：「子禍始於此矣。」明復，先生之師友也。其後所謂姦人作奇禍者，乃詩之所斥也。

先生自閑居徂徠，後官于南京，常以經術教授。及在太學，益以師道自居，門人弟子從之者甚衆，太學之興，自先生始[七]。其所爲文章，曰某集者若干卷①。其斥佛老、時文，則有怪説、中國論[八]，曰：「去此三者，然後可以有爲。」其戒姦臣、宦、女，則有唐鑑，曰：「吾非爲一世監也。」其餘喜怒哀樂，必見於文。其辭博辨雄偉，而憂思深遠。其爲言曰：「學者，學爲仁義也。惟忠能忘其身，信篤於自信者，乃可以力行也。」以是行於己，亦以是教於人。所謂堯、舜、禹、湯、文、武、周公、孔子、孟軻、揚雄、韓愈氏者，未嘗一日不誦於口。思與天下之士皆爲周孔之徒，以致其君爲堯舜之君，民爲堯舜之民，亦未嘗一日少忘于心。至其違世驚衆[九]，人或笑之，則曰：「吾非狂癡者也。」是以君子察其行而信其言，推其用而哀其志。

先生直講歲餘，杜祁公薦之天子，拜太子中允。今丞相韓公又薦之，乃直集賢院。又歲餘始去太學，通判濮州[一〇]。方待次于徂徠，以慶曆五年七月某日卒于家，享年四十有一。友人廬陵歐陽脩哭之以詩，以謂「待彼謗焰熄」，然後先生之道明矣[一一]。先生既殁，妻子凍餒不自勝，今丞相韓公與河陽富公分俸買田以活之。後二十一年，其家始克葬先生于某所②。將葬，其子師訥與其門人姜潛、杜默、徐遁等來告曰：「謗焰熄矣，可以發先生之光

---

① 曰某集者若干卷　居士集卷三四徂徠石先生墓誌銘作「曰某集者若干卷，曰某集者若干卷」。按，宋史石介傳云「有徂徠集行於世」；卷二〇八藝文志七著録石介集二十卷。

② 其家始克葬先生于某所　「某所」原作「某其所」，據文海本、庫本及居士集卷三四徂徠石先生墓誌銘删「其」字。

矣，敢請銘。」某曰：「吾詩不云乎，『子道自能久』也，何必吾銘？」遁等曰：「雖然，魯人之欲也。」乃爲之銘曰：

徂徠之巖巖，與子之德兮，魯人之所瞻；汶水之湯湯，與子之道兮，逾遠而彌長。道之難行兮，孔孟遑遑。一世之屯兮，萬世之光。曰吾不有命兮，安在夫桓魋與臧倉？自古聖賢皆然兮，噫子雖毀其何傷！

辨證：

[一] 徂徠先生石介墓誌銘　本墓誌又載於歐陽脩居士集卷三四，題曰「徂徠石先生墓誌銘」。按，石介，隆平集卷一五、東都事略卷一一三、宋史卷四三二有傳。

[二] 而小人尤嫉惡之相與出力必擠之死　長編卷一五〇慶曆四年六月壬子條云范仲淹「以忤呂夷簡，放逐者數年。士大夫持二人曲直，交指爲朋黨。及陝西用兵，天子以仲淹士望所屬，拔用護邊。及夷簡罷，召還，倚以爲治。中外想望其功業，而仲淹亦感激眷遇，以天下爲己任，遂與富弼日夜謀慮興致太平，然規摹闊大，論者以爲難行。及按察使多所舉劾，人心不自安，任子恩薄，磨勘法密，僥倖者不便，於是謗毀寖盛，而朋黨之論滋不可解。然仲淹、弼守所議弗變。先是，石介奏記於弼，責以行伊周之事。夏竦怨介斥己，又欲因是傾弼等，乃使女奴陰習介書，久之習成，遂改『伊周』曰『伊霍』，而僞作介爲弼撰廢立詔草，飛語上聞。帝雖不信，而仲淹、弼始恐懼，不敢自安于朝，皆請出按西北邊」。

[三] 謂其詐死而北走契丹矣請發棺以驗　長編卷一五七慶曆五年十一月辛卯條載時「詔提點京東路刑獄司，體量太子中允、直集賢院石介存亡以聞。先是，介受命通判濮州，歸其家待次，是歲七月病卒。夏竦銜介甚，且欲傾富弼，會徐州狂人孔直温謀叛，搜其家得介書，竦因言介實不死，弼陰使入契丹謀起兵，弼爲內應。執政入其言，故有是命，仍羈管介妻子於他州。……時亦有詔下兗州，核介死虛實。知州杜衍會官屬語之，衆莫敢對。泰寧節度掌書記龔鼎臣獨曰：『介平生直諒，寧有是耶？願以闔族保其必死。』衍悚然，探懷中奏稿示之，曰：『老夫既保介矣，君年少，見義必爲，安可量哉！』」又卷一六〇慶曆七年六月庚午條云：「先是，夏竦讒言石介實不死，富弼陰使入契丹謀起兵，朝廷疑之。……竦在樞府又讒介說敵弗從，更爲弼往登、萊結金坑凶惡數萬人欲作亂，請發棺驗視。朝廷復詔監

司體量。中使持詔至奉符，提點刑獄吕居簡曰：『今破冢發棺，而介實死，則將奈何？且喪葬非一家所能辦也，必須衆乃濟，若人人召問之，苟無異説，即令結罪保證，如此亦可應詔矣。』中使曰：『善。』及還奏，上意果釋。介妻子初羈管它州，事既辨明，乃得還。」

〔四〕先生年二十六舉進士甲科　據隆平集石介傳，石介於天聖八年進士及第。

〔五〕御史臺辟主簿未至以上書論赦罷不召　長編卷一一七景祐二年十二月癸酉條云：「先是，御史臺辟南京留守推官石介爲主簿，介上疏論赦書不當求五代及諸僞國後，不合意，罷不召。館閣校勘歐陽修貽書責中丞杜衍曰：『介一賤士，用不用當否，未足害政，然可惜者，中丞舉動也。主簿於臺中非言事官，然大抵居臺中者，必以正直剛明、不畏避爲稱職。介足未履臺門之閾，而已用言事見罷，真可謂正直剛明，不畏避矣。度介之才，不止爲主簿，直可爲御史也。今斥介而它舉，亦必擇賢而舉。夫賢者固好辯，若舉而入臺又有言，則又斥而他舉乎！如此，則必得愚暗懦默者而後止也。』衍卒不能用。」又困學紀聞卷一五考史云：「景祐二年郊赦，梁適上疏，論『朱全忠唐之賊臣，今録其後，不可以爲勸』。仁皇是其言，記姓名禁中。石介亦論『赦書不當求朱梁、劉漢後』，遂罷不召。其言一也，而黜陟異焉，豈遇不遇有命乎？」

〔六〕乃作慶曆聖德詩以褒貶大臣分別邪正　宋史石介傳云其「詩所稱多一時名臣，其言大姦蓋斥（夏）竦也」。按，慶曆聖德頌，載徂徠石先生文集卷一。默記卷中云：「石介作慶曆聖德詩以斥夏英公、高文莊公曰：『惟竦若訥，一妖一孽。』後聞夏英公作相，夜走臺諫官之家，一夕所乘馬爲之斃。所以弹章交上，英公竟貼麻，改除樞密使，緣此與介爲深仇。」又自警編卷七事君類下憂國引别録云：「石守道作慶曆聖德詩，忠邪太明白。韓魏公與范公適自陝西來朝，道中得之，范公拊股謂公曰：『爲此怪鬼輩壞了也。』公曰：『天下事不可如此，如此必壞。』」儒林公議有云此後「范、富皆罷爲郡，介詩頗爲累焉」。

〔七〕太學之興自先生始　湘山野録卷中云：「石守道介康定中主盟上庠，酷憤時文之弊，力振古道。時庠序號爲全盛之際。」

〔八〕則有怪説中國論　按，兩文分别載於徂徠石先生文集卷五、卷一〇。

〔九〕至其違世驚衆　儒林公議卷下云：「石介爲太子中允、國子監直講，專以狂直沽激爲務，人多畏其口。或有薦于上，謂介可爲諫官者，上曰：『此人若爲諫官，恐其碎首玉階。』蓋疑其效劉栖楚也。」東軒筆録卷一三云：「慶曆中，余靖、歐陽脩、蔡襄、王素爲諫官，時謂『四諫』。四人者力引石介，而執政亦欲從之。時范仲淹爲參知政事，獨謂同列曰：『石介剛正，天下所聞，然性亦好爲奇異，若使爲諫官，必以難行之事，責人君以必行。少佛其意，則引裾折檻，叩頭流血，無所不爲矣。主上雖富有春秋，然無失德，朝廷政事亦自修舉，安用如此諫官也？』諸公服其言而罷。」

［一〇］又歲餘始去太學通判濮州　長編卷一五二慶曆四年十月「是月」條載太子中允、直集賢院兼國子監直講石介通判濮州，云：「富弼等出使，讒謗益甚，人多指目介，介不自安，遂求出也。」

［一一］以謂待彼謗焰熄然後先生之道明矣　居士集卷三重讀徂徠集有「待彼謗焰熄，放此光芒懸」及「子道自能久，吾言豈須鐫」句。按，避暑録話卷上云：「石介守道與歐文忠同年進士，名相連，皆第一甲。國初諸儒以經術行義聞者，但守傳注，以篤厚謹修表鄉里。自孫明復爲春秋發微，稍自出己意。守道師之，始唱爲闢佛老之説，行之天下。文忠初未有是意，而守道力論其然，遂相與協力，蓋同出韓退之。及爲慶曆聖德詩，遂偃然肆言，臧否卿相不少貸。議者謂元和聖德詩但奬用兵之善，以救貞元姑息之弊，且時已異，用推憲宗之意而成之，固不害爲獻納。豈有天子在上方欲有爲，而匹夫崛起，擅參予奪于其間乎？孫明復聞之曰：『爲天下不當如是，禍必自此始。』文忠猶未以爲然，及朋黨論起，始悟其過，故嘉祐、治平之政施行與慶曆不同。事欲求成，亦必歷更而後盡其變也。」

孔處士旼墓誌銘①［一］　荊公王安石

先生諱旼，字寧極，睦州桐廬縣尉諱詢之曾孫，贈國子博士諱延滔之孫，尚書都官員外郎諱昭亮之子。自都官而上，至孔子四十五世。先生嘗欲舉進士，已而悔曰：「吾豈有不得已於此邪？」遂居于汝州之龍興山而上②，葬其

---

① 孔處士旼墓誌銘　「旼」原作「旼」，據王文公文集卷九六、臨川集卷九八孔處士墓誌銘及宋史孔旼傳改。按，下文同。

② 遂居于汝州之龍興山而上　按，宋史孔旼傳稱其「隱居汝州龍興縣龍山之滍陽城」。韓維南陽集卷二八孔處士文集序云孔旼「隱居汝州龍山之陽」。檢黃帝内經素問卷十九五運行大論篇云：「岐伯曰：『所謂上下者，歲上下見陰陽之所在也。』」注曰：「面向北而言之也，上，南也；下，北也。」

親於汝。汝人爭訟之不可平者，不聽有司而聽先生之一言，不羞犯有司之刑，而以不得於先生爲耻。慶曆七年，詔求天下行義之士，而守臣以先生應詔。於是朝廷賜之米帛，又勑州縣除其雜賦。

嘉祐三年，近臣多言先生有道德可用，而執政獨以爲不肯爲①，除守秘書省校書郎致仕②。四年，近臣又多以爲言，乃召以爲國子監直講[二]。先生辭，乃除守光禄寺丞致仕。五年，大臣有請先生爲其屬縣者[三]，於是天子以知汝州龍興縣事。先生又辭，辭未聽，而六月某日，先生終於家，年六十七。大臣有爲之請命者，乃特贈太常丞。至七年月日，弟⿰日焉葬先生於堯山都官之兆③，而以夫人李氏祔。李氏，故大理評事昌符之女[四]。生一女[五]，嫁爲士人妻，而先物故。

先生事父母至孝，居喪如禮。遇人恂恂，雖僕奴不忍以辭氣加焉。衣食於田桑有餘，輒以賙其鄉里，貸而後不能償者，未嘗問也。未嘗疑人，人亦以故不忍欺之。而世之傳先生者多異[六]，學士大夫有知而能言者。蓋先生孝弟忠信無求於世，足以使其鄉人畏服之如此，而先生未嘗爲異也。

先生博學，尤喜易[七]，未嘗著書，獨大衍一篇傳於世[八]。考其行治，非有得於內，其孰能致此耶？當漢之東

① 而執政獨以爲不肯爲　王文公文集卷九六、臨川集卷九八孔處士墓誌銘作「而執政度以爲不肯屈」。

② 嘉祐三年至除守秘書省校書郎致仕　按，長編卷一八六嘉祐二年六月壬子條載孔旼除校書郎致仕，以翰林學士承旨孫抃薦孔旼「有行義也」。又宋會要輯稿選舉三四之三七載慶曆七年「八月六日，以汝州處士孔旼爲祕書省校書郎致仕。旼字寧極，居龍興之龍山下讀書，孝行著聞鄉里。近臣列薦，故有是命」。則「嘉祐三年」當作「嘉祐二年」，而慶曆七年或爲近臣始薦之時。

③ 弟⿰日焉葬先生於堯山都官之兆　「⿰日焉」原作「⿰月焉」，據王文公文集卷九六、臨川集卷九八孔處士墓誌銘及涑水記聞卷一四、宋朝事實類苑卷六二孔⿰日焉射虎改。

徒，高尚守節之士，而亦以故成俗，故當世處人之聞①，獨多於後世。乃至於今，知名爲賢而處者，蓋亦無有幾人，豈世之所不尚，遂湮没而無聞？抑士之趨操②，亦有待於世耶？若先生固不爲有待於世，而卓然自見於時，豈非所謂豪傑之士者哉！其可銘也已。銘曰：

有入而不出，以身易物；有往而不反，以私其佚。嗚呼先生！好潔而無尤，匪佚之爲私，維志之求。

辨證：

[一]孔處士旼墓誌銘　本墓誌又載於王安石王文公文集卷九六、臨川集卷九八，題曰「孔處士墓誌銘」。按，孔旼，宋史卷四五七有傳。

[二]近臣又多以爲言乃召以爲國子監直講　長編卷一九〇嘉祐四年七月甲寅條載校書郎致仕孔旼爲國子監直講，云：「先是，太學生鄭叔雄者善醫，用王舉正及吴中復薦授校書郎。知諫院范師道因言：『山林有道之士，近臣屢薦輒不報，而方技援例必行，非所以示天下也。』於是旼等皆除官。」

[三]大臣有請先生爲其屬縣者　長編卷一九一嘉祐五年三月丁酉條云「知許州賈昌朝薦旼有高行，特起」孔旼知龍興縣。

[四]李氏故大理評事昌符之女　范忠宣公集卷十四朝議大夫閻君墓誌銘云閻照贈光禄大夫，「光禄與先文正公（范仲淹）、鄭文肅公（鄭戩）、孔寧極先生寔爲友壻。鄭公顯貴一時，寧極以高節聞天下，而光禄亦以經行著名鄉里，世稱李氏多賢壻云」。

[五]生一女　按碧雞漫志第二云：「孔寧極先生之子方平，……自號滍皋漁父，與姪處度齊名，李方叔詩酒侶也。」則孔旼有子，本墓誌所云不確。

[六]而世之傳先生者多異　宋史孔旼傳云孔旼「葬其父，廬墓三年，卧破棺中，日食米一溢。壁間生紫芝數十本」。又云：「盜嘗

---

① 故當世處人之聞　「處人」，王文公文集卷九六、臨川集卷九八孔處士墓誌銘作「處士」。

② 抑士之趨操　「士」原作「上」，據王文公文集卷九六、臨川集卷九八孔處士墓誌銘改。

入旼家，發其廪粟，旼避之，縱其所取。嘗逢羸弱者爲盜掠奪其貲，旼追盜與語，責之以義，解金畀之，使歸所掠。居山未嘗逢毒蛇虎豹，或謂之曰：『子毋夜行，此亦可畏。』旼曰：『無心則無所畏。』」夢溪筆談卷九人事一云：「淮南孔旻隱居篤行，終身不仕，美節甚高。嘗有竊其園中竹，旻愍其涉水冰寒，爲架一小橋渡之。」

〔七〕尤喜易　宋史孔旼傳云其「晚年惟玩周易、老子，他書亦不復讀。爲太玄圖張壁上，外列方州部家，而規其中心，空之無所書，曰：『易所謂寂然不動者，與此無異也。』」

〔八〕未嘗著書獨大衍一篇傳於世　南陽集卷二八孔處士文集序云：孔旼「所著大行論一篇，爲學者所宗。……没後二十九年，其弟之名曰幾、曰夷，裒先生之遺稿，凡得詩及雜文合一百六十七篇」。

名臣碑傳琬琰集中卷三十六

石校理曼卿墓表[一]　文忠公歐陽脩

曼卿諱延年，姓石氏。其上世爲幽州人。幽州入于契丹，其祖自成始以其族間走南歸，天子嘉其來，將禄之，不可，乃家于宋州之宋城。父諱補之，官至太常博士。幽燕俗勁武，而曼卿少亦以氣自豪，讀書不治章句，獨慕古人奇節偉行非常之功，視世俗屑屑，無足動其意者[二]。自顧不合於時，乃一混以酒[三]，然好劇飲大醉，頹然自放，由是益與時不合。而人之從其遊者，皆知愛曼卿落落可奇，而不知其才之有以用也。年四十八，康定二年二月四日，以太子中允、祕閣校理卒于京師。

曼卿少舉進士不中，真宗推恩，三舉進士，皆補奉職[四]。曼卿初不肯就，張文節公素奇之，謂曰：「母老，乃擇禄邪？」曼卿矍然起就之，遷殿直。久之，改太常寺太祝、知濟州金鄉縣，歎曰：「此亦可以爲政也。」縣有治聲。通判乾寧軍，丁母永安縣君李氏憂，服除，通判永静軍，皆有能名。充館閣校勘，累遷大理寺丞，通判海州[五]，還爲校理。莊獻明肅太后臨朝，曼卿上書請還政天子。其後太后崩，范諷以言見幸，引嘗言太后事者遽得顯官，欲引曼卿，曼卿固止之，乃已。

自契丹通中國，德明盡有河南①，而臣屬遂務休兵養息天下，然內外弛武三十餘年。曼卿上書言十事，不報。已而元昊反，西方用兵，始思其言，召見，稍用其説，籍河北、河東、陝西之民，得鄉兵數十萬。曼卿奉使籍兵河東還[六]，稱旨，賜緋衣銀魚。天子方思盡其才，而且病矣。既而聞邊有欲以鄉兵扞賊者，笑曰：「此得吾粗也。夫不教之兵，勇怯相雜，若怯者見敵而動，則勇者亦牽而潰矣。今或不暇教，不若募其敢行者，則人人皆勝兵也。」其視世事蔑若不足爲，及聽其施設之方，雖精思深慮不能過也[七]。

狀貌偉然，喜酒自豪，若不可繩以法度[八]，退而質其平生趣舍大節，無一悖于理者。遇人無賢愚，皆盡欣歡。及間而可否天下是非善惡，當其意者無幾人。其爲文章，勁健稱其意氣者②[九]。子濟、滋。天子聞其喪，官其一子[一〇]，使禄其家。既卒之三十七日，葬于太清之先塋。其友歐陽脩表於其墓曰[一一]：

嗚呼曼卿！寧自混以爲高，不少屈以合世，可謂自重之士矣。士之所負者愈大，則其自顧也愈重，自顧愈重，則其合愈難。然欲與共大事、立奇功，非得難合自重之士不可爲也。古之魁雄之人，未始不負高世之志，故寧或毁身污迹，卒困於無聞，或老且死而幸一遇，猶克少施於世。若曼卿者，非徒與世難合，而不克所施，亦其不幸，不得志乎中壽。其命也夫！其可哀也夫！

辨證：

[一]石校理曼卿墓表　本墓表又載於歐陽脩居士集卷二四，題曰「石曼卿墓表」。按，石延年，隆平集卷一五、東都事略卷一一五、

---

① 德明盡有河南　「德明」原作「德兆」，據文海本、居士集卷二四石曼卿墓表及宋史卷四八五夏國傳上改。

② 勁健稱其意氣者　「者」，居士集卷二四石曼卿墓表作「有」，屬下句。

宋史卷四四二有傳。

〔二〕視世俗屑屑無足動其意者　墨池編卷三妙品云：「石曼卿「志氣豪邁，慕古人奇節偉行，而欲立非常之功。既與世齟齬，於是嗜飲以自放，奇篇寶墨多得於醉中，真一代文翰之雄也」。其嘗「上書請莊獻明肅還政，言夏戎十事，不報。已而元昊叛，左右正缺，執政欲以曼卿擬之，猶覬其私請然後奏。曼卿語人曰：『吾少有志效國，用當自結明主以奮生平，又安能屑屑於相府乎？』執政聞之遂罷」。

〔三〕自顧不合於時乃一混以酒　歐陽脩居士集卷四一釋秘演詩集序云：「曼卿爲人，廓然有大志，時人不能用其材，曼卿亦不屈以求合，無所放其意，則往往從布衣野老，酣嬉淋漓，顛倒而不厭。」

〔四〕真宗推恩三舉進士皆補奉職　夢溪筆談卷二三譏謔云：「石曼卿初登科，有人訟科場，覆考落數人，曼卿是其數。時方期集於興國寺，符至追所賜敕牒靴服，數人皆啜泣而起，曼卿獨解靴袍還使人，露體戴幞頭，復坐語笑，終席而去。次日，被黜者皆授三班借職。曼卿爲一絶句曰：『無才且作三班借，請俸爭如録事參。從此罷稱鄉貢進，且須走馬東西南。』」

〔五〕通判海州　長編卷一一六景祐二年二月丁卯條云御史龐籍「數劾」范諷，「宰相李迪佑諷弗治，反左遷籍，籍既罷，益追劾諷不置」。宰相「吕夷簡疾諷詭激多妄言，且欲因諷以傾迪，故特寬籍而重貶諷，凡與諷善者皆絀削。延年嘗上書請章獻太后還政，諷任中丞，欲引延年爲屬，延年力止之，竟坐免」，落館閣校勘，通判海州。宋史石延年傳亦云因范諷「敗，延年坐與諷善，落職通判海州」。

〔六〕曼卿奉使籍兵河東還　長編卷一二七康定元年四月丁亥條云：「大理寺丞、祕閣校理石延年往河東路同計置催促糧草。明道中，延年嘗建言：『天下不識戰三十餘年，請選將練兵，爲二邊之備。』不報。及西邊數警，始召見，命副吴遵路使河東，時方用延年之說，藉鄉丁爲兵故也。延年又言：『昔漢用西域之兵破盪諸戎，得以夷狄攻夷狄之術。去年授唃廝囉節制，命助討元昊，宜募願使其國者，護發其兵，如有功，則加以王爵。置榷場，許市易羊馬，以通貨財。又回鶻在唃廝囉西，唐用其兵定吐蕃，亦可兼誘之，使掎角興師以分賊勢。』戊子，詔審官、三班院、吏部流内銓募願使唃廝囉者以名聞，始用延年之議也。」

〔七〕其視世事蔑若不足爲及聽其施設之方雖精思深慮不能過也　澠水燕談録卷四才識云：「康定中，河西用兵，石曼卿與安道奉使河東。既行，安道晝訪夕思，所至郡縣，考圖籍，見守令，按視民兵、芻粟、山川、道路，莫不究盡利害，尚慮未足以副朝廷眷使之意。而曼卿飲酒吟詩若不爲意者。一日，安道曰：『朝廷不以遵路不才，得與曼卿並命，今一道兵馬糧餽雖已留意，而切懼愚不能燭事。以曼卿之才，如略加之意，則事無遺舉矣。』曼卿笑曰：『國家大事，安敢忽邪？延年已熟計之矣。』因徐舉將兵之勇怯，芻糧之多寡，山川之險易，道路之通塞，纖悉具備，如宿所經慮者。安道乃大驚服，以爲天下之奇才，且歎其不可及也。」

［八］喜酒自豪若不可繩以法度　夢溪筆談卷九人事一云：「石曼卿喜豪飲，與布衣劉潛爲友，嘗通判海州，劉潛來訪之，曼卿迎之於石闥堰，與潛劇飲，中夜酒欲竭，顧船中有醋斗餘，乃傾入酒中併飲之。至明日，酒醋俱盡。每與客痛飲，露髮跣足，着械而坐，謂之『囚飲』。飲於木杪，謂之『巢飲』。以藁束之，引首出飲，復就束，謂之『鼈飲』。其狂縱大率如此。廨後爲一庵，常卧其間，名之曰『捫虱庵』。未嘗一日不醉，仁宗愛其才，嘗對輔臣言，欲其戒酒。延年聞之，因不飲，遂成疾而卒。」又卷二三譏謔云：「石曼卿爲集賢校理，微行倡館，爲不逞者所窘。曼卿醉，與之校，爲街司所録。曼卿詭怪不羈，謂主者曰：『只乞就本厢科決，欲詰旦歸館供職。』厢帥不喻其謔，曰：『此必三館吏人也。』杖而遣之。」鐵圍山叢談卷一云：「世傳仁祖一日行從大慶殿，望見有醉人卧於殿陛間者，左右亟將呵遣，詢之，曰：『石學士也。』迺石曼卿。仁廟遽止之，避從旁過。」麟臺故事卷五云：「故刑部胡尚書嘗云：『祖宗時，館職暑月許開角門，於大慶殿廊納凉。因石曼卿被酒扣殿求對，尋有約束，自後不復開矣。』類説卷二一名臣傳云：「石延年字曼卿，真宗曰：『朕知卿有才久矣，但聞卿好飲酒，恐醉不能了事。』延年曰：『臣非好飲酒，蓋以自釋耳。然臣雖醉，其於臨事愈於不醉之人。』」歸田録卷二云：「石曼卿磊落奇才，知名當世，氣貌雄偉，飲酒過人。有劉潛者，亦志義之士也，常與曼卿爲酒敵。聞京師沙行王氏新開酒樓，遂往造焉，對飲終日，不交一言，王氏怪其所飲過多，非常人之量，以爲異人，稍獻肴果，益取好酒，奉之甚謹。二人飲啗自若，傲然不顧，至夕殊無酒色，相揖而去。明日都下喧傳：王氏酒樓有二酒仙來飲，久之乃知劉、石也。」又，孔氏談苑卷三石學士鹽云石曼卿「以館職通判海州。官滿，載私鹽兩船至壽春，託知州王子野（質）貨之。時禁網寬赊，曼卿亦不爲人所忌，於是市中公然賣『石學士鹽』」。

［九］其爲文章勁健稱其意氣者　澠水燕談録卷七歌詠稱「石曼卿，天聖、寶元間以歌詩豪於一時」。又，墨池編卷三妙品云：「曼卿正書入妙品，尤喜題壁，不擇紙筆，自然雄逸。嘗艤舟於泗州之龜山寺，僧請題壁、傍殿榜，乃劇醉，卷氈而書，一揮而三榜成，使善書者雖累旬月構思以爲之，亦不能及也。范文正誄之曰：『曼卿之筆，顔筋柳骨，散落人間，寶爲神物。』歐陽永叔嘗賦詩云：『曼卿子美真

奇才，久已零落埋黄埃。子美生窮死愈貴，殘章斷藁如瓊瑰。曼卿醉題紅粉壁，鐵幹已剥昏烟煤。河傾崑崙勢曲折，雪壓太華高崔嵬。自從二子相繼没，山川氣象皆低摧。』二公之辭信得其實，不假余評云。」

［一〇］官其一子　長編卷一三一慶曆元年二月丙戌條云：「録故太子中允、祕閣校理石延年子濟爲太廟齋郎。延年與天章閣待制吴遵路同使河東，及卒，遵路爲言於朝，特恤之。」

［一一］其友歐陽脩表於其墓曰　湘山野録卷下云：「歐公撰石曼卿墓表，蘇子美書，邵餗篆額。山東詩僧祕演力幹，屢督歐俾速撰，文方成，演以庚二兩置食於相藍南食殿獾訖，白歐公寫名之日爲具，召館閣諸公觀子美書。書畢，演大喜曰：『吾死足矣。』飲散，歐、蘇囑演曰：『鐫訖，且未得打。』竟以詞翰之妙，演不能却。歐公忽定力院見之，問寺僧曰：『何得？』僧曰：『半千買得。』歐怒，回詬演曰：『吾之文反與庸人半千鬻之，何無識之甚！』演滑稽特精，徐語公曰：『學士已多他三百八十三矣。』歐愈怒曰：『是何？』演曰：『公豈不記作省元時，庸人競摹新賦，叫於通衢，復更名呼云「兩文來買歐陽省元賦」，今一碑五百，價已多矣。』歐因解頤。徐又語歐曰：『吾友曼卿不幸蚤世，固欲得君之文張其名，與日星相磨；而又窮民售之，頗濟其乏，豈非利乎？』公但笑而無説。」按，歐陽修歸田録卷下云：「用錢之法，自五代以來以七十七爲百，謂之省陌。」則據省陌，一貫實得七百七十錢，半千乃三百八十五錢，故有「已多他三百八十三矣」之言。

梅給事詢墓誌銘[一]　文忠公歐陽脩

翰林侍讀學士、給事中梅公既卒之明年，其孤及其兄之子堯臣來請銘以葬，曰：「吾叔父病且亟矣，猶卧而使我誦子之文。今其葬，宜得子銘以藏。」公之名在人耳目五十餘年，前卒一歲，予始拜公於許。公雖衰且病，其言談詞氣尚足動人。嗟予不及見其壯也，然嘗聞長老道公咸平、景德之初，一遇真宗，言天下事合意，遂以人主爲知己，當時縉紳之士望之若不可及。已而擯斥流離，四十年間，白首翰林，卒老一州。嗟夫！士果能自爲材邪？惟世用不用爾。故予記公終始，至於咸平、景德之際，尤爲詳焉，良以悲其志也。

公諱詢，字某①。世家宣城。年二十六，進士及第，試校書郎、利豐監判官。遷將作監丞、知仁和縣②，又遷著作佐郎，舉御史臺推勘官。時亦未之奇也。咸平三年，與考進士於崇政殿，真宗過殿廬中，一見以爲奇材[二]，召試中書，直集賢院，賜緋衣銀魚。是時契丹數寇河北，李繼遷急攻靈州，天子新即位，鋭於爲治。公乃上書，請以朔方授潘羅支③，使自攻取，是謂以蠻夷攻蠻夷。真宗然其言，問誰可使羅支者，公自請行。天子惜之，不欲使蹈兵間。公曰：「苟活靈州而罷西兵，何惜一梅詢！」天子壯其言，因遣使羅支[三]，未至而靈州没于賊。召還，遷太常丞、三司户部判官。數訪時事，於是屢言西北事。時邊將皆守境，不能出師，公請大臣臨邊督戰，募遊兵擊賊，論傅潛、楊瓊敗績當誅[四]，而田紹斌、王榮等可責其効以贖過[五]，凡數十事，其言甚壯。天子益器其材，數欲以知制誥，宰相有言不可者，乃已[六]。其後繼遷卒爲潘羅支所困④，而朝廷以兩鎮授德明，德明頓首謝罪[七]，河西平。天子亦再幸澶淵，盟契丹而河北之兵解，天下無事矣。

公既見疎不用，初坐斷田訟失實，通判杭州，徙知蘇州，又徙兩浙轉運使，還判三司開拆司，遷太常博士。用封禪恩，遷祠部員外郎。又坐事，出知濠州[八]。以刑部員外郎爲荆湖北路轉運使，坐擅給驛馬與人奔喪而馬死[九]，奪一官，通判襄州。徙知鄂州，又徙蘇州。天禧元年，復爲刑部員外郎、陝西轉運使。靈州棄已久，公與秦州曹瑋得葫蘆河路無沙，可出兵趨靈州⑤，遂請瑋居環慶以圖出師，會瑋入爲宣徽使，不克而止。遷工部郎

① 字某　居士集卷二七梅公墓誌銘作「字昌言」；東都事略、宋史梅詢傳同。
② 知仁和縣　「仁和」上，居士集卷二七梅公墓誌銘作有「杭州」二字。
③ 請以朔方授潘羅支　「支」原作「文」，據文海本、庫本、居士集卷二七梅公墓誌銘及下文改。
④ 其後繼遷卒爲潘羅支所困　「潘羅支」原作「潘支羅」，據庫本、居士集卷二七梅公墓誌銘及上文改。
⑤ 公與秦州曹瑋得葫蘆河路無沙可出兵趨靈州　居士集卷二七梅公墓誌銘作「公與秦州曹瑋得葫蘆河路可出兵，無沙行之阻而能徑趨靈州」。

中，坐朱能反，貶懷州團練副使，再貶池州[一〇]。天聖元年，拜度支員外郎、知廣德軍，徙知楚州，遷兵部員外郎、知壽州[一一]，又知陝府。六年，復直集賢院，又遷工部郎中，改直昭文館、知荆南府。召爲龍圖閣待制，糾察在京刑獄，判流内銓。改龍圖閣直學士、知并州，未行，遷兵部郎中、樞密直學士以往。就遷右諫議大夫，入知通進銀臺司，復判流内銓。改翰林侍讀學士、群牧使，遷給事中、知審官院[一二]。以疾出知許州[一三]。康定二年六月某日卒于官①。

公喜爲州②，爲人嚴毅修潔[一四]，而材辯敏明。少能慷慨③，見奇真宗。自初召試，感激言事，自以謂君臣之遇。已而失職，逾二十年，始復直於集賢，以登侍從。而門生故吏、曩時所考進士，或至宰相[一五]，居大官，故其視時人，常以先生長者自處，論事尤多發憤。其在許昌，繼遷之孫復以河西叛[一六]，朝廷出師西方，而公已老，不復言兵矣。享年七十有八以終。

梅氏遠出梅伯，世久而譜不明。公之皇曾祖諱某，皇祖諱某④，皆不仕。父諱某⑤，贈刑部侍郎。夫人劉氏，彭城縣君。子五人：長曰鼎臣，官至殿中丞；次曰寶臣，皆先公卒；次曰得臣，太子中舍；次曰輔臣，前將作監丞；次曰清臣，大理評事。公之卒，天子贈賻，拜得臣殿中丞⑥、清臣衛尉寺丞。明年八月某日，葬公宣州之某

① 康定二年六月某日卒于官　「某日」，王文公文集卷八五梅公神道碑作「十日」。
② 公喜爲州　居士集卷二七梅公墓誌銘作「公好學有文，尤喜爲詩」。
③ 少能慷慨　「少能」原作「能少」，據庫本及居士集卷二七梅公墓誌銘乙改。
④ 公之皇曾祖諱某皇祖諱某　居士集卷二七梅公墓誌銘作「公之皇曾祖諱超，皇祖諱遠」。
⑤ 父諱某　「某」，居士集卷二七梅公墓誌銘作「邈」。
⑥ 天子贈賻拜得臣殿中丞　居士集卷二七梅公墓誌銘「贈賻」下有「優恤」二字，「拜」作「加」。

縣某鄉某原①。銘曰：

士之所難，有藴無時。偉歟梅公，人主之知。勇無不敢，惟義之爲。困于翼飛，中垂以斂。一失其塗，進退而坎。理不終窮，既晚而通②。惟其壽考，福禄之隆。

辨證：

[一] 梅給事詢墓誌銘　本墓誌又載於歐陽脩居士集卷二七，題曰「翰林侍讀學士給事中梅公墓誌銘」。按，梅詢，東都事略卷四八、宋史卷三〇一有傳，王安石王文公文集卷八五載有宋翰林侍讀學士知許州軍州事梅公神道碑。

[二] 一見以爲奇材　宋史梅詢傳云真宗「奇其占對詳敏」。

[三] 因遣使羅支　長編卷一五〇咸平四年十二月癸丑條云：「上用吳淑議，遣使諭秦、隴以西諸戎，使攻李繼遷。如京副使宋沆剛率，喜談兵事，先自太子中允換秩，癸丑，以沆爲西凉安撫使。太常丞、直集賢院梅詢亦屢上書論西邊利害，且自請使潘羅支，乃命詢副沆焉。」

[四] 論傳潛楊瓊敗績當誅　按宋史卷二七九傅潛傳云：「咸平二年，復出爲鎮、定、高陽關三路行營都部署。契丹大入，緣邊城堡悉飛書告急，……潛畏懦無方略，閉門自守，將校請戰者，則醜言罵之。無何，契丹破狼山砦，悉鋭攻威虜，略寧邊軍及祁、趙，游騎出邢、洺，鎮、定路不通者踰月。朝廷屢間道遣使，督其出師，會諸路兵合擊，范廷召、桑贊、秦翰亦屢促之，皆不聽。……都鈐轄張昭允又屢勸潛，潛笑曰：『賊勢如此，吾與之角，適挫吾鋭氣爾。』然不得已，分騎八千、步二千付廷召等，於高陽關逆擊之，仍許出兵爲援。洎廷召等

---

① 明年八月某日葬公宣州之某縣某鄉某原　王文公文集卷八五梅公神道碑「某日」作「挾日」，「某縣某鄉某原」作「宣城縣長安鄉西山里」。按，「挾日」即十日，周禮夏官大司馬「挾日而斂之」，鄭玄注云：「挾日，十日也。」

② 既晚而通　「通」原作「遇」，據文海本、庫本及居士集卷二七梅公墓誌銘改。

與契丹血戰而潛不至，康保裔遂戰死。及車駕將親征，又命石保吉、上官正自大名領前軍赴鎮、定與潛會。潛卒逗遛不發，致敵騎犯德、棣，渡河湊淄、齊，劫人民，焚廬舍。上駐大名而邊捷未至，且諸將屢請益兵，潛不之與；有戰勝者，潛又抑而不聞。」又卷二八〇楊瓊傳云：咸平四年，夏兵「長圍清遠，頓積石河。清遠屢走間使詣瓊請濟師，瓊將悉出兵爲援，鈐轄内園使馮守規、都監崇儀使張繼能曰：『敵近，重兵在前，繼無以進，不可悉往。』乃止。命副部署海州團練使潘璘、都監西京左藏庫劉文質率兵六千赴之，且曰：『伺我之繼至。』瓊逗遛不進，頓慶州。寇鼓兵攻南門，其子阿移攻北門，堙壕斷橋以戰。瓊遣鈐轄李讓督精卒六百往援，至則城陷矣。賊泊青岡城下，瓊與守規、繼能方緩行出師，及聞清遠之敗，益恇怯不前。順州刺史王懷普謂瓊曰：『青岡地遠水泉，非屯師計，願棄之。』瓊合謀焚芻糧兵仗，驅老幼以出。瓊却師，退保洪德砦，寇威浸熾，未嘗交一鋒。」

〔五〕而田紹斌王榮等可責其効以贖過　按宋史卷二八〇田紹斌傳云：「（傅）潛屯中山，紹斌三馳書於潛，且言：『邊衆大至，但列兵唐河南，背城與戰，慎無窮追。』潛性巽懦，聞之益不敢出。賊衆益熾，焚劫城砦。」又，王榮傳云：咸平三年，其「援送靈武芻糧，疏於智略，不嚴斥候，至積石，夜爲蕃寇所劫，營部大亂，衆亡殆盡」。

〔六〕宰相有言不可者乃已　長編卷四八咸平四年三月辛卯條載禮部郎中薛映、兵部員外郎梁鼎、左司諫楊億並知制誥，云：「上初欲用著作佐郎、直集賢院梅詢，命中書召試映、鼎及詢等。宰相李沆素不喜詢，言於上曰：『梅詢險薄，用之恐不協群議。』上曰：『如此，則何人可？』沆曰：『楊億有盛名。』上乃驚喜曰：『幾忘此人。』仍以億望實素著，但召映、鼎就試，翌日，與億並命。」又卷五六景德元年七月丙戌條稱真宗「雅敬」宰相李沆，「嘗問治道所宜先，沆曰：『不用浮薄新進喜事之人，此最爲先。』上問其人。曰：『如梅詢、曾致堯、李夷庚等是矣。』上深然之，故終上之世，數人者卒不進用」。

〔七〕而朝廷以兩鎮授德明德明頓首謝罪　宋史卷四八五夏國傳上云咸平六年六月，李繼遷「率衆攻西蕃，取西涼府，都首領潘羅支僞降，繼遷受之不疑。羅支遽集六谷蕃部及者龍族合擊之，繼遷大敗，中流矢」，於景德元年正月二日卒，年四十二，子德明立。德明遂「連歲表歸順。三年，復遣牙將劉仁勖奉誓表請藏盟府」。宋朝諸臣奏議卷一三二劉平上仁宗乞選用酋豪各守邊郡云：「靈武既失守，趙德明以僻守一隅，且懼問罪，亟馳驛奏，願備藩臣。朝廷姑務息民，即以靈、夏兩鎮授之。」

〔八〕又坐事出知濠州　宋史梅詢傳云其因「坐議天書」而出知州。長編卷一七二大中祥符二年八月癸未朔條云：「以祠部員外郎、直集賢院、主判三司開拆司梅詢知濠州，度支判官、太常博士黄宗旦知衢州。詢、宗旦在計省不能静畏自守，故出之。」注曰：「按詢本傳，出守，坐議天書。不知宗旦所坐，姑用實録所載，當考詳改定。實録蓋諱其事也。」

［九］坐擅給驛馬與人奔喪而馬死　據長編卷八一大中祥符六年九月壬寅條，梅詢「坐擅發驛馬與知廣州邵曄子，令省親疾而馬死故也」。按，宋史梅詢傳略同。

［一〇］坐朱能反貶懷州團練副使再貶池州　宋史卷八真宗紀云天禧四年九月「壬戌，給事中朱巽、工部郎中梅詢坐不察朱能姦譎官」。又梅詢傳云其「又以善寇準，徙池州」。按，朱能反事詳見長編卷九六天禧四年秋七月甲戌，昭宣使、英州團練使、入内副都知周懷政因「謀殺（丁）謂等，復相（寇）準，奉帝爲太上皇，傳位太子而廢皇后」事露而伏誅；「并發朱能所獻天書妖妄事，亟遣入内供奉官盧守明、鄧文慶馳驛詣永興軍捕能及其黨」。丁丑，太子太傅寇準降授太常卿、知相州。八月甲申，「朱能聞使者至，自度不免，衷甲以出，殺盧守明，帥所部兵挈家屬叛逸」，被殺。九月壬戌，陝西轉運使、工部郎中、直集賢院梅詢削一任，爲懷州團練副使，「不署州事」，乃坐「嘗薦舉朱能及不察姦妄、致害制使，故責之」。

［一一］遷兵部員外郎知壽州　長編卷一〇四天聖四年十月丙申條云：「壽州屬縣多盗，至白晝掠民市中。上聞之，謂輔臣曰：『不即掩捕，此長吏之責也。』詔劾知州、司封員外郎孟穆罷之。議所以代穆者，或言知楚州、度支員外郎梅詢有吏幹，嘗坐事廢黜，今可用也。乃徙詢知壽州，加兵部員外郎，仍賜御札，訓以趨事滌過之意。」

［一二］知審官院　長編卷一一二寶元元年六月戊辰條云「翰林侍讀學士梅詢知審官院，虞部員外郎潘若冲求爲白波發運判官，詢怒其求不已，因忿詈之，若冲亦出不遜語。詢即以其事聞，乃降若冲小處差遣，而詢亦代之」，以資政殿大學士宋綬知審官院。

［一三］以疾出知許州　宋史梅詢傳云其「病足，出知許州，卒。故事，侍讀學士無出外者。天禧中，張知白罷參知政事，領此職，始出知大名府。非歷二府而出者自詢始」。

［一四］爲人嚴毅修潔　涑水記聞卷三云：「梅侍讀詢，晚年尤躁于禄位。嘗退朝過閣門，見箱中有錦軸云『胡則侍郎致仕告身』，同列取視之，詢遠避之而過，曰：『幣重而言甘，誘我也，何以視爲？』時人多笑之。」又云：「詢年七十餘，又病足，常撫其足而詈之曰：『是中有鬼，令我不至兩府者，汝也！』有所愛馬，每夜令五人相代牽馬將之，不繫於柱，恐其縈絆傷之故也；又夜中數自出視之。嘗牽

馬將乘，撫其鞍曰：『賤畜，吾已薄命矣，汝豈無分被繡韉邪？』」宋史梅詢傳亦云：「詢卞急好進，而侈於奉養，至老不衰。」按，本墓誌云云乃屬溢美。

［一五］而門生故吏曩時所考進士或至宰相　侯鯖録卷七云：「梅詢侍讀嘗從真宗東封，因卜命於岳神。夢三牛鬬於庭，有稱相公通謁者，雖異之而不曉其兆。既而得濠梁守，州廨有三石牛。後吕許公夷簡以殿中丞來倅，詢見之，疑若所夢謁者，於是委遇至厚。不數年，許公大拜，梅爲發運使，按部至濠上，作詩寄許公云：『十五年前忝一麾，公餘嘗得預言詩。玉堦步武爲霖早，雲路風波得志遲。浴鳳池深春蕩蕩，觀魚臺古草離離。重來故老休相問，請揭紗籠看舊碑。』」宋史梅詢傳云其「在濠州，夢人告曰：『吕丞相至矣。』既而吕夷簡通判州事，故待之甚厚。其後援詢於廢斥中，以至貴顯，夷簡力也」。

［一六］繼遷之孫復以河西叛　按，繼遷之孫，指元昊。據長編一二六，元昊於康定元年中侵延州境。

尹學士洙墓誌銘［一］　文忠公歐陽脩

師魯河南人［二］，姓尹氏，諱洙。然天下之士，識與不識，皆稱之曰師魯。蓋其名重當世，而世之知師魯者，或推其文章，或高其議論，或多其材能。至其忠義之節，處窮達，臨禍福，無媿於古君子，則天下之稱師魯者未必盡知之。

師魯爲文章，簡而有法。博學强記，通知今古［三］，長於春秋。其與人言，是是非非，務窮盡道理乃已，不爲苟止而妄隨，而人亦罕能過也。遇事無難易，而勇於敢爲，其所以見稱於世者，亦所以取嫉於人，故其卒窮以死［四］。

師魯少舉進士及第，爲絳州正平縣主簿、河南府户曹參軍、邵武軍判官。舉書判拔萃，遷山南東道掌書記、知伊陽縣［五］。王文康公薦其才，召試，充館閣校勘，遷太子中允。天章閣待制范公貶饒州，諫官、御史不肯言，師魯上書，言「仲淹臣之師友，願得俱貶」。貶監郢州酒稅［六］，又徙唐州。遭父喪，服除，復得太子中允、知河南縣［七］。

趙元昊反，陝西用兵。大將葛懷敏奏起爲經略判官[八]。師魯雖用懷敏辟，而尤爲經略使韓公所深知。其後諸將敗於好水，韓公降知秦州，師魯亦徙通判濠州[九]。久之，韓公奏，得通判秦州[一〇]。遷知涇州，又知渭州，兼涇原路經略部署[一一]。坐城水洛與邊臣異議[一二]，徙知晉州，又知潞州[一三]。爲政有惠愛，潞州人至今思之。累遷官至起居舍人、直龍圖閣。

師魯當天下無事時，獨喜論兵，爲叙燕、息戍二篇行于世[一四]。自西兵起，凡五六歲，未嘗不在其間，故其論議益精密，而於西事尤習其詳。其爲兵制之説[一五]，述戰守勝敗之要，盡當今之利害。又欲訓土兵代戍卒，以減邊用，爲禦戎長久之策。皆未及施爲，而元昊臣，西兵解嚴，師魯亦去而得罪矣。然則天下之稱師魯者，於其材能，亦未必盡知之也。

初，師魯在渭州，將吏有違其節度者，欲按軍法斬之而不果。其後吏至京師，上書訟師魯以公使錢貸部將，貶崇信軍節度副使[一六]，徙監均州酒税。得疾，無醫藥，舁至南陽求醫。疾革，隱几而坐，顧稚子在前，無甚憐之色，與賓客言，終不及其私。享年四十有六以卒①[一七]。

師魯娶張氏，某縣君。有兄源，字子漸，亦以文學知名，前一歲卒。師魯凡十年間，三貶官，喪其父，又喪其兄。有子四人，連喪其三。女一適人，亦卒。而其身終以貶死[一八]。一子三歲，四女未嫁[一九]。家無餘貲，客其喪于南陽，不能歸②。平生故人無遠邇皆往賻之[二〇]，然後妻子得以其柩歸河南，以某年某月某日葬于先塋之次③。余

① 享年四十有六以卒　按，據本卷尹學士洙墓表及隆平集、東都事略、宋史尹洙傳皆稱其卒「年四十七」。
② 不能歸　「不」字原闕，據文海本、庫本及居士集卷二八尹師魯墓誌銘補。
③ 以某年某月某日葬于先塋之次　「某月」原作「其月」，據文海本、庫本及居士集卷二八尹師魯墓誌銘改。按，本卷尹學士洙墓表云：「至和元年十二月某日，沂、材舉公、夫人之喪，葬于緱氏縣鄉之原。」

與師魯兄弟交，嘗銘其父之墓矣[二]，故不復次其世家焉①。銘曰：

藏之深，固之密。石可朽，銘不滅。

辨證：

［一］尹學士洙墓誌銘　本墓誌又載於歐陽脩居士集卷二八，題曰「尹師魯墓誌銘」。按，尹洙，隆平集卷一五、東都事略卷六四、宋史卷二九五有傳，本卷又載有韓琦尹學士洙墓表。又，歐陽脩居士外集卷二二論尹師魯墓誌云：「修見韓退之與孟郊聯句，便似孟郊詩，與樊宗師作誌，便似樊文。慕其如此，故師魯之誌用意特深而語簡，蓋爲師魯文簡而意深。又思平生作文，惟師魯一見，展卷疾讀，五行俱下，便曉人深處。因謂死者有知，必受此文，所以慰吾亡友爾，豈恤小子輩哉！」後有注曰：「此卷論尹師魯墓誌，即辨誌也。遂寧府有石刻，載師魯妻初怒誌文簡略，新進士孔嗣宗請詣潁州，與公辨論，凡留半月，公爲添換，并遺辨誌。又答嗣宗兩帖，與今本書簡第七卷同，但增一節云『此不當辨，爲世人多云云。恐尹氏惑之，使其妻子不足，故須委曲。近曾録寄范公，今録奉呈，爲語尹氏』，凡三十九字。據此，則所謂添換，尚或可疑，姑附于此。」

［二］師魯河南人　本卷尹學士洙墓表云：「其先太原人。……祖某，始以才行興其家，官至都官郎中，贈刑部侍郎。……刑部葬其父河南，今爲河南人。」

［三］師魯爲文章簡而有法博學强記通知今古　容齋續筆卷一三曹子建論文云：「歐陽公作尹師魯銘文，不深辯其獲罪之冤，但稱其『爲文章簡而有法』，或以爲不盡，公怒，至詒書它人，深數責之曰：『簡而有法，惟春秋可當之，脩於師魯之文不薄矣。又述其學曰「通知古今」，此語若必求其可當者，惟孔孟也。而世之無識者乃云云。此文所以慰吾亡友爾，豈恤小子輩哉？』」

［四］其所以見稱於世者亦所以取嫉於人故其卒窮以死　湘山野録卷中云：「尹師魯爲渭帥，與劉滬、董士廉輩議水邏城事。既

① 故不復次其世家焉　「不復次」三字原脱，據居士集卷二八尹師魯墓誌銘補；「其」，文海本作「具」。

矛盾，朝旨召尹至闕，送中書，給紙札供析。昭文吕申公因聚廳啜茶，令堂吏置一甌投尹曰：『傳語龍圖，不欲攀請，只令送茶去。』時集相幸師魯之議將屈，笑謂諸公曰：『尹龍圖莫道建茶磨去磨來，漿水亦嚥不下。』師魯之幄去政堂切近，聞之，擲筆於案，厲聲曰：『是何委巷猥語輒入廟堂，真治世之不幸也！』集相愧而銜之。後致身於禍辱，根於此也。」按，水遲城即水洛城。據史載尹洙與「與劉滬、董士廉輩議水洛城事」在慶曆四年前後，長編卷一四七慶曆四年三月「是月」條云：「范仲淹言：『……即今將入夏，邊上無事，且乞召尹洙赴闕，令條奏邊事。』洙竟不召。」又卷一四九慶曆四年五月己巳條載「徙知慶州孫沔知渭州，尹洙知慶州」。據宋史宰輔表二，是時章得象以昭文館大學士爲首相，晏殊以集賢殿大學士爲次相，而申公吕夷簡已於慶曆三年四月致仕。湘山野録所云有誤。

〔五〕邵武軍判官舉書判拔萃遷山南東道掌書記知伊陽縣　長編卷一〇九天聖八年六月戊申條云以書判拔萃人「安德節度推官河南尹洙爲武勝節度掌書記、知河陽縣」。按，其官銜與誌文所云頗有不同。宋史尹洙傳云其「安國軍節度推官、知光澤縣，舉書判拔萃，改山南東道節度掌書記、知伊陽縣」。與誌文所云亦有異。然東都事略尹洙傳云云同誌文。

〔六〕貶監郢州酒税　長編卷一一八景祐三年五月乙未條云范仲淹以得罪宰相吕夷簡遭貶官，太子中允、館閣校勘尹洙「上言：『臣常以范仲淹直諒不回，義兼師友。自其被罪，朝中多云臣亦被薦論。仲淹既以朋黨得罪，臣固當從坐。雖國恩寬貸，無所指名，臣内省於心，有靦面目。況余靖素與仲淹分疎，猶以朋黨得罪，臣不可幸於苟免，乞從降黜，以明典憲。』宰相怒，遂逐之」，貶爲崇信軍節度掌書記、監郢州酒税。

〔七〕又徙唐州遭父喪服除復得太子中允知河南縣　長編卷一二三寶元二年六月甲申條載「崇信掌書記、監郢州酒務尹洙爲太子中允、知長水縣」。又卷一二六康定元年三月癸酉載「太子中允、知長水縣尹洙權簽書涇原秦鳳經略安撫司判官事，從葛懷敏之辟也」。與誌文不同。按，長水縣爲河南府屬縣，誌文似有脱誤。

〔八〕大將葛懷敏奏起爲經略判官　長編卷一二六康定元年三月癸酉條注曰：「洙先從葛懷敏辟，但爲涇原、秦鳳兩路經略安撫判官。其後，夏竦、韓、范復辟洙，始爲陝西路經略安撫判官。實録於此即云陝西，誤也。」

〔九〕師魯亦徙通判濠州　長編卷一三一慶曆元年二月辛丑條云：「始，朝廷既從陝西都部署司所上攻策，經略安撫判官尹洙以正月丙子至延州，與范仲淹謀出兵。越三日，仲淹徐言已得旨，聽兵勿出。洙留延州幾兩旬，仲淹堅持不可。辛丑，洙還至慶州，乃知任福敗績，賊侵劉璠堡未退，因遣權環慶路都監劉政將鋭卒數千往援，未至，賊引去。夏竦尋劾奏洙擅發兵，降通判濠州。」

［一〇］久之韓公奏得通判秦州　宋史尹洙傳云：「未幾，韓琦知秦州，辟洙通判州事，加直集賢院。」

［一一］又知渭州兼涇原路經略部署　長編卷一四二慶曆三年七月甲戌條載「以太常丞、直集賢院、知涇州尹洙爲右司諫、知渭州兼管勾涇原路安撫都部署司事」。按，宋史尹洙傳稱「兼領涇原路經略公事」。乃避英宗諱而改。

［一二］坐城水洛與邊臣異議　長編卷一四二慶曆四年三月甲戌條載：「命鹽鐵副使、户部員外郎魚周詢、宫苑使周惟德往陝西同都轉運使程戡相度鑄錢及修水洛城利害以聞。先是，韓琦以修水洛城爲不便奏罷之，鄭戩固請終役。琦還自陝西，即罷戩四路都部署。戩既改知永興，又極言城水洛之便，役不可罷，命劉滬、董士廉督役如故。知渭州尹洙及涇原副都部署狄青相繼論列，以爲修城有害無利，議者紛紛不決，故遣周詢等行視。戩初命涇原都監許遷將兵爲修城之援，及戩罷統四路，洙亟召遷還，又檄滬、士廉罷役，且召滬、士廉。蕃部皆遮止滬、士廉等，請自備財力修城。滬、士廉亦以屬户既集，官物無所付，又恐違蕃部意別生變，日增版趣役。洙再召之，不從。洙亟命瓦亭寨都監張忠往代，滬又不受。洙怒，命青領兵巡邊，追滬、士廉欲以違節度斬之。青械二人送德順軍獄，時周詢等猶未至也。蕃部遂驚擾，争收積聚，殺吏民爲亂。又詣周詢等訴，周詢具奏詔釋滬、士廉，令卒城之。」

［一三］又知潞州　長編卷一五一慶曆四年八月癸卯條載右正言、直集賢院、知晉州尹洙爲起居舍人、直龍圖閣、知潞州，云：「舊制，諫官、御史補外無待闕者，洙自慶移晉，會前守未滿歲，有旨令洙待闕。洙心疑鄭戩譖己，因奏乞與戩俱下御史獄，辨水洛城事。且言戩交結走馬承受麥知微。於是遷秩改命，而所乞竟不從。」

［一四］爲叙燕息戍二篇行于世　按，二文載於尹洙河南集卷二。

［一五］其爲兵制之説　按，尹洙兵制載於河南集卷三。

［一六］貶崇信軍節度副使　長編卷一五六慶曆五年七月辛丑條載貶起居舍人、直龍圖閣、知潞州尹洙爲崇信節度副使，云：「洙前在渭州，有部將孫用者，由軍校補邊，自京師貸息錢到官，亡以償。洙惜其才可用，恐以犯法罷去，嘗假公使錢爲償之。又以公使錢不足，假軍資錢回易充用。及董士廉詣闕，訟洙欺隱官錢，詔洙公析。而監察御史李京又言韓琦因處置邊機不當，罷樞密副使，琦過實自

洙始，請并責洙。洙復奏章與京辨，執政不悦，遣殿中侍御史劉湜往渭州鞫之，洙竟坐貸公使錢與孫用及私自貸，該甲申德音，當追兩官勒停，特有是命。湜頗傅致重法，蓋希執政意也。」按，時宰相乃賈昌朝、陳執中。

〔一七〕享年四十有六以卒　范文正公尺牘卷中韓魏公云：「師魯去赴均州時，已疾作。至均，寢食或進或退，僅百餘日。得提刑司文字，舁疾來鄧，以存没見託，至五日而啓手足。苦痛苦痛！至終不亂，初相見時，卻且着灸，不談後事。疾勢漸危，遂中夜詣驛看他，告伊云：『足下平生節行用心，待與韓公、歐陽公各做文字，垂于不朽。』他舉手叩頭。又告伊云：『待與諸公分俸贍家，不令失所。』他又舉手云：『渭州有二兒子。』即就枕，更不他語。來日與趙學士看他，云：『夜來示諭，並記得，已相别矣。』顧家人則云：『我自了當，不復管汝。』略無憂戚。又兩日，猶能扶行，忽索灌漱訖，憑案而化。別趙學士云『不怛化』；別韓倅云『少年樹德』；別賈狀元云『亦無鬼神，亦無煩惱』。官員又問以家事，答云：『參以人事，則不樂也。』終更無言。」涑水記聞卷一〇云：「尹師魯謫官監均州酒，時范希文知鄧州，師魯得疾，即擅去官，詣鄧州，以後事屬希文。希文日往視其疾，師魯曰：『今日疾勢復增幾分，可更得幾日。』一旦，遣人招希文甚遽，既至，師魯曰：『洙今日必死矣。人言將死者必見鬼神，此不可信，洙並無所見，但覺氣息奄奄就盡耳。』隱几坐，與希文語久之，謂希文曰：『公可出，洙將逝矣。』希文出至廳事，已聞其家號哭。」

〔一八〕而其身終以貶死　長編卷一八四嘉祐元年十月戊辰條載追復崇信節度副使尹洙爲起居舍人、直龍圖閣，「樞密使韓琦爲之請也」。

〔一九〕四女未嫁　本卷尹學士洙墓表云其「女五人：長適虞部員外郎張景憲；次繼室張氏；次適太常丞太祝謝景平；次二人未嫁」。按，本誌文撰於慶曆八年，而墓表撰於至和元年後，故有是别。

〔二〇〕平生故人無遠邇皆往賻之　邵氏聞見録卷一六云：「皇祐初，洛陽南資福院有僧録義琛者，素出入尹師魯門下。師魯自平涼帥謫崇信軍節度副使，均州監酒，過洛，義琛見之曰：『鄉里門徒數人，欲一望見龍圖。』有頃，諸人出，一喏而去，皆洛中大豪，義琛已密約貸錢，爲師魯買洛城南宫南村負郭美田三十頃，師魯初不知。後義琛復以歲所得地利償諸人。至師魯卒，喪歸洛，義琛哭柩前，納其券於師魯家。師魯素貧，子孫賴此以生。」涑水記聞卷一〇云范仲淹「竭力送其喪及妻孥歸洛陽」。安陽集卷五〇故觀文殿學士太子少師致仕贈太子太師歐陽公墓誌銘云歐陽修「平生篤於朋友，如尹師魯、梅聖俞、孫明復既卒，其家貧甚，公力經營之，使皆得以自給，又表其孤于朝，悉録以官」。

［二二］嘗銘其父之墓矣　按，即尚書虞部員外郎尹公墓誌銘，載於居士集卷二六。

墓表［一］　忠獻公韓琦

公諱洙①，字師魯，其先太原人。曾祖某②，以道晦亂世不仕。祖某③，始以才行興其家，官至都官郎中，贈刑部侍郎。父某④，舉明經，累長郡邑，廉恕明決，所至以循吏稱，終虞部員外郎，以公貴，贈工部郎中。刑部葬其父河南，今爲河南人。

公幼聰敏喜學，無所不通，尤長於春秋。善議論，參質古今，開判疑滯，聞者欣服之。天聖二年登進士第，授絳州正平縣主簿⑤，歷河南府户曹參軍、邵武軍判官。舉書判拔萃，遷山南東道節度掌書記、知河南府伊陽縣。時天下無事，政闕不講，以其言者爲妄人⑥。公乃著叙燕、息戍等十數篇，以斥時弊，時人服其有經濟之才。文康王公知而薦之，召試，充館閣校勘，遷太子中允。時文正范公治開封府，每奏事見上，論時政，指丞相過，先貶

① 公諱洙　「洙」原作「深」，據文海本、庫本、安陽集卷四七尹公墓表及本卷尹學士洙墓誌銘改。
② 曾祖某　「某」，安陽集卷四七尹公墓表作「誼」。
③ 祖某　「某」，安陽集卷四七尹公墓表作「文化」。
④ 父某　「某」，安陽集卷四七尹公墓表作「仲宣」。
⑤ 授絳州正平縣主簿　「主簿」原作「正簿」，據文海本、庫本、安陽集卷四七尹公墓表及本卷尹學士洙墓誌銘、宋史尹洙傳改。
⑥ 以其言者爲妄人　「其」，安陽集卷四七尹公墓表作「兵」，似是。

知饒州。余公安道上疏論救，坐以朋黨貶①〔二〕。公慨然上書曰②：「臣以仲淹忠諒有素，義兼師友，以靖貶③，臣當從坐。」貶崇信軍節度掌書記、監郢州商稅④。歐陽公永叔移書讓諫官不言〔三〕，又貶夷陵縣令。當是時，天下稱爲「四賢」。徙唐州，丁父憂。服除，復得太子中允、知河南府長水縣。

趙元昊反，康定元年春寇延州，大將劉平逆戰陷虜。天子乃命文莊夏公都部署陝西之兵，開府永興以經略招討之，琦與范公爲之副⑤，公爲判官。未幾，上遣翰林學士晁公宗慤、入內都知王守忠督出兵攻賊。合府議，奏曰：「今將與兵，尚未習練，願謹邊防，期以歲月平之。」使還，而賊復寇鎮戎軍，部將劉繼宗禦之⑥，爲賊所敗〔四〕。詔下切責，俾以進兵月日來上。府中復議曰：「將在軍，雖得以自便，然攻守大計，當稟筭于朝廷。」乃畫攻守二策，予與公詣闕奏之⑦，唯上所擇〔五〕。詔取攻策，已而難之，事方寢。賊復遣人以書叩延州，僞請和，而大舉兵寇涇原之山外，殺部署任福〔六〕。公時在慶州，得涇原求援書，即移文慶帥，率其部將劉政鋭兵數千人便道走鎮戎，未至，賊引去。夏公奏公專⑧，徙通判濠州，又改秦州。遷知涇州，徙渭州，兼管勾涇原路經略部署司事。

---

① 坐以朋黨貶　「貶」下，安陽集卷四七尹公墓表有「監筠州酒稅」五字。

② 公慨然上書曰　「慨」原作「既」，據文海本、庫本及安陽集卷四七尹公墓表改。

③ 以靖貶　「貶」，安陽集卷四七尹公墓表作「比」。

④ 監郢州商稅　「商稅」，本卷尹學士洙墓誌銘、長編卷一一八景祐三年五月乙未條作「酒稅」。

⑤ 琦與范公爲之副　「琦」，安陽集卷四七尹公墓表作「予」。

⑥ 部將劉繼宗禦之　「禦」原作「禁」，據文海本及安陽集卷四七尹公墓表改。

⑦ 予與公詣闕奏之　「予」原作「子」，據庫本改。

⑧ 夏公奏公專　「夏公」原作「夏」，據安陽集卷四七尹公墓表補。

涇原乘葛帥懷敏覆軍之後，傷夷殘鈌，千罅百漏。公夙夜撫葺，一道以完。時宣徽使鄭公爲陝西四路帥，主静邊寨主劉滬議①，遣其屬官著作佐郎董士廉於章州堡南入諸羌中，開道二百里，修水洛城，以通秦之援兵。公曰：「賊數犯塞，必併兵一道。五路帥之戰兵，嘗不登二萬人，而當賊昊舉國之衆，吾兵所以屢爲賊困者，由城寨多而兵勢分也。先時秦兵由黄石河路來援，雖遠水洛路三日②，而援師安然以濟。今無故奪諸羌之田二百里，列堡屯師，坐耗芻粮不勝計，以冀秦援一二日之速③，則吾兵愈分而邊用不給矣。」乃奏罷之便，詔從之。會鄭以府罷，改知永興軍，乃署前帥牒，飭滬等督役如初，二人者遂不奉詔④。公遣人召滬者再，不至，乃命瓦亭寨主張忠代滬，滬等不受代。部署狄公於是親至德順軍，攝滬、士廉下獄，差官按問，而鄭比奏本道沮滬等功⑤，朝廷卒薄滬等罪，徙公慶州，而城水洛焉[七]。會慶州帥孫公請終任⑥，改知晉州[八]。

慶曆四年，契丹遣使報西伐元昊，詔河、陝三路要郡皆擇人，徙知潞州。當范公在二府也，余安道、歐陽永叔輩並爲諫官，天下屬望⑦。諸公相繼罷去[九]，向天下目之爲賢者，執政指之爲黨，皆欲因事斥逐之。士廉者即詣闕上書，以水洛事訟公，且誣公在渭有盜贓⑧。制使承風指，按驗百端，不能得一毫以污公。有部將孫用者，出

① 主静邊寨主劉滬議　前「主」原作「至」，後「主」原作「王」，據安陽集卷四七尹公墓表改。
② 雖遠水洛路三日　「三日」，安陽集卷四七尹公墓表作「二日」。
③ 以冀秦援一二日之速　「冀」原作「異」，據文海本、庫本及安陽集卷四七尹公墓表改。
④ 二人者遂不奉詔　「詔」下，安陽集卷四七尹公墓表有「興作不已」四字。
⑤ 而鄭比奏本道沮滬等功　「奏」原作「奉」，據安陽集卷四七尹公墓表改。
⑥ 會慶州帥孫公請終任　「公」字原脱，據安陽集卷四七尹公墓表補。
⑦ 天下屬望　「屬望」下，安陽集卷四七尹公墓表有「諸公日竭忠獻納，不避權貴，而公方勤勞塞上，迹遠朝廷」二十二字。
⑧ 且誣公在渭有盜贓　「贓」原作「賦」，據安陽集卷四七尹公墓表改。

于軍校，嘗自京取民息錢至官，貧不能償，公與狄公惜其材，乃分假公使錢俾償其民，而月取其俸償于官。逮按問，而錢先已輸官矣。坐此貶崇信軍節度副使，徙監均州酒稅。得疾，公牒至南陽訪醫藥。疾革，對賓客、妻子無一慼言，整冠帶盥濯，怡然隱几而卒①，年四十七，慶曆七年四月十日也。

公天性慈仁，内剛外和〔一〇〕，凡事有小而可矜者，必惻然不忍，願見顔貌②。及臨大節、斷大事，則心如金石，雖鼎鑊前列，不可變也。在軍謙勤愛士，雖悍夫冗列，皆降意容接，故人人願盡其力。所至郡邑，修設教務，以實惠及下③，去則人思之。文章自唐衰，歷五代文弊④。本朝柳公仲塗始以古道發明之，後卒不能振。天聖初，公獨與穆參軍伯長矯時所尚，力以古文爲主。次得歐陽永叔以雄詞鼓舞之，於是後學大悟，文風一變。使我宋之文章，將踰漢唐而躡三代者，公之力爲最多〔一一〕。

初，朝廷之將用攻策也，命葛懷敏出鄜延道，勒兵綏、宥間，攻賊積聚，招懷衆族，奪其要害而堡障之。賊知朝廷之威，必翻然改悟⑤，不久而易制⑥。公曰：「是行也，不患將卒無勇，患應敵之寡謀耳。」乃自請參議懷敏行營軍事。有詔如請，已而中罷。今夫文武之士，平居議論慷慨，自謂忠義勇決，世無及者。一旦遇急難而試之，往往魄喪氣奪，百計避脱，雖以富貴誘之，猶掉臂而不顧。予居邊久，閲人多矣，如公挺然忘身以爲國家者，天下

① 怡然隱几而卒　「几」原作「九」，據庫本及安陽集卷四七尹公墓表改。
② 願見顔貌　「願」，安陽集卷四七尹公墓表作「發」。
③ 以實惠及下　「下」原作「不」，據安陽集卷四七尹公墓表改；庫本作「民」。
④ 歷五代文弊　「文弊」，安陽集卷四七尹公墓表作「日淪淺俗，寖以大弊」。
⑤ 必翻然改悟　「改悟」，安陽集卷四七尹公墓表作「來服」。
⑥ 不久而易制　「不」，鐵琴銅劍樓本、庫本、安陽集卷四七尹公墓表作「則」。

不知有幾人？

嗚呼！以公文武之才，犖犖然震暴天下之如是，曾不得一紓所蘊於公卿之佐①，輔致太平之業，而反遭罹讒毁，遂終貶官。此當世守道之士所以仰天歎呼，疑爲善而得禍；而中人者引以爲監，思擇利而自安也。然上以聰明仁恕御天下②，一細民之枉，必矜而獲辨，如公以文致其罪，未有抑而不伸者也。故當時指以黨而排去者，不三四年間，皆復顯官、處大任[一二]。使公年且及此，其進擢可量哉？奈何乎天不與公之壽也，悲夫！

累遷官至起居舍人③、直龍圖閣。娶張氏，鹿邑縣君，以順以慈，克正家道，後公七年而亡。兄源，太常博士，亦以文行稱于世；弟湘，三班奉職；沖，秀州華亭縣主簿；濤④、泳⑤，未仕，並先公而卒；沂，資性淳茂，動謹門法。子男四人：長曰朴，奇雋博學，有父風；其二未名，俱早世；其幼曰構，今方十歲。女五人：長適虞部員外郎張景憲，次繼適張氏，次適太常寺太祝謝景平⑥，次二人未嫁。姪材，文學器識，足以嗣公，而敦尚名節，無仕進意⑦。至和元年十二月某日，沂、材舉公、夫人之喪⑧，葬于緱氏縣鄉之原⑨，從吉卜也。

① 曾不得一紓所蘊於公卿之佐　「佐」，安陽集卷四七尹公墓表作「位」。
② 然上以聰明仁恕御天下　「御」原作「倫」，「天」字原闕，據安陽集卷四七尹公墓表改補。「御天」，庫本作「待臣」。
③ 累遷官至起居舍人　「累」上，安陽集卷四七尹公墓表有「公」字。
④ 濤　居士集卷二六尚書虞部員外郎尹公墓誌銘、蔡襄集卷三七尚書虞部員外郎尹公墓表作「淑」。
⑤ 泳　蔡襄集卷三七尚書虞部員外郎尹公墓表作「澄」。
⑥ 次適太常寺太祝謝景平　「寺」原作「丞」，據安陽集卷四七尹公墓表改。
⑦ 無仕進意　「仕」原作「任」，據庫本及安陽集卷四七尹公墓表改。
⑧ 沂材舉公夫人之喪　「夫人」原作「大夫」，據安陽集卷四七尹公墓表改。
⑨ 葬于緱氏縣鄉之原　「鄉之原」，安陽集卷四七尹公墓表作「某鄉之某原」。

范公嘗以書謂予曰①：「世之知師魯者莫如公，予已爲其集序矣。墓有表，請公文以信後世。」予應之曰：「予實知師魯者，又得其進斥本末爲最詳②，其敢以辭！」既實其事矣，又考性命之說，而表于墓③：

嗚呼！自古聖賢，必推性命。如公之文武傑立，而貫以忠義兮，此天之性。位不大顯，遭讒而跌，且不壽兮，此天之命。雖孔孟不能以兼適兮，尚一歸于默定。昧者不思而妄求兮，徒自奔於邪徑。故公臨禍福死生而曾不少變兮，是能安性命而歸正。惟大名赫然如日月之光兮，亘萬古而增瑩。吾聞善人者天必報其後兮，宜嗣人之蒙慶。

辨證：

[一] 墓表　本墓表又載於韓琦安陽集卷四七，題曰「故崇信軍節度副使檢校尚書工部員外郎尹公墓表」。按，本卷載有歐陽修尹學士洙墓誌銘。

[二] 余公安道上疏論救坐以朋黨貶　按，余靖字安道。長編卷一一八景祐三年五月壬辰條云：「范仲淹既貶，諫官、御史莫敢言，祕書丞、集賢校理余靖言：『仲淹前所言事在陛下母子夫婦之間，猶以其合典禮，故加優奬。今坐刺譏大臣，重加譴謫。儻其言未協聖慮，在陛下聽與不聽爾，安可以爲罪乎？……陛下自專政已來，三逐言事者，恐非太平之政也。請追改前命。』壬辰，靖落職，監筠州酒稅。」

[三] 歐陽公永叔移書讓諫官不言　長編卷一一八景祐三年五月戊戌條云右司諫高若訥言：「范仲淹貶職之後，臣諸處察訪端由，參驗所聞，與勑牓中意頗同，固不敢妄有營救。今歐陽修移書詆臣，言仲淹平生剛正，通古今，班行中無與比者，責臣不能辨仲淹非辜，猶能以面目見士大夫、出入朝中稱諫官，及謂臣不復知人間有羞恥事」云云，「因繳進修書，修坐是貶」爲夷陵縣令。當時西京留守推官

---

① 范公嘗以書謂予曰　「予」原作「子」，據文海本、庫本改。安陽集卷四七尹公墓表作「余」。按，下文同。

② 又得其進斥本末爲最詳　「末」原作「來」，據庫本及安陽集卷四七尹公墓表改。

③ 而表于墓　「墓」下，安陽集卷四七尹公墓表有「曰」字。

蔡襄「作四賢一不肖詩傳於時，四賢指仲淹、靖、洙、修，不肖斥若訥也」。

［四］而賊復寇鎮戎軍部將劉繼宗禦之爲賊所敗　長編卷一二八康定元年九月丙寅條云：「是日，西賊寇三川寨，鎮戎軍西路都巡檢楊保吉死之。明日，涇原路都監劉繼宗、李緯、王秉等分兵出戰，皆失利，繼宗爲流矢中頤。時涇州駐泊都監王珪將三千騎來援，自瓦亭寨至師子堡，賊圍之數重。珪奮擊，賊披靡，獲首級爲多。叩鎮戎城請益兵，不得，城中縋糗糧予之，師既飽，因語其下曰：『兵法以寡擊衆，必在暮。我兵少，乘其暮氣之衰，可得志也。』復馳入。有賊將持皂幟植槍，以槍以詈曰：『誰敢與吾敵者！』槍直珪胸而傷右臂，珪左手以杵碎其腦。繼又一將復以槍進，珪挾其槍以鐵鞭擊殺之。一軍大驚，將引去。會珪以馬中箭而還，賊遂留軍縱掠，凡三日，聞涇原鈐轄、知渭州郭志高率大兵趨三川，乃退。三班借職郭綸固守定川堡，得不陷。劉璠堡本軍指使散直王遇、弓箭手都虞候劉用以事急出降，并陷乾溝、乾河、趙福三堡。是役也，官軍戰没者凡五千餘人。」

［五］乃畫攻守二策予與公詣闕奏之唯上所擇　長編卷一二九康定元年十二月乙未條云：「初，晁宗慤等至永興議邊事，夏竦等合奏：『今兵與將尚未習練，但當持重自保，俟其侵軼，則乘便掩殺，大軍蓋未可輕舉。』及劉承宗敗，上復以手詔問師期，竦等乃畫攻守二策，遣副使韓琦、判官尹洙馳驛至京師，求決於上。」又乙巳條云：「詔鄜延、涇原兩路取正月上旬同進兵入討西賊。上與兩府大臣共議，始用韓琦等所畫攻策也。樞密副使杜衍獨以爲僥倖出師，非萬全計，争論久之，不聽，遂求罷，亦不聽。」

［六］殺部署任福　長編卷一三一慶曆元年二月己丑條云：「先是，朝廷欲發涇原、鄜延兩路兵討賊，議未決，詔環慶副部署任福乘驛詣涇原計事。會經略安撫使韓琦行邊趨涇州，而諜者言元昊閱兵折薑會，謀寇渭州。己丑，琦亟趨鎮戎軍，盡出其兵，又募敢勇萬八千人，使福將以擊賊」。與夏軍戰於好水川，大敗，任福等戰死。

［七］而城水洛焉　按長編卷一三五慶曆二年二月辛巳條云：「知秦州韓琦言：『范仲淹議進兵修水洛城，通秦、渭道路，穿蕎生户幾二百里，計其土工亦數百萬，止可通二州援兵，亦未能斷絶西賊往來。近築秦州關城方畢工，尚有衝要城寨，當修治者甚多，未敢再勞人力。』詔從琦請勿修。」又卷一四七慶曆四年三月甲戌條云宋廷遣鹽鐵副使魚周詢、宫苑使周惟德往陝西，同都轉運使程戡相度修水洛城利害。時劉滬、董士廉不從尹洙之命「罷役」，「日增版趣役」，故尹洙怒，「命狄青領兵巡邊，追滬、士廉，欲以違節度斬之。青械二人送德順軍獄，時周詢等猶未至也。蕃部遂驚擾，争收積聚，殺吏民爲亂，又詣周詢等訴。周詢具奏，詔釋滬、士廉，令卒城之」。

〔八〕會慶州帥孫公請終任改知晉州　長編卷一四九慶曆四年五月己巳條云：「徙知慶州孫沔知渭州，知渭州尹洙知慶州。用歐陽修之議也。」又卷一五〇慶曆四年六月癸卯條云：「改新知渭州孫沔復知慶州，新知慶州尹洙知晉州。始，朝廷欲卒城水洛，故令洙與沔易任，沔以病辭，乃別徙洙。」

〔九〕諸公相繼罷去　按，指慶曆五年間，宰相杜衍、參知政事范仲淹、樞密副使富弼、韓琦等相繼罷職出朝。

〔一〇〕公天性慈仁内剛外和　五朝名臣言行録卷九之六起居舍人尹公引南豐雜識云：「洙在隨州，而孫甫之翰知安州，過隨。二人皆好辨論，對榻語幾月，無所不道，而洙未嘗有一言及湜者。甫問曰：『劉湜按師魯，欲致師魯於死，而師魯絶口未嘗有一言及湜，何也？』洙曰：『湜與洙本未嘗有不足之意，其希用事者意，欲害洙，迺湜不能自樹立耳，洙何恨於湜乎？』甫深伏其識量。之翰又言：尹洙自謂平生好善之心過於嫉惡，之翰以謂信然。」然默記卷下有云：「尹師魯性高而褊，在洛中與歐、梅諸公同游嵩山，師魯曰：『游山須是帶得胡餅爐來，方是游山。』諸公咸謂：『游山貴真率，豈有此理？』諸公群起而攻之。師魯知前言之謬，而不能勝諸公，遂引手扼吭，諸公争救之乃免。」

〔一一〕使我宋之文章將踰漢唐而躡三代者公之力爲最多　按歐陽脩全集附録卷二神宗舊史本傳云：「時韓愈文，人尚未知讀也，修始年十五六，於鄰家壁角破簏中得本，學之。……是時，尹洙與修亦皆以古文倡率學者，然洙才下，人莫之與。至修文一出，天下士皆嚮慕，爲之唯恐不及，一時文章大變，庶幾乎西漢之盛者，由修發之。」邵氏聞見録卷一五云：「本朝古文，柳開仲塗、穆脩伯長首爲之唱，尹洙師魯兄弟繼其後。歐陽文忠公早工偶儷之文，故試於國學、南省，皆爲天下第一。既擢甲科，官河南，始得師魯，乃出韓退之文學之，公之自敍云爾。蓋公與師魯於文雖不同，公爲古文則居師魯後也。……崇寧間，改脩神宗正史，歐陽公傳乃云『同時有尹洙者，亦爲古文。然洙之才不足以望修』云。蓋史官皆晚學小生，不知前輩文字淵源自有次第也。」容齋續筆卷九國初古文云：「范文正公作尹師魯集序，亦云：『五代文體薄弱，皇朝柳仲塗起而麾之，洎楊大年專事藻飾，謂古道不適於用，廢而弗學者久之。師魯與穆伯長力爲古文，歐陽永叔從而振之，由是天下之文一變而古。』其論最爲至當。」

〔一二〕故當時指以黨而排去者不三四年間皆復顯官處大任　據長編卷一八〇至和二年六月戊戌條載：「宣徽南院使、判并州富弼爲户部侍郎、平章事、集賢殿大學士。」七月戊午條載「新知蔡州、翰林侍讀學士歐陽修復爲翰林學士」。按，尹洙卒於慶曆七年，富弼等復處大任在至和二年後，相隔有八年，此處云「不三四年間」者不確。

蘇長史舜欽墓誌銘[一] 文忠公歐陽脩

故湖州長史蘇君有賢妻杜氏，自君之喪，布衣蔬食，居數歲，提君之孤子，斂其平生文章，走南京，號泣于其父曰[二]：「吾夫屈於生，猶可伸於死。」其父太子太師以告於予。予爲集次其文而序之[三]，以著君之大節，與其所以屈伸得失，以深誚世之君子當爲國家樂育賢材者，且悲君之不幸。其妻卜以嘉祐元年十月某日，葬君于潤州丹徒縣義里鄉檀山里石門村，又號泣于其父曰：「吾夫屈於人間，猶可伸於地下。」於是杜公及君之子泌，皆以書來乞銘以葬。

君諱舜欽，字子美。其上世居蜀[四]，後徙開封，爲開封人。自君之祖諱易簡，以文章有名太宗時，承旨翰林爲學士，參知政事，官至禮部侍郎。父諱耆，官至工部郎中、直集賢院。君少以父蔭補太廟齋郎，調滎陽尉，非所好也，已而鎖其廳去。舉進士中第[五]，改光禄寺主簿、知蒙城縣。丁父憂，服除，知長垣縣，遷大理評事，監在京樓店務。

君狀貌奇偉，慷慨有大志[六]。少好古，工爲文章，所至皆有善政。官于京師，位雖卑，數上疏論朝廷大事，敢道人之所難言。范文正公薦君，召試，得集賢校理。自元昊反，兵出無功，而天下殆於久安，而困兵事①。天

① 而困兵事 「而」，居士集卷三〇蘇君墓誌銘作「尤」，似是。

子奮然用三四大臣，欲盡革衆弊以紓民。於是時，范文正公與今富丞相多所設施，而小人不便，顧人主方信用，思有以撼動，未得其根。以君文正公之所薦，而宰相杜公壻也，乃以事中君，坐監進奏院祠神，奏用市故紙錢會客爲自盜，除名。君名重天下，所會客皆一時賢俊，悉坐貶逐[七]。然後中君者喜曰：「吾一舉網盡之矣。」其後三四大臣繼罷去[八]，天下事卒不復施爲。

君攜妻子居蘇州，買水石作滄浪亭，日益讀書，大涵肆於六經，而時發其憤悶於歌詩，至其所激，往往驚絶。又喜行草書，皆可愛[九]。故雖其短章醉墨，落筆争爲人所傳。天下之士聞其名而慕，見其所傳而喜，往揖其貌而竦，聽其論而驚以服，久與其居而不能捨以去也。居數年①，復得湖州長史[一〇]。慶曆八年十二月某日，以疾卒于蘇州，享年四十有一②。君先娶鄭氏[一一]，後娶杜氏。三子：長曰泌，將作監主簿；次曰液、曰激。二女：長適前進士陳紘③，次尚幼。

君初得罪時，以奏用錢爲盜，無敢辨其冤者。自君卒後，天子感悟，凡所被逐之臣復召用，皆顯列于朝。而至今無復爲君言者[一二]，且其欲求伸于地下也，宜予述其得罪以死之詳，而使後世知其有以也。既又長言以爲

① 居數年　按，隆平集、東都事略蘇舜欽傳云「後二年」。

② 享年四十有一　按，澠水燕談録卷七歌詠、中吴紀聞卷一蘇子美亦云其卒年四十一，然隆平集、東都事略蘇舜欽傳及古今紀要卷一八蘇舜欽條云「年四十」，東軒筆録卷四云「年四十餘」。據蘇舜欽集卷一一火疏題下自注云「時年二十一」，宋史蘇舜欽傳云「玉清昭應宮災，舜欽年二十一，詣登聞鼓院上疏」云云。宋朝諸臣奏議卷三七蘇舜欽上仁宗論玉清宮災下注曰「舜欽時年二十一」，長編卷一〇八天聖七年六月丁未條亦云「大雷雨，玉清昭應宮災。……太廟齋郎蘇舜欽，詣登聞鼓院上疏。……舜欽時年二十一」。由天聖七年蘇舜欽二十一歲，可推知其慶曆八年卒時當年四十。

③ 長適前進士陳紘　「陳紘」，文海本及居士集卷三〇蘇君墓誌銘作「陳紘」。

之辭，庶幾并寫予之所以哀君者。其辭曰：

謂爲無力兮，孰擊而去之？謂爲有力兮，胡不反子之歸？豈彼能而此不爲？善百譽而不進兮，一毀終世以顛擠，荒孰問兮杳難知。嗟予之中兮，有韞而無施。文章發耀兮①，星日光輝。雖冥冥以掩恨兮，不昭昭其永垂。

辨證：

[一] 蘇長史舜欽墓誌銘　本墓誌又載於歐陽脩居士集卷三〇，題曰「湖州長史蘇君墓誌銘」。按，蘇舜欽，隆平集卷六、東都事略卷一一五、宋史卷四四二有傳。

[二] 號泣于其父曰　按，宋史蘇舜欽傳云「舜欽娶宰相杜衍女」。

[三] 予爲集次其文而序之　按，歐陽修蘇氏文集序，載於居士集卷四三。

[四] 其上世居蜀　按，蘇舜欽乃蘇易簡孫。宋史卷二六六蘇易簡傳云蘇易簡「梓州銅山人」。永樂大典卷二四〇一蘇易簡條引潼川志云蘇易簡「本綿之鹽泉人。國史云銅山人。舊記云：『鹽泉舊隸潼川，後易以涪城，今隸綿州。』考地理志，唐武德三年，析綿之魏城置鹽泉。大曆十二年，以綿之涪城隸潼川，則鹽泉未嘗隸潼川也。國初貢士土著之令未嚴，就他郡貢者謂之寄應。蓋蘇中令之試禮部由梓州貢爾。今訪其遺跡，於銅山皆無之，而其上世墳墓宗族皆在鹽泉之蘇谿。得中令之父侍郎協所作祖司馬墓碑及中令孫湖州長史舜欽所述父祖家傳，乃知舊記之誤也。司馬墓碑略云：『上世宦於蜀，樂左綿山水奇秀，挈宗族居焉。』家傳略云：『司馬諱寓，字適之，頲八代孫。……父爲銅山令，終於官，貧不能歸葬長安，負骨旅殯成都，筮仕於蜀。……授劍州司馬，公杖策之官。劍州刺史貪黷，公數諫。刺史怒，公置手版於城而去。遍遊名山，遇勝輒留。至左綿，尤喜其地揚爽潤，遂葬親青溪，占數鹽泉居焉。』」

[五] 舉進士中第　隆平集蘇舜欽傳稱其「景祐元年登進士第」。

① 文章發耀兮　「耀」字原闕，據居士集卷三〇蘇君墓誌銘補；庫本作「越」。

〔六〕慷慨有大志　中吴紀聞卷二蘇子美飲酒云：「子美豪放，飲酒無算，在婦翁杜正獻家，每夕讀書，以一斗爲率。正獻深以爲疑，使子弟密察之。聞讀漢書張子房傳至『良與客狙擊秦皇帝，誤中副車』，遽撫案曰：『惜乎，擊之不中！』遂滿引一大白。又讀至『良曰：始臣起下邳，與上會於留，此天以臣授陛下』，又撫案曰：『君臣相遇，其難如此！』復舉一大白。正獻公知之，大笑曰：『有如此下酒物，一斗誠不爲多也。』」

〔七〕君名重天下所會客皆一時賢俊悉坐貶逐　長編卷一五三慶曆四年十一月甲子條載：「監進奏院右班殿直劉巽、大理評事集賢校理蘇舜欽，並除名勒停；工部員外郎、直龍圖閣兼天章閣侍講、史館檢討王洙落侍講、檢討，知濠州；太常博士、集賢校理刁約通判海州；殿中丞、集賢校理江休復監蔡州税，殿中丞、集賢校理王益柔監復州税，並落校理；太常博士周延雋爲秘書丞，太常丞、集賢校理章岷通判江州，著作郎、直集賢院、同修起居注吕溱知楚州，殿中丞周延讓監宿州税，校書郎、館閣校勘宋敏求簽書集慶軍節度判官事，將作監丞徐綬監汝州葉縣税。先是，杜衍、范仲淹、富弼等同執政，多引用一時聞人，欲更張庶事。御史中丞王拱辰等不便其所爲。而舜欽仲淹所薦，其妻又衍女也，少年能文章，議論稍侵權貴。會進奏院祠神，舜欽循前例用鬻故紙公錢召妓女，開席會賓客。拱辰廉得之，諷其屬魚周詢、劉元瑜等劾奏，因欲動揺衍。事下開封府治。於是舜欽及巽俱坐自盜，洙等與妓女雜坐，而休復、約、延雋、延讓又服慘未除，益柔并以謗訕周、孔坐之，同時斥逐者多知名士。世以爲過薄，而拱辰等方自喜曰：『吾一舉網盡矣！』」注曰：「據正史蘇舜欽傳，御史不載劉元瑜姓名，元瑜傳亦不云嘗奏舜欽，獨魏泰雜記載『一網打盡』乃元瑜語，今并出其姓名於魚周詢下。然周詢七月爲知雜，九月爲吏外，十月爲省副，不屬御史臺矣。當考。」又梁溪漫志卷八蘇子美與歐陽公書云：「自杜丈入相已來，群公日相攻謗，非一端也。九月末，間嘗與子漸（尹源）、勝之（王益柔）邸中小飲，之翰（孫甫）、君謨（蔡襄）見過，勝之言論之間，時有高處，二諫（孫甫、蔡襄）因與之辨折，本皆戲謔，又無過言，此亦吾曹常事。不一二日，朝中諠然以謂謗及時政。吁，可駭也！……諸臺益忿，重以穢瀆之語上聞，列章牆進，取必於君，知二相（杜衍、陳執中）膽薄畏事，必不敢開口以辨。既而起獄，震動都邑，又使刻薄之吏當之，希望沽激，深致其文，枷掠妓人，無所不至。設有自誣者，則席賓皆遭汙辱矣！且進邸神會，比年皆然，亦嘗上聞，蓋是公宴。……原叔（王洙）、濟叔（吕溱）輩，皆當世雅才，朝廷尊用之人，因事燕集，安足爲過？賣故紙錢舊已奏聞，本院自來支使，判署文記前後甚明。……今以監主自盜定罪，減死一等科斷，使除名爲民，與貪吏掊官物入己者一同。……今一旦臺中蓄私憾結黨，繩小過以陷人，審刑持深文以逞志，傷本朝仁厚之風，當塗者得不疾首而歎息也？」

［八］其後三四大臣繼罷去　按，指宰執杜衍、范仲淹、富弼、韓琦等因朋黨之名相繼罷職出朝。

［九］而時發其憤悶於歌詩至其所激往往驚絶又喜行草書皆可愛　臨漢隱居詩話卷二云：「蘇舜欽以詩得名，學書亦飄逸，然其詩以奔放豪健爲主。梅堯臣亦善詩，雖乏高致，而平淡有工，世謂之蘇梅，其實與蘇相反也。舜欽嘗自歎曰：『平生作詩被人比梅堯臣，寫字比周越，良可笑也。』周越爲尚書郎，在天聖、景祐間以書得名，輕俗不近古，無足取也。」王氏談録二蘇草隸云：「二蘇皆工草隸，而舜欽先得名。人或咨公云二人優劣，公曰：『才翁（蘇舜元）筆勢勁媚，疑較長也。』」雲麓漫鈔卷五云：「予家有米元章評書，云：『蘇舜欽書如五陵少年，訪雲尋雨，駿馬春衫，醉眠芳草，狂歌翫樂。』」

［一〇］居數年復得湖州長史　明道雜誌云：「蘇舜欽除名，居姑蘇。唐詢彦猷守湖州，蘇與唐善，因拏舟自姑蘇訪之。時湖有報本長老居簡，有異術，善知人，唐因謂居簡使相蘇，……簡從容曰：『若得一州縣官，肯起否？』蘇大不悦，因不復言。而舜欽以明年蒙恩牽復，爲湖州别駕，遂不赴官。無幾，物故。」

［一一］君先娶鄭氏　蘇舜欽集卷一四亡妻鄭氏墓誌銘云：「蘇舜欽之妻滎陽鄭氏，其父屯田郎中諱希甫，母天水縣君趙氏。生十四年而天水夫人殁，又三年父喪，又三年歸於我。……子曰泌，一女幼。」

［一二］而至今無復爲君言者　按，長編卷一八四嘉祐元年十月戊辰條云追復「湖州長史蘇舜欽爲大理評事、集賢校理，樞密使韓琦爲之請也」。

王翰林洙墓誌銘[一]　文忠公歐陽脩

公諱洙，字原叔。其生始能言，已知爲詩，指物能賦。既長，學問自六經、史記、百氏之書，至於圖緯、陰陽、五行、律吕、星官、筭法、方言、訓詁、篆隸、八分①[二]，無所不學，學必通達，如其專家。其語言初如不出諸口，已而辨

① 方言訓詁篆隸八分　居士集卷三一王公墓誌銘作「訓故字音」。

別條理，發其精微，聽者忘倦，決疑請益，人人必得其所欲。故其自少也，一時名臣賢士皆稱慕之，其名聲著天下。

初舉進士[三]，爲廬州舒城尉。坐事免官[四]，歸居南京。故相臨淄晏公爲留守，奇其文章，待以客禮。久之，復調賀州富川主簿，未行，臨淄公薦其才，留居應天府學，教諸生。詔舉經術士爲學官，京東轉運使舉公應詔，召爲國子監直講[五]。遷大理評事、史館檢討、知太常禮院、天章閣侍講、直龍圖閣、同判太常寺。慶曆中，小人有不便大臣執政者，欲排去之，未知所發。而杜丞相子壻蘇舜欽爲集賢校理，負時名，所與交遊皆當世賢豪。已而舜欽坐監進奏院祠神會客，爲御史所彈，公以坐客貶知濠州[六]。徙知襄、徐、亳三州。范文正公、富丞相皆言王某學問經術，多識故事，宜在朝廷。復召爲檢討、同判太常寺[七]、侍講，充史館修撰，拜知制誥，權判吏部流内銓。至和元年九月，爲翰林學士[八]。三年，以親嫌改侍讀學士兼侍講學士[九]。嘉祐二年九月甲戌朔，以疾卒①，享年六十有一。累官至尚書吏部郎中[一〇]，階朝奉大夫，勳輕車都尉，爵開國伯，食邑五百户。

公爲人寬厚樂易，孝於宗族，信於朋友，諸孤不能自立者，皆爲之嫁娶。始舉進士時，與郭稹同保，人有告稹冒母禫者，法當連坐。主司召公，問：「果保稹否？不然，可易也。」公言：「保之，不可易也。」於是與稹俱罷[一一]。

公以文儒進用，能因其所學，爲上開陳，其言緩而不迫。天子常喜其説，意有所欲，必以問之，無不能對。嘗以塗金龍水牋爲飛白「詞林」二字以褒之。至於朝廷他有司前言故實，皆就以考正。既領太常，吉凶禮典，撰定尤多[一二]。嘗修集韻，校定史記、前後漢書[一三]，編國朝會要、鄉兵制度、祖宗故事、三朝經武聖略。皇祐中，大享明堂。翰林侍讀學士宋祁言明堂禮廢久，必得通知古今之學者，詔公共草其儀。禮成，撰大享明堂記。又詔修雅樂[一四]。晚喜隸書，尤有古法。所爲文章千有餘篇②。

① 嘉祐二年九月甲戌朔以疾卒　「二年」原作「元年」，據居士集卷三二王公墓誌銘及長編卷一八六嘉祐二年九月甲戌朔條改。

② 所爲文章千有餘篇　居士集卷三二王公墓誌銘作「著易傳十篇，其他文章千有餘篇」。

其施於爲政，敏而有方。襄州中廬戍兵驕，前爲守者患之，不能制。公至，因事召之，悉集于庭，告曰：「某時爲某事者，非某人邪？」取其一二人寘于法，餘悉不問，兵始知懼。是時妖賊反貝州，州縣無遠近皆警動，佐吏勸公毋給州卒教習者真兵，公笑曰：「是欲防亂乎？此所以使人不安也[一五]。」在徐州，遭歲大饑，免民州筭緡，使得糴旁郡，而出公私米粟賑民，所活尤多。有司上其最，降詔書褒美[一六]。

其在朝廷，多所論議。遇人恂恂惟謹。及既歿，考其言，皆當世要務。公知制誥，夏竦卒，天子以東宮舊恩，賜謚文獻。公曰：「此僖祖皇帝謚也。」封還其目，不爲草辭，因曰：「前有司謚王溥爲文獻，章得象爲文憲，字雖異而音同，皆當改。」於是太常更謚竦文莊，而溥、得象皆易謚[一七]。又嘗論宗戚近幸冒法干恩澤，以亂刑賞。又言天下民田稅不均，而姦民逃亡，有司失其常稅，請用郭諮、孫琳千步開方爲均田法，頒之州縣，使因民訟，稍稍均之，可不擾而有司得復其常數。近時選諫官、御史，有執政之臣嘗薦舉者，皆以嫌不用。公謂士飭身勵行，而大臣薦賢以報國，以嫌廢之，是疑大臣而廢賢材，不可。及論河功、邊食，皆可施行。

方公病時，八月開邇英閣，侍臣並進講讀，而公獨病。天子思之，遣使者問公疾少間否，能起而爲予講邪。既而公病篤以卒，天子震悼，賻卹加等①[一八]。即以某年某月某日，葬于應天府宋城縣之某鄉某原②。

公應天宋城人也。曾祖諱某。祖諱某③，贈太傅。父諱某④，贈太師、中書令兼尚書令。公初娶董氏，再娶胡氏，皆先公卒；又娶齊氏，封高陽郡君。子男五人：長曰叟臣，早卒；次曰力臣，太常寺太祝；次欽臣，祕書

---

① 賻卹加等　「加等」下，居士集卷三二王公墓誌銘有「贈給事中，特賜謚曰文」九字。

② 即以某年某月某日葬于應天府宋城縣之某鄉某原　居士集卷三二王公墓誌銘作「即以其年十月辛酉，葬於應天府虞城縣之孟諸鄉土山原」。

③ 曾祖諱某祖諱某　居士集卷三二王公墓誌銘作「曾祖諱厚。祖諱化」。

④ 父諱某　居士集卷三二王公墓誌銘作「父諱礪」。

省正字；次陟臣，將作監主簿；次曾臣，某官。一女，適太常博士陳安道。銘曰：

惟王氏之先，遠自三代，下迄戰國，商周齊魏，其後之人，皆以王爲氏。故其爲姓，尤多於後世。而太原之王，出周王子。公世可考，實太原人。後家于宋，遂以蕃延。惟其皇考，是生八子。公實其季，其德克嗣。播其休聲，以顯于仕。八支之盛，名譽材賢。公老朝廷①，儒學之臣。退食于家，詵詵子孫。豈其不樂，胡奪之年？朝無諮詢，士失益友。送車國門，出涕引首。于兹歸藏，刻銘不朽。

辨證：

［一］王翰林洙墓誌銘　本墓誌又載於歐陽脩居士集卷三一，題曰「翰林侍讀學士王公墓誌銘」。按，王洙，隆平集卷一四、宋史卷二九四有傳。

［二］篆隸八分　王氏談録隸書云：「公素不習隸書，初但微作八分。皇祐中，受詔書獻穆公主碑，李氏求以古隸寫，於是始作隸書。既出，人競愛。宋丞相曰：『近世人家栢楹之刻所未及也。』君謨亦云：『君之隸字，乃得漢世舊法，僕之所作，但唐謂隸耳。』」又同上書小篆奇古云：「公亦習古文小篆。……公用筆奇古。慶曆中士大夫家墓銘，蓋多公筆也。今上景祐徽號玉册，宣獻宋公受詔寫。宋公不習篆，公以代書也。又章郇公受詔書相國寶奎殿太宗、真宗詩額，亦公代之。」

［三］初舉進士　長編卷九三天禧三年正月乙亥條云因同貢舉進士郭稹「冒緦喪赴舉」，而王洙作爲同保人亦「殿一舉」。隆平集王洙傳云其「天聖二年登進士第」。宋史王洙傳云其「再舉，中甲科」。

［四］爲廬州舒城尉坐事免官　宋史王洙傳云其「中甲科，補舒城縣尉。坐覆縣民鍾元殺妻不實免官」。

［五］召爲國子監直講　宋史王洙傳稱「召爲國子監說書，改直講」。

---

①　公老朝廷　「老」，居士集卷三一王公墓誌銘作「考」。

［六］公以坐客貶知濠州　長編卷一五三慶曆四年十一月甲子條云時「進奏院祠神，舜欽循前例用鬻故紙公錢召妓女，開席會賓客」。御史中丞王拱辰等「劾奏，因欲動揺衍」，故大理評事集賢校理蘇舜欽除名勒停，工部員外郎、直龍圖閣兼天章閣侍講、史館檢討王洙落侍講、檢討，知濠州，「同時斥逐者多知名士」。

［七］同判太常寺　長編卷一六八皇祐二年三月辛亥條載：「刑部員外郎、直龍圖閣兼天章閣侍講王洙同判太常寺兼禮儀事。時宋祁、楊安國、張揆皆判寺事，祁言明堂制度久不講，洙有禮學，願得同具其儀。詔遷洙太常。」

［八］爲翰林学士　長編卷一七七至和元年九月癸亥條載王洙與知制誥呂溱並「爲翰林學士。故事，翰林學士六員，時楊察、趙概、楊偉、胡宿、歐陽修並爲學士，於是察加承旨，溱及洙復同除學士，洙蓋第七員也。温成皇后之喪，洙鉤摭非禮，陰與石全彬附會時事，陳執中、劉沆在中書，喜其助己，故員外擢洙。議者非之」。舊聞證誤卷二云：「按學士年表，太平興國八年五月，在院學士李文恭、王文安、呂文穆、賈媯民、李言幾，凡五人。而扈日用爲承旨，徐鼎臣兼直院，蓋七人也。慶曆八年十二月至皇祐元年三月，在院學士王文安、孫文懿、趙康靖、錢修懿、葉道卿、彭利建及楊公偉，凡七人。嘉祐元年二月至二年七月，在院學士趙康靖、胡文恭、歐陽文忠、孫文懿、王文恭、曾宣靖及楊公偉，亦七人，非始於王原叔也。三朝會要云，學士無定員，（李）燾所云蓋據王岐公（珪）續會要所書爾。」按，舊聞證誤所辨不然，再析如下：據學士年表：李穆、宋白、賈黄中、呂蒙正、李至於太平興國八年五月拜翰林學士，六月徐鉉遷左散騎常侍罷；且據長編卷二四徐鉉罷直院在六月朔日。慶曆八年十二月至皇祐元年三月間，雖有王堯臣、孫抃、趙概、錢明逸、葉清臣、彭乘及楊偉七人，然據蘇魏公文集卷六三贈太子太保孫公行狀，孫抃慶曆「六年春權知貢舉，再遷尚書禮部郎中。遭所生母崇國太夫人憂，援近例願終三年喪，優詔從之。公除召還，復舊位，提舉在京諸司庫務。皇祐二年，以大饗明堂恩，轉吏部」。則慶曆八年十二月至皇祐元年三月間，孫抃正居家丁憂，并未在院當值。而皇祐元年三月葉清臣以翰林侍讀學士知河陽罷，當因孫抃服除「復舊位」之故。至於嘉祐元年二月至二年七月間，王珪於十二月拜學士（按，舊聞證誤「二月」上脱「十」字），然據長編、宋史仁宗紀、宋宰輔編年録等載，曾公亮（宣靖）實於嘉祐元年十二月拜參知政事，故王珪此時入院，當代曾公亮。因學士年表誤係曾公亮除參知政事於嘉祐三年十二月，遂有二年之差，而李心傳未加核對，故致此誤。

［九］以親嫌改侍讀學士兼侍講學士　長編卷一八二嘉祐元年閏三月辛卯條云：「翰林學士王洙爲翰林侍讀學士、兼侍講學士，知

制誥劉敞知揚州。敞，王堯臣姑子；洙，堯臣從父。堯臣執政，兩人皆避親也。洙罷一學士，換二學士，且兼講讀，國朝未嘗有。知諫院范鎮請追還過恩，且令洙依敞例出補外官，又言洙在太常，壞陛下禮樂，爲學士時，進不由道，資性姦回，恐終累堯臣。章六上，卒不報。」

［一〇］累官至尚書吏部郎中　按春明退朝録卷上云：「尚書省二十四司，唐世以事簡者兼學士、舍人，本朝唯重左曹。館職、提點刑獄例得名曹，省府判官、轉運使得名曹，又遷左曹。學士、舍人、待制遷二資，帶史撰，更得優遷。如……王原叔自工部郎中遷吏部郎中是也。」

［一一］始舉進士時至於是與積俱罷　長編卷九三天禧三年正月乙亥條云：「諸路貢舉人郭積等四千三百人見於崇政殿。時積冒緦喪赴舉，爲同輩所訟，上命典謁詰之。積即引咎，付御史臺劾問，殿三舉，同保人並贖金殿一舉。時有司欲脱宋城王洙，問洙曰：『果保積否？不然，可易也。』洙曰：『保之，不願易也。』遂與積俱罷。」注曰：「王洙本傳云積冒祖母禫，墓銘作從母禫，今從實録。郭積有傳，祥符人。恐此別是一人也。」按，儀禮士虞禮記注：禫，「祭名也。與大祥間一月。自喪至中，凡二十七月」。即禮制，父母之喪，二十七月而禫。則誌文云「積冒母禫」者似不確。

［一二］既領太常吉凶禮典撰定尤多　玉海卷六九景祐太常新禮慶曆祀儀云：「慶曆四年正月辛卯，提舉賈昌朝、編修官孫祖德、李宥、張方平、吕公綽、曾公亮、王洙、孫瑜、余靖、刁約上之，爲太常新禮四十卷、慶曆祀儀六十三卷。」

［一三］校定史記前後漢書　按玉海卷四三嘉祐校七史云景祐元年「九月癸卯，詔選官校正史記、前後漢書、三國志、晉書」。長編卷一一七景祐二年九月壬辰條云：「詔翰林學士張觀等刊定前漢書，下國子監頒行。前代經史，皆以紙素傳寫，雖有舛誤，然尚可參讎。至五代，官始用墨版摹印六經，誠欲一其文字，使學者不惑。太宗朝又摹印司馬遷、班固、范蔚宗諸史，與六經皆傳，於是世之寫本悉不用。然墨版訛駁，初不是正，而後學者更無它本可以刊驗。會祕書丞余靖進言前漢書官本繆誤，請行刊正。詔靖及國子監王洙進取秘閣古本對校。踰年，乃上漢書刊誤三十卷。至是，改舊摹本以從新校。然猶有未盡，而司馬遷、范蔚宗等史尤脱亂，惜其後不復有古本可是正也。」

［一四］又詔修雅樂　宋史王洙傳云時「詔諸儒定雅樂，久未決。洙與胡瑗更造鐘磬，而無形制容受之別。皇祐五年，有事于南郊，勸上用新樂，既而議者多非之，卒不復用」。

［一五］此所以使人不安也　宋史王洙傳云時王洙特「命給庫兵，教閲如常日，人無敢譁者」。

〔一六〕有司上其最降詔書褒美　宋史王洙傳云：「時京東饑，朝廷議塞商胡，賦楗薪，輸半而罷塞。洙命更其餘爲穀粟，誘願輸者以餔流民，因募其壯者爲兵，得千餘人，盜賊衰息。有司上其最，爲京東第一。」

〔一七〕而溥得象皆易謚　按長編卷一七一皇祐三年九月丙子條云：「改太子太師謚文獻王溥爲文康、司空致仕謚文憲章得象爲文簡，以知制誥王洙言得象謚同周公、溥同僖祖故也。有欲改溥謚爲文忠者，天章閣待制兼侍讀張揆曰：『溥，周宰相，國亡不能死，安得爲忠？』乃謚爲文康。」

〔一八〕賻卹加等　隆平集王洙傳云：「其卒，賜謚曰文，吳中復等言官不應得謚，乃止。」宋史王洙傳略同。按，宋會要輯稿禮五八之三曰：「嘉祐二年九月一日，翰林學士承旨孫抃等言：『故翰林侍讀學士、尚書吏部郎中王洙陪侍講筵垂二十載，欲望特於贈官外，依馮元、楊徽之、楊億例賜謚號。』詔特贈給事中，仍賜謚曰文。既而御史吳中復等言洙官不應得謚，及其子力臣等亦以非例辭不敢。從之。」檢宋史卷一二四禮志二十七云：「定謚。王公及職事官三品以上薨，贈官同。」又據上文云及王洙「累官至尚書吏部郎中」，卒時爲翰林侍讀兼侍講學士，故於禮「不應得謚」。

尹博士源墓誌銘〔一〕　文忠公歐陽脩

君諱源，字子漸〔二〕，姓尹氏，與其弟洙師魯俱有名於當世。其論議文章，博學强記，皆有以過人。而師魯好辨，果於有爲。子漸爲人則簡①，不矜飾，能自晦藏。與人居，久而莫知，至其一有所發，則人必驚伏。其視世事若不干其意，已而推其情僞，計其成敗，後多如其言。其性不能容常人，而善與人交，久而益篤。自天聖、明道之間，予與其兄弟交，其得於子漸者如此。

① 子漸爲人則簡　「則」，居士集卷三〇太常博士尹君墓誌銘作「剛」，似是。

其曾祖諱誼，贈光禄少卿。祖諱文化，官至都官郎中，贈刑部侍郎。父諱仲宣，官至虞部員外郎，贈工部郎中。子漸初以祖蔭補三班借職，稍遷左班殿直。天聖八年舉進士及第，爲奉禮郎，累遷太常博士，歷知芮城、河陽二縣，簽署孟州判官事，又知新鄭縣，通判涇州、慶州，知懷州，以慶曆五年三月某日卒于官①。

趙元昊寇邊，圍定川堡，大將葛懷敏發涇原兵救之。君遺懷敏書曰：「賊舉其國而來，其利不在城堡，而兵法有不得而救者。且吾軍畏法，見敵必赴，而不計利害，此其所以數敗也。宜駐兵瓦亭，見利而後動。」懷敏不能用其言，遂以敗死。劉渙知滄州，杖一卒，不服，渙命斬之以徇②，坐專殺降知密州。君上書爲渙論直[三]，得復知滄州。

范文正公嘗薦君才可以居館閣，召試，不用，遂知懷州[四]。至朞月，大治。是時，天子用范文正公與今觀文殿學士富公、武康軍節度使韓公，欲更置天下事，而權幸小人不便，三公皆罷去，而師魯與時賢士多被誣枉得罪。君歎息憂悲發憤，以謂生可厭而死可樂也，往往被酒哀歌泣下，朋友皆竊怪之。已而以疾卒[五]，享年五十。至和元年十有二月某日③，其子材葬君于河南府壽安縣甘泉鄉龕澗里④。其平生所爲文章六十篇⑤，皆行於世。子男四人，曰材、植、機、桴。

---

① 以慶曆五年三月某日卒于官　「某日」，居士集卷三〇太常博士尹君墓誌銘作「十四日」。

② 渙命斬之以徇　「徇」，居士集卷三〇太常博士尹君墓誌銘作「聞」。

③ 至和元年十有二月某日　「某日」，居士集卷三〇太常博士尹君墓誌銘作「十三日」。

④ 其子材葬君于河南府壽安縣甘泉鄉龕澗里　「材」原作「林」，據居士集卷三〇太常博士尹君墓誌銘及河南集卷二八太常博士尹君墓誌銘改；本書本集卷三六尹學士洙墓表云尹洙「姪材」。按，下文同改。又，「龕澗里」，居士集卷三〇太常博士尹君墓誌銘作「龍澗里」。

⑤ 其平生所爲文章六十篇　按，讀書附志卷下著録尹源河内先生文集六卷，陳録卷一七著録尹子漸集六卷，宋史卷二〇八藝文志七著録尹源集六卷。

嗚呼！師魯常勞其智於事物，而卒蹈憂患以窮死。若子漸者，曠然不有累其心，而無所屈其志，然其壽考亦以不長，豈其所謂短長得失者，皆非此之謂歟？其所以然者，不可得而知歟？銘曰：

有韞于中不以施，一憤樂死其如歸。豈其志之將衰？不然世果可嫉其如斯！

辨證：

［一］尹博士源墓誌銘　本墓誌又載於歐陽脩居士集卷三〇，題曰「太常博士尹君墓誌銘」。按，尹源，東都事略卷六四、宋史卷四四二有傳。

［二］字子漸　歐陽修居士外集卷一六尹源字子漸序云：「君之名源，而字子淵。夫源發於淵，深且止也，於詁訓既不類，又無所表發其名之美，甚非稱。據禮家之説曰：三王之祭川也，先河而後海，或源也，或委也。蓋謂其源發而漸進於廣大，委其注積也。揚子曰：『百川學海，而至於海。』今君之學也，皆古文字聖賢之事業，至其尤深而鉅者，又烏止淵之譬邪？然亦欲君之漸進不已，而至深遠博大之無際也，請字之曰子漸。」

［三］君上書爲渙論直　宋史尹源傳云其上書言：「渙爲主將，部卒有罪不伏，笞輒呼萬歲，渙斬之不爲過。以此謫渙，臣恐邊兵愈驕，輕視主將，所繫非輕也。」五朝名臣言行録卷九起居舍人尹公引名臣傳云：「渙即劉滬之兄也。滬嘗訟洙，文致其罪，而源乃捄雪其兄，其不私如此。」

［四］召試不用遂知懷州　宋史尹源傳云：「范仲淹、韓琦薦其才，召試學士院。源素不喜賦，請以論易賦，主試者方以賦進，不悦其言，第其文下，除知懷州。」然宋會要輯稿選舉三一之一六載，慶曆四年「十一月五日，太常博士尹源召試學士院，論七首，四上三下，詔與堂除知州」。則宋史本傳所云似不確。

［五］已而以疾卒　賓退録卷二云：澤州判官李之才「丁母憂，甫除喪，暴卒于懷州守舍。時友人尹子漸守懷也，實慶曆五年二月。子漸哭挺之過哀，感疾，不踰月亦卒」。

名臣碑傳琬琰集中卷三十八

劉秘書恕墓碣[一]　太史范祖禹

君諱恕，字道原。其先京兆萬年人，六世祖度，唐末爲臨川令，遇亂不能歸，遂葬筠，今爲筠州人。父渙，少有高志，年五十爲潁上令，棄官，家廬山之陽①[二]，今爲屯田員外郎。

道原少穎悟俊拔，讀書過目即成誦。年四歲，坐客有言孔子無兄弟者，道原應聲曰：「以其兄之子妻之[三]。」一坐驚異。十二三，謁丞相晏公，問以事，道原反覆詰難，公不能對。十八歲，試經義、説書皆第一，釋褐邢州鉅鹿主簿。陳鄘公帥高陽，召至府，重禮之，使講春秋，丞相親帥官屬往聽[四]。遷晉州和川令。道原爲人重意義，急然諾。郡守得罪被劾，屬吏皆連坐下獄，道原獨保證之，恤其妻子如己骨肉，又面數轉運使以深文峻詆。陸介夫帥廣西[五]，辟掌機宜。

道原爲人强記[六]，紀傳之外，閭里小説，下至稗官雜説，無所不覽。其談數千載間事，如指諸掌。道原終身不治他事，故獨以史學高一時。今端明殿學士司馬公受詔修資治通鑑，奏請同編修[七]。道原於魏晉以後事尤

① 家廬山之陽　「家」，太史范公文集卷三八秘書丞劉君墓碣作「處」。

能精詳，考證前史差謬，司馬公悉委而取決焉。

道原爲人剛毅，一毫不挫於人。熙寧中，執政有與之故舊者，欲引修三司條例，道原不肯附之，且非其所爲，執政者寖不悦。當是時，其權震天下，人不敢忤，而道原憤憤欲與之校，面語侵之，至變色悖怒，而道原不少屈。稠人廣坐，抗言其失，聞者縮頸，而道原意氣自若[八]。久之，亦不自安，以親老告歸南康，乞監酒税以就養[九]。有詔即官下編修。丁母壽安縣君錢氏憂，又詔就第續成前書。未除喪，元豐元年九月癸丑卒①，年四十七。著十國紀年四十二卷[一〇]，資治通鑑外紀十卷[一一]，包犧至周厲王疑年譜、共和至熙寧年略譜各一卷[一二]。

道原娶蔡氏，職方郎中巽之女。生一女、三男，曰羲仲、和叔、某②。道原將没，使其子爲書來告曰：「子其爲表若碣，以誌吾墓。」銘曰：

嗚呼道原！博學强識。海涵地負，富有萬物。人所難能，不降色辭。中道而殞，鮮克知之。精明在上，體魄在下。刻詩墓前，以詔觀者。

辨證：

[一]劉秘書恕墓碣　本墓碣又載於范祖禹太史范公文集卷三八，題曰「秘書丞劉君墓碣」；又劉元高三劉家集亦收載范祖禹此墓碣，題曰秘丞墓碣，然文字有異，故特附録於本墓碣篇末。按，劉恕，東都事略卷八七、宋史卷四四四有傳，黄庭堅全集正集卷三一載有

---

① 元豐元年九月癸丑卒　「癸丑」，三劉家集范祖禹秘丞墓碣、本卷十國紀年序作「戊戌」。按，是月無癸丑日，戊戌乃二十七日。

② 曰羲仲和叔某　「羲仲和叔」原作「和仲羲叔」，據三劉家集范祖禹秘丞墓碣及本卷十國紀年序、黄庭堅全集正集卷三一劉道原墓志銘、宋史劉恕傳改；「某」，三劉家集范祖禹秘丞墓碣「羲叔」，黄庭堅全集正集卷三一劉道原墓志銘作「秤」。又，「羲叔」下，三劉家集范祖禹秘丞墓碣又有「一女曰和仲」五字。按，黄庭堅全集正集卷三一劉道原墓志銘云劉恕女嫁秀州司法參軍孔百禄。

劉道原墓志銘。據三劉家集張舜民書秘丞墓碣後曰：「元豐初年，司馬温公一日謂余曰：『子識劉恕乎？』舜民對曰：『未也。』公曰：『當今史學無能出其右者。』不久道原告卒，竟不獲一見之。予思之司馬公自言『四十以後不爲人撰論遺事，親友之屬，一以謝之，獨爲呂獻可撰埋銘，及十國紀年序歷陳劉道原事迹，二人而已』。今其子羲仲不鄙，俾予書墓碣，援筆之間，不勝嘆息。元祐庚午歲秋月起部北軒。」文後注曰：「庚午乃元祐五年，范太史前此作碣，而今始書之。」又，黄庭堅劉道原墓志銘有云：劉道原「年四十有七，卒於元豐元年九月。其父渙字凝之，葬道原於星子城西，以故司馬文正温公十國紀年序爲銘，納諸壙中。其僚今翰林學士范淳夫爲文碣於墓次。此兩公皆天下士，故道原雖不得志，而名譽尊顯，諸儒紀焉。後十餘年，劉氏少長相繼逝殁，惟道原一子羲仲在，論者歸咎葬非其所，故羲仲以元祐八年十有一月遷葬道原于江州德化縣之龍泉，以十國紀年敘及墓碣義論撰其遺事，乞銘於豫章黄庭堅」。劉元高三劉家集亦收載黄庭堅劉道原墓志銘，題曰秘丞遷葬墓誌銘，文末附黄灝後記曰：「淳熙十三年十一月十四日，知德化縣事都昌黄灝同校官天台應振、主瑞昌簿雙井黄畲拜秘丞墓下。頹垣荒壟，惟餘范太史一碑，巋然風日中。徘徊瞻仰，乃出緡錢，俾龍泉寺僧爲屋三楹。既度材除地，得舊礎，廣深適契，取司馬文正公十國紀年序語扁以『剛直』。訖事，復同校官釋菜以落之。郡守池陽王公遂慨附於祀典，春秋遣寮吏致祭。十五年春，簿公受文思院西歸，因請書山谷先生改葬誌銘刻之石。文思蓋山谷諸孫，而大父尚在，則秘丞甥孫也，併出所藏尚書與其兄訪秘丞族裔手牘，著之碑陰。四月望日灝識。」

［二］父渙少有高志年五十爲潁上令棄官家廬山之陽　東都事略劉恕傳云：「父渙字凝之，舉進士，爲潁上令。以剛直不屈於上位，即棄官而歸，家于廬山之陽，時年且五十。歐陽脩與渙同年進士也，高其節，作廬山高詩以美之。渙居廬山三十餘年，環堵蕭然，饘粥以爲食，而游心塵垢之外，超然無戚戚之意，以壽終。」

［三］以其兄之子妻之　按，語見論語公冶長。

［四］丞相親帥官屬往聽　宋史劉恕傳稱「親帥官屬往聽」劉恕講春秋者，乃晏殊。

［五］陸介夫帥廣西　按，陸詵字介夫，餘杭人，嘗知桂州。宋史卷三三二有傳。

［六］道原爲人强記　曲洧舊聞卷五云：「劉道原日記萬言，終身不忘。」

［七］今端明殿學士司馬公受詔修資治通鑑奏請同編修　宋史劉恕傳云：「司馬光編次資治通鑑，英宗命自擇館閣英才共修之。

光對曰：『館閣文學之士誠多，至於專精史學，臣得而知者，唯劉恕耳。』即召爲局僚。」長編卷三八二元祐元年七月辛酉條載祕書少監劉攽等言及「先與故祕書丞劉恕同編修資治通鑑，恕於此書立功最多」。通鑑問疑云：「君實與道原皆以史自負，同心協力，共成此書。光曰：『光之得道原，猶瞽師之得相者也。……』范純夫（祖禹）、劉貢甫（攽）、司馬公休（康）亦推道原功力最多。」

［八］熙寧中至而道原意氣自若　東都事略劉恕傳云：「王安石與恕有舊，欲引恕修三司條例，恕以不習金穀爲辭。因言：『天子方屬公以政事，宜恢張堯舜之道，以佐明主，不應以財利爲先。』安石不能用，而亦未之怒也。及呂誨得罪知鄧州，恕往見安石曰：『公所以致人言，蓋亦有所未思。』因爲條陳所更法令不合衆心者，宜復其舊，則議論自息。安石怒，遂與之絶。方安石用事，呼吸成禍福，高論之士始異而終附之，面譽而背毁之，口順而心非之者，皆是也。恕奮厲不顧，直指其事，或面刺安石至變色，公議其得失無所隱。」三朝名臣言行録卷一四之三祕書丞劉公引范太史遺事云：「先公言荆公笑劉道原耽史而不窮經，相見，必戲之曰：『道原讀到漢八年未？』而道原力詆荆公之學，士子有談新經義者，道原怒形於色曰：『此人口出妖言，面帶妖氣。』」步里客談卷上云：「劉道原恕嘗面折王介甫，故子瞻（蘇軾）送之詩云：『孔融不肯讓曹操，汲黯本自輕張湯。』此語蓋詆介甫也。」

［九］以親老告歸南康乞監酒稅以就養　本卷司馬光十國紀年序云：「未幾，某出知永興軍，道原曰：『我以直道忤執政，今官長復去，我何以自安？且吾親老，不可久留京師。』即奏乞監南康軍酒，得之。」

［一〇］著十國紀年四十二卷　玉海卷四七皇朝十國紀年引中興書目云劉恕此書「記五代僭僞吳、唐、前後蜀、吳越、閩、漢、楚、荆、南北漢十國君臣事迹」。本四十二卷，今存止四十卷」。按，陳録卷五、宋史卷二〇四藝文志三著録四十卷。

［一一］資治通鑑外紀十卷　宋史劉恕傳云其「采太古以來至周威烈王時事，史記、左氏傳所不載者，爲通鑑外紀」。雲麓漫鈔卷四云：「司馬光作通鑑，「非不欲始於三皇五帝，蓋周平王以來，包春秋，經不可損益，又不欲繼『獲麟』，貽續經之譏，故斷自命韓、趙、魏爲諸侯。然春秋以後，事雜見於諸家而無統紀。劉恕道原在局中，探公意，自三皇五帝接於通鑑爲前紀。其言曰：『魯隱之後，止據左氏、國語、史記、諸子而增損，不及春秋，則無預於聖人之經。』其書載三代事頗詳，苟得大手筆，稍删其冗，附於通鑑，與之並行，上下數千年事，如指諸掌。司馬公與之作序，亦此意也。」劉續改前紀爲外紀，然非通鑑外事，蓋不欲先於司馬也。」却掃編卷下云：劉恕「復類上古至周威烈二十二年以前事爲通鑑前紀，又將取國朝事爲後紀，前紀既成而病，自度後紀之不復可成也，更前紀爲外紀」。

〔一二〕包犧至周厲王疑年譜共和至熙寧年略譜各一卷　陳録卷四著録劉恕撰疑年譜一卷、年略譜一卷、雜年號附，云：「謂春秋起周平魯隱，史記本紀自軒轅，列傳首伯夷，年表起共和，共和至魯隱，其間七十一年即與春秋相接矣。先儒叙庖犧、女媧，下逮三代享國之歲，衆説不同，懼後人以疑事爲信書，穿鑿滋甚，故周厲王以前三千五百一十九年爲疑年譜，而共和以下至元祐壬申一千九百一十八年爲年略譜。大略不取正閏之説，而從實紀之。四夷及寇賊僭紀名號，附之於末。」按，劉恕卒於元豐元年，而此云「而共和以下至元祐壬申」，壬申乃元祐七年，故自元豐元年至此，當出於後人補入。

附：三劉家集范祖禹秘丞墓碣

道原諱恕。其先京兆萬年人，六世祖度，爲臨川令，卒官，葬筠州，遂爲筠州人。父涣，字凝之，少有高志，爲潁上令，年五十棄官，家廬山之陽，今爲尚書屯田員外郎致仕。

道原少穎悟俊拔，讀書一過目即成誦。年始四歲，坐客有言孔子無兄弟者，道原應聲曰：「以其兄之子妻之。」一坐驚異。十歲，謁晏元獻公，問以事，道原往返詰難，公不能屈。十二三時，已治春秋，欲應賢良方正舉。嘗從人借後漢書，旬餘還之，人疑其未讀也，道原已盡記。又借唐書亦然。舉進士，試入高等，對經義、説書皆第一，時年十八，釋褐爲邢州鉅鹿主簿。陳成肅帥高陽，召至府，重禮之，請講春秋，親率官屬往聽。遷晉州和川令。道原爲人急然諾，重氣義。郡守得罪被劾，屬官皆連逮下獄，道原獨供飲食，且保證之，恤其妻子如己骨肉。獄既解，又數轉運使以深文峻法抵。官滿，以疾不赴詔者累年。陸介夫帥廣西，辟掌機宜。

道原篤好史書，紀傳之外，網羅百家，以至稗官小説，無不該覽。當其專精，忘寢食之勞。其談數千載事，若指諸掌，貫穿出入，皆可考驗，故獨以史學高一時。治平中，今端明殿學士司馬君實受詔修資治通鑑，奏請同修。道原於漢魏以後事尤能精詳，考證前事差繆，司馬公悉委而能決焉。居二年，轉著作佐郎。

道原性耿介剛直，不以一毫挫於人。熙寧初，執政有與道原故舊者，欲引以修三司條例，道原不肯附之，且非其所爲，執政者浸不說。當是時，其權震天下，人不敢忤，而道原憤憤欲與之較，面語侵之，變色悖怒，而道原意氣自若。見讒諂附會者，疾之如讎。久之，亦不自安，以親老告歸南康，就乞監酒稅以就養。有詔即官下編修，改秘書丞，賜五品服。丁母壽安縣君錢氏憂，解官。又詔就家續成前書。未除喪，元豐元年九月戊戌卒，年四十七。其年十一月壬申，葬南康軍母氏之塋。

道原好著述，志欲包括古今天下事物，無所不學，曆數、地里、官職、族姓，至前世官府案牘，亦取以審覆其書之得失。求書不遠數百里，身就之借讀，且抄盡得乃已，目爲之翳病，右手足偏廢，伏枕再朞，强學如故。著十國紀年四十二卷，包羲至周厲王疑年譜、共和至熙寧年譜略各一卷，外紀十卷，他書未成。娶蔡氏，職方郎中巽之女，封安平縣君。生三子，曰羲仲、和叔、羲叔；一女，曰和仲。祖禹與道原修書九年，道原將卒，口授其子使作書來別曰：「子其爲碣若表，以識吾墓。」銘曰：

嗚呼道原！博學强識。海涵地負，富有萬物。人所難能，不降色辭。中道而殞，鮮克知之。精明在上，體魄在下。刻詩墓前，以詔觀者。

十國紀年序[一]　文正公司馬光

皇祐初，某爲貢院屬官①，已有詔士能講解經義者聽別奏名②，應詔者數十人。趙周翰爲侍講，知貢舉，問以

① 某爲貢院屬官　「某」，司馬光集卷六五劉道原十國紀年序作「光」。按，下文同。
② 已有詔士能講解經義者聽別奏名　「已」，司馬光集卷六五劉道原十國紀年序作「時」。

春秋、禮記大義，其中一人所對最精詳，先具注疏，次引先儒異説，末以己意論而斷之，凡二十問，所對皆然。主司驚異，擢爲第一。及發糊名，乃進士劉恕，年十八矣。某以是慕重之，始與相識。道原乃其字也。道原是歲賦詩、論策亦入高等，殿試不中格，更下國子監試講經，復第一。釋褐鉅鹿主簿，遷和川令。陸介夫爲廣西帥，奏掌機宜。前世史自太史公所記，下至周顯德之末，簡策極博，而於科舉非所急，故近歲學者多不讀，鮮有能道之者，獨道原篤好之。爲人强記，紀傳之外，閭里所録私記雜説，無所不覽。坐聽其談，衮衮無窮，上下數千載間細大之事如指掌，皆有稽據可驗，令人不覺心服。

英宗皇帝雅好稽古，欲徧觀前世行事得失，以爲龜鑑。某承乏侍臣，嘗從容奏舊史文繁，自布衣之士，鮮能該通，況天子一日萬機，誠無暇周覽。乞自戰國以還，訖于顯德，凡關國家之興衰，繫衆庶之休戚，善可爲法，惡可爲戒者，詮次爲編年一書，删其浮長之辭，庶於奏御差便。上甚喜，尋詔某編次歷代君臣事迹，仍謂某曰：「卿自擇館閣英才共修之。」某對曰：「館閣文學之士誠多，至於專精史學，臣未得而知，所知者惟和川令劉恕一人而已。」上曰：「善。」退即奏召之，與共修書，凡數年間，史事之紛錯難治者，則以諉之，某蒙成而已。今上即位，更命其書曰資治通鑑。

王介甫與道原有舊，深愛其才。熙寧中，介甫參大政，欲引道原修三司條例。道原固辭以不習金穀之事，因言：「天子方屬公以政事，宜恢張堯舜之道，以佐明主，不應以財利爲先①。」介甫雖不能用，亦未之怒。道原每見之，輒盡誠規益。及吕獻可得罪知鄧州[二]，道原往見介甫曰：「公所以致人言，蓋亦有所未思。」因爲條陳所更法令不合衆心者，宜復其舊，則議論自息。介甫大怒，遂與之絶。未幾，某出知永興軍，道原曰：「我以直道忤

① 不應以財利爲先 「利」，司馬光集卷六五劉道原十國紀年序作「用」。

執政，今官長復去①，我何以自安？且吾親老，不可久留京師。」即奏乞監南康軍酒，得之。

某尋判西京留臺，奏遷書局於洛陽。後數年，道原奏請身詣某議修書事，朝廷許之。道原水陸行數千里至洛陽，自言比氣羸憊，必病且死，恐不復得再見，留數月而歸。未至家，遭母喪。俄得風疾，右手足偏廢，伏枕再期，痛苦備至，每呻吟之隙，輒取書修之。病益篤，乃束書歸之局中。以元豐元年九月戊戌終，官至秘書丞，年止四十七。嗟吁！以道原之耿介，其不容於人，齟齬以没，固宜②，天何爲復病而夭之耶？此益使人痛惋惝怳而不能忘者也。

道原嗜學，方其讀書，家人呼之食，至羹炙冷而不顧。夜則卧思古今，或不寐達旦。在和川，嘗以公事適野，見劉聰太宰劉雄碑，知嘉平五年始改建元③，正舊史之失。在洛陽，與某偕如萬安山，道旁有碑讀之，乃五代列將人所不稱道者，道原即能言其行事始終，歸驗於舊史，信然。宋次道知亳州，家多書，道原枉道就借觀之，次道日具酒饌爲主人禮，道原曰：「此非吾所爲來也，殊廢吾事，願悉撤去。」獨閉閤，晝夜讀且抄，留旬日，盡其書而去，目爲之翳。道原致疾，亦由學之苦邪？

方介甫用事，呼吸成禍福，凡有施置，舉天下莫能奪。高論之士，始異而終附之，面譽而背毁之，口順而心非之者，比肩是也。道原獨奮厲不顧，直指其事，是曰是，非曰非。或面刺介甫，至變色如鐵；或稠人廣坐，介甫之人滿側，道原公議其得失，無所隱。惡之者側目，愛之者寒心，至掩耳起避之，而道原曾不以爲意。見質厚者，親之如兄弟；姦諂者，疾之如仇讎。用是困窮而終不悔，此誠人之所難也。昔申棖以多欲不得爲剛，微生高以乞

---

① 今官長復去　「今」原作「凡」，據司馬光集卷六五劉道原十國紀年序改。

② 固宜　原作「固疑」，據司馬光集卷六五劉道原十國紀年序改。

③ 知嘉平五年始改建元　「知嘉」二字原闕，據庫本及司馬光集卷六五劉道原十國紀年序補。

醢不得爲直。如道原者，可以爲剛直之士乎！

道原家貧，至無以給旨甘，一毫不妄取於人。其自洛陽南歸也，時已十月，無寒具，某以衣襪一二事及舊貂褥賫之，固辭，强與之，行及潁州，悉封而返之。於某而不受，於他人可知矣。尤不信浮屠説，以爲必無是事，曰：「人如居逆旅，一物不可乏，去則盡棄之矣，豈得齎以自隨哉？」可謂知之明而決之勇矣。

道原好著書，志欲籠絡宇宙而無所遺，不幸早夭。其成者，十國紀年四十二卷，包羲至周厲王疑年譜、共和至熙寧年略譜各一卷，資治通鑑外紀十卷，餘皆未成。其成者亦未以傳人，曰：「今柳芳唐曆本皆不同，由芳書未成而傳之故也。」期於瞑目然後傳。病亟，猶汲汲借人書以參校己之書，是正其失①。氣垂盡，乃口授其子羲仲爲書，屬某使撰埋銘及十國紀年叙，且曰：「始欲諸國各作百官及藩鎮表，未能就，幸於叙中言之。」某不爲人譔銘文已累年，所拒且數十家，非不知道原託我之厚，而不獲承命，悲愧尤深。故叙平生所知道原之美，附於其書，以傳來世。

道原自言其先萬年人，六世祖度，唐末明經及第，爲臨川令，卒官，遇亂不能歸，遂葬高安，因家焉。南唐以高安爲筠州，今爲筠州人。父渙，字凝之，進士及第，爲潁上令，不能屈節上官②，年五十棄官，家廬山之陽，且三十年矣，人服其高，歐陽永叔作廬山高以美之[三]，今爲屯田員外郎致仕云。

辨證：

［一］十國紀年序　本序又載於司馬光集卷六五，題曰「劉道原十國紀年序」。按，本卷載有范祖禹劉秘書恕墓碣。又劉元高三劉

① 是正其失　「正」原作「非」，據司馬光集卷六五劉道原十國紀年序改。「其」，文海本作「得」。

② 不能屈節上官　「屈節」下，司馬光集卷六五劉道原十國紀年序有「事」字。

家集載張舜民書秘丞墓碣後引司馬光自言「四十以後不爲人撰論遺事，親友之屬，一以謝之，獨爲呂獻可撰埋銘，及十國紀年序，歷陳劉道原事迹，二人而已」。又，黄庭堅全集正集卷三一劉道原墓志銘云及劉道原卒，「其父渙字凝之，葬道原於星子城西，以故司馬文正温公十國紀年序爲銘，納諸壙中。其僚今翰林學士范淳夫爲文碣於墓次」。

[二] 及呂獻可得罪知鄧州　按，獻可，呂誨字。宋史卷三二一呂誨傳云：「著作佐郎章辟光上言，岐王顥宜遷居外邸。皇太后怒，帝令治其離間之罪。安石謂無罪。誨請下辟光吏，不從，遂上疏劾安石。」時「帝方注倚安石，還其章。誨求去，帝謂曾公亮曰：『若出誨，恐安石不自安。』安石曰：『臣以身許國，陛下處之有義，臣何敢以形跡自嫌，苟爲去就？』乃出誨知鄧州」。

[三] 歐陽永叔作廬山高以美之　按，歐陽脩廬山高贈同年劉中允歸南康，載於居士集卷五。

羲叟檢討墓誌銘①[一]

忠文公范鎮

君諱羲叟，字仲更，澤州晉城人。曾祖仁裕，祖廷珏，贈大理寺丞。父浩，國子博士。母張氏。君嘗舉進士，廷試不第。慶曆初，今翰林歐陽公使河東，表君有歆、向之學，一命試大理評事[二]。居父喪，服除，權趙州軍事推官。預修唐書律曆、天文、五行志，尋充編修官。遷澤州軍事推官、昭德軍節度推官，改著作佐郎。嘉祐二年以母喪罷，有詔就第編修。既釋服，還職。明年而書成，授崇文院檢討，未入謝，以病卒[三]，年四十四，實五年八月壬戌也。

娶史氏。子二人，長早亡，幼曰敦祖。女四人，長亦早亡，次適試將作監主簿孫宿，餘皆幼。君卒之十日，其妻奉君之喪以歸，用九月丙申而葬。

---

① 羲叟檢討墓誌銘　庫本作「劉檢討羲叟墓誌銘」。

君資强記，於經史百家無不通曉。至於國朝故實，財賦、刑名、兵械、鍾律、地理，皆知其要，而星曆、數術過人遠甚[四]，然恥以自名，未嘗妄談也。未病時，語人曰：「吾及秋必死。」又自擇葬地於父墓之庚，曰：「吾死葬此。」故夫人遂以葬。君所著春秋灾異[五]、十三代史志、劉氏輯曆、南北史韻目，皆藏于家。銘曰：

學而不爲人知，又不克施於時，維後人之悲。

辨證：

[一] 義叟檢討墓誌銘　按，劉義叟，隆平集卷一五、東都事略卷六五、宋史卷四三二有傳；又本書下集卷七載有曾鞏劉義叟，即録自隆平集劉義叟傳。

[二] 一命試大理評事　長編卷一五六慶曆五年六月癸亥條云：「以澤州進士劉義叟爲試大理評事。義叟精算術，兼通大衍諸曆，嘗注司馬遷天官書及著洪範災異論，歐陽修薦之，召試學士院，而有是命。」又，歐陽脩居士集卷一一六舉劉義叟劄子云：「臣昨奉勅差往河東，伏見澤州進士劉義叟有純樸之行，爲鄉里所稱。博涉經史，明於治亂。其學通天人禍福之際，可與漢之歆、向，張衡、郎顗之徒爲比，致之朝廷，可備顧問。伏乞特賜召試。」曲洧舊聞卷三云：「歐公下士，近世無比。作河北轉運使，過滑州，訪劉義叟于陋巷中。義叟時爲布衣，未有知者。公任翰林學士，常有空頭門狀數十紙隨身，或見賢士大夫稱道人物，必問其所居，書填門狀，先往見之。果如所言，則便延譽，未嘗以外貌驕人也。」按，曲洧舊聞云歐陽修訪劉義叟於滑州者，似不確。

[三] 明年而書成授崇文院檢討未入謝以病卒　長編卷一九二嘉祐五年七月戊戌條云：「翰林學士歐陽修等上所修唐書二百五十卷，刊修及編修官皆進秩或加職，仍賜器幣有差。著作佐郎劉義叟爲崇文院檢討，未入謝，疽發背卒。」

[四] 而星曆數術過人遠甚　宋史劉義叟傳云：「義叟强記多識，尤長於星曆、術數。皇祐五年，日食心，時胡瑗鑄鐘弇而直，聲鬱不發；又陝西鑄大錢。義叟曰：『此所謂害金再興，與周景王同占，上將感心腹之疾。』其後仁宗果不豫。又月入太微，曰：『後宫當有喪。』已而張貴妃薨。至和元年，日食正陽，客星出于昴，曰：『契丹宗真其死乎？』事皆驗。」又東齋記事卷一云：「嘉祐元年五月二十四

日昏時，二星相繼西流，一出天江，一出天市，劉仲更曰：『出天江者主大水，出天市者主散財。』未幾，都城大水，居民室廬及軍營漂流者不知幾千萬區。天變不虛發也如此。」賓退録卷二云：石曼卿「與龍圖閣直學士吴遵路調兵河東，辟挺之（李之才）澤州僉署判官。於是澤人劉仲更從挺之受曆法，世稱劉仲更之曆，遠出古今，上有揚雄、張衡之所未喻者，實受之挺之」。

[五] 君所著春秋灾異　歐陽脩居士集卷一一六繳進劉羲叟春秋災異奏狀云：「臣今有收得劉羲叟所撰春秋災異集一册，其辭章精博，學識該明，論議有出於古人，文字可行於當世。然止是羲叟所學之一端，其學業通博，詰之不可窮屈。其文字一册，臣今謹具進呈。」

魏處士閑墓誌銘[一]　文正公司馬光

君諱閑①，字雲夫，世家于陝之東郊②。父諱野，真宗皇帝時有大名[二]，累召，終不能起③，贈著作郎。

君少喜爲詩，學鼓琴，不樂仕進，一遵著作君之志。皇祐二年，仁宗皇帝祀明堂，詔天下求遺逸草萊、年耆德茂者，知府、直史館李公昭遘薦君再世有高節，上嘉之，賜號清逸處士。嘉祐八年八月癸未終於家，年八十四。

君自始生至没，當國家隆盛、偃兵無事之時。家有舊田廬，君謹守而治之。朝廷以著作君之賢，復其子孫[三]，無有所與，以故沛然自足④，無衣食之累。性不嗜酒，謹潔守法度。然與人和⑤，浮沉閭里，不自標揭。以

① 君諱閑　「君」字原脱，據庫本及司馬光集卷七七清逸處士魏君墓誌銘、宋故清逸處士魏君墓誌銘補。

② 世家于陝之東郊　按，東都事略卷一一八魏野傳及夢溪筆談卷一六、古今紀要卷一七魏野條皆稱魏野蜀人，居陝。

③ 累召終不能起　宋故清逸處士魏君墓誌銘無「終」字。

④ 以故沛然自足　宋故清逸處士魏君墓誌銘無「以故」二字。

⑤ 然與人和　「和」，宋故清逸處士魏君墓誌銘作「和厚」。

故其生也，人樂與之遊；其没也，無謗言。府縣之官，或時延禮，亦與之往來，然未嘗有豪髮之私以干之，其政事失得，未嘗納於耳而出於口也，以故皆愛重之，無厭倦。少好養生，大要用冲澹自守，不以一物累其心，以故視聽步趨，能老而不衰。

嗚呼！古之名處士者多矣，或力爲奇譎，以盜聲名，萬一冀幸，欲欺愚俗、取美官；或交遊有位，依其名勢，乾没射利，以侵漁細民。若是者，雖不仕，又足賢乎？然則能保其福樂而免於過咎，有如君者，凡幾人邪？

三娶①，曰臧氏，曰趙氏，曰皇甫氏。子男一人，曰樵。女三人，適進士梁軫、張震、左侍禁張宏。孫男二人，曰潛、曰澤。先僕射與著作君相愛如昆弟②，某拜君於髫齔之年③。今也，其孤將以某年月日葬君於某地④，來求銘，某何敢辭⑤？銘曰：

天長不息兮地大無疆，人寓其中兮細於毫芒，奪攘紛糾兮非愚則狂⑥，惟君之生兮遭世寧昌。依承先德兮曄然有光，笥有餘衣兮廪有餘粮，養生以理兮行己有方，居不煩人兮遊不出鄉。逍遥自適兮既壽而康，視彼公侯兮金朱煌煌，憂勞没齒兮或罹咎殃，爲得孰多兮爲謀孰長？

---

① 三娶　司馬光集卷七七清逸處士魏君墓誌銘、宋故清逸處士魏君墓誌銘作「君三娶」。

② 先僕射與著作君相愛如昆弟　「僕射」，宋故清逸處士魏君墓誌銘作「司空」。

③ 某拜君于髫齔之年　「某」，司馬光集卷七七清逸處士魏君墓誌銘、宋故清逸處士魏君墓誌銘作「光」。

④ 其孤將以某年月日葬君於某地　宋故清逸處士魏君墓誌銘作「以熙寧二年閏十一月庚申，葬君於平陸縣驥鳴鄉吴張村中左社」。

⑤ 某何敢辭　「某」，司馬光集卷七七清逸處士魏君墓誌銘作「光」，宋故清逸處士魏君墓誌銘無此字。

⑥ 奪攘紛糾兮非愚則狂　「兮」原作「者」，據司馬光集卷七七清逸處士魏君墓誌銘、宋故清逸處士魏君墓誌銘改。

辨證：

［一］魏處士閑墓誌銘　本墓誌又載於司馬光集卷七七，題曰「清逸處士魏君墓誌銘」；又戴尊德司馬光撰魏閑墓誌之研究亦録此墓誌，題曰「宋故清逸處士魏君墓誌銘」，載文物一九九〇年第十二期。按，魏閑，東都事略卷一一八有傳。

［二］父諱野真宗皇帝時有大名　長編卷七五大中祥符四年正月三月甲戌朔條云真宗「次陝州，召草澤魏野，辭疾不至。野居州之東郊，不求聞達。趙昌言、寇準來守是州，皆賓禮焉。爲詩精苦，有唐人風。契丹使者嘗言本國得其草堂集半帙，願求全部，詔與之。野既辭召命，即遣使圖上其所居，令長吏常加存撫」。巖下放言卷下云：「司馬温公陝人，閑死，爲誌其墓，故世知野者多。」

［三］朝廷以著作君之賢復其子孫　長編卷九四天禧三年十二月「是月」條載：「河中府處士李瀆、陝州處士魏野皆卒，詔各贈秘書省著作郎，賜其家帛二十匹、米三斛，州縣常加存卹，二税外蠲其差役。」

种處士放傳［一］　太史曾鞏［二］

种放字明逸，京兆人①。父卒於長安。放纔七歲，能屬文，與其母隱於終南山豹林谷［三］，結茆爲廬。博通經史，士大夫多從之學，得束脩以養。著蒙書十卷，人多傳之。淳化中，詔起之［四］，其母恚曰：「嘗勸汝勿講學，今爲人所知，不復得安處，我當棄汝入深山矣。」放遽辭疾，不應召，盡焚其筆研，轉居窮寂。上亦不强致，而命京兆府時存問之。放嘗幅巾短褐，攜琴酒，坐盤石以自適。豹林谷至州郭七十里，徒步從樵夫往返，不以爲勞。其學不喜釋氏，常裂佛書以製幃帳。著嗣禹説、表孟子上下篇。善爲歌詩，自稱退士，作退士傳［五］。人號雲溪醉叟②。咸

① 京兆人　按，東都事略、宋史种放傳稱其「河南洛陽人」。

② 人號雲溪醉叟　「人」，隆平集种放傳作「又」；東都事略种放傳、郡齋讀書附志种隱君江南小集條作「自」，宋史种放傳作「因」。

平中，母卒，詔賜錢助其葬，不受[六]，廬墓終制。

張齊賢蒞長安，表其節行。詔召放，即起。賜對便坐①[七]，授右司諫、直昭文館，賜居第什器、太官食，翌日又賜緋魚[八]。遂謁告還山[九]，間來朝覲[一〇]。其後又居嵩少[一一]，數遣使問勞賜予。久之，除起居舍人，擢諫議大夫。祀汾陰恩，加工部侍郎②。一日，召從學諸生飲[一二]，曰：「與爾輩訣。」酒數行而卒。終身不娶，無子。詔録其姪世雍同學究出身[一三]。

放在朝廷，有所啓奏，必據經義。時無知者，或譏其循默。真宗乃以放議十三篇示輔臣曰③[一四]：「放爲朕言事甚衆，但外廷不知爾。其奏常焚藁故也。」上嘗欲大用之，詔詢治道，放固辭[一五]。晚年日縱酒。西祀頗盛飾輿服，或以券直親詬驛吏，頗貽譏誚。放在京師，王嗣宗除京兆守，屢造，放不爲禮。嗣宗怒，語及其進取。放曰：「不猶愈于角力而中第者乎？」嗣宗試藝講武殿日，嘗程力以冠甲科，故放及之。嗣宗深銜其言。及至京兆，又間乘醉慢罵嗣宗。嗣宗因其弟姪强市田産興訟，遣人詰責放，又條上其不法事。詔問狀，會赦釋，因別賜第嵩山，命徙避嗣宗焉[一六]。

辨證：

[一]种處士放傳　本傳又載於曾鞏隆平集卷一三。按，种放，東都事略卷一一八、宋史卷四五七有傳。

---

① 賜對便坐　「便坐」，隆平集种放傳作「便殿」。

② 祀汾陰恩加工部侍郎　原作「祀汾陰加恩部侍郎」，據隆平集种放傳改補。按，宋史种放傳云其大中祥符四年正月「復來朝，從祠汾陰，拜工部侍郎」。

③ 真宗乃以放議十三篇示輔臣曰　「議」，東都事略、宋史种放傳作「時議」。

〔二〕太史曾鞏　鞏（一〇一九～一〇八三年）字子固，建昌南豐人。世稱南豐先生。嘉祐二年進士，元豐四年任史館修撰，纂修國史。官至中書舍人。卒，追謚文定。東都事略卷四八、宋史卷三一九有傳，本書中集卷四九載有曾肇曾舍人鞏行狀。

〔三〕父卒於長安放纔七歲能屬文與其母隱於終南山豹林谷　宋史种放傳云其「父詡，吏部令史，調補長安主簿。放沉默好學，七歲能屬文，不與群兒戲。父嘗令舉進士，放辭以業未成，不可妄動。每往來嵩、華間，慨然有山林意。未幾父卒，數兄皆干進，獨放與母俱隱終南豹林谷之東明峰」。

〔四〕淳化中詔起之　長編卷三三淳化三年八月壬戌條有云：「放七歲能屬文，沈默高潔，與其母偕隱豹林谷中。以講習爲業，學者多從之，得束脩以奉母。母亦樂道，薄滋味，善辟穀。會陝西轉運使宋維幹言放才行，詔使徵之。其母恚曰：『常勸汝勿聚徒講學，身既隱矣，何用文爲？果爲人知，不得安處。我將棄汝，深入窮山矣。』放遂稱疾不起。其母盡取筆硯焚之，與放轉居窮僻，人跡罕至。上喜其高節，詔令京兆府歲時存問，以錢三萬賜之，不奪其志。」按，宋朝事實類苑卷四二种放五引楊文公談苑云：「宋維翰爲陝西轉運使，表薦之，太宗令本州給裝錢三萬，遣赴闕，量其才收用。放詣府受金，治行。素與張賀善，賀適自秦州從事公累免官，居京兆。放詣賀謀其事，賀曰：『君今赴召，不過得一簿尉耳。不如稱疾，俟再召而往，當得好官。』放然之，即託賀爲奏草，稱疾。太宗曰：『此山野之人，亦安用之？』令本府歲時存問，不復召。」

〔五〕作退士傳　按，傳載於宋文鑑卷一四九。

〔六〕母卒詔賜錢助其葬不受　宋史种放傳云：「咸平元年，母卒，水漿不入口三日，廬於墓側。翰林學士宋湜、集賢院學士錢若水、知制誥王禹偁言其貧不克葬，詔賜錢三萬、帛三十匹、米三十斛以助其喪。」長編卷四三咸平元年九月壬申條云：「豹林谷隱士种放母死，貧不克葬，遣僮奴告于翰林學士宋湜等。湜與錢若水、王禹偁同上言：『先帝嘗加召命，今無以葬母，欲行私覿，是掠朝廷之美也。』壬申，優詔賜放粟帛緡錢。」按，傳言种放「不受」官府助葬錢帛者，不確。

〔七〕張齊賢薦長安表其節行詔召放即起賜對便坐　宋史种放傳云：咸平「四年，兵部尚書張齊賢言放隱居三十年，不遊城市十五載，孝行純至，可勵風俗，簡樸退靜，無謝古人。復詔本府遣官詣山，以禮發遣赴闕，賫裝錢五萬，放辭不起。明年，齊賢出守京兆，復條陳放操行，請加旌賁。即賜詔」召之。是年「九月，放至，對崇政殿，以幅巾見，命坐與語，詢以民政邊事。放曰：『明王之治，愛民而已，惟徐而化之。』餘皆謙讓不對」。

〔八〕授右司諫至翌日又賜緋魚　長編卷五二咸平五年九月戊申條云真宗賜對，「即日授左司諫、直昭文館，賜冠帶袍笏，館于都亭驛，大官供膳。上謂宰臣曰：『放亦有就禄仕意，且言跡孤。朕諭以俟升班列，必見朝廷清肅，排擯之事，無敢爲者。賞一人，可勸天下矣。』己酉，放表辭恩命。上令宰臣召問之，又知放與同知樞密院陳堯叟有舊，令諭旨，且曰：『朕求茂異，以廣視聽，資治道。如放終未樂仕，亦可遂其請也。』放至中書，爲宰臣言：『主上虚懷待士，旰食憂民如此，放固不敢以羈束爲念。』宰臣以聞，詔遂不許其讓。居數日，復召見，賜緋衣、象笏、犀銀帶魚及御製五言詩，又賜昭慶坊第一區，加帷帳什物、銀器五百兩、錢三十萬。中謝日，賜酒食於學士院。光寵之盛，近所未有也」。按，宋史卷六真宗紀及東都事略、宋史种放傳亦稱授种放左司諫。

〔九〕遂謁告還山　宋史种放傳云：「六年春，再表謝暫歸故山，詔許其請。將行，又遷起居舍人，命館閣官宴餞於瓊林苑，上賜七言詩三章，在席皆賦。十月，遣使就山撫問，圖其林泉居處以獻，優詔趣其入覲，放以疾未平爲請。」

〔一〇〕間來朝覲　長編卷五八景德元年十月壬午條載：「起居舍人、直昭文館种放自終南山來朝，上言歸山已久，請計月不受俸，特給之。」卷六一景德二年十二月甲午條載：「右諫議大夫种放自嵩山來朝，對於龍圖閣。」卷六三景德三年八月癸酉條載：「种放既歸終南，教授山中，表求太宗御書及經史音疏，悉與之。」卷六七景德四年十月甲辰條載：「右諫議大夫种放自終南山來朝，召之也。」卷七五大中祥符四年正月乙酉條載：「給事中种放自終南山來朝。」又卷七一大中祥符二年四月壬辰條載：「給事中、判集賢院种放得告歸終南山。是日，召見，宴餞于龍圖閣。上作詩賜放，命群臣皆賦，且製序。杜鎬辭以素不屬文，詔令引名臣歸山故事，鎬因誦北山移文，其意蓋譏放也。明日，上出晁迥已下詩序示王旦等，因品題之，以迥詩及楊億、王曾序爲優，詔令別自繕寫送放，時論榮之。」

〔一一〕其後又居嵩少　長編卷六〇景德二年五月乙卯條云：「以起居舍人、直昭文館种放爲右諫議大夫。放謝病，乞游嵩山，詔許之，仍命河南守臣常加存撫。召對賜宴，賦詩餞行，恩禮甚厚。」宋史种放傳云其「表乞嵩少養疾，許之，令河南府檢校」。

〔一二〕一日召從學諸生飲　宋史种放傳稱大中祥符「八年十一月乙丑，晨興，忽取前後章疏稿悉焚之，服道士衣，召諸生會飲於次」。

〔一三〕詔録其姪世雍同學究出身　長編卷八五大中祥符八年十一月甲子條載：「河南府言工部侍郎种放卒。上聞之，深爲嗟悼，親制文，遣内侍致祭，護喪歸終南。加贈工部尚書，録其姪世雍同學究出身。」

［一四］真宗乃以放議十三篇示輔臣曰　宋史种放傳稱真宗「因出所上時議十三篇，其目曰：議道、議德、議刑、議器、議文武、議制度、議教化、議賞罰、議官司、議軍政、議獄訟、議征賦、議邪正」。湘山野録卷上亦云：「真宗初詔种隱君放至闕，以敷對稱旨。日既高，中人送中書膳，諸相皆盛服俟其來，种隱君韋布止長揖而已。楊大年（億）聞之頗不平，以詩嘲曰：『不把一言裨萬乘，祇叉雙手揖三公。』上聞之，獨召楊曰：『知卿有詩戲种某。』楊汗浹股慄，不敢匿避。又曰：『卿安知無一言裨朕乎？』出一皂囊，内有十軸，乃放所奏之書也，其書曰十議，所謂議道、議德、議仁、議義、議兵、議刑、議政、議賦、議安、議危，俾大年觀之。從容奏曰：『臣當翊日負荆謝之。』」

［一五］上嘗欲大用之詔詢治道放固辭　澠水燕談録卷四高逸云：「真宗優禮种放，近世少比。一日，登龍圖閣，放從行，真宗垂手援放以上，顧近臣曰：『昔明皇優李白，御手調羹；今朕以手援放登閣，厚賢之禮，無愧前代矣。』真宗久欲大用，放固辭乃止。」

［一六］晚年日縱酒至命徙避嗣宗焉　長編卷七六大中祥符四年十一月癸未條云：「工部侍郎种放屢至闕下，俄復還山。人有貽書嘲其出處之迹，且勸以亟辭禄位，居嵒谷，放不答。放終身不娶，尤惡囂雜，故京城賜第，爲擇僻處。然禄賜既優，晚節頗飾輿服。於長安廣置良田，歲利甚溥。亦有彊市者，遂致争訟。門人族屬，依倚恣横。王嗣宗之出守長安，始甚敬放，放被酒稍倨，嗣宗怒，以語譏放，放曰：『吾不猶愈乎角力而中第乎？』初，嗣宗就試講武殿，嘗因戲弁擢首科，故放及之。嗣宗媿憾，因上疏言所部兼并之家，侵漁衆民，淩暴孤寡，凡十餘族，而放爲之首。且述『放弟姪無賴，據林麓樵採，周回二百餘里，奪編甿厚利。願以臣疏下放，而賜放終南田百畝，徙放嵩山』。疏辭極其醜詆，目放爲魑魅，且屢遣人責放不法。上方待放厚，詔工部郎中施護推究，會赦恩而止。於是放自乞徙居嵩山天封觀側，詔遣内侍就興唐觀基起第賜之。假踰百日，續給其俸。然猶往來終南，按視田畝。每行必給驛乘，在道或親詬驛吏，規算糧具之直。時議浸薄之焉。」注曰：「王嗣宗傳云：『令放徙嵩山以避之。』按今年正月嗣宗已有命徙邠州，放四月放還終南，及今乃徙居，然則徙居不緣避嗣宗也，傳語誤。」又，涑水記聞卷六云：「王嗣宗時知長安，放至，通判以下群拜謁，放小俛垂手接之而已，嗣宗内不平。放召其諸姪至出拜嗣宗，嗣宗坐受之。放怒，嗣宗曰：『曏者通判以下拜君，君扶之而已；此白丁耳，嗣宗狀元及第，名位不輕，胡爲不得坐受其拜？』放曰：『君以手搏狀元耳，何足道也！』嗣宗怒，遂上疏言：『放實空疎，才識無以踰人，專飾詐巧，盜虚名。陛下尊禮放，

擢爲顯官，臣恐天下竊笑，益長澆僞之風。且陛下召魏野，野閉門避匿，而放陰結權貴以自薦達。』因抉摘言放陰事數條。上雖兩不之問，而待放之意寖衰。」

林逋①〔一〕　太史曾鞏

林逋字君復，杭州人。祖克己，爲錢氏通儒院學士。逋少孤，嗜學，景德中游江淮歸，結廬杭州之孤山〔二〕。真宗聞其名，屢賜束帛②，命州縣歲時問勞〔三〕。居西湖二十年，不入城市。卒，年六十一。臨終有詩云：「湖上青山對結廬，亭前脩竹亦蕭疎③。茂陵他日求遺草④，猶喜曾無封禪書。」

逋不娶，無子〔四〕，教其兄之子宥登進士第。逋少嘗遊臨江軍，李諮始舉進士，未有知者。逋謂人曰：「此公輔之器也。」逋之卒，諮時知杭州，爲制緦麻服，與其門人哭而葬之，刻臨終一絶納壙中。既而仁宗賜謚曰和靖先生，仍賜其家帛五十疋、米五十石。逋善行草〔五〕，喜爲詩，其語孤峭清淡〔六〕。其藁未嘗自録〔七〕，或曰⑤：「何不録以傳後世乎？」逋笑曰：「吾獨不欲以詩助名於林泉⑥，況後世耶？」

① 林逋　庫本作「林逋傳」。
② 屢賜束帛　「束」，宋史林逋傳、長編卷七八大中祥符五年六月庚申條作「粟」。
③ 亭前脩竹亦蕭疎　「亭」，林和靖集卷四自作壽堂因書一絶以志之、東都事略林逋傳作「墳」。
④ 茂陵他日求遺草　「草」，林和靖集卷四自作壽堂因書一絶以志之及東都事略、宋史林逋傳作「稿」。
⑤ 或曰　「或」字原脱，據隆平集林逋傳補。
⑥ 吾獨不欲以詩助名於林泉　「助」，隆平集林逋傳作「取」。

辨證：

［一］林逋　本傳又載於隆平集卷一五。按，林逋，東都事略卷一一八、宋史卷四五七有傳。

［二］景德中游江淮歸結廬杭州之孤山　長編卷七八大中祥符五年六月庚申條云：「錢塘人林逋少孤力學，不爲章句。性恬淡好古，不趨榮利。家貧，衣食不足，晏如也。初泛游江湖間，久之歸杭州，結廬西湖之孤山二十年，足不及城市。」

［三］屢賜束帛命州縣歲時問勞　詩林廣記後集卷九林和靖引該聞録云：「林逋處士隱居西湖，朝廷命守臣王濟體訪，逋聞之，投啓爲贄，其文皆儷偶聲律之流，乃以文學保薦。詔下，賜帛而已。濟曰：『草澤之士，文須稽古，不友王侯；文學之士，則修詞立誠，俟時致用。今逋兩失之。』」

［四］逋不娶無子　說郛卷二二林洪山家清事種梅養鶴圖說云其「七世祖逋寓孤山，國朝謚和靖先生」。明楊慎詞品卷三林和靖云：「宋史謂其不娶，非也。林洪著山家清供，其中言先人和靖先生云云，即先生之子也。蓋喪偶後，遂不娶爾。」按，此說疑不然，或爲其姪輩承祧。

［五］逋善行草　黃庭堅全集外集卷二四論書云：「林和靖詩句自然沈深，其字畫尤工，遺墨尚當寶藏，何況筆法如此。筆意殊類李西臺，而清勁處尤妙。」按，李西臺，指李建中。

［六］喜爲詩其語孤峭清淡　歸田録卷下云：「處士林逋居於杭州西湖之孤山。逋工筆畫，善爲詩，如『草泥行郭索，雲木叫鉤輈』，頗爲士大夫所稱。又梅花詩云：『踈影橫斜水清淺，暗香浮動月黃昏。』評詩者謂『前世詠梅者多矣，未有此句也』。又其臨終爲句云：『茂陵他日求遺藁，猶喜曾無封禪書。』尤爲人稱誦。自逋之卒，湖山寂寥，未有繼者。」

［七］其藁未嘗自録　宋史林逋傳云當時「好事者往往竊記之，今所傳尚三百餘篇」。

王中正①[一]　太史曾鞏

王中正，汀州人，賈販往來江淮間。咸平元年至南康軍，逆旅遇異人②，自言趙姓。久之，又見於茅山，命求鉛汞，遇火成金[二]。謂中正曰：「當授與法。」從及歷陽，始得之。且俾辨草木藥品，而授以卜環神劍及密緘之書③，戒以勿泄[三]。中正亟欲獻於上，爲有司所欲之④。至上饒佯狂⑤，黥竄嶺外[四]。未幾，逋匿京城。樞密承旨謝德權嘗爲嶺南官，知中正化銀術，爲奏，因得脱軍籍⑥。内臣劉承規又以其名聞，初名捷，爲更曰中正[五]。賜對，特受許州參軍[六]。承規於皇城公廨居之。凡入市，必有人與之語。承規詰之，不能隱，曰：「即授法者也。」承規爲新堂以祈靈，景德四年五月十三日，遂降于堂紗幃間，服青衣，具冠劍。自是屢降，惟中正諭其旨[七]。或其侍童偶語，始知乃司命真君也。

明年天書降，改元大中祥符，東封畢，加真君號曰「九天司命天尊」。五年，天尊降宫庭，上號曰聖祖[八]。即

① 王中正　庫本作「王中正傳」。
② 逆旅遇異人　「遇」字原脱，據隆平集王中正傳及宋朝事實卷七道釋補。
③ 而授以卜環神劍及密緘之書　「卜環」，隆平集王中正傳及長編卷七一大中祥符二年二月辛卯條、宋朝事實卷七道釋皆作「小環」，似是。又文莊集卷二八王公墓誌銘、青箱雜記卷一〇云「仍別付靈方、環劍、緘縢之書」。
④ 爲有司所欲之　「欲之」，隆平集王中正傳作「抑」，似是。
⑤ 至上饒佯狂　「至」上，隆平集王中正傳有「還」字。
⑥ 因得脱軍籍　「因」原作「自」，據隆平集王中正傳改。

改皇城新室曰元符觀①，承規私第曰東宅，所賜中正通濟坊第曰南宅，並爲聖祖降憩之所。中正累遷加致仕，積官至右神武大將軍、唐州團練使[九]。大中祥符九年，中正被疾，見聖祖謂之曰：「慎密類汝者少，即塑形景靈宮，爲吾輔，勿憂也。」卒[一〇]，年五十五。其妻施氏，封吴郡夫人②，諸子皆授殿直。

中正初得神術，雖貧苦，不以勢利輒告於人，及享禄賜，所化黄白，惟施貧奉道釋而已[一一]。朝廷舉大禮及營繕③，必達靈命，以藥金銀爲獻[一二]，中正復自以所成者助經費。上爲製靈遇贊紀其事云。

辨證：

[一] 王中正　本傳又載於隆平集卷一八。按，王中正，夏竦文莊集卷二八載有故金紫光禄大夫檢校禮部尚書右神武衛大將軍致仕使持節康州諸軍事康州刺史充本州團練使上柱國開國伯食邑七百户贈鎮南軍節度使太原王公墓誌銘。

[二] 久之又見於茅山命求鉛汞遇火成金　宋朝事實卷七道釋云：「是冬，再見于茅山。命捷市鉛汞鍊之，少頃皆成金。」

[三] 戒以勿泄　文莊集卷二八王公墓誌銘云其「戒曰：『非遇人君，慎勿輕述。』」

[四] 中正亟欲獻於上爲有司所欲之至上饒佯狂黥竄嶺外　宋朝事實卷七道釋云：「捷詣闕求見不得，乃謀以罪名自達，至信州，陽狂大呼，遂坐配隸嶺南。」

[五] 内臣劉承規又以其名聞初名捷爲更曰中正　文莊集卷二八王公墓誌銘云：「時供奉官、閤門祗候謝德權適總巡兵，頗聞異述。及公私還轂下，置對有司，德權時方在朝，奏請免釋。迺禮之私第，鍊成藥銀，上獻帝宸，遂解軍籍。德權樂公之道，款待累年。制

---

① 即改皇城新室曰元符觀　「室」，隆平集王中正傳作「堂」。

② 封吴郡夫人　「吴郡」，文莊集卷二八王公墓誌銘、長編卷八八大中祥符九年十月丙子條作「吴興郡」。

③ 朝廷舉大禮及營繕　「繕」原作「鐥」，據庫本及隆平集王中正傳改。

伏之珍，盡界而無吝；祕授之事，萬計而不言。一夕潛歸，追及於路。靈貺幽啟，睿聽有聞。始命景福使、新州觀察、勾當皇城司劉承珪案問之。……承珪因爲改名中正，俾詣登聞，始得召見於龍圖閣下。」又，澠水燕談雜録卷九雜録云：「汀州王捷，少商江淮間，咸平初，遇一人於南康逆旅，衣道士服，儀狀甚偉。後屢見之，授以黄金術，仍付以神劍，且戒之曰：『非遇人君，不可妄泄。』後徉狂叫呼上饒市中，配流嶺南；逃歸京，撾登聞鼓自陳。上召與語，悦之，命之官，更名中正。寓居中官劉承珪家。承珪上言：『數聞中正與人語，聲如童子，云：「我，司命真君也。」』中正後遷神武大將軍、康州團練使。嘗以藥金銀獻上，以助國費。卒贈嶺南節度使，世謂之『燒金王先生』，建祠永寧院西。至今御府猶有中正所獻金及爐鉗殘藥。」獨醒雜志卷七云：「祥符中，汀人王捷有燒金之術，因曾繪以見劉承珪，承珪薦之王冀公（欽若），遂得召見。時人謂之『王燒金』。捷能使人隨所思想，一一有見，人故惑之。」

［六］特受許州參軍　宋朝事實卷七道釋云其「得對龍圖閣，具陳靈應，特授許州參軍，留止皇城廨舍。時出遊廛市，常有道人與之偶語，云：『即向來授法司命真君也。』其語秘不傳」。

［七］自是屢降惟中正諭其旨　宋朝事實卷七道釋云：「自是屢降，中正傳達其言。凡有瑞異，必先告之。」

［八］天尊降宫庭上號曰聖祖　宋朝事實卷七道釋云：「及司命降臨延恩殿，乃上聖祖之號。每舉大禮及有營繕，中正必達靈命，以藥金銀來獻。」文莊集卷二八王公墓誌銘云時「迺奉上號聖祖上靈高道九天司命保生天尊大帝」。

［九］中正累遷加致仕積官至右神武大將軍唐州團練使　長編卷七一大中祥符二年二月辛卯條載：「授中正左武衛將軍致仕，給全俸，賜第通濟坊，恩遇甚厚。」又卷八八大中祥符九年十月丙子條云：「初，王中正授左武衛將軍致仕。其後遷左武衛大將軍，領高州刺史；又改領汀州，又遷官神武大將軍，領康州團練使。」按，文莊集卷二八王公墓誌銘、長編卷八八大中祥符九年十月丙子條、宋朝事實卷七道釋、澠水燕談録卷九雜録、青箱雜記卷一〇皆稱王中正爲康州團練使，傳文稱「唐州」者疑誤。

［一〇］卒　文莊集卷二八王公墓誌銘云其卒於大中祥符九年十月乙亥。泊宅編卷下云：「王捷燒金，先用毒蛇，不計多少，殺埋庭中，澆以米泔，令生菌，因取合藥。後造宅築基，得一蛇，頭如人形，捷不久卒。」按，宋朝事實卷七道釋云王中正卒，「後贈鎮南軍節度使，塑其像于景靈宫，上爲製靈遇贊，紀其始終」。又長編卷八八大中祥符九年十月丙子條載其「病卒，贈鎮海節度使，塑像景靈宫，命入内押班周懷政護喪，葬事官給」。

[一一]所化黃白惟施貧奉道釋而已　青箱雜記卷一〇云：「中正亦不敢妄費，唯周濟貧乏，崇奉仙釋而已。今汀州開元寺，乃其施財所建也。」

[一二]以藥金銀爲獻　夢溪筆談卷二〇神奇云：「祥符中，方士王捷本黥卒，嘗以罪配沙門島，能作黃金。有老鍛工畢升曾在禁中，爲捷鍛金。升云：『其法爲爐竈，使人隔墻鼓鞴，蓋不欲人覘其啓閉也。』其金，鐵爲之。初自冶中出，色尚黑，凡百餘兩爲一餅，每餅輻解鑿爲八片，謂之『鴉觜金』者是也。今人尚有藏者。上令尚方鑄爲金龜、金牌各數百，龜以賜近臣，人一枚，時受賜者，除戚里外，在庭者十有七人。餘悉埋玉清昭應宮寶符閣及殿基之下，以爲寶鎮。牌賜天下州府軍監各一，今謂之『金寶牌』者是也。」又宋朝事實卷七道釋云：「大中祥符九年十月，內出所進金，命鑄爲寶牌，分給在京宮觀及外路名山聖迹并天慶觀」。

名臣碑傳琬琰集中卷三十九

富秦公言墓誌銘　文忠公富弼

嗚呼！我先君奮寒苦，入尚書爲郎、朝請大夫，秩上柱國，勳五品服，天子又以郡政委之，在官凡三十一年，不爲不遇矣。年六十三考終命，亦不爲凶且夭矣。人之生是爲初，孰無終乎，而何苦恨焉？嗚呼蒼天，何可勝道！

先君嘗貳泥陽①，天聖八年就移知萬州。著令川峽官不得以族行[一]，因盡室寓于洛，惟以一子從。萬踰三峽，與黔戎爲鄰，水湍陸巇，舟車僅及。土風人物，不與華類，有疾勿藥，惟巫是仰，率以病死，免者百一。先君至之明年九月三日，感厲氣，無良醫以資，終於郡署之正寢。時弼行河陽戎判事[二]，二十四日聞訃，蒼皇叫呼，心魂逮絶，爲頑爲逆，不遂以死。乃匍匐由唐、汝至襄陽，落西山路以及歸州，始遇旅櫬。仲弟奭以跋歷險遠，不能全以歸，用浮屠法火化矣。嗚呼哀哉！興居不得侍，飲食不得養，診視藥療不得盡其志，鮎復斂送不得見其終，雖克見之，惟煨燼耳。某即死，精氣膚肉皆可滅，此恨淪於骨髓不可滅；天地山川有窮已，此冤無窮已。天乎！

① 先君嘗貳泥陽　按，泥陽，據大清一統志卷一七九，乃漢縣名，故城在耀州（今陝西耀縣）東南。此以泥陽代指耀州，即富言嘗通判耀州。

生不能從以養，没而奔之，非孝也。以十一月十四日卒哭，奉護歸洛，槀窆于上陽佛舍。又明年十一月十六日，葬于洛陽縣北張村之夾馬原。自歸凡一年而葬，禮「大夫三月」，兹緩焉，禮之變也。

先君諱言，字應之。其先齊人[三]，後唐京兆少尹璘生内黄令處謙，令生商州馬步使令荀，即顯考也，以先君立朝廷，贈職方員外郎。若夫姓系貫籍，世德族望，先君誌于職方之墓矣，此不書。

真宗宅憂合三年，命禮部官天下士，時先君舉進士連不中。咸平三年，上親臨問[四]，始登丙科。褫褐，連調興、隴軍事推官，遷階州軍事判官，以課最改武勝軍掌書記。慰薦交上，召拜内凡監西京鹽錢分巡院①，徙知三泉，就轉太常丞，入奉朝請。謄校南臺舉人試卷，又入後殿復考。俄以論事劾典建安漕廪。郊恩，移貳石州。路出南京，清河張公辟佐留守。明年，天子御覲闕覃慶，就加本寺博士。踰月，今上即阼，遷屯田員外郎。歸朝，以浚儀先域陵敝，欲經治之，求監都下軍粮局。時権務盜取帑物②，以文印舛漏爲累，例出筦海陵酤。又以郊恩移徙隰川③，中塗有泥陽之命，就加都官。繼有南浦之適而逝④。嗚呼，命矣！

先君始在興州，謂學古所以入官，於是勵精治具，以善善惡惡爲首，繩下峻整，罪無赦恕。時有按察使以慘礉毁於朝，未幾詔曰：「爾雖公忠廉潔，頗不容人小過，不宜居遠民上。」於是有隴州之行。屬獯羌内侮，厚貯宿

---

① 召拜内凡監西京鹽錢分巡院　「凡」字似誤，「錢」疑爲「鐵」字之譌。按，唐大詔令集卷二九太和七年册皇太子德音有云：「其諸道方鎮刺史等有聚斂貨財，潛行饋遺者，委御史臺糾察以聞，仍委度支鹽鐵分巡院同爲訪察，不得容蔽。」

② 時権務盜取帑物　「権」原作「權」，據庫本改。

③ 又以郊恩移徙隰川　「隰川」，文海本作「隰州」。

④ 繼有南浦之適而逝　按，南浦，唐郡名。舊唐書卷三九地理志二云：唐貞觀八年改浦州「爲萬州，天寶元年改爲南浦郡，乾元元年復爲萬州」。

兵，躬率餱粒，深踐戎土。復命版築際邊城柵，以翰以屏，因盡得山川形勢，徑道夷阻，謀揣攻取之狀，爲圖以進。及掌南陽管記，併歲歉饉，民思攘寇，嘯聚林壄，然無犀利之器，惟鉏櫌白梃爲具爾。飢虚易與，一境大擾，諸尉分討，械送於理者日數百，郡將而下悉欲按法誅之。先君議曰：「此雖名賊，實爲寒餒所窘，請從便宜恕死，可乎？」郡將怒曰：「遽出死刑如許，奈法令何？」或有欲繫而聞上者，先君復曰：「羸老幼病，死生旦夕，安能幽而俟報耶？掌記頭可斷，今日之議不可易。」郡將不得已從之。於是悉召于庭下誥誡之①，一無掠治，獄具三數紙而已。惟壯者以箠令論，老幼病皆不問，自是全活者甚衆，賊亦頓弭。不數日，馹騎降制曰：「鄧人阻飢，寇暴緣作，姑用寬典，無執經憲。」適與先君之議同，人皆伏其幾斷焉。

先君性峭直，無所委阿，貴執非親舊，未嘗私謁。曠易無隕穫，樂於外補，不願爲中朝官。所至盡心刑罰，秋毫不濫。大覃思於群史，師長江爲詩，有集十卷。

我太夫人昌黎韓氏②，封長安縣君。生六男：某長，奭、翺、收、請、奕次之。某登茂才異等科[五]，守將作監丞，餘並讀書爲進士，而請不幸早世。三女：長適殿中丞柏孝隆，中適登封尉潘允迪，幼許昭武軍節度推官田況。

某與諸孤奉太夫人養，咸率理命，罔敢荒失，得從死於九原，爲不辱訓，幸矣。松楸既立，霜露增劇，非敢託無能之辭譔述先德，姑納幽竁，用謹歲月。銜卹輟哭，恭爲銘曰：

時不我留，何飈忽兮？厄於孤遠，賫志没兮。泉堂一閉，無復啓矣。幽而不晨，終天止矣。

① 於是悉召于庭下誥誡之　「誥誡之」原作「祖役劾」，據庫本改。

② 我太夫人昌黎韓氏　「夫」原作「足」，據庫本改。

辨證：

［一］著令川峽官不得以族行　按長編卷六乾德三年二月庚申條云「令文武官任川峽職事者，不得以族行」。

［二］時弼行河陽戎判事　按，戎判，即簽書某軍節度判官廳公事之俗稱。

［三］其先齊人　范純仁范忠宣公文集卷一六富鄭公行狀云：「至高祖諱璘，因五代之亂，自齊徙居於汴，仕唐至京兆少尹。至鄧公（處謙）始遷於洛，今爲河南人。」

［四］咸平三年上親臨問　按長編卷四六咸平三年三月甲午條載天子「御崇政殿親試」進士，時「上連三日臨軒，初無倦怠之色。所擢凡千八百餘人，其中有自晉天福中隨計者，校藝之詳，推恩之廣，近代所未有也」。

［五］某登茂才異等科　按，據宋史卷二六五呂蒙正傳，富言初爲呂蒙正客，呂蒙正於景德二年春「表請歸洛」，富言「一日白曰：『兒子十許歲，欲令入書院事廷評、太祝。』蒙正許之，及見，驚曰：『此兒他日名位與吾相似，而勳業遠過於吾。』令與諸子同學，供給甚厚。言之子即弼也」。

賈令君注墓誌銘［一］　景文公宋祁

公諱注，字宗海。賈氏自漢梁王傅誼居雒陽，以王術説文帝不合，而爲儒先。捐之諫元帝罷朱崖，以安關東，人蒙其仁。在魏晉，常爲薦紳聞家①。至唐司空、魏國公耽，世貫滄州南皮，佐德宗有功，任宰相十三年，爲長德鉅工②。

---

① 常爲薦紳聞家　「聞」原作「國」，據景文集卷五九賈令公墓誌改。

② 爲長德鉅工　「工」，景文集卷五九賈令公墓誌作「公」。

子孫稍稍徙真定。五世祖諒，仕爲本府掾，不得志①，棄官去，依鹿泉抱犢山，肆然不以外物膠於心。生高祖瑾，仍世隱處。曾祖處士諱初，有至行，疾世方亂②，守鄉里，不肯事四方。祖諱緯，博學善辭章，議論明鋭，一時諸儒皆屈。唐自武宗後，史録亡散，君掇拾殘餘，爲唐季補録數十萬言，叙成敗事甚悉，書顯於時。漢周間，爲中書舍人。時主以君貴，即家拜處士爲司封員外郎③，不事事，累贈右丞。考諱璉，周顯德中擢進士。太祖征蜀④，召爲太子左贊善大夫、知陵州。州有鹽井，異時置熬盆，民利其贏。蜀滅，吏塞井亡去，紿言開者不利太守，公私貧虚，食絜無滋。君身負畚鍤，率吏悉發其堙，曰：「苟利國，吾死不愛。」於是鹽利復興，歲貲數百萬，人以富完⑤。俄終官下，陵人德之，畫象以祭，遂種其祠。

公生三歲而孤，哀慕如有知。長乃自力於學，聲稱發聞。太宗淳化三年，以進士試殿中及第，調主新建簿⑥，改棣州防禦推官。真宗咸平中，契丹寇河北，引師環城，設攻具。公登埤，射酋長殪之，圍解。遷定州觀察推官。虜歲盜邊，官兵留屯，公常護粮及資具輸之壁，賊不能鈔。改陳州幕府。公卿以爲才有餘，仕可臺省⑦，不宜棄諸侯⑧，交牘

① 不得志　景文集卷五九賈令公墓誌無此三字。
② 疾世方亂　景文集卷五九賈令公墓誌無此四字。
③ 即家拜處士爲司封員外郎　「外」字原脱，據庫本及景文集卷五九賈令公墓誌補。
④ 太祖征蜀　「征」，景文集卷五九賈令公墓誌作「平」。
⑤ 人以富完　「以」，景文集卷五九賈令公墓誌作「皆」。
⑥ 調主新建簿　「新建」，原作「辛建」，據庫本及景文集卷五九賈令公墓誌改。
⑦ 仕可臺省　「仕可」，景文集卷五九賈令公墓誌作「可任」。
⑧ 不宜棄諸侯　景文集卷五九賈令公墓誌無此五字。

言上，有詔改著作佐郎、知鳳翔府録事參軍。未行至，大病①，實大中祥符元年夏五月戊子②，壽四十有七。公之去中山，在京師也，以族來，故不克歸。明年，即葬公於開封府開封縣汴陽鄉之原。賈爲開封著姓，自公始。

公於政事，精力不懈，善討擿病利，故所治必最，官輒遷。爲人方正，不語怪神，惡刓圓蘧媚者，絶不通。佐定、陳二府，其大帥皆副馬右戚，居止貴甚，僚屬之見者，仰而候，俯而趍，獨公正色廷辨是非，帥折節禮之，由是益知名。居家孝，早失兄弟，撫孀鞠孤③，無異慈母④。娶夫人史氏，生八子，成就者三人。長曰昌朝，今爲山南東道節度使、檢校太師、同中書門下平章事、安國公；次曰昌寓，大理評事。女嫁陳氏敏古，爲殿中丞，封岳陽縣君⑤。

夫人操嚴而行危，自罹憂，終身不綵綉豫飾⑥，悉出簪珥，市圖籍以教子。時丞相方幼，夫人勸勖指畫，入俾與賢者居，出俾從仁者游，故年十八能奏頌，天子召試翰林[二]，聲名一日暴天下。今上嗣位，進講禁中，以文章任舍人，以治劇第一守京邑，以勁亮忠厚擢御史中丞，以器無不施參總機務。踰年，使樞筦。又明年，遂相。茂烈洪勛，充格光明。久之，以武勝節度守北都⑦，破甘陵有功，換節判鄭州[三]。使天下之目拭而觀⑧，曰賢宰相。

---

① 未行至大病　景文集卷五九賈令公墓誌作「未行病卒」。
② 實大中祥符元年夏五月戊子　景文集卷五九賈令公墓誌無「戊子」二字。
③ 早失兄弟撫孀鞠孤　「弟」，景文集卷五九賈令公墓誌作「躬」。
④ 無異慈母　「母」字原脱，據庫本補。
⑤ 女嫁陳氏敏古爲殿中丞封岳陽縣君　景文集卷五九賈令公墓誌無此十五字。
⑥ 終身不綵綉豫飾　「彩繡豫飾」，景文集卷五九賈令公墓誌作「御彩繡」。
⑦ 以武勝節度守北都　「北」原作「比」，據鐵琴銅劍樓本、庫本及景文集卷五九賈令公墓誌改。
⑧ 使天下之目拭而觀　「之目拭」，景文集卷五九賈令公墓誌作「人拭目」。

若夫人，可謂善教子矣。天子誕日，群臣上千萬歲壽①，于時丞相冠百官於外，夫人首命婦於內，人倫之寵，舉之其家。上嘗賜金飾安輿一②，就養於魏。丞相年踰五十，奉觴膝下，怡怡有孺子樂。若丞相，可謂善顯親矣。始丞相在孕，公夢使者持大笏，奉貂蟬、紫紋綬、玉簡揖，公再拜受賜，寤而告夫人曰：「若生子，必爲宋室輔，天啓之。」翌日生，遂以命丞相云③[四]。夫人以皇祐二年夏六月丁巳終鄭州之廨④，壽七十九，精爽凝定。將終，徧命諸子内外姻，語訖乃瞑。丞相即日上節印，且請終喪，上不許。癸酉，制召以冠軍大將軍、左金吾衛上將軍仍舊官，敦遣視事。丞相哀訴曰：「少孤，惟母爲恃，幸時無金革虞乂，教愛三年。」乃遣使降手詔褒允，贈賻備厚。

方丞相之貴，以恩追贈舍人爲太師⑤，夫人崔氏、粟氏爲齊、燕國太夫人；贊善爲太師、中書令，夫人胡氏晉國太夫人。公十一贈爲太師、尚書令、中書令，夫人六封至安國太夫人。公之葬也，以家多難，故塋迫而儉⑥。丞相自至是庀事，乃治而廣之，開阡列樹，用上公之制，甲令也。即以其年秋八月甲申，舉夫人之喪合于公墓。丞相自執喪，號踊黧瘠，身侍夫人柩自鄭還，徒步二百里，不避塗潦，見者爲垂泣。居常枕塊席苫，茶茶爾而劬，縱縱爾而誠，所謂孝子不匱者。昌寓孝謹，有君子風，在官稱職。孫四人：章，爲殿中丞、集賢校理；圭及青，爲將作監丞；田，爲大理寺丞。皆相子也⑦。

① 群臣上千萬歲壽　「群」原作「君」，據景文集卷五九賈令公墓誌改。
② 上嘗賜金飾安輿一　「金飾安輿」，本書上集卷六賈文元公昌朝神道碑、中集卷一七賈文元公昌朝墓誌銘、宋史卷二八五賈昌朝傳皆作「銀飾肩輿」。
③ 始丞相在孕至遂以命丞相云　景文集卷五九賈令公墓誌無此五十二字。
④ 夫人以皇祐二年夏六月丁巳終鄭州之廨　「廨」原作「解」，據鐵琴銅劍樓本、庫本及景文集卷五九賈令公墓誌改。
⑤ 以恩追贈舍人爲太師　「追」原作「遺」，據景文集卷五九賈令公墓誌改。
⑥ 故塋迫而儉　「塋」原作「瑩」，據庫本及景文集卷五九賈令公墓誌改。
⑦ 孫四人章爲殿中丞集賢校理圭及青爲將作監丞田爲大理寺丞皆相子也　景文集卷五九賈令公墓誌無此三十字。

惟公濬德秘猷，可以參國謀、熙王路，而年不中身①，獨令名不足厭也，故涵慶渟祥而大興。惟夫人婦則母儀②，春秋承宗事③，身及其榮，獨品袿錫鏆不足厭也④，故神明康强，涉耄而臧。凡天之報施，或隱而先⑤，或顯而後，要之若合符然。以爲不信，則視公之烈之詒，夫人之亨之遐。丞相所以膺胙受成⑥，果何如哉！銘曰：

賈自中山，世有顯聞。舍人含章，克代帝言。惟時陵州，以死勤民。著作嗣生，親炙先芬。其趾儀儀，其羽振振。才茂行完⑦，不涅不磷。肆其方强，勵業搢紳。胡然弗淑，殲此哲人。惟其不有，是慶後昆。督嗣光光⑧，顯相大君。憫册追綬，參漏幽窀。合姓也賢，教子以仁。惟考終令⑨，歸祔斯原。款石藏幽，天壤相泯。

辨證：

[一] 賈令君注墓誌銘　本墓誌又載於宋祁景文集卷五九，題曰「賈令公墓誌」。

[二] 故年十八能奏頌天子召試翰林　宋史卷二八五賈昌朝傳云：「天禧初，真宗嘗祈穀南郊，昌朝獻頌道左，召試，賜同進士出身。」

---

① 而年不中身　「身」，景文集卷五九賈令公墓誌作「壽」。

② 惟夫人婦則母儀　「夫人」原作「大人」，據文海本、庫本及景文集卷五九賈令公墓誌改。

③ 春秋承宗事　「事」，景文集卷五九賈令公墓誌作「祀」。

④ 獨品袿錫鏆不足厭也　「袿」，庫本作「袿」。「鏆」，景文集卷五九賈令公墓誌作「鈿」。

⑤ 或隱而先　「先」原作「光」，據景文集卷五九賈令公墓誌改。

⑥ 丞相所以膺胙受成　「胙」原作「昨」，據景文集卷五九賈令公墓誌改；庫本作「祚」。

⑦ 才茂行完　「完」，景文集卷五九賈令公墓誌作「充」。

⑧ 督嗣光光　「督」，景文集卷五九賈令公墓誌作「賢」。

⑨ 惟考終令　「令」原作「今」，據文海本、庫本改；景文集卷五九賈令公墓誌作「命」。

[三] 破甘陵有功換節判鄭州　宋史卷二八五賈昌朝傳云賈昌朝判大名府，「尋以討貝州賊有功，移山南東道節度使。楊偕言賊發昌朝部中，不當賞，弗從」。時「三司使葉清臣移用河北庫錢，昌朝格詔不與，清臣論列不已，遂出清臣河陽，徙昌朝判鄭州」。

[四] 遂以命丞相云　按王荆文公詩李壁注卷四九賈魏公挽詞二首之二有「天上貂蟬曾夢賜」句，李壁注引能改齋漫録云：「賈文元公母史夫人方妊娠，父注夢使者持大笥，奉貂蟬、紫綬、玉簡，揖令受賜。既寤，告史曰：『若生子，必爲宰輔。』翌日生文元公，命名昌朝。」

田公紹方墓誌銘①[一]　文正公范仲淹

古稱陰有德於人者，必享厥祥，大厥後。易不云乎：「積善之家，必有餘慶。」所謂「不在其身，在其子孫」者，信矣。

公諱紹方，其先鴈門人。曾、高家于冀日②[二]，耶律氏熾，得石晉山後八郡，又歲侵兩河間。王考諱某③，被遷于盧龍，署之以官，復治産雲中而貨殖焉。考諱某④，能幹父之蠱，其家益顯，娶王氏而生公。

公少稱才武，抱氣重諾，有燕趙之風義。事耶律，得親信左右，常從而南牧。帳下多掠獲漢家士民，俾公尸

① 田公紹方墓誌銘　「紹方」原作「紹芳」，據范文正公文集卷一四田公墓誌銘及下文改。

② 曾高家于冀日　「日」，范文正公文集卷一四田公墓誌銘作「自」，屬下句。

③ 王考諱某　「王」原作「三」，據文海本、庫本及范文正公文集卷一四田公墓誌銘改。按，本書中集卷三田太傅況墓誌銘云稱田況「皇曾祖諱祐」。

④ 考諱某　按，本書中集卷三田太傅況墓誌銘稱田況「皇祖諱行周」。

之，公默計之曰：「漢人，吾曹也，驅之如犬羊，非有罪辜，將孥戮于虜中。」乃縱之夜亡者千計，此德於人多矣。公亦自負謂：「大丈夫胡能老於異域哉？考妣既葬，吾其歸歟！」乃匿身草莽，會夜則負斗而奔。既達朝廷，真宗憫然嘉之，補職于三班。以其勇果，屢委軍甲，捕外方寇①，所謂巡檢至則盜息，民得安堵。

公祥符中主邵之峽口寨，時龍水郡蠻寇大擾，戍兵屢敗。峽口溪洞亦乘聲嘯聚，一日迫寨，圍而譟之。公戒軍士曰：「我露其勇，彼將整而難破，不如示之怯。士敢先動者，吾以軍法從事。」衆皆肅然聽命。既夜，公自率驍果突而擊之②，斬十餘級。蠻雖衆，曾不能措手足，大駭而奔。自是終公之任，不敢內寇。州將害其功，不以上聞。公曰：「吾自虜還漢，獲從王事足矣，烏敢爲功哉？」

又嘗誨督諸子曰：「吾以漢有聖人之風，故脱身以歸。今教汝詩書，趍聖人之道，使汝輩有立，吾將鼓歌以終天年，豈病其不達耶？」子況舉進士高第，又舉賢良方正，天子親問當世治亂祥咎，以對策第一，迺速進用，四五年間，掌西掖書命，爲陝西道宣撫副使。還朝，敷奏稱旨，迺詔寵公以太子右衛率府率，監瓊林苑金明池，以便子養，士大夫榮之。天子以尚憂西陲，命況龍圖閣直學士，出領秦鳳路經略安撫使。公在疾，經略屢求省侍，有詔敦勉，遣中人、尚醫診視。公以慶曆五年乙酉孟秋月壬子不起，享年七十有四。上嗟惻之，加贈賻焉。經略纍章哀訴得告，奉公之喪，以某年月日，葬于許州陽翟縣某原，禮也。

公性剛直，未嘗曲於人，然明恕少怒。嘗官于閩中，有愛馬，使一卒乘習，遇危橋不下③，馬折足而斃。公

① 捕外方寇　「捕」原作「補」，據范文正公文集卷一四田公墓誌銘改。
② 公自率驍果突而擊之　「果」，文海本作「勇」。
③ 遇危橋不下　「橋」原作「樓」，據范文正公文集卷一四田公墓誌銘改。

曰：「卒豈欲是耶？」不復以一言詰之，人皆服其度。

公娶李氏，贈福昌郡君，前十五年而亡。生八男：經略即長子也；次曰淵，有詞業，舉進士，以兄蔭補試秘書省校書郎、許州郾城主簿；次曰天護，幼亡；次曰洵，潁上主簿；次曰浹，登進士第，唐州團練推官；次曰洸，太廟齋郎，次曰泳，皆業進士；次小字寶哥，尚幼。三女：長適海州東海令張震，次適辰州理掾高肅①，次適鄂州咸寧令張子方，皆以婦道稱于宗族。

某嘗與公會于丹陽，見公氣貌話言，剛而質，毅而恭，使人信而愛之。又與經略之遊舊矣，俾序而銘云：

公復其家，去狄而華。公教其嗣，挺國之器。厥後既隆，又壽而終②。天子賻焉，大夫弔焉。非積德而胡然？

辨證：

［一］田公紹方墓誌銘　本墓誌又載於范仲淹范文正公文集卷一四，題曰「太子右衛率府率田公墓誌銘」。按，田紹方，乃田況父。然本書中集卷三田太傅況墓誌銘、長編卷一九八嘉祐八年二月乙酉條及隆平集卷一一、東都事略卷七〇、宋史卷二九二田況傳皆稱田況父名延昭。又歐陽修外制集卷二右侍禁田延昭可右內率府率制曰：「敕具官田延昭：爾之子況，乃吾侍從之臣，既不得去吾而從汝，而念汝之老，思得來歸。朕亦嘉汝世陷虜中，能識忠義，自投歸國，致子顯榮，宜有嘉褒，以旌美節。服茲休命，慰子孝心。可。」未詳本墓誌獨云其諱「紹方」之由。

［二］其先雁門人曾高家于冀日　本書中集卷三田太傅況墓誌銘稱「田氏故京兆人，後遷信都」。

---

① 次適辰州理掾高肅　「掾」原作「椽」，據范文正公文集卷一四田公墓誌銘改。

② 又壽而終　「又」原作「乂」，據范文正公文集卷一四田公墓誌銘改。

蘇職方序墓誌銘[一]　舍人曾鞏

熙寧元年春，余之同年友趙郡蘇軾自蜀以書至京師，謂余曰①：「軾之大父行甚高，而不爲世用，故不能自見於天下。然古之人亦不必皆能自見，而卒有傳於後者，以世有發明之者耳。故軾之先人嘗疏其事，蓋將屬銘於子，而不幸不得就其志。軾何敢廢焉？子其爲我銘之。」余爲之既其説曰②：

君諱序，字仲先，眉州眉山人。其先蓋趙郡欒城人也[二]。曾大父釿，大父祐③，父杲，三世皆不仕，而行義聞於鄉里[三]。祐生於唐季，而卒於周顯德之間[四]，嘗以事至成都，遇道士異之[五]，屏人謂曰：「吾術能變化百物，將以授子。」祐辭不願，道士笑曰：「是果有以過人矣。」而杲始以好施顯名。

君讀書務知大義，爲詩務達其志而已，詩多至千餘篇。爲人疎達自信，持之以謙，輕財好施，急人之病，孜孜若不及。歲凶，賣田以賑其鄰里鄉黨，至熟，人將償之，君辭不受，以是至數破其業，危於飢寒，然未嘗以爲悔，而好施益甚。遇人無疎密，一與之，傾蓋無疑礙④。或欺而侮之，君亦不變，人莫測其意也。

李順叛，攻眉州，君居圍中守禦⑤[六]。會其父病没，君治喪執禮盡哀，退慰安其母，皆不失所宜。慶曆初，詔

---

① 謂余曰　「余」原作「舍」，據庫本及曾鞏集卷四三蘇君墓誌銘改。
② 余爲之既其説曰　「既」，曾鞏集卷四三蘇君墓誌銘作「記」。
③ 大父祐　「祐」，歐陽脩居士集卷三五故霸州文安縣主簿蘇君墓誌銘作「佑」，嘉祐集卷一四族譜後録下篇、欒城集卷二五伯父墓表作「祜」。
④ 傾蓋無疑礙　「蓋」，曾鞏集卷四三蘇君墓誌銘作「盡」。
⑤ 君居圍中守禦　「禦」原作「遇」，據曾鞏集卷四三蘇君墓誌銘改。

州縣立學取士[七]，士争欲執事學中，君獨戒其子孫退避[八]，人皆服其行。蜀自五代之亂，學者衰少，又安其鄉里，皆不願出仕。君獨教其子渙受學，所以成就之者甚備。至渙以進士起家，蜀人榮之，意始大變，皆喜受學。及其後眉之學者至千餘人，蓋自蘇氏始[九]。而君之季子洵，壯猶不知書，君亦不强之，謂人曰：「是非憂其不學者也。」既而洵果奮發力學，與其子軾、轍皆以文學名天下，爲學者所宗。蓋雖不用於世，而見於家、稱於鄉里者如此，是不可以無傳也已。

君始以子恩爲大理評事[一〇]，後累贈尚書職方員外郎，享年七十有五，慶曆五年五月十一日終于家①。八年二月某日，葬於眉山縣修文鄉安道里先塋之側。夫人史氏，蓬萊縣太君[一一]。二子②：曰渙，尚書都官郎中、提點利州路刑獄公事，有能名；曰洵，霸州文安縣主簿，編纂太常禮書，贈光禄寺丞。孫七人：位、佾、不欺、不疑、不危、軾、轍。軾，殿中丞、直史館；轍，商州軍事推官。銘曰：

蘇氏徂西，值蜀崩分。三世高逝③，以篤吾仁。君始不羈，勞躬以卑。孝于父母，施及窮嫠④。維見之卓，教其子孫。終化鄉邦，學者詵詵。維子若孫，同時三人。擅名文章，震動四方。迺本厥初，考祖之自。刻詩墓石，以俾厥裔⑤。

---

① 享年七十有五慶曆五年五月十一日終于家　按，嘉祐集卷一四族譜後録下篇云蘇序「生于開寶六年，而殁于慶曆七年」，正享年七十五歲，故此處「五年」當爲「七年」之譌。

② 二子　按，本書本集卷四二老蘇先生洵墓誌銘、墓表及嘉祐集卷一四族譜後録下篇皆稱蘇序有三子，長子名澹。

③ 三世高逝　「逝」，庫本作「遊」。

④ 施及窮嫠　「嫠」原作「釐」，據庫本及曾鞏集卷四三蘇君墓誌銘改。

⑤ 以俾厥裔　「俾」，曾鞏集卷四三蘇君墓誌銘作「畀」。

辨證：

〔一〕蘇職方序墓誌銘　本墓誌又載於曾鞏集卷四三，題曰「贈職方員外郎蘇君墓誌銘」。按，蘇序，蘇軾文集卷一六載有蘇廷評行狀。

〔二〕其先蓋趙郡欒城人也　嘉祐集卷一四族譜後録上篇云「蘇氏之先出於高陽」，「當漢順帝時，有蘇章『爲冀州刺史，又遷爲并州，有功於其人，其子孫遂家於趙郡。其後至唐武后之世，有味道者。味道，聖曆初爲鳳閣侍郎，以貶爲眉州刺史，遷爲益州長史，未行而卒。有子一人不能歸，遂家焉。自是眉始有蘇氏』」。

〔三〕三世皆不仕而行義聞於鄉里　蘇軾文集卷一六蘇廷評行狀云：「三世不仕，皆有隱德。自皇考行義好施，始有聞於鄉里。」

〔四〕祐生於唐季而卒於周顯德之間　嘉祐集卷一四族譜後録下篇云蘇祐「生於唐哀帝之天祐二年，而歿於周世宗之顯德五年」。

〔五〕遇道士異之　蘇軾文集卷一六蘇廷評行狀云嘗「有道士見之，屏語曰：『少年有純德，非我莫知子。我能以藥變化百物。世方亂，可以此自全。』因以麵爲蠟。皇祖笑曰：『吾不願學也。』道士曰：『吾行天下，未嘗以此語人，自以爲至矣。子又能不學，其過我遠甚。』遂去，不復見」。

〔六〕君居圍中守禦　蘇軾文集卷一六蘇廷評行狀云時「公年二十有二，日操兵乘城」。

〔七〕慶曆初詔州縣立學取士　按宋史卷一五七選舉志三云：「仁宗時，士之服儒術者不可勝數。即位初，賜兗州學田，已而命藩輔皆得立學。慶曆四年，詔曰：『儒者通天地人之理，明古今治亂之原，可謂博矣。然學者不得騁其説，而有司務先聲病章句以拘牽之，則吾豪雋奇偉之士，何以奮焉？士有純明朴茂之美，而無敎學養成之法，使與不肖並進，則夫懿德敏行，何以見焉？此取士之甚敝，而學者自以爲患。夫遇人以薄者，不可責其厚也。今朕建學興善，以尊子大夫之行；更制革敝，以盡學者之才。有司其務嚴訓導、精察舉，以稱朕意。學者其進德修業，無失其時。其令州若縣皆立學，本道使者選部屬官爲教授，員不足，取於鄉里宿學有道業者。』由是州郡奉詔興學，而士有所勸矣。」

〔八〕士争欲執事學中君獨戒其子孫退避　蘇軾文集卷一六蘇廷評行狀云時州縣立學，「士驩言朝廷且以此取人，争願效職學中。公笑曰：『此好事卿相以爲美觀耳。』戒子孫無與人争入學。郡吏素暴苛，緣是大擾，公作詩并譏之」。

〔九〕及其後眉之學者至千餘人蓋自蘇氏始　按，此説似不然。據四川通志卷一二三選舉，蘇渙乃天聖間進士，此前眉州進士登第者有淳化年間朱台符、程察，大中祥符年間朱公佐、朱昌符、常九思，天禧年間孫堪、謝行。

〔一〇〕君始以子恩爲大理評事　蘇軾文集卷一六蘇廷評行狀云其「以子渙登朝，授大理評事」。

〔一一〕夫人史氏蓬萊縣太君　蘇軾文集卷一六蘇廷評行狀云其「娶史氏夫人，先公十五年而卒，追封蓬萊縣太君」。

名臣碑傳琬琰集中卷四十

程太師元白墓誌銘[一]　文忠公歐陽脩

上即位之十有六年，以今鎮安軍節度使、檢校太尉、同中書門下平章事程公，自三司使、吏部侍郎爲參知政事，乃詔有司寵其祖考，於是贈其皇考故袁州宜春縣令爲太子少師。公在政事遷尚書左丞，又贈太子太師；其爲資政殿學士、工部尚書，又贈太師、中書令；其爲宣徽北院使、武昌軍節度使①、同中書門下平章事，追封定國公[二]；徙鎮鎮安，又追封冀國公。

惟冀國公諱某②，字某。少舉明經，仕不得志，退居于家，畜德不施，貽其後世。而相國太師，實爲之子。初，以文學舉進士高第，歷館閣，掌制命。雋德偉望，顯于朝廷，遂爲中丞，執國之憲。尹正京邑，有聲蜀都，乃由三司，入與大政。公亦自太常博士累贈兵部侍郎，遂遷太師③、中書、尚書，位皆一品；有國定、冀，以啓其封。

---

① 武昌軍節度使　「使」下，居士集卷二一程公神道碑銘、新安文獻志卷六二上歐陽修程公神道碑有「又贈兼尚書令；其爲武勝軍節度使」十四字。按，此處似有脱文。

② 惟冀國公諱某　「某」，新安文獻志卷六二上程公神道碑作「元白」。

③ 遂遷太師　「太師」原作「少師」，據居士集卷二一程公神道碑銘、新安文獻志卷六二上程公神道碑改。

雖發不自躬，而其施益遠，晦於一時，而顯於百世。蓋夫享于身者，有時而止；施于後者，其耀無窮。表于其鄉，以勸爲善，可謂仁人之利博矣①。

惟程氏之先，自重黎歷夏商周，而程伯休父始見於詩書。其後世遠而分，至唐定氏族，而程氏之望分爲七。中山之程，蓋出於魏安鄉侯昱之後也。公世爲中山博野人。曾祖諱某②。祖諱某③，贈太師。祖妣齊氏，吴國夫人。考諱某④，贈太師、中書令。妣吴氏，秦國夫人。當唐末五代⑤，天下亂於兵，程氏再世不仕。後唐長興三年，公之皇考以神童舉，官至太子贊善大夫。宋興於今百年，而程氏亦再顯。太平興國初，公之從祖羽，佐太宗自晉王即皇帝位，爲文明殿學士，官至兵部侍郎。今相國太師出入將相，爲時名臣。子孫蕃昌，世族昭著。推其所自來者遠矣。

初，公與其仲父象明同舉春秋，皆中第。是時從祖以給事中知開封府，召公及象明謂曰：「吾新被寵天子，待罪于此，不欲子弟並登科⑥。」使其自擇去就。公因讓其從父，自引去，從祖頗賢之。其後累舉不中，從祖謂曰：「由我困汝。」退而使人察公無悔色，由是大嗟異之，以爲不可及。太平興國五年，遂以明經中第，爲虔州贛縣尉⑦、蔡州上蔡主簿、袁州宜春令，所至皆有惠愛。

① 可謂仁人之利博矣　「博」，文海本、庫本及居士集卷二一程公神道碑銘、新安文獻志卷六二上程公神道碑作「溥」。
② 曾祖諱某　「某」，新安文獻志卷六二上程公神道碑作「諲」。
③ 祖諱某　「某」，新安文獻志卷六二上程公神道碑作「新」。
④ 考諱某　「某」，新安文獻志卷六二上程公神道碑作「贊明」。
⑤ 當唐末五代　「唐」原作「宋」，據居士集卷二一程公神道碑銘改。
⑥ 不欲子弟並登科　「科」下，新安文獻志卷六二上程公神道碑有「選」字。
⑦ 爲虔州贛縣尉　「虔州」原作「處州」，據居士集卷二一程公神道碑銘、新安文獻志卷六二上程公神道碑改。

公事母至孝，與其兄弟怡怡，爲鄉里所稱。而仕宦不求名譽，爲贛縣尉七年不代。既罷宜春，遂不復仕，退居于蔡州。淳化三年七月某日以疾卒于家①，享年四十有九。以天聖十年十一月某日②，葬于鄭州管城縣馬亭鄉之北田村③。夫人楚氏，追封晉國夫人。子男五人：長曰瓘，官至太常博士；次曰瑗、曰琬，皆早卒；次曰琳，相國太師也；次曰琰，國子博士。女一人，適某人。諸孫九人。銘曰：

遠矣程侯，顓頊之苗。始自重黎，歷夏商周。惟伯休父，聲詩孔昭。世不絶聞，盛于有唐。程分爲七，三祖安鄉。廣平中山，以暨濟陽。中山之程，出自靈洸。實昰裔孫④，仕于陳季。陳滅散亡，播而北遷。公世中山，爲博野人。道德家潛，孝悌邦聞。不耀自躬，以貽後昆。惟後有人，將相文武。有國寵章，覆其考祖。定冀之封，實開土宇。程世其隆，公多孫子。有畜其源，發而孰禦？刻銘高原，以示來者。

辨證：

［一］程太師元白墓誌銘　本墓誌又載於歐陽脩居士集卷二一，題曰「袁州宜春縣令贈太師中書令兼尚書令冀國公程公神道碑銘」；亦載於新安文獻志卷六二上，題曰「宋宜春縣令追封冀國程公元白神道碑」。按，歐陽脩全集書簡卷二與程文簡公七通三云及「欲使撰述先公神道碑」，又同上四云：「所要碑文今已牽課，衰病無悰，言無倫理，不足以揚先烈，愧汗而已。」邵氏聞見後録卷一六亦云：

① 淳化三年七月某日以疾卒于家　「某日」，新安文獻志卷六二上程公神道碑作「甲子」。
② 以天聖十年十一月某日　「某日」，新安文獻志卷六二上程公神道碑作「甲子」。
③ 葬于鄭州管城縣馬亭鄉之北田村　「管城縣」原作「築城縣」，據居士集卷二一程公神道碑銘、新安文獻志卷六二上程公神道碑及宋史卷八五地理志一改。
④ 實昰裔孫　「昰」原作「惟」，據居士集卷二一程公神道碑銘、新安文獻志卷六二上程公神道碑改。

「程文簡公父元白，官止縣令，以文簡貴，贈太師，類無可書。歐陽公追作神道碑，至九百餘言，世以爲難。」則可知此歐陽脩所撰者乃「神道碑」，而非「墓誌銘」。

〔二〕追封定國公　按，容齋四筆卷一三執政贈三代不同云：「文臣封贈三代，自初除執政外，凡轉廳皆不再該，唯知樞密院及拜相乃復得之。然舊法又不如是。歐陽公作程文簡公琳父神道碑，歷叙恩典曰：琳參知政事，贈爲太子少師。在政事遷左丞，係轉一官，又贈太子太師。罷爲資政殿學士，又贈太師、中書令。爲宣徽北院使，又贈兼尚書令。則是轉官與罷政亦褒贈，而自宮師得太師、中令，更爲超越，它或不然。」

瀧岡阡墓表〔一〕　文忠公歐陽脩

嗚呼！惟我皇考崇公卜吉于瀧岡之六十年，其子脩始克表於其阡〔二〕，非敢緩也，蓋有待也。

脩不幸，生四歲而孤〔三〕。太夫人守節自誓〔四〕，居貧，自力于衣食，以長以教，俾至于成人。太夫人告之曰：「汝父爲吏廉，而好施與，喜賓客，其俸禄雖薄，常不使有餘，曰『無以是爲我累』。故其亡也，無一瓦之覆，一壠之植，以庇而爲生。吾何恃而能自守耶？吾於汝父，知其一二，以有待於汝也。自吾爲汝家婦，不及事吾姑，然知汝父之能養也；汝孤而幼，吾不能知汝之必有立，然知汝父之必將有後也。吾之始歸也，汝父免於母喪方逾年，歲時祭祀，則必涕泣曰：『祭而豐，不如養之薄也。』間御酒食，則又涕泣曰：『昔吾不足而今有餘，其何及也！』吾始一二見之，以爲新免於喪，適然爾。既而其後常然，至其終身未嘗不然。吾雖不及事姑，而以此知汝父之能養也。汝父爲吏，嘗夜燭治官書，屢廢而歎。吾問之，則曰：『此死獄也，我求其生不得爾。』吾曰：『生可求乎？』曰：『求其生而不得，則死者與我皆無恨。矧求而有得耶？以其有得，則知不求而死者恨也①。夫常求其

---

① 則知不求而死者恨也　「恨」，居士集卷二五瀧岡阡表、金石萃編卷一三七瀧岡阡表作「有恨」。

生，猶失之死，而世常求其死也。』回顧乳者抱汝而立予旁①，因指而歎曰：『術者謂我歲行在戌，將死。使其言然，吾不及見兒之立也，後當以我語告之。』其平居教他子弟，常用此語，吾耳熟焉，故能詳也。其施於外事，吾不能知。其居于家，無所矜飾，而所爲如此，是真發於中者邪！嗚呼，其心厚於仁者邪！此吾知汝父必將有後也，汝其勉之。夫養不必豐，要於孝；利雖不得博於物，要其心之厚於仁。吾不能教汝，此汝父之志也。」脩泣而志之，不敢忘。

先公少孤力學，咸平三年進士及第，爲道州判官，泗、綿二州推官，又爲泰州判官。享年五十有九，葬沙溪之瀧岡②。

太夫人姓鄭氏。考諱德儀，世爲江南名族。太夫人恭儉仁愛而有禮，初封福昌縣太君，進封樂安、安康、彭城三郡太君。自某家少賤時③，治其家以儉約，其後常不使過之，曰：「吾兒不能苟合於世，儉薄所以居患難也。」其後脩貶夷陵，太夫人言笑自若，曰：「汝家故貧賤也，吾處之有素矣。汝能安之，吾亦安矣。」自先公之亡

① 回顧乳者抱汝而立予旁　「抱」、「予」，居士集卷二五瀧岡阡表、金石萃編卷一三七瀧岡阡表作「劍」、「于」。按，西溪叢語卷下云：「歐公父墓表云：『回顧乳者，劍汝於其旁。』曲禮曰：『負劍辟咡詔之。』注云：『負謂置之於背，劍謂挾之於旁。』」容齋隨筆卷五負劍辟咡亦云：「曲禮記童子事曰：『負劍辟咡詔之。』鄭氏注云：『負謂置之於背，劍謂挾之於旁。辟咡詔之，謂傾頭與語。口旁曰咡。』歐陽公作其父瀧岡阡表云：『回顧乳者劍汝而立於旁。』正用此義。今廬陵石刻猶存，衢州所刊六一集，已得其真。或者不曉，遂易『劍』爲『抱』，可嘆也。」則阡表作「抱」、「予」者乃後人改作。

② 葬沙溪之瀧岡　「瀧岡」原作「隴岡」，據文海本、居士集卷二五瀧岡阡表、金石萃編卷一三七瀧岡阡表及上文改。

③ 自某家少賤時　「某家」，居士集卷二五瀧岡阡表作「其家」，金石萃編卷一三七瀧岡阡表作「其官」，庫本及歐陽脩文忠集卷六二先君墓表作「其子」。又「賤」，居士集卷二五瀧岡阡表作「微」。

二十年，脩始得禄而養。又十有二年，列官于朝，始得贈封其親。又十年，脩爲龍圖閣直學士、吏部郎中①，留守南京，太夫人以疾卒于官舍，享年七十有二。又八年，脩以非才，入副樞密，遂參政事；又七年而罷。自登二府，天子推恩，褒其三世，蓋自嘉祐以來，逢國大慶，必加寵錫。皇曾祖府君累贈金紫光禄大夫、太師、中書令，曾祖妣累贈封楚國太夫人。皇祖府君累贈金紫光禄大夫、太師、中書令兼尚書令，祖妣累封吳國太夫人。皇考崇公累贈金紫光禄大夫、太師、中書令兼尚書令，皇妣累封越國太夫人。今上初郊，皇考賜爵爲崇國公，太夫人進號韓國②。於是小子脩泣而言曰：

嗚呼！爲善無不報，而遲速有時，此理之常也。惟我祖考，積善成德，宜享其隆，雖不克有於其躬，而賜爵受封，顯榮褒大，實有三朝之錫命。是足以表見於後世，而庇賴其子孫矣。乃列其世譜，具刻于碑。既又載我皇考崇公之遺訓，太夫人之所以教而有待於脩者，並揭于阡，俾知夫小子脩之德薄能鮮，遭時竊位，而幸全大節，不辱其先者，其來有自。

熙寧三年歲次庚戌四月辛酉十五日乙亥③，男推誠保德崇仁翊戴功臣、觀文殿學士、特進、行兵部尚書、知青州軍州事兼管内勸農使、充京東東路安撫使、上柱國、樂安郡開國公、食邑四千三百户、食實封壹阡二伯户脩表。

---

① 吏部郎中　居士集卷二五瀧岡阡表、金石萃編卷一三七瀧岡阡表作「尚書吏部郎中」。

② 太夫人進號韓國　「韓國」，居士集卷二五瀧岡阡表、金石萃編卷一三七瀧岡阡表作「魏國」。

③ 熙寧三年歲次庚戌四月辛酉十五日乙亥　「三年」原作「二年」，據居士集卷二五瀧岡阡表、金石萃編卷一三七瀧岡阡表改。按，「歲次庚戌」，正熙寧三年。

辨證：

［一］瀧岡阡墓表　本墓表又載於歐陽脩居士集卷二五、金石萃編卷一三七，題曰「瀧岡阡表」。按，居士集卷二五附有先君墓表，注曰：「此乃瀧岡阡表初稿，其後删潤頗多，題曰瀧岡阡表。」又，王明清揮麈後録卷六引有龍袞江南野録歐陽觀傳，并引歐陽脩「自識其父墓云：『太僕府君長子諱觀，字仲賓。咸平三年進士及第，以文行稱於鄉里。少孤，事母至孝。丁潘原太君憂時，尚貧，其後終身非賓客食不重肉。歲時祭祀，涕泗嗚咽，至老猶如平生。喜待士，戒家人俸勿留餘，而居官以廉恕爲本。官至泰州軍事判官，卒年五十九，大中祥符三年三月二十四日終於官。葬吉水縣沙溪保之瀧岡。累贈兵部郎中。夫人彭城郡太君鄭氏，年二十九而公卒，居貧子幼，守節自誓。家無紙筆，以荻畫地，教其子修學書。卒年七十二，皇祐四年三月十七日卒於南京留守廨舍。祔葬瀧岡。墓志，起居舍人、知制誥呂臻撰，工部郎中、知制誥王洙篆蓋，大理評事陸經書石。有子曰□早卒，曰修。』」按，此「自識其父墓」與瀧岡阡表、先君墓表文字頗有異同。

［二］其子脩始克表於其阡　按獨醒雜志卷二云：「兩府例得墳院，歐陽公既參大政，以素惡釋氏，久而不請。韓公（琦）爲言之，乃請瀧岡之道觀。又以崇公之諱，因奏改爲西陽宮，今隸吉之永豐。後公罷政，出守青社，自爲阡表，刻碑以歸。」鶴林玉露甲編卷一仕宦歸故鄉云：「歐陽公居永豐縣之沙溪，其考崇公葬焉，所謂瀧岡阡是也。厥後奉母鄭夫人之喪歸合葬，載青州石鐫阡表。石緑色，高丈餘，光可鑒。阡近沙山太守廟。」

［三］生四歲而孤　揮麈後録卷六引龍袞江南野録歐陽觀傳云：「歐陽觀，本廬陵人。家世冠冕，一祖兄弟，自江南至今，凡擢進士第者六七人。觀少有辭學，應數舉，屢階魁薦。咸平三年登第，授道州軍州推官。考滿，以前官遷於泗州。當淮、汴之口，天下舟航漕運鱗萃之所。因運使至，觀傲睨不即見，郡守設食，召之不赴，因爲所彈奏（殆）［怠］於職務，遂移西渠州，迨成資而卒於任所。觀有目疾，不能遠視，苟矚讀行句，去牘不遠寸。其爲人義行頗腆，先出其婦，有子隨母所育。及登科，其子詣之，待以庶人，常致之於外。寒燠之服，每苦於單弊，而親信僕隸至死曾不得侍宴語。然其骨殖，卒賴其子而收葬焉。」王明清（字仲言）辨曰：「觀文忠所述，則觀初無出婦之玷，文忠又叙其考妣之賢如此。袞，螺江人，與文忠爲鄉曲，豈非平時有宿憾，與夫祈望不至云爾？信夫！毁譽不可深信，不獨碧雲騢二書而已，不可不爲之辯。」然舊聞證誤卷二引揮麈後録云：「觀乃文忠父，文忠自識其父墓，初無出婦之玷。袞與文忠爲鄉曲，豈非平時有宿憾，與夫祈望不至云爾？不可不爲之辨。」李心傳辨曰：「按歐陽公瀧岡阡表，以熙寧（二）［三］年立，而云既葬之六十年，

逆數之，葬時公才四歲耳。表中雖不見出婦事，然以志考之，觀年五十九卒官，而鄭夫人年方二十九，必非元配。蓋觀已出婦，其子固難言之。歐陽公撰族譜云觀二子，昞當是其前婦之子，所謂卒賴以葬者也。文忠後任昞之子嗣，立爲廬陵尉，見焚黄祭文中。又文忠貶滁州謝上表云『同母之親，惟有一妹』，足見昞爲前母之子無疑。仲言雖欲爲歐陽公諱之，其意甚美，然非事實。況觀之前婦實有過，亦未可知。」

[四] 太夫人守節自誓　歐陽脩全集附録卷三行狀云：「皇考之捐館舍，公纔四歲，太夫人守節自誓，而教公以讀書爲文。及公成人，太夫人自力衣食，不以家事累公，使專務爲學。」同上卷二先公事迹云其「家貧無資，太夫人以荻畫地，教以書字，多誦古人篇章，使學爲詩」。

謝尚書濤神道碑[一]　文正公范仲淹

皇家起五代之季，破大昏，削群雄，廓視四表，周被萬國，乃建禮立法，與天下畫一。而億兆之心帖然承之，弗暴弗悖，無復鬬兵于中原者登九十載。蓋祖宗遠筭，善樹於前，累聖求賢，多得循良廉讓之士，布于中外，而致茲善俗歟！如陳留謝公，可謂循良廉讓之君子矣。

公諱濤，字濟之。幼而奇敏，十四歲講左氏春秋[二]，先生咸器之。及冠，居姑蘇郡。時翰林王公禹偁、拾遺羅君處約並宰蘇之屬邑，二人相謂曰：「與濟之揚摧天人①，蓋吾曹敵也。」自茲名重於時[三]。

淳化三年春，擢進士第，除梓州榷鹽院判官②。會盜據成都，發其徒攻郡縣[四]，公白二千石曰：「梓大而近，

① 二人相謂曰與濟之揚摧天人　據上下文義及河南集卷一二謝公行狀云「羅嘗與王書云：濟之揚摧天人」，疑此處當作「二人相與謂曰：濟之揚摧天人」。

② 除梓州榷鹽院判官　「榷鹽」原作「摧監」，據范文正公文集卷一二謝公神道碑及河南集卷一二謝公行狀、居士外集卷一三謝公墓誌銘、宋史謝濤傳改。

彼畏我梗，必先圖得我，則小於梓者可傳呼而下，願急爲之防。近郊多林木，可先伐之，以置樓櫓，且備樵爨，爲久守之具。」二千石從之。寇果圍我，我備既堅，十旬弗破。賊沮而留，勢未大克。以及王師之來，遂用撲滅。事平，就遷梓州觀察推官，賜器幣，外臺遣權知益之華陽縣。時寇亂之餘，民多散亡，未復厥居。上言者請募人占田，可倍其租，朝廷從之，於是有力者得并其田[五]。公曰：「奪民世産，以資富人，復將召其怨讟，豈朝廷之意耶？」乃盡取其田以歸于民。還，拜著作佐郎。太宗面詔通判大藩，得壽春郡，後移高安郡，改知興國軍①，就除太常博士。

真宗即位，鋭意任人。一日，中出朝士姓名有治狀者凡二十四人[六]，付中書門下，令驛召至闕。公在召中，得對于長春殿，上悦，賜五品服，即呼通事舍人送試學士院。明日，邊有急奏，上議北征。又京東有强寇驚郡縣[七]，而曹南闕守。朝廷慮之，遂命公往，改屯田員外郎。至郡稱治，寇不敢犯。有兇人趙諫者，冒鄉薦名，與諸弟出入都下，交權勢，結豪俠，乘人之弊，用以告訐，或任威詐而大致富强，人畏如豺虎。公即圖之，患僚佐不一其力，俄會故御史中丞李公及始來倅曹。李公，時之端人也，與公協心，發其家，盡得兇狀，奏之朝廷。命御史府按覆，諫之兄弟皆斬于都市[八]。乃下詔曰：「凡民非干己事，無得言②。」遂著于令。自是天下訟息而刑清矣。

朝廷以西蜀僅寧，細民猶或摇之，俾公安撫兩川。用天子恩意，諭其父老，皆從而安堵。復命之日，舉兩川能吏三十餘人。執政疑其多，公請連坐，事遂行，後皆至臺省[九]。又別詔委公與益牧張公詠議造大鐵錢③，乃窮

① 改知興國軍 「知」原作「因」，據范文正公文集卷一二謝公神道碑改。
② 無得言 「言」上，范文正公文集卷一二謝公神道碑有「告」字。
③ 又別詔委公與益牧張公詠議造大鐵錢 「牧」原作「收」，據庫本及范文正公文集卷一二謝公神道碑改。

其利害，使盜鑄息而物估平①，蜀人于今便之。

歷三司度支判官，出海陵、新安二郡，就遷度支、司封員外郎②。公在三司日，嘗舉榷茶官，至是坐所舉不職免。尋以度支員外郎起倅河南府。馮魏公薦公文行③〔一〇〕，真宗簡在既久，即命召試，除兵部員外郎、直史館、判三司理欠憑由司，出爲兩浙運使。公大雅之器④，恥尚文法，雖任在按察，而誠意坦然⑤，且曰：「吾欲吏樂其職，民安其俗耳。士人黑白，豈不明乎，安用伺於豪髮，使惴惴如虺蜴然，取詩人之譏耶？」還臺，進禮部郎中，判司農寺，拜以本官兼侍御史知雜事。清凈端介，百辟望其風采。

乾興初，進户部郎中。先帝大行，有司治靈駕象物，其制高大，請自京至陵，凡郭門民舍有妨其往者毁之。公上言曰：「先帝封泰山，祀汾脽⑥，儀衛至盛，不聞有所毁去。今遺詔丁寧，正如漢之文帝專務儉薄，豈以攸司奪先帝意？願陛下裁損。」搢紳韙之〔一一〕。俄求東歸，除吏部郎中、直昭文館、知會稽郡。還拜太常少卿，判登聞鼓院⑦。又得請權西京留守司御史臺，就拜祕書監，遂分務洛下。朝廷嘉其恬退，遷太子賓客〔一二〕。嗣子迎侍于京師。以景

---

① 使盜鑄息而物估平　「估」原作「祐」，據庫本及范文正公文集卷一二謝公神道碑改。

② 就遷度支司封員外郎　「外」字原脱，據范文正公文集卷一二謝公神道碑補。

③ 馮魏公薦公文行　「馮魏公」原作「馮文公」，據范文正公文集卷一二謝公神道碑及河南集卷一二謝公行狀改。按，宋史卷二八五馮拯傳云其封魏國公，謚文懿。

④ 公大雅之器　「大」原作「夫」，據文海本、庫本及范文正公文集卷一二謝公神道碑改。

⑤ 而誠意坦然　「坦」原作「怛」，據文海本、庫本及范文正公文集卷一二謝公神道碑改。

⑥ 祀汾脽　「脽」原作「睢」，據范文正公文集卷一二謝公神道碑改。按，史記卷十二孝武本紀云「始立后土祠汾陰脽上」。

⑦ 判登聞鼓院　按，范文正公文集卷一二謝公神道碑及河南集卷一二謝公行狀、居士外集卷一三謝公墓誌銘皆稱其判登聞檢院，作「鼓院」疑誤。

祐元年十月三十日薨[一三]，享年七十有五①。以明年八月二十一日歸葬于富陽[一四]。寶元元年，贈禮部尚書。

謝氏之先，出黄帝後。始爲十姓，謝居一焉。三代以還，不顯其大，至晉宋乃爲盛族。公之七世祖汾，居河南之緱氏縣。五世祖希圖②，卒于衢州刺史。時唐季喪亂，乃葬于江東嘉興郡。子孫三世禄于吴越。曾祖諱廷徽，處州麗水縣主簿。祖諱懿文，杭州鹽官縣令，葬于富陽，遂爲富陽人。父諱崇禮，從錢氏歸朝，爲泰寧軍節度掌書記、檢校左散騎常侍，累贈尚書户部侍郎。母崔氏，贈博陵縣太君③。公之弟四人：曰炎，有文於時，與盧稹齊名，時人謂之「盧謝」，國史有傳[一五]，終于公安令；鍇，爲某官④；果⑤，從方外學，號安隱師；坦，爲某官⑥。公娶夫人許氏，先公而終。生男三人：長曰絳，至兵部員外郎、知制誥，後公幾年而亡；次曰約，將作監主簿，以敏才稱；次曰綺，太廟齋郎，俱早世。女四人：長適前進士周盤⑦，次適殿中丞梅堯臣，次適太常博士傅瑩，次適大理寺丞楊士彦。孫四人：景初，大理評事，宰越之餘姚縣；景温，太常寺太祝，宰越之會稽縣；景平，將作監

---

① 享年七十有五　按，河南集卷一二謝公行狀、居士外集卷一三謝公墓誌銘云其卒年七十四。

② 五世祖希圖　「五世祖」，河南集卷一二謝公行狀、居士外集卷一三謝公墓誌銘皆稱「四代祖」。按，本書中集卷二一謝學士絳墓誌銘云「五代祖希圖」，謝絳乃謝濤子，則此處當以「四代祖」爲是。

③ 贈博陵縣太君　「博陵」原作「傅陵」，據文海本、庫本、范文正公文集卷一二謝公神道碑及河南集卷一二謝公行狀、居士外集卷一三謝公墓誌銘改。又「縣太君」，河南集卷一二謝公行狀、居士外集卷一三謝公墓誌銘作「郡太君」。按：宋史卷一七〇職官志十叙封載宋制，賓客母郡太君，故此處當以「郡」字爲是。

④ 爲某官　按，河南集卷一二謝公行狀稱「今爲天台令」。

⑤ 果　范文正公文集卷一二謝公神道碑作「杲」。

⑥ 爲某官　按，河南集卷一二謝公行狀云其官「左侍禁」。

⑦ 長適前進士周盤　按，河南集卷一二謝公行狀稱「長適同出身周盛」。

主簿；景回，尚幼。

公姿格竦異，不事脩飾。天然有雅遠之範，未嘗阿於貴勢，見賤士必温禮接之。知人之善，稱道弗捨；聞人之過，懼弗克掩，故終身不聞怨言。公始以文學中進士上第，而長子、長孫世踐其科。又父子更直館殿[一六]，出處僅二十年，皆衣冠之盛事。

厥孫以公善狀請文于碑。某於公有家世之舊[一七]，又與舍人爲同年交，愛公治有循良之狀，退得廉讓之體，足以佑風化而厚禮俗，敢拳拳以銘云：

巍巍我宋，宅天而君。恢遠以威，革暴以文。濟濟吾儒，多良大夫。中外共治，休寧八區。猗哉謝公，周旋在中。在梓禦寇，至曹除兇。天子念蜀，猖狂始復。命公撫之，鼓歌其俗。偃仰藩屏，雅知其政。徊翔臺閣，清浄其行。人尚刻明，我質而平。厥民以寧，人必夸競。我休而静，其道乃勝。吁嗟乎！壽以仁至，名繇德全①。有子與孫，相繼而賢。誠乎誠乎，聖人積善之誨，不吾欺焉。

辨證：

[一]謝尚書濤神道碑　本碑文又載於范仲淹范文正公文集卷一二，題曰「宋故太子賓客分司西京謝公神道碑」。按，謝濤，宋史卷二九五有傳，尹洙河南集卷一二載有中大夫守太子賓客分司西京上柱國陳留縣開國侯食邑九百户賜紫金魚袋謝公行狀，歐陽脩居士外集卷一三載有太子賓客分司西京謝公墓誌銘。

[二]十四歲講左氏春秋　居士外集卷一三謝公墓誌銘云其「十四歲詣州學，學左氏春秋，略授其説，即爲諸生委曲講論，如其師」。

---

① 名繇德全　「繇」下原衍「一」字，據范文正公文集卷一二謝公神道碑删。

［三］自兹名重於時　河南集卷一二謝公行狀云其「既冠，寓居吴郡。會汾晉平，均國當表賀，吴士爲奏者文體弱，更數人皆不能如郡將意。公私草之，爲人持去，郡將大稱愜，吴中先生亦自愧不及。故王黄州、羅拾遺處約並爲吴之屬縣長，公與其游，羅嘗與王書云：『濟之揚搉天人，蓋吾曹之敵。』其爲名流推重如此」。

［四］會盜據成都發其徒攻郡縣　按宋史卷五太宗紀云淳化五年正月「己巳，李順陷成都，知府郭載奔梓州，順入據之，賊兵四出攻劫州縣」。

［五］上言者請募人占田可倍其租朝廷從之於是有力者得并其田　河南集卷一二謝公行狀云：「蜀民流散之後，田廬荒廢。詔書：『凡入租占田，有能倍入者，斷以新籍。』於是豪右廣射上田，貫民歸者，多亡其素産。」

［六］一日中出朝士姓名有治狀者凡二十四人　長編卷五六景德元年六月丙辰條載真宗「密采群臣之有聞望者」，得刑部郎中邊肅、太常博士謝濤、將作監丞陳越等，「凡二十四人，内出其姓名，令閤門祗候崇政殿再坐引對，外任者乘驛赴闕。每對必往復紬繹其詞氣，或試文藝，多帖三館職，或命爲省府判官，或升其差使焉」。時「好事者因號越等爲『二十四氣』，以比唐修文館學士『四時、八節、十二月』之數云」。

［七］又京東有强寇驚郡縣　按長編卷六〇景德二年五月戊辰條云：「先是，賊有王長壽者，本亡命卒，有勇力，多計慮，聚徒百餘，抵陳留，剽攻郡縣，捕之不獲。朝廷專遣使益兵，追逐於澶、濮間。會契丹南侵，夾河民庶驚擾，長壽結黨愈衆，人皆患之。」

［八］命御史府按覆諫之兄弟皆斬于都市　長編卷六〇景德二年六月己丑條云：「曹州民趙諫與其弟諤，皆凶狡無賴，恐喝取財，交結權右，長吏多與抗禮，率干預郡政。太常博士鄭人李及受詔通判州事，諫適來京師，投刺請見，及拒之，諫大怒，慢罵而去。因帖牓言及非毁朝政，及得之，以匿名事，未敢發。會大理寺丞任中行本諫同鄉里，盡知其姦慝，密表言之。上即遣中使就訪，京東轉運使施護、知曹州謝濤并及，皆條疏諫兄弟醜跡，乃逮繫御史獄。又詔開封府、曹州吏民，先爲諫、諤恐喝者，得自首露釋罪。命搜其家，得朝士、内職、中貴所與書尺甚衆，計贓鉅萬。己丑，並斬於西市，黨與決杖流嶺外，與之游熟者並坐降黜。因詔：『自今訟不干己事，即決杖荷校示衆十日，情理蠹害，屢訴人者，具名以聞，仍配隸遠處。』」

［九］公請連坐事遂行後皆至臺省　長編卷六二景德三年四月壬辰條云：「時屯田員外郎謝濤使益利路。及還，舉所部官三十餘

人，宰相以爲多，濤乃歷陳其治狀，且願連坐。奉使舉吏連坐自濤始。」注曰：「濤本傳云：『火星見西南，故命濤出使。』當時所遣使并及福建、江、浙，恐不緣火星見西南也。」又河南集卷一二謝公行狀云：「後所舉多踐臺省，不調者猶爲郡守。」

〔一〇〕馮魏公薦公文行　按居士外集卷一三謝公墓誌銘稱時龐籍「自洛來朝，薦之」。

〔一一〕搢紳韙之　河南集卷一二謝公行狀云其「章寢不報，物議是之」。長編卷九九乾興元年九月辛卯條云：「初，有司請悉壞靈駕所經道路城門廬舍，以過車輿象物。侍御史知雜事謝濤言：『先帝東封西祀，儀物大備，猶不聞有所毀撤。且遺詔務從儉薄。今有司治明器侈大，以勞州縣，非先帝意。願下少府裁損之。』太后不可，上時與太后俱坐閣中，乃言曰：『城門卑者當毀之，民居不當毀也。』太后以爲然。」

〔一二〕朝廷嘉其恬退遷太子賓客　河南集卷一二謝公行狀稱其「以步履艱蹇，求西京留司御史臺。逾年，改秘書監。臺任滿，就求分司。明道元年，轉太子賓客」。

〔一三〕以景祐元年十月三十日薨　中吴紀聞卷一謝賓客云：「公分務洛下，悉屏去外累，於筆硯歌詩素所躭嗜，亦不復爲，曰：『佚我以老也。』數年間，惟日看舊史一編，以代賓話。一日因假寐，夢中作讀史一絶云：『百年奇特幾張紙，千古英雄一窖塵。惟有炳然周孔教，至今仁義浹生民。』越一夕捐館。」又澠水燕談録卷二名臣云：「太子賓客謝濤，生平清慎，恬于榮利。晚節乞知西臺，尋分務洛中，不接賓客，屏去外事，日覽舊史一編，以代賓話。將終前一日，夢中得詩一章，覺，呼其孫景初録之，曰：『百年奇特幾張紙，千古英雄一窖塵。惟有炳然周孔教，至今仁義浸生民。』足以見篤於仁義，著乎神明，故至死而不亂也。」

〔一四〕以明年八月二十一日歸葬于富陽　居士外集卷一三謝公墓誌銘云：「明年三月，嗣子絳自京師舉其柩南歸，用八月某吉，葬杭州富陽縣某鄉某原，合以夫人晉陵郡君許氏，而從王父户部侍郎府君之墓次。」

〔一五〕國史有傳　按，謝炎，宋史卷四四一有傳。

〔一六〕又父子更直館殿　居士外集卷一三謝公墓誌銘云：「初，公之葬其先君也，爲兵部員外郎；今公之葬，絳亦世其官度支判官、河南府通判，並踐世職判太府寺，實父子相代。書府之任，昭文、史館、集賢院、秘閣，父子同時爲之，見于衣冠盛事録。」

〔一七〕某於公有家世之舊　中吴紀聞卷一丁陳范謝云：「錢武肅王鏐之子廣陵王元璙，廣陵王之子威顯王文奉，皆爲中吴軍節度使，開府於蘇。時有丁、陳、范、謝四人者，同在賓幕。……范諱夢齡，謝諱崇禮，職中吳軍節度推官，俱以長者稱。……夢齡者，參政仲淹之曾祖。崇禮者，太子賓客濤之父。」

劉磨勘府君式家傳①[一]　公是先生劉敞[二]

劉氏之先出楚元王，世爲彭城人。西晉末避胡亂，遷江南。其後又遷廬陵，世次皆不明，不可得而知，然猶以彭城爲望。自廬陵遷新喻者曰遜②，遜生超，超生逵，逵生琠，琠贈大理評事，凡四世。自唐末更五代，頗假版仕州郡，而未嘗有顯者。

評事生贈禮部尚書諱式，字叔度。少有志操，好學問，不事生産。年十八九，辭家居廬山，假書以讀，治左氏公羊穀梁春秋，旁出入他經。積五六年不歸，其業精出。是時天下大亂，江南雖偏霸，然文獻獨存，得唐遺風。禮部取士，難其人甚，叔度以明經舉第一，同時無與選者。由是江南文儒大臣，自張洎、徐鉉，皆稱譽之。調廬陵尉。

太祖平江南，叔度隨衆入朝，見於殿下。輩類數十人③，上一一親閱視察問，皆罷遣，獨叔度拜商水尉。又遷絳州推官，又遷鴻臚寺丞、監潭州茶場，改大理寺丞。歲終，奏課倍前人。太宗善之，立召還，對語便殿，改贊善大夫，復出知利豐監。

① 劉磨勘府君式家傳　「家傳」二字原脱，據庫本補。
② 自廬陵遷新喻者曰遜　「自」原作「目」，據文海本、庫本及公是集卷五一先祖磨勘府君家傳改。
③ 輩類數十人　「輩」，公是集卷五一先祖磨勘府君家傳作「黨」。

是時初得并州，又絶契丹和親，誅靈夏叛族，邊費多，有司不能給，頗以擾民。叔度通輕重，以謂此非長久之利，因奏曰：「唐虞至治，懋遷化居，所以調有餘不足，便民贍國。臣前在潭州，見積茶成山，或不能泄，歲久則皆焚棄。今利豐監積鹽復益多，有司無術以御之，但坐守視之耳。國家據山海之源而不能用，及邊寇小警，蒐弊補敗，輒以勞民，至上下空匱，甚非計也。臣請通茶鹽之利，被之河北、關中，國可不益賦而財用足。」上異其言，即以驛召入問計策，語合意，因留判三司都磨勘司[三]，賜緋銀魚。

自唐歷五代①，天下分裂百餘歲，吴、蜀、交、益、荆、晉、閩、越，大者稱帝，小者稱王，其財賦自入，不統天子有司。及太祖受禪，十餘年間，吴、蜀、交、益諸國稍誅降；太宗即位，閩、越請吏入朝，又定并州，則天下始一統矣。四方財賦，一歸三司，文籍相乘②，會計不分明，吏因爲姦，主者無由知。叔度建請增置主轄等司，以參校出入，天子從之。吏欺誣，毫毛必察，至今以爲便。轉秘書丞。

淳化中，高麗絶契丹自歸，天子方事取幽州，嘉其識去就，厚答其使，因欲結其心，斷虜肩臂[四]。使叔度往諭指，王以下郊迎。叔度美秀明辯，進退有規矩，望見者皆心伏。先是高麗大旱，及使者授館，澍雨尺餘，國中大喜，事漢使愈謹[五]。自陳國小齒下，願執子弟禮，叔度不許。然所賂遺甚厚，叔度亦爲之納，還封上③，天子善之。高麗通中國，自此始也。

轉太常博士，領舊職。前後以職事利害議於上前，及所施行，天下以爲便者不可勝紀。奏對明簡，天子聽

---

① 自唐歷五代　「自」原作「目」，據文海本、庫本及公是集卷五一先祖磨勘府君家傳改。
② 文籍相乘　「籍」原作「集」，據公是集卷五一先祖磨勘府君家傳改。
③ 還封上　「還」下，公是集卷五一先祖磨勘府君家傳有「朝」字。

之，率常數刻。居磨勘之職十餘年，後兼三部勾院[六]，條領益精明，朝廷言輕重者，皆自以不及，故天下稱之劉磨勘云。改工部員外郎①，賜紫章服。天子令閤門使擇善犀帶以賜，其見遇如此。

真宗即位，例轉刑部。初，李惟清爲鹽鐵使②，其女壻盜用官錢數十萬，吏畏惟清，不敢劾，叔度發舉其事，惟清坐黜，惟清由是怨。而三司貪猾吏以欺枉爲生，疾叔度禁其業，亦皆怨，常狙伺，欲塗陷之③。太宗察其情，每坐朝，輒衆稱其材，故毁不得入。太宗崩，真宗在諒闇，吏因此告叔度事④。時惟清爲御史中丞典治，欲深致其文，而吏所告皆虚，反坐，惟清愈怒。叔度既辨，即出眎事如佗日。惟清乃諷吏劾以不俟詔入朝，免官[七]。其年卒，年四十九。

叔度尚名檢，好賓客，所交游皆一時名人。徐鉉、張佖、陳省華、楊億之徒，雖年輩先後，待之各盡其意。億與石中立爲獨拜牀下，其見推如此。初，太宗好書，集秘府古書，模其筆迹，自倉頡、史籀，下至隋唐君臣，以書名世者，爲古今法帖[八]。朝廷宿儒鉅賢，輒以賜之，非其人，雖宰相終不得，而賜叔度獨六十軸，當世以爲榮。自叔度没，四十年間，諸子皆仕於朝[九]。每上郊籍田，輒以赦令追寵其親，以至今贈禮部尚書。

辨證：

[一]劉磨勘府君式家傳　本家傳又載於劉敞公是集卷五一，題曰「先祖磨勘府君家傳」。按，劉式，宋史卷二六七有傳。

① 改工部員外郎　「工」原作「功」，據庫本及公是集卷五一先祖磨勘府君家傳改。
② 李惟清爲鹽鐵使　「李惟清」原作「李維清」，據東都事略卷三七、宋史卷二六七李惟清傳改。按，下文同改。
③ 欲塗陷之　「塗」，庫本作「圖」。
④ 吏因此告叔度事　「告」字原脱，據公是集卷五一先祖磨勘府君家傳補。

[二] 劉敞　敞（一〇一九～一〇六八年）字原父，門人稱公是先生。慶曆六年進士第二，官至中書舍人、翰林侍讀學士。東都事略卷七六、宋史卷三一九有傳，本書中集卷三四載有歐陽脩劉學士敞墓誌銘。

[三] 因留判三司都磨勘司　長編卷三〇端拱二年十二月辛亥條載「詔置三司都磨勘司，以左贊善大夫劉式主之」。

[四] 淳化中高麗絶契丹自歸至斷虜肩臂　據宋史卷五太宗紀，雍熙三年伐遼失敗，太宗遂放棄取幽州。又據宋史卷四八七高麗傳，高麗自建隆三年以來屢遣使宋朝貢，至淳化「五年六月，遣使元郁來乞師，愬以契丹寇境。朝廷以北鄙甫寧，不可輕動干戈，爲國生事，但賜詔慰撫，厚禮其使遣還。自是受制于契丹，朝貢中絶」。時在劉式使高麗歸後。按，此處云云及下文「高麗通中國，自此始也」，皆不確。

[五] 事漢使愈謹　宋朝事實類苑卷七七高麗引談苑云：「高麗自五代以來，朝貢不絶，朝廷每加爵命，必遣使以獎之。故呂相國端、呂侍郎文仲祐之，皆相繼爲使。三人者，皆寬厚文雅，有賢者之風。如孔維輩，或朴魯，舉措爲其所哂，或貪猥，不能無求索，甚辱朝命。後劉式、陳靖至其國，國王王治者，因語及中國族望，必有高下，如唐之崔、盧、李、鄭。式等言，但以賢才進用，亦不論族姓。治曰：『何姓呂者多君子也？』蓋斥言三呂，亦因以警使者。」

[六] 後兼三部勾院　長編卷四〇至道二年十月甲子條云時「併三司勾院爲一，工部員外郎劉式專領之。上面命式曰：『以汝一人當三人之職，宜勉盡力，副朕所望。』」

[七] 免官　長編卷四〇至道二年十月甲子條云：「式久居計司，深究簿領之弊，江淮間舊有横賦，積逋租至多，奏免之，人以爲便。然多所條奏，檢校過峻，卒爲下吏所訟，免官。」注引家傳此段文字，且曰：「家傳與本傳不同，發舉惟清女壻事，疑不然，既辨之矣，免官事當考。」

[八] 爲古今法帖　按，此指淳化閣帖。

[九] 諸子皆仕於朝　宋史劉式傳云：「真宗追録前效，賜其子立本學究出身。次子立之，後爲國子博士。立德、立禮，並進士及第，立禮爲殿中丞。」

名臣碑傳琬琰集中卷四十一

韓太保惟忠墓表[一]　黄門李清臣

公諱惟忠，著籍真定，爲靈壽人。忠憲公之曾祖，今定州丞相之高祖父也，以忠憲公貴①，贈太保。夫人張氏，追封江國夫人。太保之子諱處均，亦贈太傅，而丞相既貴，又加贈爲太師、中書兼尚書令，追封昌國公，徙魏國，又徙韓國。夫人李氏，追封韓國太夫人。韓國公之子諱保樞，累贈太師、尚書令兼中書令，追封魯國公。魯國公之子，則忠憲公也，歷同知樞密院事、參知政事、太子少傅，累贈太師、尚書令兼中書令，追封陳國公。子八人[二]：長曰綱，故尚書司門員外郎②；次曰綜，故刑部員外郎、知制誥；次曰絳，再爲同中書門下平章事、昭文館大學士、監修國史，今以建雄軍節度使、檢校太傅鎮定州；次曰繹，故職方員外郎；次曰維，今以端明殿、翰林侍讀、龍圖閣三學士，吏部郎中知許州；次曰縝，今以右諫議大夫、龍圖閣直學士爲樞密都承旨；次曰緯，故比部郎中、知解州；次曰絅，故光禄寺丞。

① 以忠憲公貴　「忠憲」原作「忠獻」，據庫本、雞肋編卷中引韓太保墓表及隆平集卷七韓億傳、東都事略卷五八韓億傳改。

② 故尚書司門員外郎　「司門」，庫本作「司封」。

韓氏自忠憲公舉進士，因侍魯公客京師，其後魯公薨，遂葬于許。而忠憲公益貴，始占第太廟之通衢，而門族之盛，爲天下冠[三]。在朝廷評其德，在士大夫語其學，在公卿之後論其世，咸多韓氏。然高、曾生長靈壽，葬其處，則韓氏本河北人也。蓋自唐末更五代，天下之民，纏於兵火之毒者二百餘年，至太祖、太宗起河北，有天下，芟除戡難，提攜赤子而置之太平安樂之地。累聖繼之，以休養生息爲事。其顧指左右，駕馭馳騁，莫非一時之豪傑。考諸國史，則累朝將相頗多河北之人：若趙韓王普，實保塞人①；曹冀王彬，靈壽人；潘太師美，魏人；李文正公昉及竇尚書儀之昆弟，真定人②；王太尉旦，莘人；張尚書詠，清豐人③；柳公開，元城人；李文靖公沆，肥鄉人；張文節公知白，清池人；宋宣獻公綬，平棘人；韓忠獻公琦，安陽人。餘有名公卿相望而立朝者，不可悉數。竊嘗原其故矣。夫河北方二千里，太行横亘中國，號爲天下脊，而大河自積石行萬里出砥柱，傍緣太行至大峰④，斗折而東，下走大海，長崗巨阜，紆餘盤屈，以相拱揖抱負。小則綿一州，大或連數郡，其氣象如此。而土風渾厚，人性質朴，則慷慨忠義之士，固宜出於其中。而雖或有不遇，不及自用其才，亦必揜鬱渟滀，聲發益大，澤浸益遠，以施于子孫，亦自然之理也。

自太保公基本其慶，而忠憲公以道德事仁宗皇帝，進退優裕，有始有卒。今定州丞相以忠厚正直事仁宗、英宗以及今上，出藩入輔，親當天下大事，不辭艱難；其昆弟群從又才賢，且皆顯用。嗚呼！可謂盛矣。如太保公，豈非所謂不及自用其才，而施于子孫者耶？

---

① 若趙韓王普實保塞人　按，東都事略卷二六趙普傳云其「幽州薊人也。父迥，以世亂徙其族常山，又徙洛陽」。

② 李文正公昉及竇尚書儀之昆弟真定人　按，宋史卷二六三竇儀傳稱竇氏兄弟乃「薊州漁陽人」。

③ 張尚書詠清豐人　按，本書上集卷一六張忠定公詠神道碑云其「爲濮之鄄城人」。

④ 傍緣太行至大峰　「大峰」，雞肋編卷中節引韓太保墓表作「大伾」，似是。

自太保公至丞相繾四世，而五世諸孫尤衆：宗彦，終兵部員外郎、集賢校理，判三司鹽鐵句院；宗道，今工部郎中、淮南轉運副使；宗右，大理寺丞、集賢校理，判官告院；宗哲，大理寺丞、通判祁州；宗師，度支員外郎、知相州；宗弼，大理評事；宗恕，大理寺丞；宗武，東阿縣令①；宗儒，大理評事；宗良，大理寺丞；宗厚、宗文，光禄寺丞；宗直、宗本，大理寺丞；宗迪，太常寺太祝；宗質，將作監主簿；宗敏，祕書省校書郎；宗堯，壽安縣主簿；宗亮，將作監主簿；宗望，郊社齋郎；宗坦，太廟齋郎；宗矩，將作監主簿。於太保公皆來孫也。其六世諸孫玠，珪、瑗、璉、瓌、珙、珏、理、珣、瑄、玭、璩，或已仕，或未仕，二十人未名，皆晜孫也。

夫二漢元功儒林之後，與夫晉王、謝，唐崔、柳、韋、杜之族，至于與國同久。今韓氏自忠憲公至高祖四世贈一品，上下衣冠傳七世，此特太保公之遺德已足以致之矣。若忠憲公及大丞相與其諸伯仲，又以勳勞慶善承嗣之如此②，則後又宜有興者，遽可以世數量乎？傳有之：「一歲之計植之以穀，十歲之計植之以木，百歲之計植之以德。」觀韓氏所植之厚，豈獨百年哉？視德之所至而已矣。

初，太保與韓國公微而葬，其冢相比也③。其後增築之，稍如其品制，而墓益大，遂合而爲一，獨留墓首異封誌以告于後。元豐元年秋九月，丞相自太原易鎮定武，乃詣靈壽，既祠謁墓下，因屬清臣爲之表，而得陽翟孫曼叔書于石④。是不獨著太保公之系，將以徧示天下爲人之子孫者焉。

① 東阿縣令　「縣」原作「顯」，按宋史卷八五地理志一，東阿乃東平府屬縣之一，據改。
② 又以勳勞慶善承嗣之如此　「勳」原作「動」，據文海本改；庫本作「勤」。
③ 其冢相比也　「冢」原作「家」，據文海本改。
④ 而得陽翟孫曼叔書于石　「孫曼叔」原作「孫曼叙」，據雞肋編卷中節引韓太保墓表改。按，宋史卷三四二孫永傳云孫永字曼叔。

元豐三年正月十日，四世孫建雄軍節度、晉州管内觀察處置等使、特進、檢校太傅、使持節晉州諸軍事①、行晉州刺史、兼御史大夫、充定州路安撫使兼馬步軍都總管、兼知定州軍州事及管内勸農使、上柱國、南陽郡開國公、食邑九千户、食實封二千九百户縡立石。

辨證：

〔一〕韓太保惟忠墓表　本墓表莊綽雞肋編卷中有節引，題曰「韓太保墓表」。邵氏聞見後録卷一六云：「韓忠獻公曾祖惟古無官，以忠獻貴，贈太保，益無可書。李邦直追作神道碑，至三百餘言，其文無一賸語，世尤以爲難也。」朱子語類卷一三九論文上云：「桐陰舊話載王銍云，李邦直作韓太保惟忠墓誌，乃孫巨源文也。先生曰：『巨源文温潤，韓碑徑，只是邦直文也。』」按，邦直，李清臣字；巨源，孫洙字。又，邵氏聞見後録「韓忠獻公」云云，「忠獻」亦當作「忠憲」。

〔二〕子八人　雞肋編卷中節引韓太保墓表云：「忠憲公名億，事仁宗爲同知樞密院、參知政事。八子，絳、縝爲宰相，維爲門下侍郎，四爲員外郎，一寺丞早世。故黄魯直爲子華挽詩云『八龍歸月旦，三鳳繼天衢』者，蓋實録也。」

〔三〕而忠憲公益貴始占第太廟之通衢而門族之盛爲天下冠　能改齋漫録卷十一桐木韓家云：「韓子華兄弟皆爲宰相，門有梧桐，京師人以『桐木韓家』呼之，以别魏公也。子華下世，陸農師爲作挽章云：『棠棣行中排宰相，梧桐名上識韓家。』皆紀其實也。」按，魏公，指韓琦。

張寺丞文蔚墓誌銘〔一〕　忠文公范鎮

尚書屯田員外郎、殿中侍御史裏行張君唐英次功以書抵予曰：「唐英行至利州，得先人手書曰：『翰林承

① 使持節晉州諸軍事　「持」原作「特」，據文海本、庫本改。

旨王公、翰林侍讀范公皆知汝者，苟得二公之文以外內志吾墓，吾爲不朽矣。』」又言：公有田二廛、瀆一廛，以市書，以求師，使教諸子。平居赴人之急，雖水火不避也。鄉人之有訟者，不之官府而之公，以取決焉，而去者甚衆。嘗有涉水而盜其竹者，家僮寘棘水中。它日，盜傷足，瘡甚，君資以粮，以藥治之，惡童之爲而逐之。其後盜瘡愈，求爲客，守竹林者十餘年。尤好飲酒，不得酒輒不自聊。於是又賣田以易一酒壚，以足其好。久之，負酒債者以巨萬計，皆折券不問。嘗感疾且亟，有老父持丸藥與之，已而疾愈，老父亦不復見。又嘗遊青城山，有媪行丐於道，人與錢者皆不受，曰：「我須千錢。」公熟視之，予千錢，媪出雙筆授之曰：「而子作官，無忘我也。」明日，媪持所得錢以予里胥曰：「我且死，汝買棺以葬我于道左，它日得吾筆者當改葬我。」後唐英及第，公往改葬之，視其棺，獨布衣而已。其說如此，而皆以爲公遇神仙也。

公諱文蔚，字隱之。其先長安人。七世祖琰，爲右拾遺，從僖宗入蜀，留其子道安於蜀，遂家焉。道安生令問，王建强官之，佯瘖不起。令問生立，號皂江漁翁，有詩百餘篇，皆憤世之作也。立生全①。全生仁諹②。仁諹生三子，公其季也。

治平二年，次功登朝，公爲大理評事致仕。上即位，改光禄寺丞。是歲，次功以所得五品服請授公。既得請，其六月，次功爲御史，奏事延和殿，猶緑衣。上怪問之，具對以故，上曰：「是孝也。」復以五品服賜之。未再月，父子皆賜服，士大夫以爲榮。四年八月乙亥，卒于成都之寓居，享年七十。以熙寧元年三月癸酉葬于雙流縣之甘泉鄉。

① 立生全 「全」，本書中集卷一四張商英張御史唐英墓誌銘作「珂」。
② 全生仁諹 「仁諹」，本書本集卷一四張商英張御史唐英墓誌銘作「諹」。

娶馮氏，長壽縣君。子男七人：其一即次功也；曰商英，爲漢州雒縣主簿；曰軒英①、虞英，皆舉進士未第；曰民英；曰顓英、邦英，先公以亡。女三人：其一亡，次適宋記、韓希顏。孫八人，皆嚮學，侁侁有以大其後者。初，次功聞公之訃②，上惻然哀之，賜白金二百兩，又詔給兵幹以濟其行。人於是乎以公爲有子也。王翰林已表君之墓，予又作銘以納公墓中[二]，則公之志爲得矣。銘曰：

神仙之事見於傳記者，予嘗疑焉。而公再遇異人皆有得，世之人遂以公之有子由於雙筆，豈其然耶？始公賣田以市書，以求師，使教其子，則其子固可知矣。況其疏通敏達，皆可以大顯者，雖無神仙，人其捨之乎！人其捨之乎！

辨證：

[一] 張寺丞文蔚墓誌銘　按，張文蔚乃張唐英、張商英之父。本書中集卷一四有張商英張御史唐英墓誌銘。

[二] 王翰林已表君之墓予又作銘以納公墓中　揮麈後録卷二有云：「次功父文蔚，范蜀公作墓碑。」按，范鎮所撰爲墓志銘，墓碑乃王珪所撰，未見傳世。

程太師坦墓誌銘[一]　文恭公王珪

國子博士致仕程公之既葬也，其子宣徽南院使、安武軍節度使、檢校太傅、判延州戡使人以告予曰：「我先

---

① 曰軒英　「英」字原闕，據文海本、庫本補。

② 次功聞公之訃　「功」原作「公」、「訃」原作「計」，據庫本改。

君不幸，材屈于位，而墓碑之未立，後世將泯而無聞。朝夕以是爲懼而不敢寧，敢請以銘。」予得其世序之所以來，又迹其所濇者厚，而不克大發于時，知夫程氏之有後也①。爲之銘。

惟程氏自重黎以來，世其職不墜，涉三代，至于秦漢之間，蓋不絶聞。公之先出廣平，近世始徙許州之陽翟，遂爲陽翟人[二]。曾祖邃，避世不仕。祖守瓌②，仕周爲臨濮縣令，贈太師、中書令。父思義，少通經術，而藩鎮屢辟不至，贈太師、中書令兼尚書令。母劉氏，追封魏國太夫人。

公諱坦，字坦然。治春秋三家學。淳化三年賜本科及第，補郢州司户參軍，再調河中府河西縣尉。歷遂州長江、泰州興化二縣令，杭州録事參軍，舒州團練判官，又爲泉州觀察推官、應天府留守推官。故相張文節公知留守事，被召還朝，薦公爲大理寺丞、知河南府福昌縣，徙益州廣都，又知齊州禹城。未幾，請監許州長葛縣酒税，再遷殿中丞，遂請老于陽翟。明年，會天子覃恩，遷國子博士。景祐二年十一月辛卯，以疾卒于家，享年七十七。

南院太傅實公之仲子也，時守秭歸郡，始聞公疾，即懇蘄解郡③，及承訃道中，乃茹哀徒跣而歸。後三年，公夫人王氏亦卒。公世葬陽翟縣之麥秀鄉，其將葬公也，卜其大墓之左不吉，卜其兆域之南則惟食[三]，遂以康定元年正月甲申葬公于後卜之原，以夫人祔焉。

公初爲掾郢州④，會民有執盜者三人，法當死，州趣獄上，公疑其自誣，輒留更訊之，果得真盜者。自是雖它

① 知夫程氏之有後也　「知」，華陽集卷四七程公神道碑作「偉」。
② 祖守瓌　「守瓌」原作「守壞」，據文海本、華陽集卷四七程公神道碑及張方平集卷三六程公神道碑銘并序改。
③ 即懇蘄解郡　「懇」原作「眼」，據華陽集卷四七程公神道碑改。
④ 公初爲掾郢州　「掾」原作「椽」，據文海本及華陽集卷四七程公神道碑改。

郡有疑獄，監司屢屬公處之，多所平審。在河西，方朝廷治兵靈武，而文移急於星火，又賊騎數出内侵。公領數縣蒭粮，從間道往餽塞下，皆先期以辦①。在興化，招流庸自占者數千家。在福昌，屬京師冬無冰，詔伐冰嵩少下②。時近春氣煖，冰不就，縣人憂其責。公往禱龍潭之涯，而一夕冰合，視之皆隱伏奇譎而不可狀③，衆以謂公精誠之致焉。在禹城，又招流庸數千家，括隱田萬五千畝。公自國子博士累贈吏部侍郎。其爲人，衎衎然不妄笑言，居官不苟求名譽，而多陰施在人。雖連蹇四十餘年，未始有過謫。夫爲善者苟不耀自躬，則遺諸後世，蕃昌烏奕而不可止。

惟公之仲子，天禧中禮部第進士爲天下第一，遂登甲科[四]，歷臺諫，爲侍從之臣，其典重藩尤有聲。其爲參知政事，乃贈公太子少師；爲樞密副使，又贈太子太師；爲宣徽南院使，又贈太師、中書令；爲安武軍節度使，又贈兼尚書令，遂有封成國。且程氏之分，雖盛于廣平、中山，而世不常顯。今公子與故相國中山程文簡公前後提旄鉞，俱鎮延州，其動名昭聞，俱爲國偉臣。自國朝以來，蓋顯有二程。嗚呼！公可謂有子矣。

公夫人王氏，封越國太夫人。子男五人：長曰咸④，試將作監主簿；次即戡也；次曰肈⑤，綿州鹽泉縣尉；次曰戭，河南府永寧縣主簿；次曰羲，鄭州觀察支使。女五人：長適進士孫起，次適尚書兵部員外郎、天章閣待

① 皆先期以辦　「期」原作「明」，據鐵琴銅劍樓本、文海本、庫本及華陽集卷四七程公神道碑改；又「辦」原作「辨」，據文海本、庫本及華陽集卷四七程公神道碑改。
② 詔伐冰嵩少下　「嵩少」，華陽集卷四七程公神道碑作「嵩山」。
③ 視之皆隱伏奇譎而不可狀　「狀」原作「將」，據華陽集卷四七程公神道碑改。
④ 長曰咸　「咸」，華陽集卷四七程公神道碑作「減」。
⑤ 次曰肈　「肈」原作「肇」，據庫本改。按，程坦諸子之名，皆含「戈」旁，故當以「肈」字爲是。

制兼侍讀孫甫，次適太常博士袁穆，次適尚書駕部郎中張峋，次適國子博士崔公孺。孫男十三人：曰莊，尚書虞部員外郎；曰蘊，蚤卒；曰英，蔡州司户參軍；曰荀，虞部員外郎；曰安國，早卒；曰萬，大理寺丞；曰薰，將作監主簿；曰葆、曰著，皆大理寺丞；曰莘，内殿承制；曰蓋，大理寺丞①；曰蕘、曰倩，皆將作監主簿②。曾孫男七人。銘曰：

士修於家，不苟以進。公進自初，弗矯弗競。亦既有年，豈不欲施？雖屈于用，其終無瘵。公滀弗章，時則有後。允顯其人，在帝左右。曷以贈公？大啓其封。尚書中書，一品之崇。始艱終榮，是謂受祉。公雖云亡，其聞不已③。葬也誰卜④？不遠先塋。更千萬年，毋毀我銘。

辨證：

[一] 程太師坦墓誌銘　本墓誌又載於王珪華陽集卷四七，題曰「國子博士致仕贈太師中書令兼尚書令追封成國公程公神道碑銘」。按，由文中「墓碑之未立」云云，知此墓誌當爲神道碑。然折獄龜鑑卷一釋冤上引録此誌文，亦稱「王珪丞相所撰墓誌」。

[二] 近世始徙許州之陽翟遂爲陽翟人　張方平集卷三六程公神道碑銘并序云程戡「曾王父諱守瓌，仕周檢校尚書工部員外郎兼侍御史，嘗更潁川陽翟令，樂其風土，自汴之封丘徙居焉，故今占籍陽翟」。

[三] 卜其兆域之南則惟食　按，「食」指「食墨」。書洛誥云：「惟洛食。」孔傳曰：「卜必先畫龜，然後灼之，兆順食墨。」以喻吉兆。

---

① 曰薰將作監主簿曰葆曰著皆大理寺丞曰莘内殿承制曰蓋大理寺丞　華陽集卷四七程公神道碑無此二十八字。

② 皆將作監主簿　「主簿」下，華陽集卷四七程公神道碑有「餘幼」二字。

③ 其聞不已　「聞」原作「問」，據華陽集卷四七程公神道碑改。

④ 葬也誰卜　「卜」原作「下」，據華陽集卷四七程公神道碑改。

[四] 惟公之仲子天禧中禮部第進士爲天下第一遂登甲科　張方平集卷三六程公神道碑銘并序云程戡天禧中應舉，「楊文公億典禮部貢舉，時推文宗，尤以藻鑒自任，考試進士精甚，見公程文，大器賞之，遂爲舉首。及廷試，亦在第四」。

何廬江隱侯澤墓誌銘[一]　丞相張商英

仙井何氏，爲仁壽縣之石馬封人①，蓋十世矣。六世祖琇，節操不群，孟蜀迫知遂州，非其好也。蜀平，隱遯自晦。琇生得中，得中生保廉，保廉生仲素。世以儒術訓迪子孫，居鄉黨以行義稱，悍鄰凶人，望風而化，寇盜充斥，相戒不入其里。

仲素生隱侯諱澤，字景之。天姿樂易，喜人之善，如自己出；赴人之急難，甚於救水火。居家終日危坐，衣冠儼然，家人不見有惰容。娶同郡喻氏，生二子：曰彦伯、彦材。彦伯早死，彦材父子力學。元祐某年某月某日，隱侯卒，年六十。而彦材有子六人，皆治經，爲郡舍諸生，曰棠、曰梟，相次登進士第。梟以殿前對策爲天下第一[二]。政和七年十二月十七日，始克葬隱侯於郡之藍田里石門隴。梟以予爲鄉里老夫子②，言不欺而信於人，來求墓誌銘。詞曰：

三代之時，中國所治者，五服之外謂之要荒。區域隔絶，風俗向背不一，而名山大川之氣，含蓄藴遏而不宣，其見於世間，發爲人用，往往不過珠玉寶貝、黄金鹽鐵之富而已。至秦開三十六郡，東南至于海岳，西徹于岷劍。

---

① 爲仁壽縣之石馬封人　「封」，文海本作「村」。

② 梟以予爲鄉里老夫子　「予」原作「子」，據文海本、庫本改。

其後英雄豪傑之割據，衣冠人物之流寓，地氣稍稍通達，而山澤英粹之氣，時爲賢人君子、文學才俊之士。吾嘗五十年前考試於懷仁郡，望其層巒疊嶺、長岡大阜蔓延起伏之形勢，有如牛頭之昂視、馬領之挺長者①，意其必有異人也。俯而視之，見井釜相望，黑煙亘空，運泉若飛，則鹹鹺之利，充被全蜀。予立馬久之②，吁嗟曰：「地氣泄矣，其鍾於人也必緩，豈有時而興耶？」予去蜀五十餘年，乃聞有何氏子，累世讀書應舉，比年相繼成名，而㮚也遂能以長策大對爲多士舉首。以此觀之，豈非山川之氣，爲之以人力者，利近而功速；鍾之於人者，必待其世世之修蘊，服仁義，行忠信，誦詩書，畏廉恥，篤孝友，而子孫弟姪，濟濟恂恂，不流於小人之域，然後生一人則爲英爲俊，爲顯爲貴，豈特作鹹之利云乎哉？

彥材有子六人：棠也，今爲宣教郎、洛州教授；㮚也，今爲主客郎官；四人在舍學，皆有譽。勉之勉之，念乃祖先厥考之積累勤苦，無忘吾五十年前之記囑，凡作一事、吐一議，必稽六經、孔孟之訓。一旦遇大用於時，與生民爲福，爲縉紳衣冠，爲領袖，則劍嶺以南，光彩焕赫，老夫亦與榮焉。

辨證：

〔一〕何盧江隱侯澤墓誌銘　按，盧江，何姓郡望。「隱侯」，南朝梁沈約之謚，此指未出仕之處士。

〔二〕㮚以殿前對策爲天下第一　據宋史卷三五三何㮚傳，何㮚乃政和五年進士第一。

---

① 馬領之挺長者　「領」原作「嶺」，據庫本改。

② 予立馬久之　「予」原作「子」，據文海本、庫本改。

名臣碑傳琬琰集中卷四十二

老蘇先生洵墓誌銘[一]　文忠公歐陽脩

有蜀君子曰蘇君，諱洵，字明允，眉州眉山人也。君之行義修於家，信於鄉里，聞於蜀之人久矣。當至和、嘉祐之間，與其二子軾、轍偕至京師，翰林學士歐陽脩得其所著書二十二篇，獻諸朝[二]。書既出，而公卿士大夫爭傳之。其二子舉進士，皆在高等[三]，亦以文學稱於時。眉山在西南數千里外，一日父子隱然名動京師，而蘇氏文章遂擅天下。君之文博辯閎偉，讀者竦然想見其人。既見，而温温似不能言。及即之，與居愈久而愈可愛，間而出其所有，愈扣而愈無窮。嗚呼！可謂純明篤實之君子也。

曾祖諱某①，祖諱某②；父諱某③，贈尚書職方員外郎。三世皆不顯。職方君三子：曰澹、曰渙，皆以文學舉進士。而君少獨不喜學，年已壯，猶不知書。職方君縱而不問，鄉閭親族皆怪之。或問其故，職方君笑而不

---

① 曾祖諱某　「某」，居士集卷三五蘇君墓誌銘及本書中集卷三九蘇職方序墓誌銘作「祐」，嘉祐集卷一四族譜後録下篇、欒城集卷二五伯父墓表作「祜」。

② 祖諱某　「某」，居士集卷三五蘇君墓誌銘及本書中集卷三九蘇職方序墓誌銘作「杲」。

③ 父諱某　「某」，居士集卷三五蘇君墓誌銘及本書中集卷三九蘇職方序墓誌銘作「序」。

答，君亦自如也。年二十七，始大發憤，謝其素所往來少年，閉户讀書，爲文辭。歲餘舉進士，再不中。又舉茂材異等不中，退而歎曰："此不足爲吾學也。"悉取所爲文數百篇焚之，益閉户讀書，絶筆不爲文辭者五六年，乃大究六經、百家之説，以考質古今治亂成敗、聖賢窮達出處之際，得其粹精，涵蓄充溢，抑而不發。久之，慨然曰："可矣。"由是下筆，頃刻數千言，其縱横上下，出入馳驟，必造於深微而後止[四]。蓋其稟也厚，故發之遲；志也慤，故得之精。自來京師，一時後生學者皆尊其賢，學其文以爲師法。以其父子俱知名，故號老蘇以別之。

初，脩爲上其書，召試紫微閣①，辭不至，遂除試秘書省校書郎[五]。會太常修纂建隆以來禮書，乃以爲霸州文安縣主簿，使食其禄，與陳州項城縣令姚闢同修禮書[六]，爲太常因革禮一百卷。書成，方奏未報，而君以疾卒，實治平三年四月某日也②，享年五十有八。天子聞而哀之，特贈光禄寺丞，勅有司具舟載其喪歸于蜀[七]。

君娶程氏，大理寺丞文應之女③。生三子：曰景④，早卒；軾，今爲某官⑤；轍，某官⑥。三女，皆早卒[八]。孫曰邁、曰遲。有文集若干卷⑦、謚法三卷。

---

① 召試紫微閣　「試」原作「治」，據庫本及居士集卷三五蘇君墓誌銘改。

② 實治平三年四月某日也　「某日」，居士集卷三五蘇君墓誌銘及曾鞏集卷四一蘇明允哀辭作「戊申」。

③ 大理寺丞文應之女　「文」原作「父」，據居士集卷三五蘇君墓誌銘及司馬光集卷七六蘇主簿夫人墓誌銘、蘇軾詩集卷二七送表弟程六知楚州施顧注改。

④ 曰景　「景」，居士集卷三五蘇君墓誌銘作「景先」，司馬光集卷七六蘇主簿夫人墓誌銘作「景山」。

⑤ 今爲某官　居士集卷三五蘇君墓誌銘作「今爲殿中丞、直史館」。

⑥ 某官　居士集卷三五蘇君墓誌銘作「權大名府推官」。

⑦ 有文集若干卷　「若干卷」，居士集卷三五蘇君墓誌銘作「二十卷」。按，東都事略、宋史蘇洵傳稱蘇洵有文集二十卷；晁志卷一九、陳録卷一七著録嘉祐集十五卷；宋史卷二〇八藝文志七著録蘇洵集十五卷，又別集五卷。

君善與人交，急人患難，死則以養其孤，鄉人多德之。蓋晚而好易，曰：「易之道深矣，汩而不明者，諸儒以附會之説亂也；去之，則聖人之旨見矣。」作易傳，未成而卒[九]。某年某月某日①，葬于彭山之安鎮鄉可龍里。

君生於遠方，而學又晚成，常歎曰：「知我者，惟吾父與歐陽公也。」然則非余宜誰銘？銘曰：

蘇顯唐世，實欒城人。以宦留眉，蕃蕃子孫。自其高曾，鄉里稱仁。偉歟明允，大發於文。亦既有文，而又有子。其存不朽，其嗣彌昌。嗚呼明允，可謂不亡。

辨證：

[一]老蘇先生洵墓誌銘　本墓誌又載於歐陽脩居士集卷三五，題曰「故霸州文安縣主簿蘇君墓誌銘」。按，蘇洵，東都事略卷一一四、宋史卷四四三有傳，曾鞏集卷四一載有蘇明允哀辭，本書本卷下文又載有張方平墓表。

[二]當至和嘉祐之間至獻諸朝　避暑録話卷下云：「張安道（方平）與歐文忠素不相能。慶曆初，杜祁公、韓、富、范四人在朝，欲有所爲，文忠爲諫官，協佐之，而前日吕申公（夷簡）所用人多不然，于是諸人皆以朋黨罷去。而安道繼爲中丞，頗彈擊以前事，二人遂交怨，蓋趣操各有主也。嘉祐初，安道守成都，文忠爲翰林。蘇明允父子自眉州走成都，將求知安道，安道曰：『吾何足以爲重，其歐陽永叔乎？』不以其隙爲嫌也，乃爲作書辦裝，使人送之京師謁文忠。文忠得明允所著書，亦不以安道薦之非其類，大喜曰：『後來文章當在此。』即極力推譽。」孫公談圃卷上云：「蘇洵明允作權書，永叔大奇之，爲改書中所用『崩』、『亂』十餘字，奏於朝。明允因得官。」邵氏聞見後録卷一五云：「眉山老蘇先生里居，未爲世所知，時雷簡夫太簡爲雅州，獨知之，以書薦之韓忠獻、張文定、歐陽文忠三公，皆有味其言也。三公自太簡始知先生。後東坡、潁濱但言忠獻、文定、文忠，而不言太簡，何也？予官雅州，得太簡薦先生書，嘗以問先生曾孫子符、仲虎，亦不能言也。」按，歐陽脩奏議集卷一六載有薦布衣蘇洵狀。

① 某年某月某日　居士集卷三五蘇君墓誌銘作「治平四年十月壬申」。

[三] 其二子舉進士皆在高等　據本書中集卷二六蘇文忠公軾墓誌銘云：「嘉祐二年，歐陽文忠公考試禮部進士，疾時文之詭異，思有以救之。梅聖俞時與其事，得公論刑賞以示文忠。文忠驚喜，以爲異人，欲以冠多士。疑曾子固所爲，子固，文忠門下士也，乃寘公第二。復以春秋對義居第一，殿試中乙科。」又孫汝聽蘇潁濱年表云：嘉祐二年三月「丁亥，放章衡榜以下及第出身，轍中第五甲」。

[四] 由是下筆頃刻數千言其縱横上下出入馳驟必造於深微而後止　邵氏聞見後録卷一四云：「東坡中制科，王荆公問吕申公（公著）：『見蘇軾制策否？』申公稱之。荆公曰：『全類戰國文章，若安石爲考官，必黜之。』故荆公後修英宗實録，謂蘇明允有戰國縱横之學云。」

[五] 遂除試秘書省校書郎　長編卷一九二嘉祐五年八月甲子條載眉州進士蘇洵爲試校書郎，云：「翰林學士歐陽修上其所著權書、衡論、機策二十二篇，宰相韓琦善之。召試舍人院，再以疾辭。本路轉運使趙抃等皆薦其行義推於鄉里，而修又言洵既不肯就試，乞就除一官，故有是命。」

[六] 乃以爲霸州文安縣主簿使食其禄與陳州項城縣令姚闢同修禮書　避暑録話卷上云：「韓魏公至和中還朝，爲樞密使。時軍政久弛，士卒驕惰，欲稍裁制，恐其忤怨而生變。方陰圖以計爲之，會明允自蜀來，乃探公意，遽爲書顯載其説，且聲言教公先誅斬。公覽之大駭，謝不敢再見，微以咎歐文忠。而富鄭公當國，亦不樂之。故明允久之無成而歸，累年始得召，辭不至，而爲書上之，乃除試祕書省校書郎。時魏公已爲相，復移書魏公，訴貧且老，不能從州縣待改官，譬豫章橘柚，非老人所種，且言天下官豈以某故冗耶？歐文忠亦爲言，遂以霸州文安縣主簿同姚闢編修太常因革禮云。」道山清話亦載：「老蘇初出蜀，以兵書徧見諸公貴人，皆不甚領略，後有人言其姓名於富韓公，公曰：『此君專勸人行殺戮以立威，豈得直如此要官職做？』」又，石林燕語卷五云：「歐陽文忠公初薦蘇明允，便欲朝廷不次用之。時富公、韓公當國，雖韓公亦以爲當然，獨富公持之不可曰：『姑少待之。』故止得試銜初等官。明允不甚滿意，再除方得編修因革禮。前輩慎重名器如此。」

[七] 特贈光禄寺丞勑有司具舟載其喪歸于蜀　長編卷二〇八治平三年六月壬辰條云：「贈故霸州文安縣主簿、太常禮院編纂禮書蘇洵光禄寺丞。所修書方奏未報而洵卒，賜其家銀絹各百兩匹，其子殿中丞、直史館軾辭所賜，求贈官，既從之，又特敕有司具舟載其喪歸蜀。」邵氏聞見後録卷一四云：「英宗實録『蘇洵卒，其子軾辭所賜銀絹，求贈官，故贈洵光禄寺丞』，與歐陽公之誌『天子聞而哀之，

特贈光禄寺丞』不同。或云實録，王荆公書也。又書洵機論、衡策文甚美，然大抵兵謀權利機變之言也。蓋明允時，荆公名已盛，明允獨不取，作辨姦以刺之，故荆公不樂云。」按，邵氏聞見後録「機論衡策」，當爲「幾策衡論」之誤。又按，王明清揮麈録三録卷一載：「英宗實録，熙寧元年曾宣靖提舉。王荆公時已入翰林，請自爲之，兼實録修撰，不置官屬，成書三十卷，出於一手。東坡先生嘗語劉壯輿義仲云：『此書詞簡而事備，文古而意明，爲國朝諸史之冠。』」然文獻通考卷一九四英宗實録條引王氏揮麈録，「請自爲之」作「宣靖自爲之」，似是。

[八]三女皆早卒　司馬光集卷七六蘇主簿夫人墓誌銘云：「長男景山及三女皆早夭。幼女有夫人之風，能屬文，年十九，既嫁而卒。」

[九]作易傳未成而卒　欒城先生遺言云：「公言：先曾祖晚歲讀易，玩其爻象，得其剛柔、遠近、喜怒、逆順之情，以觀其詞，皆迎刃而解。作易傳未完，疾革，命二公述其志。東坡受命，卒以成書。初二公少年，皆讀易，爲之解説，各仕它邦。既而東坡獨得文王、伏羲超然之旨，公乃送所解予坡。今蒙卦猶是公解。」

又墓表[一]　文定公張方平[二]

仁宗皇祐中，僕領益部，念蜀異時常有高賢奇士，今獨無之耶？或曰：「勿謂蜀無人。蜀有人焉，眉山處士蘇洵其人也[三]。」請問蘇君之爲人，曰：「蘇君隱居以求其志，行義以達其道。然非爲亢者也，爲乎蘊而未施，行而未成，我不求諸人，而人莫我知者，故今年四十餘不仕。公不禮士，士莫至；公有思見之意，宜來。」久之，蘇君果至，即之穆如也。聽其言，知其博物洽聞矣。既而得其所著權書、衡論讀之[四]，如大雲之出於山，忽布無方，倏散無餘；如大川之滔滔東注於海，源也委也①，其無間斷也。因謂蘇君：「左丘明國語、司馬遷善叙事，賈誼

① 源也委也　「委也」原作「委蛇」，據四庫本嘉祐集附録卷下張方平墓表改。按，禮記學記曰：「三王之祭川也，皆先河而後海，或源也，或委也，此之謂務本。」鄭玄注：「源，泉所出也。委，流所聚也。」

之明王道，君兼之矣。遠方不足成君名，盍游京師乎？」因以書先之於歐陽永叔。君然僕言，至京師，永叔一見大稱歎，以爲未始見夫人也，目爲孫卿子[五]，獻其書于朝。自是名動天下，士争傳誦其文，時文爲之一變，稱爲老蘇。時相韓公琦聞其風而厚待之，嘗與論天下事，亦以爲賈誼不能過也。然知其才而不能用。初作昭陵，凶禮廢闕，琦爲大禮使，事從其厚，調發趣辦，州縣騷然。先生以書諫琦且再三，至引華元不臣以責之，琦爲變色，然顧大義，爲稍省其過甚者[六]。及先生没，韓亦頗自咎恨，以詩哭之，曰：「知賢不早用，媿莫先於余者也。」

先生亮直寡合，有倦游之意，獨與其子居，非道德不談，至於名理稱會，自有孔、顔之樂，一廛一區①，侃侃如也。又數年，召試紫微閣②，不至，乃除試秘書省校書郎，俾就太常修纂建隆以來禮書，以爲霸州文安縣主簿，使食其禄。集成太常因革禮一百卷。書成，奏未報，而以疾卒，享年五十有八，實治平三年四月。英宗聞而傷之，命有司具舟載其喪歸葬于蜀③，明年八月壬辰④，葬于眉州彭山縣安鎮鄉可龍里。朝野之士爲誄者百十有三人。

先生字明允。考序，大理評事，累贈職方員外郎，以節義自重，蜀人貴之。生三子：澹、涣，教訓甚至，各成名宦；先生其季也。已冠，猶不知書，職方不教，鄉人問其故，笑曰：「非汝所知也。」年二十七始讀書，不一二

---

① 一廛一區 「廛」原作「墨」，據文海本、庫本及張方平集卷三九文安先生墓表改。

② 召試紫微閣 「微」原作「薇」，據張方平集卷三九文安先生墓表及居士集卷三五故霸州文安縣主簿蘇君墓誌銘改。又「閣」下，張方平集卷三九文安先生墓表有「下」字。

③ 命有司具舟載其喪歸葬于蜀 「舟」原作「州」，據庫本、張方平集卷三九文安先生墓表及本卷老蘇先生洵墓誌銘改。

④ 明年八月壬辰 按，治平四年八月無壬辰日，居士集卷三五故霸州文安縣主簿蘇君墓誌銘作「十月壬申」。

年，出諸老先生之右。一日，因覽其文作而曰：「吾今之學，猶未之學也已。」取舊文藁悉焚之，杜門絶賓友，繙詩書、經傳、諸子百家之書，貫穿古今，由是著述根柢深矣。質直忠信，與人交，共其憂患，死則收恤其子孫。不喜飲酒，未嘗戲狎，常談陋今而高古。若先生者，非古之人歟！謂今莫若古者，斯焉取斯！

嘉祐初，王安石名始盛，黨友傾一時，其命相制曰：「生民以來，數人而已[七]。」造作言語，至以爲幾於聖人。歐陽脩亦善之，勸先生與之游，而安石亦願交於先生。先生曰：「吾知其人矣，是不近人情者，鮮不爲天下患。」安石之母死，士大夫皆弔之，先生獨不往，作辨姦論一篇[八]。其文曰：

事有必至，理有固然。惟天下之静者，乃能見微而知著。月暈而風，礎潤而雨，人人知之。事之推移，理勢之相因，其疎闊而難知，變化而不可測者，孰與天地陰陽之事？有賢者而不知其故，何也？好惡亂其中，而利害奪其外也。

昔者羊叔子見王衍①，曰：「誤天下蒼生者，必此人也。」郭汾陽見盧杞，曰：「此人得志，吾子孫無遺類矣。」自今而言之，其理故有可見者。以吾觀之，王衍之爲人，容貌言語固有欺世而盜名者，然不忮不求，與物浮沉，使晉無惠帝，僅得中主，雖衍千百輩，何從而亂天下乎？盧杞之姦，固足以敗國，然而不學無文，容貌不足以動人，言語不足以眩世，非德宗之鄙暗，亦何從而用之？由是言之，二公之料二子，亦容有未必然也。

今有人口誦孔老之言，身履夷齊之行，召收好名之士、不得志之人，相與造作言語，私立名字，以爲顔

① 昔者羊叔子見王衍曰　「羊叔子」，庫本、張方平集卷三九文安先生墓表及長編卷二〇八治平三年六月壬辰條引辨姦論同；嘉祐集卷九辨姦論及東都事略蘇洵傳、五朝名臣言行録卷一〇蘇洵引辨姦論作「山巨源」；邵氏聞見録卷一二引辨姦論作「山濤」。按，山濤字巨源，晉書有傳。晉書卷四三王衍傳云王衍「總角嘗造山濤，濤嗟歎良久，既去，目而送之曰：『何物老嫗，生寧馨兒？然誤天下蒼生者，未必非此人也。』」而羊叔子指羊祜，字叔子。傳見晉書卷三四。

淵、孟軻復出，而陰賊險很，與人異趣，是王衍、盧杞合而爲一人也，其禍豈可勝言哉！夫面垢不忘洗①，衣垢不忘澣，此人之至情也。今也不然，衣臣虜之衣，食犬彘之食，囚首喪面而談詩書[九]，此豈其情也哉！凡事之不近人情者，鮮不爲大姦慝，豎刁②、易牙、開方是也[一〇]。以蓋世之名，而濟其未形之患，雖有願治之主、好賢之相，猶將舉而用之，則其爲天下之患必然而無疑者，非特二子之比也。

孫子曰：「善用兵者，無赫赫之功。」使斯人而不用也，則吾之言爲過，而斯人有不遇之歎，孰知禍之至於此哉？不然，天下將被其禍，而吾獲知言之名。悲夫！

當時見者多不爲然，曰：「嘻！其甚矣。」先生既没三年，而安石用事，其言乃信。夫惟有國者之患，常由辨之不早。子言之，知風之自，見動之微，非天下之至精，其孰能至於此？嘗試評之曰：「定天下之臧否，一人而已。」

所著文集二十卷、謚法三卷、易傳十卷③。初，君將游京師，過益州與僕别，且見其二子軾、轍及其文卷，曰：「二子者將以從鄉舉，可哉？」僕披其卷曰：「從鄉舉，乘騏驥而馳閭巷也。六科所以擢英俊，君二子從此選，猶不足騁其逸力爾。」君曰：「姑爲後圖。」遂以就舉，一上皆登進士第，再舉制策，並入高等，今則皆爲國士。仁宗時，海内乂安，朝廷謹持憲度，取士有常格，故羔鴈不至於嵓谷，奉常特召，已爲異禮，屬之論譔，臺諫之漸也，而君不待。惜乎！其嗇於命也。其事業不得舉而措諸天下，獨新禮百篇，今爲太常施用。若夫鄉黨之行，家世之詳，則其别傳存焉④。今舉其始卒之大概，以表其墓。惟其有之，是以言之不怍云。

① 夫面垢不忘洗　「面」原作「西」，據文海本、庫本及張方平集卷三九文安先生墓表改。
② 豎刁　「豎刁」原作「豎刀」，據庫本及張方平集卷三九文安先生墓表改。
③ 易傳十卷　「十卷」，庫本作「未成」。
④ 則其别傳存焉　「其」，張方平集卷三九文安先生墓表作「有」。

辨證：

［一］又墓表　本墓表又載於張方平集卷三九，題曰「文安先生墓表」。按，本卷上文載有歐陽脩老蘇先生洵墓誌銘。皇朝仕學規範卷三四作文引步里客談云：「凡爲文章，皆須凡例先定。如張安道作蘇明允墓表，或曰蘇君，或曰先生，或曰明允，言歐陽永叔或名或字，皆凡例不先定，致輕重不等。」蔡上翔王荆公年譜考略卷一〇辨本墓表乃屬後人託名僞撰。對此，學界聚訟至今未已，尚無定論。

［二］張方平　方平（一〇〇七～一〇九一年）字安道，號樂全居士。景祐元年中茂材異等科，官至參知政事。卒謚文定。東都事略卷七四、宋史卷三一八有傳，本書中集卷一二載有蘇軾張文定公方平墓誌銘。

［三］蜀有人焉眉山處士蘇洵其人也　錦繡萬花谷續集卷十八類姓雷云：「雷簡夫在雅州，蘇洵往見之，簡夫謂曰：『子王佐才也。』薦之于張方平、韓琦、歐陽修三人者，延譽如不及。洵名振京師，蓋自簡夫始云。」

［四］既而得其所著權書衡論讀之　龜山先生語録卷三云：「因論蘇明允權書、衡論曰：『觀其著書之名已非，豈有山林逸民立言垂世，乃汲汲於用兵如此，所見安得不爲荆公所薄？』曰：『大蘇以當時不去二虜之患，則天下不可爲，又其審敵篇引晁錯説景帝削地之策曰：「今日夷狄之勢，是亦七國之勢。」其意蓋欲掃蕩二虜，然後致太平耳。』曰：『纔以用兵爲事，只見搔擾，何時是天下息肩時節？以仁宗之世視二虜，豈不勝如戰國時？然而孟子在戰國時，所論全不以兵爲先，豈以崇虛名而受實弊乎？亦必有道矣。』」

［五］目爲孫卿子　蘇轍欒城集後集卷二三歐陽文忠公神道碑云：「先君文安先生以布衣隱居鄉閭，聞天子復用正人，喜以書遺公，公一見其文，曰：『此孫卿子之書也。』」

［六］先生以書諫琦且再三至爲稍省其過甚者　石林燕語卷一〇云：「仁宗山陵，韓魏公爲使。時國用窘匱，而一用乾興故事。或以爲過。蘇明允爲編禮官，以書責公，至引宋華元厚葬事，以爲不臣。魏公得之矍然，已乃歛容起謝曰：『某無狀，敢不奉教。然華元事，莫未至是否？』聞者無不服公大度，能度受意外之言也。」又長編卷一九八嘉祐八年四月癸巳條云：「權三司使蔡襄奏大行山陵一用永定制度。於是右司諫王陶上言民力方困，山陵不當以永定爲準。其後京西轉運使吴充楚建中、知濟州田棐繼上言，請遵先帝遺詔，山陵務從儉約，皇堂上宮除明器之外，金玉珍寶一切屏去。……禮院編纂蘇洵亦貽韓琦書切諫，至引華元不臣以責之，琦爲變色。乃詔禮院與少府監議，唯省乾興中所增明器而已，其他猶一用定陵制度。」按，蘇洵上韓昭文論山陵書，載於嘉祐集卷一三。

［七］其命相制曰生民以來數人而已　據宋史卷一四神宗紀，王安石拜參政在熙寧二年二月，拜宰相於熙寧三年十二月，而蘇洵卒於治平三年中，未及見之。此處云云大誤。又，王安石拜相制，乃王珪所撰，載於華陽集卷三七，曰王安石授金紫光禄大夫禮部侍郎同中書門下平章事監修國史進封開國公加封邑功臣制，無「生民以來，數人而已」諸字。

［八］安石之母死士大夫皆弔之先生獨不往作辨姦論一篇　據長編卷二〇八治平三年六月壬辰條注曰：「安石丁憂，乃嘉祐八年八月。」泊宅編卷上云：「温公在翰苑時，嘗飯客，客去，獨老蘇少留，謂公曰：『適坐有囚首喪面者何人？』公曰：『王介甫也，文行之士。子不聞之乎？』洵曰：『以某觀之，此人異時必亂天下，使其得志立朝，雖聰明之主，亦將爲其誑惑。内翰何爲與之游乎？』洵退，於是作辨姦論行於世。是時介甫方作館職，而明允猶布衣也。」按，温公司馬光任翰林學士在治平間，嘉祐初，歐陽修在翰林者，故此處「温公」當爲「歐公」之譌。又，避暑録話卷上云：「蘇明允本好言兵，見元昊叛，西方用兵久無功，天下事有當改作，因挾其所著書，嘉祐初來京師，一時推其文章。王荆公爲知制誥，方談經術，獨不嘉之，屢詆于衆，以故明允惡荆公甚于仇讎。會張安道亦爲荆公所排，二人素相善，明允作辨姦一篇密獻安道，以荆公比王衍、盧杞，而不以示歐文忠。荆公後微聞之，因不樂子瞻兄弟，兩家之隙遂不可解。辨姦久不出，元豐間，子由從安道辟南京，請爲明允墓表，特全載之。蘇氏亦不入石，比年少傳于世。」此處所云亦有誤，即王安石知制誥在嘉祐後期，非嘉祐初。又，「王、蘇之憾」之起因，芥隱筆記荆公押而字云：「荆公在歐公坐，分韻送裴如晦知吴江，以『黯然消魂唯别而已』分韻。時客與公八人，荆公、子美、聖俞、平甫、老蘇、姚子張、焦伯强也。時老蘇得『而』字押『談詩究乎而』，荆公乃又作『而』字二詩：『采鯨抗波濤，風作鱗之而。』蓋用周禮考工記：『梓人深其爪，出其目，作其鱗之而。』又云：『春風垂虹亭，一杯湖上持。傲兀何賓客，兩忘我與而。』最爲工。君子不欲多上人，王、蘇之憾，未必不稔於此也。」

［九］衣臣虜之衣食犬彘之食囚首喪面而談詩書　曲洧舊聞卷一〇云：「王荆公性簡率，不事修飾奉養，衣服垢污，飲食粗惡，一無所擇。自少時則然。蘇明允著辨姦，其言『衣臣虜之衣，食犬彘之食，囚首喪面而談詩書』，以爲不近人情者，蓋謂是也。」又，朱子語類卷一三〇：「然荆公氣習，自是一箇要遺形骸、離世俗底模樣，喫物不知饑飽。嘗記一書，載公於飲食絶無所嗜，惟近者必盡。左右疑其爲好也，明日易以他物，而置此品於遠，則不食矣，往往於食未嘗知味也。至如食釣餌，當時以爲詐，其實自不知了。近世吕伯恭亦然，面垢身汙，似所不恤，飲食亦不知多寡。要之，即此便是放心。辨姦以此等爲姦，恐不然也。」按：伯恭，吕祖謙字。

［一〇］凡事之不近人情者鮮不爲大姦慝豎刁易牙開方是也　按嘉祐集卷九管仲論有云：「夫齊國不患有三子（豎刁、易牙、開方），而患無仲。有仲，則三子者，三匹夫耳。不然，天下豈少三子之徒？……（仲）舉天下之賢者以自代，則仲雖死，而齊國未爲無仲也，夫何患三子者！」其旨與辨姦論云云有異。

曾博士易占神道碑[一]　門下侍郎李清臣①

曾公諱易占，字不疑，系出建昌之南豐。考諱致堯，以文學論議知名天下，官至户部郎中，言事忠切，於權貴無所避，竟貶以卒[二]，自江寧府官所歸葬南豐。歐陽文忠嘗作碑以勒于墓隧[三]，其論家世、封域詳矣。歐陽公又曰：「夫晦顯常相反覆，而世德之積久，則其發也宜，非一二世而止。公有不得盡施者，其必有以遺於後乎？」

公第五子，初以蔭補太廟齋郎，歷撫州宜黄、臨川縣尉，舉州司法。進士中第，改鎮江軍節度推官②、武勝軍節度掌書記、蔡州軍事判官③，皆不赴。舉監真州裝卸倉，遷太子中允、太常丞，以博士知泰州如皋縣，又知信州之玉山縣。州守貪得不法，公逆折其所欲。守愠公，中之以事，御史劾治婷嬰不盡。守雖坐譴，猶奪公博士[四]。公受誣以歸，十二年不仕。

公曰：「吾身弗用，吾豈戚戚于是哉？唯志之所存，不可偕吾身以歿也。」乃寓其志於文章，凡數萬言，作時議三十篇[五]。其略以謂治天下先名教，次之以省事，又次之以擇人，然後立制度、信賞罰、重號令，敦本以帥之，

① 門下侍郎李清臣　「清」字原闕，據文海本補。
② 改鎮江軍節度推官　「鎮江軍」，王文公文集卷八七太常博士曾公墓誌銘、後山居士文集卷一八光禄曾公神道碑作「鎮東」。
③ 蔡州軍事判官　「蔡州」，王文公文集卷八七太常博士曾公墓誌銘作「崇州」。

節用以持之，夷狄可以理服也，盗賊可以術消也。治道之本先定，而其末亦從而舉矣。書成，其後將如京師，抵南都，感疾薨[六]。又二年，諸子舉公柩葬先君之隴下。

公之殁既久，而賢士大夫言時政之所宜，以及朝廷有施設措置，思所以維馭太平者，而時議之説往往行于其間。如開廣學校，長養人材，分别科選，訓輯民兵，責宰相以事實，竄讒臣以警姦慝，罷居喪之起復者，多如公嘗所論著者。識者始謂公材能事業，可相天下。

公平居泊然無所事，而獨積思於學，至吏治尤爽決。其爲縣，能使豪强自斂飭，且帥其里人不犯法。在越，釐直州守之失。在如皋，建畫于州，航海以糴，活飢人數萬，其來年又力請寬逋租，民賴以安；興學以教縣人[七]。寶元中，趙元昊叛，士争言兵。公曰：「春秋之義先自治，吾能自治，夷狄非所憂也。自治且否，何遽言兵耶？」其論蓋如此。家甚貧，葬客死之士二人，歸其柩、字其孤者又一人。宰相舅有爲贊善大夫死三十年猶殯者，殯壞，公爲完之，且移書宰相，責使葬。

公生端拱己丑，終慶曆丁亥。子男七人①：鞏，文章馳騁歐陽諸公間，自爲一家，仕至知制誥卒；牟，行誼過人，今卒；宰，亦早卒；布，事神宗皇帝，擢翰林學士，今上用爲知樞密院事；肇，歷中書舍人，今知海州事。公之曾祖諱延鐸；曾祖妣羅氏。祖諱仁旺，贈尚書水部員外郎，今累贈太保；祖妣周氏，初封陳留縣太君，今封國太夫人。考累贈太傅，妣封國太夫人。公初娶周氏，今追國夫人②；再娶吴氏，封國夫人；後娶朱氏，封國太夫人。

① 子男七人　按，下文止云五人名。王文公文集卷八七太常博士曾公墓誌銘、後山居士文集卷一八光禄曾公神道碑記其六子，長子曄，不仕。此稱「七人」，或誤。

② 今追國夫人　據上下文義，「追」下似脱「封」字。

夫人。

初，公之亡，家人得篋中疏藁，謂「劉向言『治道在别邪正』。夷狄動于外，百姓窮于下，尚未足憂也。正人不用，邪臣進，斯可憂矣」。公已葬後三十六年，臨川王丞相論公平生出處、學行之所至，書之于碑陰[八]。嗚呼！公其不殁矣。銘曰：

公之於物，檄曲規邪。小人徂疾，君子嘆嗟。公之於事，周通縷制。細大本末，經經緯緯。凡公之言，匪葩匪組。品判是非，商較今古。公之所志，非己惟人。險夫躓公，斯困吾民。有書不志，雖詘猶伸。猗考如斯，猗子若兹。載其令光，世永如之。孰裕厥實，孰信厥詞？相國文公，前有銘詩。

辨證：

[一] 曾博士易占神道碑　按，曾易占，王文公文集卷八七載有太常博士曾公墓誌銘。又，後山居士文集卷一八載有光禄曾公神道碑，云：「公子舍人謂其門人陳師道曰：『公之葬，既以銘載於墓中，今幸蒙恩追榮三品，復立碑於墓道，以顯揚其勞烈，明示來今，是以命汝爲之銘。』師道幸以服役奉明命，雖愚不敢，其何敢辭。」又云「皇祐元年葬龍池鄉青風里源頭」。故知王安石墓誌銘撰於皇祐初，而陳師道神道碑有「公子舍人謂其門人陳師道」云云，此「公子舍人」當指曾鞏，其于元豐中任中書舍人，卒於元豐五年，則陳師道撰神道碑當在元豐中。又此李清臣神道碑有云：「布，事神宗皇帝，擢翰林學士，今上用爲知樞密院事。肇，歷中書舍人，今知海州事。」據宋史卷三一九曾肇傳，曾肇於元祐初嘗爲中書舍人，元符間知海州，「徽宗即位，復召爲中書舍人」。則推知此碑文當撰於元符年間。又按，王明清揮麈後録卷六云：「曾密公諱易占，字不疑，歐陽文忠識其碑曰『少有大志』、『知名江南』，爲文忠所稱如此。」然據歐陽修居士集卷二〇尚書户部郎中贈右諫議大夫曾公神道碑，知「少有大志」、「知名江南」，乃歐陽脩所撰曾致堯神道碑中文字，王明清所云頗誤。

[二] 竟貶以卒　宋史卷四四一曾致堯傳云其「大中祥符初，遷禮部郎中。坐知揚州日冒請一月俸，降掌昇州榷酤，轉户部郎中。五年卒」。

〔三〕歐陽文忠嘗作碑以勒于墓隧　按，即本書上集卷一六所載歐陽脩曾諫議大夫致堯神道碑。

〔四〕守雖坐譴猶奪公博士　王文公文集卷八七太常博士曾公墓誌銘云：「知信州錢仙芝者，有所丐於玉山，公不與，即誣公，吏治之，得所以誣公者，仙芝則請出御史。當是時，仙芝蓋有所挾，故雖坐誣公抵罪，而公亦卒失博士。」長編卷一二〇景祐四年八月戊子條云：「太常博士曾易占除名，配廣南衙前編管，坐前知玉山縣受賕事發，監察御史裏行張宗誼按其罪，法當死，特貸之。」揮麈後録卷六云：曾易占「既以豪俠自任，□信州玉山令，有過客楊南仲，文采可喜，氣概頗相投，公厚贐其行。會與郡將錢仙芝不叶，捃摭公以客所受爲賄，公引伏受垢，不復自辯，竟除名，徙英州」。按，長編卷一四七慶曆四年三月癸酉條云：「祠部郎中、集賢校理錢仙芝貸命決配沙門島，坐知秀州受枉法贓罪當死，特貸之。」則錢仙芝非因誣曾易占而貶責。

〔五〕作時議三十篇　王文公文集卷八七太常博士曾公墓誌銘稱其撰時議十卷，且云：「時議者，懲已事，憂來者，不以一身之窮而遺天下之憂。以爲其志不見於事，則欲發之於文，其文不施於世，則欲以傳於後，後世有行吾言者，而吾豈窮也哉？蓋公之所爲作之意也。」

〔六〕其後將如京師抵南都感疾薨　三朝名臣言行録卷九之一中書舍人曾公引温公日録云：「曾公（公亮）知山陰，賤市民田數十頃，爲人所訟。曾易占時在越幕，説守倅曰：『曾宰高科，它日將貴顯，用兹事敗之可惜。父會爲明守，衰老，宜與謀，俾代其子任咎。』守倅從之。會由是坐贓追停，曾公猶以私坐監當，深德易占。後易占以信州縣宰坐贓，英州編管，亡匿於曾公別墅，會赦，自出，俾子固訟冤，再劾，復往英州，因死焉。子固時不奔喪，爲鄉議所貶。」注曰：「按公父死南都，杜祁公爲治其喪，時惟公在側，今文集有謝杜公書可見。又荆公撰墓誌，亦云至南京病卒。此言不奔喪者，温公傳聞之誤也。」能改齋漫録卷一八曾易占詩讖云：「曾易占南豐人，知信州玉山縣，坐法失官。閑居十餘年，執政憐之，諷令至京師。行次至洪州樵舍僧寺，題詩屋壁云：『今朝才是雪泥乾，日薄雲移又作寒。家山千里何時到，溪上梅花正好看。』是時慶曆七年六月二十日也。人怪其寫景不侔，既而行次睢陽而卒。其孫（今按：乃「子」字之譌）子固載柩還鄉，復過樵舍，乃臘中雪日梅芳。然此詩乃蔡君謨詩，易占偶書之耳。」

〔七〕興學以教縣人　王文公文集卷八七太常博士曾公墓誌銘稱其「既又作孔子廟，諷縣人興於學」。

〔八〕公已葬後三十六年臨川王丞相論公平生出處學行之所至書之于碑陰　按，曾易占卒於慶曆七年，葬於皇祐元年，下數三十六年乃元豐八年。則所云「已葬後三十六年」王丞相所書於「碑陰」者，非指王安石太常博士曾公墓誌銘，然此文亦未載於今集中，當佚。

孫府君庸墓誌銘[一]　翰林學士王禹偁

端拱元年①，殿中丞富春孫公自龍州受代，終于岐山②。諸孤護喪，權窆于許。服闋，長子何舉進士中甲科，聲名振天下，俄拜右正言、直史館，賜三品服，進階爲朝奉郎，策勳爲騎都尉，且命副漕運使于畿甸之西[二]，按行數十郡，屬吏故人，負弩望塵之不暇。今春，上郊祀畢，以何貴，制贈殿丞府君爲尚書户部員外郎。將改葬，請進士王巘齎書來滁上，乞銘于工部郎中王某。

公諱庸，字鼎臣。其先出于姬姓，春秋時，仕衛爲卿。三國時，據吴稱伯。五代祖植，始渡江，爲潁川長史。高祖簡，徙居于蔡。曾祖中、祖真，皆隱德不仕。考諱鎰，贈大理評事。先妣劉氏，追封彭城縣太君。皆從公之貴也。

公即評事之次子。少孤力學，舉進士不第，退而修經世之務，欲以布衣干天子，取顯位而行道，此其志也。周顯德中，徒步詣招諫匭上贊聖策，凡二十有四條，多引貞觀時文貞公事以自比[三]。世宗覽而奇之，命策試于西掖③，解褐除開封府兵曹參軍。會省吏員，再考而罷。建隆初，授河南府河南縣主簿。月餘，丁彭城太君憂。服竟，留守向公從民之請，以前銜署攝，又權司法參軍。乾德中，調于天官，得開封尉，以親王出尹[四]，而公實事

① 端拱元年　「元年」下，小畜集卷二九孫府君墓誌銘有「正月朔」三字。
② 終于岐山　「岐」原作「歧」，據庫本及小畜集卷二九孫府君墓誌銘改。
③ 命策試于西掖　「西」原作「四」，據小畜集卷二九孫府君墓誌銘改。

之。秩滿考績，議當美遷。會上言令録多鈌，有詔趍吏部亟行補注，且曰無限品第。因折六資，爲登州録事參軍。居十載，不得代。太平興國五年，徙官巴蜀。會朝達表公之才①[五]，且稱其滯，上亦記公之名，始授太子左贊善大夫②，尋以本官知荆門軍事。明年，賜緋衣銀章，旌善政而疇久次也。移典龍州軍州事③。雍熙初，遷殿中丞。在郡四年，復命得疾，肩輿而歸，享年六十有七。

夫人張氏，故國子博士潤之女也，先公一年而亡。生以夫貴④，封清河縣君；殁以子貴，追封河内縣太君。次子僅，舉進士，文學如其兄；次子侑，少秀爲詩⑤。長女適鄂州録事參軍王道隆，夫亡守志；次女適進士劉仲堪，俊而有文。某年某月某日，葬于河南府某鄉某里，從廷評府君之塋，以河内太君祔焉，禮也。

昔西漢選用經術，晁錯、董仲舒以對策高第顯；太宗褒拔王佐，劉洎、馬周以上書稱旨達。户部其斯人之徒歟？蓋士君子得其時，則功成事立，大位及于身；無其時，則卷道藏器，餘慶發于後。報若影響，曷嘗有差？始，世宗得公之策，即欲擢升諫垣。有沂水人趙守微以草澤上章⑥，拜右拾遺，未幾，坐家行不修，貶商州户曹掾。丞相范魯公謂公誠有奇材，歷試而後用。時移事去，沉于州縣。此一不遇也。故事，尉兩畿四赤者，滿歲則拜諫

---

① 會朝達表公之才　「朝達」，庫本作「朝廷」，不確。按，宋錢易南部新書卷二有云：「長安舉子……亦有十人五人醵率酒饌，請題目於知己，朝達謂之『私試』。」又太平廣記卷二六六王先主遭輕薄亦云：「王先主爲都指揮使，三府各署幕寮，皆是朝達子弟，視王先主蔑如也。」

② 始授太子左贊善大夫　「始」原作「如」，據庫本及小畜集卷二九孫府君墓誌銘改。

③ 移典龍州軍州事　「軍州」原作「軍」，據小畜集卷二九孫府君墓誌補「州」字。

④ 生以夫貴　「夫」原作「失」，據清鈔本、庫本及小畜集卷二九孫府君墓誌改。

⑤ 少秀爲詩　「秀」，庫本作「工」。

⑥ 有沂水人趙守微以草澤上章　「沂」原作「折」，據小畜集卷二九孫府君墓誌改。

官，御史，由是而爲大寮。公獨折資糾郡，陸沉者十稔。此二不遇也。上久在藩邸，僚吏數多，即位以來，鮮不超擢，其間才如孔維者亦至祭酒。而公守道退默，未嘗自陳，竟以列庶寮、典遠郡而終身焉。此三不遇也。嗚呼！天其或者屈公之位而大公之嗣乎？至于業官之績可以爲吏師，修身之道可以爲人範，廉財慎言，出于天性，好學博古，老而不衰，又今人之所不及也。具于家狀，此不復書。有文集二十卷行于代，味其言，知其道矣。

初，廷評府君以通五經隨計于僖宗朝，屬巢寇覆二京而罷。干戈之中，講誦不輟。秦宗權欲引爲賓介，以疾拒之。夫如是，則户部之賢，三英之秀，有自來矣。先是，某爲左司諫、知制誥，有以何之文相售者，見其文有韓柳風格，因夸于同列，薦于宰執間。居數月，何始來候吾，又得僅之文一編。時給事中兼右庶子畢公與吾同典誥命，適來吾家，因出僅文以示之，讀未竟，迺大呼曰：「嚇死老夫矣！」其爲名賢推服也如此。僅之就舉也，以兄中狀元，抑之未第。方今縉紳中言掌誥之才者，咸曰：「朝廷不命其人則已，命之則必何也。」場屋語科第之殊級者亦曰①：「國家罷舉則已，舉不罷，則首冠者必僅也。」吾是以知廷評之積德，户部之道報，在夫三子矣。豈止文學之有人②，又將富貴之逼身也。銘曰：

賢人有位，止于身貴。無位于時，子孫得之。廷評素履，家食而已。户部偉才，朝班而止。貽謀遺志，付與三子。三子堂堂，天實佑爾。賦爾獻文③，錫爾繁祉。翰飛聖朝，何啻萬里？君子曰：「孫氏之諸孤，其光顯於宋乎！」

---

① 場屋語科第之殊級者亦曰　「場屋」下，小畜集卷二九孫府君墓誌有「中」字。
② 豈止文學之有人　「有」，小畜集卷二九孫府君墓誌作「出」。
③ 賦爾獻文　「獻」，小畜集卷二九孫府君墓誌作「懿」。

辨證：

［一］孫府君庸墓誌銘　本墓誌又載於王禹偁小畜集卷二九，題曰「殿中丞贈户部員外郎孫府君墓誌銘」。按，孫庸傳，附於宋史卷三〇六孫何傳。

［二］且命副漕運使于畿甸之西　據宋史孫何傳，孫何遷秘書丞，爲京西轉運副使，歷右正言，改右司諫。

［三］徒步詣招諫匭上贊聖策凡二十有四條多引貞觀時文貞公事以自比　宋史孫何傳云孫庸「顯德中，獻贊聖策九篇，引唐貞觀所行事，以魏元成自況。得對，言曰：『武不可黷，斂不可厚，奢不可放，欲不可極。』世宗奇其言，命中書試補開封兵曹掾」。

［四］以親王出尹　長編卷二建隆二年七月壬午條云：「以皇弟泰寧節度使、兼殿前都虞侯光義兼開封尹、同平章事。」

［五］會朝達表公之才　宋史孫何傳稱「大平興國六年，鴻臚少卿劉章薦其材」。

宋府君玘行狀［一］　景文公宋祁①

宋氏本廣平望族，代有冠冕。中葉避地，始來浚都。通州府君事唐昭宗，位至御史中丞，坐法貶州司馬［二］。子孫蕃衍，爲東畿著姓。乾封府君事後唐，歷晉漢，多爲劇邑，清尚素節，鄉品亡二。霍丘府君弱冠秀發，通王霸之術。是時，諸侯據藩嶽，招豪英，因感艱運，濡足當世，由是連應滄、魏、兖、冀之辟。周世宗用兵淮上，鋪敦深入，府君自田里獻書行在，陳滅吴之策。世宗奇其才，拜真令，隨王師東下而安輯之，淮人忘亡。遭内憂去官。宋受禪，銓符追集，調蔡州團練判官，謝病不行。俄而易簀，年四十八。

① 景文公宋祁　「宋」字原脱，據庫本補。

先府君蚤孤，事母賈夫人至謹。諸兄以宦學①，遠或千里，近或數年乃還。惟府君朝夕瞻省，以孝聞邑中。里人邢敦盤桓遯世，罕通謝問，獨以府君爲益者之友。治春秋三家，長左氏。賈夫人之喪，毁瘠如禮。年四十，親友勸以仕，始游京師。太宗端拱二年明經及第，爲寧州襄樂主簿。時四方饟道數棘，外臺鄭文寶檄府君行部中，董索輸獲，如令而辨，大見褒識。代還，調江州司理參軍，慨然歎曰：「是不足爲仁邪？位無大小②，顧力行何如耳。」因精思於訊鞫爰書之間。屬邑尉邢積捕疑盜數十人，鍛錮周密，移之郡獄。太守李朝以證左明具，即俾論死。府君疑有枉狀，因微挺囚械，勿色以問之③，因對不讎，乃自白於朝，朝弗察。府君即申牒：「大獄四十日，所以防冤誣、盡情實，今旬甲未浹，不敢如教。」朝大怒。居數日，鄰州獲真盜，自首于官，傳檄株送。朝執書，慙且駭曰：「掾其神乎④！」州界有行商，部輜重夜徑澤中，將宿佛祠，值姦人前殺群僧，庭内狼藉⑤。商人入寺，蹀其血乃覺，因輕騎逃去。曉逢邏者，見衣履有汙，執以爲賊。傳考數獄，商遂自誣。府君以爲是輩操奇贏舉千百計⑥，胡怨而蹈死耶？因屏左右，訹以好語，商恐懼，辭卒不變。府君尤却其獄，夜據案寐，怳惚若有人乘馬至聽事，自稱鄭使者，呼曰：「誤矣！」府君警寤，遽召侍卒，緩其繫，盡取成牘焚之，左右雜然謂不可。遲明，有姓鄭者詣官告其謀，盡獲支黨，商乃免。其慎諦精感如此。前後閲郡將數人，其間侍中文懿馮公尤所欽待。殿省

① 諸兄以宦學　「宦」原作「官」，據文海本、庫本及景文集卷六二荆南府君行狀改。
② 位無大小　「大」字原脱，據景文集卷六二荆南府君行狀補。
③ 勿色以問之　「勿」，景文集卷六二荆南府君行狀作「物」。
④ 掾其神乎　「掾」原作「椽」，據文海本、庫本及景文集卷六二荆南府君行狀改。
⑤ 庭内狼籍　「庭」原作「延」，據文海本改。
⑥ 府君以爲是輩操奇贏舉千百計　「贏」原作「羸」，據文海本、庫本及景文集卷六二荆南府君行狀改。

丞呂奉天峭刻臨州，少所推薦，器府君仁隱材幹，凡再加保述。

居官八年，弗得代。時故二卿文定趙公以美俗使江表①，廉其淹恤，疾置言狀。是冬集吏部，復掾常州。三考皆最，掌獄凡十年，所蔽數千，無一詿誒者②。每有重辟，必持案諗囚：「爾罪應死。」盡召家人，使之相見，飦鬻衽席，時其早晏。未始妄加榜掠，須其情究意訖，然後行決。囚皆叩顙感泣。既誅，又爲人設一僧，使誦經懺罪。自是州人習聞之。其後囚每伏法，卒呼曰：「若物化有知③，當爲宋府君作狗馬償厚德。」九江、毗陵二郡父老至今能言之。俄爲光州録事參軍、安州應山令、江陵府從事。

府君謙謹脩潔，廉靖樂道，薄於自奉，裕於施物，笥無兼衣，案無累肴，以己不知人爲疢④，不以人不知己爲恨。冲猷隱量，粹焉莫見其際。恭於接士而不諂也，力於事神而不祈也。不援上以苟求，不詭遇以取獲。居六官，更三十載，結考十七，訖無玷漏。而間闟棲遲⑤，終不獲遷，力與命其相戾也。雅性强記，闇誦諸經及梁昭明文選，以教授諸子。遇家人嗃嗃嚴厲，雖盛暑必正冠束帶。居常諷梵書，日十數過以爲常。讀莊子内篇，至「金躍求爲鏌邪」，輒以訂己曰：「吾終不爲不祥之請。」其埋照含厚⑥，蓋性之也。天禧元年調都下，疾終于僦廡，實六月二十九日。

① 時故二卿文定趙公以美俗使江表　「二卿」，景文集卷六二荆南府君行狀作「貳卿」。
② 無一詿誒者　「誒」，庫本作「誤」。
③ 若物化有知　「物」原作「勿」，據景文集卷六二荆南府君行狀改。
④ 以己不知人爲疢　「疢」，景文集卷六二荆南府君行狀作「疚」。
⑤ 而間闟棲遲　「棲」原作「捷」，據景文集卷六二荆南府君行狀改。
⑥ 其埋照含厚　「埋」原作「理」，據庫本及景文集卷六二荆南府君行狀改。

同母昆弟七人：長曰瑋，終安州雲夢令；次曰琚，曰璩，曰現，咸先殁；弟曰昱，舉進士，早世；曰位，終國子博士。五合姓：曰高氏；曰二王氏；繼以鍾氏，故著作佐郎仕華之次息女①；最後朱氏，故著作佐郎慶孫之長息女②。朱夫人後府君十三年而終。三子二女③：長曰邡，早夭；仲曰郊；季曰祁。邡，後王氏出也；郊、祁及二女④，鍾出也。長女適陳留謝曄，舉進士，今爲湖州歸安尉；次適隴西李彦輔，皆不幸短命⑤。

府君之歸全也，朱夫人留止南方，獨郊侍疾，及斬焉在疚，力不克葬，乃權窆京城之偏。後八年，郊與祁皆進士及第。嗚呼！小子以治命之重，不敢殞滅，天假殘息，興於零丁孤苦之餘，遭時樂育，進服嘉會。非府君之儲德馮厚、義方清白之所庇，疇能及此？然禄之弗逮，哀亦罔極。幸天子推孝治之化，篤喪親之典⑥，乃以天聖五年郊祀詔書，一追贈府君爲太子中允，封朱夫人爲壽光縣太君；明道東耕，再贈屯田員外郎，追封鍾夫人爲潁川縣太君；景祐二年圓丘禮成，進加今贈。由霍丘府君以上，咸葬總城，一昭一穆，塋無餘位。術家曰：「宫姓土音也，長生于申，必開坤隅，以次先兆。」而西南地薄，岡趾不可窾⑦，乃今得吉卜於許州陽翟縣三封鄉之南原，以景祐丙子孟冬之癸酉舉公之柩，以鍾氏、朱氏二夫人合祔焉。

---

① 故著作佐郎仕華之次息女　景文集卷六二荆南府君行狀無此十一字。
② 故著作佐郎慶孫之長息女　景文集卷六二荆南府君行狀無此十一字。
③ 三子二女　景文集卷六二荆南府君行狀無「二女」二字。
④ 郊祁及二女　景文集卷六二荆南府君行狀無「及二女」三字。
⑤ 長女適陳留謝曄舉進士今爲湖州歸安尉次適隴西李彦輔皆不幸短命　景文集卷六二荆南府君行狀無此二十九字。
⑥ 篤喪親之典　「喪」，景文集卷六二荆南府君行狀作「褒」。
⑦ 由霍丘府君以上至岡趾不可窾　景文集卷六二荆南府君行狀無此四十九字。

恭惟先府君庸言成規，庸行成矩，凡有諸訓，皆可爲士林景法。而光靈寖遠，竹素靡傳，摧慟追懷，百不獲一。謹攟摭崖略，以備誌墓之實。謹狀。

右富秦公以下至宋府君玘十五人碑銘①，雖非一時柱石大臣，而皆源祥基慶，以大其後，爲時名臣，有足觀考，故特附之于此，俾士大夫知積德之報云。

辨證：

［一］宋府君玘行狀　本行狀又載於宋祁景文集卷六二，題曰「荆南府君行狀」，題下注曰：「案：范鎮撰宋祁神道碑，中丞名紳，乾封令名騈，霍丘令名耀，荆南推官名玘。」即宋玘曾祖名紳、祖名騈、父名耀。

［二］通州府君事唐昭宗位至御史中丞坐法貶州司馬　按本書上集卷七宋景文公祁神道碑云：「至公之高祖紳，唐昭宗時爲御史中丞，以言得罪，遂家于開封之雍丘。」

① 右富秦公以下至宋府君玘十五人碑銘　「十五」，庫本作「十六」。按，計此上卷三九富秦公言墓誌銘以下至此宋府君玘行狀，乃十六人，作「十五」者不確。

名臣碑傳琬琰集中卷四十三

曹武惠王彬行狀〔一〕　李宗諤〔二〕

曹彬字國華，真定靈壽人。父芸，成德節度都知兵馬使。彬幼沈厚謹愿，漢乾祐中，承父籍補牙職。節帥武行德見其端愨①，甚異之，嘗指彬謂左右曰：「此遠大之器，非常流也。」周太祖貴妃張氏，即彬從母。周祖受禪，世宗致書鎮帥何福進，召彬歸京師，隸帳下，從征澶淵②。及嗣位，補供奉官，擢客省副使、河中都監。蒲帥王仁鎬以彬帝戚，尤加禮待。彬奉仁鎬益恭，公府讌集，必危坐終日，未嘗轉眄。仁鎬語從事曰：「老夫自謂夙夜匪懈，及見監軍矜嚴，始覺己之疎怠。」

顯德三年，移潼關監軍，就遷西上閤門使。五年，代還，奉詔賜吳越王鎧甲、弓弩、鎗劍及中吳軍節度錢文奉國信。既致命，即日遽還，私覿之禮，一無所受。吳人趣舟追及，因與之，猶不納，至數四。彬曰：「吾終拒之，是近名也③。」歸

① 節帥武行德見其端愨　「節帥」原作「郎帥」，據宋史曹彬傳改。

② 從征澶淵　「征」，宋史曹彬傳、舊五代史卷一一四周世宗紀作「鎮」。

③ 吾終拒之是近名也　原作「吾終近之是拒名也」，據五朝名臣言行録卷一之二樞密使濟陽曹武惠王引曹彬行狀及隆平集、東都事略、宋史曹彬傳改。通鑑卷二九四後周世宗顯德五年六月作「吾終不受，是竊名也」。

籍其數，悉上送官。世宗謂之曰：「前使浙中者，取求無厭，其辱君命。汝獨能如此廉潔，甚可嘉也。」盡以所輸還之，彬始拜賜，分遺親黨。明年，判四方館事，出爲晉州兵馬都監。時劉鈞盜據并汾，晉爲敵境。彬晝則訓師，夜則巡警，以勤瘁聞①。廷璋節制平陽②，頗推服之。一日，廷璋率彬及賓佐游郊外，方環坐笑語，會鄰道王將走單介馳書詣彬③，詢於左右曰：「孰是曹監軍？」有指彬示之④，使人以爲紿也⑤，笑曰：「豈有國親内職，而衣弋綈袍、坐素胡牀者乎？」轉引進使。

初，太祖典禁旅，尤器重彬。彬非公事，未嘗上謁，平居讌會亦罕預，太祖奇之。建隆二年，趣召歸闕，謂之曰：「我疇昔欲親汝，汝何故疎我？」彬頓首謝曰：「臣事周室爲近親，歷職禁近⑥，安敢交結尊貴？」上益嘉奬。轉客省使。俄命與王全斌、郭進領步騎萬餘攻河東之樂平縣，降其將王超、侯霸榮等千八百人，又獲千餘人。俄而賊進悉漢兵來救⑦，三戰皆敗之。詔樂平爲平晉軍⑧。又降静陽等十八寨。乾德初，改左神武將軍，充内客省使。河東來攻平晉軍，命彬與郭進、張彥進、陳萬通援之。未至一舍，賊遁去。時初克遼州，河東召契丹五押騎

① 以勤瘁聞　「聞」原作「間」，據文海本、庫本改。

② 廷璋節制平陽　按，據舊五代史卷一一四周世宗紀一，時晉州主將爲楊廷璋，宋史卷二五五有傳。疑「廷璋」上脱「楊」字。

③ 會鄰道王將走單介馳書詣彬　「王將」，疑當作「主將」；五朝名臣言行録卷一之二樞密使濟陽曹武惠王引曹彬行狀及宋史曹彬傳作「守將」。

④ 有指彬示之　「指」原作「旨」，據庫本、五朝名臣言行録卷一之二樞密使濟陽曹武惠王引曹彬行狀及宋史曹彬傳改。

⑤ 使人以爲紿也　「紿」原作「給」，據文海本、庫本、五朝名臣言行録卷一之二樞密使濟陽曹武惠王引曹彬行狀及宋史曹彬傳改。

⑥ 歷職禁近　「近」字原闕，據文海本補；長編卷四乾德元年七月丁巳條作「庭」。

⑦ 俄而賊進悉漢兵來救　按，長編卷四乾德元年八月丁亥條云時「北漢侍衛都指揮使蔚進、馬軍都指揮使郝貴超等悉蕃漢兵來救」。則此「賊進」乃指北漢將蔚進。

⑧ 詔樂平爲平晉軍　「樂平」原作「廷尉」，據長編卷四乾德元年八月丁亥條、宋史曹彬傳改。

六萬餘來攻，又命彬與李繼勳、羅彥瓌①、郭進、武懷節援之，大敗虜騎於城下[三]。俄兼樞密承旨。

二年冬，遣將兩路伐蜀，詔馬軍劉光義爲歸州行營前軍副部署②，以彬爲都監[四]。峽中郡縣悉下，又降遂州。時諸將咸欲屠城殺降以逞，惟彬申令戢下，所至悦服。太祖聞之，詔書褒美，使謂彬曰：「汝能約束將士，禁暴恤民，吾任得其人矣。」兩川平，會益州。王全斌、崔彥進、王仁贍等晝夜宴，不恤軍事，因而部下漁奪貨財，蜀人苦之。彬屢請旋師，全斌輩逗留不發。俄而全師雄等構亂[五]，復與光義破之于新繁，擒萬餘人，與彥通協力剪滅。及還京師，上盡得全斌輩事狀，因面詰仁贍。仁贍歷詆諸將爲奢縱不法事，冀以自解，且曰：「清廉畏慎，不辜陛下任使者，惟曹彬一人耳。」乃以全斌等屬吏。即日授彬宣徽南院使③、檢校太保，領義成軍節度。彬入見上奏曰：「征西將皆以獲罪，臣獨受賞，何以寧處？不敢奉詔。」上曰：「卿有功無過，又不自矜伐，苟有纖介之累，仁贍豈爲汝隱邪？懲勸，國之常典，可無讓④。」

六年，遣李繼勳、党進率師征太原，命彬爲行營前軍馬步軍都監⑤，戰洞過河⑥，斬一千餘人級⑦，奪人馬甚

① 又命彬與李繼勳羅彥瓌　「李繼勳」原作「李繼忽」，據宋史曹彬傳、卷二五四李繼勳傳改；「羅彥瓌」原作「羅彥環」，據長編卷五、宋史卷二五〇羅彥瓌傳改。

② 詔馬軍劉光義爲歸州行營前軍副部署　「副部署」，長編卷五乾德二年十一月甲戌條、宋郭允蹈蜀鑑卷八本朝王全斌下蜀、李攸宋朝事實卷一七削平僭僞皆作「副都部署」，當是。

③ 即日授彬宣徽南院使　「授」原作「受」，據庫本、五朝名臣言行録卷一之二樞密使濟陽曹武惠王引曹彬行狀改。

④ 可無讓　「無」原作「六」，據文海本及宋史曹彬傳改；庫本作「勿」。

⑤ 命彬爲行營前軍馬步軍都監　「爲」原作「與」，據東都事略、宋史曹彬傳改。

⑥ 戰洞過河　按，洞渦河，亦寫作銅鍋河、銅渦河、洞渦河等，音近而異。日知録集釋卷二一鑄印作減筆字云：洞渦水「出樂平縣西四十里陡泉嶺，經平定州、壽陽、榆次，至徐溝縣入汾，今徐溝縣北五里洞渦河，其陽有洞渦村是也」。

⑦ 斬一千餘人級　「一千」，宋史曹彬傳作「二千」。

衆。開寶二年，太祖將親征，復爲前軍都監，率兵先赴太原，次團柏谷，降賊將陳廷山。又戰城南，薄于濠，擒奪千餘級。太祖至城下，分置寨於四面，命彬主其北。六年，進檢校太傅。

江南李煜違詔①，稱疾不朝，完城壘，繕甲兵，漸失藩臣禮[六]。七年九月，詔彬與馬軍都虞候李漢瓊、判四方館使田欽祚率兵先赴荆南，大發舟艫。上連日幸迎春苑，登汴隄，觀戰櫂東下。又命潘美發步士總十餘萬，水陸齊進。太祖御長春殿宴餞，語彬曰：「南方之事，一以委卿。愼勿暴掠生民，惟示以威令，使自歸順，不須急擊也[七]。」十月，詔以彬爲昇州西南路行營馬步軍戰櫂都部署②。彬分兵甲荆南，順流而東，破峽山口寨③，殺守卒八百人，生擒二百七十人，獲池州牙校王仁震、王晏、錢興，進克池州。又戰銅陵，生擒八百人，獲戰艦二百餘艘。連克當塗、蕪湖二縣④，駐軍采石磯。十一月，又擊敗吴兵二萬餘衆，生擒僞兵馬副部署楊收、都監孫震，獲馬三百餘匹。詔作浮梁，跨大江以濟師[八]。彬等進師，破江南軍數千人於新陵寨⑤，獲艦三十餘艘。十二月，破其軍五千衆於白鷺洲⑥，生擒百餘人，獲戰艦百五十艘。八年正月，破其衆萬餘於新林港口，斬二千級，焚戰艦六十餘艘⑦。二月，軍次秦淮。吴人水陸十萬陣於城下，大敗之，俘斬數萬計，獲兵器數萬，印數十鈕。及浮梁成⑧，

---

① 江南李煜違詔　「李煜」原作「李昱」，據庫本、宋史卷四七八南唐李氏世家改。

② 詔以彬爲昇州西南路行營馬步軍戰櫂都部署　「馬步」原作「馬部」，據宋史曹彬傳、長編卷一五開寶七年十月甲辰條改。

③ 破峽山口寨　宋史曹彬傳、長編卷一五開寶七年十月己亥條及東都事略無「山」字。

④ 連克當塗蕪湖二縣　「蕪湖」原作「撫城」，據東都事略、宋史曹彬傳改。

⑤ 破江南軍數千人於新陵寨　「新陵寨」，長編卷一五開寶七年十月甲午條、宋史卷三太祖紀、宋會要輯稿兵七之三〇皆作「新林寨」。

⑥ 破其軍五千衆於白鷺洲　「洲」原作「州」，據文海本及宋史曹彬傳改。按，下文同。

⑦ 斬二千級焚戰艦六十餘艘　「二千」、「焚」，宋會要輯稿兵七之三〇作「三千」、「獲」。

⑧ 及浮梁成　「成」原作「城」，據宋史曹彬傳改。

吴人進師，出禦，大敗其衆，獲僞將衛軍都頭鄭賓七輩及軍器萬餘。又攻其城南水寨，殺戮千餘[九]。破數千衆於白鷺洲，俘朝千計於江中①。三月，破吴兵數千衆於江中，俘五百人。破關城，悉焚其廬舍，殺千餘衆，溺死者又千計。守裨者皆遁，僞天德軍都知兵馬使張進等九人來降。俄又破其軍二千衆於秦淮北。六月，又破其二萬衆於城下，奪戰艦數千艘。八月，丁德裕與兩浙軍克潤州，部送降卒數千人赴軍前，卒多道亡，遂發檄招誘。稍皆集，又慮其爲變，盡殺之[一〇]。

自長圍金陵，歷春夏至秋，凡三時，而居人樵采路絶，頻經敗衄，城中喪氣。李煜危迫既甚②，遣其大臣徐鉉奉表詣闕，乞緩師。太祖不知省③，號令諸將，促煜之降。煜遷延未能決，夜出鋭卒數千人，搆炬鼓譟，犯潘美之壁。先是，本軍列三寨，美居其北，分道攻城，畫其地形曲折來上。太祖指寨謂其使曰：「此宜深溝以自固，吴人必夜出兵來寇。爾亟去，令曹彬自督促，併力速成之，無墮其計中。」彬等晝夜督丁夫掘塹成④，果出兵來襲。美驅帳下精甲依新溝拒之⑤，吴人大敗，破五千餘于城下，又獲僞印十餘鈕，殺戮殆盡。奏至，上笑曰：「果如此。」彬等率士卒晨夜攻城⑥。

---

① 破數千衆于白鷺洲俘朝千計於江中　「朝」，據上下文義，似爲「斬」字之譌。按長編卷一六開寶八年二月癸丑條云：「曹彬等敗江南兵萬餘衆於白鷺洲，斬首五千餘級，擒百餘人，獲戰艦五十艘。」

② 李煜危迫既甚　「李煜」原作「李昱」，據庫本及宋史卷四七八南唐李氏世家改。按，下文同改。

③ 太祖不知省　「知」，宋史曹彬傳作「之」，當是。

④ 彬等晝夜督丁夫掘塹成　「塹」原作「槧」，據庫本及長編卷一六開寶八年十一月丙戌條改。

⑤ 美驅帳下精甲依新溝拒之　「溝」原作「搆」，據宋史曹彬傳及上文改。

⑥ 彬等率士卒晨夜攻城　「卒」原作「平」，據庫本改。

長圍中，彬每緩師，冀煜歸服，煜尚爲左右所惑。十一月，鑿城將陷，彬又使人入諭煜曰：「事勢如此，則所惜者一城生聚。主能歸命，策之上也。」煜猶豫不決。翌日城陷，彬申嚴禁暴之令，兵不血刃[一一]。煜與其臣百餘人詣軍門請罪，彬慰安之，待以賓禮，請煜入宮治裝，盡以其族歸京師，彬殿數騎待於宮門外[一二]。煜既入，左右密啓彬曰：「縱煜入宮，或致不測，爲之柰何？」彬笑曰：「煜甚懦，素無斷，既已降，必不能自引決。」果如彬言[一三]。僞朝文武官吏賴彬保全，各得其所，親屬爲軍士所掠者即遣還之。因大搜軍中，無得匿人妻女。倉廩府庫，委轉運使按籍檢視①，彬一不問。師旋，舟中惟圖籍、衣衾而已。以功拜樞密、檢校太尉，領忠武軍節度[一四]。

太宗即位，加同平章事。太平興國三年，進檢校太師。從平太原，加兼侍中。八年，爲弭德超所譖，出爲天平軍節度②[一五]。旬餘，太宗悟其事，待之愈厚[一六]，俄進封魯國公。

雍熙三年，大議北伐，命彬爲幽州道行營前軍馬步水陸都部署，河陽節度崔彥進爲之副，內客省使郭守文爲都監，日騎天武四廂都指揮使傳潛爲都指揮使③，龍衛右廂都指揮使李延斌④、神衛右廂都指揮使馬正分爲馬、步都指揮使⑤，馬步軍都軍頭范廷召、文思使薛繼昭爲先鋒，都軍頭田紹斌荆罕英⑥、宮苑使李繼隆策先鋒，光州

---

① 委轉運使按籍檢視　「按」原作「安」，據庫本改。

② 出爲天平軍節度　「天」原作「太」，據隆平集、東都事略、宋史曹彬傳改。

③ 日騎天武四廂都指揮使傳潛爲都指揮使　前「指」字原作「旨」，據庫本改。

④ 龍衛右廂都指揮使李延斌　「李延斌」，宋太宗皇帝實録卷三五雍熙三年正月己庚寅條作「李延贇」。

⑤ 神衛右廂都指揮使馬正分爲馬步都指揮使　「馬正」，宋太宗皇帝實録卷三五雍熙三年正月己庚寅條作「馬貞」，此乃避仁宗諱改。又，兩「指」字原皆作「旨」，據庫本改。

⑥ 都軍頭田紹斌荆罕英　「荆罕英」，宋太宗皇帝實録卷三五雍熙三年正月己庚寅條作「荆罕」，云「馬步軍都軍頭范廷召充前軍先鋒都指揮使，田斌、荆罕帥軍翼之。以文思使薛繼昭爲前軍先鋒都監，宮苑使李繼隆帥軍翼之」。疑「英」字衍。

刺史陳廷山、隰州刺史史珪、左神武將軍劉知信、六宅使符昭壽押陣。以侍衛馬軍都指揮使米信爲幽州西北道行營都部署①，沙州觀察使杜彦圭副之，蔚州觀察使趙延溥、内衣庫使張昭勍②、引進使董愿爲都監，亳州刺史蔡玉爲排陣使，馬步軍副都軍頭韓彦卿、竇暉爲先鋒，曹美策先鋒③。侍衛步軍都指揮使田重進爲定州路行營都部署④，蘄州刺史譚延美、西上閤門使袁繼忠爲都監⑤。上召彬等，授以方略。又以忠武軍節度潘美爲雲應朔州都部署，雲州觀察使楊業副之。令分路進討。三月，破虜固安南，斬首千餘級，克其城。又下新城、涿州。戎人來援，大破其衆于城南，獲馬五百疋，殺奚酋賀思相公⑥。四月，又與米信破虜於新城東北⑦，斬首二百級⑧。五月，與虜戰岐溝關⑨，王師不利，收餘師宵涉巨馬河，退屯易州，臨易水營焉。宮苑使王繼恩馳馹奏其事，上至令

---

① 以侍衛馬軍都指揮使米信爲幽州西北道行營都部署　「指」原作「旨」，據庫本改。

② 内衣庫使張昭勍　「昭」，宋太宗皇帝實録卷三五雍熙三年正月己庚寅條、長編卷二〇太平興國四年九月乙酉條、宋史卷二五四趙延溥傳作「紹」。

③ 曹美策先鋒　「鋒」字原脱，據上下文義補。按，武經總要前集卷一軍制云：「古有跳盪左右虞候，今謂之先鋒、策先鋒、殿後、策殿後是也。」又卷七本朝八陣法亦云「右虞候右軍者，即今之先鋒、策先鋒將也」。

④ 侍衛步軍都指揮使田重進爲定州路行營都部署　「指」原作「旨」，據庫本改。

⑤ 蘄州刺史譚延美西上閤門使袁繼忠爲都監　按，宋太宗皇帝實録卷三五雍熙三年正月己庚寅條、宋會要輯稿兵八之一稱時以「右武衛大將軍吴元輔、西上閤門使袁繼忠爲都監」。然宋史卷二七五譚延美傳載「雍熙三年，舉兵北伐，命延美爲幽州西面行營都監」，而卷二五七吴元輔傳未言及其嘗參與北伐之役。

⑥ 殺奚酋賀思相公　「賀思」，長編卷二七雍熙三年三月條、宋史卷五太宗紀作「賀斯」。

⑦ 又與米信破虜於新城東北　「新城」原作「辛城」，據庫本及東都事略、宋史曹彬傳改。

⑧ 斬首二百級　按，長編卷二七雍熙三年四月壬寅條、宋會要輯稿兵八之三稱是役斬敵「千級」。

⑨ 與虜戰岐溝關　「岐」原作「攻」，據長編卷二七雍熙三年五月庚午條及隆平集、東都事略、宋史曹彬傳改。

分屯邊城，追諸將歸闕[一七]。

先是，賀令圖及其父懷浦、薛繼昭、劉文裕、侯莫陳利用相繼上言：「虜母專政，寵倖用事，請乘其釁，以取幽薊。」遂遣彬、彥進與米信自雄州①，田重進趣飛狐，潘美出鴈門，約從齊舉。將發，上謂之曰：「潘美之師但先趣雲、應，卿等以十萬衆聲言取幽州②，且持重緩行，不得貪利。虜聞大兵且去，必悉衆救范陽，不暇援山後矣。」既而美之師先下寰、朔、雲、應等州，重進之師又取飛狐、靈丘、蔚州③，多得山後要害之地，而彬之大軍亦聯下州縣，軍勢大振。每捷奏至，上已訝彬進軍之速，且憂虜斷粮道。彬次涿州，旬日食盡，因退師以援餉饋。上聞之曰：「豈有敵人在前，返退軍以援芻粟，何失策之甚也！」亟遣使止彬勿前，急引兵緣白溝河與米信軍會，案兵養鋭，以張西師之勢；待美等盡掠山後之地，會重進之師東下，合勢以取幽州。時彬部下諸將聞美、重進攻城野勝，累獲其利，以爲已握重兵，不能有所攻取，謀畫蜂起④，更相矛盾。彬不能制，乃裹五十日粮再往攻涿州。虜大衆當其前，且行且戰，去城裁百里，二十日始至焉，頻克捷。而時方炎暑，軍士乏困，粮且盡，彬退兵⑤，無復行伍，爲虜所躡，遂至於敗[一八]。

彬等至，詔鞫於尚書省，令翰林學士賈黄中、右諫議大夫雷德驤⑥、知雜御史李巨源雜治之。彬、守文、潛具

① 遂遣彬彥進與米信自雄州　「米信」原作「米僚」，據庫本及東都事略、宋史曹彬傳改。
② 卿等以十萬衆聲言取幽州　「幽州」原作「并州」，據東都事略、宋史曹彬傳及長編卷二七雍熙三年五月庚午條改。
③ 重進之師又取飛狐靈丘蔚州　「師」原作「帥」，據庫本改。又「飛狐」原作「飛孤」，據文海本、庫本、宋史曹彬傳及上文改。
④ 謀畫蜂起　「蜂」原作「鋒」，據東都事略、宋史曹彬傳及長編卷二七雍熙三年五月庚午條改。
⑤ 彬退兵　原作「彬退彬」，據庫本改。
⑥ 右諫議大夫雷德驤　「驤」原作「讓」，據長編卷二七雍熙三年五月丙辰條、宋史卷二七八雷德驤傳改。

伏違詔失律，士多死亡；信、彦進違部署節制，别道回軍，爲虜所敗；彦圭不容軍士晡食，設陣不整，致亡失軍士；玉遇敵畏懦不擊，易服潛遁；廷山涿州會戰失期；繼昭臨陣先謀引退，軍情撓惑。刑部、大理寺上言：「彬等奉辭出征，大失輜重①。準律，主將守備不設，爲賊掩覆，臨陣先退，皆坐死。」又下其事，工部尚書扈蒙等議如有司所定。彬素服待罪，深自引咎，責授檢校太保、右驍衛上將軍，彦進爲右武衛上將軍，信爲右屯衛上將軍，仍階削爵，餘皆以次降黜[一九]。

四年，起彬爲檢校太傅兼侍中、武寧軍節度。耕籍恩，加檢校太尉。召還，會上元侍宴觀燈，上顧歷數前朝將相，皆有評品。徐州民數百詣闕，求彬還本鎮，優詔褒諭。淳化五年，徙平盧軍節度。

真宗嗣位，復檢校太師。數月，召入拜樞密使。咸平二年被疾，上趣駕臨幸，手和藥餌之，賜白金萬兩。供奉醫僧供蘊宿其第診視②，中使撫問。六月卒，年六十九。上親臨，哭之慟，甚震悼，言必流涕，廢朝五日。贈中書令，追封濟陽郡王，謚曰武惠。又贈其亡妻高爲韓國夫人，録其親族、門客、校尉，拜官者十餘人。八月，又詔與趙普同配享太祖廟庭。

彬性仁恕清慎，遜言恭色[二〇]，在朝廷未嘗抗辭忤旨。博覽强記，美談論，被服清素，有同儒者。尤疎財，未嘗聚蓄，伐二國，秋毫無所取。位兼將相，不以等威自異。造其門者，皆爲揖客，不名下吏，每白事，不冠不見。局量寛博，喜愠不形，未嘗言人過。平蜀迴，太祖因從容問以官吏善否，彬曰：「臣止監軍旅，至於采察官吏，非所職也。」及固詢之③，惟薦隨軍轉運使沈倫廉謹可任④。其爲藩帥，遇朝士於塗，必引車避。過市，則戒騶御，不

---

① 大失輜重　「失」原作「夫」，據文海本、庫本改。

② 供奉醫僧供蘊宿其第診視　「第」原作「弟」，據文海本、庫本改。

③ 及固詢之　「固」原作「因」，據文海本及仕學規範卷四行己引真宗朝名臣傳改。

④ 及惟薦隨軍轉運使沈倫廉謹可任　「倫」原作「淪」，據東都事略、宋史曹彬傳及宋史卷二六四沈倫傳改。

令傳呼。北征之失律也，趙昌言表請行軍法，及昌言自延安還，因事被劾，未得入見，彬在近密，遽爲上請，乃許朝。彬歸休閉閤，門無雜賓。保功名，守法度，近代良將，稱爲第一。真宗屢對近臣稱歎其名德。

子璨、瑊、瑋①、玹、玘、珣、琮[二]。瑊娶秦王女興平公主，至昭宣使、恩州團練使；瑋至彰武軍節度②，贈侍中；玹至左藏庫副使；玘至虞部員外郎；珣至東上閤門使、宜州刺史；琮今爲西上閤門副使。

辨證：

[一] 曹武惠王彬行狀　按，曹彬，隆平集卷九、東都事略卷二七、宋史卷二五八有傳。又按，五朝名臣言行録卷一之二樞密使濟陽曹武惠王引録有李宗諤撰曹彬行狀數段，然與本行狀文字時有異同，故特附録於篇末。又本行狀末述及曹彬「子璨、瑊、瑋、玹、玘、珣、琮」，然其下述曹彬諸子官爵，却未及曹璨，又云及「瑋至彰武軍節度，贈侍中」，據本卷曹武穆公瑋行狀，曹瑋天聖七年爲彰武軍節度使，卒於天聖八年正月，贈侍中。而據長編卷八〇，李宗諤卒於大中祥符六年五月。據長編卷九四，曹璨卒於天禧三年七月壬申。鑒於本行狀直稱曹彬之名，不合行狀體例，而五朝名臣言行録所引曹彬行狀即稱其爲「王」，本行狀文字多同於宋史曹彬傳，據玉海卷四六，記載宋初三朝史事之三朝國史成書於天聖八年六月，故推知本行狀似據三朝國史曹彬傳撰成，而宋史曹彬傳又據國史傳以成。因曹璨卒於天禧三年，亦當列傳於三朝國史，故曹彬傳内未述其官爵。因李宗諤嘗撰曹彬行狀，如五朝名臣言行録所引，故此遂亦題其所撰。

[二] 李宗諤　宗諤（九六四～一〇一二年）字昌武，深州饒陽人。端拱二年進士，官至右諫議大夫、翰林學士。隆平集卷四、東都事略卷三二、宋史卷二六五有傳；本書下集卷三載有曾鞏李文正公昉子宗諤傳，即隆平集李宗諤傳。

[三] 又命彬與李繼勳羅彦瓌郭進武懷節援之大敗虜騎於城下　長編卷五乾德二年正月「是月」條云：「昭義節度使李繼勳、兵馬

① 瑋　「瑋」原作「璋」，據庫本及東都事略、宋史曹彬傳改。

② 瑋至彰武軍節度　「彰」原作「章」，據庫本改。

鈐轄康延沼、馬步軍都軍頭尹勳等帥步騎萬餘攻遼州，北漢馬軍都指揮使郝貴超領兵來援，戰於城下，貴超大敗。刺史杜延韜危蹙，與拱衛都指揮使冀進、兵馬都監供奉官侯美籍部下兵三千人舉城來降。……北漢尋誘契丹步騎六萬入侵，繼勳復與彰德節度使羅彥瓌、西山巡檢使郭進、內客省使曹彬等領六萬衆赴之，大破契丹及北漢軍於遼州城下。」

［四］以彬爲都監　涑水記聞卷一云：「太祖事世宗於澶州，曹彬爲世宗親吏，掌茶酒，太祖嘗從之求酒，彬曰：『此官酒，不敢相與。』自沽酒以飲太祖。及即位，常語及世宗舊吏，曰：『不欺其主者，獨曹彬耳。』由是委以腹心，使監征蜀之軍。」

［五］俄而全師雄等構亂　長編卷六乾德三年三月「是月」條云：「初，詔發蜀兵赴闕，並優給裝錢，王全斌等擅減其數，仍縱部曲侵撓之，蜀兵憤怨思亂。兩路隨軍使臣，亡慮百數，全斌及王仁贍、崔彥進等共護恤之，不令部送，但分委諸州牙校。蜀兵至緜州，果劫屬縣以叛。會文州刺史全師雄挈其族趨京師，過緜州，師雄嘗爲蜀將，有威惠，恐叛兵脅之，乃棄其家自匿。後數日，叛兵搜得之江曲民舍，遂推以爲帥，衆十餘萬，號『興國軍』。全斌遣馬軍都監朱光緒將七百騎往招撫之，光緒盡滅師雄之族，納其愛女及橐裝。師雄怒，不復有歸志。」

［六］江南李煜違詔稱疾不朝完城壘繕甲兵漸失藩臣禮　長編卷一五開寶七年九月丁卯條云：「上已部分諸將，而未有出師之名，欲先遣使召李煜入朝。」遂遣李穆「使江南。穆至諭旨，國主將從之，光政使、門下侍郎陳喬曰：『臣與陛下俱受元宗顧命，今往必見留，其若社稷何！臣雖死，無以見元宗于九泉矣。』清輝殿學士、右內史舍人張洎亦勸國主無入朝。時喬與洎俱掌機密，國主委信之，遂稱疾固辭，且言：『謹事大國者，蓋望全濟之恩。今若此，有死而已。』穆曰：『朝與否，國主自處之。然朝廷兵甲精鋭，物力雄富，恐不易當其鋒也，宜熟計慮，無自貽後悔。』使還，具言其狀」。

［七］太祖御長春殿宴餞至不須急擊也　長編卷一五開寶七年十月丙戌條云：「曹彬與諸將入辭，上謂彬曰：『南方之事，一以委卿，切勿暴略生民，務廣威信，使自歸順，不須急擊也。』且以匣劍授彬曰：『副將以下，不用命者斬之。』潘美等皆失色，不敢仰視。自王全斌平蜀多殺人，上每恨之，彬性仁厚，故專任焉。」注引紀事本末云：「太祖初命曹武惠彬討江南，潘美副之，將行，賜燕于講武殿，酒三行，彬等起跪于榻前，乞面授處分，上懷中出一實封文字付彬，曰：『處分盡在其間。自潘美以下有罪，但開此，徑斬之，不須奏稟。』二臣股栗而退。訖江南平，無一犯律者。比還，復賜燕講武殿，酒三行，二臣起跪于榻前，曰：『臣等幸無敗事，昨授文字，不敢藏于家。』即納

于上前。上徐自發封示之，乃白紙一張也。上神武機權如此。初特以是申令，使果犯而發封，見而爲白紙，則必入稟，及歸而示之，又將以見初無輕斬之意。恩威兩得，故雖彬等無不折服。」舊聞證誤卷一引建隆遺事與此注略同，且辨云：「按，此一事諸雜記多言之，互有不同。然以史考之，有可疑者：太祖實録開寶七年九月癸亥，命潁州團練使曹翰率兵先赴荆南。丙寅，以宣徽南院使曹彬、馬軍都虞候李漢瓊、判四方館事田欽祚同率軍赴荆南領戰棹兵沿江而下。丁卯，以山南東道節度使潘美、步軍都虞候劉遇、東上閤門使梁迥並領軍赴荆南。十月壬辰，彬等離荆南。甲辰，以彬爲昇州西南面行營馬步軍戰棹都部署，美爲都監，翰爲先鋒都指揮使。當出軍時，曹、潘二公蓋先後受命。然武惠（潘美）嘗平嶺南，爲大將，恐太祖不應有是言。」按，邵氏聞見録卷一云：宋太祖與趙普「遂定下江南之議。帝曰：『王全斌平蜀多殺人，吾今思之猶耿耿，不可用也。』普於是薦曹彬爲將，以潘美副之。明日命帥，彬與美陛對，彬辭才力不迨，乞別選能臣。美盛言江南可取，帝大言諭彬曰：『所謂大將者，能斬出位犯分之副將，則不難矣。』美汗下，不敢仰視。將行，夜召彬入禁中，帝親酌酒。彬醉，宫人以水沃其面。既醒，帝撫其背以遣曰：『會取，會取，他本無罪，只是自家著他不得。』蓋欲以恩德來之也。是故以彬之厚重，美之明鋭，更相爲助，令行禁止，未嘗妄戮一人，而江南平」。又宋朝事實類苑卷一太祖皇帝引丁晉公談録云太祖「又濳謂曰：『但只要他歸服，慎勿殺，是他無罪過，只是自家著他不得，卿切會取。』曹曰：『謹奉詔旨，不敢違越。』」此當即李心傳所謂「諸雜記多言之，互有不同」者。

〔八〕詔作浮梁跨大江以濟師　張耒集卷四二平江南議云：「予聞諸故老言：『樊若水（知古）不得志于李氏，乃獻浮梁。自采石濟江，卒用其策取江南。』」渭南文集卷四四入蜀記二云：「初若冰（樊知古）不得志於李氏，詐祝髮爲僧，廬於采石山，鑿石爲竅，及建石浮圖，又月夜繫繩於浮圖，棹小舟急渡，引繩至江北，以度江面，既習知不謬，即亡走京師上書。其後王師南渡，浮梁果不差尺寸。……方若冰之北走也，江南皆知其獻南征之策，或請誅其母妻。李煜不敢，但羈置池州而已。其後若冰自陳母妻在江南，朝廷命煜護送，煜雖憤切，終不敢違，厚遺而遣之。然若冰所鑿石竅及石浮圖，皆不毁，王師卒用以繫浮梁。」

〔九〕吴人水陸十萬陣于城下至殺戮千餘　長編卷一六開寶八年正月庚寅條云：「曹彬等進攻金陵，行營馬軍都指揮使李漢瓊率所部渡秦淮南，取巨艦實以葭葦，順風縱火，攻其水寨拔之，斬首數千級。初次秦淮，江南兵水陸十餘萬，背城而陣，時舟檝未具，潘美下令曰：『美提驍果數萬人，戰必勝，攻必取，豈限此一衣帶水而不徑度乎？』遂率所部先濟，王師隨之，江南兵大敗。江南復出兵，將泝流奪采石浮梁，美旋擊破之，擒其神都軍頭鄭賓等七人。」注曰：「潘美秦淮之捷，當在正月，而實録與本紀載二月末，亦不得其日，蓋因曹彬傳所載二月次秦淮故也。彬及美傳載拔水寨捷於秦淮之後，然拔水寨，實録具載其日，乃正月十七日也。據此，則當先載秦淮之捷。疑不敢決，仍附見于後。彬傳稱既捷於秦淮，浮梁始成。按美先率所部涉水，則秦淮蓋不設浮梁，浮梁當在采石磯也。美傳又於秦淮既捷之後，始言采石浮梁成，事愈顛倒。然亦可見秦淮未嘗設浮梁，而鄭賓等泝流，實欲奪采石浮梁耳。今略加删潤，更俟考求。」

［一〇］稍皆集又慮其爲變盡殺之　長編卷一六開寶八年九月庚寅條云：「丁德裕部送潤州降卒數千人赴昇州城下，卒多道亡，曹彬發檄招誘，稍稍來集，慮其爲變，又盡殺之。庚寅，彬等言敗潤州潰卒數千人於昇州，斬首七百級。」

［一一］翌日城陷彬申嚴禁暴之令兵不血刃　長編卷一六開寶八年十一月乙未條云：「先是，上數因使者諭曹彬以勿傷城中人，若猶困鬭，李煜一門，切勿加害。於是，彬忽稱疾不視事，諸將皆來問疾，彬曰：『余之病非藥石所愈，須諸公共爲信誓，破城日不妄殺一人，則彬之疾愈矣。』諸將許諾，乃相與焚香約言。既畢，彬即稱愈。乙未，城陷。」曲洧舊聞卷一云：「太祖皇帝龍潛時，雖屢以善兵立奇功，而天性不好殺。故受命之後，其取江南也，戒曹秦王、潘鄭王（美）曰：『江南本無罪，但以朕欲大一統，容他不得。卿等至彼，慎勿殺人。』曹、潘兵臨城，久之不下，乃草奏曰：『兵久無功，不殺無以立威。』太祖覽之，赫然批還其奏，曰：『朕寧不得江南，不可輒殺人也。』逮批詔到而城已破，契勘城破，乃批奏狀之日也。」按，龍衮江南野史卷三載金陵城陷，「王師既入建康，惟後主宫門不入。時昇元寺閣數層，高可十餘丈，梁時爲瓦官閣，豪民富商之家避難於上迨千餘人，爲越人所焚，一炬而燼」。馬令南唐書卷五亦載：「昇元寺閣崇構，因山爲基，高可十丈，平旦閣影半江，梁時爲瓦棺閣，至南唐民俗猶因其名。士大夫暨豪民富商之家美女少婦避難於其上，迨數百人，越兵舉火焚之，哭聲動天，一旦而燼。」按，是時金陵城中並無吴越軍兵，所謂「越人」云云，實屬宋人諱飾之詞。故張舜民畫墁集卷七郴行録有云：「自李氏歸朝之後，金陵仍大火，宫室民廬焚燬皆盡，唯有小廳乃當時玉燭殿也，與廳後修令閣二物獨存。」説郛卷四〇邵思野説載金陵城陷，「城中固多殺虜」。元韋居安梅礀詩話卷中云：「宋太祖命諸將征江南，大將曹彬與諸將約，城破之日，誓不妄殺一人，載在史册，可考也。嘗觀曾景建金陵百詠樂官山詩序云：『南唐初下時，諸將置酒，樂人大慟，殺之瘞此山，因得名。』詩云：『城破轅門宴賞頻，伶倫執樂淚沾巾。駢頭就戮緣家國，愧死南歸結綬人。』以山名詩意觀之，豈果不妄殺耶？」

［一二］煜與其臣百餘人詣軍門請罪至彬殿數騎待於宫門外　長編卷一六開寶八年十一月乙未條云：「彬整軍成列，至于宫城，國

主乃奉表納降，與其群臣迎拜於門。即選精卒千人守其門外，令曰：『有欲入者，一切拒之。』始，國主令積薪宫中，自言『若社稷失守，則盡室赴火死』。及見彬，彬慰安之，且諭以『歸朝俸賜有限，費用至廣，當厚自齎裝。既爲有司所籍，一物不可復得矣』。因復遣煜入宫，惟意所欲取。」

〔一三〕果如彬言　説郛卷三四王陶談淵云：「建隆中，曹彬、潘美統王師平江南。二將皆知兵善戰，曹之識慮尤遠，潘所不逮。城既破，國主李煜白紗衫帽見二公。先見潘，設拜，潘答之。次見曹，設拜，曹使人明語之曰：『介胄在身，下拜不及答。』識者善其得體。二公先登舟，召煜飲茶。船前設一獨木板脚道，煜嚮之國主儀衛甚盛，一旦獨登舟，徘徊不能進，曹命左右翼而登焉。既一啜，曹謂李歸辦裝，詰旦會于此，同赴京師。來曉，如期而赴焉。始潘甚憾之曰：『詎可放歸？』曹曰：『適獨木板尚不能進，畏死甚也。既許其生赴中國，焉能取死？』衆方服其識量。」按，上述「建隆」乃「開寶」之譌。又後山談叢卷三云：「曹武惠王既下金陵，降後主，復遣還内治行。潘公憂其死，不能生致也，止之。王曰：『吾適受降，見其臨渠猶顧左右，扶而後過，必不然也。且彼有烈心，自當君臣同盡，必不生降，既降，亦必不死也。』」

〔一四〕以功拜樞密檢校太尉領忠武軍節度　長編卷一七開寶九年二月庚戌條云「樞密領節度自彬始」。

〔一五〕爲弭德超所譖出爲天平軍節度　長編卷二四太平興國八年正月戊寅條載：「先是，上念征戍勞苦，月賜緣邊士卒白金，軍中謂之『月頭銀』。鎮州駐泊都監、酒坊使弭德超因乘間以急變聞於上云：『樞密使曹彬秉政歲久，能得士衆心。臣適從塞上來，戍卒皆言「月頭銀曹公所致，微曹公，我輩當餒死矣」。』又巧誣以它事，上頗疑之。參知政事郭贄極言救解，上不聽，戊寅，彬罷爲天平節度使、兼侍中。」

〔一六〕旬餘太宗悟其事待之愈厚　長編卷二四太平興國八年四月壬子條載，是日，樞密副使弭德超「除名，並親屬流瓊州」。至「德超既敗，上悟曹彬無它，待之愈厚」。按，此處「旬餘」云云，當屬飾詞。

〔一七〕上至令分屯邊城追諸將歸闕　長編卷二七雍熙三年五月丙子條云：「上始聞曹彬等軍敗，乃詔諸將領兵分屯于邊，召彬及崔彦進、米信入朝，田重進率全軍駐定州，潘美還代州。」

〔一八〕彬退兵無復行伍爲虜所躡遂至於敗　長編卷二七雍熙三年五月庚午條云：時「有敵酋領萬騎與米信戰，相持不解，俄遣使紿言乞降。上蔡令大名柳開督饋餉隨軍，謂信曰：『此兵法所謂無約而請和者也。彼將有謀，急攻之，必勝。』信遲疑不決。踰二日，敵復引兵挑戰。後偵知，果以矢盡，俟取於幽州也。彬雖復得涿州，時方炎暑，軍士疲乏，所齎糧又不繼，乃復棄之，還師境上。彬初欲令所部將開封盧斌以兵萬人戍涿州，斌懇言：『涿州深入北地，外無援，內無食，丁籍殘失，守必不利，不若以此萬人結陣而去，比於固守，其利百矣。』彬從其言，令斌擁城中老幼並狼山而南，彬等以大軍退，無復行伍，爲敵所躡。五月庚午，至岐溝關北，敵追及之，我師大敗。彬等收餘軍宵涉巨馬河，營於易水之南。李繼宣力戰巨馬河上，敵始退，追奔至孤山。方涉巨馬河，人畜相蹂踐而死者甚衆。知幽州行府事、右諫議大夫劉保勳馬陷淖中，其子開封兵曹利涉督芻粟隨軍，常從其後，盡力掀之，不能出，遂俱死。殿中丞孔宜亦隨軍督芻粟，溺於巨馬河。」

〔一九〕餘皆以次降黜　長編卷二七雍熙三年七月庚午條載其餘將責降：「守文爲右屯衛大將軍，潛爲右領軍衛大將軍，彥圭爲歸州團練副使，廷山爲復州團練副使，玉除名配商州，繼昭罷文思使爲供奉官」。

〔二〇〕彬性仁恕清慎遜言恭色　歸田錄卷一云：「曹武惠王彬，國朝名將，勳業之盛，無與爲比。嘗曰：『自吾爲將，殺人多矣，然未嘗以私喜怒輒戮一人。』其所居堂室敝壞，子弟請加修葺，公曰：『時方大冬，墻壁瓦石之間，百蟲所蟄，不可傷其生。』其仁心愛物蓋如此。既平江南回，詣閤門入見，牓子稱『奉勑江南勾當公事回』。其謙恭不伐又如此。」涑水記聞卷三云：「曹侍中彬爲人仁愛多恕，平數國，未嘗妄斬人。嘗知徐州，有吏犯罪，既立案，逾年然後杖之，人皆不曉其旨，彬曰：『吾聞此人新娶婦，若杖之，彼其舅姑必以婦爲不利而惡之，朝夕笞罵，使不能自存。吾故緩其事，而法亦不赦也。』其用志如此。」澠水燕談錄卷二名臣云：「曹冀王彬，前後帥師征討諸國，凡降四國主，江南、西川、廣南、湖南也，未嘗殺一無辜，功名顯著，爲諸將之首。」

〔二一〕子璨瑋玹玘珣琮　澠水燕談錄卷二名臣云曹彬「諸子皆賢令，瑋、琮、璨繼領旄鉞。陶弼觀王畫像，有詩曰：『蒐兵四解降王縛，教子三登上將壇。』其後，少子玘追封王爵，實生光獻慈聖太皇太后，輔佐仁宗，母儀天下。累朝聖功仁德，天下懷慕，以至濟陰，生享王爵。子孫昌熾，世世無比，非元功陰德，享報深厚何以及此，雖漢馬、唐郭，迨無以過此。嗚呼盛哉」！宋史曹彬傳云：「玘之女即慈聖光獻皇后也，芸累贈魏王，彬韓王，玘吳王，謚曰安禧。」

附：五朝名臣言行錄卷一之二樞密使濟陽曹武惠王引曹彬行狀

王事周，嘗監蒲州軍，蒲帥王仁鎬性長厚，以王帝室近親，尤所加禮，而王恭謹彌至，雖公府宴樂，必端簡終，日未嘗旁視。王公謂從事曰：「老夫自謂夙夜匪懈，今覩監軍，誠散率之甚也。」

使吳越，宣賚既畢，即日而迴，私覿之禮，皆所不受。越人追以奉之，王猶不納。既而曰：「吾或終拒之，是近名也。」遂盡籍其數，歸奏世宗，願納内帑。世宗曰：「前使東南者，皆分外求索，是致遠人頗輕朝命。汝獨如此，可謂賢矣。然此常禮，不必固辭。」王始拜賜，悉散遺親舊，不留一錢。

充晉州兵馬都監，劉鈞盜據并汾，晉爲敵境。王未及壯，爰膺戎寄，晝則訓練，夜則警巡，食無膏粱，衣靡文采。嘗一日，王與主帥暨諸賓從環坐於野，適有鄰道守將命單介馳書詣王，使人素不識，潛問人曰：「誰爲曹公？」有指王以示之者，使人初謂其紿也，笑曰：「豈有國戚近臣，肯衣弋綈袍、坐木素胡床者乎？」審視之方信。其簡儉如此。

太祖始在潛躍，實典禁軍，以王中立不倚，尤所推重。然王非因公事，未嘗造門，群居醮樂，亦所罕至。太祖益以此奇之。建隆二年，自平陽召歸，謂曰：「我當日常欲親汝，汝何故疏吾？」王頓首謝曰：「臣事周朝，連葭莩之親，復忝内職，靖恭守位，猶恐獲過，安敢妄有交納？」太祖曰：「朕素知汝意，方將擢用，宜罄乃誠，以輔新邦也。」

大舉伐蜀，詔劉光義充歸州路行營前軍副部署，以王爲都監。始破三會、巫山寨，次平夔州，又取遂州。時諸將皆欲屠城殺降，以逞威暴，唯王申禁戢之令，明勸賞之法，繇是乘破竹之勢，不血刃而峽中郡縣悉下。兩川平，王與諸將會成都，大將王全斌等日夕縱酒，不恤軍事，部下列校，皆求取無厭，蜀人苦之。王屢勸全斌等宜速振旅凱旋，全斌等逗留不發。卒致全師雄等作亂，郡縣相應，盜賊蜂起。王與崔彦進悉力剪平之。洎全斌等歸闕，太祖盡得全斌等所爲事狀，又面詰王仁贍，仁贍歷詆諸將奢縱不法事，冀以自解，止言清畏廉恪，唯曹彬一人耳。太祖大怒，全斌等並下吏議。即日授王宣徽南院使，充義成軍節度使。王獨懇請曰：「收蜀將校皆得罪，臣以無功獨蒙厚賞，恐無以勸天下。」太祖笑曰：「卿有茂功，加以不伐，設有微累，仁贍肯惜言哉？夫懲惡勸善，此所以勵臣子也。」王不敢辭。

王與太祖密論天下事，無不合上意，而公堂會議，如不能言。太祖益所器重。江南文武官吏，賴王保全，皆得其所。親屬有爲軍士所掠者，王即時遣還之。因大搜軍中，無得匿人妻女。倉廩府庫，悉委轉運使按籍檢視，王一不問。振乏絶，恤鰥寡，仁人之心，無所不至。吴人大悦。及歸，舟中無他物，惟圖籍、衣被而已。

以功拜樞密使。王在宥密，常公服危坐，如對君父，接小吏亦以禮，未嘗以名呼。歸私第，唯閉閤宴居，不妄通賓客。五鼓纔動，已待漏於禁門矣，雖雪霜不易其操，如此者八年。

王和氣接物，煦如陽春；忠誠事君，皎如白日。不以富貴驕人，唯以謙恭自處。兩總機密，五臨蕃翰，位益高而志益下，寵愈厚而憂愈深。不蓄羨財爲子孫計，不樹私黨爲門館恩。所居之宅，僅芘風雨；敗簷疏牖，不堪其憂。而王處之，恬然自若。喜愠之色，家人不知；湛然澄波，莫窺其際。所以西降蜀，南平吴，出將入相，善始令終者，蓋王能以功業自全，而善守富貴也。加以歷代治亂，近朝興廢，燦然胸中，問一知十，每與朝士清談終日，鴻儒碩生，自以爲不及。

曹武穆公瑋行狀[一]　荆公王安石

公諱瑋，字寶臣，真定府靈壽縣人。少以蔭爲天平、武寧二軍牙内都虞候[二]。至道中，李繼遷盜據河西銀、夏等州，後又擊諸部，并其衆[三]。李繼隆、范廷召等數出無功，而朝廷終棄靈武[四]。繼遷遂强，屢入邊州爲寇。當是時，公爲東頭供奉官、閤門祇候，年十九。太宗問大臣誰可使當繼遷者，武惠王以公應詔[五]，太宗以知渭州，而欲除諸司使以遣之，武惠王爲公固讓，乃以本官知渭州[六]。

真宗即位，改内殿崇班、閤門通事舍人、西上閤門副使，移知鎮戎軍[七]。當是時，繼遷虐使其衆，人多怨者。公即移書言朝廷恩信，撫納之厚以動之。羌人得書，往往感泣，於是康奴諸族皆内附。咸平六年，繼遷死[八]，其子德明求保塞。公上書言：「繼遷擅中國要害地，終身旅拒，使謀臣狼顧而西憂。方其國危子弱，不即捕滅，後更强盛，無以息民。」當是時，朝廷欲以恩致德明，寢其書不用。而河西大族延家、妙娥等①，遂拔其部人來歸。諸將猶豫，未知所以應。公曰：「德明野心，去就尚疑。今不急折其羽翮而長養就之，其飛必矣。」即自將騎士入天都山取之内徙。德明由此遂弱，而至死不敢窺邊[九]。

大中祥符元年召還，除西上閤門使、邠寧環慶路兵馬都鈐轄兼知邠州[一〇]。東封，遷東上閤門使、高州刺史，再移真定府定州路都鈐轄[一一]，已而又以爲涇原路都鈐轄兼知渭州[一二]。公乃圖涇原、環慶兩路山川城郭戰守之要以獻，真宗留其一樞密院，而以其一付本路，使諸將出兵皆按圖議事。祀汾陰，遷四方館使。初，章埋驕於武延鹹泊，撥臧掘强於平涼，公皆誅之[一三]，而汧渭之間，遂無一羌犯塞。

八年，遷英州團練使、知秦州[一四]。秦西南羌唃厮囉、宗哥立遵始大[一五]，遵獻方物，求稱「贊普」。公上書言：「夷狄無厭，一足其求，必輕中國。」大臣方疑其事，會得公書，遂不許，而猶以爲保順軍節度使[一六]。公曰：

---

① 而河西大族延家妙娥等　「娥」字原脱，據五朝名臣言行録卷三之五樞密曹武穆公引行狀及東都事略、宋史曹瑋傳補。

「我狃遵矣，又將爲寇，吾治兵以俟爾。」遵使其舅賞樣丹招熟户郭厮敦爲鄉導①，公即誘樣丹捕厮敦，而許以一州。樣丹終殺厮敦②，公遂奏以爲順州刺史③，而樣丹亦舉南市城以獻[一七]。先是，張佶知秦州生事④，熟户多去，爲遵耳目。及公誅樣丹，即皆惶恐避逃，公許之入贖自首，還故地[一八]，而至者數千人。後遂怙服，皆爲用。至明年，囉、遵果悉衆號十萬，寇三都⑤。公帥三將破之[一九]，追北至沙州，所俘斬以萬計。事聞，除客省使、康州防禦使。其後又破滅馬波叱臘、鬼留等諸羌，囉、遵遂以窮孤入磧中⑥[二〇]。而公斥境隴上，置弓門、威遠凡十寨，自是秦人無事矣。

天禧三年召還，除華州觀察使，以西人之恃公也，復以爲鄜延路馬步軍都部署⑦[二一]。四年，遂除宣徽北院使、鎮國軍節度觀察留後、簽署樞密院事[二二]。丁晉公用事，稍除不附己者，既貶寇萊公，即指公爲黨，改宣徽南院使，出爲環慶路都部署[二三]，又降容州觀察使、知萊州[二四]。晉公貶，乃以公爲華州觀察使、知青州。天聖三年，除彰化軍節度觀察留後、知天雄軍，又移知永興軍[二五]，而詔使來朝。至則除昭武軍節度使，而復還之天雄。

---

① 遵使其舅賞樣丹招熟户郭厮敦爲鄉導　「賞樣丹」原作「賞樣舟」，據文海本、庫本、臨川集卷九〇曹穆公行狀及下文改。
② 樣丹終殺厮敦　「終殺」二字原闕，據臨川集卷九〇曹穆公行狀補。
③ 公遂奏以爲順州刺史　「順州」原作「穎州」，據長編卷八六大中祥符九年三月丙午條及隆平集、東都事略、宋史曹瑋傳改。
④ 張佶知秦州生事　「張佶」二字原闕，據臨川集卷九〇曹穆公行狀補。按宋史曹瑋傳云：「初，張佶知秦州，置四門砦，侵奪羌地，羌人多叛去，畏得罪不敢出。」
⑤ 寇三都　「三都」，隆平集、東都事略、宋史曹瑋傳作「三都谷」。
⑥ 囉遵遂以窮孤入磧中　「入磧中」，臨川集卷九〇曹穆公行狀作「逃入磧」。
⑦ 復以爲鄜延路馬步軍都部署　「都部署」，元憲集卷三三曹公行狀、長編卷九三天禧三年三月壬申條作「副都部署」，宋史卷二五八本傳亦作「副都總管」，則當以「副都部署」爲是。

五年，以疾病求知孟州，得之。會言事者以公宿將，有威名，不當置之閑處，乃以爲真定路馬步軍都部署、知定州。七年，换彰武軍節度使。八年正月薨于位①，年五十八。今皇帝爲罷朝兩日，贈侍中，謚曰武穆。

公爲將幾四十年，用兵未嘗敗衂，尤有功於西方。舊羌殺中國人，得以羊馬贖死如羌法。公以謂如此非所以尊中國而愛吾人，奏請不許其贖[二六]。又請補内附羌百族以上爲軍主，假以勳階爵秩如王官[二七]，至今皆爲成法。陝西歲取邊人爲弓箭手，而無所給。公以塞上廢地募人爲之，若干畝出一卒，若干畝出一馬，至其種斂，爲發州兵戍守[二八]，至今邊賴以實，所募皆爲精兵。在渭州，取隴外籠干川築城②，置兵以守，曰：「後當有用此者。」及李元昊叛，兵數出，卒以籠干爲德順軍③。而自隴以西，公所措置，人悉以爲便也。自三都之戰，威震四海，唃廝囉聞公姓名，即以手加頟[二九]。在天雄，契丹使過魏地，輒陰勒其從人，無得高語疾驅。至，多憚公不敢仰視。契丹既請盟，真宗於兵事尤重慎，即有邊奏④，手詔詰難，至十餘反，而公每守一議，終無以奪。真宗後愈聽信，有論邊事者，往往密以付公可否。

公好讀書，所如必載書數兩，兼通春秋公羊穀梁左氏傳，而尤熟於左氏。始娶潘氏，馮翊郡夫人[三〇]，忠武軍節度使、同中書門下平章事、韓國公美之子；後娶沈氏，安國太夫人⑤，故相左僕射倫之孫、光禄少卿繼宗之

---

① 八年正月薨于位　按，曹瑋卒日，元憲集卷三三曹公行狀、卷三四曹公墓誌銘稱「正月丁卯」，長編卷一〇九、宋史卷九仁宗紀在正月甲戌。

② 取隴外籠干川築城　「籠干」原作「籠于」，據臨川集卷九〇曹穆公行狀、五朝名臣言行録卷三之五樞密曹武穆公引行狀改。按，下文同改。又長編各卷、元憲集卷三三曹公行狀、卷三四曹公墓誌銘及隆平集、東都事略、宋史曹瑋傳作「籠竿」，宋史卷八七地理志三作「隴干」。

③ 卒以籠干爲德順軍　「德順軍」原作「順德軍」，據五朝名臣言行録卷三之五樞密曹武穆公引行狀、宋史卷八七地理志三乙改。

④ 即有邊奏　「奏」，臨川集卷九〇曹穆公行狀作「事」。

⑤ 安國太夫人　元憲集卷三三曹公行狀、卷三四曹公墓誌銘稱「吴興郡夫人」。按，此當爲日後沈夫人以子貴而加封者。

子。子男四人①：僖，禮賓使②、知儀州，當元昊叛時，以策説大將，不能用，反罪之③，遷韶州以死；倚，終内殿崇班；倎④，供備庫副使，拒元昊於瓦亭，戰死，贈寧州刺史；倩⑤，右侍禁。一女子，適四方館使、榮州刺史王德基。孫五人：諒、諷，東頭供奉官；誼，右侍禁、閤門祇候；謂，三班奉職；諮，右班殿直。

謹具歷官、行事狀如右。

辨證：

［一］曹武穆公瑋行狀　本行狀又載於王安石臨川集卷九〇，題曰「彰武軍節度使侍中曹穆公行狀」。按，曹瑋，隆平集卷九、東都事略卷二七、宋史卷二五八有傳；宋庠元憲集卷三三載有宋故推誠翊戴功臣彰武軍節度延州管内觀察處置等使金紫光禄大夫檢校太傅使持節都督延州諸軍事延州刺史兼御史大夫上柱國武威郡開國公食邑六千五百户食實封一千六百户贈侍中曹公行狀，卷三四載有宋故推誠翊戴功臣彰武軍節度延州管内觀察處置等使金紫光禄大夫檢校太傅使持節都督延州諸軍事延州刺史兼御史大夫上柱國武威郡開國公食邑六千五百户食實封一千六百户贈侍中曹公墓誌銘。據本行狀下文云及曹瑋妻沈氏贈封及其子任官情況，知其撰時當晚於宋庠曹公行狀。

［二］少以蔭爲天平武寧二軍牙内都虞候　元憲集卷三三曹公行狀云曹彬「節制鄆、徐也，並奏署公爲天平、武寧二軍牙内都虞候」。

---

① 子男四人　元憲集卷三三曹公行狀、卷三四曹公墓誌銘稱其三子，無曹倩。按，隆平集曹瑋傳亦稱四子。

② 禮賓使　元憲集卷三三曹公行狀、宋會要輯稿刑法四之二〇作「禮賓副使」。

③ 反罪之　原作「反之罪」，據臨川集卷九〇曹穆公行狀乙改。

④ 倎　臨川集卷九〇曹穆公行狀作「俁」；又隆平集曹瑋傳作「僅」，元憲集卷三三曹公行狀、卷三四曹公墓誌銘亦作「倎」。

⑤ 倩　原作「債」，據庫本、臨川集卷九〇曹穆公行狀及隆平集曹瑋傳改。

〔三〕至道中李繼遷盜據河西銀夏等州後又擊諸部并其衆　宋史卷四八五夏國傳上云：當李繼捧歸宋，李繼遷「時年二十，留居銀州，及使至，召緦麻親赴闕，乃詐言乳母死，出葬于郊，遂與其黨數十人奔入地斤澤。……繼遷復連娶豪族，轉還無常，漸以彊大，而西人以李氏世著恩德，往往多歸之。繼遷因語其豪右曰：『李氏世有西土，今一旦絶之，爾等不忘李氏，能從我興復乎？』衆曰：『諾。』遂與弟繼冲、破丑重遇貴、張浦、李大信等起夏州，乃詐降，誘殺曹光實于葭蘆川，遂襲銀州據之。時雍熙二年二月也」。

〔四〕李繼隆范廷召等數出無功而朝廷終棄靈武　宋史卷四八五夏國傳上載至道二年九月，太宗「親部分諸將，繼隆出環州，丁罕出慶州，范廷召出延州，王超出夏州，張守恩出麟州，五路進討，直抵平夏。繼隆以環州路迂，乃自青岡峽遶靈武徑趨平夏，兵行數日，與丁罕合，又行十餘日無所見，乃引還。張守恩遇之，不戰而遁。王超、范廷召遇之于烏白池，大小數十戰，不利，諸將失期，士卒困乏」，遂退。咸平「五年三月，繼遷大集蕃部，攻陷靈州，以爲西平府。六年春，遂都于靈州」。

〔五〕武惠王以公應詔　據長編卷五五咸平六年六月丁丑條注曰：「仁宗實録：曹瑋年十九，彬爲樞密使，薦瑋。按瑋生於開寶五年壬子，卒于天聖七年己巳。年十九時，當淳化元年庚寅也。彬自太平興國八年罷樞密使，真宗即位，乃復入。淳化初，彬實在徐州。傳載瑋事要亦不詳。」

〔六〕乃以本官知渭州　按元憲集卷三三曹公行狀載，時「詔以本職同知渭州」，至「咸平二年，正領州事」。

〔七〕移知鎮戎軍　長編卷五六景德元年四月甲寅條云：「先是，知鎮戎軍許均與鈐轄秦翰領兵入蕃界，斬賊獲生口，招降部落甚衆；又課戍卒浚隍塹設險，人甚便之。嘗出巡警，至隴山木峽口，上以其無故離屯，且無應援，慮爲狂寇奔突，詔書切戒焉。俄以其不明吏治，自渭州徙曹瑋代之。」

〔八〕咸平六年繼遷死　宋史卷四八五夏國傳上載李繼遷卒於景德元年正月二日。長編卷五六景德元年二月丁巳條注曰：「繼遷傳及吐蕃傳並載繼遷死在去年十一月，稽古録亦云。獨本紀、實録仍於今年二月載之，恐傳、録因西涼事并書，其實在今年正月也。若果在去年十一月，則不應二月始奏聞也。」

〔九〕德明由此遂弱而至死不敢窺邊　石林燕語卷一〇云：「曹瑋帥秦州。當趙德明叛，邊庭駭動，瑋嘗與客對棋。軍吏報有叛卒投德明者，瑋奕如常；至於再三，徐顧吏曰：『此吾遣使行，後勿復言也。』德明聞之，殺投者，卒遂不復叛。」汪應辰辨云：「曹知渭州，非秦州也。」按，長編卷六三景德三年五月己巳條係此事於曹瑋知鎮戎軍時。

〔一〇〕大中祥符元年召還除西上閤門使邠寧環慶路兵馬都鈐轄兼知邠州　長編卷六四景德三年十一月庚戌條云：「以知鎮戎軍曹瑋久在邊城，頗著勞効，欲遷其秩，乃召令赴闕。」又卷六五景德四年三月乙丑條云：「西上閤門副使曹瑋爲西上閤門使，賞其扞邊之功也。瑋在鎮戎，嘗出戰少捷，敵兵去已遠，乃驅所掠牛羊輜重緩還，頗失部伍，其下憂之，言於瑋曰：『牛羊無用，徒縻軍，不若棄之，整衆而歸。』瑋不答，使人候敵兵。敵去數十里，聞瑋利牛羊而師不整，遽還襲之。瑋行愈緩，得地利處乃止，以待之。敵軍將至，使人迎謂之曰：『蕃軍遠來必甚疲，我不欲乘人之怠，請休憩士馬，少旋決戰。』敵兵方苦疲甚，皆欣然，嚴軍而歇。良久，瑋又使人諭之曰：『歇定，可相馳矣。』于是各鼓軍而進，一戰大破敵師，敵遂棄牛羊而還。徐謂其下曰：『吾知彼已疲，故爲貪利以誘之。比其復來，幾行百里矣。若乘鋭便戰，猶有勝負。遠行之人，若少憩，則足痺不能立，人氣亦闌。吾以此取之。』」按，曹瑋四年六月己酉爲邠寧環慶都鈐轄、兼知邠州，乃代周瑩。

〔一一〕再移真定府定州路都鈐轄　長編卷七三大中祥符三年三月癸卯條載：「徙環慶路鈐轄、東上閤門使、高州刺史曹瑋爲鎮定路鈐轄。上以瑋立效西鄙，欲其諳河朔戎事，故有是命。」

〔一二〕已而又以爲涇原路都鈐轄兼知渭州　長編卷七四大中祥符三年八月戊午條載：「徙鎮定路鈐轄曹瑋於涇原路，代楊懷忠。時趙德明率所部出大里河築柵，蒼耳、平興、永平界蕃部相劫殺，故令瑋制禦之。」

〔一三〕初章埋驕于武延鹹泊撥臧掘彊於平涼公皆誅之　元憲集卷三三曹公行狀云：「札瑪克部大入，數爲寇害。四年夏，公勒兵與大將支軍出武延鹹泊川，合擊破之，捕斬首功數百，奪甲鎧駝馬牛羊居多。上書讓州事，願專督兵要，密詔不許。五原外界有巴勒臧族，屢違王命，公因按塞夜襲之，殲其衆。厥後屬國羌無敢叛者。」宋史曹瑋傳云其「與秦翰破章埋族于武延川，分兵滅撥臧于平涼，於是隴山諸族皆來獻地」。按，札瑪克部即章埋，巴勒臧族即撥臧。

〔一四〕遷英州團練使知秦州　長編卷八五大中祥符八年九月甲寅條載：「以引進使、高州刺史、涇原路駐泊都鈐轄、知渭州曹瑋領英州團練使、知秦州兼緣邊都巡檢使、涇原儀渭州鎮戎軍緣邊安撫使，別鑄安撫使印給之。時宗哥唃厮囉立文法，聚衆數十萬，遣人入奏，願討平夏以自效。上以爲戎人多詐，慮緩急寇邊，侵擾熟户，先命周文質監涇原軍，又徙瑋是州，兼兩路事以備之。」

〔一五〕秦西南羌唃厮囉宗哥立遵始大　宋史卷四九二唃厮囉傳云：「唃厮囉者，緒出贊普之後，本名欺南陵温籛逋。籛逋猶贊普也，羌語訛爲籛逋。生高昌磨榆國，既十二歲，河州羌何郎業賢客高昌，見厮囉貌奇偉，挈以歸，置𢈪心城，而大姓聳昌厮均又以厮囉居移公城，欲於河州立文法。河州人謂佛『唃』，謂兒子『厮囉』，自此名唃厮囉，於是宗哥僧李立遵、邈川大酋温逋奇略取厮囉如廓州，尊立之。部族寖彊，乃徙居宗哥城，立遵爲論逋佐之。」

〔一六〕而猶以爲保順軍節度使　長編卷八六大中祥符九年三月辛酉條載宋廷於賞樣丹誅郭厮敦以後，「以西蕃宗哥族李遵爲保順軍節度使，賜襲衣、金帶、器幣、鞍馬、鎧甲等。遵……屢祈朝廷爵命，於是又求稱『贊普』。曹瑋言：『春秋許夷狄，不一而足。贊普，可汗號也，使遵一言得之，則何以處唃厮囉耶？且復有求，漸不可制。請如厮鐸督例，授官可也。』上與輔臣議其事，王旦曰：『遵輒求贊普，欲居唃厮囉上，而厮囉顧無所求。遵驕恣甚矣，然不可不納。』遂從瑋請」。

〔一七〕遵使其舅賞樣丹招熟户郭厮敦爲鄉導至而樣丹亦舉南市城以獻　長編卷八六大中祥符九年三月乙巳條云：「秦州蕃部賞樣丹者，唃厮囉之舅也，厮囉使與熟户郭厮敦謀立文法於離王族，謂厮敦曰：『文法成，可以侵漢邊，復蕃部舊地。』曹瑋知之，厚結厮敦，嘗解寶帶予焉。厮敦感激，求自效，謂瑋曰：『吾父何所使？欲得吾首，猶可斷以獻。』瑋察其誠，謂曰：『我知賞樣丹時至汝帳下，能爲吾取賞樣丹乎？』厮敦愕然，曰：『諾。』後十餘日，果斬其首以至。」又丙午條云：「瑋請加爵命，上深嘉瑋功，欲顯賞厮敦，又慮唃厮囉以瑋潛遣人害其親族爲言，或致紛擾，賜瑋詔，令詳度之。瑋方議築南市城，奏厮敦獻地宜賞，乃授厮敦順州刺史。南市本曰南使，蕃語訛謂之南市，西南距州百五十里，東北距籠竿城八十里，秦、渭相接，扼西戎要處也。瑋請用秦、渭五州兵及近寨弓箭手，城而居之，異日戍兵代還，則別募勇士三千爲南市城弓箭手。」按，由上可知本行狀云云實誤，即「公即誘樣丹捕厮敦，而許以一州。樣丹終殺厮敦」，當作「公即誘厮敦捕樣丹，而許以一州，厮敦終殺樣丹」；而「而樣丹亦舉南市城以獻」之「樣丹」，亦當作「厮敦」。

〔一八〕公許之入贖自首還故地　宋史曹瑋傳云時「瑋招出之，令入馬贖罪，還故地，至者數千人，每送馬六十匹，給綵一端」。

〔一九〕至明年囉遵果悉衆號十萬寇三都公帥三將破之　長編卷八八大中祥符九年九月丁未條云：「曹瑋言宗哥唃厮囉、蕃部馬波叱臘、魚角蟬等率馬御山、蘭州、龕谷、氈毛山、洮河、河州兵三萬餘人入寇，至伏羌寨三都谷，即領兵擊敗之，逐北二十餘里，斬首千餘級，生擒七人，獲馬牛、雜畜、衣服、器仗三萬三千計。馬波叱臘等遁去。」東軒筆録卷二云：「唃厮囉，唐吐蕃贊普之後，據邈川之宗哥城，盡有河隍之地。祥符中，用蕃僧立遵之策，將衆十萬，穿古渭州入寇。時曹瑋以引進使知秦州，領騎卒六千，守伏羌城。聞賊已過畢利城，瑋率諸將渡渭逆之，遂合戰於三都谷，賊軍雖衆，然器甲殊少，在後者所持皆白搭毛連，以備劫虜而已。瑋知其勢弱不足畏，欲以氣凌之，自引百騎穿賊陣，出其後，升高指揮，軍中鼓噪夾擊，賊大潰，斬首三千級。明日，視林薄間，中傷及投崖死者萬計。瑋之威名，由是大震，唃氏自此衰弱矣。」

〔二一〇〕囉遵遂以窮孤入磧中　宋史曹瑋傳云：「宗哥大首領甘遵治兵于任奴川，瑋遣間殺遵，及破魚角蟬所立文法于吹麻城。既而河州、洮蘭、安江、妙敦、邈川、黨逋諸城皆納質爲熟户。時瑋作塹抵拶囉咙。拶囉咙，西蕃要害地也。先是，瑋遣小吏楊知進護賜物通甘州可汗王，還過宗哥界，立遵邀知進語曰：『秦州大人直以兵入拶囉咙來，幸爲我言，願罷兵，歲入貢，約蕃漢爲一家。』因使種人黨失卑陵從知進來獻馬。自是唃廝囉勢蹙，退保磧中不出。」

〔二一一〕復以爲鄜延路馬步軍都部署　長編卷九三天禧三年三月壬申條云：「慶州言柔遠蕃寇入境，巡檢楊承吉與戰不利，官軍殺傷頗衆。上曰：『德明素受朝令，何忽爾侵擾，豈邊將失於撫綏耶？』即命客省使、康州防禦使曹瑋爲華州觀察使、鄜延路副都部署、環慶秦州緣邊巡檢安撫使。委乞、骨咩、大門等族聞瑋至，歸附者千餘落。」

〔二一二〕遂除宣徽北院使鎮國軍節度觀察留後簽署樞密院事　長編卷九五天禧四年正月乙丑條云「簽署兼領蕃鎮，自瑋始也」。

〔二一三〕改宣徽南院使出爲環慶路都部署　長編卷九六天禧四年九月己未條注引徐度國紀云：「九月己未，樞密院奏事，上獨留曹利用及曹瑋，問瑋曰：『汝安得與朱能交通？』瑋曰：『臣實不識能，當是以臣有虛名於西鄙，欲借臣虛名耳。』因泣涕請出，上憐之，謂利用曰：『瑋可改官令出。』乃以爲宣徽南院使、環慶都部署。」李燾以爲徐度所載「不知何據」。

〔二一四〕又降容州觀察使知萊州　長編卷九八乾興元年二月戊辰條載宣徽南院使、鎮國軍留後曹瑋責授左衛大將軍、容州觀察使、知萊州，云：「瑋時任鎮定都部署，丁謂疑瑋不受命，詔河北轉運使、侍御史韓億馳往收其兵。……謂欲緣是并中億。而瑋得詔，即日上道，弱卒十餘人，不以弓韔矢箙自隨，謂卒不能加害。」按，據長編卷九七天禧五年八月庚戌條載徙環慶都部署、宣徽南院使、鎮國軍留後曹瑋爲鎮定都部署。注曰：「本傳闕此，今取實録追書，爲明年責萊州牧兵張本。」行狀亦闕載此事。

〔二一五〕又移知永興軍　長編卷一〇四天聖四年正月丙午條云：「初，涇環州屬羌作亂，陝西轉運使王博文劾奏周文質、王懷信擁兵玩寇，耗邊食，請用曹瑋及田敏代之。文質等既坐法，丙午，徙知天雄軍、彰化留後曹瑋知永興軍，使節制邊事。從博文之言也。瑋尋以疾免行，復知天雄軍。」

［二六］公以謂如此非所以尊中國而愛吾人奏請不許其贖　長編卷一〇九天聖八年正月甲戌條載舊例「羌殺邊民，入羊馬贖其死」，曹瑋特「下令曰：『羌自相犯，從其俗。犯邊民者，論如律。』自是無敢犯」。

［二七］又請補内附羌百族以上爲軍主假以勳階爵秩如王官　按宋史卷一九一兵志五蕃兵云蕃兵「其大首領爲都軍主，百帳以上爲軍主，其次爲副軍主、都虞候、指揮使、副兵馬使，以功次補者爲刺史、諸衛將軍、諸司使、副使、承制、崇班、供奉官至殿侍。其充本族巡檢者，奉同正員，月添支錢十五千，米麵傔馬有差。刺史、諸衛將軍請給，同蕃官例。首領補軍職者，月奉錢自三千至三百，又歲給冬服綿袍凡七種，紫綾三種。十將而下皆給田土」。

［二八］公以塞上廢地募人爲之至爲發州兵戍守　長編卷六〇景德二年五月癸丑條載曹瑋「言：『邊民應募爲弓箭手者，皆習障塞蹊隧，解羌人語，耐寒苦，有警可參正兵爲前鋒，而官未嘗與器械資糧，難責其死力。請給以境内閑田，永蠲其租，春秋耕斂，出兵而護作之。』詔：『人給田二頃，出甲士一人，及三頃者出戰馬一匹。設堡戍，列部伍，補指揮使以下，校長有功勞者，亦補軍都指揮使，置巡檢以統之。』其後鄜延、環慶、涇原并河東州軍，亦各募置」。

［二九］自三都之戰威震四海唃厮囉聞公姓名即以手加額　涑水記聞卷二云：「西蕃犯塞，候騎報敵將至，瑋方飲啗自若。頃之，報敵去城數里，乃起貫戴，以帛纏身，令數人引之，身停不動。上馬出城，望見敵陣有僧奔馬徑來於陣前檢校，瑋問左右曰：『彼布陣乃用僧邪？』對曰：『不然。此虜之貴人也。』瑋問軍中誰善射者，衆言李超，瑋即呼超指示之，曰：『汝能取彼否？』對曰：『憑太保威靈，願得五十騎裹送至虜陣前，可以取之。』瑋以百騎與之，勅曰：『不獲而返，當死。』遂進至虜陣前，騎左右開，超射之，一發而斃。於是，虜嗚笳，嘯而遁。瑋以大軍乘之，虜衆大敗，出塞窮追，俘斬萬計，改邊鑿濠。西邊由是慴服，至今不敢犯塞，每言及瑋，則加手於額，呼之爲父云。」又邵氏聞見後録卷二六云：「秦州伏羌城三都谷，有曹瑋武穆與羌酋李遵戰勝之地，羌人到今畏懾不敢耕，草木彌望。武穆以六月二十日生，邦人遇其日，大作樂，祭於其廟云。」

［三〇］始娶潘氏馮翊郡夫人　宋會要輯稿儀制一〇之二五云：「景祐二年二月，故彰武軍節度使、贈侍中曹瑋妻潘氏追封馮翊郡夫人，從瑋妻沈氏之請也。瑋先娶潘美女，而沈氏將議卜葬，以爲言，故有是命。」

名臣碑傳琬琰集中卷四十四

王文正公曾行狀[一]　文忠公富弼

故推誠保德崇仁守正協恭忠亮翼戴功臣、資政殿大學士、開府儀同三司、行尚書左僕射、判鄆州、上柱國、沂國公、食邑一萬二千五百户、食實封五千一百户、贈侍中。曾祖鐸，累贈太師、尚書令、中書令、越國公。曾祖母趙氏，趙國太夫人①。祖繼華，累贈太師、尚書令、陳國公。祖母劉氏，陳國太夫人；衛氏，楚國太夫人。考兼，皇任著作佐郎，累贈太師、尚書令、魯國公。母張氏，燕國太夫人；何氏，魯國太夫人。青州益都縣興儒鄉秀士里。姓王氏，諱曾，字孝先，年六十一。

王氏以爵祖於周，至東漢霸，始居太原，别族支居瑯琊及祁，皆爲望姓。而太原者尤著，世世有子不絶。公即太原人也。其先旅於無棣②，唐末屢徙，晉避地青社，遂家。

魯國太夫人始生公，法相甚異，魯公謂人曰：「是必大吾閭。」八歲亡怙恃，仲父工部撫愛逾所生③，公賴以

---

① 趙國太夫人　「趙」，庫本作「越」。

② 其先旅於無棣　「無棣」上原衍一「無」字，據庫本删。

③ 仲父工部撫愛逾所生　按，據本書中集卷五王文正公曾墓誌銘及東都事略、宋史王曾傳，王曾仲父名宗元。

育，事之如事父。鄉先生清河張震，年過九十，名有道，以經術教授，門人達者甚夥。公從而學，震以語工部曰：「老矣，未嘗見如是兒，觀其識致宏遠，終任將相。」年十五，時郡有田訟久不質，將佐患之。公偶與典校者坐，亟聞其昧設①，謂不可白，公立爲發其姦隱，訟者氣索，獄遂判理，人伏其幼悟。嘗適江左護外喪，度京口，大風起，舟子請急艤焉。公念赴喪事宜不得緩，促遂行。顧前後舟皆欲覆，公所乘獨安然以濟，聞者歎異之。

既冠，舉進士。咸平五年，試禮部及後殿，皆爲第一，署將作監丞、通判濟州。會北虜寇邊，京東地迫河朔，緣督供饋，濟人大擾。公推是具陳二道被苦，且指畫便宜以聞，上嘉其初任能志於民，報可。即代還，復試以文，舊制當屬學士、舍人院，寇萊公入相號賢，以公名盛，不與他埒，特召試政事堂，授著作郎、直史館，銀章赤紱，主判三司户部案。是歲，朝廷修虜好息民，遣使稱「北朝」，公卿以下謂事適然亡異論。公獨抗章曰：「古者尊中國，賤夷狄，直若首足。二漢始失，乃議和親，然禮亦不至均。今若是，是與之亢立，首足並處，失孰甚焉？狄固不可啓，臣恐久之非但並處，又病倒植，願如其國號契丹足矣。」章聖尤所賞激，然使者業已往，又重變，遂已[二]。

景德四年，領右正言、知制誥，賜三品服。明年祥符紀元，天子封泰山，入南臺爲北曹副郎。又明年，加史館修撰。四年畢汾祠，遷主客郎中。未幾，判大理寺。初用散郎，至是帝以不重，故特命公，且謂曰：「廷尉主天下獄，思得詳敏者治之乃不亂，無以易卿。」公因請得自辟署。既始於我，亦遂爲故事。五年，詔使虜。彼俗重射，邀公校其能，視公儒者，謂必負。虜人環擁左右，公一發破的，衆聳伏。迓者邢祥辯給，好以氣凌人，盛稱本國宗枝賢，且相友愛，近賜以鐵券。公曰：「鐵券所以安反側也，大臣功高不賞，天子疑則賜之，何用及親賢哉？」祥

① 亟聞其昧設　「設」，庫本作「語」。

大慙，然賜還不復語①。

六年，召入翰林爲學士。直日，先帝燕衣坐便殿賜對，罷就院，内使即諭曰②：「向渴卿甚，因不及御朝服見，亡謂吾嫚。」其爲人主尊敬如此。理局以寬明聞。俄知審刑院，法有違制者報徒，公請非親被旨以失論③，從杖。既外郡有以是具獄聞者，真宗怒，詔論如法，公執前議，上謹容曰：「若卿言④，自是無違制者。」公遽曰：「如詔旨，不復有失者。天下之廣，豈人人盡知制耶？惟上裁幸。」上悟，欣然下其議，因爲著令。佐吏趙廓立其後，聞之，出語人曰：「王公犯顔不撓，廓汗下不能仰視，公施施自若。」九年，轉兵部。逾月，以諫議大夫參知政事。

明年改元天禧，加給事中。時上方好神仙，築昭應、景靈、會靈三宮觀，以廬諸真，咸用弼臣領職[三]，得者以爲寵。公選爲會靈觀使，非志也，讓于冀國王公欽若。上以爲異，除禮部侍郎，罷知政[四]。入謝，上怒未霽，始責以「大臣當傅會國事⑤，何遽自異耶」，公頓首謝曰：「夫君從諫謂明，臣盡忠謂義。陛下不知臣駑，使待罪政府，臣知義而已，不知異也。」太尉王公旦時在列，歸以語所親曰：「予執政二十年，日夕見上，上意微忤即懼，逡巡不敢語。王貳卿始得進用，避觀使咈旨被詰，占對詞甚直，了不憚，過吾遠矣。」頃之，出守南京，稍遷天雄軍。四年，召還中書。數月，擢爲中書侍郎、平章事⑥。天聖三年，改門下，又累遷兼吏部。凡作相，領會靈觀、昭應

---

① 祥大慙然賜還不復語　按長編卷七九景德四年十二月己酉條云「祥媿，不復語」，疑「然賜還」三字屬衍文。

② 内使即諭曰　「諭」原作「論」，據清鈔本、庫本改。

③ 公請非親被旨以失論　「旨」字原脱，據宋史王曾傳補。

④ 若卿言　「言」字原脱，據宋史王曾傳補。

⑤ 大臣當傅會國事　「傅」原作「傳」，據清抄本、庫本改。

⑥ 四年召還中書數月擢爲中書侍郎平章事　按，據宋史宰輔表一，王曾於天禧四年八月召還復參政，再次年乃乾興元年，王曾於是年七月拜中書侍郎、平章事。此稱「數月」者不確。

宮二使，集賢殿、昭文館二大學士。

始之還也，會章聖病彌留，今上位儲，決政資善堂。劉后諷宰相丁謂謀臨朝，物議洶洶，搢紳皆潛有所去就。公恐計日中宮挾外援，圖所非冀，是未可以口舌争，即不聽，且何從倚辨，非所以安趙氏也。因説后戚錢公惟演曰：「帝仁孝結於民心深，今適不豫，且大漸，天下莫不延領屬吾儲君，而劉后遂欲稱制以疑百姓。公獨不見呂、武之事乎，誰肯附者？必如所欲，將劉氏無處矣。公實后肺腑，因何不入白，即帝不諱後立儲君，后建長樂宮輔政，此萬世之福也。」錢懼，從之。后因省，不復有它志。未幾，今上踐祚。遺詔軍國事權聽后旨，儀法久未決①。丁謂沿后素意，乃上議太后朝近臣，處大政，皇帝朝朔望獨見群臣，餘庶務悉令入内押班雷允恭傳奏禁中，取可否即下，不以覆。謂之黨附和以爲便。公颺言於朝曰：「是故欲壅上聽而絶下情耶？且天下公器，豈庸兩宮異位？又政出宦人，亂之起也，不可！」乃引後漢馬、鄧故事，奏凡御朝，帝坐左，母后坐右，而簾前奏事以次如常儀。納之。士大夫由是識上下之分。已而治定陵，謂果與允恭謀改吉卜，幸咎禍，事敗抵罪。謂之列佑于上曰②：「謂首被顧託，請以議功。」衆愕，未有以對。公進曰：「謂事干宗社，議功不及。」卒放謂於崖[五]，佑者隨廢[六]。

先是，謂用事，威賞皆專達，不謀於朝。既已竄，馮公拯繼爲上相，復躡故跡，公獨諭以禍福，且折其牙角，使不得露。自是事一決於兩宮。然而太后稍自尊侈，上徽號，乃欲御大安正寢受册。公執不從，遂降御文德殿。長寧上壽，復欲御大安，公又固執，益不許，卒御別殿。由是大失太后意，指昭應灾爲不職，免相事，出知青州。

---

① 儀法久未決　「儀」，儒林公議卷下王曾大節邦家賴焉作「議」。

② 謂之列佑于上曰　儒林公議卷下王曾大節邦家賴焉作「謂黨佑之曰」。

嗚呼！人臣大節，始見其心。平時立朝，被冠紱，逶迤矩步，自飾邊幅，坐與人談忠義，若不恤死。及見人主，則迎意苟合，夙夜醞巧智，媚悦萬狀，以固禄位。時復悻悻眩小直，干細人之譽。一日國有大事，相顧色喪，噤不敢開口，亦不自愧羞。豈如公方太后時，主少國疑，人無一志，大臣不協恭，而奮不慮己，特以身捍患，遇事必立，見非義，未嘗不直之。凡措置亡失策，動赴機會，左右王室，始終以寧，得俟上專政，光明剛健，其功業可稱道哉！與其小夫懦臣異日談也。

治青二年，再移天雄軍。威懷素著，人繪像事之。戎使每及境，必整其徒然後入；至宴勞時，坐皆有節，俯伏聽命不少譁。過別郡，乃大鼓譟，無行列，禁亦不止。俄領彰德軍節度使、檢校太尉，遷太師[七]。明年，加同平章事。又明年，徙判河南府。景祐元年，驛召拜樞密使。二年，遷右僕射，復門下侍郎，爲亞相，封沂國公①。久之，表以老不任，求解甚頻。至四年，授資政殿大學士，轉左僕射，判鄆州。將行，語弟皞曰：「唐李英公遺誡，可謂深切。」皞曰：「然終爲裔孫所累。」曰：「彼忠於國，奚暇保家爲？」君子益以是知公之心也。

五年冬十月甲戌，有巨星隕于寢。十一月癸卯感疾，丙午薨。君子曰：「知命矣。」辛丑，以喪如京師。訃聞，天子震悼，廢朝二日，贈侍中②，賻物加等，親與隸屬拜官者若干人，又詔鴻臚給葬事。家人狀理命辭于朝，許之。

公自一命至考終，位上宰，官二品，階與爵第一，勳第二，衍邑過萬户，恩禮之極也。中外煩使，大凡知通進銀臺司、審官院、禮儀院、三班院各再，判都省、大理寺、審刑院、糾察京獄、契丹生日、幸亳考制度使、南郊大禮使各一，試貢士三，修書時政記、定儀注、删條敕、釋御集等局總十有二，書尊號寶、受命寶、謚册文各一，幹任之重

① 封沂國公　「封」原作「啓」，據隆平集、東都事略、宋史王曾傳改。
② 贈侍中　「贈」原作「賻」，據清鈔本、庫本改。

也。自餘尤煩者不列焉。

更城所至，必首建學校，多出俸賜備經費。公天性過人，輔以學，所作必精詣極摯。凡居官，率以仁聞，平生亡分毫失。謹厚莊重，雖家居莫見其惰容。衷實自任，不妄與人語。至於親識書問，亦不必呴呴款密而情好自篤。不信怪，守南都日，有妖夜至，都人恐甚[八]，里門晝闔，至廢市，道路絶人。公大闢牙門，出自循拊，逮捕先聲者繫，由是妖遂滅。居大位，不植私恩，孜孜推進人物，終身使勿知[九]。或有謝者，必正容拒去。惟不引用親屬，有出上意者，亦奏嫌報罷。初拜參政，首議復諫臣，選忠孝者數人，俾盡規益，號無闕政。故公在相府僅七年，絶亡論事被黜者。又首議擇名儒敦勸講，繼命孫公奭、馮公元番侍經筵。每秋終，公率同列獻詩以賀。二者尤大佳事，一時朝廷翕然有風采。上嘗親署「忠亮忠厚」四大字獨賜公，用是益自感奮，勤勞王家，知無不爲。人望素重，比外遷，天下惜其去，再用，乃大喜。及是終也，皆失聲，閭巷相吊，非德至厚者孰與焉！世有年八十者，衆謂之壽，然既死，人不復經道，如向無其人。公之名與公遂不朽，人念之常如生，豈不所謂壽者耶？

公雅善屬文，深茂典懿，有兩制雜著五十卷、大任後集七卷、筆録遺逸一卷上之①，志在諷諫。有詔嘉獎，刻板均賜近位。又喜筆札琴阮②，皆極其妙[一〇]。

初娶蔡氏，處士光濟女，卒；再娶李氏，故相文靖公女；繼室以其妹，封許國夫人，賢令可法。子四男三女：曰綑，光禄寺丞；曰繂，亦光禄寺丞；曰縝，將作監丞；曰緣。縝與二女並早夭。初以子幼，取從兄子大理寺丞、秘閣校理繹爲子主後[一一]，遂克以葬。一女適屯田郎中沈惟温。

---

① 筆録遺逸一卷上之　按，宋史卷二〇三藝文志二著録王曾筆録一卷。

② 又喜筆札琴阮　「札」原作「孔」，據庫本改。

弼素稔公實，又嘗爲其僚，且辱公弟請，所不得讓。謹件係官次、行事，上考功，牒奉常。謹狀。

辨證：

［一］王文正公曾行狀　按，王曾，隆平集卷五、東都事略卷五一、宋史卷三一〇有傳，本書中集卷五載有宋祁王文正公曾墓誌銘。

［二］遂已　長編卷五八景德元年十二月辛丑條就王曾所云，注曰：「按兩朝誓書册内有景德元年誓書本，……又按仁宗實録，慶曆二年九月乙丑載契丹誓書，其所稱景德元年十二月七日誓書，與此並同，但有一二字不同耳。此誓書俱不稱南、北朝，不知王曾何故云『事已行，不果改』，當考。」

［三］咸用弼臣領職　按長編卷七九大中祥符五年十一月「是月」條云：「初置玉清昭應宫使，命宰臣王旦爲之。」又卷八三大中祥符七年八月甲寅條云：「置景靈宫使，以中書侍郎兼刑部尚書、平章事向敏中爲之。」卷八六大中祥符九年正月丙辰條云：「置會靈觀使，以參知政事丁謂爲之。」

［四］除禮部侍郎罷知政　按，王曾罷執政之由，據長編卷九〇天禧元年九月癸卯條云：「初，曾以會靈觀使讓王欽若，上意不懌。及欽若爲相，因欲排異己者，數譖之。會曾市賀皇后家舊第，其家未遷而曾令人輦土置其門，賀氏入訴禁中。明日，上以語欽若，遂罷政事。」宋史王曾傳略同。

［五］卒放謂於崖　東都事略卷四九丁謂傳云：丁謂「爲山陵使。允恭既有力於謂，謂德之，故遣允恭修陵域。允恭惑司天邢中和妄言，移皇堂於東南二十步。王曾具奏其事，以謂擅易陵寢，意有不善。……允恭既誅，謂罷相，爲太子少保、分司西京。謂次子玘與女冠劉德妙通，出入謂家，謂坐貶崖州司户參軍」。

［六］佑者隨廢　長編卷九八乾興元年六月癸亥條載丁謂得罪，宰執馮拯等「即殿隅議降黜之命。任中正言：『謂被先帝顧託，雖有罪，請如律議功。』曾曰：『謂以不忠得罪宗廟，尚何議耶？』乃責謂爲太子少保，分司西京」。又丙寅條載參知政事任中正罷爲太子賓客、知鄆州，「坐營救丁謂故也。中正弟中行、中師并坐降絀」。

［七］遷太師　本書中集卷五王文正公曾墓誌銘云其「稍換天平軍、檢校太師」。

［八］有妖夜至都人恐甚　長編卷九二天禧二年六月乙巳條云：「是夕，京師民訛言帽妖至自西京，入民家食人，相傳恐駭，聚族環坐，達旦叫譟，軍營中尤甚。上慮因緣爲姦，詔立賞格，募人告爲妖者。既而得僧天賞、術士耿概張崗等，令起居舍人吕夷簡、入内押班周懷政鞫之，坐嘗爲邪法，並棄市，其連坐配流者數人。然訛言實無其狀。」

［九］居大位不植私恩孜孜推進人物終身使勿知　長編卷一二二寶元元年十一月戊午條云王曾「前後輔政十年，其所進退士人，莫有知者。范仲淹嘗以問曾，曾曰：『夫執政者恩欲歸己，怨使誰當？』仲淹服其言」。

［一〇］又喜筆札琴阮皆極其妙　夏文彦圖繪寶鑑卷四稱王曾「書畫皆合格」。

［一一］取從兄子大理寺丞秘閣校理繹爲子主後　按，本書中集卷五王文正公曾墓誌銘稱王繹爲王曾同母弟王皞之子。

張忠定公詠行狀[一]　景文公宋祁

惟公稟尊嚴之氣①，凝隱正之量，粤在羇貫，不偕兒曹，嶷然志嚮，高自標置。始就外傅，即覽群經。書必味於義根，學乃知於言選。家貧無以本業，往往手疏墳史，每有屬綴，輒據庭樹槁枝而瞑，苟不終篇，未嘗就舍。磥若多節，默表大厦之材；居然晚器，弗示良工之璞。太原王摶名知人②，見公戄然異之③，獨謂公曰：「唐魏文公本生此鄉④，故

① 惟公稟尊嚴之氣　「惟」上，景文集卷六二張尚書行狀有「張詠字復之，年七十」八字。

② 太原王摶名知人　「王摶」，文海本、庫本作「王搏」。

③ 見公戄然異之　「戄」，景文集卷六二張尚書行狀作「愯」。

④ 唐魏文公本生此鄉　按，魏文公即魏征，謚文貞，因宋人避仁宗嫌名諱而略「貞」字。

老有言：『後五百年，復出一佳士。』元精回復，祭酒當之矣。」公謝不敢當。

興國四年，始遊鄴下，與故上谷寇公準推轂引重。時屬鄉里命秀，方國試言，府將雅欽公名，議爲舉首。夙儒張覃者，悃愊有行，疏略少文。公即以檄謁府，盛稱其長，覃終得薦，公爲之下。彙茅有吉，爵砥相先，讓夷之風，一變河朔。明年進士及第，釋褐大理評事、知鄂州崇陽，尤厲風績①[二]。大江之南，民俗文弊②，因以手而上下，獄爲人而重輕。公廉知其狀，痛繩以法，精力於職，擿伏如神，洗其鍥薄，鎮之忠厚。吏樂其職，多一笑而歸休；民協攸居，或減年而從役。就改將作監丞、著作佐郎。解秩，授太子中允[三]，闕掌麟州軍事。夏臺弗靖，西戎方强[四]。公繕起亭鄣，精明燧火，坐贊叔敖秉羽之策，多參嫖姚穿土之樂③。伐謀取勝，四鄙以安④。

端拱紀元，天田躬籍，轉秘書丞。明年，充禮部考試官。已事，復倅相州。一懼之年，宜爲親解，百斤之牘，終以懇辭。乞董濮上市征，以便迎養，詔可其奏。月餘，召賜五品服⑤，知浚儀縣，俄爲荆湖北路轉運使[五]。事不諉上⑥，世咨其清。劾罷太守姦贓疲愞者十數人，悉條所部廢格抗敝者百餘事⑦。稜威所振，吏皆股弁。察廉使上其理狀，璽書褒美。三年，遷太常，爲郎中。再旬，乘馹赴覲，加錫金紫。翌日，遷虞部爲郎中。再旬⑧，授

① 尤厲風績　「績」，景文集卷六二張尚書行狀作「節」。
② 民俗文弊　「俗」，景文集卷六二張尚書行狀作「裕」，似是。
③ 多參嫖姚穿土之樂　「土」，景文集卷六二張尚書行狀作「域」。
④ 四鄙以安　「四」，庫本作「西」。
⑤ 月餘召賜五品服　按，據張乖崖集附集卷一宋故樞密學士禮部尚書贈左僕射張公墓誌銘，其「召賜五品服」實在「明年」。
⑥ 事不諉上　「上」原作「止」，據庫本及景文集卷六二張尚書行狀改。
⑦ 悉條所部廢格抗敝者百餘事　「抗」原作「抗」，據庫本及景文集卷六二張尚書行狀改。
⑧ 再旬　按，本書上集卷一六張忠定公詠神道碑稱「未逾旬」，張乖崖集附集卷一張公墓誌銘稱「浹旬」。

樞密直學士，賜錢五十萬，判銀臺承進司①、門下封駁事兼三班院。河東大將張永德小校犯法，因笞而死，詔按其罪。公即封還制書，白上曰：「永德爲國牙爪，居天下勁兵處。若以一部曲摧辱主帥，臣恐有輕上之心。」上不納，因不關銀臺而下書譙讓。未幾，果有營兵脅訟軍候者，公復争前事，上輒優容謝之。

會賊順緣間，坤維搖亂[六]。偏師數萬，鼓行而西。太宗以爲潢池弄赤子之兵，荆棘生大軍之後，疇咨上輟崇簡，守臣參豫武功。蘇易簡白上曰：「某甫可屬大事，當一面。若奉將威命，降諭劇賊，陛下高枕，永無西顧之憂矣。」乃命公知益州。揆日占謝，賜白金一百四十斤。鴻卿出郊，不復内御；子顔引道，初無辨嚴。朝家方以大師未集，留之半歲，公潛簿所賜，上還長府。其秋，遂詔赴部，公終不復言。至道二年，改兵部，猶爲郎中。會丁新昌郡太夫人之喪，恩詔奪服。陽秋之義，不以家事爲辭；禮經所執，亦推順變之大。真考嗣曆，邇臣均霈，即拜諫議大夫。

歸朝，遷給事中、户部使。七旬，拜御史丞②。咸平二年，知貢舉[七]，杜絶書謁，時稱得人。夏，改工部侍郎、知杭州。五年，移京兆尹。明年，轉刑部，復爲樞密直學士，再知益州[八]。尋加吏部，猶爲侍郎。景德三年罷歸，領三班、登聞檢院，奉朝請。先時，生瘍於腦，至是弗損，家第賜告③，環中造適。移狀言上，酷請外藩④，尋知

---

① 判銀臺承進司　「承進」，景文集卷六二張尚書行狀、本書上集卷一六張忠定公詠神道碑、張乖崖集附集卷一張公墓誌銘皆作「通進」。按，齊東野語卷四避諱稱「本朝章憲太后父諱通」，故改「通進司爲承進司」。至明道間，「遂復舊」。

② 拜御史丞　景文集卷六二張尚書行狀作「拜御史中丞」。然宋文鑑卷一三六宋祁張文定公行狀亦作「御史丞」。

③ 家第賜告　「告」原作「居」，據庫本及宋文鑑卷一三六宋祁張文定公行狀改。按景文集卷六二張尚書行狀作「歸家第賜」，似誤。

④ 酷請外藩　「酷」字原闕，據景文集卷六二張尚書行狀、宋文鑑卷一三六宋祁張文定公行狀補。

金陵[九]，兼江南安撫使。岱宗成禮，改尚書左丞①。昇人以秩滿願留，即拜工部。汾脽飲至②，又進禮部，皆爲尚書。疾劇還臺，求訪高手，荐剡需頭之奏，願遂角巾之游。魏舒之先行後言，人無知其去位；平津之何恙不已，詔益勉於存神。猗違半年③，必於得謝。上不獲已，出公知陳州[一〇]。以大中祥符八年八月一日齊終于理下，享年七十。

嗚呼！景命弗究，宗工其萎，如仁均哀，殲我何贖！邦人改祠而爲諱，道路舉音以過喪。真宗聞訃震嗟，追贈尚書左僕射。以天禧四年十一月二十七日④，權窆於陳州宛丘縣孝悌鄉謝村焉，從宜也。

公始娶夫人唐氏，卒；繼室以太原郡夫人王氏，即河陽節度使顯之女，允執婦道，以佐君子，後公三年而歿。子從質，以父任累遷至衛尉丞，居公之喪一月，以毀而夭[一一]。女一人，適故内相王公禹偁子嘉祐。母弟詵，以公延賞，今爲虞部員外郎。孫四人：曰約、曰綜、曰綽、曰紳，咸以忠厚世其家。公階至正奉大夫，勳上柱國，爵開國公，食封三千七百，實户四百，其大較也。

公姿宇爽邁⑤，謀謨沉敏，道架俗表，氣籠霄極。任節俠，已然諾，不窕不槬，如玉如瑩。脩詞立誠，博見强志，篩書兼兩，賓蓋成陰。佐郡被邊，遭時右武，入螘封而試馬，回策若縈；張貍步以射侯，捨矢如破。總物纖

① 改尚書左丞　「左丞」，景文集卷六二張尚書行狀作「右丞」。按，本書上集卷一六張忠定公詠神道碑、張乖崖集附集卷一張公墓誌銘、宋史張詠傳皆作「左丞」。

② 汾脽飲至　「脽」原作「睢」，據景文集卷六二張尚書行狀改。按，史記卷一二孝武本紀：「始立后土祠汾陰脽上。」

③ 猗違半年　「猗」原作「徛」，據庫本及宋文鑑卷一三六宋祁張文定公行狀改。

④ 以天禧四年十一月二十七日　按，張乖崖集附集卷一張公墓誌銘稱在是年「八月二十九日」。

⑤ 公姿宇爽邁　「邁」原作「遇」，據庫本及景文集卷六二張尚書行狀改。

密，絶人遠甚。及夫司封駁，則詳言粹議，有任隗之沈正；總臺憲，則摧奸觸佞，有傅咸之剛簡。

治益部也，宿師屯結，縣官乏食，掾史搏手，狂狡啓心。公乃賤售盆鹽，翔貴困米，貿遷鍾豆，諷告鄉縣。民或妄言沮公，公斬之以徇。自是見糧大集，戰士倍氣矣[一二]。自不逞挺亂①，重城晏閉，主帥王繼恩、上官正頓師入保，埋根不進，坐失脱兔之拒，居若賈胡之留。公以爲將不親行，衆不可使，乃勸正自當一隊，以賈群勇②。正許諾「行有日矣」，公慮其不進，於是椎牛宿帳，具出餞之禮。中坐酒酣③，親舉屬軍尉曰：「爾曹俱有親弱在東，蒙國恩厚④，恐無以塞責。此行當直擣寇壘，盡其噍類，平定之日，東向以報，目見朝廷，舉萬年之觴，豈不快耶！若猶老師逸囚，疲民曠日，即此地還爲汝死處也。」正由此卓行深入，詭道兼進，殊死鏖戰，盡俘凱旋。公乃出車勞勤，摐金大會，以次論獲，先命行賞，皆伏公氣決，不敢迎視。繼恩帳下卒縋城夜逸，吏執以告，公惡與繼恩不叶，即命縶投眢井，一府無知者[一三]。先時劫掠之際，誣染尤衆，脅從有狀，歸訴無階，各保營壁，共懷猜貳。公以爲鹿不擇陰，既亡生路，蟲入其腹，懼益厲階，亟下符移，鑴説魁宿，宥其枝黨，縱居田里⑤[一四]，譬以大恩，訖無敢桀。及再任也，屬六鸁南牧⑥，靈旗薄伐。公慮遠夷爲變，欲出奇以勝之，因取盜賊之尤無狀者

---

① 自不逞挺亂　「逞」原作「遅」，據庫本、景文集卷六二張尚書行狀改。

② 公以爲將不親行衆不可使乃勸正自當一隊以賈群勇　按，據本書上集卷一六張忠定公詠神道碑、長編卷四一至道三年八月庚申條、東都事略張詠傳，此爲滅劉旰時事。

③ 中坐酒酣　「酣」原作「酟」，據庫本及景文集卷六二張尚書行狀改。

④ 蒙國恩厚　「恩」原作「温」，據文海本、庫本及景文集卷六二張尚書行狀改。

⑤ 縱居田里　「居」，庫本、景文集卷六二張尚書行狀作「歸」。

⑥ 屬六鸁南牧　「鸁」原作「羸」，據景文集卷六二張尚書行狀改。按，此指契丹南侵。長編卷五七景德元年閏九月癸酉條云是時「契丹主與其母舉國入寇」。

礫死於市，凜然人望，遂臻靖嘉。每吏牘便文，久不得判，公率爾署決，人皆厭伏，罰既值罪，案無度情①。蜀中喜事者論次其詞②，總爲誡民集，鏤墨傳布。雖張敞之爲京兆，時時越法縱舍；黄霸之守潁川，人人咸知上意，無以過之。

牧餘杭也，遘民薦飢，方蜡不啓，稻蟹無種，原田若蓺。民挾鹽利以冒公禁者，日數百輩。公一切笞遣，不徇彝法。邏戍入啓曰：「法亂如是，人將安禁？」公勞之曰：「餘杭十萬户，飢者七八，弗挾鹽利，無復生意。若暴禁之，彼將圜視衡擊，以擾居者，則爲戚大矣。爾曹第忍之，竢其歲定，則太守復以三尺律從事矣。」是年雖歉，人無泛命者。富家子與壻分財不協，詣府廷辯。壻曰：「彼先子有治命，壻七子三。」因出遺札，子不能舉其契。公索酒酹地曰③：「彼父智人也。當死之日，子方冲孺，託養於壻，苟子有七分之約，則亦死于壻手矣。今當七分歸子，三分歸壻。」於是二人號慟，以爲神明。公之操決，率是類也。

原其遇二聖也，以功名自任，故力與命偕顯八座也；以方格見信④，故言與行危本乎直清。貫以忠恕，無乞靈徼福，無人非鬼責，履重剛不險，臨大節不奪，葵藿弗采於猛獸，山川寧舍於騂角。若夫安世之恨謝，公歸之滅私。大有之文明，小雅之愷悌，公皆兼有其美。惜其未極柄用，遽愆滕理，上欲爲相者數矣[一五]，天之不慭也。悲夫！

---

① 案無度情 「度」原作「瘦」，據文海本、庫本及景文集卷六二張尚書行狀改。
② 蜀中喜事者論次其詞 「詞」原作「詢」，據庫本及景文集卷六二張尚書行狀改。
③ 公索酒酹地曰 「酹」原作「酻」，據文海本、庫本及景文集卷六二張尚書行狀改。
④ 以方格見信 「格」原作「挌」，據庫本及景文集卷六二張尚書行狀改。

公雅好著文，深切警邁，以不偶俗尚，因自號乖崖[一六]。公尤善詩筆[一七]，必覈情理，故重次薛能詩，序之曰：「放言既奇，意在言外。」議者以公自道也。生平論著，仲氏詵集之成十卷①，以行於代。

内外歸之日②，無招膺之妾，無雜弔之賓，終齊事而乃瞑，取禪書而頌得③。漢廷諸老，恨王駿之不俟；天下之人，爲隴西而流涕。斯非遺愛遺直、立功立言之極歟！敢撫令猷，以須史闕。謹狀。

辨證：

[一] 張忠定公詠行狀　本行狀又載於宋祁景文集卷六二，題曰「張尚書行狀」，題下注云：「狀在天禧四年，祁時年二十四，尚未登第，疑屬代作。」按，張詠，隆平集卷一三、東都事略卷四五、宋史卷二九三有傳，張乖崖集附集卷一載有錢易故宋樞密直學士禮部尚書贈左僕射張公墓誌銘，本書上集卷一六載有韓琦張忠定公詠神道碑。

[二] 尤厲風績　夢溪補筆談卷二官政云：「忠定張尚書曾令鄂州崇陽縣。崇陽多曠土，民不務耕織，唯以植茶爲業。忠定令民伐去茶園，誘之使種桑麻。自此茶園漸少，而桑麻特盛於鄂岳之間。至嘉祐中改茶法，湖湘之民苦於茶租，獨崇陽茶租最少，民監他邑，思公之惠，立廟以報之。民有入市買菜者，公召諭之曰：『邑居之民，無地種植，且有他業，買菜可也。汝村民，皆有土田，何不自種而費錢買菜？』笞而遣之。自後人家皆置圃，至今謂蘆菔爲『張知縣菜』。」鶴林玉露乙編卷四云：「張乖崖爲崇陽令，一吏自庫中出，視其鬢傍巾下有一錢，詰之，乃庫中錢也。乖崖命杖之，吏勃然曰：『一錢何足道，乃杖我耶？爾能杖我，不能斬我也！』乖崖援筆判曰：『一日一

---

① 仲氏詵集之成十卷　按，晁志卷一九著録張乖崖集十卷；陳録卷一七著録乖崖集十二卷、附録一卷，云：「此集舊本十卷，今增廣并語録十二卷。」

② 内外歸之日　「歸」，景文集卷六二張尚書行狀作「埽」。

③ 取禪書而頌得　「得」，庫本及景文集卷六二張尚書行狀作「德」。

錢，千日一千，繩鋸木斷，水滴石穿。』自仗劍，下堦斬其首，申臺府自劾。崇陽人至今傳之。蓋自五代以來，軍卒凌將帥，胥吏凌長官，餘風至此時猶未盡除。乖崖此舉，非爲一錢而設，其意深矣，其事偉矣。」

[三] 授太子中允　宋史張詠傳云其「以蘇易簡薦，入爲太子中允」。

[四] 夏臺弗靖西戎方强　按，指夏州李繼遷侵擾宋疆。

[五] 爲荆湖北路轉運使　宋史張詠傳云：「會李沆、宋湜、寇準連薦其才，以爲荆湖北路轉運使。」

[六] 會賊順緣間坤維揺亂　按，指淳化年間李順兵亂四川事。坤維，指西南方。

[七] 知貢舉　長編卷四四咸平二年正月乙丑條云：「命禮部尚書温仲舒知貢舉，御史中丞張詠、刑部郎中知制誥師頏同知貢舉，刑部員外郎董龜玉、太常寺博士王涉同考試及封印卷首，仍當日入院。禮部貢院封印卷首自此始。」

[八] 再知益州　據本書上集卷一六張忠定公詠神道碑云：「初，公之自蜀還也，詔以諫議大夫牛冕代公。公聞之曰：『冕非撫御才，其能綏輯乎？』始踰年，果致神衛大校王均之亂，逐冕，據益州。後雖討平之，而民尚未寧。會益守馬公知節守延安，上以公前治蜀，長於安集，威惠在人，復以公爲樞密直學士、知益州事。」

[九] 尋知金陵　長編卷六五景德四年六月辛酉條載：「樞密直學士、吏部侍郎張詠瘍生於腦，頗妨巾櫛，求知潁州。上以詠公直有時望，再任益州，著聲績，不當莅小郡，令中書召問，將委以青社或真定，使自擇，詠辭不就。又問金陵，詠欣然請行。辛酉，以詠知昇州。」

[一〇] 出公知陳州　長編卷七八大中祥符五年八月壬寅條云：「知昇州張詠頭瘍甚，飲食則楚痛增劇。御下急峻，賓僚少不如意者，動加詬詈。通判成悦爲吏勤事，而詠性躁果，刑訟多出獨斷，悦嘗以法規正，無所阿順，詠不禮焉，人頗少之。詠累求分務西洛，壬寅，命工部侍郎、集賢院學士薛映代之。……詠既還，不能朝謁，即命知陳州。」

[一一] 居公之喪一月以毁而夭　張乖崖集附集卷一張公墓誌銘云其於「公之棄世後二十八日，以哀毁搆疾而殂」。

[一二] 自是見糧大集戰士倍氣矣　長編卷三六淳化五年九月「是月」條云：「先是，陝西課民運糧以給蜀師者，相屬于路，詠亟問城中所屯兵數，凡三萬人，而無半月之食。詠訪知民間舊苦鹽貴，而私廪尚有餘積，乃下鹽價，聽民得以米易鹽，民争趨之，未踰月，得米

數十萬斛。軍士驩言：『前所給米，皆雜糠土不可食。今一一精好，此翁真善幹國事者。』詠聞而喜曰：『吾令可行矣。』」

〔一三〕繼恩帳下卒縋城夜逸至一府無知者　長編卷三六淳化五年九月「是月」條云王繼恩「有帳下卒頗恃勢掠民財，或訴于詠，卒縋城夜遁，詠遣吏追之，且不欲與繼恩失歡，密戒吏曰：『得即縛置井中，勿以來也。』吏如其戒，繼恩不恨，而其黨亦自斂戢云」。

〔一四〕縱居田里　張乖崖集卷一二語録云：「李順黨中有殺耕牛避罪逃亡者，公許其首身。拘母十日，不出，釋之。復拘其妻，一宿而來。公斷云：『禁母十夜，留妻一宵，倚門之望何疏，結髮之情何厚。舊爲惡黨，今又逃亡，許令首身，猶尚顧望。』就市斬之。於是首身者繼至，並遣歸業，民悉安居。」

〔一五〕上欲爲相者數矣　涑水記聞卷六云：「王旦疾久不愈，上命肩輿入禁中，使其子雍與直省吏扶之，見於延和殿。勞勉數四，因命曰：『卿今疾亟，萬一有不諱，使朕以天下之事付之誰乎？』旦謝曰：『知臣莫若君，惟明主擇之。』再三問，不對。是時張詠、馬亮皆爲尚書。上曰：『張詠如何？』不對。又曰：『馬亮如何？』不對。上曰：『試以卿意言之。』旦强起舉笏曰：『以臣之愚，莫若寇準。』上憮然有間，曰：『準性剛褊，卿更思其次。』旦曰：『他人，臣所不知也。臣病困，不任久侍。』遂辭退。旦薨歲餘，上卒用準爲相。」

〔一六〕因自號乖崖　宋史張詠傳云：「真宗嘗稱其材任將帥，以疾不盡其用。自號乖崖，以爲『乖則違衆，崖不利物』。」

〔一七〕公尤善詩筆　苕溪漁隱叢話後集卷一九張復之條引無盡居士云：「乖崖公題庭竹詩：『小桃遮不得，深雪放教青。』在睢陽書懷詩曰：『每思舊隱歸何計，或問前程笑指空。』句清詞古，與郊、島相先後。」

名臣碑傳琬琰集中卷四十五

孫文懿公抃行狀[一]　丞相蘇頌[二]

公諱抃，字夢得。其係出於富春，蓋吴將武之後裔也。七世祖曰朴，始從富春，籍于長安。唐武、宣世，舉進士、宏詞，連取甲第。大中五年，從辟劍南西川節度使府①，爲掌書記。其子曰長孺，攝彭山縣令，既以秩滿罷，因家眉山。大治居處，又構重樓以貯書，日延四方豪士講學其間②。于時蜀人號爲「書樓孫家」。自爾子孫不復東歸，遂占眉山名籍③。高、曾祖以來，歷五代喪亂，晦遯不出，力田以自給，取足而已，不求贏畜。清白之範，其來遠矣。

公初名貫，字道卿。生五歲，學爲詩，便有老成風格，其警句往往傳於人口。未冠，作祥符宮賦五千言④。成都尹凌公策聞其才美，召至府與語[三]，甚奇之，將薦之於朝，以其年少而止。其後兩從進士⑤，乃更今諱[四]。天聖八

① 從辟劍南西川節度使府　「節度使」下，蘇魏公文集卷六三孫公行狀有「杜悰」二字。
② 日延四方豪士講學其間　「士」，蘇魏公文集卷六三孫公行狀作「彦」。
③ 遂占眉山名籍　「籍」，蘇魏公文集卷六三孫公行狀作「數」。
④ 作祥符宮賦五千言　「五千言」，蘇魏公文集卷六三孫公行狀作「五千餘言」。
⑤ 其後兩從進士　「兩」，蘇魏公文集卷六三孫公行狀作「累」。按，蘇魏公文集卷五五孫公墓誌銘云其「累舉進士」。

年春再上，拔鼎科①，一命大理評事、通判絳州事②。初，太師在蜀名知人，生五子，待公獨異。嘗曰：「爾器韻沉遠，後當顯赫於時，但成名差晚，吾不得一見爲恨爾。」至是太師已薨，而公每因拜官，則感涕愴慕累日，痛不逮養。

明道初，恭謝推恩，改著作佐郎。未幾，召試學士院③，進太常丞、直集賢院，監左藏金銀絲綿疋帛庫。以所生杞國太夫人喪去位④。服終還臺，判尚書祠部，擢爲開封府推官，賜緋衣銀魚。居歲餘，府胥馮士元以姦贓敗，窮治甚急，事連前後尹佐自二府至臺省者十餘人[五]，而公無絲毫累，由是清慎之譽聞於時。考課陞太常博士，移判三司開拆司兼提舉催驅公事，同修起居注。

慶曆二年二月，召試中書，換右正言、知制誥。占謝日，賜金紫服。判登聞檢院，知審官院，遷起居舍人，兼判尚書刑部，出疆爲契丹生辰國信使⑤。公爲人端重，不妄舉動言語[六]，與虜人接，有問乃答，虜人尤加禮奉，且謂人曰：「孫公真恬静篤實之士也。」使還，判國子監，權糾察在京刑獄。

五年二月，召入翰林爲學士⑥，判太常寺兼禮儀使⑦，權判尚書都省⑧，充宗正寺修玉牒官。六年春，權知貢

---

① 天聖八年春再上拔鼎科　「八年」，蘇魏公文集卷五五孫公墓誌銘同，隆平集卷八本傳作「六年」。按，據長編卷一〇六，天聖六年無貢舉，作「八年」是。

② 通判絳州事　「絳州」下，蘇魏公文集卷六三孫公行狀有「軍州」二字。

③ 召試學士院　「院」字原脱，據蘇魏公文集卷六三孫公行狀及卷五五孫公墓誌銘、宋史孫抃傳補。

④ 以所生杞國太夫人喪去位　蘇魏公文集卷六三孫公行狀無「所生」二字。

⑤ 出疆爲契丹生辰國信使　「爲」下，蘇魏公文集卷六三孫公行狀有「賀」字。

⑥ 五年二月召入翰林爲學士　蘇魏公文集卷五五孫公墓誌銘云其入翰林在「慶曆二年」，誤。按，翰苑群書卷一〇學士年表亦曰孫抃慶曆五年「二月，以起居舍人、知制誥拜」。

⑦ 判太常寺兼禮儀使　「使」，蘇魏公文集卷六三孫公行狀作「事」，當是。

⑧ 權判尚書都省　「都省」下，蘇魏公文集卷六三孫公行狀有「磨勘諸道轉運使、提點刑獄課績」十三字。

舉，再遷禮部郎中。遭嫡母崇國太夫人憂①，援近例願終三年喪，優詔從之。公在眉山爲大族，中外戚屬以百數，而貧無依者又衆，聞公歸，皆來求給，公竭資以賙其費，又爲姊妹之娶婦嫁女者數人②。服除，召還舊位，提舉在京諸司庫務。

皇祐三年，以大享明堂恩轉吏部③。明年，兼侍讀學士，判流内銓、知通進銀臺司兼門下封駁事。五年五月，以右諫議大夫權御史中丞。制下，諫官論奏公朴謹，非糾繩才，不當居此職[七]，公即手疏自訟曰：「臣觀方今士人趍進者多，廉讓者少。以求事爲精神，以訐人爲風采④。捷給若嗇夫者謂之有議論，刻剥如酷吏者謂之有政事⑤。諫官所謂才者，無乃謂是乎？若然，臣誠不能也。」仁宗深察其言，詔赴臺視事⑥。尋差知審官院，公辭以臺長不可以兼事局，恐於言責不得專。詔如其請，仍著爲定式⑦。再加給事中。

公踐兩禁十二年，朝政得失⑧、天下利害事非其職者，未嘗建言，亦不與人談議。或誚其循默，公曰：「事有

---

① 遭嫡母崇國太夫人憂　「嫡母」，蘇魏公文集卷六三孫公行狀作「所生母」。

② 公在眉山爲大族至又爲姊妹之娶婦嫁女者數人　按，此七句，蘇魏公文集卷六三孫公行狀在上文「杞國太夫人喪去位」下，且無「姊妹」二字。而據上下文義，此「姊妹」二字似爲衍文。

③ 皇祐三年以大享明堂恩轉吏部　「三年」，蘇魏公文集卷六三孫公行狀作「二年」。按，宋史卷一二仁宗紀載，皇祐二年九月「辛亥，大饗天地于明堂」。

④ 以求事爲精神以訐人爲風采　「求事」、「訐人」，蘇魏公文集卷六三孫公行狀作「善求事」、「能訐人」。

⑤ 刻剥如酷吏者謂之有政事　「刻剥」，蘇魏公文集卷六三孫公行狀作「刻深」。

⑥ 詔赴臺視事　「詔」下，蘇魏公文集卷六三孫公行狀有「趣」字。

⑦ 仍著爲定式　「定式」，蘇魏公文集卷六三孫公行狀作「永式」。

⑧ 朝政得失　「朝政」，蘇魏公文集卷六三孫公行狀作「朝廷」。

分守，豈可越職横説？」及爲中丞，每聞朝廷有措置未合理者，與群臣争之，未見聽者，即時拜疏，或請聞於上①，再三開陳，得請而後已。由是知公韞積厚而操守固也。是時，内侍王守忠以在事久②，特恩遥領武寧軍節度使。公奏言：「自唐以來，節度使爲將領劇任，專制軍事，國家安危成敗之所係，非中官所得處其任。曩太宗世，王繼恩平劍南有大功，當時論賞，止進順州防禦使，立『宣政』之號以寵之③。況守忠無繼恩之功，而輒居將帥之任，恐爲四方非侮，則爲國威之沮矣。」朝廷卒爲之追改成命〔八〕。

至和元年春，貴妃張氏薨，仁宗傷悼累日，追册爲皇后④，賜謚曰温成，且有建陵立廟之議。公言：「兹事體大，宜命近輔與禮官參講，然後施行，不當虧紊典禮。」又與諸言事者共争⑤，章至十餘上，終不報⑥〔九〕。公率同列進見⑦，帝不爲顧。遂列拜於御座之側，公獨伏不起，久之，帝乃語⑧。因復得進言不可之狀，而忤旨益甚，左右股栗，有欲仆地者。公凝立不慴，帝亦爲之改容而遣之。當時雖不盡用公等議，然其後罷立忌、去廟樂、改園陵使爲監護葬事、車駕幸奉先寺不入廟致奠，皆公啓之也〔一〇〕。

---

① 或請聞於上　「聞於」，蘇魏公文集卷六三孫公行狀作「間言」。

② 内侍王守忠以在事久　「王守忠」原作「王守中」，據蘇魏公文集卷六三孫公行狀、卷五五孫公墓誌銘及宋史孫抃傳改。

③ 立宣政之號以寵之　「立」，蘇魏公文集卷六三孫公行狀作「别立」。

④ 仁宗傷悼累日追册爲皇后　「累日」，蘇魏公文集卷六三孫公行狀作「即日」。按，據長編卷一七六載，張貴妃薨在至和元年正月癸酉，追册爲皇后在丁丑日。則作「即日」者不確。

⑤ 又與諸言事者共争　「與」，蘇魏公文集卷六三孫公行狀作「合」；「者」字原脱，據蘇魏公文集卷六三孫公行狀補。

⑥ 終不報　蘇魏公文集卷六三孫公行狀作「輒留中不報」。

⑦ 公率同列進見　「公」，蘇魏公文集卷六三孫公行狀作「他日」。

⑧ 帝乃語　「語」原作「悟」，據蘇魏公文集卷六三孫公行狀及下文義改。

明年秋，丞相陳司徒家女奴死，開封府檢視有瘡痕①，傳言嬖妾張氏笞殺之以聞，上詔近侍置獄推勘，追取證佐皆不至，既而罷獄②。公十上疏，論其悖謬：「大臣笞殺女使③，事至微末，然而詔獄廢置皆用執中之請，此於國體大有所損。何則？執中要行，則朝廷近侍之臣④，亦須遣去案問；執中要罷，則本家僕妾⑤，不容略行追取。挾恩怙權，取必於上，此而可恕，則孰有不可容者？」司徒卒緣此罷政事[二二]，而公亦連上章求解臺秩，出補外郡。優拜翰林學士承旨，貼侍讀、修撰之職，仍領太常、禮儀、都省，兼提舉醴泉觀公事，磨勘諸道轉運使、提點刑獄課績⑥，又遷尚書禮部侍郎，兼判昭文館，再修玉牒官。

公在臺滿二歲，凡言朝廷天下事，章數十上，但以持紀綱、厚風俗、辨人材、寬民力爲急務⑦，未嘗披抉人之隱慝小過與不可明白之事⑧。其論大體若言古渭州不可復置，以失信於戎狄而啓其窺覦之心⑨；凡邊防疆埸之事，當令兩府通議，議定然後奏稟施行；無使舊相守邊，恐事體太重，則蕃戎致猜；藩方無得辟通判官，以全監

---

① 開封府檢視有瘡痕　蘇魏公文集卷六三孫公行狀作「移開封檢視有瘡疻」。

② 既而罷獄　蘇魏公文集卷六三孫公行狀作「既而趣上案，遂罷獄」。

③ 大臣笞殺女使　「笞」，蘇魏公文集卷六三孫公行狀作「箠」。

④ 則朝廷近侍之臣　「朝廷」下，蘇魏公文集卷六三孫公行狀有「雖」字。

⑤ 則本家僕妾　「僕妾」下，蘇魏公文集卷六三孫公行狀有「之類」二字。

⑥ 磨勘諸道轉運使提點刑獄課績　蘇魏公文集卷六三孫公行狀置此十三字於上文「權判尚書都省」下，疑誤。按，長編卷一八六嘉祐二年七月辛卯條載「令翰林學士承旨孫抃、御史中丞張昪磨勘轉運使及提點刑獄課績」。

⑦ 但以持紀綱厚風俗辨人材寬民力爲急務　「但」、「急務」，蘇魏公文集卷六三孫公行狀作「大指」、「先急」。

⑧ 未嘗披抉人之隱慝小過與不可明白之事　「披」，蘇魏公文集卷六三孫公行狀作「搜」；「隱」原作「急」，據庫本及蘇魏公文集卷六三孫公行狀改。

⑨ 以失信於戎狄而啓其窺覦之心　「戎狄」，蘇魏公文集卷六三孫公行狀作「外邦」。

郡故事；方無事時，且預擇兵官①，則緩急有警可用；近邊士兵可因舊名而削其數②，則斡强而枝附。此其尤著者。疏入多即施行，或著爲令。其餘或行或否，或密疏不傳者，不可悉知之。

其論人物，若云楊畋有文武幹，州郡不足用其材③，宜擢近職，置之湖嶺間，藉其威名，以靖徼外；張昷之清方有器識④，心計絶人，宜召對便坐，詢以得失⑤，及財計利害，必有補於朝廷；胡瑗、孫復博通經史⑥，可以任講勸之職；趙瑜、劉貽孫曉兵法⑦，可委以邊防之寄；盧士宏知漢州⑧，薛向知鄜州，皆有善狀，或清介以得人心，或幹敏能捍大患，宜俱陞以繁劇刑獄之任，則廉吏知勸而才臣思効。曩者王益柔、楊南仲、陸經、齊唐、葛閎皆以纖介之累，有妨進用⑨〔一二〕，失棄過奬善之義，望與滌湔任用，則清廟無遺賢之歎⑩。是數人者⑪，不久朝廷擢用

---

① 且預擇兵官　「且」，蘇魏公文集卷六三孫公行狀作「宜」。
② 近邊士兵可因舊名而削其數　「削」，蘇魏公文集卷六三孫公行狀作「稍增」，似是。
③ 州郡不足用其材　「用」，蘇魏公文集卷六三孫公行狀作「見」。
④ 張昷之清方有器識　「張昷之」原作「張蘊之」，據蘇魏公文集卷六三孫公行狀及宋史卷三〇三張昷之傳改。
⑤ 詢以得失　「以」下，蘇魏公文集卷六三孫公行狀有「時政」二字。
⑥ 胡瑗孫復博通經史　「胡瑗」原作「胡瑒」，據蘇魏公文集卷六三孫公行狀、宋史卷四三二胡瑗傳改；「經史」，蘇魏公文集卷六三孫公行狀作「經術」，似是。
⑦ 趙瑜劉貽孫曉兵法　「曉」，蘇魏公文集卷六三孫公行狀作「世授」。
⑧ 盧士宏知漢州　「盧士宏」原作「許士宏」，據蘇魏公文集卷六三孫公行狀及宋史卷三三三盧士宏傳改。
⑨ 有妨進用　「有」，蘇魏公文集卷六三孫公行狀作「久」。
⑩ 則清廟無遺賢之歎　「歎」，蘇魏公文集卷六三孫公行狀作「誚」。
⑪ 是數人者　「數」原作「政」，據文海本、庫本、蘇魏公文集卷六三孫公行狀改。

幾盡，士論咸稱其器識①。

三年春，仁宗暴得風眩不豫，罷朝。禁門晏開者幾旬日，雖執政大臣亦不得進見，但通名於内東門候起居，止於中使宣諭「聖躬漸安」而已。庭中惶惑，莫測其端。公時爲近臣班首，因率同列就幙幄中見相臣，謂曰：「主上違豫②，臣子當朝夕省問。今大臣隔絶不得進見，主上之安否虚實未可知也，事係宗社，諸公不宜坐以待命。」宰相即用公言，叩閤請入禁中侍疾[一三]。由是中外之心稍安。未幾，詔兩禁雜議権磁湖鐵冶事，議罷，奏藳備具，而諫官某人及觀察某人重取更定數字③。同列意二人者有所挾，即時劾奏其事。吏持案白請於公，公曰：「二人者信有罪矣。然我輩從而舉劾，不亦傷風誼乎？」二人卒坐是補外官④[一四]。後帝聞嘗有是語，曰：「老成人終不同。」

嘉祐三年，契丹國主宗真卒⑤，遣使告哀，公爲館使。先是，宗真之使來請，叙兩朝通好歲久，請交贄御容，欲使子孫得識聖人形表。朝廷初不能奪其議，既許之矣。異時契丹使先以畫像來，未報聘而宗真殂殁，新主復遣使來請，朝議以爲先主時事，欲却不與。公遽至中書白曰：「國家所懷柔遠方，所仗者信義而已。且彼以好來求聖容，既許而不與，其失在我，不在彼矣。」或曰：「不許之意，有人臣難言者，直慮夷狄厭詛不道耳⑥。」公曰：

---

① 士論咸稱其器識　「士」，蘇魏公文集卷六三孫公行狀作「時」。

② 主上違豫　「豫」原作「裕」，據蘇魏公文集卷六三孫公行狀改。

③ 而諫官某人及觀察某人重取更定數字　蘇魏公文集卷六三孫公行狀作「而司諫吴及、監察沈起重取更定數字」。按，此處「觀察」當作「監察」，指監察御史。

④ 二人卒坐是補外官　「二人」，蘇魏公文集卷六三孫公行狀作「及起」。

⑤ 嘉祐三年契丹國主宗真卒　按，據遼史卷二〇興宗紀三、長編卷一八〇、宋史卷一二仁宗紀等，遼興宗宗真卒於至和二年。

⑥ 直慮夷狄厭詛不道耳　「夷狄」，蘇魏公文集卷六三孫公行狀作「强鄰」。

「此特師巫女子之談，非所以折衝消難者也。況聖人應期運，係天命，乃反有所畏耶？且彼一來不與，至于三四，極于數十，朝廷度必能拒之乎①？」其後以使者再至，乃與之如公之言②[一五]。

公領太常前後幾十年，言禮事甚衆，每有大議，則使諸博士各陳所聞見，然後擇其合於義禮者裁定而奏之。大抵守經據古，不欲輒有更異。初，仁宗追憫故后郭氏以微過廢卒，久無祠所，詔於景靈宮建神御殿，歲時追享。上封者言神御不當建，或曰當祔於廟，詔下禮官。公與僚屬同執是非而獻議曰③：「先朝建神御殿，已是非禮，然尊奉祖考，不失孝思之義。今爲后妃而置之，其於失禮又甚矣。儻陛下追念郭氏殂謝，況已追復位號，不若因而賜以謚册，祔于皇后廟，則恩意至而典禮存焉。」復下兩制合議，久之未決，然卒罷神御不建[一六]。

四年，詔將用十月祫享于太廟，群臣有建言：「皇后廟四室，先帝時每遇禘祫，升于太室，蓋有司攝事失於討尋④。今皇上躬行盛禮，義當革正。」又引唐郊祀録、續曲臺禮爲據，請遣近臣致享如奉慈廟。公即與二三同列奏駁：「春秋傳所云『未毀廟之主皆升合食於太祖』，有別祀事乎？」又曰：「祭從先祖，后廟合食，自祖宗以來，行之已久，不宜用疑文偏説輕有改更。天子甫欲躬齋戒⑤，固當奉承先憲，正所謂『有其舉之，莫敢廢也』。」奏上，中旨合食如舊⑥[一七]。

---

① 朝廷度必能拒之乎　「必」，蘇魏公文集卷六三孫公行狀作「終」。

② 乃與之如公之言　「言」原作「素」，據蘇魏公文集卷六三孫公行狀改；庫本作「奏」。

③ 公與僚屬同執是非而獻議曰　「是非」，蘇魏公文集卷六三孫公行狀作「非是」。

④ 蓋有司攝事失於討尋　「失」原作「升」，據庫本及蘇魏公文集卷六三孫公行狀改。

⑤ 天子甫欲躬齋戒　「天子」上，蘇魏公文集卷六三孫公行狀有「況」字，於義爲長。

⑥ 奏上中旨合食如舊　蘇魏公文集卷六三孫公行狀作「時論者紛然，諸博士亦是上言者。中旨用公等奏爲定，合食如舊」。

明年，日食正月朔旦，詔公禱祀于太社①。公舉春秋經傳，止用幣而去特牲，又伐鼓以責陰氣。時宰稱其得禮。

公久在禁近②，主眷日厚。每燕見，有所問③，必端簡而前曰：「天子所以享南面之尊，延卜年之慶者④，惟寅畏可以對上穹⑤，惟勤儉可以惠下民。」止此而已，未嘗一語涉面諛朋比者。至和中，帝切於求治，問前代之所以治與其所以亂，公從容言曰：「臣以謂治亂之由無他，惟在用人而已。用得其人則治，失其人則亂，從古然也。」帝曰：「今世非無賢，又非不用，然治不及古，何也？」公曰：「有賢而不用⑥，用之而不盡其才，與不用同。惟明主留意，則賢無不用而世無不治也。」帝曰：「今之賢而未用，用之而未盡其才者謂誰？」公曰：「知臣莫若君，此必上簡天心，非臣下所敢私⑦。但願陛下不以一事不效而遽去之，則賢無不爲陛下用也。」帝再三嘉納之。是後數進大臣，多復用宿名重望已更任使者，大厭群議。帝由此益器重公，遂有大用意。

是時，程戡用臺官言罷樞密副使⑧[一八]，宰臣進擬，例以三司使、御史中丞、知開封府一人補其員。上曰：

---

① 明年日食正月朔旦詔公禱祀于太社　「太社」原作「太廟」，據蘇魏公文集卷六三孫公行狀及宋史卷一二仁宗紀載嘉祐四年「春正月丙申朔，日有食之，用牲于社」改。按，據長編卷一八九、宋史卷一二仁宗紀，「日食正月朔」亦在嘉祐四年，此處云「明年」者不確。

② 公久在禁近　「禁近」，蘇魏公文集卷六三孫公行狀作「禁庭」。

③ 有所問　蘇魏公文集卷六三孫公行狀作「所聞問」。

④ 延卜年之慶者　「卜」原作「十」，據蘇魏公文集卷六三孫公行狀改；文海本作「千」。

⑤ 惟寅畏可以對上穹　「寅畏」，蘇魏公文集卷六三孫公行狀作「兢恪」。

⑥ 有賢而不用　「不用」下，蘇魏公文集卷六三孫公行狀有「與無同」三字。

⑦ 非臣下所敢私　「私」，蘇魏公文集卷六三孫公行狀作「私論」。

⑧ 程戡用臺官言罷樞密副使　「程戡」原作「陳戡」，據蘇魏公文集卷六三孫公行狀、卷五五孫公墓誌銘及宋史孫抃傳、卷二九二程戡傳改。

「朕得舊人之久職者①。」既而語及公，即命以本官充樞密副使[一九]，同修樞密院時政記。時嘉祐五年四月也。其十月，知辰州竇舜卿以定彭氏蠻事，朝廷嘉其能，議遷一官[二〇]。公曰：「唐開元中所以號太平者，以不賞邊功也。今舜卿信有才，他日進擢無所不可，若用蠻事遷官，誠恐邊臣生事於夷狄以希恩賞②，自此四境不得安息也。」遂止降詔獎諭之。上書者請額外增置土軍③，爲南寇備。公曰：「苟取其知山川鄉道，則州得百人可矣。如增廣其數，徒縻廩庾費，不足以待敵④。前日智高之亂，成功者迺陝西騎兵耳，南軍何預焉？」卒仍舊⑤，不復增置。

公爲樞密未滿八月，以本官參知政事，同修中書時政記，都大提舉三館秘閣公事，同譯經潤文使。一日，政府集議⑥，擢李參爲三司使，公時以故後至，預聞之，徐曰：「方今民力弊困久矣，宜得敦厚有學術之人，使主邦計，庶幾可以寬民保衆。苟於趣辦應卒之才，則誅斂掊克，無所不至，如此民何所措手足乎？」前議遂止[二一]。明年，御史窘公過失，不當久在政府，章入不報。或有謂公曰：「事起無名，盍自辯於上前？」公曰：「吾老矣，退乃其分。自念平生不欲攻人之短，今幸備位執政，不能敦厚風俗，宜有愧矣。而反與新進後生競口舌於上前耶⑦？況知

---

① 朕得舊人之久職者　「朕」下，蘇魏公文集卷六三孫公行狀有「思」字。
② 誠恐邊臣生事於夷狄以希恩賞　「生」原作「主」，據文海本、庫本及蘇魏公文集卷六三孫公行狀改。
③ 上書者請額外增置土軍　「額外」，蘇魏公文集卷六三孫公行狀作「嶠外」。
④ 不足以待敵　「不」上，蘇魏公文集卷六三孫公行狀有「其實」二字。
⑤ 卒仍舊　「卒」，蘇魏公文集卷六三孫公行狀作「率」。
⑥ 政府集議　「集」下，蘇魏公文集卷六三孫公行狀有「廳」字。
⑦ 而反與新進後生競口舌於上前耶　「反」、「後生」，蘇魏公文集卷六三孫公行狀作「反欲」、「士」。

我者君，此曹其能誣我乎①？」遂上疏求罷[三二]。帝益嘉之，詔拜觀文殿學士兼翰林侍讀學士、同群牧制置使。

公在講筵前後十三年。故事，凡進讀群書，前代亂亡忌諱之語皆略不解，公以爲不然，每至其處，必再三敷衍，且曰：「茲事所以書之於策牘者，示來代之明戒也。苟臨文避諱，則書傳載之何用？」自是遂讀無避②。

明年夏，今上即位。改户部侍郎。治平元年二月，以太子太傅致仕，於是公年六十九。將還政之前，有語公曰：「禮七十而退③，人或過之而不去。公乃未至而告休，斯不近於矯時乎？」公曰：「强力而仕，不能而止，士君子之通義也。奚必年至而後去乎？」遂速上疏表得請④。以其年十一月七日薨於春明坊之私第⑤。上聞訃，爲之罷朝垂拱一日，制贈太子太保。法賻之外，再遣中使賜黄金百兩以恤其家，恩陛二子差遣并異姓齋郎一名。

公爲人内方外温，動由至誠，不喜矯飾以邀取名譽。然而端嚴謹重，至老不懈。雖少年强力之人，殆無以過。與人無適莫，亦不肯苟合。端居似不能言者，及遇事，則毅然自信，不爲高下易其心。初在翰林，嘗至中書白事，繫鞋登政事堂。時陳司徒作相，見之不悦，且責廳事吏不以告。公曰：「學士見宰相以客禮，自有故事。況我以公事來，若有私禱，則足恭下顔所不憚矣。」司徒不能平。及爲中丞，司徒復冠台宰。每裁處大事，多出獨見，同列無敢抗者。公屢言其失，曰：「幸陛下以臣章示執中，使之凡事須衆論復熟，然後奏稟施行⑥。」司徒見

① 此曹其能誣我乎　「誣」，蘇魏公文集卷六三孫公行狀作「洿」。

② 自是遂讀無避　「遂」下，蘇魏公文集卷六三孫公行狀有「盡」字。

③ 禮七十而退　蘇魏公文集卷六三孫公行狀作「禮七十老而傳」。

④ 遂速上疏表得請　「速」，蘇魏公文集卷六三孫公行狀作「連」。

⑤ 以其年十一月七日薨於春明坊之私第　「七日」，蘇魏公文集卷六三孫公行狀作「初六日」；又卷五五孫公墓誌銘作「戊辰」，即七日。

⑥ 使之凡事須衆論復熟然後奏稟施行　「復熟」、「奏稟施行」，蘇魏公文集卷六三孫公行狀作「允協」、「奏白行下」。

章益不喜。一日，賜宴都亭驛，坐席俯相近。酒間，司徒微語公曰：「觀中丞日近封章①，意頗不見容。老夫耄矣，行當引去。」因指其座曰：「此中丞即日之地，幸無相侵也②。」公俛首不答，退而語人曰：「陳公之言甘，其心可見也。」未幾，會詔獄起，卒用公言罷相。及其薨也，太常定謚，博士以其當國日奉行貴妃册禮，及不能正溫成贈葬事，請謚曰「榮靈」。公曰：「司徒端方剛勁，素聞於時。自爲小官，已有建儲復辟之策③，作相雖無謇諤之譽，然其至公不黨，亦近世少及。加以惡名，誠爲太過。謚曰『恭』可也。」博士曰：「謚之美惡④，宜取其大者。今司徒之過顯，雖有疇昔之善，不能掩也⑤。公昔日屢疏其短，今而誄其善⑥，何前後之不類也？」公曰：「宰相越法，予爲中丞，言之職也。死者美惡，予在太常，謚之當以至公，豈可挾一時之事而廢其平生之大節乎？」復持議如前，請於朝，覆議者數四，卒以公言爲定[一三]。其持心平恕如此。

臨事周慎謙畏，又過人遠甚。自歷兩禁，至登二府，四方問訊有非時至者，輒藏去不啓封，曰：「此必有求於我，自度不能副其情，不若勿發之可也⑦。」亦不妄與人緘牘，或必須爲之，無高下親疎，皆手書親

---

① 觀中丞日近封章　「日近」，蘇魏公文集卷六三孫公行狀作「近日」。
② 幸無相侵也　「無」下，蘇魏公文集卷六三孫公行狀有「亟」字。
③ 已有建儲復辟之策　「復辟」，蘇魏公文集卷六三孫公行狀作「預政」。
④ 謚之美惡　蘇魏公文集卷六三孫公行狀作「謚者節一端美惡」。
⑤ 不能掩也　「也」下，蘇魏公文集卷六三孫公行狀有「公曰：『不然。程丞相圖武后臨朝事以説章獻，此豈不顯耶？而不失美謚，司徒有是乎？』或曰」三十四字。
⑥ 今而誄其善　「誄」原作「誅」，據蘇魏公文集卷六三孫公行狀改。
⑦ 不若勿發之可也　「可」，蘇魏公文集卷六三孫公行狀作「完」。

筆①，雖疾病亦不假請於人。書體極端楷，嘗謂章草近於輕倨，故不好也②。非公事稀歷權要之門，至於儕輩往返亦有時，故在朝與相親者無幾人。一受之知，造次不忘於心。初，聞吏部張文孝公薨，哭之終日不已。子弟疑而問之，答曰：「吾立朝，未嘗有推引者。惟張公拜觀文殿學士日，表我自代，此知我者也。今亡矣，故至於傷慟耳。」於相知猶爾，於朝廷可知也。

性尚清簡，自少惟讀書爲文，餘無他好嗜，如音律、棊射、書畫，一無留心者。晚年亦稀復拈筆③，文章論議則平昔所學，皆自足用。其所接賓客，惟儒生士人，其外技藝、緇褐、卜祝輩無一及門者。居無事，時獨坐一室，移晷不出，妻子亦罕見其面。尤惡談人是非，有來言毀譽者，則答以他語，去乃指謂人曰：「巧佞之徒，宜禮而遠之，慎不可聽其言也。」接人簡約，不事屑禮。或時供具，酒不過七行，家人以爲不可，公曰：「古人三爵，吾已過之，何謂不可？」

素不善治生產，在貴近日久，所得俸賜甚厚，隨入隨費，婚姻喪祭外，則以均贍宗族故舊④。家無餘貲，室無玩好，京城無善邸第，後房無姬媵。其所以奉養之具，宛若寒素。或勉以爲子孫計者，公曰：「吾於子孫豈不足耶？幼而教以詩書，長而任以官爵，若兒曹但能忠於君，孝於親，義於宗族，廉於公家，不爲姦欺憸佞之行⑤，守

---

① 皆手書親筆　「筆」，蘇魏公文集卷六三孫公行狀作「襞」。按，襞，摺疊衣裙。
② 故不好也　「好」，蘇魏公文集卷六三孫公行狀作「爲」。
③ 晚年亦稀復拈筆　「拈筆」，蘇魏公文集卷六三孫公行狀作「佔畢」。
④ 則以均贍宗族故舊　「贍」原作「膽」，據文海本、庫本及蘇魏公文集卷六三孫公行狀改。
⑤ 不爲姦欺憸佞之行　「佞」，蘇魏公文集卷六三孫公行狀作「險」。

此足以保數世安佚也。」及還政家居，惟幅巾野服，與賓客談醫藥修餌之術①，不復語他事。其風尚可見矣。

公累階朝請大夫，勳至柱國，封爵爲樂安郡開國公，食邑三千三百户，實封六百户。公仕宦過三十年，未嘗有毫髮玷，議論多闊略細故，務全大體②。所上章奏無冗長虛飾之辭，其言至質略，而意主切當。奏對語直而實，故人主以朴厚目之，以此頗見信納。前後八被詔慮囚徒③，開引情實，白於上前，有自殊死而得末減者多矣。平生善薦士，得人最多。其薦御史得今中丞唐公介、天章吴公中復④[一四]，皆一時之傑。自餘顯薦密啓者，蓋又多矣。

屬文簡重，不務刻摘章句，於訓辭尤爲得體。慶曆初，夏英公自蔡州以樞密使召至之⑤，諫官連疏其短，追恩命，移亳社，上表自辯⑥，付學士答詔。諸學士皆難其辭，公即取筆作草上之，有「圖功効，莫若罄忠勤；弭謗言，莫若修行實」之語⑦，諸公服其切於事⑧。而英公銜之尤深，至語所親曰：「吾於孫公素無嫌，而批章見詆如此。」公聞之，亦不爲悔。其它大手筆，則有升祔獻懿二后赦文。初進藁⑨，仁宗讀之，至於「爲天下母，育天下

① 與賓客談醫藥修餌之術　「術」，蘇魏公文集卷六三孫公行狀作「説」。
② 務全大體　「大體」，蘇魏公文集卷六三孫公行狀作「體要」。
③ 前後八被詔慮囚徒　「慮」，蘇魏公文集卷六三孫公行狀作「讞」。
④ 天章吴公中復　「天章」原作「大章」，據蘇魏公文集卷六三孫公行狀改。
⑤ 夏英公自蔡州以樞密使召至之　「至之」，蘇魏公文集卷六三孫公行狀作「至闕」。
⑥ 追恩命移亳社上表自辯　「追」、「移」、「上表」，蘇魏公文集卷六三孫公行狀作「追寢」、「移判」、「到職上表」。
⑦ 有圖功效莫若罄忠勤弭謗言莫若修行實之語　蘇魏公文集卷六三孫公行狀作「有『弭謗言，莫如盡忠勤』之語」。
⑧ 諸公服其切於事　「事」，蘇魏公文集卷六三孫公行狀作「事情」。
⑨ 初進藁　「進」原作「追」，據文海本、蘇魏公文集卷六三孫公行狀改。

君。不迨九重之承顏，不及四海之致養。言念一至，追慕增噎①」，上爲欷歔稱歎者累日。又奉詔撰寇萊公旌忠碑、丁文簡公崇儒碑[一五]，皆叙事明白②，氣格渾厚，自成一家之體。有文集若干卷藏于家③。

公娶太原王氏，封壽安郡太夫人，同郡大姓也。三姊皆適豪族④，生子者又相聘娶。公以儒者，獨不得繼好。及貴，三家始來求婚，公亦不拒之，又爲之保任其子孫入仕者兩世⑤，於鄉人益稱其長者。公少孤，兄弟群處，惇睦尤至。它日析居，公盡推美田宅與兄弟⑥，惟取其薄惡者，曰：「數口之家，得此足以奉先人之祭祀矣⑦。」與朋友交，得喪休戚，一以均之。初舉進士，特厚善同郡宋輔⑧，洎拔州解，同時東上，至長安，輔以疾不能興，公亦留此爲診醫藥⑨。過旬浹，輔曰：「試日甫近，子當亟往，無以我爲累也。」公曰：「與君偕來，義不得先行。君若罷舉，我亦與君俱西矣。」又數日，輔疾愈，遂俱行，並擢第。此又見其內行之有素，宜乎天爵茂而時寵優也。

子男四人：長珏，國子博士；次佑甫，大理評事，早亡；次喆，次林，並太常寺太祝。女子四人：長適戎州

① 追慕增噎　「噎」，蘇魏公文集卷六三孫公行狀作「深」，東都事略孫抃傳及邵氏聞見録卷二、湘山野録卷上作「結」。
② 皆叙事明白　「白」原作「自」，據清鈔本、庫本、蘇魏公文集卷六三孫公行狀改。
③ 有文集若干卷藏于家　按，蘇魏公文集卷五五孫公墓誌銘稱其有集三十卷，晁志卷一九著録孫文懿集三十卷。
④ 三姊皆適豪族　「豪族」，蘇魏公文集卷六三孫公行狀作「士豪」。
⑤ 又爲之保任其子孫入仕者兩世　「兩世」，蘇魏公文集卷六三孫公行狀作「數人」。
⑥ 公盡推美田宅與兄弟　「兄弟」，蘇魏公文集卷六三孫公行狀作「諸兄」。
⑦ 得此足以奉先人之祭祀矣　「祭」，蘇魏公文集卷六三孫公行狀作「宗」。
⑧ 特厚善同郡宋輔　「特」，蘇魏公文集卷六三孫公行狀作「時」。
⑨ 公亦留此爲診醫藥　「此」，蘇魏公文集卷六三孫公行狀作「止」。

僰道縣尉蒲獻卿，早亡；次適太子中舍彭敏行；次適尚書都官員外郎勾諶；次適太常寺太祝宋奉國。孫男七人：三爲京司，一爲試銜官，三未仕①。孫女五人：二已出室，三尚幼。男子皆謹厚能守家法，女子俱從名家仕族，可謂有後矣。

頌獲遊公之門有年矣②，又嘗辱稱薦於朝，以恩舊故熟聞公緒言美行，又得諸孤所録遺事甚備③，謹紬始末，直書以上有司。治平二年正月日具位蘇頌狀上④。

辨證：

[一] 孫文懿公抃行狀　本行狀又載於蘇頌蘇魏公文集卷六三，題曰「朝請大夫太子少傅致仕贈太子太保孫公行狀」。按，孫抃，隆平集卷八、東都事略卷七一、宋史卷二九二有傳，蘇魏公文集卷五五又載有太子少傅致仕贈太子太保孫公墓誌銘。

[二] 蘇頌　頌（一〇二〇～一一〇一年）字子容，泉州同安人，後徙潤州丹陽。慶曆二年進士，官至尚書右僕射兼中書侍郎。謚正簡。東都事略卷八九、宋史卷三四〇有傳，本書中集卷三〇載有曾肇蘇丞相頌墓誌銘。

[三] 成都尹凌公策聞其才美召至府與語　蘇魏公文集卷五五孫公墓誌銘稱其「嘗贄文謁成都尹凌策」。

[四] 乃更今諱　東齋記事卷五云：「孫夢得參政初名貫，字道卿，嘗語予曰：『某舉進士過長安，夢見持一大文卷者，問之，云：『來年春榜。』索而視之，不可。問其有孫貫否？曰：『無，惟第三人有孫忭。』既寤，遂改名忭，因字夢得。」青箱雜記卷三云：「孫樞密抃

① 三爲京司一爲試銜官三未仕　蘇魏公文集卷六三孫公行狀作「五爲京司及試銜官，二未仕」。

② 頌獲遊公之門有年矣　「頌」，蘇魏公文集卷六三孫公行狀作「某」。

③ 又得諸孤所録遺事甚備　「備」，蘇魏公文集卷六三孫公行狀作「稱」。

④ 治平二年正月日具位蘇頌狀上　蘇魏公文集卷六三孫公行狀作「謹狀」。

舊名貫，應舉時，嘗夢至官府，潭潭深遠，寂若無人，大廳上有抄録人名一卷，意以爲牓，遍覽無名，偶覩第二名下有空白處，抃欲填之，空中有人語曰：『無孫貫，有孫抃。』夢中即填孫抃。是歲果第三名。」又，東坡志林卷五云：「眉之彭山進士有宋籌者，與故參知政事孫抃夢得同赴舉，至華陰，大雪，天未明，過華山下，有牌堠云『毛女峯』者，見一老姥坐堠下，鬢如雪而無寒色。時道上未有行者，不知其所從來，雪中亦無足跡。孫與宋相去數百步，宋先過之，亦怪其異，而莫之顧。孫獨留連與語，有數百錢挂鞍，盡與之。既追及宋，道其事。宋悔，復還求之，已無所見。是歲，孫第三人及第，而宋老死無成。此事蜀人多知之者。」

［五］府胥馮士元以姦贓敗窮治甚急事連前後尹佐自二府至臺省者十餘人　長編卷一二五寶元二年十一月丁酉條載降寧武節度使、知樞密院事盛度爲尚書左丞、知揚州，尚書左丞、參知政事程琳爲光禄卿、知潁州，御史中丞孔道輔爲給事中、知鄆州，刑部員外郎、天章閣待制龐籍知汝州，開封府判官、金部郎中李宗簡追一任官勒停，司封員外郎、直集賢院、同修起居注麻温其落職監當，司門員外郎張純，堂後官國子博士李備遠處監當，光禄寺丞程琰荆湖北路監當，前太常博士直集賢院吕公綽、前太常博士吕公弼王疇罰銅十斤，奉禮郎丁諷罰銅四斤，云：「先是，權知開封府鄭戩按使院行首馮士元姦贓及私藏禁書事，而士元嘗爲度强取其鄰所賃官舍；故樞密副使張遜第在武成坊，其曾孫偕才七歲，宗室女所生也，貧不自給，乳媪擅出券鬻之，琳陰使士元諭以偕幼，宜得御寶許鬻乃售，其乳媪以宗室女故，入宫見章惠太后，既得御寶，琳即市取之；及令弟琰同士元市材木。籍與公綽、公弼皆嘗令士元雇女口，温其坐託士元賖買鹽，虚作還錢月日，而純與備亦坐託士元引致親戚爲軍巡推司及府貼司，疇、諷並嘗以簡屬士元理逋負。士元既杖脊配沙門島，而宗簡輒私發公案欲營救之，開封府推官王逵具以白戩，遂奏移鞫御史臺。獄具，詔翰林學士柳植録問。是日旬休，上特御延和殿召宰臣等議決之。」

［六］公爲人端重不妄舉動言語　長編卷一四二慶曆三年八月己酉條載諫官歐陽修言：「伏見差孫抃等使契丹。臣謂朝廷新遭契丹侮慢凌辱之後，必能發憤，每事掛心，凡在機宜，合審措置。及見抃等被選，乃知忘忽慮患，依舊因循。今西賊議和，事連契丹，中間屢牒邊郡，來問西事了與未了。今專使到彼，必先問及，應對之間，動關利害，一言苟失，爲患非輕。豈可令抃先往？抃本蜀人，語音訛謬，又其爲性静默自安，軍國之謀，未嘗與議，凡關機事，多不諳詳。臣聞古者遣使最號難才，不授以辭，許其專對，蓋取其臨事而敏，應變無窮。今抃既不可預教以言，則將何以應變？苟一踈脱，取笑四方。其孫抃欲乞不令出使。或恐中書不能逆抃人情，尚守前議，即乞别令

一人言語分明，稍知朝廷事者先往，貴不誤事。且契丹君臣頗爲强黠，中國常落其計，不是不知。今欲雪前耻，雖知未能，其如後患，豈可不慮？伏望聖慈早令兩府別議。」奏上「不報」。

［七］制下諫官論奏公朴謹非糾繩才不當居此職　長編卷一七四皇祐五年五月癸亥條云：「抃性篤厚寡言，質略無威儀，雖久處顯要，循循罕所建明。及制下，諫官韓絳論奏抃非糾繩才，不可任風憲。」

［八］朝廷卒爲之追改成命　長編卷一七六至和元年正月癸巳條載：「延福宮使、武信留後、入内内侍省都都知王守忠罷延福宮使，爲武信留後，他毋得援例。故事，宦官未有真爲留後者，守忠介東宮舊恩，數求之，上亦欲予之。先是，高若訥爲樞密使，持不可故止。及是，守忠疾，復求爲節度使。宰相梁適曰：『宦官無除真刺史者，況真節度使乎？』上曰：『朕蓋嘗許守忠矣。』適曰：『臣今日備位宰相，明日除一内臣爲節度使，臣雖死有餘責。』御史中丞孫抃聞之，亦奏疏力諫。乃罷節度使不除，然猶得真爲留後。言者方奏疏論列，翼日守忠卒。……既卒，贈太尉、昭德節度使，謚安僖，特給鹵簿以葬。」

［九］終不報　長編卷一七六至和元年正月丁丑條云：「先是，御史中丞孫抃三奏請罷追册，不報。……抃及侍御史毋湜、殿中侍御史俞希孟等皆求補外，知雜事郭申錫請長告，皆以言不用故也。」

［一〇］然其後罷立忌去廟樂改園陵使爲監護葬事車駕幸奉先寺不入廟致奠皆公啓之也　長編卷一七六至和元年二月丁酉條云：「先是有請立温成忌者，直集賢院劉敞言：『太祖以來，后廟四室，陛下之妣也，猶不立忌。豈可以私昵之愛而變古越禮乎！』於是并四后及章惠皆詔立忌。樞密副使孫沔極陳其不可，御史中丞孫抃累奏論列，而禮院官亦以爲言，皆不聽。尋罷之。」按，此處言「去廟樂、改園陵使爲監護葬事」者不確。據長編卷一七七至和元年九月丁亥條載：「改命劉沆爲温成皇后園陵監護使。」又十月丁酉條載：「葬温成皇后。……知諫院范鎮言：『太常議温成皇后葬禮，前謂之温成園，後謂之園陵；宰相劉沆前爲監護使，後爲園陵使。』」

［一一］上詔近侍置獄推勘至司徒卒緣此罷政事　按長編卷一七七至和元年十二月癸丑條云宰相陳執中「家女奴死，移開封府檢視有瘡痕，傳言嬖妾張氏笞殺之，（御史趙）抃即具奏，而執中亦自請置獄。詔太常少卿、直史館齊廓即嘉慶院鞫其事。廓尋被病，改命龍圖閣直學士、左司郎中張昇，又改命給事中崔嶧，既而追取證佐，執中皆留不遣。抃及御史中丞孫抃共劾之。已而有詔罷獄，臺官皆言不可，翰林學士歐陽修亦以爲言。逮執中去位，言者乃止」。又卷一八〇至和二年六月戊戌條載吏部尚書、平章事陳執中罷爲鎮海節

度使、同平章事、判亳州，云：「孫抃等既入對，極言執中過惡，請罷之。退，又交章論列。抃最後乞解憲職補外，以避執中朋黨中傷之禍，於是得請。」

〔一二〕曩者王益柔楊南仲陸經齊唐葛閎皆以纖介之累有妨進用　按，王益柔事，據宋史卷二八六王益柔傳，云：「范仲淹未識面，以館閣薦之，除集賢校理。預蘇舜欽奏邸會，醉作傲歌。時諸人欲遂傾正黨，宰相章得象、晏殊不可否，參政賈昌朝陰主之，張方平、宋祁、王拱辰攻排不遺力，至列狀言益柔罪當誅。韓琦爲帝言：『益柔狂語，何足深計？方平等皆陛下近臣，今西陲用兵大事何限，一不爲陛下論列，而同狀攻一王益柔，此其意可見矣。』帝感悟，但黜監復州酒。」楊南仲事，不詳，趙抃趙清獻公文集卷三乞依刑部定奪除落葛閎陸經罪名有云：「至如近年王沖、楊南仲、楊織輩，皆以罪廢近二十年，並不問年限，只用大臣、臺諫官論列，俱得除落刑名。」陸經事，長編卷一三九慶曆三年正月丙子條云：「大理寺丞、集賢校理、同知太常禮院陸經落職，監汝州酒稅。初，鄂王服既除，以甲戌燕契丹使，下太常禮院議，經言天子絶朞，今鄂王雖有爵命不爲殤，皇帝制服已除，當作樂。既燕罷，經復論奏，以鄂王爲無服之殤，燕在以日易月之内，不宜舉樂。上以經前後反覆，又援臣庶之禮非是，故責及之。」又卷一五三慶曆四年十二月乙巳條云：「監察御史劉元瑜劾奏：『大理寺丞、集賢校理陸經，前責監汝州酒，轉運司差磨勘西京物，杖死争田寡婦李氏，并貸民錢，又數與僚友燕聚，語言多輕肆。監司繆薦其才，權要主張，遂復館職。請重置於法，勿以赦論。』詔遣太常博士王翼往按其罪，并以經前與進奏院祠神會坐之，責授袁州别駕。」齊唐事，宋史卷三〇一齊廓傳云：「越州蔣堂奏廓及唐父母垂老，窮居鄉里，二子委而之官，唐復久不歸省。於是罷唐，令歸侍養。」葛閎事，蘇魏公文集卷五七光禄卿葛公墓誌銘云：「公娶建陽陳氏，故太常少卿、直昭文館商之女，殿中侍御史洙之妹。赴官蒙山，道梧江，暴得瘴厲，發狂自溺。陳宗意其護視不如方，死非其所，自嶠南奪二從婢歸，榜掠以求冤狀，卒無彷彿。殿中爲之左右寬譬，親意終不可解。會御史章頻出爲本道轉運使，將案其事而無可驗者，因謫公所部賣買小不如法，坐是免官。」

〔一三〕宰相即用公言叩閤請入禁中侍疾　長編卷一八二嘉祐元年正月壬申條注曰：「蘇頌作孫抃行狀云：『禁門不開幾旬日，雖執政大臣不得進見，但通名于内東門候起居。抃率同列謂宰相不宜坐待。宰相用抃言，乃叩閤入禁中。』按上以元日不安，初七日宰相即入禁中，此云禁門幾旬日不開，誤也。」

〔一四〕二人卒坐是補外官　長編卷一九一嘉祐五年四月甲申條載降右司諫、祕閣校理吴及爲工部員外郎、知廬州，太常博士、監察御史裏行沈起落裏行，通判越州，云：「初，諫官陳旭建議裁節班行補授之法，下兩制、臺諫官集議已定，及、起乃擅改議草，令買撲興國軍磁湖鐵冶，仍舊與班行。主磁湖鐵冶者，大姓程叔良也。翰林學士胡宿等劾及等職在臺諫，而爲程氏經營，占錮恩澤，乞詔問其狀。及等引伏，故並黜之。」按，吴及、沈起貶官時，孫抃已擢任樞密副使。

［一五］乃與之如公之言　長編卷一七七九至和元年月乙亥條云：「契丹遣忠正節度使、同平章事蕭德，翰林學士、左諫議大夫、知制誥、史館修撰吴湛來告與夏國平，且言：『通好五十年，契丹主思南朝皇帝，無由一會見，嘗遣耶律防來使，竊畫帝容貌，曾未得其真。欲交馳畫象，庶瞻覿以紓兄弟之情。』德等又乞親進本國酒饌，不許。」注曰：「蘇頌作孫抃行狀云：或者慮敵得御容，敢行咒詛，抃言其不然，卒許之。張唐英政要云敵後得御容，具儀仗拜謁驚嘆。今皆不取。」

［一六］然卒罷神御不建　長編卷一八八嘉祐三年十月「是月」條云：「詔于景靈宮建郭皇后影殿。翰林學士歐陽修言：『景靈宮自先朝以來崇奉聖祖，陛下又建真宗皇帝、章懿太后神御殿于其間，天下之人皆知陛下奉先廣孝之意，然則此宮乃陛下奉親之所。今乃欲以後宮已廢追復之后，建殿與先帝、太后並列，瀆神違禮，莫此之甚，伏乞特賜寢罷，以全典禮。』詔送禮院詳定。禮院言：『臣等看詳諸寺觀建立神御殿，已非古禮。先朝崇奉先帝、太后，示廣孝思，猶依倣西漢原廟故事。今議立郭皇后影殿，于禮無據，難以奉行。』其事遂寢。」注曰：「司馬光日記云：先是，詔爲郭后于寺觀立影殿，都官員外郎、權發遣修造案陳昭素以其勞費，乃上言神御殿非古法，按禮當祔于祖姑，乞祔淑德皇后廟，詔從之。按因革禮，則祔廟之議實出禮官，不録昭素。司馬記當時事不應誤，然國史不載。」按涑水記聞卷八云：「尚美人、楊美人争寵，郭后批傷今上頸，召都知而付之。初，章獻爲上娶郭后，后恃章獻驕妬，後宮莫得進，上患之，不敢詰。章獻崩，楊、尚並進，后有怨言。都知閻文應惡之，因與上謀廢后。上問吕許公，亦曰：『古亦有之。』遂降勑廢爲金庭教主，后不知之。文應懷勑并道衣以授之，后恚，有誚語，文應即驅出，以車送瑶華宮。既而，上悔之，作慶金枝曲，遣使賜后，后和而獻之。又使詔入宮，文應懼，以疾聞。上命賜之酒及藥，文應遂酖之。」吕許公，即宰相吕夷簡。

［一七］中旨合食如舊　按長編卷一九〇嘉祐四年八月乙酉條稱此時議「久之，不能決」，至丁亥日，方有詔書令如舊儀。

［一八］程戡用臺官言罷樞密副使　長編卷一九一嘉祐五年四月癸未條載樞密副使、吏部侍郎程戡罷爲觀文殿學士兼翰林侍讀學士、同群牧置制使，云：「戡與樞密使宋庠同府，戡語多俗，庠鄙之，自是不協，争議屢至失聲色。諫官、御史兩論之，戡亦自請罷故也。」

注曰：「據吕誨奏議，乃争馬懷德管軍事，當考。」

〔一九〕即命以本官充樞密副使　湘山野録卷上云：章獻、章懿太后「追升祔，二后赦文孫承旨抃當筆，協聖意，直敍曰：『章懿太后丕擁慶羡，實生眇冲，顧復之恩深，保綏之念重，神馭既往，仙遊斯邈。嗟乎！爲天下之母，育天下之君，不逮乎九重之承顔，不及乎四海之致養，念言一至，追慕增結。』上覽之感泣彌月。明賜之外，悉以東宫舊玩密賚之。歲餘參大政。」按，據長編卷一五七，升祔事在慶曆五年八月；據下文，孫抃爲樞密副使在嘉祐五年四月，相隔十五年，故長編卷一九一嘉祐五年四月癸未條注曰：「抃得兩府，湘山野録以爲由草章懿升祔制，當考。」

〔一〇〕知辰州竇舜卿以定彭氏蠻事朝廷嘉其能議遷一官　宋史卷三四九竇舜卿傳載：「湖北蠻傜彭仕羲叛，徙爲鈐轄，兼知辰州。建請築州城，不擾而辦。帥師取富州，蠻將萬年州據石狗崖。舜卿選壯卒奮擊，蠻矢石交下，卒蒙盾直前，發强弩射萬年州，斃于崖下，遂拔之。左右欲盡勦其衆，舜卿不許，曰：『仕羲願内附，特爲此輩所脅，今死矣，何以多殺爲？』引兵入北江，仕羲降。」據長編卷一八七，平彭仕羲在嘉祐三年八月；又卷一八八嘉祐三年九月辛未條載西京左藏庫使、荆湖北路鈐轄兼知辰州竇舜卿領康州刺史，「以招降彭仕羲有勞故也」。則本行狀下文「遂止降詔奬諭之」云云，不確。

〔一一〕前議遂止　東齋記事卷三云：「李參自荆南召，欲以爲三司使，參政孫夢得抃固執不可，曰：『此人爲主計，外臺承風刻剥，則天下之人益困弊矣。』由是遂改授群牧使。」

〔一二〕遂上疏求罷　長編卷一九六嘉祐七年三月乙卯條載：「抃居兩府，年益耄，頹惰無所可否，又善忘，語言舉止多可笑，好事者至傳以爲口實。性不便騎馬，或驚，雖通逵必下而趨。時樞密使張昇請老，朝論以抃當次補，必不勝任。殿中侍御史韓縝因進見，極言抃不才，雖無顯過，保身持禄，實懷姦之大者，乞置諸散地。監察御史裏行傅堯俞亦言：『抃望實俱輕，徒以高科，久居清列。薦更二府，積有歲時，當萬幾之繁，無一毫之助。昏塞之語，日以流聞，傳笑士民，取輕夷狄。每進趨軒陛，百僚具瞻，勞力之臣，爲之解體。宜賜罷免，少抑貪幸。』後數日，輔臣朝退，韓琦、曾公亮獨留，抃下殿謂歐陽修曰：『丞相留身何也？』修曰：『得非奏君耶？』抃曰：『抃有何事？』修曰：『韓御史言君，君不知耶？』抃乃頓足摘耳曰：『殊不知也！』遂移疾求免，上許之。」

〔一三〕覆議者數四卒以公言爲定　長編卷一八九嘉祐四年四月癸未條云：「判尚書考功楊南仲覆議曰：『祖宗之有天下，弟及而子世者再傳矣。今上聖德夙成，天命固已有在，群下欲位分之蚤定，而先帝晚年，大臣重忤上意，無敢言者。執中時年少位下，忠義感發，一言而定東朝之位，置生靈於大寧者四十年，爲宋福祚其有窮哉！故其遷拜，嘗以是而申於書贊者，所以彰先帝知人之明，而示無言不酬之義也。自頃景德休兵，海内無事，輔相之臣，務將順上德，中外奏歌頌而已。朝廷求直言而責言事官以循默者，詔書屢下，而無其人。執中獨以小官，不溺時俗，不諱用事之臣，專爲國家慮時事，陳宗廟大計以取上知。致身兩府者二紀，再爲相者出入八年，其所選用爲不少矣，死之日無感慨其私恩者，其一於公，不使士大夫知出其門也如此，其謚曰「恭」固宜焉。而助安社稷，太常之議既首及之，所以易其名者，盍并舉乎？謹按謚法曰：「因事有功曰襄。」請謚曰「恭襄」。』詔謚曰『恭』。」

〔二四〕其薦御史得今中丞唐公介天章吴公中復　東軒筆録卷一二云：「孫參政抃爲御史中丞，薦唐介、吴中復爲御史。人或問曰：『聞君未嘗與二人相識，而遽薦之，何也？』孫答曰：『昔人耻呈身御史，今豈求識面臺官也？』後二人皆以風力稱於天下。孫晚年執政，嘗嘆曰：『吾何功以輔政，惟薦二臺官爲無愧耳。』」又墨客揮犀卷一〇云：「孫夢得中丞，薦吴中復爲御史。或曰：『公平生不識，何由知之？』公曰：『抃聞中復知犍爲縣多美政，及替，不載一物。其愛民廉潔如此，使之立朝，必不苟且。知賢則薦，何用識面邪？』」

〔二五〕又奉詔撰寇萊公旌忠碑丁文簡公崇儒碑　按，本書上集卷二載有寇忠愍公準旌忠之碑、卷三載有丁文簡公度崇儒之碑。

名臣碑傳琬琰集中卷四十六

孫宣公奭行狀[一]　景文公宋祁

孫奭字宗古，年七十二歲。公之先本樂安望姓，後子孫有徙占博平者①，墳墓託焉，遂爲博平人。公幼好書術，不事産利。夙儒太原王徹以五經教授，其徒數百人，公往從之游。及徹卒，有從公質正謬惑者，公厚謝未答，久之，爲言其意，義據深切，人人厭服，於是徹門下生悉從公以終業。故其鄉之粹然，仁者愛之；其里之劃然②，暴者畏之。會州將少文，憎忌儒服，公不見禮，違之汶上，樂其風土，遂貫籍焉③。頃之，吏上計文，即偕西遣。

端拱二年，擢九經高第，釋褐主莒縣之簿。代還，上言願以本經試最，有司言學有師法，於是以廷尉平直太學爲講員。太宗幸上庠，詔説尚書説命三篇，動容稱善，且歎曰：「天以良弼賚商，朕顧不得若人邪？」因賜公緋

---

① 後子孫有徙占博平者　「占」原作「古」，據景文集卷六一孫僕射行狀改。

② 其里之劃然　「劃」原作「畫」，據景文集卷六一孫僕射行狀改。

③ 違之汶上樂其風土遂貫籍焉　「違」，景文集卷六一孫僕射行狀作「遷」。按，景文集卷五八僕射孫宣公墓誌銘云：「由公徙居於鄆，今又爲鄆人。」宋史孫奭傳云其「後徙居須城」。

衣銀魚，用是明年劾免大丞相①[二]。以郊禮及真宗嗣位，再除至殿中丞。又侍講於諸侯王邸，賜三品服。會丁内憂②，敦譬還職，是正七經義疏[三]，以勞再遷尚書屯田員外③。他日，帝命執政諭公曰：「朕悉爾懿行，今欲改任他官，具以情上。」公即對：「君行制，臣行義。量能授官，君也；食焉罔避，臣也。又敢擇官，以奸王誅？」對奏，天子納焉。罷宫職，以都官判太常禮院、國子監、司農寺。

先是，五郊從祀，神無席，尊無羃，七廟時饗，獻神嚌福互用一散尊，豆無三甄，登歌不以雍徹。冬至攝祀上帝，外陔止十七祠。饗先農乃在祈穀之前，釋菜不備三獻。公建言：「獨恭不裕，專菲則薄，卹祀媚神，稱而後宜。」有詔從焉。自是器備樂完，天壇醱食六百八十有九，祀農更用辛後吉亥，國學獻事不攝祠官，重矣。與諸儒分集册府元龜[四]。

帝將東巡狩，攬瑞命，建元封，命公乘驛至塞下，諭契丹所以告成之意[五]。俄假節以金絮即王庭賜其君長④[六]。廟飲策勳，叙轉職方。帝察公守正持重，小心謹密，練達光明，才任公卿，明年除工部郎中、充龍圖閣待制、判登聞鼓院，以汾陰詔書改兵部。始封壄二禮，希闊于代，刺取屬圖，公皆參焉。尋介岱帝奉册使[七]，還與

---

① 用是明年劾免大丞相　「劾」原作「切」，據庫本改。

② 會丁内憂　「内」字原闕，據景文集卷六一、景文集佚存本卷一〇七孫僕射行狀補；文海本作「母」。

③ 以勞再遷尚書屯田員外　按，自「勞再遷尚書屯田員外」以下至「則西至蔡上」半葉計三百六十八字底本原闕，錯置入中集卷四八韓忠獻公琦行狀半葉文字，此據景文集卷六一孫僕射行狀補。又，底本錯置入半葉文字改移至韓忠獻公琦行狀。

④ 俄假節以金絮即王庭賜其君長　景文集卷六一孫僕射行狀「金絮」原作「金紫」，據景文集佚存本卷一〇七孫僕射行狀改。按，漢書卷四八賈誼傳云：「今匈奴嫚侮侵掠，至不敬也，爲天下患，至亡已也，而漢歲致金絮采繒以奉之。」

文元晁公等同主貢條，又知通進銀臺司門下封駁事、兼三班院。時真宗已封禪，則西至蔡上①，明接萬靈於殊庭。大抵名山神靈之封皆望幸矣。六年，遂下詔用開元故事，款瀨鄉奉太清之祠。公上疏引唐明皇以爲言，天子雖嘉其意，然謂稽古擇善，何常之執，更爲解疑論以示群臣[八]。

始尚書公年耆德茂，重去鄉梓。公至是上言不勝父子之情，願歸田里，盡温凊之報，詔不許。又奏願守一郡，以便瞻省，制可之，乃守高密。居部二年，拜左諫議大夫，罷待制之職，還臺，糾察在京刑獄。祥符之降也，始名天慶、先天、降聖爲盛節，詔天下飭齋合燕，費且不貲。公建言宜罷②，以省浮用，書奏不報。未幾，出知河陽。天禧末，縣官度用財力，稍稍減郡國祠醮，終如公言。郊祀恩，改給事中。公連年自表，以尚書公年九十，按禮家不從政，據令許解官侍養。帝覽奏歎息，詔丞相府曰：「孫某或請急過家及欲近郡則聽之。」乃就徙兗州[九]。

明年改元乾興，真宗之後元也。其三月，今上即位，例遷工部侍郎。八月，驛召公還，拜翰林侍講學士，俄知審官院，仍判國子監，復知通進封駁事，兼群牧使。會修先朝實録，以公有胥臣多聞、羊舌肸春秋之習，命參其典領[一〇]。尚書公寢病也，朝廷知公孝，特許乘傳視疾，再宿至汶上。實録成，就遷刑部。及尚書公齊終，公孺慕癯毁③。尋詔奪服，公固願終喪，上命貴臣敦喻，公不得已還都，復舊官。頃之，兼判太常寺及禮院，再知審官院。以久次授兵部，權吏部流内銓，又兼龍圖閣學士。貿茶轉貨，法久而弊，計臣欲揵囊橐，推浮淫④，實緊參

① 則西至蔡上　景文集卷六一孫僕射行狀「蔡」原作「葵」，據景文集佚存本卷一〇七孫僕射行狀改。
② 公建言宜罷　「言」字原脱，據景文集卷六一孫僕射行狀補。
③ 公孺慕癯毁　「孺」，景文集卷六一、景文集佚存本卷一〇七孫僕射行狀作「號」。
④ 推浮淫　「推」，景文集卷六一、景文集佚存本卷一〇七孫僕射行狀作「椎」，似是。

定，以興長利[一一]。

初，公之勸講也，不辟亂亡①，臨文始爲諱，有可以規益順諷者，必諄諄爲上言之[一二]。掇五經之切治道者，爲經典徽言五十卷奏御。繪無逸篇爲圖[一三]，願置便坐，爲位宁觀省之助。時母闈輔政，五日一御事。公因言：「古之帝王，朝朝暮暮，未有曠日不朝者也。陛下春秋鼎盛，宜日御前殿，見群臣，發揚健粹，覽照治本。」而上方奉養長樂，故謙讓未皇也。於是公年七十，因請問祈致所事，上章者三。皇帝與莊獻太后特御承明殿，存諭數四，公頓首，且言：「勸道無狀，以暮日希遠塗，恐不能自還，無以塞責，乞全首領，爲陛下之賜。」因泣數行下。上亦惻然，猶詔公與今龍圖閣學士馮公元講老子三章，又命今禮部尚書晏公殊讀唐史。是日，各賜帛一百疋②。後數日，制詔報公，果不得謝。更求近郡，上乃從焉，改工部尚書，以本職復爲兖州，且命須小會畢乃得辭。待禮復數月，請行數矣，乃宴于太清樓。樂闋，上出御飛白書，宰府樞臣大字軸各一，學士以下小字軸各二，惟公與文元大小兼賜焉，朝廷榮之。並詔賦詩，述所以優待師臣之意。明日詣承明謝，且陳將奉違帷幄。上亟命取老子，講如前章，既罷，仍有具衣釘帶材馬之錫③。及治行也，又宴瑞聖園，就貺御製詩一章，復詔近臣爲詩以餞。議者謂漢疏受、桓榮晅赫寵光④，不克過之。

明年耕籍，改禮部。公爲政多惠利，嘗奏復濟瀆故道，渫其鍾水[一四]。濟、鄆之田，微公其魚。所至興儒學

① 不辟亂亡　「不」原作「往」，據景文集卷六一孫僕射行狀改。

② 各賜帛一百疋　「一百疋」，景文集卷六一、景文集佚存本卷一〇七孫僕射行狀及長編卷一一〇天聖九年七月癸酉條、宋史孫奭傳皆作「二百匹」。

③ 仍有具衣釘帶材馬之錫　「釘」，景文集卷六一孫僕射行狀作「釘」。

④ 議者謂漢疏受桓榮晅赫寵光　「寵」原作「龍」，據景文集卷六一、景文集佚存本卷一〇七孫僕射行狀改。

教導，不純用法律，有足大者①。事皆責丞史掾屬②，摠綱目而已，人皆宜之，不見爲治之迹。

明年，以病自乞，上知不可奪，乃聽遷太子少傅歸老[一五]。夏五月，疾篤。戊子，移居正寢，命子孫曰：「明日午中③，吾當逝矣。且吾在仕塗四十年，訖無悔尤。乃今奉遺體終牖下，君子其以我爲知命。」口占遺奏，初不以家事爲言。又謂子瑜曰：「逮吾屬纊，當無内姬妾，獨若與諸孫在，庶不死于婦人之手。」己丑，如期而薨。訃聞，天子廢朝震悼，以左僕射策書驛告其第，延其賞於子及孫二人焉，賵贈稱之。士之仁且賢者，莫不相弔。徽數令名，洎終益榮④。夫人天水趙氏，以平原郡追啓湯沐。三子：曰瑶，仕歷司虞，止員外；曰琪，止衛尉丞；曰瑜，今爲殿中丞。息女三：長適高平范昭；季適昭弟曙；仲適琅邪王景仲，蚤卒⑤。

公於學無不該總，精力彊記，絶人遠甚。以爲禮莫大於祭⑥，故受詔次宋興以來郊廟容典⑦，爲崇祀録[一六]；祭莫尊於天，故本其六名，實則一帝，是康成，排王肅，彷徉千載，貫諸儒之論，爲南郊奏；樂莫盛於雅，故哀羽萬同律⑧，爲樂記圖；孝莫重乎喪，故援古塞違，爲五服制度。五經之學，章句數十萬，後生佔畢，厭苦其説，

---

① 有足大者　「大」，景文集佚存本卷一〇七孫僕射行狀作「稱」，似是。

② 事皆責丞史掾屬　「掾」原作「椽」，據庫本、景文集卷六一孫僕射行狀改。

③ 明日午中　「午中」，景文集卷六一、景文集佚存本卷一〇七孫僕射行狀作「禺中」。

④ 洎終益榮　「益」，景文集卷六一孫僕射行狀作「竝」。

⑤ 息女三長適高平范昭季適昭弟曙仲適琅邪王景仲早卒　按景文集卷六一孫僕射行狀無此二十三字。

⑥ 以爲禮莫大於祭　「以」下原衍「其」字，據景文集卷六一孫僕射行狀刪。

⑦ 故受詔次宋興以來郊廟容典　「宋」字原闕，據景文集卷六一、景文集佚存本卷一〇七孫僕射行狀補。

⑧ 故哀羽萬同律　「羽」原作「翁」，據景文集卷六一、景文集佚存本卷一〇七孫僕射行狀改。

故作五經節解，删去盈辭。又請以劉昭後漢志裨范曄之闕，尚書釋古文以檢考今文。謂孟子附聖立書，莊周根道德之論，律有學科，宜並刊布。又同定論語爾雅義疏，皆鏤槧垂久。唐明皇删定月令，自竄新意，其事淺而不篤，公乞復康成舊註，還其篇次，議雖中格，禮家韙之。在内閣也，真宗賜歌詩，俾之次韻，公屢辭不聽，乃有賡載集。

資質詳審，進止如有寸尺，無傀言遽色。接誘士類，侃侃如也。或以奇衺怵之，則玉色山立，不得而撓。然志尚隱約，器服塵素，不傲福於神，不愧辭於人，善推己以恕物，不格物以己長。讓夷損怨，稱爲長者。尚書公之疾革也，公舐潔其面，以代頮御，未始就子舍褫衣帶，養者以爲難。安車之還也，日延鄉老道舊爲樂。先時，邑子或從公家宰貸息錢濟，劑券紛紜。酒酣，公命折而焚之，凡散數百萬。其推轂士，不進不止，成就諸儒甚衆，而馮公元、諫議大夫孔公道輔先顯①。公爲内閣，馮甫從初命入太學，不十年，抗茵憑侍金華，與公同列云。至於日月獻納，便宜施行者，存于有司。伏青規，秘皂囊，則詭辭焚藁，外無知者。

嗚呼！公有黄中通理之才，服勞累聖②，發舒事業，既光大矣。第不登三事、暮九德，寧天嗇公，蕴而不使盡邪？將人匱公，賜而弗及庇邪？知與不知，咸爲公恨。卜竁有日，節惠茲在，敢摭雅行，告于有司。謹狀。

辨證：

[一]孫宣公奭行狀　本行狀又載於宋祁景文集卷六一、景文集佚存本卷一〇七，題曰「孫僕射行狀」。按，孫奭，東都事略卷四六、宋史卷四三一有傳，景文集卷五八載有僕射孫宣公墓誌銘。歸田録卷一云：「宋尚書祁爲布衣時，未爲人知。孫宣公奭一見奇之，遂爲

---

① 而馮公元諫議大夫孔公道輔先顯　「先」，庫本作「尤」。

② 服勞累聖　「累」下原衍「墨」字，據庫本及景文集卷六一、景文集佚存本卷一〇七孫僕射行狀删。

知己。後宋舉進士，驟有時名，故世稱宣公知人。公嘗語其門下客曰：『近世謚用兩字，而文臣必謚爲「文」，皆非古也。吾死得謚曰「宣」若「戴」，足矣。』及公之卒，宋方爲禮官，遂謚曰『宣』，成其志也。」

〔二〕用是明年劾免大丞相　長編卷三六淳化五年十一月丙寅條載太宗幸國子監。又帝學卷三云太宗於「淳化五年十一月，幸國子監，召直講孫奭講尚書，判監李至執經，講堯典一篇未畢，遽令講説命三篇。帝曰：『尚書主言，治世之道，説命居最。文王得太公，高宗得傳説，皆賢相也。』復誦説命『事不師古，匪説攸聞』之句，曰：『誠哉是言，何高宗之時而有賢相如此！』嘉歎久之。」涑水記聞卷四云：「太宗幸國子監，詔奭説尚書説命三篇。奭年少位下，然音讀詳潤，帝稱善，因歎曰：『天以良弼賚商，朕獨不得邪？』因以切勵輔臣，賜奭緋章服。」按，此所謂「明年劾免大丞相」，當指至道元年四月癸未，吏部尚書、平章事呂蒙正罷爲右僕射。

〔三〕是正七經義疏　長編卷四三咸平元年正月丁丑條云：「初，李至判國子監，上言：『本監先校定諸經音疏，其間文字訛謬尚多，蓋前所遣官，多專經之士，或通春秋者未習禮記，或習周易者不通尚書，至于旁引經史，皆非素所傳習，以是之故，未得專詳。伏見國子博士杜鎬、直講孫奭、崔頤正皆苦心强學，博貫九經，問義質疑，有所依據，望令重加刊正，除去舛謬。』太宗從之。」

〔四〕與諸儒分集册府元龜　麟臺故事卷二修纂載：「景德二年九月，命刑部侍郎資政殿學士王欽若、右司諫知制誥楊億修歷代君臣事迹。欽若等奏請以太僕少卿直祕閣錢惟演、都官郎中直祕閣龍圖閣待制杜鎬、駕部員外郎直祕閣刁衎、户部員外郎直集賢院李維、右正言祕閣校理龍圖閣待制戚綸、太常博士直史館王希逸、祕書丞直史館陳彭年、姜嶼、太子右贊善大夫宋貽序、著作佐郎直史館陳越同編修。初命欽若、億等，俄又取祕書丞陳從易、祕閣校理劉筠。及希逸卒，貽序貶官，又取直史館查道、太常博士王曙，後復取直集賢院夏竦，又命職方員外郎孫奭注撰音義。凡九年，至大中祥符六年成一千卷上之。……上覽久之，賜名册府元龜。」

〔五〕命公乘驛至塞下諭契丹所以告成之意　長編卷六九大中祥符元年六月甲午條云：「命都官員外郎孫奭至契丹境上，告以將有事于泰山。時議東封，六師必須從行，恐契丹不察，妄生猜慮，欲遣使諭意。上曰：『朝廷每遣使往，彼有接伴館設之勞。但令奭於境上，以書信達之可也。』」又東軒筆録卷一五云：「真宗與北蕃謀和，約以逐年除正旦生辰外，彼此不遣泛使。而東封太山，遣祕書監孫奭特報，亦只到雄州而止，奭牒報北界，請差人到白溝交授書函。是時北朝遣閤門使丁振至白溝，以授孫書。」

〔六〕俄假節以金絜即王庭賜其君長　長編卷七〇大中祥符元年九月甲申條云命「都官員外郎孫奭爲契丹國主正旦使」。

［七］尋介岱帝奉册使　長編卷七六大中祥符四年九月辛卯條載：「命資政殿大學士、刑部尚書向敏中爲東嶽奉册使，兵部郎中、龍圖閣待制孫奭副之。」

［八］更爲解疑論以示群臣　長編卷七四大中祥符三年十二月癸酉條載：「龍圖閣待制孫奭由經術進，守道自處，即有所言，未嘗阿附取悦。上嘗問以天書，奭對曰：『臣愚所聞：「天何言哉！」豈有書也？』上知奭樸忠，每優容之。」卷八一大中祥符六年十月甲戌條載：時真宗欲朝謁亳州太清宫，孫奭引唐明皇事以諫，然「帝以爲：『封泰山，祀汾陰，上陵，祀老子，非始於明皇。開元禮今世所循用，不可以天寶之亂舉謂爲非也。秦爲無道甚矣，今官名、詔令、郡縣，猶襲秦舊，豈以人而廢言乎？』作解疑論以示群臣。然知奭朴忠，雖其言切直，容之弗斥也」。又儒林公議云：「孫奭起於明經，敦履修潔，端議典正，發於悃愊。章聖崇奉瑞貺，廣構宫殿以夸夷夏，奭累疏切諫，上雖不能納用，而深憚其正。疏語有『國之將興，聽之於人；國之將亡，聽之於神』。其忠朴如此。」然長編卷八〇大中祥符六年五月辛丑條有載：「國子監新修御書閣有赤光，上燭長尺許，判監孫奭以聞。」注曰：「孫奭上疏諫祥瑞，今亦爲此，不知何故。按降聖記：『五月壬寅，王旦等奏八日、九日、十日、十一日、十二日，聖像船有鶴佪翔。向敏中等表賀。及國子監所奏今月十一日夜，祭告官工部郎中直史館高紳、奉禮郎錢曖、説書官前德州安信縣令滑文演等同見新修御書閣東北角二條柱上有光約一丈已來，至二夜三點方散。並請宣付史館，詔從之。』初無孫奭姓名，而實録所書獨如此，當考。」

［九］乃就徙兖州　長編卷九七天禧五年二月丁未條稱「奭父時居鄆州，兖、鄆相邇故也」。

［一〇］會修先朝實録以公有胥臣多聞羊舌肸春秋之習命參其典領　長編卷九九乾興元年十一月癸酉條云：「命翰林學士承旨李維、翰林學士晏殊修真宗實録。尋復命翰林侍講學士孫奭、知制誥宋綬、度支副使陳堯佐同修，仍令内侍諭以一朝大典，當謹筆削之意。」

［一一］計臣欲揵囊橐推浮淫實緊參定以興長利　長編卷一〇三天聖三年八月辛未條云：「李諮等既條上茶法利害，朝廷亦牓諭商賈以推行不變之意，然論者猶争言其不便。辛未，命翰林侍讀學士孫奭、知制誥夏竦同工部郎中盧士倫、殿中侍御史王碩、如京使盧守懃再加詳定。」

［一二］有可以規益順諷者必諄諄爲上言之　長編卷九九乾興元年十一月辛巳條云：仁宗「始御崇政西閣，召翰林侍講學士孫奭、

龍圖閣直學士兼侍講馮元講論語，侍讀學士李維、晏殊與焉。初詔雙日御經筵，自是雖隻日，亦召侍臣講讀。王曾以上新即位，宜近師儒，故令奭等入侍。上在經筵，或左右瞻矚，或足敲踏床，則奭拱立不講，體貌必莊，上亦爲竦然改聽」。

［一三］繪無逸篇爲圖　宋史孫奭傳云其「嘗畫無逸圖上之，帝施於講讀閣」。

［一四］嘗奏復濟瀆故道漯其鍾水　長編卷一一二明道二年正月癸巳條云：「武勝軍留後陳堯咨言：『梁灤積水，廢民田數萬頃，不能疏導，至鄆州徙城以避之。嚮者臣守鄆，孫奭守兗，同相視，自魚臺下杷鑿河四十餘里，決泊水注河，由德、博東入於海，可以紓水患，通漕於河北。宜歲調夫乘春濬之。』朝廷從其説。然污澤自具地形，終不能大耗也。」

［一五］乃聽還太子少傅歸老　澠水燕談録卷四高逸云：「孫宣公奭以太子少傅致仕，居于鄆。一日，置宴御詩廳，仁宗嘗賜詩，刻石所居之廳壁。語客曰：『白傅有言：「多少朱門鎖空宅，主人到老不曾歸。」今老夫歸矣。』喜動于色，復顧石守道，諷易離卦九三爻辭，且曰：『樂以忘憂，自得小人之志；歌而鼓缶，不興大耋之嗟。』公以醇德奧學勸講禁中二十餘年，晚節勇退，優游里中，始終全德，近世少匹。」

［一六］故受詔次宋興以來郊廟容典爲崇祀録　長編卷一一九景祐三年七月己卯條云：「初，孫奭領太常，以國朝典禮倣唐王涇撰崇祀録二十卷，未奏而卒，其子殿中丞瑜表上之。詔送史館。」

馮侍講行狀①［一］　景文公宋祁

馮元字道宗，年六十三。公之先始平人，四代祖官廣州，唐末閼輔亂，不敢歸，而劉氏據南海，僑斷士人②，

① 馮侍講行狀　庫本作「馮侍講元行狀」。

② 僑斷士人　「士」原作「七」，據庫本及景文集卷六二、景文集佚存本卷一〇七馮侍講行狀改。

故三世食其祿。太祖定交廣，公之禰本劉氏日御，國除，始爲王官，授保章正[二]，老病免，遂占數都内。

公少嗜學，保章君不欲公疇其業，使從故僕射孫宣公授五經大義，又友博士崔頤正。逮冠，彊立博覽，外嗛嗛若不足，中敏力甚，自經典詁訓，祖襲師承，穿穴莛楹①，皆能駕其説。寖弄翰爲詞章，默而有沉鬱之思。出入服褒衣，習矩步②，如大賓祭。鄉人化其謹，至以俚語諺之。不妄交游，惟樂安孫賁、吴陸參、譙夏侯圭相友善，三人皆直諒而材，故號「四友」。家貧，盛冬無薪燎，夜輒市瓶酒③，與圭對經研榷，一再酌以自温，或達旦不瞑。

真宗大中祥符元年，由進士調臨江縣尉④。再朞罷，會講員缺，詔冬集吏能明經⑤，得自言試可，公往應令。時諫議大夫謝泌領選，精果有風鑒，見公儒者，嘻笑曰：「吾聞古治一經至皓首，生能盡善也邪？」對曰：「達者一以貫之，可矣。」謝奇其對，因抉經義疑晦者廷問參詰，公條陳詳諳，言簡氣愿，謝抵掌嗟伏。即日聞上，授國子監直講[三]。由是名震京師，公卿大夫家争欲屈公授道者。久之，遷廷尉平，又兼崇文院檢討。

其八年，程覆俊選，公待詔殿中。帝讀易至泰卦，命説其義，公既道繇象云云，因本君臣感會，所以輔相財成者。帝悦，賜五品服[四]，稍親近之。禁中建龍圖閣，庋藏秘册，置學士、待制等員[五]，爲搢紳譽處。時帝用尚書工部郎中李虛己、兵部員外郎李行簡待制。是時公仕資淺，故以太子中允直閣。直閣蓋由公始[六]。數召入，與二李賜清間説易，盡上下經[七]。帝嘗稱公誦説通而不泥，言外自有餘趣，非專門一經士也。俄改

① 穿穴莛楹　「莛」原作「筳」，據庫本及景文集卷六二、景文集佚存本卷一〇七馮侍講行狀改。
② 習矩步　「矩」原作「短」，據庫本及景文集卷六二、景文集佚存本卷一〇七馮侍講行狀改。
③ 夜輒市瓶酒　「瓶」，景文集卷六二、景文集佚存本卷一〇七馮侍講行狀作「缾」。
④ 由進士調臨江縣尉　「臨江」，東都事略、宋史馮元傳及長編卷八一大中祥符六年九月丙申條作「江陰」。
⑤ 詔冬集吏能明經　「冬」，景文集卷六二、景文集佚存本卷一〇七馮侍講行狀作「令」。

三品服。

天禧元年，以諫議大夫假節使契丹。還，遷太常丞，兼判禮院、吏部南曹。先是，今上在儲闈，帝欲得肅艾長者，使之勸學，訪於宰相。時太尉文正王公以公對，或者謂公年差少，罷不用[八]，更用博陵崔遵度。四年，遵度卒，帝即擢公左正言，兼太子右諭德，代其任，它職如舊。初，文正聞公名而未之識，一日召至第①，先使諸子質經義，密視其人，淹粹亮格②，乃自見之，授其老子。它日令詣府，與執政衆試，已而爲帝言數矣。故公之顯，文正力焉。公由孤生挾儒術進，出入十餘年，銷玉華綏③，與諸儒獻歌頌，數得進見兩宫，所以褒禮賜予尤渥。便蕃光明，爲時宗國器，當世休之。

今上嗣位，改尚書工部員外郎④，升爲直學士兼侍講。未幾，孫宣公亦入露門，執經遞進。公得孫同列以爲寵，孫得公亦自以知人爲多。兩人提衡諷道[九]，上益嚮學。俄兼會靈觀副使、知通進銀臺司兼門下封駮事。天聖元年，判登聞檢院。明年，判國子監⑤。三年，改禮部郎中。五年，同知貢舉。時天下偕計參倍，公協力程綜，片善必録，雖鉤捶臬平，不計其公⑥。未幾，正爲學士。當是時，天子念先帝盛烈，裁績信書⑦，爲一王言，故貳卿

---

① 一日召至第　「第」原作「弟」，據庫本改。

② 淹粹亮格　「格」，庫本作「恪」。

③ 銷玉華綏　「華」原作「革」，據庫本及景文集卷六二馮侍講行狀改。

④ 改尚書工部員外郎　「工部」，宋史馮元傳及長編卷一〇一天聖元年八月乙巳條、宋會要輯稿職官六之五七作「户部」。

⑤ 天聖元年判登聞檢院明年判國子監　按，據長編卷九九乾興元年十一月壬辰條載「始命馮元同判國子監」。又宋會要輯稿職官二八之三亦載天聖元年「十月二十四日，判國子監孫奭、馮元等言」云云。則此處稱天聖二年馮元「判國子監」者似不確，或前爲「同判」，至此才爲「判」。

⑥ 不計其公　「計」，景文集卷六二馮侍講行狀作「訂」。

⑦ 裁績信書　「績」，景文集卷六二馮侍講行狀作「定」。

中山劉公筠、今資政殿學士常山宋公綬、丞相潁川陳公同領史事。已而丞相爲開封府，浩穰劇三輔，乃罷史官，諸公亟以公請，詔從之。書閱兩朝，論次筆削者衆，至是褒懲謹嚴，近古風烈矣。其十一月，燎祭南郊，爲鹵簿使。七年，召入翰林爲學士。凡三禁職，皆天下選，而公兼有，且優爲之。又判尚書都省，俄爲三班院。歲餘，改吏部郎中。八年，以國書成，進諫議大夫[一〇]，充史館修撰。九年，爲吏部流内銓，兼群牧使。

明道元年十月，既考室，謝享宗廟，又爲鹵簿使。以赦令例遷給事中。明年耕籍田，使任如廟禮。俄爲莊獻、莊懿二太后園陵鹵簿使。前此，莊懿之未袝也，塴都城右郊。公嘗假鴻臚護其葬，及梓宫之遷，斥土沮濕，近戚詆公監視亡狀。十月，解翰林學士及侍講二職，出守河陽[一一]。辭得見上，但頓首引咎，自請治郡，滿三年，奉計以報。會太學官屬叩丞相府上書留公，柄臣悔，欲弗遣，公固願行。到部以清静稱，不作條教。今左僕射王沂公自洛師入覲，爲上言馮某東朝雋老，不宜以纖芥棄外。上亦意合，即日馳傳召公。景祐二年春二月，至自河陽，改禮部侍郎，兼翰林侍講學士，兼知審官院，復判太常禮院、國子監。公既還朝，自以羽翼舊人，身託勸講，宜出入諷議，不苟默而已。乃獻金華五箴，弼違告猷，詞兼婉切。上納其戒，優詔答之。會上留意雅樂，閔經文殘鈌，規創大典。夏四月，詔公領修樂書。俄復爲南郊鹵簿使，管祥源觀事。明年七月書成，上號其書爲景祐廣樂記[一二]。特遷户部，賞勞也。

公素有蹠盭[一三]，不堪趨拜。四年春，病寖劇，告未滿三月，會小瘳，公自力造朝。未幾病復甚，氣上遻，害言語。後四月戊戌，終于正寢。上聞問震悼①，以本曹尚書告其柩[一四]，賻錢三十萬，絹百匹，醪米牢具稱之。愍贈之所以優加②，君臣之際深矣。公之配夫人周氏，封臨汝郡。無息，以兄之子大理評事譓爲嗣。公歿，夫人命

① 上聞訃震悼　「問」，景文集卷六二、景文集佚存本卷一〇七馮侍講行狀作「訃」。
② 愍贈之所以優加　「贈」，庫本及景文集卷六二、景文集佚存本卷一〇七馮侍講行狀作「賵」。

諫以衰經即次於殯東。會詔到門，問公親屬，夫人即表公遺命，詔可，擢諫衛尉寺丞。諫子二人，釋褐並爲將作監主簿。卹孤厚終之恩乃如是，是其德已侈大哉！公自褫巾至捐館，進階及勳各六詔，爵五封，户五加，而再實其食，如今署焉。

志閑素，恬於仕進，無表襮之飾[一五]。雖當路諸公，率賀弔一與衆往，異時不造也。門無雜賓，惟經生朔望承問，及搢紳道義交數人而已。接士以禮，雖新進後出與之鈞。終日談辨惟謹①，無戲言愓色。是以受詔八主戎客於都亭館，由慎恪以得之。不呼僧及道士。嘗執親喪，自括髮至祥練，皆按禮變服，未始爲世之所爲齋薦者。惟卒哭後，遇祭日，與數門生誦説孝經而已。罕語浮屠氏，亦不誦言排訾之。熏蒿禳禋可以動氣焰者②，皆不近。不問家産增狹，晝治官事，夜還讀書。暬御亦簡其面，故能多識博練。自臺閣文書，故新品式，叢夥紛厖，有所咨訪者，咸能記之[一六]。太學、禁閣、容臺三局③，閱二十年仍其任④，本公不愆不忘故也。

尤精易及揚雄方部學。初，公七歲，母夫人令授易⑤，是夕夢公呑紺蓮[一七]，夫人旦而撫公曰：「兒善讀此，後必貴顯。」真宗果以識拔。晚年愈刻志，率三日一讀，又欲爲子雲諸首作章句⑥，且患宋衷、陸績、范叔明、宋惟幹漫漶舛馳，思盡黜之，最後得唐王涯註，以爲差近，先作釋文一篇，欲遂因王説而補正之，亦終不果。公嘗預注

① 終日談辨惟謹　「辨」原作「便」，據景文集佚存本卷一〇七馮侍講行狀改。
② 熏蒿禳禋可以動氣焰者　「禋」，景文集卷六二馮侍講行狀作「祓」。
③ 太學禁閣容臺三局　「臺」原作「臣」，據景文集卷六二馮侍講行狀改。按，容臺，行禮之臺，此指太常禮院。
④ 閱二十年仍其任　「任」原作「原」，據庫本及景文集卷六二馮侍講行狀改。
⑤ 母夫人令授易　「令」原作「今」，據庫本及景文集卷六二馮侍講行狀改。
⑥ 又欲爲子雲諸首作章句　「子雲諸首」，隆平集、東都事略馮元傳作「揚雄太玄」。按，揚雄太玄擬易而作，故易有「彖」，玄有「首」。

先帝集，同修鹵簿記[一八]，校後漢志、孟子及律并義疏，采獲是正，多得其真。同修玉牒，分撰國朝會要，未克就。生平著述無編次，家人搜攟得數百篇，清緻平粹。及在禁署，益邇雅，務爲温純，而采加焉。居三城，作詩百餘章，推己指物，曠而不怨，有雅人餘風。

性寛厚多恕，當官下，未嘗以罪平鐫吏，吏亦畏其明而安其仁。樂道人之善，好與人爲善。每議事，不肯自意出，大者薦之二府，小者與其屬聯請，類多不可紀，公一無建白者，其遠名若此。然内剛有守，不流於衆。初，善音者取上黨黍縱累爲尺，因裁十二律以獻，遂改大樂鍾石以合其私[一九]。老師宿工者首鼠不敢議，後有建言其非者，上未有以決，遣中人即太常下舍問公：「新樂以縱黍定尺，寧有非邪？」公即摘班固律曆志、唐令兩説付中人。因對：「古者横黍度寸，今以縱亂横，其法非是。」中人馳入。明日，上坐邇英閣，語公曰：「向考正大樂，患其寖高而急，今也下而緩，二者不得其中，失在律。卿言是矣。」因出横黍新尺示群臣，比縱尺差二寸一分而弱，以校衡斗皆不讎。當是時微公言，幾無發其謬者，假有之，果且不能取信於上。傳曰：「仁人之言，固博而利歟！」

公前歿三日，屬于一二僚執曰：「吾仕願素足，今無一私以干縣官。惟是窀穸累諸君。」已而得遺札之文，諄諄納忠，訖無它語。用是中外尤痛惜之。公友隴西李公淑敕故吏相譓以終事。

嗚呼！公有佐王之材①，不自顯，雖持囊珥筆，在省户爲名命訓辭所出，裁十二三。使公當其時，稍自崖異，不難於進，益發素藴，幸而十四五，且次入衡弼，不爲婆娑連蹇，如今章章矣。雖然，命有屈於公，公無不慊於道，使素概清埃，奮厲無窮，薄夫敦，夸夫懼，百世之後，呻簡想風者，以輩魯臧文仲、漢賈誼董仲舒，此彼相易，寧有

① 公有佐王之材　「佐王」，景文集卷六二馮侍講行狀作「王佐」。

失得間耶！

某曩以胄筵儀蕝①，刊綴音典，皆爲公屬。及此緒訓，又參聞之。故公治行之全，頗獲詳究。今日月有期矣，官在三品，法當得謚，謹用第述，上於有司，節惠受名，請遵故實。謹狀。

辨證：

[一]馮侍講行狀　本行狀又載於宋祁景文集卷六二、景文集佚存本卷一〇七，題同。按，馮元，隆平集卷一四、東都事略卷四六、宋史卷二九四有傳。

[二]公之禰本劉氏日御國除始爲王官授保章正　宋史馮元傳云其「高祖禧，唐末官廣州，以術數仕劉氏。傳三世至父邴，廣南平，入朝爲保章正」。隆平集馮元傳云其祖上「三世爲僞漢日官」。

[三]授國子監直講　長編卷八一大中祥符六年九月丙申條云：「先是，有詔擇明經者補學官。前江陰縣尉馮元自陳通五經，時右諫議大夫謝泌領銓事，笑曰：『古治一經，或至皓首，子能盡通之耶？』對曰：『達者一以貫之，可矣。』泌嘉其對，因問以疑義，隨輒辨析，遂以爲國子監講書。於是擢大理評事、崇文院檢討、國子監直講。」宋史馮元傳亦云馮元「補國子監講書，遷大理評事，擢崇文院檢討兼國子監直講」。則此處徑云「授國子監直講」者不確。

[四]帝悅賜五品服　涑水記聞卷六云：「真宗嘗讀易，召大理評事馮元講泰卦。元曰：『泰者，天氣下降，地氣上騰，然後天地交泰。亦猶君意接於下，下情達於上，無有壅蔽，則君臣道通。嚮若天地不交，則萬物失宜；上下不通，則國家不治矣。』上大悅，賜元緋衣。」又長編卷八四大中祥符八年三月戊戌條云：「上之親試進士也，召崇文館檢討馮元講周易泰卦，元因推言君道至尊，臣道至卑，必以誠相感，乃能輔相財成。上說，特賜五品服。」

---

① 某曩以胄筵儀蕝　「某」，景文集卷六二馮侍講行狀作「祁」。

〔五〕禁中建龍圖閣庋藏秘册置學士待制等員　按，通考卷五四職官考八云：「宋朝大中祥符中建龍圖閣。在會慶殿西偏，北連禁中，閣東曰資政殿，西曰述古殿。閣上以奉太宗御書、御製文集及典籍、圖畫、寶瑞之物及宗正寺所進屬籍、世譜。有學士、直學士、待制、直閣。」

〔六〕直閣蓋由公始　長編卷八八大中祥符九年十月壬辰條載以李虚己、李行簡爲龍圖閣待制，馮元爲直龍圖閣，「並賜金紫，上作詩二章分賜之。直龍圖閣自元始。序位在本官之首，仍預内殿起居」。

〔七〕數召入與二李賜清間説易盡上下經　長編卷八九天禧元年二月辛卯條云：「召太子中允、直龍圖閣馮元講易于宣和門之北閣，待制查道、李虚己、李行簡預焉。自是，聽政之暇，率以爲常。」玉壺清話卷二云：「真宗喜談經，一日命馮元談易，非經筵之常講也。謂元曰：『朕不欲煩近侍久立，欲於便齋亭閣選純孝之士數人，上直司人，便裘頂帽，横經竝坐，暇則薦茗果，盡笑談，削去進説之儀，遇疲則罷。』元薦查道、李虚己、李行簡三人者預焉，奏曰：『道，歙州人。母病，嘗思鱖羹，方冬無有市者，道泣禱河神，鑿冰脱巾，取得鱖魚果尺餘以饋母。後舉賢良，入第四等。虚己母喪明，醫者曰：「浮翳泊睛，但舌舐千日，勿藥自瘳。」虚己舐睛三年，遂明。行簡父患癰極痛楚，以口吮其敗膏，不唾於地，父疾遂平。』真宗立召之，日俾陪侍，喜曰：『朕得朋矣。』」湘山野録卷中云：「真宗末年，詔直閣馮公元講周易，止終六十四卦，未及繫辭，以元使虜，遂罷。及元歸，清軀漸不豫」。

〔八〕或者謂公年差少罷不用　長編卷九六天禧四年八月辛卯條云：「初，太子爲壽春郡王，王旦薦元宜講經資善堂，帝以元少，更用崔遵度。」

〔九〕兩人提衡諷道　五朝名臣言行録卷九之三侍讀孫宣公引王沂公言行録云：「孫宣公、馮章靖公俱以鴻碩重望，勸講禁中，凡朝廷典禮事，並二公討論之。公嘗言：『孫八座所閲典故，必以前代中正合彝法事，類而陳之，則政府奉行無疑。馮貳卿求廣博，不專以典正爲意，故政府奉行，煩於執奏。』以是二君之優劣分矣。」

〔一〇〕八年以國書成進諫議大夫　玉海卷四六天聖三朝國史云：「天聖五年二月癸酉，仁宗詔曰：『先朝正史，久而未修，年紀寖遠，事成淪墜。宜令參政吕夷簡、副樞密夏竦修國史，宋綬、劉筠、陳堯佐同修，仍命宰臣王曾監修。』又命館閣王舉正、李淑、黄鍡、謝絳爲編修，復命馮元同修。初於宣徽院編纂，後移中書，命三司檢討食貨事件，三館供借書籍，擇司天官編綴天文、律曆志、帝紀、贊論，呂夷簡奉詔撰紀，卽夷簡、夏竦修撰，餘皆同編修，分功撰錄。」長編卷一〇九天聖八年六月癸巳條載「監修國史呂夷簡等新修國史於崇政殿」，合太祖、太宗、真宗三朝正史「總百五十卷。故事，史成，由監修而下皆進秩」，同修國史馮元亦遷官職。則此處「國書」似當作「國史」。

〔一一〕解翰林學士及侍講二職出守河陽　宋史馮元傳云：「及帝親政，追冊宸妃爲莊懿皇后，改葬永定陵。既發壙而流泉汨洳。」故馮元以前嘗護葬事失職而出知河陽。長編卷一一三明道二年九月乙酉條云：「先是，禮賓使李用和言發章懿太后故陵，有泉水汨洳，以元暨（盧）守懃嘗同護葬事，故責及之。」又卷一一六景祐二年二月壬午條云時「國子官屬爲上書請留，執政欲進白弗遣，元自匄行」。按，李用和，李宸妃弟。

〔一二〕上號其書爲景祐廣樂記　玉海卷一〇五景祐廣樂記載：景祐「元年十月壬午，命燕肅、李照、宋祁同按試律準。二年四月戊寅，命翰學馮元、集賢校理聶冠卿、直史館宋祁同修樂書。……八月己巳，命李照同修樂書。三年六月九日丙辰，以新修樂書爲景祐廣樂記。……七月戊子，元等上景祐廣樂記八十一卷」。

〔一三〕公素有蹠盭　按「蹠盭」，謂腳掌扭曲反戾之疾。

〔一四〕以本曹尚書告其柩　長編卷一二〇景祐四年五月壬寅朔條載：「馮元卒，特贈户部尚書，謚章靖。」

〔一五〕志閑素恬於仕進無表襮之飾　涑水記聞卷四載：「元性微吝，判國子監，公讌，自以其家所賜酒充事，而取直以歸，人以此少之。無子，死之日，家資鉅萬。」

〔一六〕自臺閣文書故新品式叢夥紛厖有所咨訪者咸能記之　長編卷一二〇景祐四年五月壬寅朔條云：馮元「多識古今臺閣品式之事，尤精易。與孫奭俱名大儒，凡議典禮，多出二人。然論者謂元所陳但務廣博，不如奭之能折衷也」。

〔一七〕母夫人令授易是夕夢公呑紺蓮　宋史馮元傳云其「母夜夢異人，以紺蓮華與元呑之，且曰：『善讀此，後必貴顯。』」

〔一八〕同修鹵簿記　陳録卷六著録天聖鹵簿圖記十卷，云：「翰林學士常山宋綬公垂撰。始，太祖朝鹵簿以繡易畫，號『繡衣鹵簿』。真宗時，王欽若爲記二卷，闕於繪事，弗可詳識。綬與馮元、孫奭受詔質正古義，傅以新制，車騎、人物、器服之品，皆繪其首者，名同飾異，亦別出焉。天聖六年十一月上之，其攷訂援證，詳洽可稽。」

［一九］善音者取上黨黍縱累爲尺因裁十二律以獻遂改大樂鍾石以合其私　按宋史卷一二六樂志一云：「仁宗留意音律，判太常燕肅言器久不諧，復以（王）朴準考正。時李照以知音聞，謂朴準高五律，與古制殊，請依神瞽法鑄編鍾。既成，遂請改定雅樂，乃下三律，鍊白石爲磬，範中金爲鍾，圖三辰、五靈爲器之飾，故景祐中有李照樂。」

名臣碑傳琬琰集中卷四十七

蔡文忠公齊行狀[一]　歐陽文忠公脩

公諱齊，字子思。其先洛陽人，皇祖以下，始著籍於膠東[二]。公幼依外舅劉氏，能自力爲學。初作詩，已有動人語。今相國李公見之大驚，謂公之皇考曰：「兒有大志，宜善視之。」州舉進士第一，以書薦其里人史防，而居其次。祥符八年，真宗皇帝采賈誼置器之説，試禮部所奏士[三]，讀至公賦有安天下意，歎曰：「此宰相器也。」凡貢士當賜第者，考定，必召其高第數人並見，又參擇其材質可者①，然後賜第一。及公召見，衣冠偉然，進對有法，天子爲無能過者，亟以第一賜之[四]。

初拜將仕郎、將作監丞，通判兖州。太原王臻治政嚴急，喜以察盡爲明。公務爲裁損，濟之以寬，獄訟爲之不冤。逾年，通判濰州。民有告某氏刻僞税印爲姦利者，已逾十年，蹤跡連蔓，至數百人。公歎曰：「盡利於民，民無逃，此所謂法出而姦生者耶？是爲政者之過也。」爲緩其獄，得減死者十餘人，餘皆釋而不問。濰人皆曰：「公德於我，使我自新爲善人。」由是風化大行。

① 又參擇其材質可者　「者」原作「考」，據居士集卷三八蔡公行狀、五朝名臣言行録卷五之五參政蔡文忠公引行狀改。

天禧二年還京師，當召試。時大臣用事者意不悦公，居數月，不得召。久而天子記其姓名，趣使召試，拜著作佐郎，直集賢院，階再加爲宣德郎，勳騎都尉，主判三司開拆司，賜緋衣銀魚。遷右正言，階朝奉郎，勳上騎都尉。今天子即位，遷右司諫。真宗新棄天下，天子諒陰不言。丁晉公用事專權，欲邀致公，許以知制誥，公拒不往，益堅。已而寇萊公、王文康公皆以不附己連黜[五]。公歸歎曰：「吾受先帝之知而至於此，豈宜爲權臣所脅？得罪，非吾懼也。」既而晉公敗，士嘗爲其用者皆恐懼，獨公終無所屈。未幾，同修起居注，又拜尚書禮部員外郎，兼侍御史知雜事，判流内銓，賜服金紫。改三司户部、度支二副使，轉勳輕車都尉①。借給事中，奉使契丹。天聖八年，拜起居舍人、知制誥[六]，同知審官院、會靈宫判官，充翰林學士，加侍讀學士，賜爵汝南縣開國子，食邑五百户。

太后修景德寺成，詔公爲記。而宦者羅崇勳主營寺事，使人陰謂公曰：「善爲記，當得參知政事。」公故遲之頗久，使者數趣，終不以進。崇勳怒，譖之太后，遷禮部郎中，改龍圖閣直學士，出爲西京留守[七]。是時魯肅簡公方參知政事，争之太后前，卒不能留。以親便，求改密州。遭歲旱，除其公田之租數千碩，又請悉除京東民租，弛其鹽禁，使民得賈海易食，以救其飢。東人至今賴之，皆曰：「使吾人百萬口活而不飢者，蔡公也。」徙南京留守，進爵侯，增邑户五百爲一千，階朝散大夫。召還，拜右諫議大夫、權御史中丞，判吏部流内銓，遷給事中，勳護軍，增邑五百爲千五百户。

莊獻明肅皇太后崩，議尊楊太妃爲太后，垂簾聽政。議決，召百官賀。公曰：「天子明聖，奉太后十餘年，今始躬親萬事，以慰天下之心，豈宜女后相繼稱制？且自古無有。」固止不追班。太妃卒不預政，止稱太后於宫

---

① 轉勳輕車都尉　「勳」原作「動」，據居士集卷三八蔡公行狀改。

中[八]。復爲龍圖閣直學士、權三司使。京師有指荆王爲飛語者[九]，内侍省得三司小吏鞫之，連及數百人。上聞之大怒，詔公窮治。迹其所來無端，而上督責愈急，有司不知所爲，京師爲之恐動。公以謂謬妄之説起於小人，不足窮治，且無以慰安荆王危疑之心，奏疏論之，一夕三上。上大悟，乃可其奏，止笞數人而已，中外之情乃安①。拜樞密副使，進爵公，增邑户五百爲二千。

南海蠻酋虐其部人，部人款宜州自歸者八百餘人。議者以爲叛蠻不可納，宜還其部。公獨以爲蠻去殘酷而歸有德，且以求生，宜納之荆湖，賜以閒田使自營②。今縱却之，必不復還部，苟散入山谷，當爲後患。争之不能得。其後數年，蠻果爲亂，殺將吏十餘人，宜、桂以西皆警，朝廷頗以爲憂。

景祐元年，遷禮部侍郎、參知政事③。二年，賜號推忠佐理功臣，進階正奉大夫，勳柱國。郭皇后廢，京師富人陳氏女有色，選入宫爲后。公争之以爲不可，自辰至巳，辨論不已。上意稍悟，遂還其家[一〇]。河決横壠，改而北流，議者以爲當塞。公曰：「水性下，而河北地卑，順其所趨以導之，可無澶、滑壅潰之患，而貝、博數州得在河南，於國家便，但理堤護魏州而已。」從之[一一]，澶、滑果無患。契丹祭天於幽州，以兵屯界上，界上驚搔。議者欲發大軍以備邊，公獨料其必不動，後卒無事[一二]。

公在大位，臨事不回，無所牽畏，而恭謹謙退，未嘗自伐。天下推之爲正人，搢紳之士倚以爲朝廷重。三年，頻表解職，不許。明年遂罷，以户部侍郎歸班④[一三]，改賜推誠保德功臣，勳上柱國。久之，出知潁州⑤。寶元二

---

① 中外之情乃安　「乃安」原作「乃之」，據居士集卷三八蔡公行狀改；庫本作「乃定」，文海本作「安之」。

② 賜以閒田使自營　「閒」原作「間」，據庫本及居士集卷三八蔡公行狀改。

③ 景祐元年遷禮部侍郎參知政事　按，據長編卷一一六，蔡齊拜參知政事在景祐二年二月戊辰，此云景祐元年者不確。

④ 明年遂罷以户部侍郎歸班　「明年」、「班」三字原脱，據居士集卷三八蔡公行狀補。

⑤ 出知潁州　「潁州」原作「潁川」，據庫本及居士集卷三八蔡公行狀改。

年四月四日①，以疾卒于官。

公在潁州，聞西方用兵，惻然有憂國心，自以待罪外邦，不得盡其所懷，使其弟稟言西事甚詳[一四]。公之卒，故吏朱寀至潁，潁之吏民見寀，泣於馬前，指公嘗所更歷施爲曰：「此公之迹也。」其爲政有仁恩，所至如此。平生喜薦士，如楊偕、郭勸、劉隨、龐籍、段少連，比比爲當世名臣。

公爲人神色明秀，鬚眉如畫。精學博聞，寬大沉默。一言之出，終身可復。其莅官行己、出處始終之大節，可考不誣如此。謹按贈兵部尚書，於令爲三品，其法當謚，敢告有司。謹狀。

辨證：

[一] 蔡文忠公齊行狀　本行狀又載於歐陽脩居士集卷三八，題曰「尚書户部侍郎贈兵部尚書蔡公行狀」。按，蔡齊，隆平集卷七、東都事略卷五三、宋史卷二八六有傳，本書中集卷三載有范仲淹蔡文忠公齊墓誌銘，張方平集卷三七載有推誠保德守正功臣正奉大夫尚書户部侍郎知潁州軍州事管内勸農使上柱國汝南郡開國公食邑二千户食實封四百户賜紫金魚袋贈兵部尚書謚文忠蔡公神道碑銘。

[二] 其先洛陽人皇祖以下始著籍於膠東　本書中集卷三蔡文忠公齊墓誌銘云其「曾祖綰，贈太保，洛陽人也。嘗宰萊之膠水，居官九年，民愛以深，遂家焉」。

[三] 真宗皇帝采賈誼置器之説試禮部所奏士　張方平集卷三七蔡公神道碑銘云：「天子臨軒試貢士，采賈誼之言，賜賦題曰『置天下如置器』。」

[四] 天子爲無能過者亟以第一賜之　長編卷八四大中祥符八年三月癸卯條云時天子殿試，依故事「必召其高第數人並見，又參擇其材質可者，然後賜第一。時新喻人蕭貫與齊並見，齊儀狀秀偉，舉止端重，上意已屬之。知樞密院寇準又言『南方下國人，不宜冠多

---

① 寶元二年四月四日　「二年」原作「三年」，據庫本及居士集卷三八蔡公行狀改。

士』，齊遂居第一。上喜謂準曰：『得人矣。』特召金吾給七騶，出兩節傳呼，因以爲例。準性自矜，尤惡南人輕巧，既出，謂同列曰：『又與中原奪得一狀元。』」又孔平仲談苑卷四真宗取士必識器識云：「真宗雖以文詞取士，然必視其器識。每賜進士及第，必召高第三四人並列於庭，更察其形神磊落者，始賜第一人及第。或取其所試文詞有理趣者。……蔡齊置器賦云：『安天下於覆盂，其功可大。』遂以爲第一。」

[五]已而寇萊公王文康公皆以不附己連黜　長編卷九六天禧四年七月丁丑條云：「太子太傅寇準降授太常卿、知相州。翰林學士盛度、樞密直學士王曙並落職，度知光州，曙知汝州，皆坐與周懷政交通，而曙又準壻也。」按，此乃真宗晚年時事。

[六]拜起居舍人知制誥　長編卷一〇三天聖三年三月己酉條載度支副使、禮部員外郎蔡齊爲起居舍人，刑部郎中、直史館章得象爲兵部郎中，並知制誥，云：「初，召齊等試中書，上閱其試文，謂宰臣曰：『兩制詞臣，以文章爲職業，然須材識周敏，操履端方，乃可副朝廷中外任使也。』王欽若等言齊及得象所長，上始命之。」

[七]出爲西京留守　長編卷一〇六天聖六年七月丙辰條云翰林學士蔡齊受命撰景德寺記，內侍羅崇勳趣之，「齊故遲其記不上。崇勳怒，譖於太后，命齊出守。參知政事魯宗道固争留之，不能得。尋以親老易密州。太后諭宰相取記，齊上之」。

[八]太妃卒不預政止稱太后於宫中　道山清話云：「明肅既上賓，時遺誥以太妃楊氏爲皇太后，軍國大事，內中商量。閤門促百官班賀皇后，時蔡齊爲中丞，厲聲叱曰：『誰命汝來？不得追班！』閤門吏皇懼而退。既而執政入奏：『今皇帝二十四歲，何必更煩太后垂簾？豈有女后相繼之理？』議未定，御史龐籍奏言：『適已將垂簾儀焚了矣。敢有異議，請取旨斬于庭！』左右震慄。后自屏後曰：『此間無固必。』於是删去遺誥中『內中與皇太后商量』一節。當時倉卒中，實自蔡齊先發之。」

[九]京師有指荆王爲飛語者　宋史蔡齊傳云時「有飛語傳荆王元儼爲天下兵馬都元帥者」。

[一〇]京師富人陳氏女有色至遂還其家　長編卷一一五景祐元年九月辛丑條云：此前「尚、楊二美人之出宫也，帝令參知政事宋綬面作詔云：『當求德門，以正內治。』既而左右引壽州茶商陳氏女入宫，綬諫曰：『陛下乃欲以賤者正位中宫，不亦與前日詔語戾乎？』後數日，樞密使王曾入對，又奏引納陳氏爲不可。上曰：『宋綬亦如此言。』宰相呂夷簡、樞密副使蔡齊相繼論諫，兼侍御史知雜事楊偕、同知諫院郭勸復上疏，卒罷陳氏」。涑水記聞卷一〇云：「郭后既廢，京師富民號陳子城者，因保慶楊太后納女入宫，太后許以爲后也。

已至掖庭，將進御，勾當御藥院閻士良聞之，遽見上。上方披百葉圖擇日，士良曰：『陛下讀此何爲？』上曰：『汝何問焉？』士良曰：『臣聞陛下欲納陳氏女爲后，信否？』上曰：『然。』士良曰：『陛下知子城使何官？』上曰：『不知也。』士良曰：『子城使，大臣家奴僕之官也。陛下若納奴僕之女爲后，豈不愧見公卿大臣邪？』上遽命出之。」

[一一]但理堤護魏州而已從之　按，長編卷一一八景祐三年五月戊子條云：時「審刑院詳議官、殿中丞王果言：『河北地勢卑下，積沙爲岸，若導河東流，恐不能禦湍悍之患。欲望博詢群議，罷塞横壠。』詔郭勸、夏元亨同按視以聞」。又丙午條云：「詔澶州權停塞横壠決河。自是河東北行，不復由故道，徙修河都監楊懷敏專固護大名府金堤。」

[一二]公獨料其必不動後卒無事　長編卷一一五景祐元年十二月丁卯條云：「或傳契丹聚兵幽、涿間，河北皆警。……朝廷欲大發軍爲邊備，輔臣迭議上前，參知政事蔡齊畫三策，料契丹必不渝盟。已而，果契丹祭天幽州，以兵屯境上爾。」

[一三]明年遂罷以户部侍郎歸班　長編卷一二〇景祐四年四月甲子條載左相呂夷簡、右相王曾、參知政事宋綬、參知政事蔡齊並罷，蔡齊「爲吏部侍郎，歸班」。因「夷簡專決事不少讓，曾不能堪，論議多不合。曾數求去，夷簡亦屢丐罷。帝疑焉，問曾曰：『卿亦有所不足耶？』曾言夷簡招權市恩，時外傳夷簡納知秦州王繼明饋賂，曾因及之。帝詰夷簡，至交論帝前，夷簡乞置對，而曾言亦有失實者，帝不悦。綬素與夷簡善，齊議事間附曾，故并綬、齊皆罷」。

[一四]使其弟稟言西事甚詳　張方平集卷三七蔡公神道碑銘云：「寶元初，夏戎叛命。公在潁州聞之，以爲戚。念時任事者慮害不能深，俾弟稟入言西邊事於朝甚詳。稟因論次其説，條類成書，號通志，時亦多施行者，本公志也。」

孫侍制甫行狀[一]　曾舍人鞏

曾祖諱昶，博州堂邑主簿。祖諱賁，尚書庫部員外郎。考諱從革，不仕，以公貴，累贈都官郎中①。

① 曾祖諱昶博州堂邑主簿祖諱賁尚書庫部員外郎考諱從革不仕以公貴累贈都官郎中　曾鞏集卷四七孫公行狀作「曾祖昶，皇任博州堂邑縣主簿，贈太子中舍。祖賁，皇任尚書庫部郎中。父從革，皇贈尚書職方員外郎」。

公諱甫，字之翰。天聖五年同學究出身，爲蔡州汝陽縣主簿。八年，進士及第，爲華州觀察推官。華州倉粟惡，吏當負錢數百萬，轉運使李紘以吏屬公，公令取斗粟舂之，可棄者十才居一二。又試之，亦然。吏遂得弛，負錢數十萬而已。紘以此多公，薦之，遷大理寺丞，知絳州翼城縣。樞密直學士杜公衍奏知永興軍司録[二]，遷殿中丞。樞密直學士張公逸奏監益州交子務，遷太常博士。慶曆二年，杜公爲樞密副使，又薦之，得試，爲秘閣校理。三年，改右正言、知諫院。因災異，言應天所以譴告之意者在誠其行，有誠矣①，所以順天者在愛其民。於是遂斥浮費，出宫女②，除別庫之私以寛賦斂[三]。

初，李元昊反河西，契丹亦以兵近邊，謀棄約[四]。任事者於西方益禁兵二十萬，北方益土兵二十萬，又益禁兵四十指揮。及群盗張海、郭邈山等劫京西，江淮之間皆驚[五]。是時已更用大臣[六]，又令天下益禁兵[七]。公曰：「天下所以大困者，在浮費，而兵爲甚③。今不能損，又可益之耶？且兵已百萬矣，不能止盗，而但欲多兵，豈可謂知所先後哉？」不報。於是極論古今養兵多少之利害以聞，語詆大臣尤切。既而保州有兵變，朝廷賞先言者。公以謂有先言者而樞密院不以時下，不可以無責[八]。天子曰：「某，吾方倚以治也，不可使去位。」公猶固請議其罰。邊將劉滬謀立水洛城，與部署狄青、尹洙議不合，違其節度④，遂立之。青等械繫滬以聞。公言曰：「城之所以蔽秦，而通秦渭之援，宜不廢其功，而赦滬之罪輒⑤。」遂從公議。

① 有誠矣　曾鞏集卷四七孫公行狀作「有其誠矣」。
② 出宫女　「宫」原作「安」，據文海本、庫本及曾鞏集卷四七孫公行狀改。
③ 而兵爲甚　曾鞏集卷四七孫公行狀作「而浮費之廣者，兵爲甚」。
④ 違其節度　「違」上，曾鞏集卷四七孫公行狀有「滬」字。
⑤ 而赦滬之罪輒　曾鞏集卷四七孫公行狀無「罪」字。

燕王薨，大臣謂用不足，欲緩葬。公言曰：「燕王，上之叔父，葬不可以不如禮[九]。」又言後宮事，又言宰相罪當罷[一〇]，皆行其言。上既罷宰相，而用某爲參知政事[一一]。又言某不可任以政，天子難之，因求爲外官。而是時朋黨之議亦已起，大臣相次去位[一二]，公上書論争，語尤切。已而奉使契丹還，遷右司諫、知鄧州[一三]。徙安州，又徙江南東路轉運使，又徙兩浙，遷起居舍人、尚書兵部員外郎，改直史館、知陝府。簡厨傳之費，陝人安之。鄰州歲時以酒相慶問，公命儲别藏，備官用，一不歸於己，至今遂爲法。徙晉州，近臣過晉，夜半如城欲入①，公曰：「城有法，吾不得獨私。」終不爲開門。徙河東轉運使，賜金紫。入爲三司度支副使，輸物非土有者②，公爲變其法，使之代輸。至和三年，遷刑部郎中，入天章閣爲待制，遂爲河北都轉運使。疾不行，又兼侍讀。嘉祐二年正月二十一日卒於位。

公博學强記，其氣温，其貌如不能自持。及與人言，反復經史，上下千有餘年，貫穿通洽，不可窺其際。而退視其家，初未嘗蓄書，蓋既讀之，終身多不忘也。其居官，於其大者既可知也，於其小者亦皆盡其意。公雖貴，而衣食薄，無妾媵，不飾玩好，不與酣樂，淡如也。時從當世處士講評，以爲遂其好，而客或造其席者，與之言終日，不能勢利及也。其於人少合，亦不求其詳，所與之合，亦不阿其意。蓋公與河南尹洙相友善，而尤爲杜丞相所知。慶曆之間，二三大臣又與公同心任事，然至於論保州之變，則所指者蓋杜公；非益兵之議，則所詆者蓋二三大臣。至於城水洛也，又絀尹洙而伸劉滬，其不偏於所好如此。然已而朋黨之議起，大臣多被逐，公之争論尤切，亦不自以爲疑也。噫！可謂自信獨立矣，可以觀公之行也。所著唐史記七十五篇[一四]，以謂己之所學治亂

① 夜半如城欲入　「如」，曾鞏集卷四七孫公行狀作「叩」。

② 輸物非土有者　「土」原作「士」，據庫本及曾鞏集卷四七孫公行狀改。

得失之說具於此，可以觀公之志也。公歿，有詔求其書。

公享年六十。其先開封扶溝人，至公之祖，徙許之陽翟，今爲陽翟人。母李氏，長安縣太君。妻程氏，某縣君①。子宜，滑州觀察推官②；寔、寘，皆將作監主簿。宜等以狀來屬鞏，謹序次其實可傳於後世者如此。謹狀。

辨證：

［一］孫待制甫行狀　本行狀又載於曾鞏集卷四七，題曰「故朝散大夫尚書刑部郎中充天章閣待制兼侍讀上輕車都尉賜紫金魚袋孫公行狀」。按，孫甫，隆平集卷一四、東都事略卷六四、宋史卷二九五有傳，本書中集卷七載有歐陽脩孫待制甫墓誌銘、司馬光書孫甫墓誌後。

［二］樞密直學士杜公衍奏知永興軍司録　長編卷一三七慶曆二年九月辛丑朔條云杜衍「守京兆，辟知府司録事，吏職纖末，皆倚辦。甫曰：『待我如此，可以去矣。』衍聞之，不復以小事屬甫。衍與語，必引經以對。言天下賢俊，歷評其才性所長。衍曰：『吾辟屬官，得益友。』」

［三］因災異至除別庫之私以寬賦斂　宋史孫甫傳云：「時河北降赤雪，河東地震五六年不止，甫推洪範五行傳及前代變驗，上疏曰：『赤雪者，赤眚也，人君舒緩之應。舒緩則政事弛，賞罰差，百官廢職，所以召亂也。晉太康中，河陰降赤雪。時武帝怠於政事，荒宴後宮。每見臣下，多道常事，不及經國遠圖，故招赤眚之怪，終致晉亂。地震者，陰之盛也。陰之象，臣也，後宮也，四夷也。三者不可過盛，過盛則陰爲變而動矣。忻州趙分，地震六年。每震，則有聲如雷，前代地震，未有如此之久者。惟唐高宗本封于晉，及即位，晉州經歲地震。宰相張行成言，恐女謁用事，大臣陰謀，宜制於未萌。其後武昭儀專恣，幾移唐祚。天地災變，固不虛應，陛下救紓緩之失，莫

---

① 某縣君　本書中集卷七孫待制甫墓誌銘作「壽昌縣君」。

② 滑州觀察推官　「觀察」，本書中集卷七孫待制甫墓誌銘作「節度」。

若自主威福，時出英斷，以懾姦邪，以肅天下。救陰盛之變，莫若外謹戎備，内制後宫。謹戎備，則切責大臣，使之預圖兵防，熟計成敗；制後宫，則凡掖庭非典掌御幸者，盡出之，且裁節其恩，使無過分，此應天之實也。』時契丹、西夏稍强，後宫張修媛寵幸，大臣專政，甫以此諫焉。又言：『修媛寵恣市恩，禍漸已萌。夫后者，正嫡也，其餘皆婢妾爾。貴賤有等，用物不宜過僭。自古寵女色，初不制而後不能制者，其禍不可悔。』帝曰：『用物在有司，朕恨不知爾。』甫曰：『世謂諫臣耳目官，所以達不知也。若所謂前世女禍者，載在書史，陛下可自知也。』」

〔四〕契丹亦以兵近邊謀棄約　按，此指慶曆二年契丹聚兵境上，遣使臣蕭英、劉六符來聘，求割關南十縣地之事。

〔五〕及群盜張海郭邈山等劫京西江淮之間皆驚　按長編卷一四三慶曆三年九月癸巳條引歐陽修言：「自淮南新遭王倫之後，今京以西州縣又遭張海、郭邈山等劫掠焚燒。桂陽監昨奏蠻賊數百人，夔、峽、荆、湖各奏蠻賊皆數百人，解州又奏見有未獲賊十餘火，滑州又聞强賊三十餘人燒劫沙彌鎮，許州又聞有賊三四十人劫椹澗鎮。」

〔六〕是時已更用大臣　按本书上集卷五富鄭公弼顯忠尚德之碑云：「時晏殊爲相，范仲淹爲參知政事，杜衍爲樞密使，韓琦與公副之。」

〔七〕又令天下益禁兵　按長編卷一五〇慶曆四年六月辛卯條載韓琦、范仲淹奏陝西八事之二云：「陝西諸州土兵内，招願守寨者，移爲邊兵。」又戊午條載富弼奏河北守策之五云：「臣願自入河北，純募土人爲禁兵。」

〔八〕公以謂有先言者而樞密院不以時下不可以無責　長編卷一五一慶曆四年八月戊戌條載：「樞密院言保州兵亂，詔遣入内供奉官劉保信馳往視之。諫官孫甫力言前有告變者，樞密使杜衍不時發之，當得罪。甫本衍所舉用，其不阿如此。」

〔九〕公言曰燕王上之叔父葬不可以不如禮　按長編卷一四六慶曆四年正月乙亥條云：「范仲淹言：『昨日奉旨，令中書熟議荆王（按，即燕王）葬事者。臣謂此有三説：其一曰年歲不利，此陰陽之説也；其二曰財用方困，此有司之憂也；其三曰京西寇盗之後，不可更有騷擾，此憂民之故也。臣又别有四議，乞陛下擇之。其一曰諸侯五月而葬，自是不易之典，今年歲不利之説，非聖人之法言也。其二曰天下財利雖困，豈不能葬一皇叔耶？陛下常以荆王是太宗愛子，真宗愛弟，雖讒惑多端，陛下仁聖，力能保全，使得令終，豈忍送葬之際，卻惜財利，而廢典禮，使不得及時而葬？恐未副太宗、真宗之意，臣爲陛下惜之，豈不防天下之竊議哉？更乞檢會先朝諸王之薨，有無權厝者。其三曰自來敕葬，多是旋生事端，呼索無算。臣請特傳聖旨，令宋祁、王守忠與三司使副並禮官聚議，合要物色，務從簡儉，畫一聞奏，與降敕命，依所定事件應副，更不得於敕外旋生事節，枉費官物。仍出聖意，特賜內藏庫錢帛若干備葬事，使三司易爲應副。如此，則陛下孝德無虧，光於史册。其四曰自來敕葬，枉費大半，道路供應，民不聊生。臣請特降嚴旨，荆王二子並左右五七人送葬外，其餘婦人，合存合放，便與處分，更不令前去，自然道路易爲供頓，大減冗費。既減得費耗，又存得典禮，此國家之正體也。乞聖慈從長處分，臣待罪政府，不敢不盡。』從之。」

〔一〇〕又言宰相罪當罷　長編卷一五二慶曆二年九月庚午條載刑部尚書、平章事兼樞密使晏殊罷爲工部尚書、知穎州，云：「殊初入相，擢歐陽修等爲諫官，既而苦其論事煩數，或面折之。及修出爲河北都轉運使，諫官奏留修，不許。孫甫、蔡襄遂言章懿誕生聖躬爲天下主，而殊嘗被詔誌章懿墓，没而不言。又奏論殊役官兵治僦舍以規利。殊坐是絀。然殊以章獻方臨朝，故誌不敢斥言，而所役兵，乃輔臣例宣借者，又役使自其甥楊文仲，時以謂非殊之罪云。」

〔一一〕而用某爲參知政事　據長編卷一五二慶曆二年九月甲申條，此指陳執中擢參知政事。

〔一二〕大臣相次去位　按，此大臣指杜衍、范仲淹、富弼、韓琦等宰執於慶曆五年間相繼罷免。

〔一三〕遷右司諫知鄧州　長編卷一五四慶曆五年正月甲戌條云：「先是，甫言陳執中不效，數請補外，不許。帝嘗問丁度用人以資與才孰先，度對曰：『承平宜用資，邊事未平宜用才。』甫又劾奏度因對求大用，請屬吏。上諭輔臣曰：『度在侍從十五年，數論天下事，顧未嘗及私，甫安從得是語？』度知甫所奏誤，力求與甫辨。宰相杜衍以甫方使契丹，寢其奏。度深銜衍，且指甫爲衍門人。及甫自契丹還，亟命出守。」

〔一四〕所著唐史記七十五篇　長編卷一八五嘉祐二年正月己亥條云：「甫性踈簡，善持論，每言唐君臣行事，以推見當時治亂，若身履其間，而聽者曉然，如目見之，故時人言『終歲讀史，不如一日聽孫甫論也』。著唐史記七十五卷，詔藏祕閣。」按，本書中集卷七孫待制甫墓誌銘及隆平集、東都事略、宋史孫甫傳稱其書七十五卷；宋史卷二〇三藝文志著録孫甫唐史記七十五卷。

名臣碑傳琬琰集中卷四十八

韓忠獻公琦行狀[一]　門下侍郎李清臣

韓姓出晉卿獻子之後，國于韓。秦滅韓，子孫分散，以國爲氏。案公所爲家譜，推其先世功行爵里，至于八世有次序，曰：遠祖居深州，爲博陸人。八代祖朏，爲沂州司户參軍。生洹①，爲登州録事參軍。洹生全，爲處士，老博陸。全生三子，曰乂賓，曰文操，曰存。乂賓生定辭、昌辭；文操生隱辭、晦辭、審辭；存生正辭。乂賓仕爲成德軍節度判官、檢校太子左庶子、兼御史中丞，以唐光啓二年終鎮府立義坊之私第，以龍紀元年葬博野縣蠡吾鄉之北平原。其子昌辭爲鼓城縣令②，以天復二年三月終于真定，以天復三年七月葬蠡吾，以晉天福二年祔夫人張氏，改葬趙州贊皇城之北馬村，是爲高祖。昌辭生一子璆，終廣晉府永濟縣令，累贈太師、中書令兼尚書令、齊國公。夫人史氏，追封齊國夫人。始葬相州安陽縣之豐安村，則公曾祖也。

① 生洹　「洹」，忠獻韓魏王家傳卷一作「沛」。
② 其子昌辭爲鼓城縣令　「鼓城縣」原作「坡城縣」，據韓魏公墓志銘、忠獻韓魏王家傳卷一及太平寰宇記卷六一鎮州改。

璆生公之皇祖構，仕本朝爲太子中允、知康州，終於治所①，贈太師、中書令兼尚書令、燕國公②。夫人李氏，深人襄之女，晉相崧之猶子，追封燕國夫人③。皇考國華，諫議大夫，卒建州，累贈太師、中書令兼尚書令、魏國公，爲時勞臣，國史有傳[二]，慶曆五年葬安陽縣新安村，尹洙師魯誌其墓，今富鄭公爲神道碑[三]，載公事業甚詳。夫人羅氏，諫議大夫延吉之女，鄴王紹威之孫，追封魏國太夫人。公之所生母胡氏，蜀士人覺之女[四]，追封秦國太夫人④。由五代祖以上，皆葬蠡吾，惟高祖葬贊皇。由曾祖以下皆葬安陽，故公爲相人。公之八代祖以下遭亂，雖仕不顯，而皆以儒學行義世其家。皇祖有功有德，用不極其器，一時有識咸謂慶必在後。

公生泉州[五]，將生，秦國有異夢，晨有釋子，狀異服怪，不知其所從來，忽詣門曰：「是間有奇兒，毋失護視。」忽不見。公既長，朴厚不浮，少嬉弄，視瞻步履端正，而中甚敏，所學不用力而過人。性淳一無邪曲，孝于其母，悌事諸兄，皆不教而能。天聖五年，仁宗初臨軒試進士[六]，公二十歲，名在第二，授將作監丞、同判淄州⑤，侍秦國之官。踰年，秦國亡，哀毀過禮。服除，遷太子中允，又改太常丞、集賢院，監左藏庫⑥，徙開封府推官，賜五品服。時高科多徑去爲顯職，鮮肯勤吏事，公獨視獄訟，決曲直，終日坐府舍不倦。府君王博文固已奇之，曰：「志異常人，此大器也[七]。」遷度支判官，授太常博士。

---

① 終於治所　按，自「所」以下至「徙開封府推」半葉文字，底本錯置於中集卷四六孫宣公奭行狀内，據庫本等改移於此。

② 燕國公　忠獻韓魏王家傳卷一作「魏國公」。

③ 追封燕國夫人　忠獻韓魏王家傳卷一作「追封魏國太夫人」。

④ 追封秦國太夫人　「秦國」，忠獻韓魏王家傳卷一作「楚國」。

⑤ 同判淄州　按「同判」即「通判」，避章憲劉太后父諱通而改。

⑥ 監左藏庫　「監」字原闕，據本書上集卷一兩朝顧命定策元勳之碑、韓魏公墓志銘及東都事略、宋史韓琦傳補。

景祐三年求外補，得知舒州，留不行，以右司諫供職。勸上明得失，正朝廷紀綱，親近忠直，放遠邪佞。時災異數見，宰相非其才，參政事者喜言詭，望輕無所補。或私名器，用之中書，事擁不決。公屢上疏數中書不法事，疏寢不報，則乞出疏示中書。勑御史臺集百官會議，決正是非。論既堅，卒罷執政四人者[八]。又言：「賞罰當從中書出，今數聞有內降，此章獻明肅餘弊也，不可不止。」上納其說[九]。王曾、蔡齊、宋綬當世名臣，宜大用。王沂公見公論事切直有本末，喜謂公曰：「比年臺諫官多畏避爲自安計，不則激發近名。如君固不負所職，諫官宜若此。」沂公天下正人，公得此益自信。未幾，同議雅樂，知胡瑗①、阮逸、鄧保信黍尺鍾律之法出私見，乖戾古制，奏罷之，仍用王朴舊樂。公爲諫官三年，排斥權倖，數稱進名臣杜衍、范仲淹等，補時政之闕七十餘疏，凡數百事，施用者十常七八。朝廷寵其盡言，累欲用公知制誥，人以謂公。公曰：「吾乃以言責取利耶？」議亦中寢。假右司郎中、昭文館直學士充接伴使②，發解開封府舉人，與三司同定茶法[一〇]。爲契丹正旦國信使，還朝，同三司省國用[一一]。轉起居舍人、知諫院。

寶元二年③，擢知制誥、知審刑院。益利路歲飢，爲體量安撫使，加三品服。蜀地號富饒，產金帛紈錦，中州歲仰給，有司乘便刻取，賦徭煩重，諸郡設市買院④，收市上供物，不以其直，公爲輕減蠲除之[一二]。逐貪殘不職吏，罷冗役七百六十人⑤，爲饘粥濟飢人一百九十餘萬。蜀人曰：「使者之來，更生我也。」

---

① 知胡瑗　「瑗」原作「⿰王男」，據庫本改。按，宋史卷三三孝宗紀一云孝宗舊名瑗，此乃避諱闕末筆而然。

② 昭文館直學士充接伴使　按，宋官制昭文館無直學士，此處當有誤文。

③ 寶元二年　「年」字原闕，據文海本、庫本補。

④ 諸郡設市買院　「市」原作「而」，據忠獻韓魏王家傳卷一改。按，通考卷二〇市糴考一注云：「又益州市買院亦織熟色綾及彭錦。」

⑤ 罷冗役七百六十人　「七百六十人」，長編卷一二五寶元二年十二月癸酉條作「六百六十餘人」。

李元昊初叛，兵鋒鋭甚，中國久不知戰，人心頗恐，士大夫多避西行。公使蜀，道潼、陝歸，奏事便殿。上問西兵形勢，公具以所聞對。上謂曰：「朕比憂乏人按邊，卿其爲朕往。」授陝西安撫使，趣上道。公勇欲自効，馳至延安，則羌已解圍去，士氣沮傷，將吏往往移病求罷職。公輒選練材武，治戰守器，慰安居人。收召豪傑，與之計議，檄諸郡守城郭如河北，始設烽燧以候虜[一三]。先是，大將劉平戰北，或誣其叛去，遂錮守平妻子，具獄河中府[一四]。公力辯白釋之。録戰死者，賻卹賞贈，邊臣皆勸。范雍守延州，朝廷以爲不能，欲以趙振代。公奏曰[一五]：「振庵勇，可使搏戰，非謀議守邊材。願留雍以觀後効。無已，則起范仲淹爲可。臣爲國家憂，非私仲淹也。若涉朋比，誤陛下事，當族。」慶人陳叔度等陳邊防策，既而補官東南。公奏曰：「忠義憤懣，爲國獻計，雖稍收用，乃置于僻左，實羈縻之，非所以開示誠意、來人才也。」又奏罷率馬令以寬民力[一六]，及裁處它利害甚悉，上益知可辦大事。

康定元年五月，天子命夏公竦都護西師，開府于永興軍，而以公爲樞密直學士、陝西經略安撫使①，同管勾都總管司事。未幾，遣學士晁宗慤、入内都知王守忠督出兵攻賊②。公曰：「如詔意爲使，不則元昊聚兵出不意攻我，我倉卒赴敵，必敗。」合府爭曰：「承平久，不習戰，羌寇暴起，今兵與將未訓講，其可深入客鬬乎？願謹關塞，以歲月平之。」公所論不得用，使持奏還。而元昊掠鎮戎軍，偏將劉繼宗逆戰，果不利[一七]。詔下切責，俾以

---

① 陝西經略安撫使　按，據韓魏公墓志銘、忠獻韓魏王家傳卷二及長編卷一二七康定元年五月己卯條，韓琦時任陝西經略安撫副使。

② 遣學士晁宗慤入内都知王守忠督出兵攻賊　按，長編卷一二八康定元年八月癸未條載：「命翰林學士兼龍圖閣學士晁宗慤、右騏驥使象州防禦使入内都知王惟忠齎手詔至永興軍，與夏竦等議邊事。」而王守忠，據長編卷一二六、卷一二七載，於康定元年二月己丑，以皇城使、文州防禦使、入内副都知領梓州觀察使，爲陝西都鈐轄；五月戊寅，與陝西都部署經略安撫使兼緣邊招討使夏守贇、都大管勾走馬承受黎用信張德明並罷，「赴闕」。則此云「王守忠」者不確。

進兵月日來上。衆復守舊議，公曰：「軍事雖可擇便宜行之，然大計亦不當固拒。」乃劃攻、守二策求中決。公馳驛奏闕下，上許用攻策，已而執政以爲難。公不得已，獨上章曰：「元昊竊數州之地，精兵不出五六萬，餘皆婦女老弱，舉族而行。我四路之兵不爲少，分戍數十城寨，彼聚而來故常衆，我散故常寡，每遇每不敵，是以元昊能數勝。今不究此失，乃待賊太過，以二十萬重兵惴然坐守界濠，不敢與虜确，臣實痛之。願更命近臣，觀賊之隙，如不可不擊，則願不疑臣言。」奏雖不下[一八]，知兵者以公説爲然。

公往來塞下，勤苦忘寢食，期有以報上。出按屯至涇原，聞元昊乞和，公諭諸將曰：「無約而降者，謀也。宜益備，不可懈弛。」遽調兵瓦亭。兵未集，賊果鈔山外。公指圖授諸將曰：「山間狹隘可守，過此必有伏，或致師以怒我，爲餌以誘我，皆無得輒出，待其歸且憧也，邀擊之。」而裨將任福、王仲寶狃小勝①，數違制度。公遣府吏耿傳就詰責，不從，則又檄福曰：「違節度，有功亦斬。」任福猶進兵，遇伏，遂戰死。嫉公者乞置公大罪，後大帥使收餘兵，得檄福衣帶間，封上之。安撫使王公堯臣亦以實奏，朝廷知罪在諸將，止左遷右司諫，以職知秦州[一九]。數月，還舊官，仍進禮部郎中，兼秦、隴、鳳翔、階、成州路駐泊步軍都總管兼經略安撫沿邊招討等使。公在秦，增廣州城以保固東、西市②[二〇]，招輯屬户，益市諸羌馬，討殺生羌之鈔邊者[二一]，厲兵以待賊。訖公去秦，賊不敢窺秦塞爲盜。

慶曆二年，陝西四帥皆改觀察使，公爲秦州觀察使，曰：「吾君憂邊，臣子何可以擇官？」獨不辭[二二]。十月，遷諫議大夫，復爲樞密直學士。十一月，充陝西四路沿邊都總管、經略安撫招討等使，屯涇州。初，京師所遣

---

① 而裨將任福王仲寶狃小勝　「王仲寶」原作「王仲保」，據三朝名臣言行録卷一之一丞相魏國韓忠獻王引行狀及宋史卷三二五王仲寶傳改。

② 增廣州城以保固東西市　「市」原作「京」，據三朝名臣言行録卷一之一丞相魏國韓忠獻王引行狀改。

戍兵脆懦不習苦，賊常輕之，目曰「東軍」，而土兵勁悍善戰。公奏增土兵以抗賊，而稍減屯戍，内實京師。又以籠竿城據衝要，乞建爲德順軍[二三]，以蔽蕭關、鳴沙之道①。既任事久，歲補月完，甲械精堅，諸城皆有備，賞罰信于軍中，將亦習鬭，識形勢，每出輒有功，勇氣倍于初時。公方建請於鄜、慶、渭三州各以土兵三萬爲一軍，軍雖别屯，而耳目相通爲一，視虜所不備，互出擣之，破其和市，屠其種落，困撓其國，因以招横山之人，度横山隳，則平夏兵素弱，必不能我支矣，下視興、靈，穴中兔耳。章既上，又與范公定謀益堅。而元昊黠賊，知不可敵，亦斂兵不敢輒近塞。

公與范公在兵間最久，兩公名重一時，人心歸之，樂爲之用，朝廷倚以爲重，故天下稱爲「韓范」。仁宗知公久勞于外，遣使密諭旨曰：「卿孤立，無人援薦，獨朕知之，行召卿矣。」明年春，與范公同召拜樞密副使。公自請捍邊，至五表，不聽。既至，與范公伸前議，同決策上前，期以兵覆元昊。會夏國送款，公謀不果用。范公每恨齟齬功不就，故作閱古堂詩叙其事[二四]，傳于世。邊事雖欲講解，元昊猶上書邀朝廷其輕者，欲自建元，爲父子，呼「兀卒」，及令我使與陪臣爲列。二府遽欲從之，公獨謂不可許，數廷議，衆尚不從，公持之愈堅，故晏丞相至變色而起。公守所見不易②，卒殺其禮如公言[二五]。

時仁宗以天下多事，急于求治，手詔宰相杜衍曰：「朕用韓琦、范仲淹、富弼，皆中外人望，有可施行，宜以時上之。」又開天章閣賜坐③，咨訪急務。公條九事，大略備西北、選將帥、明按察、豐財利、抑僥倖、進有能、退不才、去冗

---

① 以蔽蕭關鳴沙之道　「蔽」，文海本作「閉」。
② 公守所見不易　「公守」上原衍一「公」字，據庫本删。
③ 又開天章閣賜坐　「閣」原作「問」，據文海本、庫本改。

食、慎入官，繼又獻七事[二六]。議稍用，而小人已側目不安。二府或合班奏事，公必盡言，事雖屬中書，公亦對上指陳其實。同列尤不悦，獨仁宗識之，曰：「韓琦性直。」蘇舜欽坐會飲奏邸，言者欲因緣舜欽事以累一二執政，彈劾甚急，宦者操文符捕人送獄，士人爲之紛駭。公從容奏曰：「舜欽一醉飽之過，止可付有司治之，何至若是？陛下聖德素仁厚，何嘗爲此耶？」上悔見于色[二七]。又近臣奏王益柔爲傲歌[二八]，乞誅。公因奏曰：「益柔少年狂語，何足深治？天下大事固不少，近臣同國休戚，置此不言，而攻一王益柔，此其意有所在，不特爲傲歌可見也。」上悟，稍寬之。富鄭公安撫河北還，至都門，命守鄆。公奏曰：「朝廷聞北虜點兵，弼以忠義請行，事畢歸奏，去京師咫尺，胷中籌策不得一陳於陛下之前，乃責補閑郡，四方不聞其罪，曾無一人爲弼言者，臣竊爲陛下惜之。」累上不報。

前此陝西帥鄭公戩以劉滬、董士廉城水洛，涇原守將尹洙、狄青謂非便，詔輟其役。會戩罷兼涇原路，二人猶城之，青欲斬以徇，不克。戩論救于朝，朝廷薄滬、士廉罪。公曰：「二人者寔違詔爾，可無罪？」列十事辯析①。後士廉與二人者詣闕訟，而柄臣爲之左右[二九]，又屬公與當時有名大臣改更天下敝事，僥倖者憚之，故富公、杜公相繼罷去，公亦懇求補外，除資政殿學士、知揚州，徙鄆州，又知真定府兼都總管。四年間連易三州，所至設條教，葺帑廩，治武庫，勸農興學，人人樂其愷悌，愛慕之如父母。

移知定州事，兼都總管、本路安撫使。定州久用武將治，兵不知法度，至于驕不可使。明公鎬引諸州兵平甘陵，獨定兵邀賞賚，出怨語，幾欲譟城下。公素聞其事，以爲定兵不治將爲亂。既至，即用兵律裁之，察其橫軍中尤不可教者，捽首斬軍門外。士死國，賻賞其家，涅其孤兒②，使繼衣廩。恩威既信，則倣古兵法作方、圓、鋭三

---

① 列十事辨析　按，長編卷一四九慶曆四年五月壬戌條、涑水記聞卷一二稱韓琦陳利害十三條。

② 涅其孤兒　「涅」，庫本作「養」，長編卷一七一皇祐三年八月癸未條作「撫」。按，宋制士卒於臉部或手背刺字以爲記，如宋史卷一九一兵志五曰：「河北、河東、陝西義勇，慶曆二年，選河北、河東强壯并抄民丁涅手背爲之。」

陣，指授偏將，日月教習之。由是定兵精勁齊一，號爲可用，冠河朔。京師發龍猛卒戍保州，在道竊取人衣屨，或飲訖不與人直，至定，即留不遣，曰：「保州極塞，嘗有叛者，豈可雜以驕兵戍之？」易素教者數百人以往，而所留卒未踰月亦皆就律，不敢復犯法。一府裨佐如狄青輩，熟聞公平日語，見其施爲，後亦皆爲名將。歲大歉，爲法賑之，活飢人數百萬，詔書褒美。鄰城旁路刺取其政以爲法，視中山隱然爲雄鎮，聲動虜中。加資政殿大學士、禮部侍郎[三〇]，又加觀文殿學士，俾公再任。

皇祐五年①，受武康軍節度使、知并州，兼河東經略安撫使。入境，罷前帥所興不急之役，奏逐怙勢不法宦者廖浩然[三一]。契丹吞蝕邊地，公遣將蘇安静抵境上，召酋豪與語曰：「爾移文嘗借天池廟，則皆我地，何可得壞國信義，侵淫詆讕？我邊臣也，爲天子守此土，勢必與爾辯。」契丹理屈，遂歸我冷泉村。代州陽武寨舊用黄嵬山麓爲界，戎人侵不已。公又遣安静塹地立石限之，自此不敢耕山上。後公爲樞密使，使人蕭滬、吴湛來，以辭受館伴使張昪曰：「南北地界多相冒，如黄嵬山則可，今已置不辯，願後謹封略。」昪欲勿受，公曰：「虜辭服矣，受之勿失。異時或有地界爲争端，此得以爲據。」昪受之。祖宗朝潘美爲帥，避寇鈔爲己累，令民内徙，空塞下不耕，號禁地，而忻代州、寧化火山軍廢田甚廣。歐陽公脩嘗奏乞耕之，爲并帥沮撓，久不行。公至，遣人行視，曰：「此皆我腴田，民居若舊迹猶存。今不耕，適留以資虜，後且皆爲虜人有之矣。」遂奏募弓箭手居之，得户四千，墾地九千六百頃[三二]。屬城歲發防秋兵至河外，人病遠餉。公曰：「寇來可前知，奚防秋爲？」罷不復遣。河東俗雜羌夷，用火葬，公爲買田，封表刻石著令，使得葬於其中，人遂以焚屍爲恥[三三]。

屬疾，上旄節，乞守便郡，命以節度使知相州。民遮留不得去，至發橋塹道，行六七驛，知不可留乃還。守相踰

① 皇祐五年　「五」字原脱，據韓魏公墓志銘、忠獻韓魏王家傳卷四及長編卷一七四皇祐五年正月壬戌條補。

年，疾既愈，召爲工部尚書、三司使。上道除樞密使。公以皇朝百餘年，祖宗以征伐平定中國，外臨制四夷，機事歸樞密府，文書藏于吏舍，朽蠹散亡爲可惜，奏擇吏整比紀次之，多得三聖親筆，見其神斷，及四方兵要根本，爲六百八十卷[三四]。則制禄令、驛令，使有成法，三司吏不得復弄文移爲稽故，賕賂自絶，迄今以爲便。請稍出内帑錢，糴粟數百萬實邊備。建遣郝質、王慶民度藏才三族故地，命郭靄復城爲豐州，與麟、府相爲羽翼[三五]，瞰契丹、夏國相通之道。

嘉祐三年，拜同中書門下平章事、集賢殿大學士。中書習舊弊，每事必用例。五房吏操例在手，顧金錢惟意所出去取，所欲與，一日舉用之①；所不欲行②，或匿例不見。公令删取五房例及刑房斷例，除其冗謬不可用者，爲綱目類次之，封縢謹掌，每用例，必自閲。自是人始知賞罰可否在宰相，五房吏不得高下于其間。又編中書機密如樞密院③，擧督天下吏職，嚴京百司④，察不職者，及貴臣挾持放縱，有罪無所貸，以懲廢弛之風，陰消宦者權。又議試補宗室外官，興學校，變科擧，别考五路貢士。雖不行，其後頗如其説。

公自爲宰相，即與當時諸公同力一德，謀議制作，完備天下士⑤，所汲引多正直有名，或忠厚可鎮風俗，列侍從，備臺諫，以公議用之，士莫自知出何人門下。嘉祐四年，下祫享赦⑥，事多便民者。諸路擧學行尤異，敦遣詣

---

① 一日舉用之　「一日」，三朝名臣言行録卷一之一丞相魏國韓忠獻王引行狀作「白」。

② 所不欲行　「不」下原衍「決」字，據三朝名臣言行録卷一之一丞相魏國韓忠獻王引行狀删。

③ 又編中書機密如樞密院　「機密」，三朝名臣言行録卷一之一丞相魏國韓忠獻王引行狀作「機要」。又，「如」原作「知」，據三朝名臣言行録卷一之一丞相魏國韓忠獻王引行狀改。

④ 嚴京百司　「百」原作「師」，據三朝名臣言行録卷一之一丞相魏國韓忠獻王引行狀改。

⑤ 完備天下士　三朝名臣言行録卷一之一丞相魏國韓忠獻王引行狀作「完補天下事」，又庫本及宋名臣言行録後集卷一韓琦作「銓補天下士」。疑作「銓補」爲是。

⑥ 下祫享赦　「祫」原作「籲」，據三朝名臣言行録卷一之一丞相魏國韓忠獻王引行狀改。

京師，館于太學，試舍人院，差使受官①。立柴氏後爲崇義公，法春秋存亡國繼絶之義。擇才臣詣四方，寬恤民力，籍户絶田租爲廣惠倉，以廣賑恤。募耕唐、鄧廢田，勸課農作。摹方書，賦藥物，以救疾病。守令治最者久其任，以率吏課。載定令勑，以省疑讞。弛茶禁，以便東南之人，愚民得無陷大罪。議者以謂近于三代之仁義，多公所論議施行。

六年八月，進拜刑部尚書、同中書門下平章事、昭文館大學士、監修國史。時朝廷閑暇，内外豐樂，百官有司，各得其職，四民不失業，幼弱遂，老疾養，外夷賓服，天下稱太平矣。

仁宗春秋高，繼嗣未立，天下以爲憂。雖或有言者，而大臣莫敢爲議首。公數乘間奏乞選立皇子[三六]。他日，復進曰：「國繼嗣，天下社稷根本，天下元元之命繫于此。今不早定，日復一日，愚臣竊爲寒心。陛下置天下之民於仁壽安樂四十一年矣②，惟萬世之業，何可不慮③？臣備位冢宰，思所以報陛下，爲無窮計，宜莫先此。」上顧曰：「後宫一二欲就館，卿其無亟。」後誕育皆皇女。一日，挾孔光傳進對曰④：「漢成帝立二十五年無繼嗣，已議立帝弟之子定陶王爲皇太子。成帝中材常主，猶能之，以陛下之聖，何難于此哉！太祖爲天下長慮，福流至今。況宗子入繼，則陛下真有子矣。盛德大慶，傳之萬古，孰有踰陛下者？惟陛下以太祖心爲心，則無不可矣。」仁宗感悟，始以英宗判宗正寺。英宗力辭，宦官宮妾勢未便，中外皆爲危之。公復啓曰：「陛下屬之以大任而不

① 差使受官　「差」原作「羌」，據庫本及三朝名臣言行録卷一之一丞相魏國韓忠獻王引行狀改。

② 陛下置天下之民於仁壽安樂四十一年矣　按，仁宗於乾興元年（一〇二二年）繼位，嘉祐八年（一〇六三年）駕崩，在位正四十一年，而仁宗定嗣子於嘉祐中。故行狀「四十一年」云云，不確。

③ 何可不慮　「何」，長編卷四三七元祐五年正月己丑條引李清臣韓琦行狀作「不」。

④ 一日挾孔光傳進對曰　「一日」上，長編卷四三七元祐五年正月己丑條引李清臣韓琦行狀有「公」字。

肯當，蓋其沉遠詳重，識慮有以過人，非有他也。事猶豫不決，招讒慝，生變故，且名未正，則尚得以辭，名體一定，父子之分明，則浮議亦不得復搖矣。」仁宗欣納曰：「如此，則宜乘明堂大禮前，亟立爲皇子。」乃召樞密大臣諭其事，大臣或愕曰：「此大事，無遽。」上顧曰：「朕意決矣[三七]。」「誠如此，臣敢爲天下賀。」又召學士爲詔書，學士亦請對，然後進藁[三八]。英宗既爲皇太子，尚堅卧。公又奏曰：「今既爲陛下子，何所問哉？願令宮人就諭旨，及本宮族屬敦勸。」上如其請，先帝始就慶寧宮[三九]。會仁宗棄天下，平旦入預主大計①，英宗即皇帝位，宮門徐開，追百官班宣遺制，衛士坐甲，諸司幕廡下治喪，人情肅然。日至巳午，市肆猶有未知者。公性厚重，未嘗名其功，其門人親客或燕坐，從容語及立皇子定策事，必正色曰：「此仁宗神德聖斷，爲天下計，皇太后母道内助之力，朝廷有定議久矣，臣子何預焉？」故一二大事，天下莫知其詳。

充仁宗皇帝山陵使，述仁宗遺意，省浮費②，人不勞而辦[四〇]。使還，累辭位，不許。英宗初即位，感疾，公日至寢門，執丹劑跪進。君臣相知，凡公所進，納而不拒[四一]。既退，則立簾下，以至誠大義上慰慈壽宮，鎮壓憸讒，委安内外。英宗疾已平，遂請日視朝前後殿，整素仗行幸祈雨，幸宗室喪，以釋衆疑。民望見車駕出，咸感涕相賀曰：「吾君貌類祖宗，真聖主也。」慈壽宮聞之喜，即下手詔辭預政。提舉修仁宗實録，仍進右僕射、門下侍郎、同中書門下平章事，懇免，凡六七上章不得請，乃已。又差兼樞密院事，公復上還相事。英宗手詔曰：「卿有大德于朕，有大功于時，一旦無名謝事而去，豈不駭天下之耳目，而重朕之過乎？其輔朕，使無忝先帝之命，則卿之終惠也。」公頓首奉詔。爲南郊大禮使，祠事畢，恩封魏國公。公辭兼樞密院，朝廷從之。

① 平旦入預主大計　「主」原作「王」，據文海本、庫本改。
② 省浮費　「費」原作「潰」，據文海本、庫本改。

濮安懿王以英宗踐祚，例當改封，英宗尤詳慎，不欲遽。既踰大祥，始詔兩制議其禮。兩制謂當封大國，稱皇伯，中書疑所生稱皇伯無經據，又封爵須下詔，名之則未得其中。事下三省再議①，英宗復詔罷之。而臺諫官攻中書不已，尤指切歐陽公，至相率納告身。遊說者煽助之，凡論議是中書者，目爲邪佞。其勢可畏，諸公莫不避匿自解。公獨謂人曰：「此中書事，皆共議，何可獨罪歐陽公？」士大夫歎其平直忠諒，不肯推謗以與人。而英宗所生，訖今爲濮王，爲仙遊縣君，識者皆疑其非禮意[四二]。

公素知陝西苦屯戍，餽餉頗艱，當得民兵以爲助，因乞藉民爲義勇。二府難其事，諫官亦争之曰：「關輔民將驚駭亡去，願以一身救二十萬人死。」二府以白上，上曰：「河北有義勇乎？」曰：「有。」「河東有義勇乎？」曰：「有。」「然則陝西奚爲不可耶？」論遂決，至今關輔爲便[四三]。人皆服上之言簡而盡，而亦多公之守也。夏賊寇大順城，公言宜留歲賜，遣使詰其罪，大臣自文丞相悉以爲不然，左右或舉寶元、康定之喪帥以動上意②。公曰：「軍事須料彼此，今日禦戎之備大過昔時，且諒祚狂童，國人不附，其勢何敢望元昊？詰之必服。」大臣或私相語曰：「渠謂料敵，且觀渠所料。」公卒建議遣何次公往詰諒祚，逾月而次公還，以諒祚表聞。屬英宗已卧疾，二府起居畢，公扣御榻曰：「諒祚表云何？」英宗力疾顧曰：「一如所料。」及漸革，公親奉手札授内侍高居簡，命學士草制書，立今上爲皇太子，别置東宫官屬[四四]。

上即位柩前，以爲英宗山陵使，加守司空兼侍中。王陶由東宫官入御史府爲中丞，意有所缺望③，奏彈宰相

① 事下三省再議　「事」原作「萬」，據庫本改。
② 左右或舉寶元康定之喪帥以動上意　「帥」，長編卷二〇八治平三年十一月己巳條作「師」。
③ 意有所缺望　「缺」，庫本、三朝名臣言行録卷一之二丞相魏國韓忠獻王引行狀皆作「觖」。

不押常朝班。公以宰相日奏事垂拱，退詣文德殿押常朝班，或已過辰正，則御史臺放班，行之已數十年，爲故事。陶憤不勝，乃誣詆，語涉不遜，諫官陰爲協比。上察其姦，罷陶言職[四五]，公亦遽乞補郡。乃遣内侍張茂則賜手詔慰諭起之。永厚復土，還朝，又以疾辭位，除鎮安武勝等節度使、司徒兼侍中、判相州，賜第京師，擢其子忠彦爲祕閣校理，遷其三子官。公謂領兩鎮近世所無有，力辭不拜，改淮南節度使，虚上相之位以待。

會种諤以兵取綏州，納降人嵬名山族帳數萬人，諒祚將以兵報，西邊皆警。公往經略，授陝西安撫使、判永興軍。方行，夏人誘保安軍守將楊定殺之以復怨。既趨關中，知羌中苦飢，又負罪，勢可以困，奏絶其歲賜，選將厲兵，具餱糗器用，移師西指，爲出討計。而諒祚死，秉常告哀謝罪，械送殺楊定者李崇貴、韓道喜以自贖。時議多欲棄綏州，朝廷已屢促廢。公曰：「綏州要害，出賊脅下，已得之，何可廢也？宜增築，畀屬户大酋折繼世、降羌嵬名山守之。後雖不取，足以易地。」未見聽，則使府佐劉航驛奏。後果用易塞門、安遠故寨不合，卒留爲綏德城，險固可守，虜人常恨失之。狂人尉倉等謀爲亂，以術禽取戮之，不脱一人，寬其詿誤。又城噴洙保①，據篳篥川，赴甘谷寨，拓秦川之塞，招引弓箭手居之。便宜修涇原、葉燮會爲熙寧栅，畫圖付將吏，教以方略，張聲援，屯兵扼賊路。畢役，虜不敢犯。皆奪其地利，包屬羌于其中，以固藩衛。武事有序，則欲先收横山，漸取河南地，遂爲大字檄，陳向背禍福，榜塞下，謄入虜中，招横山之衆。而或者恐其有功，力沮壞之[四六]。乞退守鄉郡，復判相州。

其年河决，地大震，比冬震未止②，民多飢饉流亡。上遣貴近喻意，仍賜手詔，以爲河北安撫使、判大名府。又以手札勑中書，叶濟所畫，無或格留。公布宣朝廷恩意，給券賑米，本業之徙者半道而復。時方推行常平法，

① 又城噴洙保　「噴洙保」，三朝名臣言行録卷一之一丞相魏國韓忠獻王引行狀、忠獻韓魏王家傳卷七作「噴珠堡」。

② 比冬震未止　「比」原作「此」，據文海本、庫本改。

公言：「朝廷下令，以百姓不足，而兼并之家乘其急以邀倍息，故貸予以賑其闕，有合于先王散惠興利之法。今郡縣欲收子錢，異令意。」遂與條例司章交上[四七]。乞守徐州，不許。初法下，公曰：「某老臣也，義不敢默。」及不聽，曉官屬亟奉行，曰：「某一郡守也，其敢不如令？」上留意河北事，詔問八條，公悉所見以對[四八]。熙寧四年二月，改永興軍節度使、京兆尹再任，辭，乃仍舊官。六年，復請相。既至之二年，告老至三四，甚懇。每奏至，上必遣使宣諭。契丹遣使言沿邊地界，詔問策畫，公慨然曰：「君父遇我甚厚，有韞不言，是不忠也。生平於常人猶不敢不盡，況吾君乎？姑盡此心以報吾君。事吾君之心盡，則所以報先帝也。吾寧以言得罪，猶愈於老疾瀕死之年，以不言負天下責。」遂條上數千言。既又力謝事，上加恩慰撫。八年，復改永興軍節度使、行京兆尹，不從其所請，而公已疾革矣。六月二十三日，大星墮於州園晝錦堂側，櫪馬皆躍，郡中驚相語，家人不敢以告。公素明性理，雖篤，安卧不亂，以其月二十四日終于州治之正寢。

公器量過人，性渾厚，不爲田畛峭壁巉塹。功蓋天下，位冠人臣，不見其喜；任莫大之責，蹈不測之禍，身危于累卵，不見其憂，怡然未嘗爲事物遷動。平生無僞飾，其語言，其行事，進立于朝，與士大夫語，退息于室，與家人言，一出于誠。人或從公數十年，記公言行，相與反復考究，表裏皆合，無一不相應。其所措置規摹宏大高遠，外視如甚略，已而詳觀之中①，則細故微物莫不各有區處，故有志必成。當其爲學士帥邊，年未三十②，天下已稱爲韓公而不名。及典樞密，名益重，山東大儒石介嘗爲慶曆聖德詩[四九]，謂「可屬大事，重厚如勃」，世不以其言

① 已而詳觀之中　「之」，三朝名臣言行録卷一之一丞相魏國韓忠獻王引行狀作「其」，於義爲長。

② 當其爲學士帥邊年未三十　按，據長編卷一二七康定元年五月己卯條載，時以起居舍人、知制誥韓琦爲樞密直學士、陝西經略安撫副使。又據宋史韓琦傳，韓琦享年六十八，則其生於大中祥符元年，至康定元年已年三十三。則行狀「年未三十」云云，不確。

爲過。後屢當大事，繫安危，而有言于上，無不信者，由公素望信于人主、著于天下也。平居與人接，禮下之，問勞慰存，氣語和易。容人過失，不以爲己忤，小大無所較計[五〇]。及朝廷事，則守其所當争，極於義理而後止，毅然不奪。

喜用有名之士[五一]，或不識其面，既用之，其人亦不自知所進薦也。不私所親以官，而怨家仇人，其才果可用，必用之①。守揚州日，轉運使李參沮州事；在陝西，嘗救有罪將李緯寬之，而緯子師中不知，猶訟于朝[五二]；孫沔爲御史，以西事詆公甚力[五三]，及爲宰相，悉置不報，顯進之。三人者皆愧悔，深自恨。重恩義，好樂士大夫，獎與後進。賙人之急[五四]，視用財物如瓦礫糠粃，不以恩其意，既乏②，則捐己服用玩好，或脱取家人簪珥與之，士歸趨之無遠近。公不厭疎戚及交舊之孫子，寒窶無所，託以爲生者③，常十數家。少善尹師魯，師魯亡，割俸俾其家，爲直其冤于朝，仍奏録其子[五五]。合宗族百口，衣食均等無所異。嫁孤女十餘人④，養育諸姪，比于己子。所得恩例，先及旁族，逮其終，子有褐衣未命者。追孝祖考，恨不及養，奉塋域甚厚，自五世祖冢皆訪得之⑤，買田其旁，植梧檟⑥，召人守視之[五六]。貴顯五十年，身爲將相，累更大賜予，及其殁也，卒無羡錢⑦，室無奇

① 必用之 「用」原作「自」，據庫本改。
② 既乏 原作「既立」，據三朝名臣言行録卷一之一丞相魏國韓忠獻王引行狀改。
③ 寒窶無所託以爲生者 自警編卷四接物類濟昏葬作「寒窶無所托，而依以爲生者」。
④ 嫁孤女十餘人 「嫁」原作「稼」，據文海本、庫本改。
⑤ 自五世祖冢皆訪得之 「冢」原作「家」，據庫本、三朝名臣言行録卷一之一丞相魏國韓忠獻王引行狀改。
⑥ 植梧檟 「梧」，三朝名臣言行録卷一之一丞相魏國韓忠獻王引行狀作「松」。
⑦ 卒無羡錢 「卒」，三朝名臣言行録卷一之一丞相魏國韓忠獻王引行狀作「庫」，義長。

玩，賴天子賜金帛，官出葬資，喪事得以無乏。

姿貌英特，美鬚髯，骨骼清聳，眉目森秀，圖繪傳天下，人以謂如高山大岳，望之氣象雄傑，而包蓄細微，普施雷雨，藏匿寶怪，蓋自然也。每朝服冠蓋而出，民老幼倚春弛檐①，輒夾路觀，佇立咨嗟。平時家居，雖祁寒盛暑，倦劇對僮使，亦攝衣危坐無怠容。遇事遽卒而意不亂，冗劇而才有餘。萬兵侍帳，百吏遶前，處之安靜，裕如也。已而剖決，皆就條理。勤于吏職，簿書文檄，檢察研核，莫不躬親。左右或曰：「公位重，年耆艾，功名如此，朝廷賜守鄉郡以養安，幸無親小事。」公曰：「己憚勞煩，吏民當有受弊者。且俸禄日萬錢，不事事，吾何安哉？」公尤知命，每誡其子曰：「窮達禍福，固有定分，枉道以求之，徒喪所志，慎守勿爲也。余以孤忠自信，未嘗有因緣憑藉，而每遭人主爲知己。今忝三公，所恃者公道與神明而已矣，焉可誣哉！」其自守如此。所親重范文正公、今富鄭公最篤，及論事于上前，係國家利害，各正色辨折②，不相借假，退不失其歡[五七]。

公既解相印，今僕射王丞相素負天下重名，少許可，嘗遺公書，謂過周勃、霍光、姚崇、宋璟③，又曰：「爲古人所未嘗，任大臣所不敢④。」天下以爲名言。歐陽文忠公亦曰：「進退之際，從容有餘，德業兩全，謗讒自止，過周公遠矣[五八]。」當時所降制書，亦多以伊、周、裴度擬公焉。所歷諸大鎮，皆有遺愛，人皆畫像事之，獨魏人於生祠爲塑像，歲時瞻奠，比狄梁公。戎狄尤畏公名，凡使契丹及來使者，必問：「韓侍中安否？今何在？」其子忠彦使幕北，虜主問左右：「孰嘗屢使南朝識韓侍中，觀忠彦貌類父否？」或對曰：「頗類。」乃即燕坐，命畫工圖之而

① 民老幼倚春弛檐　「春」原作「春」，據文海本、庫本改。
② 各正色辨折　「辨」原作「辦」，據文海本、庫本改。
③ 宋璟　原作「宋琪」，據庫本、三朝名臣言行録卷一之一丞相魏國韓忠獻王引行狀及舊唐書卷九六宋璟傳改。
④ 爲古人所未嘗任大臣所不敢　按，其語出王安石臨川集卷七九賀韓魏公啓，文字略異：「言衆人之所未嘗，任大臣之所不敢。」

去。館伴楊興宗遽以此告忠彥①。北門爲聘使道，舊與京尹書，皆押字不名，及公留守，則名于書。其副使成禹錫仍喻來介曰：「以侍中在此，故特名。」及公去魏，後留守引前比欲得其名，數强之，卒不可。每南來涉臨清界②，即誡其下曰：「此韓侍中境，無多須索也。」

天姿簡儉，於圖畫博奕，凡聲伎之娛，無所嗜[五九]，獨喜觀書史，晝夜不倦。記覽博洽，所爲文章明白，簡重有氣，如仁宗英宗哀册文、諸應制及辯論、碑志，天下傳愛之。餘暇學翰墨，得顔魯公楷法③[六〇]。家聚書萬餘卷，悉經簽題點勘，列屋貯之，目曰萬籍堂[六一]。所著安陽籍類五十卷④、二府忠議五卷、諫垣存藁三卷[六二]、陝西奏議二十卷⑤，手編家傳集六十卷，藏于家；餘未及紀次殘藁尚多[六三]。

夫人崔氏，工部侍郎立之女，先公而亡，累封魏國夫人。六男：長忠彥，秘書丞、祕閣校理；次端彥，大理寺丞；次良彥，祕書省校書郎，早卒；次純彥、粹彥，並大理評事；次嘉彥⑥，幼未士。女子五人：長適大理寺丞王景修⑦，

---

① 館伴楊興宗遽以此告忠彥　「楊興宗」，三朝名臣言行録卷一之一丞相魏國韓忠獻王引行狀及忠獻韓魏王家傳卷一〇作「楊興功」。

② 每南來涉臨清界　「臨清」原作「臨青」，據三朝名臣言行録卷一之一丞相魏國韓忠獻王引行狀、忠獻韓魏王家傳卷一〇及宋史卷八六地理志二改。

③ 餘暇學翰墨得顔魯公楷法　三朝名臣言行録卷一之一丞相魏國韓忠獻王引行狀作「餘暇則喜書札，素愛顔魯公書，而加以遒健，自成一家，端重剛勁，類其爲人」。

④ 所著安陽籍類五十卷　「籍」，韓魏公墓志銘、忠獻韓魏王家傳卷一〇作「集」。按，陳録卷一七、郡齋讀書附志卷下著録韓琦安陽集五十卷，宋史卷二〇八藝文志七著録韓琦集五十卷。

⑤ 陝西奏議二十卷　「二十卷」，韓魏公墓志銘、忠獻韓魏王家傳卷一〇作「五十卷」。

⑥ 次嘉彥　原作「次喜彥」，據本書上集卷一兩朝顧命定策元勳之碑、韓魏公墓志銘、忠獻韓魏王家傳卷一〇及東都事略、宋史韓琦傳改。

⑦ 長適大理寺丞王景修　按，據韓魏公墓志銘、忠獻韓魏王家傳卷一〇，稱韓琦長女不育，次女適王景修。

三人不育，次在室。孫六人：曰治，大理評事；曰戢①，太常寺太祝；曰澡、曰洽、曰浩、曰誠②，並幼。

禮官李清臣曰：清臣少親魏國韓公〔六四〕，頗聞其終始大略行事如前。公之訃至也，天子即日下詔，以公配享英宗廟庭，又命清臣持中牟器幣馳驛祭，及使者賻金帛，貴臣往還護葬事，相錯道中，道路皆歎息感慟。祭事畢，清臣又以私禮哭其堂，入弔其孤，則北方父老亦有遠千里來哭庭下者。及還朝，士大夫相問訊，亦莫不嗟慘見于色。暨趨太常，太常僚吏皆曰：「七月日癸酉③，上爲公素服哭苑中，舉音過常數，左右皆助惻慘。」恩章追悼如此。清臣又嘗竊讀其家所被誥，乃真贈尚書令，不爲兼官，以贈於人臣，貴莫比此，獨自韓公始〔六五〕，雖太宗褒贈趙韓王普亦不能過也。退而思曰：上仁聖，顧念耆老，恩禮至矣，然非公，其孰宜之！

公嘗爲宰相十年，仁宗待遇冠群臣，委之以政，而天下不見其有所專也。天下莫不遂其生，鼓舞歌頌一德，而不知其功出宰相也。及履艱危、定策奉詔之臣，立皇子、皇太子者各一，受遺詔立天子者再，尊宗廟，强社稷，功及生人，而進退從容，不見有顔色之異也。當其可憂，人莫不憂，朝廷以公爲安危，人情視公爲去就，公于是時一卻足，大事傾動矣。公屹然山立，決大疑，解大憂，至天下卒無事。今天子纂紹皇統，以文武仁孝惠養天下，日問安進膳，兩宮康樂。雖祖宗貺施，天地降福，聖德集于上躬，然考其功緒基源，則定策之臣功爲大，故曰恩禮於公爲宜。清臣所摭皆實，敢以告史氏，以上尚書省，移于太常。謹狀。

---

① 曰戢　「戢」，忠獻韓魏王家傳卷一〇同；韓魏公墓志銘作「濈」，似是。

② 曰誠　「誠」，韓魏公墓志銘、本書中集卷五〇韓儀公丞相忠彦行狀作「澄」，似是。

③ 七月日癸酉　按，癸酉乃七月十三日。據長編卷二六五熙寧八年六月戊午條載韓琦卒。戊午乃六月二十八日，則七月十三日乃天子「素服哭苑中」之日。

熙寧八年八月日，宣德郎、守太常寺①、充集賢校理、同知太常禮院李清臣狀。

辨證：

［一］韓忠獻公琦行狀　按，韓琦，東都事略卷六九、宋史卷三一二有傳；安陽縣金石録卷六載有宋陳薦宋故推忠宣德崇仁保順守正協恭贊治純誠亮節佐運翊戴功臣永興軍節度管内觀察處置等使開府儀同三司守司徒檢校太師兼侍中行京兆尹判相州軍州事□□□□□□使上柱國魏國公食邑一萬六千八百户食實封六千五百户贈尚書令謚忠獻配享英宗廟廷韓公墓誌銘（以下簡稱韓魏公墓誌銘），殘闕，胡昌健撰安陽金石録韓魏公墓誌銘勘誤補正（收入恭州集）一文予以補正；本書上集卷一載有宋神宗御撰兩朝顧命定策元勳之碑。

［二］爲時勞臣國史有傳　按，韓國華傳載宋史卷二七七，云其「出知泉州，大中祥符初遷右諫議大夫，四年代還，至建州，卒于傳舍，年五十五」。

［三］尹洙師魯誌其墓今富鄭公爲神道碑　按，尹洙所撰墓誌，載於河南集卷一六，題故大中大夫右諫議大夫上柱國南陽縣開國男食邑三百户賜紫金魚袋贈太傅韓公墓誌銘；富弼所撰神道碑，載於金石萃編卷一三五，題韓國華神道碑。

［四］公之所生母胡氏蜀士人覺之女　貴耳集卷下云：「蜀士胡其姓者，知其女貴，能生子作宰相，攜入京師，尋一朝士生宰相者，即與之。遇道間見韓光禄國華，拜于馬首云：『三年在京師，閲人多矣。光禄必生宰相子，敢以女爲獻。』後果生魏公。」按，據尹洙贈太傅韓公墓誌銘，韓國華未嘗官光禄。

［五］公生泉州　忠獻韓魏王家傳卷一云韓琦「以大中祥符元年戊申歲七月二日辰時生於泉州」。按，嬾真子卷五云：「世言魏公世居河朔，故其狀貌奇偉而有厚重之德。然生於泉州，故爲人亦微任術數，深不可測，有閩之風，皆其土風然也。」

---

① 守太常寺　按，本書中集卷四九李黄門清臣行狀云其「遷太常丞，復同知禮院。忠獻韓公薨，公狀其行」，疑「寺」下脱一「丞」字。

［六］天聖五年仁宗初臨軒試進士　按，仁宗乾興元年繼位，詔權停貢舉；天聖二年春闈，因諒陰而未舉行殿試，至天聖五年再行貢舉，故有「仁宗初臨軒試進士」之説。

［七］府君王博文固已奇之曰志異常人此大器也　三朝名臣言行録卷一之一丞相魏國韓忠獻王引胡氏傳家録云韓琦「徙開封府推官，理事不倦，暑月汗流浹背，府尹王博文大器重之，曰：『此人要路在前，而治民如此，真宰相器也。』」按，忠獻韓魏王家傳卷一有云：「陳留等七縣月遣人一詣禁地，巡捉飛放，民頗爲擾。公奏曰：『陛下畋遊之事，廢之已久，蒐獮之地，共之斯衆，豈容姦吏未革浸牟？願申嚴禁止之。』三司循例下府配買馬食草六百萬，公奏：『諸縣蓋有災傷者，豈可概令認數爲奏？』得蠲減九縣二百餘萬。凡刑名輕重不當、疑慮未明者，皆辨析條奏。府事雖日紛冗，省覽亦不滅裂，無巨細，必詰正而後已。時文牘得公書者，郡吏必喜相謂曰：『過韓家關矣。』」

［八］卒罷執政四人者　東都事略韓琦傳云：「王隨、陳堯佐爲相，以疾五日一朝，數忿争。參知政事韓億多私，石中立好戲謔。」又，長編卷一二一寶元元年三月戊戌朔條云是日宰相王随陳堯佐、參知政事韓億石中立同罷，云：初「随與堯佐、億、中立等議政，數忿争於中書。隨尋屬疾在告，詔五日一朝日赴中書視事。而堯佐復年高，事多不舉。時有『中書翻爲養病坊』之語。……會災異仍見，琦論隨等疏凡十上，堯佐亦先自援漢故事求策免，於是四人者俱罷」。

［九］上納其説　長編卷一二一寶元元年三月戊戌條云：「初，韓琦數言執政非才，上未即聽。琦又言曰：『豈陛下擇輔弼，未得其人故耶？若杜衍、孔道輔、胥偃、宋郊、范仲淹，衆以爲忠正之臣，可備進擢。不然，嘗所用者王曾、吕夷簡、蔡齊、宋綬亦人所屬望，何不圖任也？』上雖聽琦罷王隨等，更命」張士遜及章得象爲相。

［一〇］與三司同定茶法　忠獻韓魏王家傳卷一云：「公以自變茶法以來，歲輦京師銀絹，配擾江北居民，而内虚府庫，外困商旅，請選官參定酌中之法。乃命公與御史中丞張觀、侍御程戡同三司使副別議其法。」

［一一］同三司省國用　長編卷一二三寶元二年五月己酉條云：「韓琦言：『今欲減省浮費，莫如自宫掖始。請令三司取入内内侍省并御藥院、内東門司先朝及今來賜予支費之目，比附酌中，皆從減省，無名者一切罷之。』詔禁中支費，只令入内内侍省、御藥院、内東門司同相度減省，報詳定所。其臣僚賜予，即許會問入内内侍省等處施行。琦又言：『景德至景祐文書，有司必不備具。若俟取索齊

集，始議裁減，徒成淹久。但考今日調度實爲浮費者，即可蠲省。如故將相、戚里及權近之家，多占六軍，耗蠹縣官衣糧，有妨征役，在京者，不啻數千人。若此類，何必待景德、景祐文書較邪？』詔從之。」

〔一二〕公爲輕減蠲除之　忠獻韓魏王家傳卷一云韓琦至蜀，「則蠲減稅賦，募人入粟，招募壯者，等第刺以爲廂禁兵。一人充軍，數口之家得以全活。檄劍門關，民流移而欲東者勿禁。簡州艱食爲甚，明道中，以災傷嘗勸誘納粟，後糶錢十六餘萬，歸於常平。公曰：『是錢乃賑濟之餘，非官緡也。』發庫，盡以給四等以下戶。時皇子初降，天下進金帛爲慶。列郡聞風，修貢甚急。公言勞擾疲民，詔悉免之。益州歲織錦綺五十餘萬，旁州皆染紅、紫數萬縑，所費甚厚，而皆出於民，公請權以半爲額。諸州設市買院，收市上供物，多不以直，公請停止之」。

〔一三〕始設烽燧以候虜　長編卷一二六康定元年三月乙丑條云：「詔鄜延至鄜州，環慶至邠州，涇原至涇州及秦州本界各置烽候。先是但走人偵報，韓琦以爲請，乃從之。」

〔一四〕或誣其叛去遂錮守平妻子具獄河中府　按本書上集卷二六范忠獻公雍神道碑云：「方大將劉平遇賊于百口，以軍敗被執。監軍黃德和懼罪，誣言上平實降。朝廷乃敕收其子，命御史臺置獄于河中府。」又長編卷一二六康定元年三月戊寅條云：「朝廷乃命殿中侍御史文彥博、入內供奉官梁致誠就河中府置獄，復遣天章閣待制龐籍馳往訊之。」

〔一五〕范雍守延州朝廷以爲不能欲以趙振代公奏曰　長編卷一二六康定元年二月癸丑條載時「賊兵尚圍塞門、安遠寨，延州諸將畏避，莫敢出救。及聞范雍責命，衆憂駭，訴於安撫使韓琦，願無使雍去。琦奏」云云。

〔一六〕又奏罷率馬令以寬民力　忠獻韓魏王家傳卷一云：「詔京畿、京東西、淮南、陝西路括市戰馬。公以陝西科擾頻仍，民已不勝困苦，請寢一路，以安衆心，從之。」

〔一七〕而元昊掠鎮戎軍偏將劉繼宗逆戰果不利　長編卷一二八康定元年九月丙寅條載：「是日，西賊寇三川寨，鎮戎軍西路都巡檢楊保吉死之。明日，涇原路都監劉繼宗、李緯、王秉等分兵出戰，皆失利，繼宗爲流矢中頤。時涇州駐泊都監王珪將三千騎來援，自瓦亭寨至師子堡，賊圍之數重。珪奮擊，賊披靡，獲首級爲多，叩鎮戎城請益兵，不得，城中縋糗糧予之。師既飽，因語其下曰：『兵法以寡擊衆，必在暮。我兵少，乘其暮氣之衰，可得志也。』復馳入。有賊將持皂幟植槍以詈曰：『誰敢與吾敵者！』槍直珪胄而傷右臂，珪左手以杵碎其腦。繼又一將復以槍進，珪挾其槍以鐵鞭擊殺之。一軍大驚，將引去，會珪以馬中箭而還，賊遂留軍縱掠，凡三日，聞涇原鈐轄、知渭州郭志高率大兵趨三川，乃退。三班借職郭綸固守定川堡，得不陷。劉璠堡本軍指使散直王遇、弓箭手都虞候劉用以事急出降，并陷乾溝、乾河、趙福三堡。是役也，官軍戰没者凡五千餘人。」

〔一八〕乃劃攻守二策求中決至奏雖不下　宋史韓琦傳云時韓琦等進攻守二策，「仁宗欲用攻策，執政者難之。琦言」云云，於是「乃詔鄜延、涇原同出征」。按，長編卷一二九康定元年十二月乙未條云夏竦「等乃畫攻守二策，遣副使韓琦、判官尹洙馳驛至京師」。時「上與兩府大臣共議，始用韓琦等所畫攻策也，樞密副使杜衍獨以爲僥倖出師，非萬全計，争論久之，不聽」。於是「詔鄜延、涇原兩路取正月上旬同進兵入討西賊」。丁未條載「詔開封府、京東西、河東路括驢五萬，以備西討，從陝西經略司所上攻策也」。又卷一三〇慶曆元年正月丁巳條亦稱「朝廷既用韓琦等所畫攻策，先戒師期」云云。則韓琦之奏實付施行，未嘗「不下」，行狀云云頗有諱飾。

〔一九〕嫉公者乞置公大罪至以職知秦州　長編卷一三一慶曆元年四月辛巳條載：「降陝西經略安撫副使、樞密直學士、起居舍人韓琦爲右司諫、知秦州，職如故。任福軍敗，琦即上章自劾，諫官孫沔等請削琦官三五資，仍居舊職，俾立後效。會夏竦奏琦嘗以檄戒福貪利輕進，於福衣帶間得其檄，上知福果違節度，取敗罪不專在琦，手詔慰撫之。及是乃奪琦使權。」注曰：「王堯臣亦言福違節度以敗，不可專責琦。蓋琦已責，堯臣復言之。」

〔二〇〕增廣州城以保固東西市　忠獻韓魏王家傳卷二云：「公以秦州東、西草市居民軍營僅萬餘家，皆附城而居，無所捍蔽，絕塞之地，豈不防慮？因請築外城，凡十一里，計工三百萬。自十月起役，而至正月城成。」

〔二一〕討殺生羌之鈔邊者　忠獻韓魏王家傳卷二云：「吐蕃族帳，四路惟秦號最盛，雖藉以爲籬障，然久授姑息，無畏服心。沿邊熟户多爲昊賊脅從，公既加慰撫，有違叛者，必舉兵討除之。隴波等族嘗鈔邊，已出師焚蕩，未入漢謝罪，又遣使詰問，皆納子爲質而去。」

〔二二〕陝西四帥皆改觀察使至獨不辭　長編卷一三五慶曆二年四月己亥條載：「以樞密直學士、禮部郎中、知秦州韓琦爲秦州觀察使，樞密直學士、吏部郎中、知渭州王沿爲涇州觀察使，龍圖閣直學士、吏部郎中、知延州龐籍爲鄜州觀察使，龍圖閣直學士、右司郎中知慶州范仲淹爲汾州觀察使。」宋史韓琦傳云時「范仲淹、龐籍、王沿不肯拜，琦獨受不辭」，後復爲樞密直學士、右諫議大夫。

〔二三〕又以籠竿城據衝要乞建爲德順軍　按，長編卷一三九慶曆三年正月辛卯條載：「建渭州籠竿城爲德順軍，亦用王堯臣議也。」

〔二四〕故作閲古堂詩叙其事　玉海卷一六一慶曆定州閲古堂云：「八年夏五月，天子以河朔地大兵雄而節制不專，詔魏瀛鎮定四路悉用儒帥兼安撫使，而以韓琦帥定州。郡圃有亭，琦廣之爲堂。既成，乃摭前代良守將之事可載諸圖而爲法者，凡六十條，繪于堂之左右壁，名爲閲古堂。富弼爲之作詩。」按，通志卷六五藝文略著録韓琦撰閲古堂名臣贊一卷，宋史藝文志總集著録韓琦閲古堂詩一卷，又閲古堂詩載於范文正公文集卷三。

〔二五〕卒殺其禮如公言　按，涑水記聞卷一一云慶曆「四年五月，元昊自號夏國主，始遣使稱臣。八月，朝廷聽元昊稱夏國主，歲賜絹茶銀綵合二十五萬五千，元昊乃獻誓表。十月，賜詔答之。十二月，册命元昊爲夏國主，更名曩霄」。又後山談叢卷四云：「元昊既效順而不肯臣，請稱東朝皇帝爲父，國號『吾祖』，年用私號，求割三州十六縣地，朝議彌年不決。既而報書，年用甲子，國號易其一字。」按，「吾祖」即「兀卒」，宋史外國傳一夏國上云「如可汗號」。

〔二六〕又開天章閣賜坐至繼又獻七事　長編卷一四二慶曆三年七月甲午條載韓琦上疏，注曰：「琦此疏，正史、實録俱不載。據家傳，以爲琦既入樞府，即上此疏，條列七事，繼上八事。李清臣行狀亦不載此疏，卻云琦以九事對天章閣之後，繼又獻七事。當是此疏所條列者。然開天章閣乃九月初三日，琦自樞府出使陝西，實八月十八日，恐開閣時，琦已不在京師，行狀未可信也。若初入樞府，此疏即上，則又恐太早。疏云中書、樞密院聚議，求一武臣代郭承祐不能得。而七月二十五日，康德輿初授鎮定鈐轄，按歐陽修論李昭亮劄子，則德輿實承祐之代也。今隱度附七事疏於七月末，所稱八事與行狀九事不殊，今依家傳，并附此。」又卷一四三慶曆三年九月丁卯條云：「詔輔臣及知雜御史以上，於天章閣朝謁太祖、太宗御容及觀瑞物。既而上問禦邊大略，久之乃罷。」注曰：「韓琦行狀云：『琦對天章，陳九事，繼又獻七事。』九事或可附此，然琦以前月十八日受詔宣撫陝西，距此十五日矣，不知尚在朝否。又手詔但督仲淹、弼，恐琦已出。」

〔二七〕上悔見于色　梁溪漫志卷八蘇子美與歐陽公書云：「蘇子美奏邸之獄，當時小人借此以傾杜祁公、范文正，同時貶逐者皆名士，姦人至有『一網打盡』之語。獨韓魏公、趙康靖（概）論捄之，而不能回也。」

〔二八〕又近臣奏王益柔爲傲歌　長編卷一五三慶曆四年十一月甲子條注曰：「王拱辰行狀云：或作傲歌，有『醉卧北極遣帝扶，周公孔子驅爲奴』。蓋益柔所作也。」

［二九］後士廉與二人者詣闕訟而柄臣爲之左右　長編卷一五六慶曆五年七月辛丑條載貶起居舍人、直龍圖閣、知潞州尹洙爲崇信節度副使，云：「洙前在渭州，有部將孫用者，由軍校補邊，自京師貸息錢到官，亡以償。洙惜其才可用，恐以犯法罷去，嘗假公使錢爲償之。又以公使錢不足，假軍資錢回易充用。及董士廉詣闕，訟洙欺隱官錢，詔洙公析。而監察御史李京又言韓琦因處置邊機不當，罷樞密副使，琦過實自洙始，請并責洙。洙復奏章與京辨，執政不悦，遣殿中侍御史劉湜往渭州鞫之，洙竟坐貸公使錢與孫用及私自貸，該甲申德音，當追兩官勒停，特有是命。湜頗傅致重法，蓋希執政意也。」按，時宰相乃賈昌朝、陳執中。

［三〇］加資政殿大學士禮部侍郎　忠獻韓魏王家傳卷四云：「皇祐元年七月，上思念執政舊臣，諭政府令推恩，於是十餘人並進官。公與富公（弼）方領安撫之任，同除資政殿大學士。二年，明堂成，授禮部侍郎。」

［三一］入境罷前帥所興不急之役奏逐怙勢不法宦者廖浩然　長編卷一七四皇祐五年正月壬戌條云：「琦至并州，首罷（李）昭亮所興不急之役，奏逐走馬承受廖浩然。浩然宦者，怙勢，嘗誣奏昭亮，昭亮所以徙，浩然力也。琦言：『臣熟察浩然所奏多不實。朝廷近差侍禁馮靖同承受，浩然忌其廉潔，無名奏納，亦移靖他路。既誣逐一大帥，又望風誣逐一同職官，朝廷略不辨證，皆從其請，官吏皆憂歎不安。且浩然性貪恣，不法狀甚多，願召還使保全。不然，臣將行法矣。』上俾浩然代歸，敕本省鞭之。」

［三二］祖宗朝潘美爲帥至墾地九千六百頃　長編卷一七八至和二年二月丙午條云此前歐陽修嘗奏乞耕沿邊廢田，「詔范仲淹相視，請如修奏。尋爲明鎬沮撓，不克行」。至此，韓琦遣人行視，「訂鎬議非是，遂奏代州、寧化軍宜如岢嵐軍例，距北界十里爲禁地，餘則募弓箭手居之。會琦去，即詔（富）弼議，弼請如琦奏。凡得户四千，墾地九千六百頃」。

［三三］人遂以焚屍爲恥　宋朝事實類苑卷二三官政治績韓稚圭引倦遊雜録云：「河東人衆而地狹，民家有喪事，雖至親，悉燔爇，取骨燼寄僧舍中。以至積久弃捐乃已，習以爲俗。韓稚珪鎮并州，以官錙市田數頃，俾州民骨肉之亡者，有安葬之地。古者，反逆之人乃有焚如之刑，其士民則有斂殯祔葬之禮，惟胡夷洎僧尼，許從夷禮而焚柩，齊民則一皆禁之。今韓公待俗以禮法，真古循吏之事也。」

［三四］爲六百八十卷　涑水記聞卷一一云：「嘉祐初，樞密院求誓書不獲，又求寧化軍疆境文字亦不獲。於是韓稚圭曰：『樞密院國家戎事之要，今文書散落如此，不可。』乃命大理寺丞周革編輯之，數年而畢，成千餘卷。」

〔三五〕建遣郝質王慶民度藏才三族故地命郭霨復城爲豐州與麟府相爲羽翼　韓魏公墓志銘云：「豐州，古九原也，與麟、府鼎足，向以無水不能守，爲叛羌所破。公奏遣郝質、郭霨、王慶民經度修復之。」

〔三六〕公數乘間奏乞選立皇子　忠獻韓魏王家傳卷五云：「公始召爲樞密使，因上章乞内中建立書院，擇宗室賢才者升於内學，願聽斷之暇，時賜臨幸，以觀其器識。時欲先以此請感動上心。及爲首相，申謝日，即具手疏。……自此陳請不一，未蒙開納。」

〔三七〕上顧曰朕意決矣　長編卷一九七嘉祐七年八月丙子條云：「及張昇至，帝面諭之，昇曰：『陛下不疑否？』帝曰：『朕欲民心先有所繫屬，但姓趙者斯可矣。』」按，張昇時爲樞密使。

〔三八〕又召學士爲詔書學士亦請對然後進藁　長編卷一九七嘉祐七年八月戊寅條云韓琦「召翰林學士王珪令草詔，珪疑焉。戊寅，請對，言：『此大事也，後不可悔。外議皆云執政大臣强陛下爲此，若不出自陛下，則禍亂之萌未可知。』上指心曰：『此決自朕懷，非由大臣之言也。不如此，衆心不安。卿何疑焉？』乃再拜殿上曰：『陛下能獨斷爲宗廟社稷計，此天下之福也。』退而草詔以進」。

〔三九〕上如其請先帝始就慶寧宫　長編卷一九七嘉祐七年八月丁酉條載：「賜皇子襲衣、金帶、銀絹各一千。詔登州防禦使同判大宗正事從古、沂州防禦使虢國公宗諤敦勸皇子，仍與潤王宫大將軍以上同入内，皇子若稱疾，即乘肩輿。」又己亥條載：「從古等言皇子猶固稱疾。是夕，使者往返數四，留禁門至四鼓，皇子終不至，乃詔改擇異日。」辛丑條載：「皇子以肩輿入内。先是，宗諤責皇子曰：『汝爲人臣子，豈得堅拒君父之命而終不受耶？我非不能與衆人執汝，强置汝於肩輿，恐使汝遂失臣子之義，陷于惡名爾。』皇子初讓宗正，與記室周孟陽謀之，所上表皆孟陽之筆也，每一表，餉孟陽十金。孟陽辭，皇子曰：『此不足爲謝，俟得請於朝，方當厚賞爾。』凡十八表，孟陽獲千餘緡。及立爲皇子，猶固稱疾，孟陽入見于卧内曰：『主上察知太尉之賢，參以天人之助，乃發德音。太尉獨稱疾堅卧，其義安在？』皇子曰：『非敢邀福，以避禍也。』孟陽曰：『太尉事兩宫以父母，中外所聞，主上爲萬世計而立爲子矣。今固辭不拜，假如得請歸藩，遂得燕安無患乎？』皇子撫榻而起曰：『吾慮不及此。』遂與宗諤等同入内。」按，「先帝」指英宗，李清臣撰韓公行狀時在神宗朝，故有「先帝」之稱。

〔四〇〕述仁宗遺意省浮費人不勞而辦　長編卷一九八嘉祐八年四月癸巳條云：「權三司使蔡襄奏大行山陵一用永定制度，於是右司諫王陶上言：『民力方困，山陵不當以永定爲準。』其後京西轉運使吴充、楚建中、知濟州田棐繼上言，請遵先帝遺詔，山陵務從儉約，皇堂、上宮除明器之外，金玉珍寶一切屏去。……禮院編纂蘇洵亦貽韓琦書切諫，至引華元不臣以責之，琦爲變色。乃詔禮院與少府監議，唯省乾興中所增明器而已，其他猶一用定陵制度。」注曰：「盧士宗傳云：『士宗爲少府監，典工作造方中諸物，比乾興省費十餘萬緡。』按實録云省乾興所增明器而已，然則器一種自費十餘萬緡也，士宗傳似飾説，今不取。」

〔四一〕君臣相知凡公所進納而不拒　長編卷一九八嘉祐八年六月戊寅條云：「韓琦常親執藥杯以進，帝不盡飲而卻之，藥污琦衣。太后亟出服賜琦，琦不敢當。太后曰：『相公殊不易。』」

〔四二〕濮安懿王以英宗踐祚至識者皆疑其非禮意　皇朝編年綱目備要卷一七治平二年夏四月「詔議崇奉濮王典禮」條云：「元年五月，宰臣韓琦等奏：『請下有司議濮安懿王及譙國太夫人王氏、襄國太夫人韓氏、仙遊縣君任氏合行典禮。』詔須大祥後議之。至是進呈，乃有是詔。翰林學士王珪等相顧不敢先，知諫院司馬光獨奮筆立議，略云：『爲人後者爲之子，不敢復顧其私親。秦漢以來，有自旁支入承大統，推尊其父母爲帝、后，皆見非當時，取譏後世，不敢引以爲聖朝法。臣以爲濮王宜尊以高官大爵，稱皇伯而不名。』賈黯之議亦同。王珪敕吏以光手稿爲案。議上，歐陽修以爲自古無以所生父改稱『伯』者，珪等言非是。中書奏：『漢孝宣、光武皆稱父爲皇考。』太后聞之，手書詰責輔臣，以不當議稱皇考。上詔：『如聞集議，議論不一。宜權罷議，當令有司博求典故，務合禮經。』判太常寺范鎮率禮官上言：『陛下既考仁宗，又考濮王，其議未當。』其列儀禮及漢儒議論、魏明帝詔爲五篇奏之。於是，臺官自中丞賈黯以下各有奏。知雜呂誨亦言：『陛下入繼大統，皆先帝之德。當從王珪等議爲定，封濮安懿王大國、諸夫人典禮稱是。』奏皆留中不報。司馬光又上言曰：『伏見向者詔群臣議濮安懿王合行典禮，王珪等二十餘人皆以爲宜準先朝封贈期親尊屬故事，凡兩次會議，無一人異辭，而政府之意獨欲尊濮王爲皇考，巧飾詞説，誤惑聖聽。政府言：「儀禮、令文、五服年月敕，皆云爲人後者爲其父母之服，若不謂之父母，不知如何立文？」此乃政府欺罔天下之人，謂其皆不識文理也。又言：「漢宣帝、光武皆稱其父爲皇考。」臣案宣帝承昭帝之後，以孫繼祖，故尊其父爲皇考，而不敢尊其祖爲皇祖者，以與昭帝昭穆同也。光武起布衣，誅王莽，冒矢石以得天下，名爲中興，其實創業，雖自立七廟，猶非太過，況但稱皇考，其謙損甚矣。今陛下親爲仁宗之子，以承大業，傳曰：『國無二君，家無二尊。』若復尊濮王爲皇考，則置仁宗於何地乎？』」按，宋史王珪傳云「濮議」時，王珪與侍從、禮官合議「宜稱皇伯，三夫人改封大國，執政不以爲然。其後三夫人之稱，卒如初議」。李心傳舊聞證誤卷二辨云：「按史，三夫人未嘗加封，故李邦直熙寧八年撰韓魏公行狀曰：『英宗所生，迄今爲仙遊縣君。』識者皆疑其非禮意。』元豐二年五月，始詔三夫人並稱曰王夫人，遷祔濮園。未嘗封大國也。李邦直撰禹玉神道碑亦云：『治平中，議追尊濮王，公執用封期親尊屬故事，執政以爲不然，公持之，卒不奪。其後諫官、御史争論久不決，帝以手詔裁定，多如其初。』邦直所云，但指不稱皇耳。此謂三夫人卒如珪議者，實甚誤。」

〔四三〕至今關輔爲便　長編卷二〇三治平元年十一月乙亥條云：時司馬光「嘗至中書與韓琦辨，琦謂光曰：『兵貴先聲後實，今諒祚方桀傲，聞陝西驟益二十萬兵，豈不震慴？』光曰：『兵之用先聲，爲無實也，獨可以欺之於一日之間爾，少緩則敵知其情，不可復用矣。今吾雖益二十萬兵，然實不可用，過十日，西人知其詳，寧復懼乎？』琦不能答，復曰：『君但見慶曆間陝西鄉民初刺手背，後皆刺面充正軍，憂今復然耳。今已降敕牓與民約，永不充軍戍邊矣。』光曰：『雖光亦未免疑也。』琦曰：『吾在此，君無憂此語之不信。』光曰：『光終不敢奉信，非獨不敢，但恐相公亦不能自信爾。』琦怒曰：『君何相輕之甚耶？』光曰：『相公長在此可也，萬一他人當位，因相公見成之兵，遣使運糧戍邊，反掌間事耳。』琦默然，竟不爲止。其後十年，義勇運糧戍邊率以爲常矣」。鶴林玉露乙編卷四養兵云：「韓魏公曰：『養兵雖非古，然亦自有利處。議者但謂不如漢、唐調兵於民，獨不見杜甫石壕吏一篇，調兵於民，其弊乃如此。後世既收拾强悍無賴者，養之以爲兵，良民雖稅斂良厚，而終身保骨肉相聚之樂，父子兄弟夫婦免生離死別之苦，此豈小事？』魏公此論，可謂至當。……然魏公既知籍民爲兵之害矣，而陝西義勇之制，實出於公。雖司馬温公極言其不便，竟不爲止，又何與前言相戾也？」

〔四四〕別置東宮官屬　邵氏聞見録卷三云：「神宗開潁邸，英宗命韓魏公擇宮僚，用王陶、韓維、陳薦、孫固、孫思恭、邵亢，皆名儒厚德之士。」

〔四五〕上察其姦罷陶言職　宋史王陶傳云：「郭逵以簽書樞密宣撫陝西，詔令還都。陶言：『韓琦置逵二府，至用太祖故事，出師劫制人主，琦必有姦言惑亂聖德。願罷逵爲渭州。』帝曰：『逵先帝所用，今無罪黜之，是章先帝用人之失也，不可。』陶既不得逞，遂以琦不押文德常朝班奏劾之。陶始受知於琦，驟加獎拔。帝初臨御，頗不悦執政之專，陶料必易置大臣，欲自規重位，故視琦如仇，力攻之，琦閉門待罪。帝徙陶爲翰林學士，旋出知陳州。」長編紀事本末卷五七宰相不押班云：「治平四年四月乙卯，初，御史中丞王陶等屢言韓琦自嘉祐末專执國柄，君弱臣强，乞行罷退，是日，陶遂極口詆琦，意謂必能逐去。既而上不許，陶始失望。……陶遂劾奏韓琦、曾公亮不臣，至引霍光、梁冀等事爲諭，斥韓琦驕主之色過于霍光。且言欲保全琦族，故劾奏之。」宋史韓琦傳稱：「琦執政三世，或病其專，御史中丞王陶劾琦不赴文德殿押班爲跋扈。」云云。又夢溪補筆談卷一故事云：「故事，不御前殿，則宰相一員押常參官再拜而出。神宗初即位，宰相奏事，多至日晏。韓忠獻當國，遇奏事退晚，即依舊例，一面放班，未有著令。王樂道爲御史中丞，彈奏語過當，坐謫陳州。自此令宰臣奏事，至辰時未退，即一面放班，遂爲定制。」

〔四六〕而或者恐其有功力沮壞之　據忠獻韓魏王家傳卷七，時「力沮壞之」者乃朝中「執政」。

〔四七〕遂與條例司章交上　宋史韓琦傳云：「王安石用事，出常平使者散青苗錢，琦亟言之。帝袖其疏以示宰臣，曰：『琦真忠臣，雖在外，不忘王室。朕始謂可以利民，今乃害民如此。且坊郭安得青苗，而亦强與之乎？』安石勃然進曰：『苟從其欲，雖坊郭何害？』明日，稱疾不出。當是時，新法幾罷，安石復出，持前議益堅。琦又懇奏，安石下之條例司，令其屬疏駁，刊石頒天下。琦申辨愈切，不克從。於是請解四路安撫使，止領一路，安石欲沮琦，即從之。」又東軒筆録卷六云：「熙寧初，朝廷初置條列司，諸路各置提舉常平司，及俵常平錢，收二分之息。時魏公鎮北都，上章論其事，乞罷諸路提舉官，常平法依舊，不收二分之息。魏公精於章表，其説從容詳悉，無所傷忤。有皇城使沈惟恭者輒令其門客孫棐詐作魏公之表云：『欲興晉陽之甲，以除君側之惡。』表成，惟恭以示閤門使李評，評奪其藁以聞。上大駭，下惟恭、孫棐於大理，而御史中丞吕公著因便坐奏事，猶以棐言爲實。上出魏公章送條例司，惟恭流海上，孫棐杖殺於市，罷公著中丞，出知潁州，制曰：『比大臣之抗章，因便坐而與對，乃厚誣方鎮，有條惡之謀，深駭予聞，乖事理之實。』蓋因此耳。」

〔四八〕上留意河北事詔問八條公悉所見以對　按，韓琦奏言詳見忠獻韓魏王家傳卷八，事在推行青苗法以前。

〔四九〕山東大儒石介嘗爲慶曆聖德詩　按，石介慶曆聖德頌并序載於徂徠石先生文集卷一，有曰：「予早識琦，琦有奇骨。其器魁礧，豈視居楔。其人渾樸，不施剞劂。可屬大事，敦厚如勃。」

〔五〇〕容人過失不以爲己忤小大無所較計　三朝名臣言行録卷一之一丞相魏國韓忠獻王引遺事云：「公在大名日，有人獻玉盞二隻，云：『耕者入壞冢而得，表裏無纖瑕可指，亦絶寶也。』公以百金答之，尤爲寶玩。每開宴，召客特設一卓，覆以錦衣，置玉盞其上。一日，召漕使，且將用之酌酒勸坐客，俄爲一吏誤觸倒，玉盞俱碎，坐客皆愕然，吏且伏地待罪。公神色不動，笑謂坐客曰：『凡物之成毁，亦自有時數。』俄顧吏曰：『汝誤也，非故也，何罪之有？』坐客皆嘆服公寬厚不已。」又引別録云：「公帥定武時，夜作書，令一侍兵持燭於旁，侍兵它顧，燭燃公鬚，公遽以袖摩之，而作書如故。少頃回視，則已易其人矣。公恐主吏鞭之，亟呼視之曰：『勿易，渠已解持燭矣。』軍中感服。」

〔五一〕喜用有名之士　後山談叢卷五云：「韓魏公屢薦歐陽公，而仁宗不用。他日復薦之曰：『韓愈，唐之名士，天下望以爲相，而竟不用。使愈爲之，未必有補於唐，而談者至今以爲謗。歐陽修，今之韓愈也，而陛下不用，臣恐後人如唐，謗必及國，不特臣輩而已。陛下何惜不一試之，以曉天下後世也？』上從之。」

〔五二〕在陝西嘗救有罪將李緯寬之而緯子師中不知猶訟于朝　忠獻韓魏王家傳卷一〇云：「天章閣待制李師中父緯昔爲陝西裨將，公方領經略之任，時緯與賊戰而兵敗，密詔公斬於退兵之地，公特申理，緯得不死，而猶重貶，人莫之知也。師中乃謂父貶因公所奏，遂詣闕訟公，言西兵之敗，當先誅元帥。後緯知公嘗有言救己也，每見公，未嘗不泣下叙感，然師中終以前日之訟惶恐自疑。後師中方坐事廢黜，一日，擢爲高陽關安撫使。賜對日，神宗諭曰：『韓琦力薦卿有才，故委以方面。』師中方大愧服，特枉道至相臺謝公。」

〔五三〕孫沔爲御史以西事詆公甚力　長編卷一三一慶曆元年四月辛巳條云：「任福軍敗，琦即上章自劾，諫官孫沔等請削琦官三五資，仍居舊職，俾立後效。」忠獻韓魏王遺事云：「公兄爲泰倅，孫元規爲司理，嘗薦之，公遂拜元規，書問未嘗踰時不講。後公爲西帥，兵敗，元規領言責，深議公罪。……自此元規慊公，書問遂絶。公一日以書問元規：『平日事契如此，若以伯氏嘗薦而後見攻，此乃韓厥之舉也。若琦當言責，亦不爲元規隱此，何待琦之不廣？願公勿疑。』元規亦疑之，終不講書。公秉政，頗以公有害己心。後起廢爲慶帥，元規過闕，乃泣見公曰：『沔真小人，公知沔，沔不知相公。』」

〔五四〕賙人之急　過庭録云：「建業進士遊上都，貧不能自給。以詩干韓相魏公，一聯云：『建業江山千里遠，長安風雪一家寒。』韓公憐之，以百千賙焉。」師友談記云：「東坡云：國朝試科目，亦在八月中旬。頃與黄門公既將試，黄門公忽疾卧病，自料不能及矣。相國韓魏公知之，輒奏上曰：『今歲召制科之士，惟蘇軾、蘇轍最有聲望。今聞蘇轍偶病未可試，如此人兄弟中一人不得就試，甚非衆望，欲展限以俟。』上許之。黄門病中，魏公數使人問安否，既聞全安，方引試。凡比常例展二十日。」

〔五五〕少善尹師魯師魯亡割俸俾其家爲直其冤于朝仍奏録其子　邵氏聞見録卷九云：「尹師魯以貶死，有子朴，方襁褓。既長，韓魏公聞於朝，命官。魏公判北京，薦爲幕屬，教育之如子弟。朴少年有才，所爲或過舉，魏公掛師魯之像哭之。朴亦早死。嗚呼！魏公者可以謂之君子矣。」

〔五六〕自五世祖冢皆訪得之買田其旁植梧檟召人守視之　梁溪漫志卷六温公論碑誌云：「韓魏公四代祖葬於趙州，五代祖葬於博野，子孫避地，歷祀綿遠，遂忘所在。魏公既貴，始物色得之，而疑信相半，乃命儀公（韓忠彦）祭而開壙，各得銘誌，然後韓氏翕然取信，重加封植而嚴奉之。」

〔五七〕所親重范文正公至不失其歡　北窗炙輠録卷上云：「韓魏公與范文正公議西事不合，文正徑拂衣起去，魏公自後把住其手云：『希文，事便不容商量？』魏公和氣滿面，文正意亦解。只此一把手間，消融幾同異。魏公所以能當大事者正以此也。」忠獻韓魏王家傳卷四云：「范公宣撫河東，未行而請益兵數萬屯河陽、蒲中，及以兵從。公以爲不必請兵，上前議未合，退於殿廬中，范公猶争，以非益兵不可。公曰：『若爾，則某乞自行，不用朝廷一人一騎。』范公色忿，欲再請對，以道公語。會杜祁公、富公皆贊公説，卒不發兵，范公亦不以爲忤也。」然珍席放談卷下有云：「韓、富二公，功與夫當世人望，不啻古之王佐也。天下無賢不肖稱『韓富』。二公亦素相厚，韓嘗寄詩文忠云：『二州連結子孫契，十載同驅忠義名。』治平間，韓位元台，富爲樞相，舉錯之間，事有矛盾，由是失歡而弗顧，相繼而去位，音問慶弔亦皆闊略。所謂『勢疑則隙生，力侔則亂起』，豈虚言乎？」龍川別志卷下云：「富鄭公、韓魏公同在中書，鄭公母老矣，一日語及故事，宰相有起復視事者，魏公曰：『此非朝廷盛事。』已而鄭公居母憂，朝廷屢起之。上章三辭，貼黄言：『臣在中書日，嘗與韓琦言之，決不當起。』魏公曰：『吾但以實言之，不料以爲怨。』自此二人稍稍有隙。」鐵圍山叢談卷三云：「慈聖光獻曹后因垂簾視事者久之。魏公度上疾瘳矣，時旱甚，迺援故事，請天子以素仗出禱雨。當是時，都人争矚目懽呼，大慰中外望。魏公遂得藉是執奏，丐歸政天子。后許矣，未堅也。一旦，魏公袖詔書簾前曰：『皇太后聖德光大，頃許復辟。今書詔在是，請付外施行。』后未及答，即顧左右曰：『撤簾。』后乃還宫。時鄭公方爲樞密，班繼執政而上。將奏事，則見簾已捲，天子獨當宁殿上矣，既下而怒。魏公曰：『非敢外富公也。懼不合，則歸政未有期。』其後熙寧中，魏公薨於鄉郡，而鄭公不弔祭。識者以爲盛德之歉。」吹劍録外集云：「富鄭公生日，韓魏公不以遠近，歲致書幣，富公但答以老病無書，韓公終老不替。」

〔五八〕進退之際從容有餘德業兩全謗讒自止過周公遠矣　按，其語出歐陽脩書簡卷一與韓忠獻王四五之三三，時治平四年，有云：「竊承懇請之堅，遂解機政，處大位，居成功，古人之所難。公保榮名，被殊寵，進退之際，從容有餘，德業兩全，讒謗自止，過於周公遠矣。然而朝廷慮則元老遂去，私自計則孤危失恃，此不能不惘然爾。」

［五九］凡聲伎之娛無所嗜　忠獻韓魏王別録云：「公在相府時，家有女樂二十輩。及崔夫人亡，一日盡厚遣之。同列多勸且留以爲暮年之歡，公曰：『所樂能幾何？而常令人勞心，孰與吾閑静之樂也？』」

［六〇］餘暇學翰墨得顔魯公楷法　米芾書史云：「韓忠獻公琦好顔書，士俗皆學顔書。」

［六一］目曰萬籍堂　元貢師泰玩齋集卷七經訓堂記云：「韓氏自魏國忠獻王以經學致位將相，功業日盛，收書萬卷，作萬籍堂于安陽里第。其子文定公既增廣之，文定之子申國公益置七千餘卷，作叢書堂，六庫相傳之盛，當時河朔士大夫家號稱積書多者罕及之。傳四世至尚書左司公膺胄，始從宋南遷會稽時，散失已無餘矣。」

［六二］諫垣存藁三卷　忠獻韓魏王家傳卷一云：「公以所存諫藁欲斂而焚之，以效古人謹密之義。然恐無以見人主從諫之美，乃集七十餘章爲三卷，曰諫垣存藁。自序於首，大略曰：『諫主於理勝，而以至誠將之。』」

［六三］餘未及紀次殘藁尚多　據韩魏公墓志銘、忠獻韓魏王家傳卷一〇載，韓琦所撰尚有河北奏議三十卷、雜奏議三十卷、千慮集三卷、古今參用家祭儀一卷、安阳舊文十卷等。

［六四］清臣少親魏國韓公　據本書中集卷四九李黄門清臣行狀載，韓琦初見李清臣而「異焉，妻以其兄之子」。

［六五］乃真贈尚書令不爲兼官以贈於人臣貴莫比此獨自韓公始　長編卷二六五熙寧八年六月戊午條云：「初，執政進呈琦贈官，王珪言吕夷簡贈太師、中書令，王安石曰：『琦受遺立先帝，非夷簡比。』謂宜特贈。乃贈尚書令。」按，宋史卷十五神宗紀二載元豐元年正月「己丑，詔贈尚書令韓琦依趙普故事」。則行狀云「真贈尚書令……獨自韓公始」者不確。